JN441494

언약의 물줄기와 구속의 성취

성경 관통 : 언약사적 · 구속사적 해설

박 도 준 지음

개혁주의출판사

목 차

제 2 장 이스라엘과의 언약

제 3 장 하나님의 언약궤

제 4 장 요단강을 건너는 언약궤

제 5 장 여호와의 언약궤

제 6 장 예루살렘 성전에 있는 여호와의 언약궤

제 7 장 하나님의 성전에 있는 하나님의 언약궤

머리말

인류 역사상 갑을(甲乙) 논리로 맺어진 수많은 계약(약속)들은 지켜지기보다는 깨어지기 위하여 존재하였다. 국가 간의 강화 조약마저도 휴지처럼 된 경우가 그 특례이다.

그러나 하나님의 언약은 언제나 인간 편에서 계약을 위반(불순종)함으로써 그 계약이 깨어지고 불행이 초래되었다. 하지만 하나님은 끝까지 언약을 지키시고 이루신다. 하나님께서 최초로 인류의 시조 아담과 맺은 언약은 금단의 선악과를 조항으로 한 순종 여부의 행위에 따라 영생과 사망이 결정되는 '행위 계약'이었다. 이를 '생명(영생)의 언약'이라고도 하는 바, 안타깝고 불행하게도 이 계약을 인류의 대표성을 가진 아담이 불순종함으로써 그와 그의 후손들이 죄와 사망에 처하게 되었다.

그러나 하나님께서는 구원자 메시야를 여자의 후손을 통하여 보내 주시기로 재차 약속하셨는데(창 3:15) 이것이 '은혜 계약(언약)'인 동시에 '구속(救贖)의 언약'이요 '최초(원시)의 복음'이다. 그러므로 이 언약이나 복음은 한 맥락으로서 한 줄기에 합류되어 수많은 인물들과 사건들, 상징물, 예표(豫表)들, 의식(儀式)들을 통하여 도도히 흘러내렸다.

특별히 히브리서 11장에 집중적으로 열거된 20명에 가까운 믿음의 선진들을 통하여서도 저 언약의 물줄기가 끊임없이 이어지고 있는데 그중에도 노아의 방주와 무지개 언약, 독자(獨子) 이삭을 바친 아브라함, 모세의 모든 사적들은 저 물줄기의 폭포수처럼 보인다. 하나님의 구속사적 언약은 한 개인, 한 세대에 국한되지 않고 세상의 역사와 더불어 계속 발전, 확장되어 마침내 전 인류에게 보편적으로 적용됨이 확실하게 계시되었다. 하나님의 언약사는 하나님의 계시사로 인한 하나님의 구속사로 삼위일체 하나님의 일하심의 연장 선상에 있다. 이는 우리 주 예수 그리스도의 재림으로 말미암아 이루어질 구원의 완성을 향하고 있다.

하나님의 언약은 결국 지켜질 수밖에 없는 속성을 가지고 있다. 언약과 성취의 주체가 전능하신 하나님이시기 때문이다. 하나님이 세우신 언약의 목적은, 사람을 세우고 민족을 세워 하나님의 나라를 이 땅에서부터 시작하여 하나님이 계신 하늘나라까지의 연장 선상에 있으며 이 땅에 살지만 하나님 나라를 소망하게 하며 각자에게 주신 사명을 감당하게 하여 하나님의 나라를 확장하게 하는 데 있다. 또한 이와 같은 목적으로 그 언약은 구약에서 신약까지 전개되고 있다.

하나님의 언약은, 구약의 육적 이스라엘 백성에게는 '나는 너희 하나님이 되리라.', '너희는 나의 백성이 되리라.', '나는 너희를 가나안 땅으로 인도하리라.'라는 3중 언약을 내포한 약속이었다.

또한 신약의 영적 이스라엘 백성(성도)에게 계시록에서는, "하나님의 장막이 사람들과 함께 있으매 하나님이 그들과 함께 계시리니 그들은 하나님의 백성이 되고 하나님은 친히 그들과 함께 계셔서 모든 눈물을 그 눈에서 닦아 주시니 다시는 사망이 없고 애통하는 것이나 곡하는 것이나 아픈 것이 다시 있지 아니하리니 처음 것들이 다 지나갔음이러라."(21:3, 4) 하셨으니 이는 그 이루심의 선언인 것이다.

하나님의 언약은 우리로 하여금 인내와 위로와 소망을 가지게 한다. 하나님께서 구약의 이스라엘에게 주신 언약과 약속의 말씀은 예수 그리스도의 초림으로 성취되었으며, 신약의 성도들에게 주신 언약과 약속의 말씀은 만왕의 왕이시며 만주의 주이신 예수 그리스도의 재림으로 이루어질 것이다. 즉, 하나님의 언약의 물줄기가 마침내 종착지인 성취의 바다에 이르게 될 것이다. 이는 곧 언약과 구속의 초점이요 주체이신 예수 그리스도께서 "다 이루었다"(요 19:30; 계 21:6)라고 선포하신 대로의 실현인 것이다.

본서는 이 모든 과정을 언약사적, 구속사적, 계시사적 관점에서 탐색하여 독자들로 하여금 성경에 숨겨진 상징적, 예표적(豫表的), 교훈적, 교리적 의미들을 이해하는 데 도움이 되도록 최선껏 해설하였다. 성경 연구와 저술 및 강의를 본업으로 하는 저자의 견지로서는 본서가 일반 독자들에게나 목회자들에게나 다 같이 저자가 심혈을 기울여 애쓴 만큼 열매가 있으리라 기대한다. 특히 목회자들에게는 설교 및 성경 강해를 위한 힌트와 자료를 많이 발굴해 낼 수 있을 것이라는 생각이 든다. 왜냐하면 본서 소재(素材) 자체가 신구약 전체를 관통하고 있기 때문이기도 하다.

이 책을 저술하여 출판할 수 있도록 배후에서 역사해 주신 하나님께 감사와 영광을 돌리며, 본서 출판을 위해 많은 경험과 노하우를 발휘하여 주야로 몸소 힘써 주신 개혁주의출판사(전, 개혁주의신행협회) 대표자이신 최석진 장로님과 염성철 부장님께 여기에 감사를 표하는 바이다.

2013년 10월 31일

저자 박 도 준

제 1 장

하나님의 언약

1. 언약의 특성

1) 언약의 특징

일반적으로 언약言約은 대인對人 관계에 있어서의 서로의 이익을 위한 약속約束을 의미한다. 그러나 성경聖經에 있어서는, 하나님과 사람 혹은 민족과의 관계에 있어서의 약속을 나타내는 데 강조점이 있다. 히브리 어 언약言約의 'בְּרִית베리트'라는 말은 '정定한다', '맨다'는 뜻을 가지고, 맹세를 함으로써 구속력拘束力이 행사되는 엄숙한 약속이다.

언약의 체결締結은 구두口頭나 상징적인 행동으로 표현된다(창 15:10-18). 언약을 세워(18절)의 '세워'는 'כָּרַת카라트'로 '자르다, 베다'는 뜻으로 고기를 쪼개(בָּתַר바타르)어 계약 당사자를 그 사이로 지나가게 함으로써 증표를 삼음에서 유래되었다(10절). 곧 고기를 베어 그 조각들 사이를 지나가게 함으로써 '언약을 맺다(동맹 또는 계약을 맺다)'라는 뜻이 되었다. 또한 그리스 어로 'διαθήκη디아데케'는 '약속한다'든가 '동의同意한다'는 의미를 가지고 있다.

'언약言約(covenant)'은 계약契約, 약속約束, 동맹同盟, 맹약盟約, 협정協定, 맹세盟誓 등의 단어로도 쓰일 수 있지만, 그 의미는 유사類似하다고 할 수 있다. 한글 사전에서의 주요 단어 중, 언약은 '말로써 약속함'으로, 계약은 '일정한 법률적 효과를 발생시킬 목적으로 하는 두 개 이상의 의사 표시의 합치에 의해 성립하는 법률 행위'인 법적 용어로 사용되고 있으며, 약속은

'장래에 할 일에 관해 상대방과 서로 언약하여 정함'으로 설명하고 있다.

그래서 어떤 단어를 쓸 것인가를 정하는 것도 중요하다. 보는 관점에 있어서 가장 보편적인 '언약'으로써 전개해 나가는 것이 가장 적절하겠다. 왜냐하면 언약은 쌍방雙方의 말의 약속으로 시작하여, 모세의 시대엔 문자적인 약속으로, 또한 신약 시대에 있어서는 예수께서 이 땅에 오심으로, 창세기에서부터 약속約束하신 하나님의 말씀이 이루어지기 때문이다.

한편 성경에서의 언약은 하나님의 상대인 사람과 민족들과 나라들의 약속의 파괴破壞로 점철點綴되어 있어, 감히 언약이나 계약契約의 단어를 쓰기보다는 하나님의 일방통행적一方通行的인 '약속'으로 하는 것이 더 합당할 것 같다.

2) 언약의 목적

언약의 목적은 사람을 세우고 민족을 세워, 하나님의 나라를 이 땅에서부터 시작하여 하나님이 계신 하늘까지의 연장 선상延長線上에 있으며, 이 땅에 살지만 하나님 나라를 소망所望하게 하며 각자에게 주신 사명使命을 감당하게 하여 하나님의 나라를 확장擴張하게 하는 데 있다. 또한 이와 같은 목적으로 구약에서 신약까지의 언약은 전개되고 있다.

구약에 있어서, 하나님은 이스라엘 민족과 인격적인 관계를 가지고, 언약 또는 계약을 맺는 것이 보여진다. 홍수 후의 노아와의 언약(창 9장), 선민에 관한 아브라함과의 언약(창 15, 17장), 율법을 주심에 있어서의 이스라엘과의 언약(출 34장, 신 5장), 여호와를 유일신唯一神으로 하고 이에 귀속歸屬하는 데 대한 여호수아 및 백성과의 언약(수 24장) 등이 구체적인 예인데 성경 전체를 통하여, 언약 관계가 말해지고, 상기想起되고, 환기喚起되어 있다.

이스라엘 민족이 택함 받고 언약을 맺게 된 것은, 하나님과 교제함에 있어서 충분한 자격과 실력이 있었기 때문은 아니다. 사실은 그 반대였다. 다만, 하나님의 자유로운 은혜의 행위로서 택정擇定되었던 것이다(신 7:6-

10). 여기서 인격적인 사랑의 관계가 생기고, 하나님과 이스라엘과는 언약을 혼인 관계婚姻關係에 비유하는 일로 되었다(렘 2:2).

그러므로 이교신異敎神을 믿는 등의 언약 불이행不履行은, 간음姦淫으로 규탄된다(호 2장). 이 언약은 율법에 의해 지지支持되고, 그것에의 준수遵守가 이스라엘 민족에 요구되었다. 그런 데에서 십계명十誡命이 '언약판言約板'으로 불리는 것이다(신 4:13; 9:9, 11). 그리고 이 계명에의 충성과 복종이, 민족에의 축복의 기초基礎로 된다(신 7:9).

그럼에도 불구하고 언약 불이행不履行이 이스라엘의 역사歷史였다. 하나님에의 불순종의 연속이 거듭 있었다. 유다 왕국의 멸망滅亡과 예루살렘 성전의 붕괴崩壞는, 언약 불이행으로 인한 것으로 이해되었다(호 8:1). 여기서 하나님은 선지자를 통하여 '새 언약'(렘 31:31), '영원한 언약'(겔 16:60)을 예언하셨다. 그리고 이 새 언약言約은 예수 그리스도에 의해 성취成就되었다.

인간은 스스로 율법의 복종 요구를 채울 수 없고, 다만 하나님의 긍휼矜恤하심과 그리스도의 십자가의 속죄贖罪의 역사役事에 참여함에 의해서만, 믿는 자가 의롭다 함을 얻는 것이다(롬 8:3-4). 그리스도의 피로 말미암는 새 언약(눅 22:20)은, 이스라엘 백성에 제한制限되지 않고, 세계 만민에게 주어졌다. 이 십자가의 속죄로 말미암는 구원의 약속이야말로, 새 언약言約이고, 복음福音이다.

2. 언약의 시초(始初)

1) 아담과의 언약

(1) 에덴 동산의 언약

언약의 시초始初는 삼위일체三位一體 언약으로 시작되고 있다. 창세기 1:26, 27, 28, 29의 창조주創造主 하나님은 'אֱלֹהִים 엘로힘'으로 복수複數의 하나님으로 기록되어 있다. 곧 성부聖父 하나님, 성자聖子 하나님, 성령聖靈 하나님이시다. 창세기 1:26-30까지는 인간 창조 목적의 언약이다. 생각하시고, 일하시고, 복을 주시고, 충족充足하시는 것이 하나님의 언약이다.

> 하나님이 이르시되 우리의 형상形像을 따라 우리의 모양貌樣대로 우리가 사람을 만들고 그들로 바다의 물고기와 공중의 새와 가축家畜과 온 땅과 땅에 기는 모든 것을 다스리게 하자 하시고,
> 하나님이 자기自己 형상形像 곧 하나님의 형상形像대로 사람을 창조하시되 남자와 여자를 창조創造하시고,
> 하나님이 그들에게 복福을 주시며 그들에게 이르시되 생육生育하고 번성蕃盛하여 땅에 충만充滿하라, 땅을 정복征服하라, 바다의 물고기와 공중空中의 새와 땅에 움직이는 모든 생물을 다스리라 하시니라.
> 하나님이 이르시되 내가 온 지면地面의 씨 맺는 모든 채소菜蔬와 씨 가진 열매 맺는 모든 나무를 너희에게 주노니 너희 먹을거리가 되리라 또 땅의 모든 짐승과 공중의 모든 새와 생명이 있어 땅에 기는 모든 것에게는 내가 모든 푸른 풀을 먹이로 주노라 하시니 그대로 되니라.

하나님의 언약에 대한 인간의 언약은, 말씀에 대한 순종과 복종이 관건이다. 하나님을 창조자創造者로, 인간을 피조인被造人으로 인식하는 것이 언약 준수遵守의 기본이다. 언약의 주체主體는 하나님이시고, 언약의 객체客體는 인간이다.

하나님은 남자를 먼저 만드시고, 그 다음에 동방東方의 에덴에 동산을 창설하시고, 그 다음에는 여자를 만드시고, 그 다음에는 가정을 이루어 주신 것이다. 하나님은 질서의 하나님이시다. 이 질서가 곧 언약의 순서이다.

에덴 동산의 언약은 여호와 하나님께서 아담을 동산으로 이끄시고 그것을 경작耕作하게 하시고 지키게 하셨다. 하나님의 주권主權을 위임委任하신 것이다. 하나님의 언약은 창 2:16, 17의 “동산 각종 나무의 열매는 네가 임의任意로 먹되 선악善惡을 알게 하는 나무의 열매는 먹지 말라 네가 먹는 날에는 반드시 죽으리라.”라는 말씀이다.

(2) 아담의 언약의 파괴

하나님께서 사람에게 '명命하셨다'라는 히브리 어 'צָוָה 째바'는 '명령하다, 맡기다, 지시하다, 명령을 내리다, 임명하다, 정하다, 정돈하다'의 뜻이다. 언약言約은 사실상 명령命令과 순종順從이다. 이러므로 쌍방雙方의 언약은 온전히 이루어진다. 하나님의 언약에 대하여 인간의 생각이 첨가添加되면서, 창세기 3장부터 새 창조가 이루어지기까지의 요한계시록 21장 전까지는 말씀의 불순종에 대한 심판과 은혜로 점철點綴되어 있다.

시험과 유혹 간에는 차이가 있다. 즉, 시험의 배후背後에는 선善이 자리잡고 있는 반면, 유혹의 배후에는 악이 도사리고 있다. 하나님은 첫 인류에게 보다 나은 차원에의 성숙成熟을 위하여 시험을 허락하셨다.

인간은 사탄의 대리자代理者인 뱀의 유혹에 넘어감으로써, 하나님의 선하신 뜻을 거부하였다. 이 때문에 인간은 성숙에의 기쁨이 아닌 타락墮落에의 슬픔과 비극을 맛보게 되었다.

인류 최초의 범죄 행위가 여자 단독單獨으로 이루어진 것이라 보기는 어렵다. 범죄 현장에는 아담이 동석同席하고 있었음을 보여 주고 있는 몇 가지의 자료가 있다.

첫째는, "자기自己와 함께 있는 남편男便"(창 3:6)이란 말이 아담의 동석을 보여 준다. 여기에 사용된 히브리 어 'עִם 임'은 '옆에 있는 것'을 의미한다.

둘째는, "그들의 눈이 밝아"(창 3:7)라는 말이 거의 동시에 선악과善惡果를 먹었다는 사실을 말해 준다.

셋째는, 여자가 남편 몰래 그와 같은 엄청난 짓을 했다고는 이해하기 어렵다.

따라서 이 범죄는 인류의 대표자인 아담이 동석同席해 있는 중에 공공연公公然하게 행해졌다고 생각함이 옳다. 아담은 사건의 경위經緯를 너무나도 잘 알고 있었기 때문에 여자가 선악과善惡果를 취取하는 것도 막지 않았으며, 또 여자가 선악과를 자기에게 줄 때도 순순히 받아먹었을 것이 틀림없다.

다만, 아담은 선악과를 따먹는 행위 자체에 있어서 피동적被動的인 위치에 있었고, 시간적으로도 여자보다 나중이었음이 분명하다. 그래서 딤전 2:14에서는 여자가 속아서 죄에 빠졌다고 기록되어 있다. 그러나 결국은 롬 5:12-15에 기록된 것처럼, 한 사람 아담으로 말미암아 죄가 들어왔다고 함이 타당한 것이다.

에덴 동산의 언약에서, 불순종不順從은 '반드시(surely)'라는 'מוּת 무트"의 반복으로 대응對應되고 있다. 히브리 어 'מוּת 무트'는 '죽다, 죽이다'의 절대형으로 본문의 '죽으리라'의 미완료 진행과 반복 연결되어 있다. 곧 육신적인 삶의 유한성有限性과 이기적인 삶으로 타인에게 상처를 주고, 죽이는 연속성連續性을 알 수 있다.

이제 모든 인류는 아담과 하와의 언약言約의 불순종不順從으로 말미암아 죄罪의 삯을 짊어지게 되어, 생령生靈으로서의 영원永遠한 삶이, 육신의 유한有限한 삶으로 굴러 떨어지게 된 것이다.

(3) 여자의 후손과의 언약

인간이 타락한 후 하나님은 불순종한 순서에 따라 사탄에게, 여자에게, 그리고 남자에게 말씀하신다. 하나님께서는 인간들에게는 회개悔改할 기회를 주는 질문을 하셨으나, 사탄의 도구道具가 된 뱀에게는 직접적인 저주詛呪를 하셨다. 사탄은, 천사天使를 창조하신 하나님의 뜻이 구원 받을 하나님의 자녀들을 섬기는 영靈으로서의 보내심을 망각忘却하여, 하나님께 반역反逆함으로써, 구원 받을 수 없는 대상對象이 되었기 때문이다.

하나님께서는 사탄에게 "여자와 원수怨讐가 되게 하고 여자의 후손은 네 머리를 상傷하게 할 것이요 너는 그의 발꿈치를 상하게 할 것"(창 3:15)이라는 말씀으로 구원의 통로通路를 열어 가신다.

이 구원의 통로로는,

첫째, 사람과 마귀가 서로 원수怨讐가 되는 것이다. 이는 하나님의 단독역사單獨役事로 이루어진다. 이것이 기독교의 구원관의 특징이다.

둘째, 사람이 마귀와 원수怨讐 된 상태가 구원이라는 것이다. 사람이 마귀의 말을 듣고 행하는 것이 사망이었으니.

셋째, 여자의 후손後孫과 뱀의 후손이 서로 적대敵對 행위가 계속될 것이다. 이것은 택한 백성이 있고, 뱀의 후손이 있다는 것이다.

넷째, 택한 백성의 구원은, 그 백성이 마귀의 머리를 반드시 상하게 함으로 성립되는 것이다. 이 약속을 주시는 하나님은 반드시 여인의 후손들 중에서, 택한 백성들을 대표할 후손 곧 메시야가 나게 하실 것이다.

모든 인류의 대표 격代表格인 처음 아담으로부터 시작하여 오늘날의 모든 인류는, 죄 없고 흠 없는 마지막 아담으로 오신 예수 그리스도의 십자가의 보혈寶血의 공로功勞의 의지依支와 재림再臨으로 구원의 완성을 기다리게 된 것이다.

2) 믿음의 언약

(1) 셋과 에노스와의 언약

'여호와의 이름'은 셋과 에노스 시대에 계시啓示되었다거나 또는 그 이름을 부르는 것이 비로소 허용되었다는 의미가 아니다. 그동안에는 개인적으로 하나님의 이름을 부르던 것이 이제는 공적公的으로 여호와의 이름을 불러 예배禮拜하게 된 것을 가리키는 것이다. 여인의 후손들(창 3:15) 중 '바라던 자'가 오기까지 구속사救贖史를 이어갈 하나님의 자녀들의 믿음의 행위이다.

즉, 인간 구속을 위한 하나님의 계획이 셋을 통해 면면히 이어지고 있음을 보여 준다. 이 말은 셋과 에노스 시대에, 하나님의 자기 계시로 인해 바른 신 지식神知識을 갖게 된 자들이 자신들의 연약함과 무력함을 겸손히 인정하고, 언약을 맺고 성취하시는 하나님인 여호와께 기도와 찬양 그리고 감사가 있는 공동 예배共同禮拜를 드렸다는 뜻이다.

이 점에서 우리가 주목할 것은, 셋의 자손들의 행위(종교적 행위)와 가인 자손들의 행위의 차이점이다. 가인들의 자손들은 문명 발달에 종사從事하였으나, 셋의 자손들은 종교적 행위를 위주爲主로 하였다. 여기서 우리는 그 어느 시대나 있었던 현상을 볼 수 있다. 곧, 하나님께서 어떤 민족들을 사용하셔서 문화를 발달시키는 반면에, 다른 한편 어떤 민족들을 종교면宗敎面으로 사용하시는 현상이다. 헬라인들은 예술을 발달시켰고, 로마인들은 법률과 정치를 발달시켰으니, 이 민족들은 문화 방면에 사용된 것이다. 그 반면에, 유대인들은 종교 면에 사용되었다.

상고上古 시대에 셋의 자손들은 이렇게 구속 운동救贖運動과 관련되었다. 그러나 이 점에서도 우리가 주의할 것은, 그 운동도 그때에 극히 소극적으로 최소한도의 발전을 지니고 있었다는 것이다. 다만 이 계통의 어떤 특수한 인물들의 종교 생활이, 가인 계통의 어떤 인물들과 대조될 정도로만 기록되어 있다. 곧 가인과 아벨이 대조되어 있음과 같이, 가인의 아들 '에녹'(창 4:17)과 셋의 아들 '에노스'(창 4:26)가 서로 대조되었다. 그리고 7대에 이르러 이 대조對照 사실이 최고조最高潮로 나타났는데, 셋의 자손 '에녹'(창 5:21-24)과 가인의 자손 '라멕'(창 4:23-24)과의 대조이다.

에녹의 생애에 나타난 것은, 사람이 하나님과의 교제가 회복될 때에 죽음에서 구원을 받는다는 것이다. 그리고 에녹의 자손 라멕(셋의 자손)이 노아의 출생을 보고 말하기를 "여호와께서 땅을 저주詛呪하시므로 수고롭게 일하는 우리를 이 아들이 안위安慰하리라."라고 하였는데(창 5:28-29), 그것은 저주에서 구속救贖됨을 원하는 사상이다.

이 사상思想은, 역시가인 계통 사람들의 사상과 대조된다. 곧 가인 계통 사람들은 이 세상에서의 저주란 것을 생각하기보다는, 다만 문명 발달로 위안을 얻으려고 한 것과 대조된다.

(2) 에녹과의 언약

하나님과 동행同行한 에녹은, 아마 아담이 타락하기 전에 동산에서 하나님과 걸었던 그런 관념 속에 있었던 것이 아니라, 실지實地로 믿음으로 행한 것이다. 에녹도 인간의 타락한 성품을 가졌으며, 육신적으로 '하나님을 바로 보며 살 수 없는' 인간이었으나, 그는 후에 아브라함과 모세의 경우처럼 하나님의 계시 안에서 하나님의 영광을 바라볼 수 있었던 자였다.

에녹은 어떤 경우에 "믿음으로 말미암아"(히 11:5) 기도하고 또 하나님의 말씀을 순종함으로 하나님을 가까이 따르며 교제하였는데 오늘날 우리도 가능한 것이다. 하나님과의 그의 동행은 신비한 것이 아니고 그의 시대에 불신不信하고 악한 사람들과 반대로, 효과적인 가정 생활을 준비하여 경건敬虔한 경험經驗을 가진 것이 중요하다.

이는 하나님과의 끊임없는 교제를 통해 그분의 형상을 닮아 간 경건한 생활을 의미한다. 에녹의 이러한 경건한 삶은 비록 이 땅에 사탄의 권세와 유혹이 만연蔓延해 있지만, 그래도 믿는 자들은 하나님과 동행할 수 있다는 교훈을 준다.

에녹과 엘리야는 죽음을 보지 않고 낙원樂園으로 옮겨졌다(히 11:5). 이 두 사건은 그들의 경건성에 대한 보상이 아니라, 하나님과의 인격적인 교제가 회복되는 곳에 죽음으로부터의 구원이 있다는 사실을 예표적으로 제시하고, 또한 영혼 불멸靈魂不滅의 확실성을 현시顯示하고 증거함으로써 오고 오는 많은 세대에게 소망을 주기 위하여 기록된 것이다.

한편 에녹의 증거의 절정絶頂은 한 사건이었는데 역사 속에서 이루어진 것이다. "믿음으로 에녹은 죽음을 보지 않고 옮겨졌으니 하나님이 그를 옮기심으로 다시 보이지 아니하니라."(히 11:5). 이것은 창세기에 있는 구절을 영적靈的으로 해석한 것인데 "그가 있지 않은 것은 하나님께서 그를 데려가심이었기 때문"이라는 것이다. 그러면 에녹은 사실 육신을 가졌으나 초자연적超自然的으로 하늘로 옮기운 것이다. 아직도 그는 거기에 있는 것이다.

3) 노아와의 언약

(1) 여호와의 후회와 근심

여호와께서 한탄하사 근심하신 이유는, 사람의 죄악이 세상에 가득함과 그의 마음으로 생각하는 모든 계획이 항상 악할 뿐이었기 때문이다(창

6:5, 6). 이것은 여호와께서 세상을 대홍수大洪水로 심판하실 이유가 되었다. 세상에 죄악이 가득한 원인으로, 하나님의 아들들과 사람의 딸들 곧 셋의 후손들과 가인의 후손들과의 통혼通婚을 들고 있다. 노아 홍수 이전, 사탄과 그의 사자使者들의 음모陰謀는, 가인의 자손들과 아담의 다른 자손들에게만 아니라, 셋의 자손들에게서도 놀라운 성공을 가져다 주었다.

가인의 범죄 이후 하나님께서 유기遺棄하셨던 가인의 후손과의 통혼은 선택된 계보系譜인 셋의 후손들에게 각종 죄악이 유입되는 통로가 되어 하나님의 구원의 약속을 파괴하고 있어, 마침내 하나님의 심판인 대홍수를 부르고 말았다.

하나님은 사람을 자기의 형상으로 만들었으며, 하나님의 사랑을 사랑의 마음으로 받아들이기를 바랐으나, 인간의 마음과 생각이 항상 악한지라 계속하여 악하여져 갔다. 사람이 "생육生育하고 번성繁盛하여 땅에 충만하라."(창 1:28)라고 했으나 지금은 "온 땅이 … 부패하여 포악暴惡함이 땅에 가득한지라."(창 6:11)라고 했다. 이것은 무질서와 공포의 상태였음을 보여 준다.

성경 기자記者는 인간의 관점에서 기록하기를 "땅 위에 사람을 지으셨음을 한탄恨歎하사 마음에 근심하셨다."(창 6:6)라고 했다. 사실상 하나님께서 한탄하시는 것이 아니고, 다만 인간의 타락으로 인한 그의 탄식歎息이 큰 것을 이런 인간적인 어투語套로 표시한 것으로서, 하나님의 경륜의 변경이나 후회가 아니라(삼상 15:29) 인간들의 타락상에 대해 하나님이 가지는 감정感情을 인간들이 이해하도록 의인화擬人化된 표현이다.

하나님은 "사람이 아니므로 결코 변개變改하지 않으심이니이다."(삼상 15:29)라고 한 것이 사실인데 그럼에도 불구하고 사람에 대하여 잠깐 동안 한탄하셨다. 그 이유는 사람이 하나님을 향하여 그 태도가 변화되었기 때문이다. 위에 기록한 것과 같은 상태에서 하나님은 말씀하시기를 "내가 사울을 왕으로 세운 것을 후회後悔하노니 그가 돌이켜서 나를 따르지 아니하며 내 명령을 행하지 아니하였음이니라 하신지라."(삼상 15:11)라고 했다.

참으로 하나님은 후회하는 것이 아니고 인간이 "자기의 마음이 변할 때"

하나님께서 후회하는 것처럼 보인 것이다. 사람에게 향하신 하나님의 태도는, 하나님께 대한 사람의 태도에 따라 되어진다. 비록 하나님은 사람을 위하여 완전한 세계를 만드셨고 또 하나님께서 창조물을 향하여 오래 참으심을 가졌을지라도 마침내 때가 되어, 하나님의 거룩함에 근거한 공의公義에 따라서 하나님은 사람의 제한 없는 죄악들을 끝내기로 하셨다.

인간의 죄악은 인류 안에서와 인류를 향한 하나님의 목적의 성취를 가로막았다. 이는 인간의 외부적 죄악이 "세상에 가득"하게 되었다는 것이다. 그 이유는 인간의 내부적 창의력創意力이 완전히 악하게 되었고, 또 항상 악하기 때문이다.

(2) 의인(義人) 노아

노아의 시대에는 세상 사람들 거의가 부패하였음에도 불구하고 한 사람 '노아'만은 하나님 앞에서 의로웠다는 사실이다. 이 사실을 강조하기 위해 그 당시의 세상의 부패에 대하여 거듭거듭 말하고(창 6:5, 10-12), 노아의 의로움에 대해서는 그가 의인임을 말하되 당대에 완전한 자임을 강조하여 말한다(창 6:9). 사람이 부패한 시대에 신앙을 지키기는 어려운 일이로되, 신앙을 지키는 자는 하나님의 독특한 사랑을 받는 것도 사실이다.

죄악만이 가득 찬 타락한 시대적 정황情況 속에서도 하나님 앞에서 도덕적으로 온전하게 살고자 노력한 노아에게 하나님의 특별하신 은혜恩惠가 임臨하였음을 보여 준다(8절). 이것은 어떠한 상황에서도 하나님은 결코 의인까지 악인과 더불어 멸하지 않으신다는 사실을 암시한다.

"노아는 그와 같이 하여 하나님이 자기에게 명命하신 대로 다 준행遵行하였더라."(창 6:22)라고 한 이 짧은 말 속에는 노아가 이제까지 살아오면서 참은 인내와 믿음의 소망이 응축凝縮되어 있다. 전 재산을 들여 산 위에 배를 짓는 그 오랜 기간 동안 노아는 분명 당대當代 사람들에게 갖은 조롱을 받고 미치광이 취급을 당했을 것이다(벧후 2:5; 행 2:13).

그러나 노아는 행함이 있는 산 믿음으로써(약 2:17, 26) 하나님이 명하신

대로 다 준행하였다. 마찬가지로 최후 심판 직전에도 타락한 이 세상에서 새 하늘과 새 땅을 기다리는 성도들이 때때로 갖은 고난苦難을 겪을 수 있다. 그러나 끝까지 견디는 자는 구원함을 얻을 것이다(눅 21:19; 약 5:7).

(3) 노아의 방주

하나님께서는 땅 위에 사람과 지구상의 동물의 생명을 보존하기 위하여 노아에게 '방주方舟'라 부르는 거대한 배와 같은 구조물構造物을 건축할 것을 지시하셨다. 그 안에 거주하는 자는 홍수에서 파멸을 면하고 구원을 받을 수 있었다.

하나님의 지시에 따라서 그 방주는 수용량收容量을 목적으로 설계되었으며, 속력이나 또는 항해를 목적으로 하기보다는 차라리 떠다니는 데 안전한 목적이었다. 신약 시대의 교회와 함께 이 방주가 갖는 영적靈的 의미는 첫째 그 기원에 있어 '신적神的 근거'를 가졌고, 둘째 그 기능이 '구원救援'에 있다는 점이다.

노아의 가족이 단지 8 명이었다는 점에서(벧후 2:5) 방주 제작 가능성이 의문시될 수 있다. 그러나 배의 구조가 단순하였다는 점 곧 노아의 방주는 항해용 배가 아니라 단지 물 위에 떠 있을 수 있는 상자箱子와 같은 모양이었던 점, 선박 제조 기간이 장기간이었다는 점, 고대 원시림原始林을 이룬 인근에서 얼마든지 풍성한 재료 공급이 가능했다는 점, 노아는 당대의 족장으로서 경제적 동원 능력을 충분히 갖추고 있었다는 점 등을 고려할 때 충분히 이해할 수 있다.

한편 하나님께서는 성막聖幕과 성막의 모든 기구器具의 모양과 양식樣式을 모세에게 친히 보여 주시고, 일할 일꾼 브살렐과 오홀리압을 하나님의 영靈으로 충만하게 하여 만들게 하셨고, 다윗에게도 성전聖殿의 모양과 양식樣式을 친히 보여 주셔서 솔로몬에게 전하였으며, 히람같은 지혜智慧롭고 총명聰明하고 재능이 많은 자를 주시어 성전을 짓게 만드셨다.

노아와 방주를 함께 만드는 자에게도, 하나님께서 이와 같이 하나님의 영靈을 충만하게 하시고, 지혜롭고 총명하고 재능 있게 하시어 하나님의 구원 역사役事인 방주를 짓게 하셨을 것이다. 하나님의 일은 하나님께서 준비하시고 계획하신다는 사실을 깨달을 때 하나님의 일을 하는 자는 단지 겸손하게 순종하는 길만이 그 일에 동역同役할 수 있다(고전 3:9).

(4) 노아의 홍수

노아의 홍수 전에 하나님께서는 노아와 언약을 맺으신다. 언약에 해당하는 히브리어 'בְּרִית베리트'는 하나님이 택하신 백성과 일방적으로 맺은 약정約定을 말한다. 하나님께서는 노아와 언약을 맺기에 앞서서 아담과도 언약을 맺으셨다(창 2:15-17; 3:15). 그러나 언약이라는 구체적인 용어는 여기서 처음 사용되었다.

또한 본격적인 홍수 시작 전, 하나님께서 맨 처음, 노아와 그의 가족들을, 다음으로는 동물들을 긴급 대피시키신다. 이것은 하나님에게는 '심판' 보다 '보존'이 더 중요하다는 사실을 보여 준다.

왜냐하면 이 보존의 씨는 바로 독생자이신 그리스도와 밀접히 연관되어 있기 때문이다. 이처럼 하나님께서는 어떠한 상황 하에서도 역사歷史 속에 '그리스도를 위한 씨'를 남겨 두셨다(사 6:13). 이런 의미에서 구약은 남은 자의 역사이다.

하나님은 아담의 타락 후 그 심판의 보응報應을 오랫동안 유보留保하셨다. 그러다가 홍수 심판 전에 또다시 노아를 통하여 회개할 것을 촉구하셨고, 마침내는 홍수 7 일 전에까지도 회개의 열매를 참고 기다리셨다. 물론 그동안 노아는 꾸준히 의義의 복음福音을 전파했다(벧후 2:5).

그럼에도 끝내 회개하지 않은 자에 대한 진노震怒의 심판은 분명 닥치고야 말았다. 오늘날에도 성경은 여러 각도로 마지막 날의 불 심판을 경고하면서 경건하게 살아갈 것을 촉구한다. 그러나 끝내 회개하지 아니하는 자들에겐 엄중한 보응만이 따를 뿐이다.

(5) 노아의 제단

노아는 방주方舟에서 나오자마자 제일 먼저 제단을 쌓고 번제물燔祭物을 드렸다. 제단을 쌓은 목적은 '여호와를 위하여'이었다. 이는 '여호와께 보답하기 위하여'라는 뜻으로 생각할 수 있다. 노아가 '자기를 위하여' 제단을 쌓지 않고, 오직 '여호와를 위하여' 제단을 쌓은 것은 그의 신본주의적神本主義的 신앙을 잘 나타내고 있다.

모든 정결淨潔한 짐승 중에서와 모든 정결한 새 중에서 가장 좋은 것을 골라서 노아는 하나님께 정성스러운 제물을 드렸다. 번제의 히브리 어 'עֹלָה올라'는 '올라간다'는 뜻을 지닌 'עָלָה알라'에서 나온 말이다. 제물을 불태움으로써 그 연기가 하늘로 올라가는 것을 의미한다.

'번제'라고 하는 것은 제물의 전부를 다 불태워서 드리는 제사로 완전한 헌신獻身을 다짐한다는 의미가 내포되어 있다. 노아는 방주에서 나와 새 출발을 하기에 앞서, 하나님께 감사하며 완전한 헌신을 다짐하는 뜻으로 번제를 드렸다.

하나님은 노아가 드린 번제물의 향기香氣를 받으셨다. 그러면서 하나님은 앞으로는 사람으로 인하여 땅을 저주하지 않으시겠다고 약속하셨다. 노아의 번제를 받으신 하나님께서 스스로 맹세한 말씀이다. 이는 하나님께서 인간의 원죄를 깊이 통찰洞察하시고 긍휼矜恤을 베풀고자 하시기 때문이다.

즉, 아담 타락 후 죄에 대해 전적으로 무능한 인간들로 인해 반복하여 홍수와 같은 저주를 내린다면 땅과 사람은 잠시도 견딜 수 없는 것이다. 그러나 이 말씀은 죄에 대한 심판을 하지 않겠다거나 특정 지역에서의 홍수의 가능성을 부인하는 말은 아니다. 다만 인류 전체를 멸滅하는 대대적大大的인 물 심판은 노아 홍수의 재난災難에만 국한局限하며 다시는 물로 심판하지 않겠다는 뜻이다.

그 이유는 사람의 마음의 계획이 어려서부터 악하기 때문에, 사람에게 완전한 선善을 요구할 수 없는 것을 아시고 사람이 범죄하였다고 다시 땅을 저주하거나 모든 생물을 멸하지는 않기로 작정하신 것이다. 이는 하나님의 크신 자비慈悲를 보여 준다.

(6) 무지개 언약

홍수가 완전히 물러가고 노아의 번제 후 언약의 주관자主管者이신 하나님과 언약의 당사자當事者인 노아와 그의 아들들 사이에 무지개의 상징으로 언약을 맺으셨다. 무지개가 이전에는 한 번도 나타남이 없이 노아와 언약할 때 비로소 생겼다고 하는 것은 무리한 해석이다.

왜냐하면 아브라함과 후손의 언약을 맺으셨을 때도 하나님께서는 기존의 별을 두고 맹세하셨기 때문이다(창 15:5). 이처럼 하나님께서는 천지의 모든 자연 만물을 불러 당신의 언약의 인印으로 삼으시고 신령한 진리를 보여 주시는 도구로 삼으신다.

또한 타락으로 인해 생명이 단절斷絶되게 되었을 때는, 여자의 후손이라는 씨의 약속을 주셨고, 모세의 시대에는 모세와 같은 선지자의 약속을, 왕국 시대에는 다윗의 보좌에 영원히 앉을 한 왕의 약속을, 그리고 이사야 시대에는 고난 받는 종으로서의 약속을 주셨다.

하나님이 자신의 주권적인 섭리攝理로 다시는 홍수로써 땅을 멸하지 않기로 작정하신 것은 하나님의 은혜였다. 그러나 이 말씀을, 그 이후에는 무슨 방법으로든지 결코 땅을 멸하지 않겠다는 말씀으로 볼 수는 없다. 왜냐하면, 이것은 하나님의 공의公義로우신 심판의 원리에 위배違背되기 때문이다.

실제적으로 홍수 후에도 하나님은 다른 방법을 통해 인간들을 심판하셨던 사실이 여러 번 있다. 예컨대 소돔과 고모라를 불로써 심판하셨고, 사사 시대에는 범죄하는 이스라엘을 심판하시기 위해 주변 국가들을 이용하시기도 했던 것이다.

이제 하나님께서는 홍수 후 구름으로 인해 제 2 의 홍수를 두려워하는 모든 세대와 더불어 무지개 언약을 세움으로써 물 심판으로부터 보존을 계시하고 있다. 따라서 이 무지개는 하나님의 사랑의 징표徵表이며 기독교 언약의 그림자인 것이다.

언약의 징표인 무지개가 홍수를 막고 있듯이 오늘날 우리가 멸망당하지 않고 살아갈 수 있는 것은 모든 언약의 핵核이요 총체總體인 십자가 언약이 하나님의 진노震怒를 막고 있기 때문이다. 즉, 무지개를 보고 노아와의 언약을 기억하시는 하나님은 십자가 위에서 흘리신 그리스도의 피를 보고 성도들과 맺은 구원救援의 언약을 기억하고 죄인들을 구원하시는 것이다.

그러므로 성도는 구름 같은 세상의 온갖 두려움, 걱정, 근심에 휩싸이게 되었을 때 하나님의 궁극적窮極的인 언약인 그리스도를 바라보고 소망으로 인내하며 위로함을 받아야 한다.

(7) 노아의 아들들

노아는 술이 깬 후, 작은아들 함이 자기에게 행한 일을 알고 나서 함의 아들 가나안이 형제들의 종이 될 것이라고 저주詛呪한다(창 9:25). 하나님은 이미 노아의 자식들이 생육하고 번성하여 민족들을 이루도록 축복을 내리셨다(창 9:1). 이처럼 각 민족들의 미래를 작정해 놓은 그 내용을 노아가 실수한 상황을 통해서 선포한 것이다. 이 예언은 그대로 적중되어 셈의 후손 중에서 예수 그리스도가 나셨다.

노아를 통해 새롭게 시작된 인류의 역사는 또다시 셈과 야벳과 함의 후손이라는 줄기를 형성해 나간다. 즉, 현존하는 모든 인류는 이러한 노아의 세 아들의 후손인 것이다.

셈은 노아의 3 형제 중 맏아들이다. 노아가 500 세가 된 후에 낳았다. 그는 그 당시 사람들의 죄악에 대한 하나님의 심판인 대홍수를 겪고 아내와 같이 방주에 들어가 멸망으로부터 구원되었다(창 7:7; 벧전 3:20).

홍수 후 아버지 노아가 포도주를 마시고 추태醜態를 보였을 때, 그 실수에도 불구하고 아들로서 아버지에 대한 충실함과 조심성으로써 그 허물을 가리어 드렸다. 그 결과 축복을 받아 하나님께서 축복을 주신다는 것, 또한 참 하나님께 대한 예배禮拜가 그의 집에 계속된다는 약속을 받았다(창 9:23, 26). 즉, 종교상 축복을 받았다. 그의 이름은 예수님의 계보에 기록되었다(눅 3:36).

창세기 10장의 노아의 아들의 계보에서는 그의 자손과 같이 마지막에 기록되어 있는데, 이것은 하나님의 백성의 주요한 흐름을 기록하기 전에 그렇지 않은 것의 계보를 기록한다는 성경 기자의 관례慣例에 따른 것이다. 셈의 자손은 셈족을 이루었다.

구약 성경을 중심으로 한 인종의 지리적 분포는, 지중해로부터 페르시아 산맥에 이르기까지와, 소아시아의 남부 산악 지방에 남서 나일의 제일 폭포에 이르기까지, 그리고 남동 유브라데와 티그리스의 두 하구에 이르기까지의 지역인데, 이 경계는 애굽 본토와 더불어 서부 아시아의 저지대低地帶를 포괄包括하고 있다.

이 범위 이외의 많은 국토는 구약 성경 기자가 알고 또 기록하고 있지만, 그 주민은 히브리인에게 적어도 바사 패권覇權 시대에 이르기까지는 원격遠隔한 미지未知의 백성에 불과했다. 이 범위 내에 있어서 태고로부터 현대에 이르기까지 그 우세優勢한 주민은 셈 인종이었다.

그러나 서부아시아의 저지대는 왕왕 아리안(Aryans) 인종과 투라니안(Turanians) 인종에 침략되어 애굽에 있어서는 항상 함 인종이 우세하였다.

일반적으로 유포流布되고 있는 셈 인종이라는 명칭은 노아의 맏아들 셈에게서 연유緣由된 것이다. 셈 인종의 주요한 성경적 의의意義는, 계시啓示의 백성인 히브리인이 이 인종에 속하고 있다는 사실이다. 그러나 히브리인은 그 주요 부분의 하나를 형성하고 있지는 않았다. 실제로는 그들은 혼성混成 민족이며, 셈 인종의 역사에 있어서는 후기後期에 출현했다고 한다.

셈 인종은 황색(함은 흑색, 야벳은 백색) 인종으로서 아시아에 주로 분포되어 있다. B.C. 3500년경 셈 유목민은 북방 중심으로부터 앗수르, 바벨론으로 이동했음이 알려져 있다. 아마도 그들은 팔레스타인, 수리아 및 유브라데 평원을 통과했을 것이다. 그리고 주전 2,500년경 다시 같은 지방으로 같은 경로로 이동이 행해져 그 진행에 따라 팔레스타인이나 수리아에도 정주定住하고, 또 애굽에도 침입하기에 이르렀다.

또 B.C. 1,500년경 시리아 사막의 주변 국토에도 일제히 이동이 행해졌다. 남방 중심으로부터는 B.C. 500년경 이주移住 운동이 일어났으나, 그들은 팔레스타인과 수리아의 동쪽 경계에 이르렀고, 다시 바벨만뎁(Babel Mandeb)을 지나 비시니아의 함 사람의 땅에까지 이동한 것으로 생각된다.

최후의 500년경 아람 사람의 대이민大移民 운동이 개시되어 그들의 언어와 그들의 새 종교를 북아프리카와 근동 여러 나라에 전파시켰다. 이 유목민遊牧民의 이동은 거의 1천 년마다 아랍의 불모의 광야에서 시작되었는데, 이것은 러시아 쯔라니아 고원과 북방아시아의 고원에서 행해진 인도 유럽인의 이주 운동과 동일하며, 그것과 동일한 경제적 원인에 의한 것이다.

야벳은 노아가 500세 된 후에 낳은 아들이다(창 5:32; 6:10). 창세기 5:32, 9:27과 기타 근거에 의하여 야벳을 노아의 셋째 아들이라고 주장하는 설說이 있으나, 그는 틀림없이 둘째 아들이다(창 10:21). 대홍수 때 이미 아내가 있었으나 자녀들은 없었다(창 7:7; 벧전 3:20).

방주에서 나온 후 노아가 포도주를 마시고 취하였을 때, 셈과 같이 조심성 있는 행동을 취했으므로 축복을 받았다. 즉, 야벳은 광대한 영토를 획득하여 자유를 누리되 셈의 장막 안에서 살게 될 것이라는 것이다. 이것은 셈족을 정복하는 것이 아니고, 셈족과 평화적으로 살면서 같이 그 특권에 참여한다는 뜻이다.

이는 야벳족인 유럽의 백인들이 셈의 자손, 곧 유대인들이 전한 그리스도를 믿고 축복 받을 것을 가르친 예언이다(창 9:20-27). 이 예언은 실제에 있어서 그리스도를 중심한 것이다. 그 후에 노아의 자손들이 각처에 퍼져서 나라들을 이루었다. 하나님께서 그중에서 특별히 셈 족속을 택하여 한 나라를 이루게 하셨으니 곧 아브라함의 선택이다.

델리취(Delitzsch)는 "신약 성경의 언어는 셈의 장막에 들어간 야벳의 언어이다. 복음은 셈 어에서 야벳 어로 번역된 구원의 선언이다. 회심回心한 이방인들은 대부분 셈의 장막에서 사는 야벳의 자손이다."라고 말했다.

고멜·마곡·마대·야완·두발·메섹·디라스 등은 야벳의 자손인데, 카스피해 남쪽 고원에서 서쪽, 흑해의 남쪽 산지에 걸친 지방, 또 동지중해 연안의 도서나 북해안 지방에 이르는 지역에도 살았고, 또 더 서쪽으로도 퍼져 갔다(창 10:2-5).

함은 노아의 셋째 아들이다(창 9:24). 노아가 500 세 된 후에 낳은 아들이다. 그의 이름은 언제든지 두 번째 나온다(창 5:32; 6:10; 7:13; 9:18; 10:1). 노아의 홍수 때에 결혼은 했었지만 아직 자녀는 없었다(창 7:7; 벧전 3:20).

노아가 포도주에 취하여 벌거벗고 자는 것을 본 함은 밖에 나와 형제들에게 이 사실을 말했다. 함은, 아버지의 권위를 존중하지 않았고, 성性 문제에 대하여 염치廉恥를 가지지 않은 잘못을 저질렀던 것이다. 이와 같은 실수로 그의 아들 가나안은 저주詛呪까지 받게 되는 사태로 번졌다(창 9:20-27).

여호와 자료에 의한 이 기사는 가나안 사람의 주신 제의酒神祭儀에 나타나 있는 바와 같은 그들의 종교적, 도덕적 퇴폐頹廢를 설명함과 동시에, 가나안 사람에 대한 이스라엘 사람의 반감反感을 노골적露骨的으로 표현한 것이라고 생각하는 학자들도 있다.

역대상 4:40의 '함의 자손'은 가나안 사람을 가리킬 것이다. "함의 아들은 구스와 미스라임과 붓과 가나안이요"(창 10:6)라는 기술記述은 함을 이디오피아(구스), 애굽(이스라임), 리비아(붓, 붓과 리비아를 동일시하는 데 대해서는 이론이 있으나, 대략 이 부근을 포함하는 지역으로 보아 무방無妨할 것이다.) 및 가나안에 있어서 각 족속의 조상으로 하고 있으나, 물론 이것은 역사적으로 보아 전적으로 타당할 수는 없을 것이다. 그들의 자손이 각 지역으로 분산·점령·병합併合 등으로 침투했다고 보아야 할 것이다(창 10:6-14).

3. 아브라함과의 언약

1) 셈의 계보

(1) 셈의 자손

셈의 자손들은 중동의 중부에 민족을 형성하였다. "셈은 에벨 온(모든) 자손의 조상"이라고 기록되어 있는데(창 10:21), '에벨'은 모든 아라비아 족속들, 이스라엘 족속들(창 11:16-26), 이스마엘 족속들, 미디안 족속들(창 25:2), 에돔 족속들을 포함한다. 이 중에 이스라엘 족속들을 통하여 하나님의 구속사救贖史는 계승된다.

모세는 하나님의 구속 역사의 근원지인 셈의 계보系譜를 기록하고 있다(창 11:10-32). 이 계보도 셋 후손의 계보처럼(5:6-32) 10대를 기록하고 있는데, 하나님의 은혜 언약恩惠言約의 성취를 위한 계시 전달의 계보이다.

이는 다시 선택된 후손 셈에서부터 아브람에 이르는 계보를 연대기적年代記的으로 제시하여 홍수 시대 이후와 아브람의 언약 시대 사이를 뚜렷이 규명糾明해 주고 있다.

이제 아브라함의 소명召命을 위한 준비 단계로, 하나님은 셈의 계보 중에서 또다시 데라의 계보를 구별시켰다. 그 시대에 만연된 다신교적多神敎的 우상 숭배는 데라의 집에까지 영향을 미쳤다(수 24:2-3). 그래서 하나님께서는 완전히 새로운 한 국가를 형성하시고자 은혜로 한 가정을 "이끌어 내셨다"(창 15:7).

즉, 족장의 역사는 가족 역사의 형태를 취하게 되었고 가족의 역사는 장차 올 이스라엘 역사의 발판이 되었다. 이처럼 하나님께서는 종종 가정을 영적靈的 계보系譜의 근원지로 만드신다(행 16:31-32).

한편 창세기의 여러 족보는 서로 관련이 없는 것 같지만 결국은 서로 연결된 것으로서 마침내 예수께서 탄생하실 이스라엘 민족의 혈통血統을 분리 준비시키기 위한 끝없는 선택의 과정을 보여 주고 있다.

이제 이런 관점에서 창세기를 주요 족보별로 나누어 보면 다음과 같다.

① 천지 창조의 계보系譜(1:1-2:3)
② 아담의 계보(4:1-2, 25-26; 5:1-31)
③ 노아의 계보(5:32-9:29)
④ 노아의 세 아들의 계보(10:1-32)
⑤ 셈의 계보(11:10-32)
⑥ 아브라함의 계보(12:1-25:18)
⑦ 이삭의 계보(25:19-28:22)
⑧ 야곱의 계보(29:1-36:43)
⑨ 야곱의 12 아들의 계보(37:1-50:26)

이상은 아담 → 셋 → 노아 → 셈 → 아브라함 → 이삭 → 야곱에 이르기까지 곧 이스라엘의 야곱의 12 아들에 이르기까지 하나님이 계속 택한 백성의 혈통을 분화分化시켜 오셨음을 보여 준다.

(2) 셈의 후예(後裔) 아브라함

창세기 10장의 셈의 족보에 대하여, 11장의 셈의 후예 족보後裔族譜는 급속도로 진행되어 단숨에 여러 대를 뛰어넘어 아브람에 이르고 있다. 그러므로 본 장에서는, 인류사의 이면裏面에서 구속사를 전개시키시는 하나님의 손길을 눈여겨볼 수 있다.

구약 구속사救贖史의 주역主役이 될 택한 백성 곧 이스라엘 민족의 직계 조상인 아브라함이 등장한다. 영적靈的 의미에서 볼 때, 아브라함은 신약 모든 성도의 조상이다(롬 4장; 갈 3장).

그런데 창세기는 아브라함의 조상이 셈이며 거슬러 올라가면, 마침내 아담에 이르게 된다는 것을 그의 족보를 통해 보여 준다(창 5장; 10:11-31; 11:10-26). 이것은 하나님이 여자의 후손을 통해 구원하시겠다는 약속을 한 번도 단절斷絕하지 않으시고 태초로부터 진행시키셨음을 증거하시려는 의도이다(창 3:15).

이는 또한 성경 역사가 구속사적인 특정한 관점에 의해 선별되어 기술記述함을 보여 주는 하나의 예이다. 즉, 구속사의 주인공을 향하여 일관되게 역사를 기술하되 중요하지 않은 시대는 과감히 생략하고 있음을 볼 수 있다.

이제 모세는 하나님의 구속 역사救贖役事의 본류本流로 돌아와서 셈의 족보를 기록하고 있는데, 하나님의 은혜 언약의 성취를 위한 계시啓示 전달의 축복이다. 이것은 12장부터 시작되는 아브라함의 등장에 대한 준비이다.

아브라함은 여호와 하나님에 관한 정통 계시正統啓示가 보존되어 흐르는 셈의 후손이었다(창 9:26-27). 하나님의 부르심에 대한 그의 응답도 이러한 계시적啓示的인 지식에 기초한다. 그러면서도 창세기 12:1-9에서는 훨씬 더 하나님의 주권적이고도 자비로운 선택이 두드러지고 있다.

그가 하나님께로 부름 받을 때는, 정통 계시가 변질되기 시작한 배도背道의 시기時期와 깊은 상관 관계를 갖고 있다(수 24:2). 이런 세태世態에서도, 아브람은 하나님으로부터 부르심을 받았을 때 갈 바를 알지 못하였지만 믿음으로 순종하고 나아갔다.

여기서 그의 믿음이란, 하나님께서 스스로 경영하시고 세우시는 하나님의 도성都城에 대한 믿음이었다. 그것은 곧 구원에 대한 믿음이었다(히 11:8-10). 하나님께서는 이러한 아브람의 믿음 위에 '하나님 나라'를 건설하시겠다고 선언하셨다.

궁극적窮極的으로 그를 통하여 이루어질 큰 민족은 육정肉情이나 혈통으로 말미암지 않으며, 오직 그와 같은 믿음을 가진 모든 사람, 곧 하나님의 백성들로 구성된다(요 1:9; 갈 3:7). 이제 아브람은 하나님의 이 세상에 대한 구원의 기관機關으로 이 땅 위에 서게 되었다.

그는 복의 근원으로서, 그를 저주詛呪하는 자는 도리어 자신이 저주를 입을 것이며 그를 복되다고 하며 그를 따르는 자는 아브람의 복에 동참同參하게 될 것이다. 타락한 인간에게 있어서 복福이라는 것은 '죄와 사망'으로부터 건짐을 받고, 하나님의 거룩한 통치 아래에서 영원토록 사는 것이다. 이는 하나님께서 인간을 창조하신 목적의 완성이다(마 1:21-23).

그러나 이때는 그 시대적 특징상 혈통으로서 아브람의 가족과 히브리 민족이 하나님의 구원 기관救援機關으로서 하나님 나라와 아주 밀착密着되어 있었던 것이 사실이다. 따라서 아브람에게 주어진 하나님의 약속도 이러한 양면에서 파악해야 할 것이다(창 13:14-17; 15:1-5; 17:1-10; 22:16-18).

2) 아브람의 순종

(1) 아브람의 제단(祭壇)

민족으로서 이스라엘을 구속사의 전면前面에 부각시킨 것은 출애굽기부터이나, 하란에서 아브람을 부르신 것은 민족 형성 이전에 가족 단위로 진행된 구속救贖 역사役事를 보여 준다. 하나님께서 아브람을 부르신 이유도 바로 이 구속사를 계승시키기 위함이었다(창 12:1-3). 실제로 아브람의 순종으로 이스라엘 민족이 형성되었고 그 계보를 통하여 예수 그리스도가 오심으로 구속사가 완성된 것이다.

하나님께서 아브람더러 그의 자손에게 가나안 땅을 주시겠다고 약속하신 것은 그를 거기까지 인도하신 목적을 말씀하신 것이다. 가나안 땅이 아브람의 자손들이 기업基業으로 약속 받은 땅이었지만, 아브람은 아직 발붙일 만큼도 유업遺業을 받지 못하고 여기저기 유리遊離하였다. '장막'을 쳤다는 말은 그의 생활이 안정되지 못함을 의미한다.

그랬음에도 불구하고 그는 가는 곳마다 하나님을 위하여 단壇을 쌓고 그의 이름을 불렀다. 갈대아 우르에서 인도하여 멀리 가나안 땅에까지 왔으나 아직까지 발붙일 곳이 없음에도 불구하고 그는 그렇게 하나님의 인도가 모순矛盾된 듯이 보였지만 신앙에는 동요動搖를 받지 않고 더욱 열심으로 하나님을 섬겼다.

아브람은, 감사하는 뜻으로 제단祭壇을 쌓았다. 제단이란 히브리 원어로 'מִזְבֵּחַ 미즈베아흐'로 '죽임의 장소'란 뜻이다. 다시 말하면, 제단은 짐승을 죽여 제물을 바치는 곳이다.

짐승의 피를 흘려 희생제물犧生祭物을 바침은, 장차 오실 그리스도의 속죄贖罪의 보혈寶血을 예표한 것이다. 하나님이 주신 약속을 감사하는 표標로 드렸든지, 혹은 언제나 하나님을 공경恭敬하는 뜻으로 실행하였을 것이다. 아브람은 가는 곳마다 먼저 제단을 쌓았다.

그리고 하나님과 아브람 사이의 언약은 제단을 통하여 공식적公式的으로 수립樹立되었다. 아브람이 동물의 중간을 쪼개고 그 쪼개진 사이로 '연기 나는 풀무' 및 '타는 횃불'로 상징되는 하나님의 모습이 지나감으로써, 하나님과 아브람 사이에 언약이 세워지게 된 것이다(창 15:7-17).

동물이 쪼개지고 그 사이를 지나감으로써 언약의 당사자當事者들은 삶과 죽음의 서약을 하게 된 것이다. 만일 언약이 이행履行되지 않을 경우에는 동물이 쪼개진 것과 같은 일을 당하게 된다는 것이다(렘 34:17-20).

이는 가나안을 얻기 전 이스라엘이 겪어야 할 노예 생활奴隸生活의 고통과 출애굽 시 지불해야 할 죽음의 대가代價 및 더 나아가 영적靈的 가나안을 보장해 주기 위한 그리스도의 수난受難과 희생犧牲을 예시하고 있다.

한편 성경에 나타난 세 가지 합법적 언약은 ① 피의 언약(렘 34:18-19), ② 소금의 언약(민 18:19; 대하 13:5), ③ 신발(shoes)의 언약(룻 4:7) 등이다.

(2) 아브람과 사래

아브람은 가나안에서 애굽으로 가게 된다. 아브람이 가나안 땅에 들어와서 얼마 동안 살게 되었을 때, 그곳에 흉년이 들어 기근이 심하게 되었다. 그래서 아브람은 애굽에 머물러 살기 위하여 그곳으로 내려갔다. 여기에서 아브람의 두 가지의 실수를 볼 수 있다.

첫째는, 아브람이 하나님의 지시 없이 자기 생각대로 애굽으로 내려간 것과(창 12:10), 둘째는, 자기 아내를 누이라고 속인 것이었다(창 12:13, 19). 아브람이 이렇게 한 것은 하나님의 보호에 대한 확신이 부족하기 때문일 것이다.

하나님은 실수를 거듭하는 아브람이었지만, 그를 불쌍히 여기시고 바로에게 재앙을 내리심으로 아브람과 사래를 구원해 주셨다. 하나님은 그들을 다시금 가나안 땅으로 돌아오게 하셨을 뿐만 아니라, 모든 소유까지도 풍성하게 하셨다. 이것은 전적으로 하나님의 무조건적 은혜이다.

아브람도 우리와 같은 똑같은 성정性情을 지닌 사람이었다. 그가 하나님께 인정 받은 것은 단지 그의 믿음 때문이었다. 실제로 아브람은 자신의 목숨을 유지維持하기 위하여 그의 아내 사래마저도 포기할 정도로 연약하였지만 하나님은 그를 보호하셔서 아내를 이방인異邦人의 손에서 지켜 주셨다. 우리의 연약軟弱함에도 불구하고 우리를 지켜 주시는 하나님의 사랑은 이처럼 크다.

(3) 아브람과 롯

유목 사회遊牧社會에서 초지草地와 물은 언제나 분쟁의 불씨였다. 아브람과 롯도 더 이상 그 많은 가축들을 같은 초지와 물로써 먹일 수 없음을 깨닫고 분가分家를 결정한다. 먼저 롯이 선택한 곳은 풍부한 물과 초지가 펼쳐진 곳이었다. 그러나 그는 물질적인 풍요豊饒가 영적인 타락의 지름길이라는 것을 직시直視하지 못했다(창 18:16-21).

이는 인간의 의지意志를 통해서 역사役事하시는 하나님의 모습을 보여준다. 아브람은 롯이 선택하고 남은 땅에 자신이 거주하겠다는 양보의 미덕을 발휘했다(창 13:9). 롯이 좋다고 택한 땅은 육신의 눈으로 볼 때에는 아름다운 곳이었지만 이것은 겉모양뿐이요 그 이면裏面에는 각양各樣 죄악으로 가득 차 있었다.

세상의 물질을 탐貪하여 소돔에 주저앉은 롯에게는 불의 심판에 앞서 하나님의 징계懲戒가 먼저 있었다. 당시에 시날 왕 아므라벨이 인근의 네 왕들과 연합하여 소돔과 고모라 땅에 쳐들어 왔다. 그 결과 소돔과 고모라의 모든 재물과 양식은 약탈당했으며, 롯도 사로잡혀서 포로가 되었다(창 14:1-12).

이것은 하나님의 무서운 징계였다. 하나님은 이와 같은 징계로서 롯에게 회개의 기회를 주셨다. 그러나 롯은 아브람에게 구출되자, 소돔에 도로 주저앉고 말았다. 마침내 불 심판을 받게 되어서야 비로소 도망쳐 겨우 구원을 얻게 되었다.

소돔과 고모라가 누리는 부귀와 영화는 세속적인 향락의 상징이요 죄악세상의 상징이었다. 결국 소돔과 고모라는 무참히 유황硫黃불로 멸망당하였고, 롯은 모든 재산을 다 잃어버렸으며, 더욱이 딸과 통간通姦 등의 커다란 비극을 당하고 말았다(창 19장). 우리는 물질을 하나님보다 더 사랑하는 자의 결과가 어떠함을 롯의 경우로부터 배워야 한다.

반면 아브람은 열악한 조건 속에서 출발했지만 롯보다 강성해졌다. 아브람의 선택은 신앙의 선택이었다. 그 결과 당장은 척박한 땅을 차지했지만 영적으로는 풍요로움을 누렸고, 영적 축복은 물질적인 축복으로까지 이어지는 결과를 가져오게 되었다. 이것은 주어진 환경보다 하나님이 함께하심이 더 중요함을 깨닫게 한다.

결과적으로 하나님께서 자신의 언약대로(창 12:2-4) 아브람에게 약속의 땅을 주셨다. 또한 그곳에서 후손이 번성할 것이라는 언약을 재확인 받는데(창 13:14-18), 이는 육적으로 성취될 뿐 아니라 그리스도를 통한 영적 이스라엘의 확산擴散으로 완전히 성취되었다.

롯은 분가分家할 때 아브람보다 좋은 조건 속에서 출발했다. 그럼에도 불구하고 동방 왕들의 전쟁 중에 롯이 사로잡혀 가게 되었다. 그 포로 중에 롯도 끼어 있었다(창 14:1-12). 이것은 단순한 침략 전쟁이 아니라 타락한 도시에 거居하는 롯에 대한 하나님의 경고였다고 볼 수 있다. 그러나 롯은 이 사건 후에도 그것을 깨닫지 못하다가 소돔과 고모라 멸망 이후에야(출 19:24) 그곳 생활을 청산하게 된다.

(4) 아브람과 멜기세덱

창세기 14:18에 느닷없이 '지극히 높으신 하나님의 제사장'으로서 나타나 제사장의 직능職能으로 떡과 포도주를 상징적으로 써서 아브라함을 축복하고 있다. 여기서 멜기세덱은 참된 대제사장이신 그리스도를 예표하며, 그가 가지고 온 떡과 포도주는 그리스도의 살과 피를 상징한다.

살렘 왕 멜기세덱은 당시 예루살렘의 왕이자 제사장으로서 아브람의 가계家系와는 별도로 여호와 신앙을 지녔던 인물이었다. 멜기세덱과 같이 제사장과 왕의 두 직능을 한 몸에 겸비한다는 것은 후대에 이르러 이스라엘의 이상적理想的 왕으로 되고, 따라서 이상적 왕은 '멜기세덱과 같은 자'라고 칭함을 받았다(시 110:4). 이것은 히브리서 5:6, 7에 있어서 그리스도에 적용되고 있다.

그런데, 그 당시 엘람 왕·고임 왕·시날 왕·엘라살 왕이 소돔과 고모라를 침공했을 때, 아브라함의 조카 롯도 사로잡혀 갔다. 이 소식을 들은 아브라함이 정병精兵 318 명을 거느리고 단까지 추격하여 다메섹 좌편 호바에서 롯과 부녀, 그리고 재물을 다 찾았다.

돌아올 때 소돔 왕이 나와 그를 영접하고, 살렘 왕 멜기세덱이 상술詳述한 바와 같이 떡과 포도주를 가지고 나왔다. 그리고 아브라함에게 축복해주자 아브라함이 그 얻은 것에서 십분의 일을 멜기세덱에게 줌으로써 십일조의 창시자가 되었다.

멜기세덱에 대해 보는 관점이 많고 구구하지만, 히브리서 7:1-17을 중심으로 생각하면, 그는 영원한 제사장(하나님의 아들)의 모형이다.

첫째, 그는 "아버지도 없고 어머니도 없고 족보도 없고 시작한 날도 없고, 생명의 끝도 없이, 하나님 아들과 닮아서 항상 제사장으로 있느니라."(3절)라고 한다. 그의 제사장직은 조상의 계보를 전연 가지지 않은 점에서 예수 그리스도의 대제사장직과 유사類似하다.

그는 이런 점에서 하나님의 아들과 닮았다. 그러므로 그는 하나님의 아들의 모형模形이다. 그렇다면 예수 그리스도는 그의 탄생誕生 2,000 년 전에 이미 멜기세덱이란 인물로 예표豫表되었다.

둘째, 멜기세덱은 아브라함보다 높다. 그가 아브라함에게 축복했고, 아브라함은 그에게 십분의 일을 주었다는 것으로 알 수 있다. 히브리서 7:7에 "논란의 여지없이 낮은 자가 높은 자에게 축복을 받느니라."라고 하였다. 아브라함은 믿음의 조상이라고 하리만큼 영적靈的으로 컸다.

즉, 그를 축복하는 자는 복을 받고 그를 저주하는 자는 저주를 받는다고 했다(창 12:3). 그가 아브라함을 축복한 점이 아브라함보다 높은 증표證票다. 떡과 포도주는 영적으로 예수 그리스도의 살과 피에 의한 축복을 암시한다(마 26:26-29).

그리고 '살렘'은 예루살렘일 것이다. 그 이유로서, 살렘은 이스라엘 사람의 가나안 정복 전부터 예루살렘이란 이름으로 존재했으며, 왕에 의해 다스려지고 있었다. 시편 76:2에서 살렘은 예루살렘(평화의 성읍, 평화의 소유란 뜻)의 단축형短縮形으로 쓰이고 있다.

만일 멜기세덱이 다윗처럼 이 도성都城의 같은 왕이라면 시편 110:4에서 다윗의 주主가 멜기세덱과 대비되고 있다는 것은 참으로 적절하다고 생각된다. 예루살렘은 아브라함이 호바와 다메섹에서 귀환하는 도상途上에 있었다는 것(창 14:15, 17-18) 등의 점을 들 수 있다.

(5) 아브람의 의(義)

"아브람이 여호와를 믿으니"의 '믿다'의 히브리 어 'אָמַן 아만'은 '신뢰信賴하다, 의지依支하다'의 뜻이 담겨 있다(창 15:6). 이는 아브람이 후손에 대한 하나님의 약속을 인격적으로 신뢰하고 그 말씀에 전적으로 의지했으며 더 나아가 이미 계시된(창 3:15) '여인의 후손'에 대한 메시야 신앙을 믿음으로 확신했다는 뜻이다(요 8:56; 히 11:1).

여호와께서 이를 그의 의義로 여기시고의 '의義'의 히브리 어 'צְדָקָה 쩨다카'는 '의義의 옷'이며, '여기시다'는 'חָשַׁב 하솨브'로 '정定하다, 짊어지게 하다'란 뜻으로 '전가轉嫁된 의'를 말한다(본서의 히브리 어, 헬라 어 발음은 디럭스 바이블에 의하여 하되 기본형을 중심으로 하였음).

성경에 나타난 세 가지 전가轉嫁는 ① 아담의 죄를 전인류에게 전가함

(롬 5:12), ② 인류의 죄를 그리스도에게 전가함(사 53:5, 6; 고후 5:14, 15; 히 2:9; 벧후 2:24), ③ 하나님의 의義를 그리스도를 믿는 모든 죄인罪人에게 전가함(롬 4:18-24; 빌 3:9) 등이다.

이상을 종합해 보면 하나님의 의義의 성격은 칭의稱義 받기에 부족한 죄인에게 전가된 의로 말미암아 하나님의 법法 앞에서 무죄無罪 상태가 되는 것이고, 조건은 행위가 아닌 믿음이며, 믿는 순간에 의롭게 되어진다는 사실을 알 수 있다.

즉, 성경은 모든 사람이 하나님 앞에서 벌거벗은 죄인이라고 지적한다(창 3:10; 사 20:3; 고후 5:3; 계 3:17, 18). 그래서 인간은 죄악의 수치羞恥를 가리기 위해 여러 가지로 노력하지만 다 무익하고 오로지 하나님께서 덧입혀 주시는 은혜의 옷(칭의稱義)만이 그 죄악을 가릴 수 있다고 가르친다(롬 3:23; 4:7, 8; 계 19:8).

하나님은 다섯 번에 걸쳐서 아브라함과 언약하셨다. ① 가나안에 들어가기 위해 하란을 떠났을 때(창 12:1-3), ② 롯과 작별한 뒤(창 13:14-17), ③ 소돔 왕의 제의를 거절한 후(창 15:1-5), ④ 아브람이 99 세가 되었을 때(창 17:1-10), ⑤ 독자獨子 이삭을 제물로 드린 후이다(창 22:16-18).

이 다섯 번의 언약을 검토해 볼 때 다음과 같은 세 가지의 축복으로 요약할 수 있다.

첫째, 땅의 축복으로서 가나안 땅은 그의 후손들의 기업基業이 될 것이다.

둘째, 자손의 축복으로서 아브라함의 후손은 번성繁盛하여 마침내 큰 민족을 이루어 하나님의 백성이 될 것이다.

셋째, 그는 복의 근원이 되어 모든 민족들에게 그 복을 미치게 하는 통로적인 역할을 할 것이다.

아브라함은 이러한 언약을 받고 그 언약의 여호와를 믿으므로 여호와께서 이를 그의 의義로 여기셨다(창 15:6; 롬 4:1-4). 이로써 아브라함은 언약 백성의 조상이 되었고, 아울러 믿음의 아버지가 된 것이다.

3) 아브라함과 사라

(1) 열국(列國)의 아버지(개정판 : '여러 민족의 아버지'▸17:5)

하나님이 주신 언약은 하나님이 주체主體가 되어 이끄시는 언약 혹은 사람들과 이미 체결해서 잘 알려진 언약을 의미한다(창 6:18; 9:9). 하나님의 언약은 때와 장소를 따라 다른 형식을 취할 수는 있으나 그 본질은 세대를 통해 항상 동일하며, 소명 시召命時의 언약과 그 본질상 같다(창 12:2, 3).

즉, 아브람에게 거듭 약속된 축복은 후손과 땅에 대한 것이었다. 이 두 언약은 역사의 흐름과 함께 두 차원次元으로 발전해 간다. 첫째는 현실적이고 세속사적世俗史的인 차원이요. 둘째는 영적이고 구속사적救贖史的인 차원이다. 하나는 그리스도의 재림과 함께 멸망할 육적肉的 후손과 일시적인 세상 가나안 땅이며 또 하나는 그리스도의 재림으로 완성될 영적 후손과 영원한 하늘 가나안 땅이다(벧후 3:10-13).

히브리인들은 할례를 받을 때 이름을 지어 준다. 아브람 역시 할례를 받기 직전 개명되었다(창 17:5). 이 할례割禮와 개명改名의 의미는, 당장은 언약의 갱신을 위한 외적 표지標識이나, 장차는 그리스도께서 와서 맺을 새 언약에의 동참同參을 의미하는 정결 의식淨潔儀式이기도 하다.

여기서 אַבְרָם아브람이 '고귀高貴한 아버지'란 개인적인 성격의 이름이라면, אַבְרָהָם아브라함은 '많은 무리의 아버지'란 뜻의 공적公的인 이름이다. 즉, 없는 것을 있는 것같이 부리시는 하나님은 아직까지 약속의 아이조차 없는 아브람을 '아브라함'이라고 부르심으로써 그를 열방 列邦 무리의 아버지로 지명하셨다.

후손 後孫을 통하여 끊임없이 이어지고 있는 하나님의 구속사적 언약은 결코 한 개인, 한 세대에 국한되지 않고, 역사와 더불어 계속 발전 확장되어 마침내 전 인류에게 보편적으로 적용됨이 확실하게 계시되었다. 따라서 이 이름은 하나님이 지금까지 주신 언약에 대한 또 한 번의 확인인 동시에 그를 통하여 이루어질 만인 구원 역사 萬人救援役事에 대한 예언이기도 하다.

이처럼 하나님께서는 새로운 본성本性과 함께 새로운 이름을 주신다. 이것은 마치 야곱에게 '승리'를 의미하는 '이스라엘'(יִשְׂרָאֵל 이쓰라엘)이란 이름을 주심과, 시몬에게는 '반석磐石'을 의미하는 '베드로'(πέτρος 페트로스)란 이름을 주심과 같다. 마찬가지로 모든 믿는 자들에게 하나님께서는 구원의 새 이름을 주신다(엡 3:15; 계 2:17).

(2) 언약의 할례(割禮)

아브라함이 하란을 떠나온 지 24 년 후, 그 첩실妾室 하갈의 도피逃避 등 일련의 불신앙적 사건들이 있은 지 13 년 후, 오랜 인내의 시험을 거친 아브라함에게 하나님이 다시 나타나셔서 땅과 후손에 대한 언약을 좀 더 구체적으로 갱신更新하시었다. 이 갱신된 언약의 표징으로 새 이름이 주어졌고, 할례割禮 의식儀式이 제정制定되었다(창 17:9-14).

옛 언약 하의 모든 의식儀式은 인자 되신 그리스도를 상징하기 때문에 모든 제물을 수컷이어야 했고 또한 모든 언약 의식도 남성男性에게 한정되어 있었다. 그러나 여성은 남성 안에 내포內包되어 있는 것으로 간주되었기 때문에(창 2:21-24; 엡 5:22-33), 그 효력의 범위는 양성兩性에게 모두 해당되었다.

여기에서 구약 시대의 할례와 언약, 신약 시대의 세례와 신앙과의 관계를 고찰해 볼 필요가 있다.

① 할례割禮의 방법 : 할례(circumcision)에 해당하는 히브리 어 'מוּלֹת 물로트'의 문자적 의미는 '주위를 둥글게 자르다'란 뜻이다. 이것은 남성 생식기生殖器의 머리 부분을 덮고 있는 표피表皮를 베어 내는 것을 말한다. 즉, 오늘날 포경 수술과도 유사하다.

② 할례의 대상 : 아들과 남종을 포함한 모든 남자이다.

③ 할례의 시기 : 생후生後 8 일째 되는 날이다.

***언약의 표징(表徵)으로서 구약 시대에 이 할례가 갖는 특수한 의미**

① 하나님의 언약에 대한 인간 측의 순종을 나타내는 표이다.
② 아브라함의 자손이라는 표이다.
③ 이스라엘 민족을 이방異邦 민족과 구별하는 표이다.
④ 선민 의식選民意識을 일깨움과 동시에 언약 공동체言約共同體의 일원이 되는 것을 상징하는 표이다.
⑤ 여호와의 언약을 영원히 기억하게 하는 표이다.
⑥ 도덕적 순결純潔을 지키겠다는 표이다.
⑦ 신약 시대 교회의 세례洗禮에 대한 예표豫表이다.

그러나 세월의 흐름과 함께 유대인들 중에는 신체적인 할례를 받았지만, 그 할례 행위의 진정한 영적靈的 의미를 깨닫지 못하고 할례 행위 자체가 어떤 특권을 주는 것으로 오해한 자들이 많았다. 이로써 할례의 의미는 타락墮落했고, 이런 할례의 무효성無效性은 구약 시대로부터 이미 과감히 지적되고, '마음의 할례'를 강조하게 되었다(신 10:16; 30:6; 렘 4:2; 겔 44:7).

신약 시대로 접어들면서 이 할례의 문제는 초대 교회에서 논쟁의 대상이 되었다(행 15:1, 2). 그러나 바울은 롬 2:25-29과 4:9-13에서 할례의 진정한 의미와 기능을 올바로 해석했다. 즉, 진정한 할례는 육신의 할례가 아니라 마음의 할례이며, 믿음으로 의롭게 된 것을 확인하는 표에 불과하다고 말함으로써 유대인과 이방 인간의 벽을 무너뜨렸다.

따라서 신약 시대에 있어서 육적肉的 할례는 더 이상 의미가 없고 다만 그 기능을 세례가 떠맡게 되었다. 즉, 신약 시대의 세례는 구약 시대의 할례를 대신하는 것으로서 믿음과 구원의 징표徵表이다. 세례는 그리스도인이 그리스도와 함께 십자가에 못 박혀 장사葬事된 것을 상징하는, 손으로 하지 아니한 그리스도의 할례이다(골 2:11).

그러나 물론 세례도 할례의 경우에서와 같이 믿음과 구원의 표시일 뿐이지 그것 자체가 결코 믿음과 동일시될 수 없으며 구원의 증거證據나 조건이 될 수 없다. 즉, 하나님께서 아브라함에게 약속하셨던 축복과 구원을 믿음으로 받아들이는 자들에게 할례가 그 순종의 믿음의 표시가 되었듯이, 예수 그리스도를 구주로 믿고 고백하는 자들에게 있어서 세례는 그들의 믿음의 표시가 될 뿐이다.

또한 구약 시대에 있어서 할례가 사회적으로 자신이 언약 공동체言約共同體의 일원임을 보는 행위였던 것과 같이, 오늘날의 세례도 그가 이 땅의 교회에 속함을 보이는 사회적인 증표인 것이다.

(3) 열국(列國)의 어머니(개정 : '여러 민족의 어머니' ▸ 17:16)

할례의 교훈 후에 아브라함에게 아들을 낳아 줄 자者가 사래 자신임을 지적하신다. 이제 그것을 역설力說하시기 위해 하나님께서는 '사래(שָׂרַי Sarai)'를 '사라(שָׂרָה Sarah)'라는 고상한 이름을 주셨다(창 17:15,16). 하나님께서 처음으로 사라가 약속한 씨의 어머니가 될 것을 특별히 말씀하셨다. 그러므로 그녀를 '왕들의 어머니'처럼 '여왕'이라고 부르게 된 것이다. 하나님께서 '내가 그 여자에게 복 주시겠다.'라고 두 번 말씀하셨다.

그녀는 그녀의 지금까지의 생애에 아기를 배지 못했고 또 지금은 90 세였다. 그래서 그녀에게는 아들을 가질 수 있는 특별한 축복이 필요했다. 하나님께서 그 여자가 '열국의 어머니'가 될 것이라고 말씀했을 때, 하나님은 분명 유다, 이스라엘과 에돔을 의미했다. 물론 영적인 의미도 있다.

하나님께서는 아브라함에게 처음으로 하나님의 언약이 다만 이삭과 그의 씨와 관계된 것을 강조하셨다. 아브라함은 이제 하나님의 약속에 속하는 아들이 사라에게서 날 것을 알게 되었다. 이렇게 알게 되었을 때에 그는 기뻐하지 않을 수 없다. 아브라함이 기쁨으로 그 말씀을 받음으로 하나님께서 아브라함의 아들의 이름을 '이삭(יִצְחָק 이쯔하크)'이라고 말씀하셨다. 또한 하나님께서 이삭이 일 년 내에 태어나리라는 기쁜 소식을 그에게 주셨다. 실로 그 이적은 곧 사람의 몸에서 이루어졌는데 하나님께서 후에 사라에게도 들려주셨다(창 18:14). 이 이적은 신약 마태복음 1장에서 요셉과 마리아에게 있었고, 그 이전에 사가랴와 엘리사벳(눅 1장)에게도 있었다.

그러므로 구약 창세기 17장에 나타난 사건은 역사적인 사건일 뿐만 아니라 장차 신약 시대에 예수 그리스도의 성육신成肉身과 구속의 사건과 관계된 예언이다. 즉, 계시啓示이다.

하나님께서 아브라함에게 이스마엘과의 관계에 대해서도 약속하셨는데 그가 12 아들을 낳을 것이고 그로 한 민족을 이루게 하리라고 하셨다(21:13; 참조▸18절). 후대에 이 왕들은 '이스마엘의 계대繼代'를 의미하고 있다(창 25:12-16). 아브라함에게 약속한 하나님의 언약의 계시는 완전하며 또 그에게 보이는 표징은 그와 그의 아들 이스마엘에게만 아니라 또 돈으로 산 자와 종들에게까지도 적용適用되었다.

비록 이스마엘은 이삭과 함께 약속들을 차지하지 못했을지라도, 아브라함이 그를 위하여 구求한 영적인 축복들이 그들 중에 있게 되었다. 하나님의 축복은 모두를 위한 것이다. 그러나 그곳이 모두에게 임하는 것이 아니라 그들 중에 특별히 하나님께 속하고 하나님의 언약을 믿고 따르는 자에게 유효有效한 것이다.

4) 모리아 산의 언약

(1) 하나님의 시험

창세기 22장의 모리아 산의 여정旅程은 곧 갈보리의 여정이다. 왜냐하면 400 년 후 모세의 제사 제도(레 1:1-9)와 맥을 같이하면서 2,000 년 후 그리스도의 십자가 사건(요 19:17, 18)과 구속사적으로 직결되는 예표적 사건이기 때문이다.

＊이 사건의 분명한 공통점

첫째, 제물祭物은 흠欠 없는 수컷이어야 한다.

둘째, 제물은 자발적으로 드려야 한다.

셋째, 제물은 희생犧牲되어 그 피가 뿌려져야 된다는 점 등이다(히 9:18-22).

"하나님이 아브라함을 시험하시려고"라는 하나님이 아브라함으로 하여금 죄를 저지르도록 유혹하신다는 뜻이 아니다. 죄로 유혹하는 것은 사탄이 하는 일이다. 하나님은 아무도 유혹하지 않으신다(약 1:13). 다만 사람의 마음의 상태를 드러내시기 위하여 또는 연단을 위해 때로 시험을 하신다.

이삭은 아브라함이 노년에 얻은 아들이다. 그리고 하나님의 약속들과 관련된 상속인相續人이다. 그에게 쏟은 아브라함의 사랑이 극진했음은 말할 필요가 없다. 자식에 대한 사랑은 자연스러운 것이다. 그러나 자칫하면 하나님을 등한히 하기 쉽다. 아브라함은 자신도 모르는 사이에 이와 같은 위험에 빠지게 되었다고 짐작된다. 이런 문제는 빨리 해결되어야 한다.

따라서 하나님은 아브라함에게 이삭을 번제燔祭로 드릴 것을 명하셨다. 이것은 이스마엘을 내보내는 것과 비교할 수 없는 성질의 시험이다. 하나님은 이를 통하여 아브라함의 믿음을 굳게 하려고 하셨다. 이에 대해 아브라함은 놀라운 믿음을 나타냈다. 그가 아침 일찍 일어났다는 사실은 그의 신속迅速한 복종과 결단決斷을 보여 준다. 그리스도인들은 아브라함처럼 하나님의 뜻에 순종해야 한다.

그러나 하나님의 명령을 받은 아브라함이 그저 기쁜 마음으로 기꺼이 순종했다고 하는 것은, 어버이의 애정을 무시한 너무 비인간적인 해석이다. 아마 그는 밤잠을 못 이루면서 다음과 같은 내적內的 갈등葛藤을 겪었을 것이다.

첫째, 일찍이 노아에게 생명의 존엄성尊嚴性을 일깨워 주시면서 그토록 피 흘리는 것을 싫어하셨던 하나님께서 어떻게 이방의 극악한 관습인 인신 제물人身祭物을 오히려 요구하심은 어찌된 일인가?

둘째, 거듭된 약속과 맹세 속에 겨우 태어난 유일한 약속의 씨 이삭을 이제 와서 다시 거두어 가심은 또한 어찌된 일인가?

셋째, 나의 이름을 '여러 민속의 아버지'란 뜻인 아브라함으로 개명改名해 주신 하나님의 의도는 도대체 무엇이었던가? 등등.

그러나 아브라함은 이 모든 갈등을 극복克服하는 과정에서 '내 주여 뜻대로 행하시옵소서'(막 14:36)의 신앙으로 다시 한 번 거듭났다.

'시험하다'의 히브리어 'נָסָה 나싸'는 이곳에서 처음 사용된 단어이다. 물론 그것은 '악을 행하게 유혹하는 것'을 의미하지 않고 그것은 '훈련하다', '조사하다'는 의미가 있는데 가끔 '증거한다'는 뜻으로도 번역이 된다.

한 예로, 예수님이 시험을 받으셨다. 그러나 이것은 그로 죄를 범하게 할 수 있는 것을 의미하지 않는다. 차라리 그는 '증명이 되었다', 그는 '분명히 밝혀졌다'는 뜻이다.

예수님은 큰 시험을 당하셨으나 그 시험을 이김으로 하나님의 아들이요, 우리의 구주이심을 증명하셨다. 그는 허물과 실수가 없는 것도 드러냈다. 이 단어는 어떤 기술자가 자기의 설계한 기계나 기관이 온전하고 잘 작동되는지를 시험 운전하여 보는 데 사용되는 단어이다.

하나님께서 하나님의 사람의 신앙과 순종의 온전성穩全性을 다시 한번 실험하여 보는 것이다. 그래서 아브라함은 하나님께 합격이 된다. 하나님은 아브라함이 능히 그것을 할 수 있음을 아셨다. 하나님은 아브라함과 사라와 그들 주위의 모든 것을 다 아셨다. 이렇게 다 아시면서 왜 구태여 이런 시험을 하셨을까? 그것은 아마도 내적으로 숨겨져 있는 믿음의 조상다운 이 큰 비밀을 만세와 만대에 실증적으로 드러내어 알려 주고 전하기 위한 하나님의 특단적인 조치라고 믿어진다. 더욱이 하나님께서 자기의 독생자를 속죄의 제물이 되게 하시는 이 놀라운 사실을 예표적으로, 모형적으로 나타내 보여 주시려는 의도에서라고 확신한다.

하나님 자신은 아브라함에게서 이삭보다 더 사랑하고 섬김을 나타내는 표징表徵을 받으신 것이다. 우리도 하나님 앞에 그 무엇보다도 하나님을 사랑하고 실증實證하여야 한다. 하나님의 말씀은 성취되고야 마는 것을 강력히 강조하기 위하여 하나님은 아브라함에게 자기의 이름으로 맹세盟誓하고 약속하셨다.

하나님께서 아브라함에게 말씀하시기를 "네가 이같이 행하여 네 아들 네 독자도 아끼지 아니하였은즉", 그러므로 "내가 아브라함에게 큰 복을 주고 네 씨가 크게 번성하여 하늘의 별과 같고 바닷가의 모래와 같게 하리니 네 씨가 그 대적의 성문을 차지하리라 또 네 씨로 말미암아 천하 만민이 복을 받으리니"(23:16-18)라고 하셨다.

이 모든 축복들은 "네가 나의 말을 준행"했기 때문에 아브라함에게 약속된 것이다(18절). 이것은 성경에 그 말씀을 '순종 또는 준행하였다.'라는 말씀의 첫 번 기사이고, 또 하나님께 속한 사람은 첫째가 순종이다. 하나님께 순종함으로 풍성한 축복을 받을 수 있음을 강조하고 있다.

이제 아브라함은 믿음으로 의로움을 얻었다(창 15:6). 그리고 그의 믿음은 하나님의 뜻이라면 이삭까지도 드릴 수 있는 행위로 입증되었다. 그의 믿음으로 하나님과의 언약은 그의 영원한 언약이 될 수 있었다.

(2) 사라의 죽음

사라는 성경에서 죽을 때의 나이가 언급된 유일한 여성이다. 아브람이 고향 하란을 떠날 때, 사라의 나이는 65 세이었다. 그러므로 62 년 동안 그와 함께 나그네 생활을 한 셈이다. 사라에게 결점이 없었던 것은 아니다.

그럼에도 불구하고 그녀는 성경에서 믿음의 여인으로 나타난다(히 11:11). 또한 남편에 대한 사랑의 순종은 모든 그리스도 여성이 따라야 할 본보기로 소개된다. 그러므로 아브라함이 모든 믿는 사람들의 아버지(믿음의 조상)로 간주되는 것처럼, 사라는 모든 믿는 여성들의 어머니로 간주看做된다(벧전 3:6).

성경에서 모리아 산의 여정旅程 후에 아브라함의 생애에 관하여 매우 적게 기록하고 있으며 또 사라의 생애에 대하여서도 그녀가 죽기까지 매우 적다. 이삭은 사라가 죽었을 때 나이는 37 세이다. 그러나 우리는 이삭과 그의 아버지 아브라함이 모리아 산으로 갔을 때 사라의 나이는 몇 살이었는지는 알 수 없다.

또한 사라가 죽기 전이나 그 후에 대하여서도 많이 알지 못한다. 어떤 이들은 그 모리아 산의 사건으로 사라가 죽게 되었는데 그 이유는 그 충격 때문이었음을 암시한다. 이것은 다만 추측이고 그렇지 않다. 이때에 사라는 강한 신앙의 여자였고, 또 그녀가 그 사건을 알았다면 그 여자도 자기의 남편과 같은 길로 걸어갔을 것이 틀림없다.

사라는 그들이 이사한 땅인 가나안 헤브론에서 죽었고 그녀는 하나님이 아들을 주리라고 한 약속의 성취함을 보았으나, 다른 약속의 성취함은 보지 못하고 죽었다(히 11:13). 아브라함은 사라를 위하여 슬퍼하고 통곡하였다(23:2). 이것은 그녀의 죽음이 갑자기 그리고 쉽게 죽은 것을 암시하는 것이다.

만일 그녀가 오랜 질병으로 고생했다면 아브라함은 집에서 그를 잘 돌봄을 나타냈을 것이다. 그는 사라를 몹시 사랑했기에 그녀가 죽을 때 그는 그렇게 몹시 슬퍼했을 것이다. 이 표현에서 아브라함의 인간성과 인정미를 볼 수 있다. 그러나 그가 그 슬픔과 고통을 곧 잊은 것은 그의 신앙과 신앙에서 나오는 담력膽力과 진리에 근거한 힘이다.

하나님께서 그녀를 불러 가셨으니 이제는 그녀의 장례葬禮와 하나님이 맡기신 큰 사역使役을 이루어 드리는 것을 생각했기 때문으로 보인다. 이는 다윗의 경우를 생각할 때 이해가 될 것이다. 다윗이 밧세바가 낳은 아들이 병들었을 때 금식하며 울었다. 그러나 그 아이가 죽었을 때 금방 일어나 음식을 먹고 앞으로 전진하였다(삼하 12:15-22). 이것이 신앙인의 자세요 용단력이다.

(3) 이삭의 결혼

사라의 죽음, 아브라함의 노쇠老衰, 이삭의 결혼 등 일련一連의 사건들은 서서히 한 세대世代는 물러가고 한 세대가 구속사 救贖史의 전면前面에 등장하고 있다는 사실과 함께 언약이 계속 보존保存되어 있음을 보여 주는 사건들이다(전 1:4).

아브라함은 그의 육적 생명의 불꽃이 꺼져 가고 있음을 감지感知하고 언약의 씨인 이삭의 결혼 준비에 대한 기사를 "아브라함이 나이 많아 늙었고 여호와께서 그에게 범사凡事에 복을 주셨더라."부터 시작하였다(창 24:1-9).

이 일은 단순히 2,000년경의 한 족장 집안의 결혼 사건을 뛰어넘어 오늘날 우리에게 계시하고 있는 사실은 다음 세 가지이다.

첫째, 성경이 당시의 대왕조大王朝의 역사나 그 변천變遷 과정들에 대해선 침묵하고 아브라함으로 비롯된 사건에 초점을 맞추고 있다는 것은, 하나님의 궁극적窮極的 관심은 늘 믿는 성도 위에 있다는 사실을 보여 준다.

둘째, 하나님의 뜻으로 맺어진 이삭과 리브가의 아름다운 결혼 이야기는 장차 재림 시 천상天上에서 이루어질 그리스도와 교회의 결혼(마 22:2; 엡 5:32; 계 19:7-9)을 상징하는 지상 모형이다.

셋째, 이 결혼은 그리스도의 탄생誕生으로 이어지는 결혼이다. 즉, 성경에 기록된 결혼 이야기는 본 사건을 필두로 야곱의 결혼과 보아스와 룻의 결혼을 거쳐 요셉과 마리아의 결혼에서 그 정점頂點에 이른다(마 1:18-25).

가나안 족속은 아브라함에게 친절을 베풀었다(창 23장). 그는 그들에게 불평할 하등의 이유가 없다. 그러나 아브라함은 그들이 하나님과 분리된 사람들이라는 것을 잘 알고 있었다. 그러므로 그들의 딸을 며느리로 맞아들이는 것은 자신의 가정을 망치는 행위와 다를 바 없었다.

가나안 땅을 아브라함의 후손에게 주시려는 하나님의 크신 뜻은 우상 숭배를 물리치고 참다운 신앙을 소유한 하나님의 왕국을 땅 위에 건설하시려는 것이다. 그 때문에 하나님은 갈대아 땅에서 불러내셨다. 그러므로 아브라함은 그의 후손의 믿음에 장애 요인障碍要因이 될 수 있는 이교도異敎徒 여인을 거부했던 것이다.

(4) 아브라함의 죽음

아브라함은 175세를 일기로 자신의 생애生涯를 마감한다(창 25:7, 8). 그는 '자기 열조에게로 돌아갔다.' 자기의 아내를 장사한 막벨라 굴에 장사 됨을 기록했는데, 그것은 그의 죽음과 장사葬事됨을 단순히 나타내는 것이다. 아브라함의 말년에 대하여 "그가 수壽가 높고 나이 많아"(개역)에서 '많아'의 히브리 어 원어 'שָׂבֵעַ 싸베아'는 '만족히 살고'의 의미가 있다(창 25:8).

여기 이른바 '만족히 살았다.'라는 말은, 양심적으로 만족했던 것을 의미한다. 그러면 아브라함은 죽을 때에 신앙에 의하여 기쁘게 별세한 것이 사실이다. 그리고 "기운氣運이 다하여 죽어"란 말씀을 보면, 신앙의 사람 아브라함도 하나님이 정定하신 육신의 사망을 면하지 못하였다는 것이 드러난다. 그러므로 신자들은 육신의 사망을 인생의 본연本然으로 간주하지는 않으나 당연한 것으로 여겨야 한다.

아브라함이 "자기 열조列祖에게로 돌아갔다."란 말씀은 단순히 죽는다는 뜻이 아니고 그의 조상들이 들어간 사후死後의 세계, 곧 내세에 들어감을 의미한다. 이것은 가족 공동묘지로 돌아간다는 것이 아니다. 그 이유는 이 말이 어떤 때에는 선조先祖들이 묻히지 않은 곳에 장사될 때에도 사용되었기 때문이다(왕상 2:10; 16:28).

이는 그가 죽은 후에도 영생이 있음을 의미한다. 즉, 그가 믿음 안에서 죽은 그들에게 돌아가서 그들과 같이 있음도 나타낸다. 세상을 떠나간 영혼들이 있는 곳에 그들이 있는데 누가복음 16:22에는 그보다 2,000 년 후에 죽은 나사로가 '아브라함의 품에' 있다고 하고 있다. 이것은 내세의 소망과 부활과 영생을 보여 준다.

아브라함은 마므레에서 가까운 막벨라 굴窟에 묻힌 사라의 곁에 장사되었는데 이삭과 이스마엘이 협동하여 장례를 치렀다(창 25:9). 이것은 그들의 과거의 상처가 치료되었음을 증거하여 준다. 그 상처는 그의 아버지의 사망으로 치료될 수 있었을 것이다.

이삭은 또 메시야의 계통을 이을 유일한 존재이다. 그는 아브라함의 유업遺業의 계승자繼承者였고 또 하나님께서 아브라함에게 복을 주신 것처럼 하나님께서 이삭에게도 복을 주시고 그와 함께 계시었다. 하나님은 약속을 지키시며 택한 자에게 영원히 같이 계셔서 복을 내리신다.

4. 이삭과의 언약

1) 아브라함의 아들 이삭의 후예(後裔)

(1) 에서와 야곱

아브라함의 죽음과 이스마엘의 죽음 후에, 이삭의 두 아들인 에서와 야곱의 출생이 대조적으로 연결되어, 하나님이 연출하시는 신정사神政史란 역사의 무대 위에서 그 주역主役들이 한 세대에서 다음 세대로 서서히 옮겨지고 있다(창 25:19-26).

역시 21세기란 무대 위에서 오늘의 삶을 살고 있는 우리들도 하나님께 받은 사명이 다 끝나는 순간 겸허하게 역사의 무대 뒤로 물러나야 한다. 여기에 우리가 하루하루를 최선을 다해 주를 위해 살아야 하는 이유가 있는 것이다(전 6:12).

예언적인 신탁神託의 형태로 표현된 '두 국민'과 '두 민족'은 창시자創始者 야곱과 에서의 출생과 그들의 후손인 이스라엘과 에돔 사이의 갈등과 반목反目 그리고 이미 승부가 판가름 난 피하지 못할 싸움에 관한 예언이다. 이 예언은 후에 야곱 자손이 에서의 자손을 정복했던 이스라엘 역사 속에 문자 그대로 성취되었다(삼하 8:12-13).

더 나아가 바울은 영적으로 이 예언 속에서 하나님의 주권적主權的인 선택 교리를 도출導出해 내었다(롬 9:10-23). 따라서 본 예언은 단순한 개인의 장자권長子權이나 역사적 민족 개념을 뛰어넘어 의義와 불법, 빛과 어두움 그리고 믿는 자와 불신자 간의 '선택적 분리'(고후 6:14-18)를 예언한 심오한 구절이다.

예언의 말씀대로 두 아들은 달랐다. 체질과 성격에서 달랐고, 그들에 대한 부모의 애정에서도 서로 달라 편애偏愛의 모습이 드러났다. 이삭은 에서를 더 사랑하였고, 리브가는 야곱을 더 사랑하였다.

'털이 많은 자'란 뜻의 형 '에서'의 모습은 말 그대로 살빛이 붉고(אדם 아담 - 여기서, 에서의 별칭 '에돔'이 유래), 온몸은 마치 털로 된 가죽옷을 입은 것처럼 털투성이었다. 이것은 그의 야성적野性的이고 육욕적肉慾的인 성품性品의 전조前兆이다. 따라서 그는 후에 들판을 돌아다니는 사냥꾼이 되어 아버지가 좋아하는 음식을 대접한 고로 부친 이삭의 사랑을 받았다.

그러나 동생 야곱은 조용한 성격의 소유자로 주로 집안에 거居하면서 가정적이고 교양적이며 경건한 생활로 리브가의 사랑을 받았다. 그러나 야곱은 장자의 축복을 쟁취爭取하기 위하여 아버지를 속였다. 그가 이렇게 아버지를 속이고 장자의 복을 받았으나, 실상은 그 속인 것이 축복을 받는데 어떤 역할役割을 한 것은 아니었다. 그가 장차 기업基業의 축복을 받은 것은 하나님의 예정豫定에 근거하여 된 것이다(창 25:23; 롬 9:12, 13).

야곱은 아버지를 속인 죄로 그는 후에, 결혼할 때에 외삼촌에 속았고, 하란에 가서 자기의 외삼촌을 위해 일하는 중에 품삯에 대하여 10 번이나 속았고(창 31:7, 41), 요셉이 팔리운 일로 아들들에게 속았고, 흉년으로 인하여 그 아들들이 애굽으로 갔을 때에 이들 또한 요셉에게 속았는데, 야곱도 그 내막內幕을 몰랐으므로 매우 걱정하였다(42장).

야곱은 하란으로 가는 도중 벧엘에서 유숙留宿할 때 꿈에 이상異像을 보았다. 이때에 야곱은 형에 대한 공포심, 기만欺瞞에 대한 후회, 아버지 집을 떠난 고독, 앞일에 대한 막연함 등 실로 실망과 비애悲哀에 빠져 있었을 것이다.

이 같은 실의失意에 빠져 돌 베개를 베고 자는 그에게 하나님이 나타나셔서 희망의 약속(토지 소유, 자손 번영, 자손을 통한 세계 만민의 축복, 하나님의 동행과 귀향歸鄕)을 하셨다.

야곱은 하나님이 같이하시는 것과 보호해 주시는 것을 확신하고 “이것은 하나님의 집이요, 이는 하늘의 문이로다.”라고 하고 베개하였던 돌을 그 곳에 세우고 ‘벧엘’이라고 하였다.

그리고 그는 하나님께서 함께하시고, 지켜 주시고, 의식衣食을 주시고, 무사히 돌아오게 해 주신다면 “내가 기둥으로 세운 이 돌이 하나님의 집이 될 것이요, 하나님께서 내게 주신 모든 것에서 십분의 일을 반드시 하나님께 드리겠나이다."라고 조건부條件附로 서원誓願하였다.

야곱은 이렇게 실리적實利的이고 타산적打算的인 사람이었다. 여하튼 야곱의 벧엘 경험은 그의 전도前途에 대기원大起源이요 축복祝福의 기원起源이 되었다(창 28장).

(2) 이삭의 우물

이삭이 그랄에서 겪은 경험은 아브라함의 경험과 아주 비슷하다(창 12:10; 20:1-8). 이 때문에 비평적인 학자들은 성경에 나타난 족장들의 이야기는 한 가지 줄거리를 서로 다르게 각색한 것이라고 주장한다. 그러나 이는 단순한 추리로만 있을 뿐이다. 그 이유는 이삭이 그랄로 옮겨 간 원인이 된 기근은 아브라함 시대에 있었던 기근이 아니었고, 이삭의 시대에 있었던 기근이었다(창 26:1-11).

또한 이삭이 부닥치게 되는 그랄 왕 아비멜렉은 그의 어머니 사라를 취했던 사람과 동일 인물이 될 수 없다. 그 일은 이미 80 년 전에 벌어진 것이기 때문이다. 그러므로 아비멜렉이라는 이름은 블레셋 왕을 가리키는 일반적인 명칭임을 알 수 있다. 이 사실은 '아기스'(삼상 21:10-15)가 시 34편의 표제에서 '아비멜렉'으로 소개된 이유를 밝혀 준다.

아브라함은 많은 재산을 가지고 있었다. 이삭은 이 재산의 대부분을 상속 받았다. 그리고 농사를 지음으로써 풍성한 수확을 거두었다. 게다가 그의 종들의 수가 심히 많았기 때문에, 블레셋 사람들에게 두려움과 시기猜忌의 대상이 되었다(26:12-14). 그러므로 그들은 이삭이 사용하던 우물들을 막아서 그의 일행을 쫓아 버리려고 하였다.

원주민들의 시기와 질투嫉妬 그리고 우물 분쟁으로 인한 끊임없는 압력으로 이삭 일행이 그랄 지역에서부터 다른 곳으로 이동해 가는 과정은, 하나님의 축복 후에 세상의 시련이 뒤따름을 알 수 있다. 성도 역시 나그네와 같은 이 세상 생활에서 부당한 박해와 시련을 받을 수 있다. 그러나 하나님 나라의 소망을 가진 자는 끝까지 믿음으로 인내하여야 한다(약 1:12).

이전에 아브라함은 앞서 아비멜렉과 언약을 맺고, 우물의 소유권을 인정 받았다(창 21:30). 이삭 시대의 아비멜렉은, 또 다른 아비멜렉으로 아브라함 시대의 후계자였을 것이다. 그러므로 이삭은 그들 부친간의 언약을 내세워 그곳에 머무를 수 있었다.

그러나 그는 다툼 대신에 화평을 바라는 마음으로 조용하게 떠났다. 그래도 우물에 대한 다툼들이 계속 일어날 때에도, 그의 온유溫柔한 태도는 한결같았다. 이러한 그의 마음과 태도는 산상 수훈山上垂訓에 나타난 하나님의 백성이 지녀야 할 마음을 잘 나타내고 있다(마 5:5).

2) 이삭과 두 아들

(1) 이삭과 리브가

이삭은 죽기 전에 사랑하는 아들 에서에게 족장의 지위와 장자의 명분에 따른 특권, 하나님이 아브라함에게 하신 약속을 주려고 작정하였다. 리브가는 이삭의 이런 결심을 듣고서 큰 충격을 받았을 것이다. 왜냐하면 리브가는 야곱을 사랑하였고, 또한 하나님이 그를 통해서 아브라함에게 하신 언약을 이루실 것이라고 믿고 있었기 때문이다.

그런데 리브가는, 하나님의 뜻이 그분의 때를 따라 성취되어야 한다는 자세를 취하지 않고, 자신의 급박急迫한 마음으로 그 상황에 대처對處하여 자기 꾀로 하나님의 뜻이 성취되기를 바란 것 같다. 곧 리브가는 하나님의 뜻을 이루기 위해서는 악한 수단이라도 정당화하여 쓸 수 있다는 가치관에 의해 행동한 것이라고 볼 수 있다. 그러나 이런 윤리관은 하나님의 거룩한 백성이 취할 것이 아니며 당연히 자기 생활에서 부인해야 할 점이다.

이제 야곱은 장자권長子權을 취하려고 어머니의 말을 그대로 추종追從하였다. 그리고 눈이 어두운 아버지 이삭을 철저히 속이기 위해 형의 의복을 입었고, 염소 새끼 가죽으로는 노출된 신체 부위를 덮어 쌌다. 이런 그의 기만성欺瞞性은 여기서 그치지 않고 연이어 일어났다. 그는 미심쩍어 하는 아버지에게 자신을 맏아들이라고 두 번이나 속였고, 염소 고기를 자기가 사냥한 고기라 했으며, 하나님의 도우심으로 빨리 사냥했다고 하였다.

이와 같은 리브가와 야곱의 기만欺瞞 행위는 당연히 비판批判을 받아 마땅하다. 그러나 이 두 사람의 행위를 혹평酷評하고 이삭과 에서를 동정同情하려는 자들도 있다. 이것은 정당하지 않다. 왜냐하면 이삭과 에서 역시, 장차 축복에 관해서 다분히 그들의 감정과 자기들의 뜻(육신으로 장자라는 점)만을 내세웠기 때문이다.

모든 것은 에서가 태어나기 전에 야곱에 관한 하나님의 교훈이 있었고, 에서의 특성을 능가하는 야곱의 특성과 영적인 분별력과 확신이 분명하고 명확한 우월성이 있었고, 또 야곱이 에서에게서 그와 서약誓約함으로 장자권長子權을 매입買入함을 통하여 야곱이 조상의 축복을 받을 권리를 법적으로 가졌고, 또 에서에게서 야곱에게로 하나님의 영적靈的 기업基業과 뜻을 성취할 모든 특권이 이양移讓되므로 모든 것이 판가름 났는데도 불구하고 이삭은 에서에게로 축복을 주려고 결정하였다.

이삭이 에서의 사냥한 고기를 좋아하고 그를 사랑한 것을 볼 때, 이삭은 에서의 남성다운 성격이 족장의 대代를 이을 수 있다고 생각한 것 같다. 또한 이삭은 사려성思慮性 없는 에서의 행동에 대해서도 그리 문제 삼지 않은 것 같다. 그리고서 이삭은 육신으로 에서가 장자라는 점을 들어 하나님의 뜻과는 무관하게 에서를 축복하려 하였다.

따라서 이것은 하나님 앞에서 결정적인 실수로 드러났다. 왜냐하면 하나님께서 이미 족장의 대代를 이을 자에 대해서 그에게 계시啓示한 바 있었기 때문이다(창 25:23). 성경은 이 사실에 대해서도 여러 곳에서 증거하고 있다(말 1:2, 3; 롬 9:11-13).

그렇다고 하나님의 뜻을 인간의 힘과 수단으로 성취하려 한 리브가와 야곱의 행동도 잘했다고 볼 수는 없다. 따라서 리브가와 야곱이 이별한 후 다시는 만나지 못한 것, 야곱이 20여 년 간의 고된 역경의 삶을 살아야 했던 것, 야곱 자신도 요셉을 노예 상인에게 팔아 넘긴 자식들에게 속임을 당한 것 등은 이러한 그들에게 하나님이 고통을 더하신 것으로 보아야 한다.

(2) 야곱과 에서의 축복

이삭이 축복을 하려고 결정한 그 이유가 무엇이었든지 간에 에서에게 갈 축복이 급기야 야곱에게 가게 되었다. 야곱과 리브가가 바늘과 실처럼 하나가 되어, 에서가 돌아와 축복 받기 전에 급히 만찬晩餐을 만들어 이삭에게 먹게 한 후, 야곱은 이삭에게 가까이 가서 이삭의 입맞춤을 받았다(창 27:26).

이삭은 하나님의 언약의 약속과 축복을 자기가 좋아하는 아들에게 주어 그로 자기 가정에 하나님이 보내 줄 약속의 씨를 받으려 했으나, 이는 육적인 일이 아니라 영적인 문제였다. 그래서 성령聖靈께서 그 축복을 하나님의 뜻에 따라 하나님의 사람에게 주셨다. 아브라함과 맺은 하나님의 절대적인 언약을 이루시는 하나님은 이삭과도 그 언약을 재차 맺은 분이시며, 그 언약을 이때에 분명히 이루셨다.

우리는 생각하기를, 하나님께서 야곱 편에 서는 것보다는 차라리 에서 편에 서시는 것이 더 적절한 것으로 여겨지나 그것은 인간의 생각이었다. 비록 아버지와 아들에게는 비참한 결과를 가져오겠지만 하나님의 유일한 약속과 언약은 흔들리지 않고 예정된 그에게 주어졌다.

하나님의 역사役事는 그 앞에 장애障碍와 방해자妨害者가 있다 할지라도 성취되고야 만다. 그는 진실하고 영원 불변하시고 또 절대적인 하나님이시기 때문이다. 그는 어제나 오늘이나 미래에 동일하신 참 하나님이시다.

야곱에게 주어진 축복은 아브라함에게 주어진 축복과 같은 것임을 이삭의 말에서 밝혀지고 있다. 야곱을 향한 이삭의 축복은 시적詩的 형태로 표현된 예언인 동시에 기도문이다(창 27:27-29). 이것은 아브라함(창 12:1-2)과 이삭(창 26:3-5)에게 주어진 축복과 다른 것이 아니라 그 축복의 재확인이요 발전이다.

따라서 이삭은 후에 이것을 "아브라함에게 허락하신 복"(창 28:4)이라고 부른 것이다. 축복의 내용은 두 가지로 구성되어 있다. 즉, 비옥肥沃한 토지와 풍족한 식량으로 대표되는 지상적地上的인 축복과 통치권과 축복권으로 대표되는 영적인 축복이다.

이삭이 에서에게 한 말은 축복도 아니고 저주도 아니다. 단지 장래에 대한 예언일 뿐이다. 에서의 후손(에돔 족속)은, 황폐荒廢한 땅에서 살게 될 것이며, 전쟁과 약탈掠奪을 일삼을 것이며, 이스라엘 민족의 지배를 받게 될 것이다. 이스라엘이 왕정王政을 이루기 전에는 독립국이었다. 그러나 다윗의 시대에 접어들면서 그들은 이스라엘의 지배를 받게 되었다(삼하 8:14).

그 후에 반란을 일으켜서 일시적인 자유를 누린 적이 있으나, 다시 점령되곤 했다. 그러나 B.C. 126년에 하스모니아 왕조王朝의 힐카누스가 그들을 완전히 진압하고, 할례를 받게 했다. 이후 에돔은 단일 민족으로서의 자취를 감추었고, 거의 공식적으로 유대인들의 일부가 되었다.

혹자는 이런 오해를 할 수 있다. 신약 교회의 전신인 구약 교회 곧 이스라엘 민족의 조상들이 받은 복이 이 같은 인간의 비열한 속임수에 의한 것인가? 하나님은 인간의 속임수를 분별할 줄 모르고 복을 주는 기계에 불과한 것인가? 기복 신앙祈福信仰과 기독교 신앙의 다른 점은 무엇인가? 등등의 물음이 가능할 수도 있다. 이에 대한 대답은 다음 세 가지로 설명할 수 있다.

첫째, 하나님께서 야곱의 속임수에 속아서 복을 주신 것이 아니라, 야곱이 태어나기 전에 이미 그를 복 받을 자로 지명하셨다(창 25:19-26).

둘째, 그 과정과 방법에 야곱의 속임수가 개입될 수 있었던 것은 하나님의 주권적主權的 허용許容 때문이다. 주권적 허용의 극단적 실례實例로 예수님의 족보를 볼 수 있다(마 1장). 그 족보에는 4 명의 여인이 기록되어 있는데, 그들은 기생妓生, 근친상간자近親相姦者, 이방 여인異邦女人, 간음자姦淫者로서 당시의 시각視覺으로도 모두 죄인들이었다.

하나님은 구속사救贖史를 전개展開하심에 있어서 무죄한 자들만 쓰신 것이 아니다. 죄인 중에서, 또 죄를 뛰어넘어서 구속사를 전개하신다. 하나님은 구속사의 진행에서 때때로 죄의 개입을 허용하심으로써 바로 그런 죄인을 구원하시는 것이 하나님의 목적임을 간접적으로 보여 주신다(롬

5:20).

셋째, 야곱은 이기적인 목적에서 속임수를 썼으나, 하나님은 예정豫定을 이루시는 기회機會로 쓰셨다(창 25:23). 또 이 사건의 결과로, 야곱은 밧단 아람 곧 아브라함의 고향으로 가서 결혼하여 언약 가문言約家門의 혈통을 순수하게 보존하게 되었다(창 11:27-32). 따라서 이 사건은 결과적으로 구속사를 전진시키는 계기契機가 되었다.

이처럼 하나님은 지금도 역사歷史 위에서 인간의 의지意志를 초월超越하여 일하시며, 모든 것을 다 구속사를 이루시는 재료材料와 계기로 삼으신다.

5. 야곱과의 언약

1) 벧엘의 야곱

(1) 밧단아람으로 가는 야곱

이삭은 더 이상 하나님의 뜻을 거스르며 대항하지 않는다. 그는 이제 야곱이 약속의 후사後嗣라는 사실을 분명히 믿게 되었다. 그래서 이삭은 야곱에게 아브라함이 반복反復해서 받았던 언약의 축복(창 13:15-17; 15:18-21; 17:2-8; 22:16-18)과 동일한 내용의 축복으로써, 이제 그 언약의 축복이 아브라함에게서 이삭을 통하여 야곱에게로 전수傳授되고 있음을 보여준다(창 28:1-4).

따라서 지금 이 축복 속에서 변하지 않은 두 가지 약속이 내포되어 있는데 그것은 곧 축복을 이어나갈 후손의 번영과 그 후손들이 살아갈 축복된 땅의 보장에 관한 것이다.

고향 브엘세바에서 밧단아람까지의 여정에서 야곱의 파란만장波瀾萬丈한 삶이 시작된다. 즉, 아버지를 속여 장자의 축복을 빼앗은 후, 형 에서의 보복을 피해 어머니의 집 가나안 땅 브엘세바를 떠나 800 km나 멀리 떨어진 외가外家 밧단아람까지 단신으로 도망치듯 집을 빠져 나올 때 그의 나이는 77 세, 20여 년에 걸친 고된 객지 생활이 막 시작되는 순간이다.

하나님의 축복을 받은 야곱은 약속의 땅에서 쫓겨나며, 영화롭고 복된 것은 오히려 버림받은 에서에게 주어졌다. 하나님을 사랑하여 그분의 복을 귀하게 여겼던 성도聖徒 야곱이 고난을 당하는 동안, 교만한 악인은 소원을 성취하고 개선의 나팔 소리를 울리고 있다.

'야곱이 아람의 들로 도망하였다.'(호 12:12). 그는 풍성한 곡식과 포도주가 풍성하리라는 축복을 받았지만, 가난한 채 길을 떠났다. 지배하고 다스리라는 축복을 받았지만 지금은 섬기러, 그것도 고생스럽고 어려운 섬김을 하러 떠난 것이다.

이것은 축복을 상속 받는 사람들도 박해迫害가 없다는 것을 기대해서는 안 된다는 사실을 우리들에게 가르쳐 주기 위한 것이었다. 그리스도 안에서 평화를 누리는 사람들은 세상에서는 환난患難을 당할 것이다(요 16:33). 이런 환난을 당하더라도 우리는 이상스럽게 생각하지 말아야 하며, 장차에는 보상補償이 있을 것을 확신하기 때문에 그 환난을 어려운 것이라고 생각해서도 안 된다(벧전 4:12, 13).

우리는 하나님의 섭리攝理가 때로는 하나님의 약속과 모순되는 것같이 느껴지기도 하고, 서로 어긋나는 것같이 보이기도 한다. 그러나 하나님의 역사役事가 모두 끝나면 모든 것이 최선을 위한 것이었음을 알게 될 것이고(롬 8:28), 서로 어긋나는 것같이 보였던 하나님의 섭리도 약속과 그 언약의 성취를 더 잘 드러내기 위한 것이었다는 사실을 알게 될 것이다. 이제 야곱은 그의 아버지 이삭과 어머니 리브가에 의해서 길을 떠나게 된다.

(2) 하나님의 성전

야곱은 쓸쓸하게 밧단아람을 향하여 가고 있었다(창 28:10-22). 주로 장막에서만 기하던 유순柔順한 성격의 소유자 야곱에게 있어 지팡이 하나만 손에 든 채(창 32:10), 황급遑急히 떠난 멀고도 낯선 하란 땅 외가外家를 향한 도피逃避 길은 진정 힘들고 괴로웠을 것이다. 먼 도피 길에 지치고, 두려움에 떨다 잠이 든 고독孤獨하고 처량凄凉한 야곱에게 하나님은 찾아오셨다.

야곱은 하나님의 약속들을 부모로부터 들어서 알았기 때문에 하나님을 믿었었다. 그러나 할아버지 아브라함과 아버지 이삭에게 행하셨던 것처럼, 하나님이 실제로 그에게 나타나셨거나 말씀하셨던 적은 없었다. 따라서 그가 꿈에 하나님을 뵌 사건은, 야곱에게 있어서는 획기적劃期的인 사건이었다. 더구나 부모 곁을 떠나 낯선 외국 땅으로 외로이 향하고 있는 현재의 상황에서는 더욱 그러했다.

그는 꿈을 통해 땅에서 하늘까지 연결된 거대한 사닥다리를 보았다. 이 사닥다리는 하나님과의 막히지 않는 교제를 상징한다. 언약의 하나님이 계신 저 하늘과 언약의 후사後嗣가 있는 이 땅을 하나로 연결시켜 주는 이 사닥다리는 그리스도 안에서만이 거룩한 하나님과 죄악 된 인간이 진정한 영적靈的 교제를 누릴 수 있다는 사실을 보여 주기 위한 것이다.

실로 타락墮落 이후 모든 하늘과 땅 사이의 소통疏通은 이 사닥다리를 통해서만 가능하며 이 사닥다리 외에는 그 어떠한 길로도 인간이 하늘에 오를 길은 없다(요 10:9; 행 4:12). 그런데 이 사닥다리는 외롭고 초라한 신세로 두려움 속에 빠져 있는 무기력한 야곱이 누워 있었던 바로 그 땅, 그 마음속에 우뚝 서 있었다.

신약 시대 때 그리스도께서 이 이야기를 인용하시면서, 자신이 사닥다리의 본체本體 되심을 주장하셨다(요 1:51). 그분만이 하나님께로 이를 수 있는 길이시며(요 14:6), 땅에 있는 사람과 하늘에 계신 하나님 사이에서 중재仲裁할 수 있는 유일한 중보자仲保者이시다.

야곱은 또한 천사들이 이 사닥다리 위를 오르락내리락하는 모습을 보았다. 성경에 의하면, 천사들의 수數는 셀 수 없을 만큼 많다(히 12:22). 그들은 하나님이 시키시는 일을 맡아서 처리한다(시 103:20). 그리고 그들의 주된 임무는 구원 얻을 후사後嗣들을 섬기는 것이다(히 1:14).

따라서 천사들이 사닥다리를 오르내린 것은, 그들이 하나님의 명령에 따라 행했던 일을 보고하기 위하여 하나님께 나아가며 또한 새로운 명령을 받고 파견되는 자들임을 암시해 주는 것이다. 야곱은 하나님이 인간에게 어떠한 관심을 가지시는지에 대하여 알기를 원했을지도 모른다.

어쨌든 그는 꿈을 통하여 하나님이 자신을 돌보신다는 것과, 수많은 천사들이 자신들을 보호하기 위해서 분주하게 활동하고 있다는 것과 사람이 하나님과 교통할 수 있다는 사실을 확신하게 되었다. 하나님은 그에게 땅의 축복과 자손의 축복을 주셨으며, 신변身邊의 보호를 약속하셨다.

야곱은 자신에게 나타나신 하나님을 기억하고 그 사건을 오래 기념하고자 두 방법을 취했다. 돌로 기둥을 세우고 그 위에 기름을 부었다. 그 장소에 '하나님의 집'이란 뜻을 가진 '벧엘'(בֵּית-אֵל)이란 새 이름을 명명命名했다. 이러한 행위는 이곳에 하나님의 성전을 지어 제단祭壇으로 삼아 제사를 드리겠다는 예표적 행위로서 이것은 사람만이 가질 수 있는 깊고도 오래된 종교 의식의 발로發露이다.

즉, 사람은 특별한 종교 체험을 가질 때 그 장소를 거룩히 생각하여 기념하고자 하는 상정常情을 지니고 있기 때문이다. 훗날 야곱은 하나님의 은혜로 이 약속을 지켰다(창 35:7, 15).

2) 야곱과 라반

(1) 라헬과 레아

야곱은 벧엘에서 하나님의 위로와 약속을 받은 후에, 처음 브엘세바를 떠나올 때와 달리 새로운 영적 힘을 얻어 큰 소망을 가지고 밧단아람으로 힘차게 발걸음을 내디디었을 것이다. 밧단아람에 도착한 야곱은 라헬을 만남으로 라반을 만나게 된다(창 29:1-20).

이 일은 우연偶然한 일이 아니다. 그것은 하나님의 섭리로 된 일이었다. 사람이 하나님의 뜻대로 행할 때에, 때로는 역경逆境을 만나는 수도 있다. 예를 들면, 바울이 로마로 가는 것이 하나님의 뜻이었으나 그 길을 갈 때엔 매우 험난險難하였다(행 23:11; 27:21-26). 그러나 하나님의 뜻대로 행하는 일이 어떤 때는 순조順調로울 수도 있다(행 14:27, 28; 고전 16:8, 9; 고후 2:12; 골 4:3). 반면에 순조롭게 보인다고 해서 그것이 꼭 하나님이 기뻐하시는 뜻에 맞는 형통의 길이라고 착각해서도 안 된다. 요나의 경우가 그러하다(욘 1:1-3). 우리의 고난과 형통의 배후에는 하나님의 원대한 섭리가 있음을 알고 매사에 긍정과 순종과 감사로 나아감이 신앙적 상책이다.

라반과의 만남은 야곱의 생애에 새로운 전환점을 형성한다. 그러나 이것으로 야곱의 시련은 끝난 것은 아니었다. 오히려 시작이었다. 하나님은 야곱을 장자권의 계승자繼承者로서 합당한 인물이 되도록 하기 위해 라반을 도구로 사용하여 20 년 동안 이곳에서 연단鍊鍛시키셨기 때문이다. 메시야 언약의 상속자로서 12 지파의 조상이 될 야곱은 많은 시련試鍊을 통해서라도 인격이 새로워지고 삶이 성화聖化될 필요가 있었다.

라헬을 신부로 맞이하려는 야곱과 라반과의 결혼을 전제前提로 한 7 년 동안의 노동을 계약하는 두 사람에게서 이해타산利害打算의 전형적인 관계가 드러난다. 그토록 타산적인 야곱이 라헬을 연모하여 7 년을 수일數日같이 여겼다는 문학적 표현은 약삭빠르나 정열적인 야곱의 기질氣質을 잘 보여 주고 있다.

또한 구속사적救贖史的으로 볼 때에, 하나님의 의지意志 곧 언약의 상속자인 야곱의 혈통을 순수하게 보존하시고자 하는 하나님의 섭리가 이루어져 가는 과정이다.

그러나 어떤 이유에서든지, 야곱이 라헬을 사랑하는 까닭에 칠 년을 수일같이 여겼다는 내용은 현대인들에게 진정한 사랑이란 끝없는 자기 희생임을 보여 준다. 더 나아가 이 사건은 영적인 면에서 신랑 되신 예수 그리스도의 성도에 대한 무한한 사랑을 암시한다.

라반은 원래의 약속을 위반하고, 언니인 레아를 야곱의 아내를 주었다. 물론 고대로부터 언니가 먼저 결혼하는 것은 일반적인 풍속이었다. 그러나 라반은 성실하게 일하는 야곱을 더 오래 붙잡아서 대가代價를 지불하지 않고 부려 먹기 위한 속셈으로 언니 레아를 아내로 주었던 것이다. 라반과 야곱 간에 밀고 당기는 이러한 권모술수權謀術數는 20 년 동안 계속되었으며 결국 이별로 끝을 맺고 만다.

고대 유대인의 관습에서는 결혼한 신혼 부부에 대한 배려가 확고했다. 이유 여하를 막론하고 칠 일 동안 합방合房하도록 했다. 유목 사회遊牧社會의 특성상 부부가 별거하는 일이 흔했기 때문이다. 이는 갓 결혼한 부부에게 최소한 기쁨이라도 누리도록 하기 위한 배려였다. 이 때문에 야곱은 어쩔 수 없이 칠 일이 지나서야 라헬을 아내로 얻을 수 있었다. 그러나 이러한 중첩重妾과 외모外貌에서 비롯된 야곱의 편애偏愛로 인한 자매 간의 질투嫉妬는 야곱의 전반기 생애를 어둠으로 가득 덮었다.

중혼 제도重婚制度는 축첩 제도蓄妾制度와는 다르다. 즉, 첩들은 정식 부인으로 인정되지 못하였으나 중혼에 의한 아내들은 모두 정식 부인의 특권이 주어졌다. 여기서 우리는 족장들의 중혼 혹은 축첩 행위를 후에 나타난 모세 율법(레 18:18)에 적용시켜 직접적으로 비판할 수 없다 해도, 시대적 풍습이나 상황에 따라 혹은 명백한 금지 규정이 없었다는 이유로 해서 정당화해서도 안 된다.

왜냐하면 이런 것들은 어디까지나 타락墮落 이후 죄악 된 인간의 사악邪惡한 마음에서 나온 부산물副産物로서 하나님이 제정하시고 행복하게 하신(창 2:18-25) 아름다운 가정을 분열分裂시키고 갈등을 일으키게 만드는 주요인主要因이 되기 때문이다. 따라서 하나님의 뜻이 분명히 계시된 오늘날 기독교 윤리에서는 이와 같은 일은 결코 용납되지 않는다(마 19:4-6; 고전 7:2).

(2) 야곱의 아들들

일찍이 아브라함에게 허락되었던 축복(창 12:2, 3)이 이삭을 거쳐 야곱에게 실현되었다. 야곱은 두 가지로 축복을 받았는데, 후손의 증가요, 재산의 번성이었다. 두 아내와 두 여종을 통한 자녀의 번성은 결국 후손의 번성에 대한 약속이 구체적으로 실현되는 첫 단계이다(창 29:31-30:24).

여기에서 성경은 그 당시 대제국의 역사나 유명한 정치가들의 치적治績은 일축一蹴하는 반면 야곱과 관련된 이야기는 그 가축에 이르기까지 상세히 기록하고 있다. 이것은 다음과 같은 교훈을 준다.

첫째는, 성경은 선민選民을 중심으로 그들의 이야기를 기록하고 있다는 점과 둘째는, 모든 사건은 그리스도에게로 이어지고, 그리스도는 바로 오늘날 성도 된 우리와 관련을 맺고 있다는 점이다. 따라서 우리는 성경을 읽을 때 구속사적 관점觀點에서 그리스도 중심으로 이해하여야 한다.

야곱의 편애偏愛와는 달리 레아를 다산多産하게 하시고 라헬을 무자無子하게 하신 하나님의 뜻은 분명하다. 즉, 고통 받는 자에게는 위로를 주시며, 축복 받은 자에게는 교만하지 않도록 근신하게 하시는 하나님의 세심한 공의公義를 보여 주기 위해서였다.

자식을 두고 남편의 사랑을 받기 위하여 두 자매 라헬과 레아가 경쟁하는 모습은 장자권을 두고 아버지의 축복을 받기 위해 두 형제 야곱과 에서가 겨루던 장면을 연상시킨다. 하나님이 세우신 일부일처제一夫一妻制의 결혼법이 무너진 가정에서는 갈등과 분쟁 그리고 질투와 경쟁심이 그치지 않음을 보여 준다.

이러한 인간의 실패에도 불구하고 하나님은 그것을 선으로 승화昇華시켜 아브라함과 이삭 그리고 야곱과 맺은 언약을 역사 속에 꾸준히 실현시키고 있음을 보여 준다. 그러므로 이스라엘 민족의 기원사起源史는 결코 자연 질서에 의한 것이 아니라 하나님의 깊은 섭리와 계획 그리고 은혜의 역사役事에 의한 것임을 명백히 보여 주기 위해서이다.

아브라함이 언약 백성의 조상으로 소명 받은 후에도, 이스마엘과 에서 등 두 세대에 걸쳐 언약 백성을 구별하는 작업이 계속되었다. 그러나 아담 이래로 계속해서 언약을 확인해 주신 하나님은 제 3 대 언약 족장인 야곱에 이르러서는 그 구체적인 기초가 놓이도록 열두 명의 아들을 주셔서, 그 모든 자녀가 이스라엘의 12 지파의 직계 조상으로서 언약 백성의 대열에 동참하게 하시며, 이스라엘을 총칭總稱하는 열두 지파를 통하여 구속사救贖史를 발전시켜 나가신다.

3) 야곱의 소유와 라반의 소유

(1) 야곱의 양(羊)

고대에는 종과 가축의 수효가 바로 객관적인 부富의 척도였다. 하나님께서는 언약 백성이나 말씀을 순종하는 자에게 하늘의 축복과 세상의 부요도 함께 허락하신다(창 13:2; 26:12-14). 그러나 이것은 구약 사상舊約思想의 일부로서 계시가 더욱 발전된 신약 사상에서는 반드시 양자兩者가 일치되는 것만도 아니라는 사실을 일깨워 준다.

이 진리는 사도 바울의 삶 속에서(고후 6:10), 그리고 결정적으로는 "부요하신 자로서 가난해지신"(고후 8:9) 예수 그리스도에게서 쉽게 찾아볼 수 있다. 따라서 유대인의 그릇된 생각처럼 가난은 결코 죄가 될 수 없으며 부가 신앙의 척도가 될 수 없다. 오늘날 중요한 것은 부와 가난이 기준이 아니라, 믿음과 청지기의 삶이 신앙인의 원동력이다(고전 4:1; 벧전 4:10).

야곱은 장인丈人 라반과 도합都合 세 번에 걸쳐 고용 계약을 맺는다(창 29:19, 27-30:27, 28). 첫 계약은, 7 년 기간으로 임금 대신 라반의 둘째 딸 라헬을 아내로 주기로 한 것이었고 두 번째는, 첫 계약을 깨뜨린 라반의 술수術數에, 힘이 없는 야곱이 어쩔 수 없이 또다시 라헬을 위하여 7 년을 무임無賃 봉사하기로 한 것이었으나 세 번째 계약은, 떳떳이 조건부로 삯을 차지하기로 계약한다. 이 계약은 하나님의 명령으로(창 31:13) 밧단아람을 급히 탈출할 때까지 6 년간 지속된다.

품삯을 책정하는 문제에 있어서 야곱의 기지機智가 다시 한 번 드러난다. 즉, 라반의 탐심과 간교성奸巧性을 익히 알고 있었던, 야곱은 자신에게 절대 불리한 듯한 조건부 비율 분배 방식을 제안함으로써 라반을 계약에 끌어들인 뒤 가축의 생식 습성生殖習性에 대한 자신의 목자적牧者的 재질을 십분 활용하고자 했다.

야곱의 몫은, 양 중에서는 순백純白을 제외한 모든 것 곧 검은 반점斑點 있는 양이나 얼룩덜룩한 양 및 아주 검은 양이었으며, 염소 중에서는 순흑

純黑을 제외한 모든 것 곧 흰 반점 있는 염소나 얼룩덜룩한 염소였다. 이것은 야곱에게 절대 불리한 제안이었다.

라반은 야곱이 기회를 틈타 단색 가축 떼를 얼룩덜룩하고 점이 있는 가축 떼와 섞이게 할 경우를 방지하기 위해서 멀찌감치 두 떼를 떨어지게 했다. 그렇지 않은 경우에는 야곱이 요구한 것과 같은 새끼들이 쉽게 생길 수 있기 때문이다.

야곱은 라반보다 가축에 관해서 많이 알고 있었다. 그는 수십 년 동안 아버지의 가축들을 쳤으며, 14 년 이상 외삼촌 라반의 가축들을 쳤다. 이와 같이 오랜 기간의 목축牧畜 경험을 통해서 그는 가축들의 생리生理를 잘 알고 있다고 생각했다.

그 당시 대부분의 양들은 희고 염소는 검은 것이 주종主從을 이루었으며 그렇지 않은 것은 극히 드물었다. 라반은 이러한 사실을 알고 있었으므로 야곱의 제안을 즉시 수락했다. 이러한 야곱의 제안은 라반에게 유리한 조건을 내세운 것과 동시에 자신은 하나님께서 주시는 것만 갖겠다는 하나님의 섭리에 대한 믿음을 나타낸 것이다.

이후에도 야곱의 양과 염소가 많이 늘어나게 되었는데, 이는 야곱의 단순한 책략策略 때문이 아니라 하나님의 섭리에 의한 것이다. 야곱은 이렇게 해서 얻어진 결과를 하나님의 축복으로 돌렸다(창 31:9).

(2) 떠나는 야곱

아브라함이 본토를 떠난 사건(창 12:1)으로 시작된 선민選民의 떠남과 분리分離의 역사는 야곱이 하란을 떠난 사건에서 다시 한 번 나타나다가 마침내 모세의 출애굽 사건에서 계시의 정점頂點을 이룬다(창 31:3-22; 출 12:37-51).

즉, 그들이 떠나게 된 근거는 하나님의 명령이요, 떠난 곳은 약속 받지 못한 죄와 우상偶像의 도시들이며, 목적지는 언제나 언약의 땅 가나안이었다. 따라서 이 모든 사건들은 오늘날 성도가 어디를 향하여 무엇으로부터 떠나야 하는지를 잘 보여 주는 하나님의 계시 사건들이다(히 11:13-16).

20년 간 같이 살던 장인으로부터 도주하듯이 귀향歸鄕 길을 서둘러야 하는 야곱의 모습에서, 남을 잘 속이는 자는 스스로도 험한 세상을 살 수밖에 없음이 잘 드러난다.

그러나 그처럼 결점이 많은 야곱을 언약 가문言約家門의 족장으로 세우시고 결정적 순간에 개입 간섭介入干涉하시는 하나님의 섭리는, 언약에 담긴 은혜가 결코 인간의 공로가 아니라는 것과, 한번 주신 하나님의 은혜는 결코 변하지 않음을 다시 한번 보여 준다

물질로 인한 라반과의 불편한 관계를 통하여, 야곱에 대한 하나님의 지시와 약속은 20년 전 벧엘 언약에 근거하여 야곱을 고향으로 보내려는 하나님의 역사役事이시다(창 31:3).

야곱이 모든 가솔家率과 가축들을 이끌고 떠났다는 소식에, 야곱만큼이나 타산적인 라반은 자기 재산 유출流出에만 분격하여 마치 도적을 좇듯이 추격대를 편성하여 야곱을 추격했다. 이에 하나님은 아브라함과 이삭을 아비멜렉에게서 보호하셨듯이, 이 사건을 직접 중재仲裁하셨다(창 12:10-20; 20:1-18; 26:1-11; 31:24).

구속사救贖史의 구약 주인공이 될 언약 가문을 연약軟弱할 때 지키시고 실수해도 용서하시는 하나님의 사랑이 잘 드러난다. 이는 드라빔 소동騷動의 의미를 이해하면 쉽게 수긍이 간다. 드라빔은 가정의 평안을 비는 미신적 요소도 있으나 한 집안의 상속권 일체를 보증하는 것이다.

따라서 드라빔을 훔친 라헬의 행위는 친정 아버지의 상속권을 남편에게 주고자 하는 일면도 있는 것이다. 물론 이는 언약 가문의 의미를 충분히 이해하지 못한 소행所行이었다.

드라빔을 찾지 못한 라반은 드라빔을 빌미로 상호 불간섭相互不干涉의 화친 조약和親條約을 제안한다. 이로써 양가兩家의 분쟁은 일단락을 짓는다. 이는 꿈에 나타난 하나님의 보복 금지報復禁止 명령과 야곱의 진실한 항변에 할 말을 잃고 어쩔 수 없이 딸들의 행복을 위해서라도 야곱과 화해의 언약을 맺기 원한다.

이 언약을 '미스바 언약'이라 하는데, 언약의 증표는 길르앗 산지에 세우고 쌓은 돌 기둥과 돌무더기였으며, 언약의 명칭은 라반이 사용한 아람 어로는 '여갈사하두다(יְגַר שָׂהֲדוּתָא)', 야곱이 사용한 히브리 어로는 '갈르엣(גַּלְעֵד)'이라 하였고(창 31:47), 언약의 내용은 첫째, 라반은 딸들을 박대薄待하거나 그 외 더 취하지 말라는 것이요 둘째, 돌무더기를 넘어 서로 침범해서는 안 된다는 것이다.

드라빔이 보장하는 세속의 보잘것없는 영화榮華를 둘러싸고 복잡하게 인간사가 전개되는 것을 보면서, 절대적 복은 오직 순결한 믿음을 전제로 주시는 하나님의 언약 축복의 순수성을 새삼 깨닫게 된다(롬 4:13-24; 갈 3:18-22).

따라서 우리 성도들은 이 세상에서의 모든 복과 만족은 오직 복의 근원이 되시는 하나님께로부터 나옴을 깨닫고 세속적 근원에 그 원천源泉을 두지 않도록 해야겠다.

더욱이 하나님께서는 이 땅에 사는 자신의 백성들에게 말씀을 따라 순종하며 살 때 여러 가지 영육 간의 축복을 내리시기로 약속하셨다. 그 말씀 안에서 살아 하나님의 생명의 풍성함과 축복을 받도록 해야겠다(신 30:15, 19). 한편 라반이 하나님의 이름을 부르면서도(창 31:55), 드라빔 우상偶像을 가지려 애쓰는 것은 하나님과 언약을 맺은 백성이 아니기 때문이다.

4) 얍복 강의 야곱

(1) 씨름하는 야곱

야곱이 고향을 떠나 밧단아람으로 가던 중, 벧엘에서 하룻밤을 지냈던 적이 있었다. 그때 그는 꿈속에서 천사들을 보았다(창 28:12). 그 후 20 년이 지나 고향으로 돌아가던 중 그는 다시 천사들을 만나게 되었다. 그에게 있어서 천사들의 임재臨在는 하나님의 보호하심을 확신시켜 주는 표시였다.

사실 야곱은 두려움에 사로잡혀 있었다. 그가 거느리고 있는 사람들은 군사 훈련을 받은 적이 없고 충분히 무장되어 있지도 않았다. 심지어 그에게는 라반의 추격追擊도 큰 두려움이 되었다. 그러나 앞길에는 그보다 더 큰 두려움의 대상이 있었다. 그 사람은 다름 아닌 에서였다.

에서는 한때 야곱을 죽이려는 마음까지 품었었다. 이런 상황에 처處한 야곱에게 하나님은 더없이 은혜로우셨다. 야곱이 천사들을 보게 된 것은 하나님의 섭리였다. 그는 하나님의 천사들에 의해 보호되고 있음을 이 급박急迫한 시점에 다시 한번 상기하게 되었다.

따라서 그곳의 이름을 '마나하임(מַחֲנָיִם)'이라고 불렀다. 이 말은 '두 진영陣營' 혹은 '두 무리'를 뜻한다. 따라서 야곱은 이 말로써 자신의 조그마한 일행뿐만 아니라 하나님의 수많은 천사들에 의해서 자신이 보호 받고 있음을 간증干證한 것이라고 볼 수 있다.

야곱의 얍복 강가 씨름 사건은 성경 전반에 걸쳐 가장 신비스럽고 놀라운 사건 중 하나이다. 따라서 이 사건의 역사성에 의심을 품고 있는 일부 학자들은, 천사가 꿈에 나타났다는 현몽설現夢說, 무아경 속에서 씨름이 이루어졌다는 환상설幻想說, 야곱 자신의 영혼 속에서 되어졌다는 영적 투쟁설靈的鬪爭說, 심지어 단순히 지어낸 이야기에 불과하다는 신화설神話說까지 주장한다.

그러나 분명 이 사건은 다음과 같은 이유에서 객관적 사실에 근거한 역사적 사건임이 분명하다. 첫째, 내용과 문맥 자체가 뒷받침한다. 둘째, 훗날 호세아 선지자가 증거한다. 셋째, 결정적 증거로는 이 사건 후 실제 야곱의 뼈에 이상異常이 생겨 잘 걸을 수 없었다는 점이다.

루터는 하나님과 야곱이 씨름한 사건을 구약 성경에서 가장 이해하기 힘든 사건 중 하나라고 시인했다. 그러나 분명한 사실은 당시 야곱이 기도하고 있었다는 사실이다. 다행히 이 부분에 대해 성경 자체의 해석이 호세아 12:3, 4에 나타난다. "야곱은 모태에서 그의 형 발뒤꿈치를 잡았고 또 힘으로는 하나님과 겨루되 천사와 겨루어 이기고 울며 그에게 간구하였으며…."

이처럼 호세아의 글에서는 '씨름'을 '울며 간구한 것'으로 정의하고 있다. 다시 말하면, 고뇌苦惱로 가득 찬 사람의 마음에서 우러나오는 기도를 뜻한다. 그리고 야곱의 씨름 상대자는 '어떤 사람'으로 묘사되어 있다. 그러나 나중에 야곱은 하나님을 보았다고 말한다.

그러므로 이 사람은 다름 아닌 사람의 형상을 입고 나타난 '여호와의 사자使者' 혹은 '하나님 자신'이었다. 이 점을 야곱은 확신했기 때문에 하나님에게 축복을 꼭 받겠다는 의지意志를 나타냈다.

호세아 예언자는 야곱이 완강頑强하게 하나님에게 매달린 모습을 출생 시 형의 발뒤꿈치를 잡은 것에 비유했다. 둘 다 하나님의 축복을 받으려는 그의 끈질김을 상징한다. 하나님은 사람들이 야곱처럼 끈덕지게 기도하기를 원하신다(눅 18:1-8). 또한 그러한 기도에 응답하신다.

"그 사람이 자기가 야곱을 이기지 못한 것을 보고"란 표현은 결코 하나님의 무소불능無所不能을 깎아 내리는 것이 아니라, 지속적인 기도의 능력을 돋보이게 하려는 것이다. 결국 야곱의 경험은 하나님의 자녀가 항상 기도하고 낙망하지 말아야 한다(눅 18:1)는 교훈을 준다.

"하물며 하나님께서 그 밤낮 부르짖는 택하신 자들의 원한怨恨을 풀어주지 아니하시겠느냐 그들에게 오래 참으시겠느냐"(눅 18:7). 하나님은 야곱의 환도環刀뼈를 치심으로써, 하나님이 그를 이기지 못하신 것이 아니라, 그가 이기도록 해 주셨음을 야곱에게 알리셨다(아버지가 어린 아들과 팔씨름을 하다가 아들에게 용기를 주려고 일부러 져 주는 것과 비슷하다고 할지). 그리고 이 특이한 경험을 통하여 그에게 영원히 복을 주시겠다는 하나님의 약속을 야곱이 잊지 않도록 하셨던 것이다.

(2) 벧엘의 제단(祭壇)

벧엘은 야곱에게 뜻 깊은 장소이다. 그가 에서를 피해 고향을 떠났을 때, 하나님은 이곳에서 처음으로 그에게 나타나셨다(창 28:12-15). 이 사건을 기념하기 위해서 그는 그곳에 기둥을 세웠다. 그리고 하나님의 축복을 받아서 안전하게 고향으로 돌아오게 되면, 그 기둥 위에 '하나님의 집'을 짓겠다고 서원했다.

하나님은 친히 하신 약속을 지키셨다. 야곱이 하란에서 타향살이하는 동안 그의 모든 필요를 채워 주셨을 뿐만 아니라 그를 인도하여 무사히 가나안 땅으로 돌아오게 하셨다. 그럼에도 불구하고 야곱은 아직 자신의 맹세대로 실천하지 않았다. 사실, 세겜은 벧엘에서 얼마 떨어지지 않았고 아버지 이삭이 거주하는 헤브론으로 가는 길목에 위치했다.

그런데도 그는 곧장 벧엘로 향하지 않고 세겜에서 여러 해를 머물렀다. 따라서 그가 벧엘로 가는 것을 의도적意圖的으로 피한 듯한 인상을 준다. 그 이유가 부분적이나마 창 35:2에서 밝혀진다. 이 부분에 의하면, 야곱은 식구와 종들에게 이방 신상異邦神像을 버리라고 지시했다. 이것은 그들이 여전히 우상 숭배를 하고 있었음을 보여 준다.

사실, 야곱은 대부분의 종들을 하란에서 얻었다. 종들은 한결같이 그 지방의 관습과 종교 의식에 깊이 젖어 있던 사람들이었다. 그 결과 때때로 개인적으로 간직하고 있는 신상神像에게 복을 빌곤 했을 것이다. 문제는 그들에게만 있지 않았다.

심지어 야곱의 가정 안에서도 우상 숭배의 흔적을 찾아볼 수 있었다. 라헬은 이 당시까지도 아버지에게서 훔친 드라빔을 간직하고 있었을 것이기 때문이다. 야곱이 처첩妻妾과 자식들에게 여호와와 그의 언약에 대해서 진지하게 가르쳤으리라는 점에 대해서는 논란의 여지가 없다. 그러나 그는 이교도의 모든 행실을 버리도록 강력하게 주장하지 못했다.

이와 같은 면이 있었기 때문에, 야곱은 일행을 거느리고 벧엘로 나아갈 수 없었던 것이다. 결국 그가 결단을 내리지 못하고 세겜에서 지체하는 동안 디나의 사건이 벌어졌다. 이제 그는 주위에 사는 가나안 사람들에게 보복당할 위험의 협박 때문에 그곳을 떠나지 않을 수 없었다.

하나님은 두려움에 사로잡힌 그에게 나타나셔서 벧엘로 갈 것을 재촉하셨다(창 35:1). 그 결과 야곱은 용기를 얻게 되었고 일행에게 신앙의 결단決斷을 촉구할 수 있었다. 이에 늦게나마 각성한 야곱 자신은 물론 온 집안의 신앙 개혁을 감행敢行한다. 이제 야곱은 “우리가 일어나 벧엘로 올라가서 제단을 쌓자.”로 하나님의 부르심에 화답和答한다.

'엘벧엘(벧엘의 하나님)'(35:7)은 야곱이 벧엘에서 나타나서 자기에게 베풀어 주신 하나님의 그 크신 은혜를 기억하면서 부른 이름이다. 벧엘은 야곱에게 있어 삶이 가장 두려울 때였고, 외로울 때였으며 삶이 가장 가난할 때였는데, 야곱은 그 당시 베풀어 주신 하나님의 은혜를 회상하며 현재의 신앙을 재점검하고 미래를 하나님께 헌신獻身하고자 했다.

하나님은 아브라함에게 주셨던 언약을 야곱에게 재차 다짐하시며 야곱이 그 복을 계승하리라고 약속하신다. 야곱이 진정으로 가나안 땅으로 돌아온 것이 이때부터이다. 그의 몸이 가나안으로 돌아온 것은 이미 오래전이었다. 그러나 그가 벧엘에서 하나님께 제단을 쌓은 후에야 비로소 신앙적으로 이곳의 땅 가나안에 돌아오게 되었다.

마침내 야곱이 집에 돌아왔다. 이때에 이삭은 매우 늙었고 보지 못할 뿐만 아니라 매우 기운이 진盡하여 기동起動하지 못할 때였다. 야곱과 이삭의 손자들이 그를 방문했을 때 이삭이 환영했다는 말이 없는 것으로 보아 어떤 의미에서는 이삭은 중병重病에 있었는지도 모른다. 이삭은 아브라함이 살았던 그 헤브론에서 아직 살고 있었다.

이삭은 180 세에 세상을 떠났다. 이것은 사실 야곱이 밧단아람에서 돌아온 지 25 년이 되던 해였다. 이삭이 아마 135 세에 야곱이 집을 떠났던 것 같다. 이삭은 아브람이 마므레에 마련한 동굴 곧 아브라함과 사라와 리브가가 묻힌 같은 무덤에 장사葬事 지낸 바 되었다(창 49:29-31). 이삭의 죽음은 언약 가문의 세대 교체와 수적 증가數的增加를 통한 구속사救贖史의 전개를 더욱 극명히 대비시켜 준다.

5) 요셉과 형제들

(1) 17 세의 요셉

창세기 12장에서 36장에 걸친 족장의 기사는 주로 하나님이 아브라함을 부르사 가나안 땅과 후손의 언약을 맺으신 후 그 언약 백성의 범위가 야곱의 열두 아들로 최종 확정되는 과정에 집중되어 있다.

반면 창세기 37장에서 50장까지의 기록은 요셉을 중심으로 창 15:13-16의 예언 성취 과정에 초점을 모으고 있다. 즉, 이스라엘 후손이 어떤 상황과 이유로 애굽에 내려가 400 년 간의 종살이를 하게 되는가 하는 애굽 이주 과정이 기록되어 있다.

이 기록은 출애굽 직전의 상황을 묘사하는 출애굽기 1장과 자연스럽게 연결된다. 여기서도 우리는 하나님께서 미리 예정하신 뜻에 따라 인류사 뒤에서 구속救贖의 역사役事를 면면히 진행시키심을 알게 된다. 이는 또한 언약 가문의 애굽 이주 과정에서 주역主役을 맡은 요셉에게, 야곱의 편애偏愛와 하나님의 섭리를 보여 주는 꿈 이야기 때문에 애굽으로 팔려 갈 동기가 발생하고 있음을 보여 준다.

형들이 친동생을 음모해서 살해를 시도하다가 종으로 팔아먹은 이 사건은 언약 가문조차도 끔찍한 죄악의 오염汚染에서 벗어나지 못함을 보여 준다. 이것은 처절하게 부패한 자들을 구속사救贖史의 중심 혈통으로 삼아 주신 하나님의 구원의 은혜가 얼마나 고마운 것인지를 역설적逆說的으로 깨닫게 해 준다.

이는 야곱의 생애를 통해서도 겉으로 보기에는 인간이 모든 일을 주도하는 것 같으나 그 이면裏面에는 하나님이 크신 손길로 구속사를 전개시키심을 보여 주듯이, 이 사건도 훗날 야곱의 집안이 애굽으로 이주하여 400 년 간 머무르게 되는 결정적 계기契機로 삼으시는 하나님의 역사役事를 드러낸다.

요셉의 생애는 세 번에 걸친 꿈에 의하여 결정된다.

첫째, 17 세 때의 두 꿈(창 37:5-9) 때문에 애굽으로 팔려 가게 되었고, 둘째, 애굽의 감옥 속에서 두 관원의 꿈 때문에 바로 앞에 서게 되었으며, 결국은 바로의 꿈 때문에 애굽의 총리로 등용登用되었던 것이다(창 40:1-41:45).

따라서 요셉의 자신의 일생을 통하여 접하게 된 꿈은 단순하고 자연적인 꿈이 아니라 하나님께서 특별한 섭리로 주신 꿈 곧 꿈을 통한 하나님의 계시였다.

한편, 비록 위대한 사람일지라도, 그는 아브라함, 이삭, 야곱의 영적 상태를 지속하기에는 곤란이 있었다. 하나님은 신앙의 족장에게처럼 요셉에게 사실로 결코 나타나지 않았으며, 언약의 약속도 그에게 특별한 방법으로 준 것이 아니다. 언약은 야곱의 아들들 중에 유다에게 있다.

많은 주석가들이 요셉을 그리스도의 모형模形으로 생각하고 있다. 비록 그가 유사類似한 점이 없는 것은 아니지만, 신약 성경에 요셉이 그리스도의 모형으로 이야기한 곳이 없음을 잊어서는 안 된다. 여기에 비유적 해석법比喩的解釋法에 위험성危險性이 있다.

그것은 영적이고 비유적이고, 또 모형적인 해석이 성경의 진리를 벗어나는 일반적인 과오이다. 요셉의 경우도 여기에서 벗어날 수는 없는데 그것은 요셉을 예수 그리스도의 모형으로 볼 수가 없다는 것이다. 단 그의 역사적 사건이 그리스도의 사건과 유사類似하다고 이야기할 수는 있다.

(2) 유다와 다말

마치 하나의 중간 삽화插話처럼 제시된 이 이야기는 바로 구속사救贖史의 정점頂點인 예수의 직계 조상 유다와 관련된 것으로서, 이미 창세기부터 성경이 예수 중심으로 전개됨을 보여 준다(창 38장; 49:8-12; 마 1:3; 요 4: 22). 그리스도의 직계 혈통 중에 이 같은 근친상간이 있었음을 성경이 굳이 보여 주는 것은 심오深奧한 영적 의미가 있기 때문이다.

결혼한 여인으로서 자신의 권리를 확보하기 위해 대담하게도 시아버지와의 간통도 불사不辭한 다말은 가나안 출신 여인으로서, 이 당시는 물론 출애굽 당시까지 가나안 사람들의 도덕적 부패가 어느 정도였는지를 보여 주는 단적端的인 예가 된다.

창세기 38장에서는, 후에 이스라엘의 율법에 성문화成文化되는 계대 결혼繼代結婚이 언급되어 있다(신 25:5-10). 이 계대 결혼은 이스라엘 백성들 가운데서 하나님의 언약 백성으로서 각 지파, 족속들 간에 생명이 단절斷絶되지 않고 연속되도록 하기 위한 것으로서 생명을 보호, 보존하시는 하나님의 은총을 나타낸다. 그러므로 이 계대 결혼을 어김으로써, 하나님께서 유다의 아들 오난을 죽이신 것은 이 의미의 중요성을 뜻한다.

본문에서의 사건은 다말 사건이다. 아마도 이 사건은 야곱이 가족들을 이끌고 애굽으로 내려가기 직전에 생긴 일로 추정된다. 다말 사건은 한마디로 야곱의 넷째 아들 유다가 며느리 다말에 대한 계대 결혼 의무를 이행하지 않다가, 결국 자신이 속아 다말과 동침同寢하여 쌍둥이 아들을 낳는다는 불륜不倫의 기사이다.

다말의 행동의 동기는 정욕적이거나 또는 돈이 아니었고, 차라리 언약의 가정에서 자기의 위치를 차지하려는 것이었으며 그녀는 그것을 심히 소원했다. 그러나 그녀는 거절당했다. 그녀는 확실히 매춘을 하는 창녀娼女가 아니었다. 성경의 기록도 그녀가 범죄한 것이나 또는 비판하려 한 것이 아님을 인식시키려 하고 있다.

참으로 이 점에서 그녀의 결정과 행동은 그녀가 의도한 것을 확실히 성취한 것뿐이다. 왜냐하면 그녀는 다윗 왕의 조상의 어머니가 되었고 심지어 메시야의 조상의 어머니가 되었기 때문이다. 물론 하나님은 인류의 전략에 의하여 좌우되는 분이 아니다. 이 경우에는 하나님께서 자기의 뜻에 따라서, 다말의 마음을 주장하여 실행에 옮겨 놓게 함으로 의롭게 된 것이며, 결과적으로 하나님께서 그 일을 성취하신 결과로 판단되어야 한다.

그러나 요셉의 역사가 막 전개되는 시점에 갑작스러우리만치 등장하는 이 사건은 결코 유다 가문의 한 에피소드가 아니라, 창세기 34장의 디나 사건처럼 하나님의 뚜렷한 계시 사건이다. 따라서 오늘날 우리들에게도 강력한 메시지를 선포하는 사건이다. 즉, 장차 이스라엘의 왕적王的 계보를 형성할 유다 가문 내에서 일어난 이 사건이 보여 주는 교훈은 다음과 같다.

첫째, 가장 부패한 인간사人間事 깊숙한 곳에 가장 고귀한 신적神的 언약이 주어졌다. 뿐만 아니라 결국 그 언약, 그 가문 그 혈통을 따라 가장 순결한 메시야가 태어났다는 사실(마 1:3)은 "죄가 더한 곳에 은혜가 넘친다."(롬 5:20)라는 사도 바울의 고백을 연상시킨다.

둘째, 애굽 이거移居의 필연성을 보여 준다. 왜냐하면 장차 이스라엘 열두 지파를 형성하게 될 야곱의 아들들이 유다처럼 가나안 여인과 빈번히 통혼通婚함으로써 그들과 한 족속이 되면 이미 멸망이 경고된 가나안 족속과 함께 멸절滅絶당할 위험에 빠져 들고 말기 때문이다. 따라서 하나님은 때가 찰 때까지 그들을 애굽에서 연단鍊鍛시키면서 언약의 순수성을 보존할 필요성이 반드시 있었던 것이다.

창세기의 저자는 모든 사건을 공정한 입장에서 기록하려고 노력했다. 그 증거가 이스라엘 민족의 과거 역사를 다루는 과정에서 분명하게 나타난다. 그는 그들의 영광스러운 면뿐만 아니라, 어두운 면까지 적나라赤裸裸하게 묘사했다. 그 예로 야곱의 아들들이 세겜 사람들과 요셉에게 저지른 비행非行들을 들 수 있다.

창세기 38장에서도 역시 부끄러운 내용들이 기록되어 있다. 이것을 기록한 저자의 목적을 두 가지로 볼 수 있다. 첫째, 독자들의 마음속에 죄에 대한 혐오감嫌惡感을 심어 주기 위함이다. 둘째, 그들의 죄악을 저질렀음에도 불구하고 하나님의 축복을 받았다는 사실을 강조함으로써, 모든 시대의 모든 죄인들에게 커다란 희망을 주기 위함이다.

유다의 경우에서 보여지는 것처럼, 야곱의 일가족들은 가나안 사람들과 혼인함으로써, 그리고 그들의 생활 방식을 받아들임으로써 그들에게 동화同化될 위험에 직면했다. 또한 가나안 사람들은 대체로 아브라함의 자손들에게 친절했고, 그들과 긴밀한 유대를 맺기를 갈망했다(창 20:15; 23:6; 26:29; 34:21-23).

이런 점들을 염두念頭에 둘 때, 이스라엘 자손들을 애굽에서 40 년 간 생활하게 하신 하나님의 섭리를 조금이나마 이해할 수 있다. 물론, 일차적인 이유는 가나안 사람들의 죄악이 가득 차지 않았기 때문이다(창 15:13-16). 그러나 밝혀지지 않았던 또 다른 이유는 그들이 가나안 사람들과 동화同化

되는 것을 막기 위함이었다.

이 문제는 애굽에 체류滯留할 경우에, 자연적으로 해결된다. 또한 고대의 애굽 사람들은 이방인들 특히 목자牧者들에게 혐오감嫌惡感을 가졌던 자들로 널리 알려졌기 때문이다(창 46:34). 따라서 이스라엘 자손들의 인구가 숫자적數字的으로 크게 증가增加했지만, 단일 민족으로 남을 수 있었던 것이다.

(3) 애굽의 총리 요셉

아브라함과 맺은 횃불 언약(창 15:12-17)을 성취하시기 위해 하나님은 이미 배후에서 요셉에게 세 가지로 섭리하셨다(창 37:18-28; 39:1-4; 41:37-43).

첫째, 요셉을 애굽으로 팔려 가게 한 일. 둘째, 요셉을 왕의 측근 집으로 팔리게 한 일. 셋째, 요셉에게 식량이 풍부한 고관高官의 가정 총무직을 주어, 장차 애굽의 곡물穀物 관리자管理者로서의 역할을 잘 수행遂行할 수 있도록 연단鍊鍛시킨 일 등이다.

형제들이 요셉을 미워한 세 가지 이유를 보여 준다. 첫째, 요셉이 그 형제들의 과실過失을 아버지에게 말함. 둘째, 야곱이 다른 아들들보다 요셉을 더 사랑함. 셋째, 요셉이 꿈꾼 것을 그 형제들에게 말함 등이다. 요셉으로 하여금 미움 받게 한 이 세 가지 사건은 결국 하나님의 섭리攝理에까지 관련된다.

이런 일이 없었더라면, 그를 미디안 사람에게 팔았을 리가 없었겠고, 그가 미디안 사람에게 팔리우지 않았더라면, 애굽에 갔을 리 만무萬無하다. 그가 애굽으로 갔으므로, 마침내 이스라엘이 애굽으로 가게 되었고, 하나님의 예언은 이루어진 것이다(창 15:13-14).

성경은 요셉의 경험들이, 신약의 예수님의 경험을 예언하는지 또는 그렇지 않은지에 대하여 분명하게 말하지 않고 있으나, 예수님이 요 15:25에서 인용적으로 언급하신 내용이, 시편 35:19과 69:4로서 이것은 일차적으로 다윗에 대한 대적자對敵者의 미움으로 볼 수도 있으나 예수님의 대적자들의 미움으로도 볼 수 있으며, 더 넓게는 구약 전체를 율법으로 보는 시각이고, 대체적으로 율법은 모세 오경을 가리킨다(눅 24:27, 44). 그렇다면 이 사건을 요셉과 그 형제들의 미움으로 볼 수도 있다. 하여튼, 그 일은 실제적이고 매우 비참한 것이었다.

그는 형제들에게서 살인적 미움을 받았고 또 도단에 있는 그들에게 접근했을 때 형들의 자기에 대한 계획을 조금도 직감하지 못했다. 비록 그것은 요셉에게 무섭고 또 쓴 경험이었을지라도, 그것은 하나님의 섭리 가운데서 합력合力하여 선을 이룰 것이었다.

요셉 자신은 자기의 여러 가지 야망野望과 오만傲慢과 인격적 문제를 가지고, 다른 사람들에게 총명한 광택과 정치적 지도력의 탁월한 은사를 나타내기 전에 또 하나님의 필요에 따라서 그것을 투자할 수 있기 전에 먼저 겸손과 인내를 배우는 것이 필요했다.

또한 그의 형제들은 이스라엘의 지파들의 조상들을 위하여 필요한 진정眞情한 회개와 영적인 성숙成熟을 가지기 전에 무서운 결과를 교훈 받지 않으면 안 되었고 또 스스로 신앙 고백과 겸손한 가운데서 낮아지지 않으면 안 되었다.

그래서 그들의 허리에서 태어날 국민은 고난에 의하여 준비되어야 하고 또 하나님의 구원은 하나님의 법을 순종함으로 하나님을 믿고 의지하고 그의 약속을 의지함이 귀한 것을 깨닫게 한 것이다. 하나님의 섭리 안에서 모든 것은 요셉이 도단에서 자기의 형제들에게 오기 전에 그에게 작정되었고 이루어지고 있었다.

하나님의 언약대로 구속사救贖史는 애굽에서 400 년 동안 진행되어야만 했으며, 요셉의 애굽 정착은 이를 위한 출발이었다. 요셉은 이방異邦에서 어려움 가운데 있었으나, 그의 처신處身은 흠잡을 데 없을 만큼 완벽한 것이었다. 이처럼 요셉은 온유하고 공명정대公明正大하며 부끄러울 것이 없는 삶을 보내었으며, 이는 그리스도의 지상 생애에 대한 예표적 의미를 지닌 것으로, 그의 부친 야곱의 허물이 점철點綴된 생애와는 좋은 대조가 된다.

요셉은 애굽으로 내려갔을 때가 17 세였고, 또 그가 바로 왕 앞에 섰을 때가 30 세였으며, 애굽의 식량 문제를 관장管掌하는 총리 자리에 앉았을 때도 30 세였다. 결론적으로 그는 보디발의 집과 그의 감옥에서 13 년을 보낸 것이다. 이것은 야망과 지성적인 젊은 사람으로 노예와 감옥에서 오랫동안 세월을 낭비한 것으로 보인다.

그런데 그것은 그에게 하나님의 계획 안에서 전혀 시간을 낭비한 것이 아니고, 하나님께서 요셉을 불러서 지도자와 구원자의 큰 자리를 맡기기 위하여 필요한 준비를 하게 함이었다. 요셉의 이야기는 이런 성급한 모든 크리스천들에게 유익한 교훈을 준다. 요셉은 이미 17 세에 지도자적 힘이 있었음을 생각한다. 그러나 여호와 하나님은 그를 훈련하셨고 또 종교적인 훈련 순서를 통하여 그를 13 년 간 연단했다.

꿈도 하나님의 섭리의 관할 하管轄下에 들어가기 때문에(민 12:6; 왕상 3:5; 렘 23:28; 욜 2:28; 마 1:20; 2:12), 하나님의 계시 역사啓示役事에 있어 꿈은 환상幻像과 함께 중요한 계시 방편方便 중 하나였다(창 37:5). 바로의 꿈은 요셉의 생애를 결정짓는 3대 꿈 사건 중 마지막 꿈으로서 그를 애굽의 총리 대신으로 등용登用시켜 이스라엘과 맺은 언약을 역사 속에 실현시키고자 하나님께서 특별히 섭리하신 꿈이었다.

요셉은 바로의 꿈을 해석했을 뿐만 아니라 구체적인 해결책까지 제시한다. 몰론 이 해결책 역시 요셉의 개인적인 생각이 아니라 하나님이 주신 지혜에 근거한 것이다. 이것은 특별히 언약의 백성과 관련하여 바로와 바로의 나라도 하나님의 섭리 속에 깊숙이 포함되어 있기 때문에 요셉을 통해서 하나님의 직접적인 통치를 받아야 함을 뜻한다.

명쾌한 꿈 해석과 뚜렷한 해결책을 제시하자, 바로는 요셉이야말로 그 계획을 추진시키기에 가장 합당한 '명철明哲하고 지혜 있는' 인물이라는 결론에 도달한다. 따라서 바로는 그 즉석에서 왕의 직권職權으로 요셉을 애굽의 총리로 공식 등용했다. 관리의 단계를 밟지 않고 관직을 특별히 올려서 쓴다는 '불차탁용不次擢用'이나 누구의 추천도 필요 없이(제외하고) 임금이 바로 벼슬을 준다는 '제수除授'란 말이 이 경우에 해당된다. 실로 요셉은 바로 앞에서 하나님을 영광스럽게 하였고, 하나님은 바로의 면전面前에서 요셉에게 풍성한 영예榮譽로 보상했던 것이다.

이는 13 년 전 요셉이 가나안 땅에서 꾸었던 꿈의 완벽한 성취이다(창 37:7-9). 요셉의 형들은 요셉을 노예奴隷로 팔면서 그의 꿈을 무산霧散시킨 것으로 알았다. 그러나 하나님은 오히려 그 일을 통해 요셉의 꿈을 성취시킨 것이다. 후에 요셉도 자신의 생애를 회상할 때 이 사실을 분명히 깨닫고 겸손히 신앙을 고백한다(창 45:5-8).

＊여기에서 우리는 두 가지의 교훈을 깨닫는다

첫째, 하나님의 정하신 뜻은 어떠한 세력에 의해서도 결코 방해 받지 않는다는 것이다. 이로써 성도의 구원이, 사탄의 온갖 계교計巧에도 불구하고 확실히 보장 받을 수 있게 된다(요 17:12).

둘째, 하나님은 당신의 뜻을 실현시키는 데 있어 인간사人間事 세밀한 곳까지 깊숙이 개입하여 그 사건 하나하나를 통해 서서히 그러나 반드시 성취시키고자 하신다는 것이다. 성도가 낙심 말고 소망 중에 인내하여야 할 이유가 바로 여기에 있다(롬 12:12; 약 1:4).

(4) 회개하는 유다와 형제들

요셉의 형들 역시 미래를 대비할 줄 몰랐기 때문에 급기야는 선민選民의 신분도 팽개치고 이방인 나라인 애굽으로 와서 식량을 구해야만 했다. 이처럼 동일한 조건과 상황 속에서 출발했을지라도 하나님을 인식한 삶과 하나님을 잊고 살아온 삶 간에 얼마나 현격懸隔한 차이가 있는가를 요셉과 형들의 대조를 통해서 잘 보여 준다(창 42-45장).

애굽의 총리인 요셉과 식량을 구하러 온 형들 간의 대면은 요셉의 첫 번째 꿈의 성취로서 하나님은 역사를 주관하시고 언약을 철저히 이루시는 분임을 다시 한번 가르친다. 뛰어난 통찰력을 가졌던 요셉은 이 기회를 야곱 가족의 애굽 이주移住 기회로 삼기 위해 준비 작업을 한다.

즉, 그는 형제들을 시험試驗함으로써, 그들의 과거 과오에 대한 진정한 회개의 기회를 주며 형제간의 우애를 돈독히 함으로써 흩어졌던 가족의 완전한 재회와 그 가족 관계의 완전한 회복을 이룰 수 있게 했던 것이다.

일찍이 요셉의 형제들이 요셉을 없이 하려 했던 일을 후회하는 모습을 보인다. 이들은 이제껏 자신들이 요셉에게 행했던 일을 까마득히 잊고 있다가 자신들에게 고난이 닥치자 비로소 자신들의 과오를 기억해 낸 것이다. 여기서 중요한 것은 이들에게 닥친 고난이 정말 지난날의 과오 때문이냐 아니냐가 아니다.

중요한 것은 죄를 지은 사람은 반드시 후회할 날이 이른다는 사실이다. 아무리 빨리 해도 늦는 것이 후회이다. 후회後悔할 때의 마음의 고통은 또 얼마나 큰지. 그러나 요셉은 결코 후회하는 삶을 살지 않았다. 그는 상전 앞에서도 떳떳했으며, 하속下屬들 앞에서도 떳떳했으며, 형제들 앞에서도 떳떳했다. 무엇보다도 하나님 앞에서 떳떳했다.

하나님 앞에서 떳떳한 사람은, 사람 앞에서도 떳떳할 수 있다. 따라서 후회 없는 인간의 삶은 의지로 되는 것이 아니라, 하나님의 도움이 있어야 한다. 후에 우리의 지난 삶을 돌아보며 '후회 없이 살았노라' 고백할 수 있어야 한다.

창세기 43장에서부터 45장까지를 보면, 요셉과 유다와 베냐민 세 사람의 성격과 특징이 뚜렷이 부각浮刻되어 나타난다. 즉, 요셉은 형제들에 의해 애굽으로 팔려 왔지만 지금은 야곱 가족의 구원자로서, 형제들의 죄를 생각나게 하여 지난날의 죄악을 회개悔改하게 하고 이스라엘 12 지파支派의 모태母胎가 되는 야곱의 12 아들이 서로 단결하게 하는 구심점求心點 역할을 하고 있다.

요셉은 자신과 어머니가 같은 유일한 동생 베냐민을 매개媒介로 하여 이복형異腹兄들을 최종적으로 시험하고 있다. 이 은잔銀盞의 시험에서 베냐민은 유다의 중보仲保를 받아야 할 만큼의 연약한 처지處地에 놓여 있음을 알 수 있다. 객관적인 증거물 앞에서 베냐민의 혐의嫌疑를 부인否認하는 것은 쓸데없는 일이다. 따라서 유다는 그의 무죄를 밝히려고 애쓰지 않고, 다만 총리의 은총恩寵을 탄원歎願했을 뿐이다.

그가 언변言辯이 뛰어난 사람이었던 점은 이미 밝혀졌다. 그의 설득을 듣고 그의 형제들은 요셉을 죽이는 대신 노예로 팔았으며(창 37:26, 27), 그의 아버지는 베냐민을 애굽으로 보내기로 동의했다(창 43:3-11). 이번에도 그의 말은 논리 정연했다. 그는 격식을 갖추어서 간절하게 호소呼訴했다. 그는 베냐민이 애굽으로 내려오게 된 경위經緯를 설명하면서 아버지가 그를 끔찍하게 사랑하고 있음을 강조했다.

그리고 베냐민을 억류抑留시킬 경우 아버지가 충격衝擊을 받아서 죽게 될 것이라고 말했다. 결국 나이 많은 아버지를 생각해서 동생을 풀어 달라는 호소를 한 것이다. 끝으로 아버지에게 한 맹세를 설명하며, 동생 대신 처벌을 받게 해 달라고 간청했다. 그의 호소는 순간적인 감정의 표출이 아니었다. 그것은 자신을 희생犧牲시킬 수 있는 승화昇華된 인격에서만 우러나올 수 있는 것이다.

따라서 그의 과거야 죄로 얼룩졌을지라도, 지금은 그가 변화된 인격과 믿음을 가졌음을 알 수 있다. 유다가 아버지를 생각하여 동생을 위해 자신의 목숨을 기꺼이 희생犧牲하려는 갸륵한 마음이, 그를 그리스도의 예표가 된다고 할 수 있다. 아마도 이 점 때문에 유다가 요셉을 제치고 그리스도의 조상 그리고 왕통을 잇게 되었을 것이다.

유다의 탄원歎願은 요셉의 마음을 완전히 사로잡았다. 그는 이제 형들이 완전히 변화되었음을 추호秋毫도 의심疑心하지 않게 되었다. 지금까지 요셉은 여러 가지 상황을 야기惹起시켜 그들을 시험했으나 그들은 모두 시험에 통과했다.

그들의 역경逆境을 통하여 과거의 죄를 뉘우쳤을 뿐만 아니라, 나이 많은 아버지를 사랑하게 되었고, 서로가 한마음으로 뭉칠 수 있게 되었다. 이와 같은 것들은 과거에 찾아볼 수 없었던 것들이었다. 따라서 요셉은 그들의 변화된 모습에 감동하여 자신의 정체를 밝히기에 이르렀다.

형제들의 놀라움과 두려움은 쉽게 짐작斟酌할 수 있다. 그들의 마음을 진정시키기 위해서, 요셉은 모든 것이 하나님의 섭리에 의해 이루어졌다고 말했다. "나를 이리로 보낸 이는 당신들이 아니요 하나님이시니."(45:8) 이 말은 우연한 것처럼 보이는 일조차, 하나님의 섭리에 의해 좌우됨을 아름답게 표현한 고전적古典的인 진술陳述이다.

틀림없이 요셉은 역경에 부딪혔을 때마다 이 믿음의 원리로써 자신을 위안했을 것이다. 하나님은 이와 같은 그의 믿음에 따라 복을 주셨고, 도움의 손길을 그에게 뻗치셨다. 따라서 요셉은 형들의 죄를 용서할 수 있었던 것이다. 이때는 요셉이 30 세에 총리가 된 후 7 년 풍년과 2 년 흉년이 들었기 때문에 그의 나이는 39 세였을 것이다.

6) 야곱의 축복

(1) 에브라임과 므낫세

아브라함의 소명召命(창 12:1-8) 이래 이삭, 야곱에게로 전수傳授된 언약 가문의 장자권長子權이 요셉에게로 전수된다(창 48장; 대상 5:1, 2). 아브라함 이래 야곱에 이르기까지 언약 가문의 혈통 구별을 마쳤고 야곱 자신의 열두 아들은 다 언약 가문에 들게 되었다(창 35:16-29). 때문에 여기 요셉에 대한 장자권 축복은 가부可否의 문제가 아니라 양量의 문제가 되고 있다.

야곱은 요셉의 두 아들들을 자신의 아들들과 같은 권리를 갖게 하여, 결과적으로 요셉이 다른 아들들보다 두 배倍의 권리와 지분持分을 갖도록 허락하고 있다. 혈통 구별이 끝난, 언약 가문의 육적肉的 장자권을 요셉이 계승했다면, 영적靈的 장자권은 유다가 계승했다고 볼 수 있다(창 49:8-12).

이스라엘은 유언(창 47:27-31)과 함께 자신의 내代에서 마무리지어야 할 또 하나의 큰일을 성취하고 있다. 그것은 자신의 아들들을 통하여 확정될 지파 정리 작업이었다. 이를 위하여 이스라엘은 요셉의 아들이자 자신의 손자인 에브라임과 므낫세를 양자로 삼았다. 그리고 자신의 다른 아들들처럼 각각 분깃을 차지하며, 이스라엘 민족을 형성하도록 축복하였다(수 13:8; 16:6; 17:1).

그러므로 이스라엘 민족은 외적으로는 12 지파이지만, 실제적으로는 요셉 대신 에브라임과 므낫세로 지파를 형성하여 13 지파를 이루었다. 이러한 조치는 야곱의 장자권이 요셉에게 계승되었음을 의미한다(신 21:17; 대상 5:2). 장자권은 본래 장자가 계승하는 것이 원칙이었으나, 실제 장자인 르우벤은 근친상간近親相姦의 범죄로 야곱인 이스라엘의 눈밖에 벗어나 있었다.

또한 서열상序列上 르우벤의 다음인 차남 시므온과 삼남 레위는 세겜 학살虐殺 사건(창 34:25-31)으로 역시 이스라엘의 눈밖에 벗어나 있었다. 때문에 더 이상 장유長幼의 서열에 의해 장자권을 계승하는 것은 의미가 없었다. 이는 과거에 유대인이 선택된 백성이었으나 그리스도를 배척排斥함으로써 복음이 이방인에게 전파된 것과 유사類似하다고 볼 수 있다.

장자권 문제에 대해 쓰라린 과거를 지니고 있는 야곱은 노령老齡과 시력장애視力障碍에도 불구하고 편애와 부주의로 인해 하나님의 작정된 뜻(창 25:23)을 그르칠 뻔했던 아버지 이삭의 전철前轍을 밟지 않는다.

따라서 장자인 므낫세가 축복의 계승자가 되기를 바랐던 요셉의 인간적인 기대와는 달리, 야곱은 하나님의 계획된 섭리를 영안靈眼으로 밝히 보고 차자次子 에브라임에게 더 큰 축복을 전수傳授한다(왕상 11:26-12:24).

이처럼 성경 전반全般을 통해 나타나는 인간 이성理性의 합리성을 초월超越하는 차자 우선優先 혹은 선택의 원리(즉, 가인 대신 아벨, 이스마엘 대신 이삭, 에서 대신 야곱 등)는 하나님의 절대적인 주권主權 섭리에 의지할 때만 이해 가능하다(롬 9:10-23).

비록 당시 야곱은 육체적으로 극히 쇠약하였지만 영적으로는 밝히 깨어 있었음을 알 수 있다. 이것은 많은 연단의 결과로 그의 영성靈性이 한층 성화聖化되었다는 증거이기도 하다.

모세 시대에 처음 실시한 인구 조사에 의하면, 에브라임 지파는 40,500

명이었고, 므낫세 지파는 32,000 명이었다(민 1:33-35). 두 번째 인구 조사에서는 에브라임 지파가 32,500 명, 므낫세 지파가 52,700 명으로 나타났다(민 26:28-37).

결국 이스라엘 민족이 애굽을 떠나 광야 생활을 하기까지도 이 예언은 성취되지 않았다는 것이다. 그러나 솔로몬 이후 나라가 둘로 갈라지면서, 에브라임 지파는 북왕국에서 강력한 영향력을 행사할 정도로 번성했다. 그 결과 '에브라임'은 북왕국 전체를 가리키는 명칭이 되었다(사 7:2, 5; 호 9:13).

(2) 열두 아들에 대한 예언

창세기의 가장 흥미있고 가장 어려운 부분들 중의 하나가 자기의 아들들과 그들을 통하여 이루어질 12 지파에 대한 야곱의 마지막 말이 기록된 창세기 49장이다. 야곱의 이 고별사告別辭는 자기의 아들들을 위한 축복祝福과 인도引導로 생각할 수 있고, 또 '마지막 날'에 모든 면으로 확장되는 그 나라에서 미래의 발전에 관한 예언豫言으로 생각할 수 있다.

어떤 면에서는 노아의 세 아들에 관한 노아의 예언과도 같다. 즉, 그는 아들들의 행동과 특성과 그들이 조상이 될 국가의 미래를 개괄적으로 예언하였다. 이것은 이스라엘에서 사실화事實化됨을 보게 된다. 비록 이스라엘이 하나님의 택한 백성이었고, 그들의 조상 아브라함과 이삭과 야곱의 신앙을 통하여 차지한 것이지만, 그럼에도 불구하고 하나님의 선택자의 특성 안에 개인의 기본이 복합複合되어 된 것이다. 야곱의 열두 아들 각자各自는 그들이 자기들의 아버지의 기본적 특성을 어느 정도 차지했을지라도 자기의 구별된 특성들이 있었다. 물론 이 현상現狀은 어떤 가정에도 있는 것이 사실이다.

그런데 하나님의 섭리 안에 있는 이 가정의 그 특별하고 굉장한 중요성 때문에 그의 말은 자손들에게 격려가 되고 소망이 되고 교훈이 되었다. 또한 수 세기와 수천 년 후에 그 예언이 성경을 통하여 또는 그 백성을 통하여 성취된 것을 알게 되나 그 기원起源은 하나님의 역사役事에 있다.

야곱의 열두 아들에 대한 예언은 가장 장엄莊嚴한 시적詩的 형태로 제시된 임종臨終 전 야곱의 예언적인 유언이다. 즉, 성령의 감동을 받아 깊은 영적 통찰력洞察力을 가진 야곱은 그의 아들들 각자에 대한 유언을 통하여 메시야 강림을 핵核으로 하는 이스라엘 민족의 미래사를 보다 선명하게 예언했던 것이다.

***야곱의 예언적 유언 기도의 특징**

첫째, 이 예언은 향후 전개되는 선민選民의 역사歷史가 하나님의 주권적 섭리 속에 포함된 하나님의 구속사救贖史라는 사실을 입증해 준다.

둘째, 이 예언은 노아의 예언(창 9:25-27)으로부터 시작된 모든 족장들의 예언 중 가장 발전된 내용의 구속사적 예언이다.

셋째, 예언된 순서는 레아, 두 첩, 그리고 라헬 등 모계母系에 의해 분류된 다음, 그 모계 안에서는 비교적 자유롭게 예언되었다.

넷째, 이 중대한 예언은 육신이 가장 약한 때인 임종 시臨終時 선포됨으로써 약한 자를 들어 위대한 일을 하게 하시는 하나님의 역설적逆說的인 섭리 현상을 보여 준다(고전 1:27-29; 고후 12:9, 10).

다섯째, 각 아들들의 죄와 선행을 적나라하게 드러낸 후 저주와 축복이 내려지고 있다. 여기서 철저한 보응의 원리를 깨닫게 된다.

야곱의 12 아들들은 장차 이스라엘의 12 지파로 발전하게 되고, 구약 시대 이스라엘 12 지파는 신약 시대 그리스도의 12 사도로 이어져, 마침내 하나님 나라의 12 기초석基礎石을 형성한다(계 21:14).

이처럼 12 지파와 12 사도로 예표된 구원 받을 자들의 온전한 수(12×12) 속에는 모든 성도들이 포함되어 있기 때문에, 지금 야곱이 그의 12 아들들에게 선포宣布하는 이 예언의 메시지는, 바로 오늘날 우리 성도들을 향한 구원의 메시지인 것이다.

(3) 유다에 대한 예언

이스라엘은 자기 첫 번 세 아들에 관해 예언하기를 좋아하지 않았으나, 그러나 유다는 차이가 있었다. 바로 그 유다의 이름은 '찬양讚揚'을 의미하며 또 그의 형제들의 찬양의 대상이 될 것이다. 그는 12 지파 사이에서 지도자가 될 것이며 원수들을 쳐부술 것이며 또 사자獅子가 짐승들의 왕인 것 같이 그 모든 지파들이 그 앞에서 엎드려 절하게 될 것이다(창 49:8-12).

요셉이 장자의 두 배倍의 기업基業을 받게 된 것처럼, 유다도 조상의 주권과 장자의 책임을 받을 것이다. 그는 젊은 사자와 같이 힘이 강하여 그 먹이를 덮쳐서 먹음 같을 것이다. 유다 지파는 강하고 용감할 뿐 아니라 그의 땅이 열매를 맺고 또 충실할 것이다. 포도나무들이 무성할 것이며 그 포도나무에 그의 나귀를 맬 것이다.

그래서 포도나무에 포도를 따서 밟아 포도즙을 가득히 짤 것이며 포도즙에서 목욕할 것이다. 이것은 건강을 의미하는 것으로 건강은 좋은 음식과 직결되기 때문이다. 또 좋은 음식은 좋고 비옥한 땅과 연결이 된다. 그러므로 유다 지파는 좋고 비옥한 땅에서 살며 좋은 음식을 먹고 건강하고 번성할 것이다. 그래서 그 땅은 우유가 풍부할 것이며 그들의 눈이 포도주에 붉으리라고 했다.

유다는 지도적인 지파가 될 것을 성경의 여러 부분에서 밝혔는데 그것이 다윗 시대까지는 그렇지 못했었다. 그 이전의 지도자들은 다른 지파들에서 나왔다. 레위 지파에서 모세가, 에브라임 지파에서 여호수아가, 므낫세 지파에서 기드온이, 단 지파에서 삼손이, 에브라임 지파에서 사무엘이, 그리고 베냐민 지파에서 사울이 나왔었다.

성령에 의하여, 야곱을 통하여 유다의 탁월卓越과 번성을 예언한 것이 그때까지는 분명하게 이루어지지 않았다. 유다는 야곱이 예언한 후 640년 동안 지도자의 '홀笏'을 실지로 받지 못했었다. 그런데 일단 다윗이 왕이 되었고 유다 지파가 지도적인 지파가 된 후에는 계속이 되었다.

'찬양讚揚'이라는 그의 이름 뜻과 같이 유다는 두 가지 곧 과거 그의 희생적인 도덕성(창 43:9; 44:18-34) 및 장차 그가 받을 왕적 권위성權威性 면에서 형제들의 찬송을 받기에 충분했다. 따라서 이 이름(유다, 유대인)은 훗날 이스라엘 민족의 이름이 되었다.

유다 지파가 이스라엘의 대적을 정복하여 굴복시키거나 전쟁에서 승리하는 것을 의미하는 예언은, 유다의 후손인 다윗과 솔로몬에게서 충분히 성취되었다. 또한 이는 유다의 후손들이 왕위를 차지함으로써 이스라엘 모든 지파들이 그 앞에 복종하게 되리라는 예언이다(삼하 5:1, 2).

유다 지파는 용맹스럽고 날렵한 야수野獸의 모습인 사자獅子로 생생히 묘사되었다. 유다 지파에 대한 이러한 묘사는 두 가지의 뜻이 내포內包되어 있다.

협의적狹義的으로는 훗날 광야 시대에서 왕국 시대까지 유다 지파가 수행할 용감한 정복 사업(삿 1:2) 특히 다윗 왕의 활약상을 묘사한 것이며, 광의적廣義的으로는 장차 유다 자손 중 메시야가 나타나서 사탄의 세력들을 멸망시킬 것을 예언한 말씀이다(계 5:5).

홀笏(개정 : 규圭)은 왕권이나 통치권을 상징하는 지팡이로서(시 45:6; 히 1:8), 통치자의 지팡이와 같이 사용되었다. 이것은 모두 유다의 후손들이 정통적인 왕권을 계승하리라는 문학적인 묘사이다.

'실로가 오시기까지'의 말은, 혈통적인 유다의 왕적 통치권이 끝나는 기간을 선포한 말임과 동시에 영적 유다 왕권의 통치권이 시작되고 완성되는 시점을 예언한 말이다(계 5:5). 그 분기점은 하나님의 임재하시는 곳인 실로의 현현顯現이다.

'실로'를 지명으로 보고 유다의 통치권이 실로까지만 미친다는 견해와, 추상 명사로 이해하여 '평안의 때'를 의미하는 견해가 있으나, 가장 합당한 견해는 장차 유다 지파를 통해 오실 '메시야'를 의미한다는 견해이다(민 24:9, 17, 24; 대상 28:4).

따라서 유다 지파의 지상 왕권은 그리스도의 영원한 왕권을 예표한다. 여기서 우리는 야곱이 여인의 후손 언약(창 3:15) 이래로 면면히 계승되어 내려온 '메시야 언약'(창 12:3; 22:17, 18; 26:4; 28:14)을 야곱의 넷째 아들 유다에게 계승되고 있음을 알 수 있다.

신약은 유다에 관한 이 예언을 주 예수 그리스도에게 분명히 적용하면서 그를 부르기를 "유다 지파의 사자獅子"라고 했다(계 5:5). 또한 미가도 강림降臨하는 구주救主가 유다에 있는 베들레헴에서 나실 것이고 또 그가 '세상 끝에서 크게 되실 것'을 말하기를 "그리고 이 사람은 평강이라." 하면서 바로 이 예언을 인용한 것을 볼 수 있다(미 5:2-5). 이를 요한복음 4:22에서 구원이 유대인에게 나올 것으로 예수님도 이를 뒷받침하셨다.

(4) 야곱과 요셉의 죽음

빛과 생명으로 시작되었던 창세기의 역사는 슬픈 조종弔鐘 소리만이 울려 퍼지는 가운데 족장 야곱의 장례식과 요셉의 죽음으로 마무리되고 있다(창 49:33; 50:26). 그러나 하나님은 야곱의 죽음에서 한 민족 이스라엘을 탄생시켰고, 요셉의 죽음은 출애굽 사건을 위한 발판으로 삼았던 것이다.

따라서 죽음 속에서도 새로운 삶의 소망이 살아 움직이고 있는 생명과 탄생이 이루어진다. 이처럼 성도의 죽음은 더 큰 삶을 위한 시작이요 탄생이다(고후 5:1; 딤후 4:6-8).

야곱은 모든 아들들에게 요구한 마지막 유언에 대한 약속을 요셉으로부터 확약確約을 받았다. 야곱은 이전에 요셉에게 개인적으로 하였던(창 47:29, 30) 매장지埋葬地에 대한 부탁을 다시 한 번 여기서 구체적이고 공식적으로 하고 있다.

이처럼 야곱이 사후死後 매장 문제에 대하여 특별한 관심을 가지는 이유는 첫째, 이스라엘 민족의 뿌리를 기억시키기 위함이다. 둘째, 가나안 복지福地의 회복에 대한 하나님의 언약을 후손에게도 다시 한번 확신시켜 주기 위함이었다.

험악한 세월을 살았다고 술회述懷했던 야곱은 이제 모든 삶의 여정을 마치고 시신屍身이 지상 가나안으로 돌아가기 전 먼저 그의 영혼이 평안히 하늘 가나안으로 들어갔다. 구속사救贖史의 무대舞臺에서 자신의 역할을 다 마쳤던 것이다. 야곱의 죽음은 족장 시대가 끝났음을 의미함과 동시에 이스라엘 공동체 곧 선민選民의 역사가 시작됨을 뜻한다.

조부祖父 아브라함과 아버지 이삭이 묻혀 있는 가나안 땅 막벨라 굴로 향하는 야곱의 장례 행렬은, 400여 년 후 있을 출애굽 사건을 예시豫示해 주는 행렬이요, 가나안 땅을 약속하신 하나님의 언약을 확신하는 신앙 고백 행위이다. 장엄하고 정교한 모든 장례 절차가 끝난 후 야곱의 시신은 이제 소원대로 열조列祖와 함께 가나안 땅에 장사되었다.

이것은, 가나안을 이스라엘 민족의 소유로 인印 친 행위이며, 영원히 아브라함의 품으로 들어간 것을 상징한다. 동시에 이것은 개인 야곱에 대한 브엘세바 언약(창 46:4)이 성취되었음을 뜻한다. 야곱이 굳이 가나안에 묻히고자 하는 까닭은 단순한 귀소歸巢 본능 이상의 뜻이 내포되어 있다.

야곱을 통한 언약 가문의 애굽 이주移住는 정착이 목적이 아니고 잠시의 피난避難과 민족 육성育成이 목적이었다. 모세도 창세기 23장의 사건과 함께 이 사실을 세세히 보도함으로써 자기 시대의 백성들에게도 약속의 땅 가나안에 대한 역사적 연고권緣故權을 상기想起시키고 있다.

야곱이 죽은 뒤에 형들은 과거 자신들이 행한 악행을 보복 받지 않을까 내심 불안해했다. 그러나 요셉은 그 사건이 야곱의 가족은 물론 세상 많은 사람을 구원하시기 위한 하나님의 섭리攝理였다고 고백함으로써 형들을 위로하였다. 이는 요셉의 위대한 신앙과 참된 신앙의 큰 능력을 보여 주는 확실한 증거이다.

이스라엘 역사 가운데서 짧은 한 토막에 불과한 야곱과 요셉에 관한 기록이 창세기의 절반을 차지하고 있는 것은 하나님의 역사役事가 선별적으로 기술記述되었기 때문이다. 즉, 성경은 인간의 전 역사歷史를 기술하는 데 목적을 두지 않고, 하나님의 필요에 의해 구속사救贖史를 이어가는 커다란 봉우리들만 집중적으로 언급하고 있는 것이다.

요셉의 임종臨終으로 창세기는 마무리짓는다. 야곱의 축복대로 장수와 자녀의 복을 누리다가 말년에 자기의 시신屍身을 가나안 땅에 묻어 줄 것을 부탁한 후 평안히 눈을 감았다. 요셉의 시신은 정교한 미라(mirra)로 만들어졌다. 요셉의 유해遺骸는 약 400 년 후 가나안 땅 세겜에 완전히 묻히게 된다(수 24:32).

이처럼 족장들은 결코 애굽의 영광에 연연戀戀하지 않고 당시 약속으로 받은 영원한 하늘 가나안의 예표인 언약의 땅을 더 열망熱望했던 것이다(히 11:16, 25). 요셉의 죽음과 함께 잠시 애굽에서 부귀와 영화를 누렸던 선민 이스라엘의 역사도 어둠 속에 묻히게 된다. 그리고 때가 무르익어 모세의 때가 되면 또다시 구속사의 다음 장章이 전개된다.

제 2 장

이스라엘과의 언약

1. 모세와 아론과의 언약

1) 모세를 부르심

(1) 부르짖음과 기억하심

창세기가 우주宇宙의 시작이라면, 출애굽기는 이스라엘의 역사歷史의 시작이다. 출애굽 직전 이스라엘이 크게 번성한 것은 아브라함 언약의 성취였다. 하나님은 이스라엘 조상에게 약속한 것을 지키기 위해 400 년의 애굽 생활 동안에 불과 70 인이던 이스라엘을 큰 민족으로 발전시키셨다.

우리는 여기서 언약을 지키시는 하나님의 신실성信實性을 볼 수 있다. 일찍이 아브라함에게 예언하신 하나님의 말씀(창 15:13, 14)이 어떻게 역사 속에서 구체적으로 성취되어 가고 있는지를 잘 보여 주고 있다.

따라서 우리는, 하나님은 족장들과 맺은 언약을 결코 잊지 않고 때가 되면 반드시 성취하신다는 것과 애굽에서의 400 년 기간은 하나님의 심오한 섭리 속에 포함된 기간으로서 가나안 족속의 죄악이 찰 때까지(창 15:16), 야곱 가족을 양육시키시고, 언약의 백성으로 연단시킨 준비 기간이었다는 사실을 깨달을 수 있다.

이스라엘 자손의 급속한 증가와 이민족異民族에 대한 반감反感을 가지고 있는 새 왕의 출현으로 인해 여기서부터 본격적인 출애굽의 이야기가 시작된다(출 1:8-14). 그러나 이스라엘에 대한 애굽의 핍박逼迫은 이미 550 여 년 전 아브라함 때에 예언된 하나님의 말씀(창 15:13)의 성취로서 출애굽 사건의 시기가 다가왔음을 암시해 줄 뿐이다.

오늘날 우리 역시 주변에서 일어나는 모든 흉용洶湧한 사건들을 통해 예수님의 재림 시기가 임박臨迫했음을 알 수 있다(마 24:3-51).

바로가 이스라엘 백성의 남아를 몰살시켜 그 민족을 영구히 노예화奴隷化시키려는 무서운 계획을 펼쳐 나가고 있는 동안, 하나님께서는 족장들과 맺은 언약에 근거하여 당신의 백성들을 해방시키기 위한 계획을 준비하고 계셨다.

즉, 그 계획의 중심 인물인 모세의 탄생과 성장이다. 아이러니컬한 사실은 이스라엘 민족의 노예화 정책이 고안考案되고 공포公布되던 애굽 궁중宮中 그 핵심부에서 장차 이스라엘 민족을 출애굽시킬 지도자가 자라고 있었다는 사실이다. 여기서 우리는 하나님의 깊고 오묘奧妙하신 섭리攝理를 다시 한번 깨닫게 된다.

"애굽 왕은 죽었으나 이스라엘의 자손은 고역苦役으로 인하여 탄식하며 부르짖으니"라고 했다. 즉, 그들은 자기들을 탄압彈壓하고 고역을 주는 그 바로 왕이 죽기를 바랐다. 그러나 그 이스라엘 자손의 기대와 소망대로 바로 왕이 죽었으나 이스라엘 자손들이 변하기를 바라던 탄압彈壓과 고역은 가시지 않고 더욱 가중加重하게 되었다.

애굽에 있는 동안에 아무리 왕을 바꾸고 또 고역과 탄압을 면하여 보려고 해도 헛수고라는 것이다. 또 그것을 해결하는 길은 무엇인가?

이스라엘 자손은 그것을 곰곰이 생각하는 중에 과거를 회상하고 선조先祖들을 기억하게 되었다. 선조들의 신앙 생활과 그들에게 약속하신 하나님의 말씀을 회상하고 그 하나님을 찾아 나아가 그 하나님께 울부짖었다. 하나님께 간구하고 기도하게 되었다. 그 기도는 응답되었다.

첫째, 하나님께서 이스라엘 자손을 능력적 역사役事로 구원하시기 전에 이스라엘 자손의 고통하는 소리를 들으셨다. 그 고통 소리는 육적인 면만 아니라 정신적 그리고 신앙적인 고통일 것이다. 또 애굽 왕과 신민臣民들의 탄압과 악행하는 소리도 들으셨을 것이다.

둘째, 신앙의 조상인 아브라함, 이삭과 야곱에게 세운 언약을 기억하셨다. 그 언약은 창 15:14과 46:4에서 세운 것으로 이방異邦에 객客이 될 뿐만 아니라 그곳에서 큰 민족이 되어 가나안으로 돌아오리라는 것이다. 그것은 하나님의 약속한 시기가 되었다는 것이다. 그것은 하나님께서 지금까지 잊고 계시다가 다시 회상했다는 것이 아니라 하나님의 약속한 시기가 되었다는 것이다. 곧 때가 되었다는 것이다.

(2) 하나님의 산 호렙

그리스도의 탄생 계시가 임하기 전에 예언자가 없는 400여 년의 중간기中間期를 거쳤듯이, 족장 야곱 사후死後 400여 년 동안이 넘도록 계시가 없음은 모세의 소명召命과 임무를 통해서 '출애굽'이라는 대계시大啓示를 주시기 위해서였다.

언약의 백성 이스라엘의 부르짖음은 그 분량을 채우고, 40 세에 도망자의 신세가 된 모세는 미디안 광야에서 40 년을 평범한 목자로 지내는 동안 하나님과의 신령한 영적 교제를 통하여 청년 시절의 혈기血氣가 사라지고 인간적인 무력감을 통감痛感할 즈음에 비로소 하나님께서는 당신의 방법으로 당신의 백성을 구원救援하고자 하셨던 것이다(출 3:1-12).

이처럼 하나님께서는 당신의 때를 기다리신 것은 장차 일어날 출애굽 사건이 이스라엘 민족의 단합된 힘이나 위대한 지도자 모세의 역량에 의한 것이 아니라 오로지 언약에 근거한 하나님의 긍휼矜恤과 자비慈悲하심 때문이었다는 사실을 선명하게 보여 주기 위해서였다.

애굽 궁정에서 자란 왕자의 신분으로서 양 치는 일은 모세에게 극히 비천卑賤한 일이었다. 그러나 요셉을 장차 대국大國의 총리로 등용시키기 위해 시위대장 보디발의 집에서 종의 신분으로 가사家事 일을 돌보게 한 하나님께서는 모세를 훗날 이스라엘 백성을 이끌고 가나안으로 인도할 위대한 지도자로 성장시키기 위해 먼저 양 떼를 돌보는 일부터 시켰던 것이다.

모세는 자기의 양무리를 이끌고 광야 서편으로 인도하여 하나님의 산 호렙에 이르렀다. 가나안에서의 목양牧羊 생활은 한 곳에 정주定住하는 생활이 아니다. 그 생활은 유랑流浪하는 생활이다. 즉, 목초木草를 찾아서 또는 물을 찾아서, 심지어는 양의 무리를 찾아서 이동移動하는 생활이다.

그와 같이 모세도 자기가 맡은 양 무리를 이끌고 목양하면서 '광야 서편으로' 이동했다. 여기의 광야는 미디안 광야曠野이다. 이 미디안 광야는 사해死海 동남 하단에 있었다. 그러므로 그가 그 광야 서편西便으로 이동했으니까 모세는 가데스바네아 근방에 이른 것이다.

그 가데스바네아 북쪽에 호렙 산이 있다. 이 호렙 산은 시내 산의 동일한 이름이다. 그 호렙 산을 "하나님의 산 호렙"이라고 했다. 그 산을 "하나님의 산"이라고 한 이유는 하나님께서 모세에게 나타난 산이기 때문인 것이다. 하나님께서 모세에게 나타나 그에게 이스라엘 자손을 구원하기 위하여 모세에게 소명召命과 사명使命을 주었으며, 또 그로 인하여 그들이 구속救贖되었다. 실은 모세가 이스라엘 자손을 구원한 것이 아니라 하나님께서 모세를 통하여 구원하였으므로 하나님께서 그들을 구원救援하신 것이다. 그러므로 호렙 산은 모세만 아니라 이스라엘 자손에게는 절대 잊을 수 없는 하나님의 출현出現의 산이요, 이스라엘의 하나님임을 증거한 산이요, 애굽에서 멸망할 이스라엘 자손을 구원하기 시작한 산이요, 또 구원한 이스라엘 자손에게 하나님의 법을 주셨고 하나님과 교제하며 축복을 받는 성막聖幕을 받은 곳이고 살아 계신 하나님이 나타나신 산이다.

그뿐만 아니라 이적異蹟과 능력能力으로 필요한 모든 것을 공급하시고 대적을 물리치시고 마침내 가나안에 이끌어 드리신 그 하나님께서 처음으로 오시어 나타나 명命하신 산이다. 또 하나님께서 하나님의 사람을 부르시고 그들에게 나타나 계시啓示를 주시고 구원의 사역使役을 주신 산이다. 그래서 모세는 출애굽 3장 이후에 이 산을 "하나님의 산"이라고 지칭한다(출 4:27; 18:5; 24:13; 민 10:33).

모세가 특별히 이 산을 "하나님의 산"이라고 명명命名한 것은 이 산꼭대기에서 율법律法을 수여授與 받았고 그로 인해 이 산은 하나님의 현현顯現 장소로서 '성별聖別된 곳'이었기 때문이다. 또 더 후대後代에 열왕기의 기록자도 이 산을 "하나님의 산 호렙"(왕상 19:8) 이라고 했다.

그 이후에는 이 "하나님의 산"이 변하여 예루살렘이 되고, 그 예루살렘 중에 성전이 되고, 그 성전은 신약 시대에는 주님의 피로 사신 교회가 되었다.

2) 조상의 하나님

(1) 스스로 있는 자

모세의 소명召命에 대한 기록은 여호와의 사자使者가 떨기나무 불꽃 가운데 나타나심으로 시작한다. 모세는 떨기나무에 불이 붙었는데도 나무가 타지 않는 것을 보고 의아疑訝해하였다. 이처럼 불을 사용하셔서 자신의 임재臨在를 모세에게 알리신 후, 하나님은 그에게 사명使命을 주신다.

또한 하나님은 자신을 거룩한 분이시며, 조상들의 하나님이시며, 이스라엘을 구원할 분이시라고 말씀하셨다. 이에 대해, 모세는 자기가 이스라엘 백성을 인도해 낼 수 없다고 고백한다.

그러나 하나님은 자신의 이름이 '여호와'이심을 모세에게 알리신다. '여호와'란 의미는 '존재하시는 분' 또는 '스스로 계시는 분'이란 뜻이다. 곧 과거에도 존재하셨으며, 현재도 존재하시며, 미래에도 존재하실 분이시다(출 3:13, 14).

'나는 스스로 있는 자'는 존재자의 현존現存 곧 자존자自存者를 의미한다. 따라서 이 말은 피조被造된 존재가 아니라, 능동적能動的으로 영원 전부터 영원까지 스스로 계시는 분으로서(계 1:4, 8) 우주 안의 모든 인과 법칙因果法則을 초월한, 모든 존재의 근거와 기반이 되시는 주체자主體者라는 뜻이다. 특별히 이 말이 언약과의 관계에서 쓰일 때는 이스라엘의 구속자救贖者로서 그 '영원한 불변성'을 드러내는 말이다.

다시 말해서, 하나님은 과거에 아브라함과 이삭과 야곱이 알고 섬겼던 그분이시며, 현재 이스라엘 자손이 노예의 신분으로 겪고 있는 정치적 압박과 경제적 빈곤과 육체적 아픔을 잘 알고 계시는 분이시며, 미래에 친히 내려오셔서 이스라엘 백성을 애굽의 종 된 몸에서 해방시켜 젖과 꿀이 흐르는 가나안 땅으로 인도하실 분이다.

따라서 부름을 받은 모세가 이제부터 해야 할 일은 하나님의 명령에 따라 행동하면 된다. 모세가 행동하면, 여호와 하나님께서 이를 다 성취시켜 주실 것이다.

하나님은 모세에게 자신이 재차 여호와임을 밝혀 주시면서 모세의 질문에 답변하신다. “나는 여호와로라.”라는 표현은, 하나님은 어떤 분이신가를 단적으로 설명해 주는(곧 ‘스스로 존재하시는 분’) 귀중한 말씀이다. 여호와 하나님은 과거에 족장들과 세우신 언약을, 현재 이스라엘 자손이 내뱉고 있는 신음呻吟을 들으시면서, 지금도 기억하시고 있을 뿐만 아니라, 앞으로 이스라엘을 종 된 몸에서 해방시켜 주실 분이시다. 이렇게 하심으로써 하나님은 언약의 주체자主體者이시며 이행자履行者이심을 진실로 입증하게 될 것이다.

따라서 무자비하게 압제당하는 처참한 현 상황에서, 하나님께서 모세에게 ‘여호와’란 이름을 특별히 계시하신 이유는 바로 이 이름 자체에서 마음의 위로와 출애굽의 확신을 얻으라는 뜻에서이다. 이는 족장들에게 ‘여호와’란 이름조차 전혀 계시하지 않았다는 뜻이 아니다.

이전 족장들에게도 ‘여호와’란 이름을 언뜻 계시하셨지만(창 15:7; 28:13), 주로 ‘אֵל שַׁדַּי엘 솨다이’(전능의 하나님, 강한 능력을 소유하신 하나님)란 이름으로 당신의 속성屬性을 계시하셨고, 구속사救贖史의 분수령을 이루는 출애굽 사건을 앞두고 비로소 하나님께서는 당신의 이름을 천지의 창조자로서 하나님에게만 적용되는 고유 명사 ‘יהוה아웨, YHWH야훼’ 곧 여호와로 그 속성까지 완전히 계시하셨다는 뜻이다.

(2) 모세와 아론

하나님은 이스라엘이 구원 받을 가장 적절한 시기에 모세를 부르셨다(출 7:1-7). 애굽 왕 바로의 죽음, 그럼에도 불구하고 감소減少되지 않는 이스라엘의 고난, 이스라엘의 고통스런 부르짖음, 철저하게 겸손해진 모세의 신앙, 이 모든 여건與件이 구원자로서의 모세 출현을 요청했다. 바로 이때 하나님은 떨기나무의 불꽃으로 모세에게 나타나셔서 민족 구원의 사명을 부여하셨다.

떨기나무의 기적奇蹟은 힘없는 이스라엘 백성이 불 같은 환난 중에서도 결코 멸망하지 않으리라는 하나님의 계시였다. 이와 같이 하나님이 함께 하시는 백성은 어떤 환난 중에서도 멸망하지 않는다. 이는 하나님이 그들에게 구원과 축복의 길을 마련해 주시기 때문이다.

하나님의 부르심에 대해 모세는 자신의 무능함을 바로 왕의 권세와 비교하면서 거절했다. 그러나 하나님은 모세에게 구체적인 구원의 계획을 보여 주셨다. 하나님은 이 계획을 말씀하시면서 절대 주권자란 의미의 여호와로 자신을 소개하셨고, 애굽에서 모세가 해야 할 일과 출애굽을 성사시키기 위해 하나님이 기적을 행하실 것을 주지周知시키셨다.

결국 이스라엘을 구원하는 일은 전능하신 하나님의 역사役事라는 것이다. 그러므로 모세의 무능함이나 그의 연약한 인격은 이스라엘 구원의 성패와 무관無關했다. 그는 다만 하나님의 도구로서 하나님의 지시를 따르기만 하면, 모든 것은 하나님이 이루실 것이다.

하나님의 상세한 설명에도 불구하고 모세는 자신이 없었다. 모세는 자기가 백성들 앞에서 말할 때 백성들이 자기를 하나님의 사자使者로 믿을 것인지 의심스러웠다. 이에 하나님은 모세에게 세 증표證票를 줌으로써 그가 하나님의 사자 됨을 증거하게 해 주셨다.

그래서 모세는 지팡이가 뱀이 되게 하며 다시 뱀을 지팡이로 만드는 능력과, 축복을 저주로 저주를 축복으로 바꿀 수 있는 능력, 그리고 애굽이 숭배하는 나일 강을 피로 만들 수 있는 능력을 행하게 되었다. 게다가 눌

변訥辯이라는 모세의 핑계에 하나님은 대변자代辯者 아론을 보내셨다(출 4:10-17).

하나님의 은총恩寵과 섭리 가운데서 모세와 형 아론은 기쁨 중에 서로 재회再會하게 된다. 두 사람은 각각 하나님의 사자使者와 대언자代言者가 되어 하나님의 말씀과 이적異蹟을 가지고 이스라엘 백성들을 여호와 신앙으로 다시 뭉치게 한다. 하나님은 일꾼을 부르실 뿐 아니라 그 소명을 감당할 수 있도록 모든 은사恩賜를 베푸신다. 그러므로 주의 일꾼들은 주의 소명에 순종할 뿐이다.

모세는 가족들과 작별하고 애굽으로 향했다. 그 과정에서 하나님은 모세가 바로 왕 앞에서 할 일을 일러 주셨다. 그리고 모세가 여행 중에 낳은 장자에게 할례를 행하지 아니하자 하나님은 그를 죽이려 했다.

하나님은 모세가 큰일을 행하기 전에 먼저 할례 곧 하나님의 작은 계명에 순종하도록 역사役事하셨다. 작은 것에 순종하지 않고는 큰일을 행할 수 없기 때문이다. 모세는 먼저 자신이 하나님의 계명을 순종한 다음에, 바로와 아론과 이스라엘 백성을 만나는 공적公的인 사명使命을 수행遂行할 수 있었다.

하나님의 이적異蹟의 역사役事가 시작되는 시점에서 하나님의 대리자 모세의 담대膽大함과 확신은 그 무엇보다 중요한 것이다. 그러나 모세는 하나님의 기대에 못 미쳤고 오히려 낙심 가운데 있었다. 하나님은 매번 기대에 못 미친 인간을 버리지 않으시고 다시 한 번 용기를 북돋우셨다.

아론의 유창流暢한 말과 이적들로도 바로의 마음을 움직일 수는 없으나 하나님의 결정적인 역사役事로 말미암아 반드시 이스라엘이 구원 받을 것이라고 말씀하셨다. 이에 용기를 얻은 모세는 순종했다. 우리는 여기서 부적합한 인간 도구를 몇 번이고 권면勸勉함으로써 주의 사역使役에 충성하도록 하시는 하나님의 인내와 자비를 엿볼 수 있다.

2. 이스라엘 백성과의 언약

1) 모세와 아론과 이스라엘 백성

(1) 여호와의 이름

구약에 나타난 하나님의 이름은 대표적으로 אֱלֹהִים 엘로힘, יְהוָה 야훼, אֲדֹנָי 아도나이 등 세 계통으로 나눌 수 있다. 그리고 모든 이름이 그러하듯 이 세 이름은 각각 독특한 뜻을 갖고 있으며, 하나님의 존재와 속성의 어느 한 측면을 각각 강조하고 있다.

그리하여 각 이름은 그것이 나타내는 뜻과 밀접히 연관된 여러 문맥에서 적절히 번갈아 가며 사용되었다. 그중 אֱלֹהִים엘로힘은 원어상原語上 강함, 힘, 능력 등을 나타내므로 하나님의 절대 주권과 능력을 강조하는 문맥文脈에서 주로 사용되었다(창 1:1; 시 7:9).

또한 יְהוָה야훼는 원어상 스스로 계시는 분임을 말하므로 모든 존재 위에 계신 주권자이심을 강조할 때 쓰였다(사 1:9). 그리고 אֲדֹנָי아도나이는 하나님과 당신의 백성의 원형적原形的 관계 곧 주인과 종, 왕과 백성의 언약적 관계를 강조할 때 사용되던 거룩한 이름이다(창 15:28).

고난 받는 이스라엘 백성들의 마음속에는 아브라함과 이삭 그리고 야곱과 그의 열두 아들들로부터 계속 이어져 내려온 '여호와의 언약을 믿는 신앙'이 면면히 유지되어 왔음을 알 수 있다(출 4:29-31).

또한 이것은 모세와 아론을 하나님이 보낸 사신使臣들로 인정하고, 자신들의 지도자로 맞이한다는 의미도 동시에 내포되어 있다. 그러나 모세의 이적을 보고 해방의 꿈에 부풀어 있던 이스라엘 백성들은 예상하지 못한 바로의 가혹苛酷한 대응책對應策에 쉽게 실망하고 낙담한다(출 5:15-23).

바로의 가중加重된 핍박逼迫으로 인해 이스라엘과 모세가 낙심하자, 하나님은 옛 언약을 말씀하심으로써 위로하시고 승리를 확신하게 하셨다. 하나님은 여기서 이스라엘의 조상들에게 가나안 땅을 주기로 언약하신 사실을 상기시키면서, 그 언약대로 이루실 것을 또다시 약속하셨다. 뿐만 아니라 사명 완수에 필요한 모든 권리와 능력을 보장해 줌으로써 하나님은 다시 한번 '여호와'란 이름으로 출애굽을 확신시켜 주신다.

모세는 이 하나님의 위로의 말씀을 이스라엘 백성에게 전했으나 이스라엘은 상한 심령과 현실의 고통만을 보는 우둔함 때문에 위로 받지 못했고 심지어 모세까지 낙심했다. 이러한 불신앙에도 불구하고 하나님은 이스라엘을 위해 놀랍게 역사役事하셨다. 한번 언약한 것은 반드시 지키시는 신실信實한 분이시기 때문이다.

'여호와'란 이름에는 이중二重 뜻이 내포되어 있다. 즉, 영원부터 영원까지 능동적으로 스스로 계시는 완전자完全者라는 뜻과 선택한 백성과 언약을 맺으시고 그 언약을 변함없이 성취하시는 이스라엘의 유일무이唯一無二한 구속자救贖者라는 뜻이다.

따라서 바로에게 무자비하게 압제당하는 처참한 현 상황에서 하나님께서 모세에게 여호와란 이름을 특별히 계시하신 이유는 바로 이 이름 자체에서 마음의 위로와 출애굽의 확신을 얻으라는 뜻에서이다(출 6:2-9; 29:45, 46; 레 26:9-13; 신 5:31; 계 21:1-8).

하나님은 친히 '여호와'란 이름으로 모세를 통해 이스라엘 백성들에게 삼중 언약을 맹세하신다. 그 백성의 구속자가 되리라, 그 백성을 내 백성으로 삼으리라, 그 백성을 가나안 땅으로 인도하리라 이다(출 6:2-9; 29:45, 46; 레 26:9-13; 신 5:31; 계 21:1-8). 하나님께서 이스라엘 민족을 당신의 백성으로 삼는 공식적인 계약 행위는 출애굽 후 시내 산에서 일어났다.

이 시내 산 사건은 하나님과 이스라엘 백성 간의 계약 관계를 공식화하고 구체화하는 사건이었다. 따라서 하나님께서 이전에는 장차 형성될 이스라엘 민족의 대표자인 족장들과 개인적으로 맺었던 구속 계약救贖契約을 이제는 한 민족으로 성장한 이스라엘과 직접 맺는 형식으로 발전시키고 구체화시킬 것이라는 의미이다.

(2) 애굽 왕 바로

모세는 바로와의 첫 대면에서 절기節期를 위해 이스라엘을 광야로 보낼 것을 요청했으나, 바로는 이스라엘 백성을 자기 노예로 부리기 위해 거절했다. 모세와 바로의 다툼은 곧 하나님과 애굽 신神의 다툼이었다. 이 다툼에서 하나님이 승리하시지만 그 첫 과정에서는 애굽 신이 이기는 듯했다(출 7:8-25). 바로는 이스라엘과 모세와의 관계를 떨어뜨리기 위해 박해를 가중시켰다.

그래서 하나님보다 인간 왕에게 기대를 걸었던 불신앙의 이스라엘 백성들은, 모세를 거부하게 되었다. 모세는 일시적이나마 낙심했다. 그러나 하나님의 말씀에서 그분이 강한 능력으로 역사役事하신다는 사실을 깨닫고 승리를 확신했다. 이처럼 처음에는 악의 세력이 승리하는 듯하다. 그러나 모든 역사歷史는 전능하신 하나님의 주권 하에 있으며 하나님의 승리로 끝난다.

모세와 아론이 대결對決해야 할 바로는 부왕父王 투트모스 3세의 뒤를 이은 아멘호텝 2세(B.C. 1448-1424)였다. 그는 선왕先王 못지않게 강력하고 유능한 왕으로서 당시 나이 20-22 세였다.

바로는 모세의 여호와 이름에 대하여 '노예 민족에게 무슨 신神이 있으며, 설혹 신이 있다 한들 애굽의 강력한 신神 앞에 무슨 의미가 있겠느냐' 라고 대답한다. 바로의 비소誹笑 섞인 이 교만은 지역과 국가 그리고 자연물에 각기 주관하는 신이 따로 있다는 고대 범신凡神 사상의 반영反影이다.

모세와 아론의 정당한 요구를 선동과 거짓말로 일소一笑에 매도罵倒하고 그 발상發想이 게으름에서 기인됐다고 판단한 후 더욱 혹독酷毒한 고역苦役을 강요하는 바로의 강퍅剛愎한 마음과 잔악무도殘惡無道한 성격이 잘 나타나 있다. 이것은 모든 압제자들이 일반적으로 취하는 행동으로서 심판 받을 자의 전형적인 모습이다.

바로의 포악暴惡한 정책이 노린 목적은 이스라엘 백성들에게 한치의 생각할 여유도 주지 않음으로써 여호와 신앙을 말살抹殺시키고, 그들을 영구히 노예화는 것이다. 바로의 포악한 정책은 그 하수인下手人들에 의해 무자비하게 시행되었다.

압제를 견디지 못한 이스라엘 백성들은 바로에게 선처를 호소하지만 간단히 묵살黙殺되고 만다. 이유인즉 이스라엘 백성들이 시간적 여유가 있기 때문에 노예인 주제에 아무런 힘도 없는 자신들의 신神 여호와께 예배드릴 생각을 한다는 것이다.

바로가 의도意圖했던 두 가지 정책政策 곧 여호와 신앙 말살과 지도자와 백성 간의 불화 조성不和造成이 적중되고 있었다. 이스라엘 백성들은 영광을 위한 고난보다 맹종盲從을 위한 안일安逸을 더 원했던 것이다. 이러한 근성은 가나안을 향한 여정旅程에서도 계속 나타난다. 그럼에도 불구하고 하나님은 이처럼 패역悖逆한 족속을 당신의 장자長子로 삼아 주셨던 것이다(출 4:22; 렘 31:9).

폭군暴君 바로는 히브리인의 신 여호와를 자신이 믿고 있는 애굽의 각종 신 곧 태양신 라(Ra), 생명의 신 오시리스(Osiris), 나일 강의 수호신 크눔(Khnum)과 하피(Hapi) 등에 비해 훨씬 열등한 존재 정도로만 알고 여호와의 이름을 망령妄靈되이 일컬었던 것이다.

따라서 바로의 이 모든 행동은 장차 여호와의 10대 재앙災殃을 예고하는 전조前兆였다. 이런 관점에서 출애굽 사건은 참 신神이자 유일신唯一神이신 하나님께서 애굽의 모든 우상들을 깨뜨리는 작업이기도 했다.

바로가 격분激忿했던 점은 노예 민족으로서 감히 신적神的 존재存在와 같은 자신에게 당당히 여호와의 이름으로 절기節期 준수를 요구했다는 점이다. 폭군 바로의 부당한 명령을 무자비하게 집행하는 포악한 그의 수종자隨從者들은 처음부터 불가능한 목표를 정하고 이를 성취 못한다는 이유로 이스라엘 자손을 사정없이 매질하고 있다.

이 매질의 근본적인 목적은 모세와 아론의 요구에 대한 정치적인 보복이다. 즉, 그 요구의 터무니없음을 보여 주려는 본보기였다. 이런 관점에서 바로는 앞으로 생생히 여호와의 능력을 체험해야 했고, 여호와 앞에서 자신의 존재를 철저히 깨달아야만 했다.

그러나 이와 같은 바로 일당의 잔학한 방해 공작에도 불구하고, 하나님의 구속 역사救贖役事는 계속 진행된다. 오히려 이 모든 것은 새 생명의 탄생을 예고하는 진통陣痛이었다. 오늘날도 이러한 사탄의 방해 공작妨害工作은 새 생명을 얻은 모든 성도들에게 보편적으로 나타남을 볼 수 있다.

(3) 출애굽의 주역(主役)

출애굽 사건을 놓고 등장하는 네 주역 인물들이 있다. 즉, 출애굽 사건의 주권자는 여호와요, 그분의 명령을 받아 전달하는 사신使臣들은 모세와 아론이며, 출애굽의 대상자는 이스라엘 자손, 출애굽을 위해 굴복시켜야 할 세력은 애굽 왕 바로라는 사실이다.

본격적인 출애굽 사건이 진행되기 전에 출애굽 사건의 두 주역 모세와 아론의 혈통이 소개되고 있다. 출애굽을 위해 하나님의 특사로 파견된 모세와 아론의 계보系譜를 소개함으로써 두 지도자의 실재성實在性과 역사성歷史性을 밝힌다.

그리고 단절되었던 역사적 사건의 맥脈을 잇는다. 또한 이스라엘 해방의 주역으로 발탁된 모세 역시 쉽게 낙심하고 좌절挫折하는 연약한 인간이었음을 독자들에게 재확인시켜 준다.

비단 두 인물은 출애굽 때뿐만 아니라 출애굽 이후에도 모세는 백성을 대표해서 하나님으로부터 율법을 전달 받고 또한 전달할 자로서, 아론은 성막의 제사 제도 확립 이후 제사장 직분을 맡을 자의 시조始祖로서 구속사救贖史에 각각 중요한 의의를 지니고 있다.

먼저 레위의 두 형 르우벤과 시므온의 족보가 간략히 소개된 것은 모세와 아론의 직계 혈통 지파인 레위의 족보적 위치를 야곱의 열두 아들들 가운데서 서열순序列順으로 찾아내기 위해서이다(출 6:14-16).

레위와 더불어 그 수명壽命이 특별히 기록된 자는 고핫과 아므람이며(6:16-20) 모세와 아론도 당시 나이가 소개되고 있다(7:7). 이것은 레위, 고핫, 아므람, 모세 등은 4대 만에 가나안 땅으로 돌아갈 것이라는 예언에 근거한 네 세대를 대표하는 자들이기 때문이다(창 15:16).

이런 관점에서 본 족보의 기록 목적 및 특징을 간략히 고찰해 보면 다음과 같다.

첫째, 모세와 아론의 혈통이 야곱의 열두 아들 중에서 유래되었다는 것을 밝힘으로써 그들과 이스라엘 민족 간의 동질성同質性을 확인시켜 주려 했다는 점이다.

둘째, 성경에서 기록된 모든 족보는 언약 관계의 연속성을 보여 주려 한 것이기 때문에 본 족보도 출애굽 사건이 족장들과 맺은 언약에 근거하여 진행되고 있다는 사실을 밝히려 했다는 점이다.

셋째, 족보의 위치를 본격적인 출애굽 사건 이전에 놓음으로써 모세와 아론의 모든 권위가 하나님께로부터 부여되었음을 보여 주려 했다는 점이다.

2) 열 가지의 재앙

하나님의 명령을 거역拒逆한 애굽에 대해 10 가지 재앙이 차례로 그 강도를 더해가며 내려졌다(출 7:14-12:30). 그런데 이러한 애굽의 10대 재앙은 단지 초자연적인 이적을 통해 하나님의 주권적인 능력을 보여 주는 것 이외에 또 다른 의미를 보여 준다.

즉, 이 10대 재앙은 단순한 초자연적 재앙이 아니라, 그 각각의 것들이 모두 애굽인들의 우상 숭배와 깊은 연관이 있는 재앙들이었다. 이는 애굽인들이 자신들의 풍요, 번영, 축복이 자신들이 믿고 있던 우상 신들로부터 온다고 믿고 있었던 것을 하나님께서 그 재앙들을 통하여 그들의 헛된 신앙을 완전히 깨뜨려 버리셨던 것이다.

그리고 하나님께서는 이를 통해 애굽인들의 신들보다 우월하신 당신 자신의 위대성偉大性을 나타내셨으며, 그들에게 주어졌던 풍요와 축복도 결국은 온 세상을 주관하시는 하나님의 섭리攝理에 따른 결과임을 웅변적으로 보여 주고 있는 것이다(마 5:45). 그리고 애굽에 임한 10대 재앙은 이스라엘 백성들 편에서 볼 때 그들을 구원하시는 하나님의 위대하심과 놀라운 능력을 새삼 깨닫게 하는 위대한 사건이었던 것이다.

(1) 첫 번째 재앙

지팡이가 뱀으로 변하는 이적을 보고서도 여전히 완강한 태도를 취하는 바로에게 드디어 첫 번째의 재앙이 내려지게 된다(출 7:14, 15). 첫 번째 재앙은 나일 강물이 피로 변한 재앙이다. 여기서 첫 번째 재앙의 대상이 되는 나일 강은 애굽인의 삶의 근원인 동시에 풍요의 상징이었다.

따라서 애굽인들은 나일 강을 신격화神格化하여 숭배하기까지 했던 것이다. 이러한 강이 피로 오염되어 죽음의 강이 되었음에도 불구하고 바로는 술객들의 똑같은 이적을 보고 전혀 마음을 돌이키지 않는다. 이처럼 사탄은 인간의 마음을 미혹하게 하여 대적하게 만드나, 결코 하나님의 섭리攝理를 거스를 수는 없다.

혹자들은 이 재앙을 합리적 이성으로 해석하려 했다. 즉, 떠오르는 아침 햇살의 영향으로 마치 나일 강이 핏빛으로 보였다는 견해와 상류에서 흘러내려 온 붉은 흙탕물의 영향으로 나일 강이 붉은 빛을 띠게 되었다는 견해 등이 그것이다. 그러나 이런 견해로는 다음 두 가지 점을 설명할 수 없다. 첫째, 강의 고기가 죽고 물에서 악취惡臭가 났다는 점이다. 둘째, 애굽인들이 먹을 물이 없어 샘을 팠다는 점이다.

따라서 이 이적은 애굽의 젖줄이자 애굽인의 우상인 나일 강에 대한 하나님의 초자연적인 재앙이었다. 동시에 이 피 재앙은 장차 닥쳐올 애굽의 모든 초태생初胎生의 죽음을 예고한 무서운 전조적前兆的 재앙이기도 했다.

(2) 두 번째 재앙

7일 간 계속된 피의 재앙을 무시한 바로에게 또다시 내려진 두 번째 재앙은 개구리 재앙이었다(출 8:1-15). 애굽인들에게 있어서 개구리는 풍요의 신이었다. 여기 나오는 개구리는 6-10월에 걸쳐 일어나는 나일 강의 정기적인 범람 후 물이 빠지는 12월 중순경에 새롭게 충적沖積된 나일 강 변의 비옥한 토양 위로 수없이 기어오르는 작은 개구리들을 가리킨다.

애굽인들은 이 옥토沃土 위의 개구리와 관련해서 개구리를 풍부와 다산多産의 상징으로 간주하고 신성한 동물로 숭배했던 것이다. 이 개구리 신을 '헤카(HeKa)' 또는 '헤크트(Heqt)'라고 하는데 이는 개구리 머리를 달고 있는 여신女神의 모습으로 형상화되었다.

결국 이 두 번째 재앙은 애굽인들에게 풍요의 신으로 신격화되었던 개구리가 이제 일순간에 저주와 고민의 대상이 됨으로써 애굽의 우상 종교가 여호와 앞에 얼마나 허무한 것인가를 잘 보여 준다. 요한계시록에서는 개구리가 더러워진 귀신의 영靈을 상징하는 동물로 쓰였다(계 16:13, 14).

동시에 이것은 애굽의 토템(Totem) 종교의 몰락을 암시한다. 따라서 이러한 재앙은 그들의 신도 단지 하나님의 피조물에 불과함을 보여 주는 것이었다. 또한 그들의 신이 그들에게 고통이 되게 하심으로 결국, 노예들의 신으로 여겨졌던 하나님의 권능權能에 의지하여 자신들의 신을 물리쳐 달라고 간청하게 만든다.

이에 그토록 교만하게 하나님을 부인하던 바로도 마침내 이스라엘 백성을 내보내겠다는 말을 처음으로 언급하게 되지만, 이것은 고난을 모면謀免하기 위한 미봉책彌縫策으로 그는 고통의 원인이 사라지자마자 다시금 마음이 강퍅해졌다. 이는 전형적인 악인의 모습이다.

(3) 세 번째 재앙

개구리 재앙에도 불구하고 바로의 강퍅剛愎함이 계속되자 '이'(슬虱) 재앙을 내리신다. 세 번째 재앙은 '이' 재앙이다(출 8:16-19). 세 번째 재앙의 특징은, 애굽의 술객術客들도 흉내조차 낼 수 없었다는 점과 여섯 번째 '독종毒腫' 재앙과 아홉 번째 '흑암黑暗' 재앙과 더불어 사전事前에 경고 없이 내려졌다는 점이다.

'이'로 번역된 히브리 어 원어는 'כִּנִּם킨남'이다 이 말은 단지 여기서만 나타나기 때문에 그 뜻이 명확하지 않다. 고대 역본들(Peshitta, Targum)은 '이'로 번역하고 있으나, 어떤 학자는 '빈대'로 보기도 한다(A. Cole). 혹은 '모기'로 번역하기도 한다(70인역, Keil & Deiltzch). 애굽의 지리적 여건과 문맥의 전후 상황을 고려해 볼 때 70인역을 따라 '모기'로 번역하는 것이 좋을 듯하다.

애굽의 모기는 일종의 각다귀인데 너무 작아 눈에 잘 띄지는 않으나 쏘는 힘이 강하다. 이것은 눈을 뜰 수 없을 정도로 사람에게 달라붙으며 심지어 눈과 코 속으로 기어 들어가기도 한다. 따라서 피부에 고통스런 자극을 일으키는데 그 괴로움은 이루 말로 표현할 수 없을 정도이다.

인간이 하나님 뜻을 거역할 때 하나님께서는 모든 피조물被造物 심지어 땅의 티끌까지도 당신의 채찍으로 삼으셔서 인간들을 징계懲戒하실 수 있음을 보여 준다.

애굽의 술객術客들은 "하나님의 권능이니이다."라고 바로에게 부르짖었다. 그러나 이 말은 유일신唯一神 여호와를 바로 알고 고백하는 말이 아니다. 다만 노예 민족 이스라엘을 돕고 있는 초월적 존재가 분명히 있음을 인정하는 말일 뿐이다. 술객들의 이러한 고백은 당시 애굽의 종교와 밀접히 결부되어 있다.

즉, 애굽의 제사장들은 그들의 의식 규례상 몸을 정결하게 하기 위하여 3일마다 머리를 깎고 몸의 털을 밀며 목욕을 했다. 그 후에 흠 없는 깨끗한 짐승을 잡아 그들의 각종 신들에게 제사를 드렸던 것이다.

이러한 그들의 종교가 이 재앙으로 말미암아 제사장들과 짐승들이 모두 더러워졌을 뿐만 아니라 상처가 났기 때문에 더 이상 제사를 드릴 수 없게 되었다. 따라서 술객들은 이처럼 자기들의 종교를 완전히 경멸輕蔑하는 여호와의 존재를 도저히 인정하지 않을 수 없게 된 것이다.

(4) 네 번째 재앙

네 번째 재앙은 파리 재앙이다. 파리로 번역된 히브리 어 'עָרֹב아로브'는 'עָרַב 아라브'에서 파생된 말로 '혼합물混合物', '떼'라는 의미를 갖는다. 그러나 시종일관 정관사를 사용하여 '그 떼'라고 표시하기 때문에 그것은 명백히 단일 종류를 지칭한다.

70인역에서는 개파리(dog-fly)로 번역하였다. 이것은 일반적인 집파리가 아니라 특별히 열대 지방에서 홍수 후에 떼를 지어 몰려다니는 특종의 파리로서 짐승들과 사람을 쏘고 전염병을 옮기는 등 무서운 고통을 준다(시 78:45; 사 7:18).

하나님은 이 네 번째 파리 재앙부터 이스라엘 백성과 애굽인들 사이에 뚜렷한 구분을 지어 재앙이 오직 애굽 민족 내에서만 임하도록 하셨는데, 그 이유는 재앙의 주관자主管者와 목적을 분명히 계시하려 하셨기 때문이다. 또한 계속되는 재앙이 우연히 일어나는 천재지변天災地變이 아니라 하나님의 권능의 역사役事라는 점을 일깨워 주기 위함이다.

이에 바로는 이스라엘인이 하나님께 희생 제사를 드리도록 모세와 협상하여 조건부條件附의 허락을 하지만 이번에도 역시 재앙이 물러가자 그 조건부의 약속마저도 완전히 무시해 버린다.

하나님께서는 바로의 약속이 거짓된 것임을 다 알고 계심에도 불구하고 재앙을 거두신 것은, 악인에게 회개할 기회를 주기 위해 끝까지 인내하시는 그의 사랑과 자비에 의한 선처善處이다(겔 18:21-23; 딤전 2:4; 계 20:7-10). 마찬가지로 하나님께서 이 세상에 대한 심판을 유예猶豫하시는 것도 인생에게 회개할 기회를 주시기 위함이다.

(5) 다섯 번째 재앙

모세의 경고警告(출 8:29)에도 불구하고 또다시 하나님을 기만欺瞞한 바로에게 다섯 번째로 내려진 재앙은 악질惡疾 재앙이었다(출 9:1-7). 이 재앙은 애굽의 모든 가축들이 심한 악질(일종의 무서운 전염병)로 말미암아 치명적인 타격을 입는 재앙이었다. 이전까지의 재앙은 단순히 사람 또는 짐승을 일시적으로 괴롭히는 것으로 끝났지만, 이 다섯 번째 재앙부터는 생명과 직결된 문제로서 훨씬 재앙의 강도强度가 심화深化되었음을 뜻한다.

그러므로, 이 악질 재앙은 나일 강물이 피로 변한 첫 번째 재앙과 더불어 애굽의 각종 우상 신들에 대한 직접적인 심판이라고 볼 수 있다. 왜냐하면 가축들은 각종 형태로 형상화되어 애굽인들의 경배 대상이 되었을 뿐만 아니라 애굽 우상 종교의 희생 제물용으로 쓰여졌기 때문이다.

동시에 이 재앙은 하나님께서 모든 피조물의 생사生死 지배권支配權을 완전히 장악掌握하고 계심을 보여 준다. 이로 인해 애굽인에게 속屬한 모든 가축은 죽임을 당한다.

가축들의 죽음은 짐승을 신성시神聖視했던 애굽인들에게 곧 신의 죽음을 의미한다. 힘과 생명을 주는 신으로서 애굽인들에게 숭상崇尙 받던 황소를 비롯한 각종 가축들이 악질에 걸려 힘없이 죽었다면 이것은 이미 신의 자격이 없음을 입증하는 것이다. 따라서 이것은 피조물被造物에 굴복하는 어리석음을 비웃는 생생한 경고이다(롬 1:23-25).

그러므로 모세는 후일에 "여호와께서 그들의 신에게 벌을 주셨더라." (민 33:4)라고 말한 것이다. 또한 악질 재앙은 이제까지의 재앙이 생명과는 직접적인 연관이 없었던 데 비해, 지금부터는 점차로 생명에 위협威脅이 가해지게 될 것임을 시사한다.

(6) 여섯 번째 재앙

여섯 번째 재앙은 독종毒腫 재앙이었다(출 9:8-12). 악질 재앙에 이어 하나님께서는 단 두 줌의 재로써 짐승들은 물론 애굽인의 생명까지 위협하는 독종 재앙을 발하신다. 이에 모세를 흉내내었던 애굽의 술객들조차도 자신의 몸에 발생한 독종을 제거하지 못하고 전전긍긍戰戰兢兢하게 된다. 그러나 바로는 백성들이 질병으로 신음하는 것을 보고서도 완강한 고집을 버리지 않음으로써 계속 재앙을 초래한다.

독종毒腫(שְׁחִין세힌)은 '불에 탄다', '뜨거워진다', '끓는다'라는 뜻을 가진 'שָׁחַן샤한'에서 유래한 말이다. 히브리어 원어에서 상상할 수 있는 것처럼 이 독종은 피부가 붉게 부풀어 오르면서 극심한 가려움 증세와 함께 물집이 생기고 급기야는 화농化膿해서 고름이 흐르게 되는 무서운 피부병을 가리킨다. 이것은 욥의 피부병을 연상시키는데(욥 2:7, 8) 당시 애굽인들에게 공포의 대상이 되었던 병이었다(신 28:27).

이처럼 하나님께서 바로 위에 무서운 재앙을 퍼부으시면서도 그를 직접 멸滅하시지 않은 이유는 "내가 너를 세웠음은 나의 능력을 네게 보이고 내 이름이 온 천하에 전파되게 하려 하였음이니라."이다(출 9:16).

바로가 열 번이나 하나님의 뜻으로 바로의 마음이 강퍅剛愎하게 되었다고 출애굽기에 기록되어 있다(출 7:13, 14, 22; 8:15, 19, 32; 9:12; 10:1, 20; 11:10; 14:4, 8). 혹자는 이 구절을 하나님께서 인간의 자유 의지自由意志를 부정하신 것으로 해석하기도 하나, 이는 하나님의 주권을 잘못 이해한 것이다.

원래는 선했던 바로의 마음을 하나님께서 개입하셔서 고의적으로 악하고 강퍅한 마음으로 바꾸어 놓으셨다는 뜻이 아니다. 오히려 악한 자들이 그들의 악한 길에서 돌이켜 회개하여 살기를 원하신다(겔 33:11; 딤전 2:4; 벧후 3:9). 단지 패역悖逆한 인간들이 하나님을 대항해서 자기들 스스로의 마음을 강퍅剛愎하게 했을 뿐이다.

즉, 바로는 놀라운 하나님의 능력을 체험하는 동안 자신의 행동이 여호와께 명백한 죄임을 인정하지 않을 수 없음에도 불구하고 인간에게 원초적으로 주어진(창 2:16, 17) 자유 의지를 남용濫用하고 악용惡用하여 자신의 오만한 거부 행사를 철회撤回하려고 하지 않았던 것이다.

따라서 하나님은 바로의 그 강퍅한 마음을 그대로 버려두어 전혀 관여關與하지 않으셨는데, 바로 이러한 하나님의 유기遺棄 상태를 표현한 말이다(롬 1:28).

반면 오늘날 성도가 구원 얻을 수 있게 된 것은 비록 우리의 마음이 바로처럼 완악頑惡하지만 하나님께서 끝까지 고집대로 내버려두지 않으시고 그 크신 은혜恩惠로 붙들어 주시기 때문이다(신 9:5; 딛 3:5).

(7) 일곱 번째 재앙

하나님께서 모세를 통해 또다시 바로에게 재앙을 경고하시고 이스라엘 백성을 해방시킬 것을 촉구促求하시고 재앙을 피할 길을 미리 가르쳐 주신다. 이에 바로의 신하들 중 하나님의 권능을 인정하고 여호와를 두려워하는 자는 그 말씀에 순종하여 재앙을 면하게 된다. 우리는 여기서 악인이라도 인정하고 순종하는 자에게는 구원을 베푸시는 하나님의 자비하심과 선하심을 발견하게 된다.

일곱 번째 재앙은 우박 재앙이다(출 9:18-35). 우박(בָּרָד바라드)은 '춥다'라는 뜻의 'בָּרָד바라드'에서 유래된 말로 돌처럼 단단한 얼음 알갱이를 가리킨다. 이것은 종종 천둥과 함께 가축 떼가 들에 방목되는 시기인 겨울과 이른 봄(12-4월) 사이에 내리곤 하여 곡물들에 피해를 주어 왔다.

그러나 여기서는 그 우박이 단순한 자연 재해自然災害가 아니라 하나님의 특별 재앙의 도구가 되어 사람과 짐승의 생명까지 해치는 애굽 역사 이래 전무후무前無後無한 무서운 우박 심판이 되었던 것이다.

이때로부터 우박은, 성경에서 하나님의 형벌의 표標와 심판의 도구로 자주 쓰이게 되었다(수 10:11; 학 2:17; 계 8:7; 16:21). 이러한 사실을 통해 우리는 하나님의 뜻에 순종하는 자들에겐 우주 만물이 기쁨으로 협력하지만, 불순종하는 자들에겐 우주 만물이 모두 재앙으로 변할 수 있음을 알 수 있다.

바로는 이번 재앙에서는 여호와를 스스로 인정하고 자신의 죄를 고백하며, 이스라엘의 해방을 약속하지만 다시 약속을 번복하여 계속 죄악만 쌓아 가는 어리석음을 범하고 만다.

바로의 이 고백은 마음에서 우러나온 진실된 회개의 고백이 아니라 뇌성雷聲과 번갯불을 동반한 무서운 재앙으로 인해 야기惹起된 공포심에 근거한 고백이었다. 여기서 보듯 하나님과 바로의 관계는 신뢰와 사랑의 관계가 아니라 힘과 힘의 대립 관계였다. 이런 관계 속에서는 진실한 회개가 나올 수 없는 법이다.

(8) 여덟 번째 재앙

여덟 번째 재앙은 메뚜기 재앙이었다(출 10:12-20). 메뚜기(אַרְבֶּה 아르베)란 말의 어원 'רָבָה 라바'는 큰 무리(crowd), 무수한 떼(swarm)란 뜻이다. 이 메뚜기 떼는 주로 아프리카 동북부나 나일 강 계곡에서 늦가을쯤 발생하여 바람의 변화를 타고 근동 및 중동 지역, 멀리는 인도와 중국까지 엄청난 떼를 지어 날아다니면서 풀잎과 곡식 등을 닥치는 대로 마구 갉아먹는다.

모든 종류의 식물食物을 단숨에 삼켜버리는 가공스러운 파괴력과 그 피해 때문에 메뚜기 떼의 습격襲擊은 항상 피해 지역 주민들에게 공포의 대상이 되어 왔으며 천벌天罰로 간주되었다.

요엘서에도 메뚜기 떼의 무서움과 메뚜기 떼에 의한 폐허廢墟 모습이 생생히 묘사되어 있는데(욜 1:4-7; 2:1-11), 렘 46:23과 계 9:3-7에서는 이것들이 황충蝗蟲으로 번역되기도 했다. 하나님께서는 바로 이 무서운 메뚜기 떼를 자신의 큰 군대로 삼으셔서(욜 2:25) 여덟 번째 재앙의 도구로 선택하신 것이다.

우박 재앙은 식물에까지 해를 미쳤으나 밀과 쌀보리는 아직 자라지 않은 상태였기 때문에 보전保全될 수 있었다. 그러나 하나님께서 강퍅한 바로의 의지하는 바를 없애 버리기 위해 메뚜기를 통해 남아 있는 모든 식물조차 쓸어버리기로 작정하시고, 이를 경고하신다. 이에 애굽의 멸망을 두려워한 바로의 신하들은 바로에게 진언進言하여 다시 모세와의 협상을 제의한다.

그러나 바로는 여자와 자녀, 재물은 남겨 두고 남자들만 나가라는 조건부적 협상안案을 일방적으로 내놓는 데 그친다. 바로는 이스라엘인들이 하나님의 선택된 백성이라는 사실보다는 자신의 종이라는 착각에 집착한 나머지 지금까지의 재앙의 근본 원인마저도 파악하지 못하고 끝내 멸망을 자초하였다.

(9) 아홉 번째 재앙

영적으로 눈이 먼 바로에게 사전事前의 경고 없이 흑암의 재앙이 임한다(출 10:21-29). 하나님께서는 이 재앙을 통해 바로가 끝까지 의지하던 애굽의 최고신最高神인 태양신의 위엄을 땅에 떨어뜨리신 것이다. 이에 바로는 자신이 앞서 내걸었던 출애굽의 조건에서 한발 양보하여 자녀도 데려고 가되, 양과 소는 두고 가라고 말함으로써 또다시 하나님의 명령을 희석稀釋시키려 한다.

이처럼 피조물로서의 지위를 망각忘却하고 거듭 하나님을 협상의 대상으로 삼으려는 사악邪惡한 인간에게는 하나님의 인내도 더 이상 베풀어지지 않는다. 하나님께서는 인간에게 자유 의지를 주셨지만 인간이 스스로 불신앙의 길을 택해 끝까지 대항하면, 하나님도 그의 자비를 거두시고 분노의 심판을 내리신다.

아홉 번째 재앙은 흑암 재앙이었다. 지금까지의 모든 재앙들이 자연적인 근거根據를 가지고 있었다는 견지에서 볼 때 이 흑암 재앙 역시 캄신(Khamsin = 사막의 바람)이라고 불리는 폭풍을 동반한 일식日蝕 현상을 통해 내려진 듯하다.

이 폭풍은 보통 춘분春分을 전후해서 2, 3일 동안 계속 부는 것이 일반적 현상인데 먼지와 가는 모래만이 온통 공중空中을 뒤덮고 있기 때문에 마치 검은 휘장揮帳을 하늘에 깔아 놓은 것과 같다. 따라서 태양의 밝은 빛은 사라지고 칠흑 같은 어둠만이 온 지면을 덮을 뿐이다.

거친 폭풍우와 칙칙한 습기로 인해 집 안의 모든 불빛까지 꺼지게 되었으므로 사람들은 단지 깊은 골방에서 공포 속에 떨며 폭풍이 가라앉을 때까지 숨어 있어야 했다. 이것은 곧 뒤따라올 죽음의 밤을 예견하게 하는 전조적前兆的 재앙이었다.

동시에 이 흑암 재앙은 애굽이 자랑하는 모든 신과 사상과 철학을 송두리째 흑암 속에 묻어 버림으로써 여호와 홀로 온 세상의 주관자 되심을 명백히 선포한 재앙이기도 했다.

3 일 간의 흑암 재앙 기간 동안 사실 이스라엘은 바로의 허락 없이 출애굽을 할 수도 있었다. 그러나 출애굽의 근본 목적은 그저 애굽을 탈출하는 데 있는 것이 아니라, 하나님의 권능을 만방萬邦에 알리고 영광스러운 승리를 쟁취하는 데 있었다.

마침내 모세와 그 백성에게 권능의 하나님이 함께하심을 깨달은 애굽인들이 두려움으로 이스라엘 백성을 쫓아내듯이 보낼 것이라는 하나님의 말씀대로(출 11:1-3) 이루어지게 된다.

(10) 열 번째 재앙

바로와의 결전決戰의 시간이 이르자, 하나님은 장자 재앙을 내리실 것이라고 모세를 통해 바로에게 전달했다. 계속되는 바로의 기만欺瞞 속에서 끝까지 참으시던 하나님께서 마침내 바로에게 최후의 재앙을 경고하셨다. 그것은 고대 사회에서 가문의 대표자로 가장 존중되는 장자長子들이 모두 죽임을 당할 것이라는 예고이다(출 11:1-8; 12:29, 30).

이러한 장자의 죽음은 애굽인 전체의 멸망만큼이나 큰 충격을 안겨 주게 될 것이다. 그러나 이는 다른 측면으로는 선민選民을 향한 구원의 선포이다. 이 재앙은 지금까지 바로의 마음을 더욱 강퍅하게 만들어 온 아홉 가지 재앙과는 달리, 모든 것을 마무리짓는 결정적인 재앙이 될 것이다. 또한 이 재앙으로 아이들의 수호신守護神인 이시스(Isis)의 허황虛荒됨이 드러나게 될 것이다.

특히 엄청난 재앙이 애굽에게만 임하고 이스라엘에는 임하지 아니하므로 애굽인들의 슬픔은 더욱 가중될 것이다. 그 후에 이스라엘 자손들은 애굽 사람들에게 금은 패물佩物을 얻어 가지고 당당하게 출애굽하게 될 것이다. 이처럼 하나님의 뜻을 막는 자는 아무도 없다. 권세 있는 바로가 하나님의 뜻을 막으려 했으나, 그는 스스로 멸망을 자초自招했을 뿐이다.

혹자는 이 재앙을 급성 전염병에 의한 자연적인 동시 다발적同時多發的 죽음이었을 것이라고 해석한다. 그러나, 재앙이 이미 예고되었으며, 사람과 짐승을 막론하고 모든 처음 난 것에만 국한되었고, 지역을 초월하여 애굽인들에게만 적용되었다는 점에서 분명 이 열 번째 재앙은 하나님의 특별한 심판의 손으로 말미암은 기적적인 사건이었다.

장자가 죽는 재앙을 통하여 바로는 이스라엘 백성들을 놓아 주었고 이스라엘 백성은 하나님의 약속대로 출애굽에 필요한 물품을 애굽 사람들로부터 구하게 된다. 네 번씩이나 간교한 타협안을 제시하면서 끝까지 이스라엘 백성을 노예로 묶어 두려 했던 바로도 열 번째 죽음의 재앙 앞에서는 마침내 완전히 굴복하고 말았다. 무조건적 항복이었다.

하나님의 뜻은, 여하한 악의 세력에도 불구하고 결국은 온전히 성취된다는 사실을 잘 알 수 있다. 여기에서 우리는, 죄를 회개하지 않고 하나님을 대적하는 자에게는 엄청난 심판이 뒤따른다는 것과 악한 세력은 하나님에 의해 반드시 멸망 받는다는 사실을 깨닫게 된다.

3. 출애굽하는 이스라엘 자손

1) 여호와의 유월절

(1) 해의 첫 달

출애굽하는 달을 그해 정월로 삼으라는 하나님의 명령이다. 하나님께서 당신의 거룩한 월력月曆을 새로이 제정하신 이유는 신정 국가神政國家의 구원사적救援史的 의미를 부각시키기 위해서이며, 이스라엘 백성이 하나님의 자녀로 새롭게 태어난 날 곧 유월절逾越節을 기념하기 위해서였다.

그러나 중요한 것은, 유월절을 지키는 달이 일반 시민들이 쓰는 달력이나 종교적인 달력상 일 년 중 첫 달이기 때문에 여러 달들 가운데 '머리'가

되는 것이 아니다. 그 달은, 이스라엘 백성이 그들의 구원을 구원하고 실현시키는 기간이기 때문에 '머리'가 되는 것이다.

이스라엘 자손이 애굽에서 출발하는 달로부터, 하나의 국가가 되어 연호年號가 생기게 된다. 이 달은, 한 해의 처음 달인 '아빕 אָבִיב 아비브 월月'(출 13:4; 23:15)을 가리키는데, 오늘날의 3, 4월에 해당된다. 이 명칭은 가나안 명칭으로서 나중에 바벨론 명칭인 '니산 נִיסָן 니싼월'로 바뀌었다(느 2:1; 에 3:7).

출애굽 이전에는 자연 현상에 따른 달력을 사용했으나, 그 이후에는 하나님의 구원사救援史에 따른 달력을 사용했다. 즉, 이스라엘 달력 제1년 1월이 된 것이다. 이것으로 알 수 있는 것은 여호와는 국가와 민족과 역사의 시작이시고 또 그 마침이 되신다.

그러나 애굽의 역사와 국가와 민족은 그대로 있다. 즉, 세상 역사 속에 하나님의 백성의 역사 곧 하나님의 임재와 구속과 통치의 역사歷史가 시작되는 것이다. 그 역사는 구약 시대에 예언되어 오다가 신약 시대에 와서 성취된 것이다.

그것이 소위 B.C.(Before Christ)와 A.D.(Anno Domini, in the year of our Lord)이다. 이 두 역사歷史가 끝이 나는 것도 하나님의 역사役事이다. 하나님 아버지께서는 그 아들 예수 그리스도를 이 땅에 재림시키고 또 심판하게 하심으로 종말이 되는 것이다. 그러므로 하나님은 세상 역사歷史의 '알파(*A*)'와 '오메가(*Ω*)'이시다. 곧 시작과 끝이시다.

(2) 여호와의 절기

출애굽의 전全 사건이 유월절 규례와 함께 기록되어 있다(출 12-13장). 여기서 출애굽과 유월절逾越節은 별개의 사건이 아니라 한 사건의 두 양상樣相이다. 이것은 출애굽은 유월절로 말미암아 완성되었고, 유월절은 출애굽과 더불어 시작되었기 때문이다.

애굽의 진노震怒의 날에 하나님은 자기 백성을 구원하시기 위해 유월절을 지키게 하셨다. 신약에 따르면 유월절은 예수 그리스도의 죽음과 그리스도인의 구원을 상징한다. 이 의식儀式을 통해 이스라엘은 죽음을 면했을 뿐만 아니라 하나님을 경배敬拜하는 거룩한 공동체로 변모할 수 있었다. 이스라엘은 이 의식을 대대로 지켰다.

이 의식을 행하는 가운데 이스라엘 자손들은 어린 양의 피를 보며 하나님의 구원을 기억했고, 무교병無酵餠을 먹으면서 하나님의 구원에 감사함과 아울러 근신했다. 이와 같이 하나님은 진노震怒의 날에 자신의 백성에 대해서는 구원과 거룩한 공동체로서의 영광을 누리도록 하기 위해 피의 의식을 행하게 하셨다. 이는 자기 백성에 대한 하나님의 사랑을 최대한으로 나타낸 것이다.

실로 출애굽 사건은 단순히 한 노예 민족 이스라엘이 애굽의 속박束縛으로부터 해방된 정치적 사건을 가리키는 차원을 넘어 유월절의 깊은 의미를 내포하고 있는 구속사적 사건이다. 즉, 어린양 되신 예수 그리스도(요 1:29)의 피 흘림으로 인해 택한 자들이 죄와 사망의 사슬로부터 자유하게 된 대속代贖의 역사役事를 상징하는 사건인 것이다(히 9:22).

하나님의 선포대로 이스라엘 백성이 구체적으로 하나님의 백성으로 구별되기 위해서는 피로 인한 성별식聖別式이 있어야 했다. 이것이 곧 유월절 의식이다. 유월절과 무교절無酵節은 일반적으로 구분하지 않고 통틀어서 한 절기로 간주된다.

그러나 엄밀하게 구분하여 유월절은 아빕 월 14일 저녁 어린 양 희생제사 의식만을 가리키고, 무교절은 유월절을 포함하여 향후 일주일 동안 누룩 없는 빵 곧 무교병無酵餠을 먹는 목적은 구원 받은 백성들이 그 구원의 은혜를 기억하여 감사하는 것뿐만 아니라 무교병 속에 담긴 깊은 뜻을 이해하여 새롭고 정결한 삶의 자세를 다짐하는 데 있다.

유월절은 이스라엘 여러 절기 중에서 밤에 지키는 것으로서 유일한 것이다. 제사장들이 하루의 마지막 제사를 드리는 것도 밤이다(출 29:38; 민 28:4, 8). 이것은 유월절 어린 양 제사가 모든 제사 중 최후의 제사임을 암시한다. 즉, 그리스도의 죽으심이 모든 제사의 종결이요 완성임을 상징하는 것이다(히 10:10-14).

유월절 어린 양은 곧 우리 죄를 대속代贖하사 영원한 생명을 얻게 하기 위해 죽으신 예수 그리스도를 명백히 예표豫表한다(요 1:29). 이를 좀 더 세부적으로 살펴보면 다음과 같다.

4일 전에 미리 예비된 어린 양은 창세 전에 이미 예비된 그리스도를 예표(벧전 1:20), 흠이 없어야 했던 어린 양은 죄와 흠이 없으셨던 그리스도를 예표(고후 5:21), 이스라엘 백성을 대신해 죽임 당한 어린 양은 전 인류의 죄를 대속代贖하기 위해 죽임 당하신 그리스도를 예표(마 27:50)한다.

또한, 뼈가 꺾이지 않았던 어린 양 역시 뼈를 꺾이지 않으셨던 그리스도를 예표(요 19:36), 문설주에 그 피를 발라 심판을 면하게 했던 어린 양은 십자가의 피 흘리심으로 구원을 이루신 그리스도를 예표(엡 1:7), 그 고기를 먹었던 어린 양은 생명의 양식이 되신 그리스도를 예표함이다(요 6:52-68).

이 유월절 의식은 신약 시대의 성만찬聖晩餐 의식(눅 22:19)으로 승화昇華된다(마 26:26-29; 막 14:22-26; 눅 22:15-20; 고전 11:23-26). 이 의식은 모든 이방적異邦的 요소로부터 벗어나 완전히 새로운 공동체로 다시 태어나는 의식이었다. 즉, 새 창조로 인한 거듭남의 의식이었다.

2) 여호와의 밤

(1) 보행(步行)하는 장정(壯丁) 60만

마침내 하나님을 끝까지 대적하던 바로에게 최후의 여호와의 심판이 임하였다. 일찍이 아브라함에게 예언되었던 밤이요(창 15:14) 430년간 기다리던 밤이다. 애굽인들에게 있어 죽음을 의미하는 이 밤은 선택한 이스라엘 백성들에게는 구원의 밤이요 출애굽을 고대하게 했던 소망의 밤이었다. 미천한 노예 민족 이스라엘을 구원하기 위해 하나님께서는 대국大國 애굽을 속량물贖良物로(사 43:3), 흠 없는 어린 양의 생명을 대속물代贖物로 삼으셨던 것이다.

이스라엘 민족이 하나님의 말씀을 순종하여 누룩 넣지 않는 떡 반죽 그릇을 어깨에 메고 나갔다. 이것은 그들의 신앙이었다. 그들은 하나님의 말씀대로 무교절을 지키기 위해서 이렇게 처음부터 준비해 가지고 출발한 것이다. 또한 이스라엘 민족이 애굽에서 나갈 때 도망가는 자처럼 근근히 몸만 나간 것이 아니다.

그들은 권능으로 애굽 사람들을 견제牽制하시는 하나님을 배경背景으로 당당한 세력을 가지고 애굽을 떠났다. 그들은 애굽을 떠나면서 애굽 사람들에게 '은금銀金 패물佩物과 의복'을 청구하기까지 하였다. 그때에 하나님께서는. 애굽 사람들을 감동시켜서 그 청구에 응하도록 하셨다. 이 일이 역시 하나님께서 일찍이 예언하신 대로 된 것이다(출 3:21-22; 창 15:14).

출애굽하는 이스라엘 백성은 유아幼兒 외에 보행步行하는 장정壯丁이 육십만이라 하였다(출 12:37,38). 유아로 번역된 'טַף타프'는 오히려 '딸린 식구'(공동 번역)를 의미한다. 즉, 보행하지 않고 짐승이나 마차로 여행한 모든 여자와 20 세 이하의 남녀 아이들을 포함하는 말이다(창 47:12; 민 32:16).

출애굽 후에 모세가 시내 산에서 백성을 계수計數했을 때 레위 지파를 제외한 20 세 이상의 장정이 603,550 명이었다(민 1:46, 47). 따라서 이 숫자를 이스라엘 전체 인구의 1/4로 보고 여자들과 아이들의 수까지 더한다면 백성의 총수總數는 약 200만 가량으로 추산된다.

70 명의 숫자로 이주移住한 야곱 후손이 430년 어간於間에 이렇게 엄청난 국가적 규모의 숫자로 불어난 것이다. 실제로 이러한 번식繁殖이 가능한지에 대하여 많은 학자들이 의심을 품어 왔으나 다음과 같은 몇 가지 사실을 감안할 때 충분히 이해 가능하다.

첫째, 아브라함에게 훈련된 종들만 318 명이나 있었듯이(창 14:14) 야곱의 12 아들들에게도 각기 딸린 종들이 있어 함께 애굽으로 이주했다는 가능성.

둘째, 비옥肥沃한 지역에서 하나님의 특별한 출산의 축복을 받았다는 점(출 1:7).

셋째, 출애굽 시 많은 잡족雜族들이 같이 따라 나왔다는 점이다. 여기에 인구 억제가 없을 경우 25 년마다 인구가 배가倍加한다는 경제학자 멜더스(Malthus)의 이론을 적용시키면 200만 명 이상의 출애굽 인구는 충분히 가능한 일이다.

수많은 잡족은 첫째, 결혼 등의 사유로 이스라엘 민족과 섞여 살던 이방족異邦族들이요(민 11:4) 둘째, 모세의 이적異蹟을 보고 감동하여 출애굽에 가담했던 자들이다. 하나님은 이런 잡족들을 결코 차별하지 않으셨다(신 29:10-13).

따라서 이들은 할례 의식割禮儀式을 통하여 종교적으로 얼마든지 이스라엘 공동체에 포함될 수 있었다. 이런 의미에서 이스라엘 사회는 폐쇄적閉鎖的이 아니라 오히려 개방적開放的이었다. 하나님께서는 이스라엘의 이방화異邦化는 엄격히 금지시켰으나 이방인의 이스라엘화는 얼마든지 포용하셨다.

(2) 블레셋 사람의 땅

마침내 약속의 땅 가나안을 향한 이스라엘 백성의 행군行軍은 시작되었다. 수많은 우여곡절迂餘曲折을 겪으면서 향후 진행되는 40 년 광야 여정은 오늘날 하늘 가나안을 향하는 나그네 같은(히 11:13; 벧전 2:11) 모든 성도의 지상 삶을 예표한다. 우리는 시종일관始終一貫 그 여정 중에 함께하시는 하나님의 깊고 오묘하신 섭리攝理의 손길을 체험한다.

애굽에서 출발하여 가나안으로 들어가는 길은 두 길이 있다.

첫째, 애굽에서 가나안으로 가는 지름길은 블레셋의 해안海岸 도시 가사(Gaza)를 통하는 지중해안地中海岸의 길이었다(출 13:17a). 이 길은 약 7일 정도밖에 걸리지 않는 가까운 거리였다. 그러나 이 길에는 당시 강력한 세력을 가진 호전적好戰的인 백성 블레셋 족속이 기다리고 있었다.

당시 이스라엘 백성들은 막 출애굽한 상태였기 때문에 미처 조직이 정비되지 않은 상태였다. 따라서 전쟁을 치를 어떠한 준비도 되어 있지 않았다. 이러한 때 다섯 개의 큰 성읍들과 상호 공수 동맹攻守同盟을 결성한 막강한 블레셋 군대와 맞부딪치게 되면 두려워하여 쉽게 낙심하고 출애굽한 것을 후회하면서 오히려 다시 애굽으로 돌아갈 우려가 충분히 있었기 때문이다.

이스라엘 백성의 사정을 잘 아시는 하나님은 이것을 방지하기 위하여 6배나 먼 광야 길로 인도하신 것이다. 이렇게 하나님께서는 그 백성의 연약軟弱을 아시므로 그들로 하여금 감당堪當할 수 있는 길을 가도록 하셨다. 그러나 보다 깊은 이유는 모세와 언약한 시내 산 언약을 이루시기 위해서였다(출 3:12).

둘째, 홍해를 가로질러 시내 반도로 돌아 아카만 정상에 있는 에시온게벨을 지나 사해를 끼고 모압과 암몬 땅을 지나서 요단 강을 건너 가나안으로 들어가는 길이다(출 13:18). 이 길은 40 일이 걸리는 길인데, 여러 가지 어려움을 있지만 큰 전쟁과 강한 대적이 많지 않는 길이다.

그래서 하나님께서 이 길을 택하셨다. 이스라엘 백성으로 그 길을 택하게 하실 뿐만 아니라 하나님께서 능력과 이적으로 그들을 인도하시면서 이스라엘을 향하신 하나님의 목적과 이스라엘 백성을 위한 일을 완수하신다.

3) 모세와 이스라엘 백성

(1) 울부짖는 이스라엘 자손

하나님의 명령에 따라 이스라엘 백성들은 홍해紅海 바닷가에 진영陣營을 치게 된다(출 13:20-22). 이는 바로가 마지막 재앙의 충격으로 이스라엘 백성을 놓아 주기는 했지만 여전히 교만하여 자신의 죄를 뉘우치지 않고 있음을 아시고, 이를 벌하기 위해 일부러 바로를 유인하려는 하나님의 계획이었다. 이처럼 하나님께서는 겸손謙遜한 자에게는 은혜를 주시나(벧전

5:5), 교만驕慢한 자에게는 넘치는 분노忿怒를 쏟아서 철저히 낮추신다(욥 40:11).

하나님 앞에서 인간의 이기심利己心과 교만과 변덕變德이 얼마나 가증스러운 것인지를 새삼 느낄 수 있다. 재앙의 고통에서 숨 돌릴 만한 여유가 생기자 바로와 그의 신하들은 하나님의 무서운 진노의 손길을 금방 망각한 채 또다시 강퍅한 마음으로 하나님을 대적하고자 했던 것이다. 이처럼 과거를 기억하지 못하는 어리석은 자의 결국은 멸망뿐이다.

애굽 전역이 황폐화되고 가축은 물론 인명 손실까지 엄청난 상황에서, 바로는 60만이나 되는 엄청난 노동력에 대한 욕심을 버리지 못하고 이스라엘 백성을 추격한다. 사탄의 세력은 이와 같이 끝까지 의인의 길을 훼방하려 하나 이는 오히려 스스로를 파멸에 빠뜨리게 할 뿐이다.

앞에는 홍해 바다요, 양 옆으로는 끝없는 죽음의 사막과 산들이 펼쳐져 있으며, 뒤에는 성난 바로의 군대가 맹렬하게 추격해 옴에 따라 이스라엘 백성들은 수많은 하나님의 권능을 목도하였음에도 불구하고 눈앞에 닥친 현재의 고난만을 두려워하여 차라리 굴욕屈辱스럽게 애굽 사람의 노예로 살기를 원한다.

물론 두려워할 원인은 충분히 있었다. 즉, 비록 숫자는 많지만 이스라엘 백성들 중에는 어린아이, 부녀자, 노인 등이 뒤섞여 있어 오합지졸烏合之卒에 불과했다. 전술戰術에 대해 무지한 데다 싸울 무기마저 없었다. 또한 한때 자기들을 부리던 애굽인들이 창, 칼, 갑옷, 투구, 방패, 전차 등 완전한 전투 장비를 갖춘 채 뽀얗게 흙먼지를 일으키며 달려오자 오래된 노예 근성으로 말미암아 금방 사기士氣가 저하低下될 수밖에 없었다.

이런 상황 중이라 할지라도 이스라엘 백성은 애굽에서 10대 재앙을 기억하면서 침착하게 여호와의 능력의 손을 바랐어야만 옳았다. 그러나 긴박한 상황에서 하나님의 도움을 바라기보다는 오히려 애굽 탈출을 후회하는 백성들은 불신앙적인 모습만 보이게 된다. 구름 기둥과 불 기둥이 그들 곁에서 지켜 보호하고 있는데도 이스라엘은 바로 군대의 추격하는 말발굽 소리에 간담이 서늘해져 출애굽 자체를 비방하기에 이른다.

이스라엘 백성들은 애굽에서 입은 모든 구속救贖의 은혜를 망각忘却한 채 하나님의 능력보다는 애굽의 전차를 더 무서워하고, 자유와 해방을 위한 고난보다는 굴종屈從과 예속隷屬을 위한 안일安逸만을 선택하는 실로 목이 곧은 백성이었다(출 32:9).

그러나 모세는 극한 환난 가운데서도 하나님께서 안전하게 보호하시리라는 확신 하에 백성들을 권면하고 위로하며, 이스라엘 생존의 유일한 근거인 하나님의 구원 역사를 외치며 그들의 불안을 잠재운다. 이로써 이스라엘은 자신들의 능력으로는 가나안에 도달할 수 없음을 명백히 깨닫게 된다.

우리는 여기서 백성들의 원망에 쉽게 낙심하고 좌절하던 모세가 과거의 모습과는 달리 신앙의 용장勇將으로 변화된 모습을 발견하게 된다. 광야 40 년 역사는, 이러한 불신앙적인 백성들을 끝까지 버리지 아니하시고 약속의 땅으로 인도해 주신 신실한 하나님의 인내와 사랑의 역사이다.

(2) 모세의 지팡이

갑자기 진로進路를 바꾸어 이스라엘 백성을 막다른 홍해 길로 인도하신 하나님의 섭리는 오묘했다. 즉, 그러한 상황은, 바로가 이스라엘 백성들을 추격하도록 그를 유인하기 위한 것이요, 동시에 인간적으로 도무지 소망이 없는 절박한 상황에서 홍해가 갈라지는 큰 이적 사건을 통하여 백성들에게 믿음을, 바로에게는 심판을, 열방列邦에게는 하나님의 능력을 보여주기 위해 하나님께서 특별히 설정하신 상황이었다.

유대 전승傳承에 따르면 이스라엘 백성들이 홍해를 건넌 것은 출애굽한 지 6 일째 되는 아빕 월 21일 밤이라고 한다. 따라서 이스라엘 백성들이 도망쳤다는 사실과 광야에서 고립되었다는 정보를 바로가 안 때는 출애굽 4 일째 되던 날이기 때문에 바로의 추격대는 2 일 만에 이스라엘 무리를 따라잡았다는 이야기가 된다.

유다 왕 르호보암 5년(B.C. 926)에 애굽 왕 시삭(Shishak)은 전차戰車 1,200 대를 거느리고 멀리 예루살렘까지 원정遠征한 일이 있었다(대하 12:1-3). 따라서 이 당시 바로가 600 대의 전차를 특별히 선정하여 정예화시키는 것은 별로 어려운 일이 아니었을 것이다. 달려드는 애굽 군대나 넘실대는 홍해 바다를 보면서 이스라엘 백성들은 낙망하게 된다. 그러나 모세는 위로부터 오시는 하나님의 크신 능력을 체험하라는 메시지를 준다.

기독교는 결코 죽은 우상을 섬기는 헛되고 무능한 종교가 아니라 성도의 구체적인 삶의 정황 속에서 능동적으로 일하시는 살아 계신 하나님의 능력을 믿는 구원의 종교이다. 기독교의 구원은 하나님의 주권적인 단독 사역이다. 최선을 다한 후 인간으로서 더 이상 어찌할 수 없는 극한 상황에서 마지막 한 가지 더 필요한 것은 하나님의 도움을 믿는 '믿음'이다.

이 절체절명絶體絶命의 순간에 여호와의 말씀이 모세에게 임했다(출 14:15, 16). "너는 어찌하여 내게 부르짖느냐"라고 하시면서 두 가지 명령을 내리셨다. 그 명령은 전진 명령이다.

첫째, "이스라엘 자손에게 명령하여 앞으로 나아가게 하라."(14:15)라는 것이었다. 즉, 지금까지 여호와께서 같이 계셔서 구름 기둥과 불 기둥으로 인도하셨으니 앞으로도 계속해서 같이 계시어 능력과 이적으로 역사役事하실 터이니 나아가라는 것이다. 쉬거나 머뭇거리지 말라는 것이다. 실로 신앙 생활하며 천국을 향해 가는 길은 쉬는 것이나 중단이 있을 수 없다. 오직 전진뿐이다.

둘째, "지팡이를 들고 손을 바다 위로 내밀어 그것이 갈라지게 하라."(16절)라는 것이다. 그 지팡이는 보통 지팡이가 아니다. 그 지팡이는 여호와의 지팡이다. 여호와께서는 능력能力과 권능權能으로 그와 같이 계시어서 그를 통하여 하나님의 백성을 구원하고 인도하고 보호하는 여호와의 지팡이다. 그 지팡이로 여호와의 능력과 일을 다 행하였다.

16절을 다시 풀어 말하면, '나(여호와)의 명령대로 그 지팡이를 들고 손을 바다 위로 내밀면 그 바다가 갈라지고 그곳에 육지가 나타나고 그 육지

길로 이스라엘 백성을 건너게 하겠다.'라는 말씀이다. 그 이유인즉 여호와는 창조創造의 하나님이시고, 섭리攝理하시고, 주장主張하시는 권능權能의 하나님이시기 때문이다.

모세의 지팡이를 따라 일사불란一絲不亂하게 움직이는 홍해의 물결은 하나님의 영광을 드러내기 위하여 쓰임 받은 하나님의 도구였다. 여기서 이스라엘의 홍해 통과 사건이 중생 사건의 상징(고전 10:1, 2; 롬 6:4)이라면 애굽인들의 홍해 몰살沒殺 사건은 하나님을 대적하는 악한 자의 멸망을 경고하는 최후 심판 사건(계 20:13-15)의 상징이다.

약 200만 명 가량의 남녀노소의 사람 및 각종 짐승들이 밤 사이에 홍해를 무사히 건너가기 위해서는 갈라진 통로의 폭이 적어도 1마일(1,09m) 이상은 되었을 것이다. 특별히 바다를 갈라 육지가 드러나게 하여 길을 만들어 이스라엘로 그 바다를 건너게 하신 것은 초능력적이고 절대 유일의 하나님이심을 보여 준다. 이것은 여호와 하나님은 능치 못하심이 없고 또 여호와는 자기의 백성의 모든 것을 책임져 주시는(보장하시는) 하나님이심을 말씀하여 준다.

신구약에 나타난 이적 사건들은 단순히 인간의 호기심을 충족시키기 위한 것이 아니다. 성경의 모든 이적(異蹟 = miracle)은 일종의 표적(表迹 = sign)으로서 믿는 자들의 신앙을 확고히 하고 성경의 권위를 세우며 하나님의 신성神性을 증명할 뿐만 아니라 하나님의 사자使者들의 권위를 보증하기 위한 것이다.

(3) 모세와 이스라엘의 노래

홍해를 중심으로 삶과 죽음이 교차交叉되는 긴박한 사건은 구속사적救贖史的으로 중요한 의미를 지닌다. 즉, 바울은 이스라엘 백성의 홍해 통과 사건을 물세례에 비유했는데(고전 10:2), 이것은 과거 애굽에서 종살이하던 옛 이스라엘은 홍해에서 완전 장사葬事되었고 물로 정결하게 된 새 이스라엘이 죽음으로부터 다시 새롭게 태어났다는 중생重生의 사건을 의미한 말이다.

이런 점에서 홍해紅海는 애굽적 요소인 죄와 사망으로부터 선민選民을 분리시킨 하나님의 성별聖別의 도구로서의 역할을 하였다.

하나님께서 이스라엘 백성들을 인도하실 때 블레셋으로 통하는 가까운 길로 인도하시지 않고 홍해 광야 길로 빙 둘러 인도하신 이유는 백성들에게는 블레셋과 전쟁을 피하도록 하기 위한 것이었지만(출 13:17), 하나님께서는 애굽과 전쟁을 치르기 위해서였다. 즉 바로와 그 군대로 인하여 승리의 영광을 받으시기 위해서였다(출 14:4, 17).

이것은 '홍해 사건'을 의미하는데 홍해 사건은 홍해의 갈라짐과 이스라엘 백성들의 도하渡河 및 애굽 군대의 수장水葬 사건을 가리킨다. 이러한 홍해 사건을 친히 체험하고 목도目睹한 이스라엘 백성들이 넘치는 감사와 기쁨으로 하나님께 찬양과 영광을 돌리었다(출 15:1-21).

이는 절망의 짙은 먹구름이 가시고 초자연적인 홍해 도하로 구원의 감격을 맛본 이스라엘이 부른 대찬양은, 홍해의 대승리를 이루신 구원의 하나님을 찬양하고, 자연과 만물을 주장하시는 하나님의 능력과 위용威容을 드높이며, 열방에 드높인 하나님의 이름과 장차 이루실 시온의 통치를 각각 노래하였다.

이에 모세와 아론의 누이 선지자 미리암과 모든 여인은 화답和答하여 여호와를 찬송하였다. 조상과의 언약을 잊지 않고 홍해를 건너게 하신 신실한 언약의 하나님을 찬양함은, 변하지 않는 그리스도의 언약에 근거하고 있는 오늘날의 성도 역시 하나님을 내 신앙 선조의 하나님이라고 고백할 수 있다.

모세와 이스라엘 자손들이 여호와께 드리는 찬송은 격렬한 기쁨의 감정과 충만한 구원의 황홀감을 아름다운 시감詩感과 장중한 시체詩體로 심오하게 표현한 히브리 문학의 고전古典이요 정수精髓이다. 이 모세의 노래는 예언적 성격을 지닌 노래로서 어린양(짐승을 지칭할 때는 '어린 양'으로 띄움, 속죄의 구세주 예수 그리스도를 지칭할 때는 고유 명사화한 용어이므로 '어린양'으로 붙여 씀 - 사전 참조)의 노래(계 15:2-4)와 더불어 최후 심판 날에 짐승 및 그 우상과 싸워 이긴 승리자들의 의해서도 불려질 노래이다.

4) 이스라엘 백성을 인도하는 모세

(1) 애굽에서 나온 후 2월 15일

홍해를 건넌 후 얼마 동안 기쁨과 즐거움으로 그곳에 머문 뒤 이스라엘 백성들은 다시 모세의 지휘 하에 구름 기둥의 인도를 따라 동남쪽 건조한 사막 지역인 수르 광야를 통하여, 마라에 이르렀다. 승리의 벅찬 감격으로 하나님께 찬송을 부른 지 3 일 만에 이스라엘 백성들은 마실 물을 구하지 못함으로 인해 그 감격을 상실하고 또다시 모세를 원망한다(출 15:22-27).

이에 모세가 하나님께 간구하고 그 명령대로 준행遵行하자 마시지 못했던 마라의 쓴 물이 단물로 변화하는 이적異蹟이 일어난다. 나무 자체에 어떤 정제精製 성분이 함유된 것은 아니다. 여기서 나무는 단지 하나님의 능력을 나타내는 기적의 도구로 사용됐을 뿐이다. 그러나 영적靈的으로는 이 나무가 만국을 치료하기 위해 있는 생명나무를 상징한다(계 22:2).

출애굽한 날이 1월 15일이었으므로(민 33:3), 이들은 꼭 한 달 만에 이곳 신 광야에 도착한 셈이다. 그런데 성경은 이 기간과 관련하여 단지 장막 친 곳 일곱 군데와 3 일 동안의 광야 행진만을 언급하고 있을 뿐이다(민 33:5-11). 이것은 아마 몇 군데에서는 오랫동안 머물렀거나 아니면 별 사건 없는 중요하지 않은 지명地名은 생략했기 때문일 것이다.

신 광야에 이른 이스라엘이 굶주림 때문에 과거의 치욕스러운 노예 생활을 동경憧憬하는 어리석은 백성들에게 하나님께서 일용할 양식을 내려 줄 것을 약속하신다. 하나님의 약속은 그대로 실현되어 저녁에는 메추라기, 아침에는 만나가 공급됐다. 여기서 이스라엘인의 광야 40 년 동안 끊임없이 공급되어진 만나는 생명의 떡인 그리스도를 예표한다(요 6:31-35).

만나는 이스라엘 백성의 광야 생활 동안 계속 공급되어졌으나 안식일에는 내리지 않았다. 이것은 하나님께서 미리 말씀하신 대로 백성들이 하나님의 율법을 준행遵行하는가를 시험하기 위함이었다(출 16:4). 그러므로 이 백성들은 안식일을 거룩하게 구별하여 이날에는 일하지 말고 그 전날에 모든 것을 예비해 두어야만 했다.

하나님께서 이같이 백성들을 시험하신 것은 십계명十誡命의 율법律法을 공포公布하시기에 앞서 백성들로 하여금 자신의 말씀을 잘 순종하는 자가 되도록 훈련시키기 위함이었을 것이다. 이 안식일安息日은 신약 시대에 와서 그리스도의 부활을 기념하는 '주일主日'로 발전적으로 계승繼承된다.

이스라엘의 광야 여정旅程은 원망怨望과 불평不平으로 얼룩진 불순종과 불신不信의 여정이었다(출 14:11; 17:3; 민 14:2; 16:41; 신 1:27). 그들은 구원의 기쁨과 숱한 기적의 체험을 쉽게 잊어버리고 역경에 처할 때마다 지도자 모세와 구속주救贖主 하나님을 원망하는 아주 목이 곧은 패역하고 변덕스런 백성이었다.

그래도 하나님께서는 이 백성과 함께 광야 40년을 한결같이 사랑과 인내로 동행하셨는데 그 까닭은, 아브라함과 맺은 언약(창 17:1-8)을 기억하사 이를 어기지 않으시기 위함이었으며, 비록 악인일지라도 죽지 않고 돌이켜 살기 원하는 것이 근본 하나님의 뜻이었기 때문이다(겔 33:11). 그런데 이 같은 하나님의 사랑과 신실信實하심은 아브라함의 영적 자손인 오늘날의 우리 성도들에게 또 여전히 미치고 있는 것이니 우리는 이 점을 바로 깨닫고 결코 하나님의 뜻을 거슬러 곁길로 나아가지 않도록 힘써야 할 것이다.

(2) 르비딤의 생수(生水)

마라의 쓴 물 사건에 이어 물로 인한 두 번째 원망이 기록된 르비딤 생수 사건이다(출 17:1-7). 이 사건으로 인해 이스라엘 백성들의 패역무도悖逆無道한 성격이 다시 한 번 드러나고 만다. 그러나 이 사건은 끊임없는 사랑으로 그 백성을 기르시는 하나님의 자비로움 또한 잘 나타난 사건이다.

어려운 상황에 부딪칠 때마다 항상 죽을 것으로 생각하는(출 14:11;

16:3), 이스라엘 백성들의 나약懦弱한 노예 근성이 잘 나타난다. 이러한 두려움과 불신은 하나님께서 당신의 백성들을 죽음으로부터 생명으로 이끄신 여러 사건들 곧 유월절 사건, 홍해 사건, 만나 사건 등 하나님의 놀라운 능력의 사건들을 망각忘却한 데서 기인起因한 것이다.

'므리바'(מְרִיבָה메리바)라는 지명은 '다투다'에서 왔고, '맛사'(מַסָּה마싸)라는 지명은 '시험하다'에서 왔다. 백성들이 모세에게 물을 요구하는 것은 그의 지도자적 자격에 대한 시험이요, 하나님께 대한 원망이었다. 모세의 지도권을 거부하는 최악의 상황을 엿볼 수 있다.

수많은 기적의 은혜를 체험하였음에도 불구하고 더욱 강퍅剛愎해지기만 하는 백성들의 패역悖逆함에 지도자 모세는 단지 하나님 앞에 애타는 심정으로 호소하는 길밖에 달리 방법이 없었다.

모세의 지팡이는 하나님과의 동행과 인도를 의미하는 가견적可見的인 산 증표證票였기 때문에(출 4:17; 7:15), 여호와의 능력과 기적을 능히 나타낼 수 있었다. 특히 "나일 강을 치던 네 지팡이를 손에 잡고 가라."(17:5)라는 말씀은 풍부하게 아름다운 나일 강의 물을 죽음의 피로 변하게 하신, 여호와께서 사막의 반석磐石을 깨뜨려 생수生水가 솟아나게 할 수 있는 능력도 가지고 있음을 시사하고 있다.

출애굽기 17:6에 기록된 호렙 산은, 시내 산과 동일한 산맥에 자리 잡고 있는 각 봉우리를 일컫는 것으로 추정된다. 왜냐하면 이스라엘 백성들과 시내 산 사이의 거리는 아직도 멀리 떨어져 있기 때문이다. 하나님께서는 자신이 그 반석 위에 설 것이니 그 반석을 치라고 명하신다. 그리하면 반석으로부터 물이 나와 마실 수 있다고 가르쳐 주신다.

한편, 시내 광야를 지난 후 가데스바네아 근처에서 일어난 물 사건에서 여호와께서 모세에게 반석을 명하여 물을 얻으라고 하셨지만, 분노에 찬 모습으로 지팡이를 쳐, 여호와의 거룩함을 놓쳐 버린 또 하나의 므리바 물 사건을 비교해 보라.

이 기적 사건은 만나 사건과 같이 예수 그리스도와 그분의 구원救援 사역을 상징하는 사건이다. 즉, 바울은 물을 '신령한 음료'로, 반석을 '신령한 반석'으로 해석함으로써(고전 10:4) 당시 사막의 갈증으로 인해 목말라 죽어 가는 이스라엘 백성들에게 호렙 산 반석의 물이 그들의 생수가 되었듯이, 오늘날 사막과 같은 삶의 터전에서 영혼의 갈증을 느끼는 숱한 사람들의 영원한 생명수는 바로 예수 그리스도이심을 밝히 교훈했던 것이다(요 4:14; 7:37; 계 22:17; 사 55:1).

(3) 아말렉과의 전쟁

하나님은 이스라엘의 일상사日常事를 돌보셨을 뿐만 아니라, 민족의 운명을 좌우하는 대적들과의 전쟁도 적극 도와주셨다. 광야 생활 최초로 타 민족과의 전쟁이 발발勃發하게 된다. 아말렉과의 전쟁은 독립된 이스라엘이 직면했던 최초 전쟁사戰爭史로서, 이 전쟁의 특징은 전적으로 하나님의 이적에 의해 승리하였던 애굽과의 싸움과는 달리 이스라엘 백성 스스로 싸워야 했던 것이다(출 17:8-16).

이 전쟁의 시작은, 일찍이 뱀이 되었던 그리고 나일 강과 반석을 쳐서 기적을 일으켰던 하나님의 능력의 지팡이를 든 손이다. 특히 모세가 이러한 행동을 취한 것은 이스라엘의 승리가 오로지 모세의 중보仲保 기도를 통한 하나님의 역사役事하심 때문이었다는 사실을 생생히 교훈해 주기 위해서였다. 이처럼 하나님께서 사람들의 눈에 직접 보이는 형상이나 동작으로 영적 진리를 계시하신 것은 구약 시대의 독특한 특징이었다.

신정 국가神政國家를 세우고 건설함에 있어 모세가 이스라엘 백성들의 종교적이고 정치적인 지도자라면, 여호수아는 전형적인 군사적 지도자로서 이스라엘 백성을 가나안 땅으로 인도하여 가나안 족속을 징벌하고 정착시키는 데 큰 공을 세운 하나님의 종이었다.

이들은 기도하는 지도자 모세와 그의 동역자同役者인 아론과 훌, 그리고 직접 전투에 임한 여호수아와 그의 군대가, 기도와 용맹을 조화시킨 전후방前後方의 효과적인 합동 작전으로 하나님의 전적 도우심 아래 한데 뭉쳐,

아말렉을 대파大破시키는 스토리이다.

하나님은 자신을 의지하며 간구하는 자들의 무릎을 굳게 세우시고 그들이 기필코 승리하도록 이끌어 주셨다. 이것이 기도하는 사람들에게 전해지는 하나님의 선물이다(시 50:15; 엡 6:18).

아말렉이 이토록 하나님께 철저하게 징벌을 당한 이유는, 같은 혈족인 에서의 후손임에도 불구하고 무자비하고도 비겁하게 연약하고 지친 상태에 있는 이스라엘 백성들의 배후를 기습 공격했기 때문이고(신 25:17-18), 동시에 출애굽 후 이스라엘과 첫 교전국이었던 아말렉은 이후에도 반反이스라엘 전쟁 시 항상 앞장서 하나님의 백성을 진멸하려 했기 때문이다.

아말렉 족속은 하나님의 성민聖民 이스라엘을 공격함으로써 결국 하나님의 성호聖號를 대적하는 자들이 되었기 때문에 후손 대대로 하나님의 징벌의 대상이 될 것이라는 의미이다. 특별히 여기서 아말렉은 하나님의 나라와 그 백성을 공격하고 괴롭히는, 그러나 마침내는 멸망당할 적敵그리스도 세력의 모형으로 예표되었다.

이 말씀은 사울과 다윗 왕에 의해(삼상 15:7; 27:80, 그리고 히스기야 왕의 통치 하에서 시므온 지파에 의해(대상 4:41-43), 마침내 에스더 9장에서 에스더와 모르드개에 의하여 아각 사람 함므다다의 손자요 유다인의 대적 하만의 자손들이 죽임을 당하였음에 완전히 성취되었다.

이스라엘과 아말렉과의 전쟁은, 다음과 같은 교훈을 준다. 하나님 왕국에 대한 이방 세계의 강력한 도전은 결국 실패하여 마침내 이방 세계의 완전한 멸망으로 끝난다는 사실이며, 전쟁은 비록 인간들이 하지만 그 결과의 열쇠는 오로지 하나님만이 쥐고 계신다는 사실이다. 즉, 전쟁의 승패는 창과 칼에 있지 아니하고 전적으로 여호와께 속해 있다는 진리이다(삼상 17:47).

제 3 장

하나님의 언약궤

1. 시내 산의 언약

1) 시내 산

(1) 하나님의 언약

하나님께서 이스라엘 자손을 애굽에서 구원하신 데에는 그 목적이 있다. 그것은 이스라엘을 언약의 백성으로 만드시는 것이다. 하나님은 이 시내 산에서 이스라엘을 하나님의 소유로, 제사장 나라로, 거룩한 백성으로 만드시고자 하신다(출 19:3-6).

다시 말해서, 온 세계 열방列邦이 다 하나님의 것이지만 하나님은 이스라엘을 그 가운데서 택하시어 하나님의 말씀을 전傳하는 역할을 감당할 수 있도록 만드시겠다는 뜻이다(롬 3:1, 2).

출애굽기의 전반부前半部(1-18장)는 출애굽을 위한 바로와의 투쟁과, 이후 시내 산 앞에 도착한 사건 곧 동적動的 역사歷史를 다루며, 후반부後半部(19-40장)는 이 산에서 최초로 하나님의 부르심을 받았던 모세가 하나님의 거룩한 제사장 나라가 되기 위한 언약을 체결하고, 이를 실행하는 과정의 정적靜的 역사歷史가 묘사되어 있다.

출애굽기 19장부터는 행군을 중단하고 시내 산에 머물러 언약 체결과 각종 율법 전수를 하게 되는데, 언약 체결에 앞서 제사장 나라로서의 이스라엘의 미래를 계시한다. 제사장 나라가 되기 위한 조건으로서 언약에의 순종이 제시되고 있다(출 19:5).

그러나 이스라엘은 훗날 하나님의 언약에 불순종함으로써 그 자격을 상실하게 되었다(호 4:6; 롬 11:20). 그럼에도 불구하고 긍휼矜恤을 베푸셔서 제사장 나라의 회복을 계획하셨다(사 61:6). 그리하여 신약 시대에 와서는 영적靈的 이스라엘을 상징하는 그리스도인 모두에게 그 권리를 부여하심으로, 더 발전된 형태의 구속사가 이루어진다(벧전 2:9; 계 1:5, 6).

출애굽 사건을 근거로 하나님께서는 시내 산에서 이스라엘 백성과의 언약 체결을 원하셨다. 체결 방식은 당시 문화적 배경 하에서의 일반 백성에게도 익히 알려져 있었던 여러 계약 형태 중 종주권적宗主權的 계약 형태와 유사類似했다.

언약 체결의 4 요소는 계약 당사자, 조건, 약속, 그리고 경고警告인데, 하나님의 언약은 순종과 신뢰를 조건으로 축복과 구원을 약속한 하나님과 이스라엘 사이의 첫 공식 계약이다.

성경에 사용된 '언약'(히 בְּרִית 베리트, 헬 *διαθήκη* 디아데케)이란 말의 독특한 신학적 의미는 믿음으로 약속을 받은 사람들의 축복과 유익을 위해서 하나님께서 특별히 세워 주신(레 26:9) 은혜로운 보증의 말씀 곧 하나님과 인간 사이의 약속 관계를 뜻한다.

따라서 성경에 나타난 '언약'이라는 말은 당시 고대 근동 지방에서 흔히 행해졌던 계약 곧 두 사람 또는 두 집단 간의 상호 합의 하에 이루어진 쌍무雙務 계약이나 종주권적宗主權的 협약協約 등과 같은 의미로 이해되어져서는 안 될 것이다.

비록 성경의 언약들이 그러한 인간들의 계약 형태를 도입했다 하더라도 성경의 언약은 어디까지나 인간과 인간 사이의 계약이 아니라 하나님과 인간 사이의 계약이라는 점에 주의해야 한다.

즉, 언약의 주도권主導權은 언제나 하나님께 있는 것이고 인간은 단지 수혜자受惠者일 뿐이다. 그러므로 신구약 성경에서는 '언약'을 하나님께서 명하신 것(수 7:11), 세우신 것(레 26:9; 신 5:2), 주신 것(행 7:8)이라고 표현한다.

피조물이요 죄인인 인간의 주장이나 욕망이 전혀 배제된 채 처음부터 끝까지 하나님에 의해 제시되고 집행되어지는 것이 성경 언약의 특징이다. 왜냐하면 언약은 그 궁극적 내용과 목적이 인간의 구원에 관계된 것이기 때문이다.

이처럼 성경에 나타난 언약을 구속사적救贖史的 성격과 관련시켜 개혁주의改革主義 신학 안에서 특징적으로 발달시키고 체계화시킨 일련의 신학사상을 '언약 신학言約神學(Covenant Theology)'이라 한다.

(2) 성결하게 하시는 여호와

이스라엘과의 언약 체결에 앞서, 하나님의 말씀을 전달하는 모세에게 백성들은 이구동성異口同聲으로 언약을 준행할 것을 약속한다. 하나님은 이스라엘의 언약 준수에 대한 확답을 얻고, 제삼일에 시내 산에 강림降臨할 것을 알리시고 이를 위해 백성들로 하여금 자신을 성결聖潔하게 할 준비를 요구하신다(출 19:10-15).

특히 하나님께서 성결을 요구하신 이유는, 성결이 절대 거룩하신 하나님과의 만남에서 제 1의 선행先行 조건이며(고후 6:14-18), 죄악 된 인간은 성결함이 없이는 하나님과 결코 교제할 수 없다는 사실과 성결한 자만이 하나님의 뜻에 능동적인 반응을 할 수 있기 때문이다(요일 2:1-6). 동시에 외적 성결을 통해 내적 성결의 단계까지 승화昇華시키기 위해서였다(히 10:22).

성결 기간과 불가不可 구역이 설정設定된 것은 하나님의 거룩성과 인간의 부패성은 결코 직접적으로 접촉할 수 없음을 보여 주는 것이다. 구약 시대에 취해진 이러한 외적 성결外的聖潔의 행위(레 11:25; 15:5)는 내적 성결內的聖潔을 의미하는 의식적儀式的 행위로서 장차 어린양의 피에 그 마음의 옷을 빨아야만(계 7:14) 하나님과 교제하기에 합당한 자가 될 수 있다는 사실을 예표하는 행위였다.

이와 같이 죄인 된 인간이 지극히 거룩하신 하나님 앞에 나아갈 때는 외적인 정결淨潔함은 물론, 회개悔改를 통한 내적인 정결도 유지해야 하는 것이다. 이 성결 사상이 바로 레위기의 대주제로서 그리스도를 예표하는 사상이며 그분으로 말미암아 최종 성취되는 사상이다. 이처럼 구약 시대에 강조된 하나님과 인간 사이의 근본적인 거리감은 필연적으로 신神이자 인간人間이신 그리스도의 희생적 중보를 요청하는 것이다(히 8:6, 7).

이스라엘의 준비가 완료되자 하나님은 초자연적 현상을 동반한 위엄에 찬 모습으로 언약 체결지에 나타나셔서, 백성의 대표자 모세를 제외한 기타 사람들의 근접을 금지하셨다. 이로써 하나님은 자신이 이 언약의 주도자이심과 만물을 초월한 지존자至尊者이심(시 97:4)을 보이시고 모세의 지도력과 중보자仲保者로서의 권위를 인정하셨다.

이처럼 천지의 주재主宰이시며 지극히 거룩하신 하나님께서 친히 인간을 찾아오신 것은, 인간 구원을 향한 하나님의 열심을 보여 주신다(요 5:17). 이는 후에 성자 그리스도께서 성육신成肉身하심으로 인간 구원을 완성하신 사건의 전단계적前段階的 성격을 지닌다.

2) 십계명과 율법

(1) 십계명

하나님의 현현顯現에서 이스라엘은 하나님의 속성을 체험하기 시작한다. 하나님은 계명誡命을 명하시기 전 계시啓示를 통하여 먼저 자신을 애굽의 속박에서 이스라엘을 구원해 내신 '이스라엘의 구속자救贖者 גֹּאֵל 가알(여호와)'라는 사실을 분명히 선포함으로써 이스라엘 백성들이 왜 하나님의 계명을 지켜야 하는지 그 법적 근거를 제시하고 있다.

이는 하나님께서 십계명의 수여자授與者가 이스라엘의 구원자 되신 자신이심을 밝힘으로써 십계명의 신적神的 기원起源을 강조하신다. 특별히 창조주의 권위權威로서가 아니라 구속주의 사랑으로서 자신을 계시하시며 이스라엘에 십계명을 주신다. 그것은 자유를 주셨던 하나님께서 십계명을 통해서 이스라엘로 하여금 세상에서 자유함을 계속 누리기 위함이었다.

이어 하나님을 대하여 지킬 계명 네 가지와 인간 사회에서 지켜 나가야 할 계명 여섯 가지를 전수傳授하신다. 이 계명은 하나님께서 이스라엘을 거룩한 백성으로 택하셨음을 선포하신 것으로서 뒤이어 반포되는 모든 율법들의 토대土臺가 된다. 다시 말하면, 첫 네 계명은 이스라엘과 여호와 사이의 관계를 설명하는 지침서指針書이며, 나중 여섯 계명은 이스라엘과 언약 공동체 사이의 관계를 설명해 주는 지침서이다.

또한 십계명은 모든 언약의 서론으로, '하나님이 말씀하신다.'라는 사실을 통해 언약의 근원지이며, 백성들의 언약 준수의 당위성當爲性을 제시한 율법의 총칙總則이라 할 수 있다.

이 십계명은 이어지는 제 법규諸法規들(출 20:22-23:33)의 대원칙이자 이스라엘의 삶의 준거準據로서, 크게 대신적對神的 규범과 대인적對人的 관계법으로 양분兩分할 수 있다. 이는 예수께서 가르치신 것처럼 하나님 사랑과 이웃 사랑의 2대 계명으로 요약된다(마 22:37-40). 율법은 정죄와 심판의 법이기 전에 사랑과 신뢰의 법이다.

그러므로 십계명은 여호와를 정점으로 하여 가족과 이웃과 더 나아가 온 세상 사람을 향해 살아가야 할 대원칙인 것이다. 따라서 이스라엘은 십계명 속에서 하나님이 요구하는 뜻을 분명히 들을 수 있어야 한다.

아울러 모든 계명과 율법은 완전한 구속자이신 그리스도께서 오실 때까지 우리를 그에게로 인도하는 제한적인 역할을 감당하였으며(갈 3:23-24), 그리스도로 말미암아 최종 완성되었다(마 5:17).

십계명의 모든 율법은 핵심이자 본질로서 단순한 율법이 아니라 하나님의 '언약'이다(신 4:13; 출 19:5; 24:7). 즉, 십계명은 그 표면으로 볼 때는 계명이요 율법이지만(출 24:12) 그 내면으로 볼 때는 하나님의 약속이 깃들어 있는 구원의 언약인 것이다.

그러므로 십계명을 담은 법궤法櫃를 '언약궤言約櫃'(신 31:26; 삼상 4:5; 히 9:4; 계 11:19), 그것을 기록한 책을 '언약서言約書'(출 24:7) 혹은 '언약책言約册'(왕하 23:21; 대하 34:30)이라고 불렀던 것이다. 따라서 신구약은 다

같이 하나님의 언약에 기초하고 있는 은혜 언약임을 알 수 있다.

＊십계명에 대한 여러 측면의 분석

첫째, 십계명의 문체文體는 '너는 … 하라' 혹은 '너는 … 하지 말라' 식의 필연법적必然法的 문체로 되어 있다.

둘째, 십계명은 그 해석에 있어 5가지 원리를 가지고 있다. 이 해석 원리는 여타餘他 율법에도 확대 적용適用될 수 있다.

① **동기적(動機的) 원리 :** 간음姦淫하지 말라는 계명은 음욕淫慾과 같이 간음의 동기(살인, 간음, 도적질, 탐내는 일 등)가 되는 것까지도 포함하고 있는 원리

② **대구(對句)의 원리 :** '말라'는 계명은 단순한 금지만을 명한 것이 아니라 소극적 금지 차원을 넘어 그것과 반대되는 것들을 적극적으로 '하라'는 실천의 명령을 포함하고 있는 원리

③ **포괄(包括) 대표의 원리 :** 10가지의 계명이 문자적으로 10가지만 규정하는 것이 아니라, 그것과 유사한 다른 의미로도 확대 적용될 수 있다는 대표 적용의 원리이다. 즉, 각 계명은 비슷한 범주範疇에 속한 모든 것까지 포괄하고 있는 원리이다. 예를 들면, 네 부모를 공경하라는 계명은 비단 자신의 부모뿐만 아니라 남의 부모 및 여타 모든 스승이나 어른들까지 공경하라는 뜻으로 이해해야 하는 원리

④ **연계성(連繫性)의 원리 :** 십계명 모두가 연결되어 있어 어떤 한 계명을 범할 시에 다른 계명까지도 어기는 것이 된다는 연계성連繫性 적용의 원리 곧 전체 계명은 모두 긴밀한 연관성을 가지고 유기적有機的인 하나의 끈으로 엮어져 있다는 원리요 따라서 하나의 계명을 어기면 전체 계명을 어긴 자가 되는 원리이다(약 2:10, 11).

⑤ **선후(先後)의 원리 :** 제 1-4계명까지의 대신對神 계명은 제 5-10계 명까지의 대인對人 계명의 기초요 근거가 된다는 원리이다.

셋째, 십계명은 3중 목적을 가지고 있다.

① **만인을 위한 목적 :** 십계명은 모든 사람들에게 하나님의 거룩한 성품 및 뜻을 알게 하는(롬 7:21) 동시 인간의 무능함과 부패를 자각시켜(롬 3:20; 7:9) 그리스도를 영접해야 할 필요성을 절감切感하도록 하기 위한 것이다(갈 3:21, 22).

② **불신자를 위한 목적 :** 십계명은 모든 불신자들을 율법의 저주 아래 두어(갈 3:10) 최후 심판 때 그들로 하여금 핑계하지 못하게 하기 위한 것이다(롬 1:20).

③ **성도를 위한 목적 :** 십계명은 성도가 성취할 수 없는 그것을 그리스도가 대신 성취했다는 사실을 깨닫게 하여 성도로 하여금 더욱 감사와 순종의 삶을 살게끔 하기 위한 것이다.

결론적으로 십계명은 완전수 '10'과 증거의 수 '두' 돌판으로 상징된 하나님의 완전한 구속救贖과 심판의 계명이요 율법이며 동시에 사랑의 언약이다.

(2) 백성 앞에 세울 율례

이스라엘 백성들의 삶은 십계명을 토대로 하여 전개된다. 하나님이 백성들에게 준 율례는 하나님 앞에서 어떤 삶을 살아야 하는지를 구체적으로 제시하고 있는 일종의 삶의 규범이다. 그러므로 여러 가지 율례律例는 십계명의 해석解釋이며 적용適用이다(출 21:1-23:19).

하나님은 십계명을 주신 후 뒤이어 70여 개에 달한 일련의 율법들을 주셨다. 이는 십계명의 주석註釋과도 같다. 즉, 십계명이 오늘날 헌법에 해당된다고 하면 이 부분의 율법은, 민법, 형법, 소송법 등에 해당하는 보다 구체적인 각종 법규法規라 하겠다. 이것들은 곧 책에 기록되어 '언약서言約書'(출 24:7)로 불려졌으며 특별히 신성한 책으로 간주되었다.

어느 사회를 막론하고 법은 존재한다. 하나님께서도 고대라는 시대적 상황과 근동近東이라는 지리적 배경 속에서 자신의 선민 이스라엘에게 자신의 공의를 반영하는 각종 율법을 주셨다. 그중 흔히 '언약서言約書'로 알려진 부분(출 21-23장)은 오늘날 시민법 또는 사회적 기본적인 법이요 전체 율법의 집약集約이라고 볼 수 있다.

따라서 이 '언약서'는 앞으로 받을 모든 율법의 기초가 된다. 이 언약서의 문체적 특징은 '만일~하면~하고' 식의 가상假想된 행위와 그 규례規例를 논한 결의법적決疑法的 표현 양식을 띠고 있다는 점이고, 내용상 특징은 첫째, 신적 기원과 권위를 가진 종교적이고 신본주의적神本主義的 성격을 가지고 있다는 점과 둘째, 인간의 존엄성이 강조되고 만인 평등 사상이 추구되고 있다는 점 등이다.

＊십계명의 뒤를 이은 율례(律例)의 내용

① **우상 금지 및 제단 율례 :** 하나님을 온전히 경배하는 방법으로 우상 금지와 성별된 제단 규례를 제시했다. 하나님은 오직 당신만을 경배하도록 하셨으며, 자신의 방법대로 경배 받으시기를 원하셨다. 이것이 예배의 근본 원리이다(출 20:22-26).

② **히브리 종에 관한 법률 :** 대신對神 관계법에 이은 대인對人 관계법을 다룬 부분으로, 히브리 사내종에 대한 법률과 히브리 계집종에 대한 법률이 제시되었다. 이는 하나님께서 노예 제도를 적극 지지해서라기보다는 왜곡된 인간 질서 가운데서 최소한의 인권 보호책으로서 제시한 것이다.

본 노예법奴隷法은 은혜로 구속 받은 인간에게 자비와 긍휼을 요구하고, 장차 죄의 노예 된 자를 해방시켜 참 자유를 선사하실 예수 그리스도의 구속의 은혜를 예시하는 역할을 한다(출 21:1-11).

③ **사형에 해당하는 범죄에 대한 법 :** 위의 ②는 생명 보존법이며, 이어서 생명 제거법除去法 곧 사형법으로서 네 종류의 죄목이 제시된다(출 21:12-17). 의도적 타살, 존속상해尊屬傷害, 유괴, 부모 명에 훼손 등이다. 이는 결국 생명의 주인이신 하나님의 생명 보존과 질서와 권위 보존이라는 2대

목적을 지향했다.

④ **손해 보상법 :** 육체적 손상을 입은 자에 대한 처벌 및 보상 기준과 물질적 손해를 입힌 자의 처벌법을 다루었다. 이는 율법의 대원칙인 동해보복법同害報復法을 근간으로 하는 것으로, 개인의 권익 보호와 분쟁과 무모한 보복의 악순환을 방지하는 데 그 목적이 있다(출 21:18-36).

⑤ **물질적 피해 보상법 :** 절도와 가축의 과실過失, 화재, 위탁물 피해, 임대물 피해 등에 의한 피해 보상법으로서, 이웃의 재산을 보호하기 위한 제8계명에 근거한다. 본 법률은 탐욕의 방지와 이웃의 재산권 보호 및 인간 상호 간의 신뢰성 회복 등을 목적으로 한다(출 22:1-15).

⑥ **영육의 순결을 위한 법 :** 거룩하신 하나님의 거룩에의 요구로서(레 11:45), 종교 및 윤리적 부정을 행한 자들의 형벌법이다. 영적 순결은 육체적, 도덕적 순결을 전제로 한다. 하나님은 우리의 전인적全人的 성결과 헌신을 요구하신다(출 22:16-20).

⑦ **약자 보호법 :** 사회, 경제, 육체적으로 나약하고 소외된 계층에 대한 하나님의 지극한 관심을 입증하는 법이다. 소극적으로는 그들에 대한 착취를 금하고, 적극적으로는 그들의 필요를 채우는 사랑을 권면했다. 사랑과 관심이 식어 버린 개인과 집단은 하나님의 사랑을 기대할 수 없다(출 22:21-27).

⑧ **종교적 의무 조항 :** 하나님의 백성에게 특별히 요구되는 3가지 의무 조항은, 권위와 질서의 존중, 하나님의 소유권 인정, 거룩 유지 등이다(출 22:28-31).

⑨ **법정 소송법 :** 제9계명의 확대 적용으로서, 거짓 소문과 위증 금지, 원수의 재산 보호, 공평한 재판과 긍휼 정신 등이 제시되었다(출 23:1-9). 사법부는 그 나라 도덕과 정의의 척도尺度로서, 오직 최후의 심판자이신 하나님 앞에 진실과 공의로 판결하고 법 집행을 해야 한다.

⑩ **안식과 절기 관련법 :** 하나님과 이스라엘의 지속적 유대 관계를 목적으로 하는 각종 기념에 관한 법률로서, 안식년安息年, 안식일安息日, 유월절逾越節, 맥추절麥秋節, 수장절收藏節 등의 히브리 3대 절기節期에 관해 언급한다. 이 절기들은 습관적 행사로서가 아니라 베풀어 주신 하나님의 은혜를 기억하고 감사함으로써 하나님의 실존實存과 주권主權을 영속적永續的으로 인정하는 데 그 의의가 있다(출 23:10-19).

결론적으로 약속의 땅 가나안에 입국한 이스라엘의 삶이 어떠해야 함을 총괄적總括的으로 규정하는 부분으로 조건부 법률이라고 할 수 있다. 즉, 하나님은 순종, 성결, 봉사를 요구하시면서, 그 시행여부施行與否에 따라 보호와 인도, 보존과 승리, 복, 번영을 약속하셨다. 삶을 윤택하게 하는 유일한 핵심은 하나님의 말씀을 순종하는 것이다(삼상 15:22).

언약의 내용을 선포하신 하나님은 이제 그것을 근간으로 언약을 체결締結하셨다. 그 내용은 언약 체결자와 그 증인들, 준비, 내용 확인, 공식적인 체결 등으로 이루어져 있다. 이제 이스라엘은 공식적인 하나님의 백성이 되었으며, 오직 그분과의 관계성 속에 살아가게 되었다(출 24:1-11).

피로써 맺어진 이 시내 산 언약은 장차 예수께서 인류 구원을 위해 십자가 위에서 보혈寶血을 흘리심으로 체결하게 된 갈보리 언약을 예표한다(눅 22:14-30).

2. 성막의 제작 : 하나님께서 모세에게 지시

1) 성막의 식양(式樣)과 기구의 식양

(1) 성막 제작을 위한 예물

하나님과의 언약 체결에 따라 선민選民이 된 이스라엘은 이제 공적으로 하나님을 섬길 만한 장소가 필요했다. 하나님의 거룩한 일은 오직 하나님의 주도 하에 그분의 목적과 방법에 따라 준행해야 한다. 인간은 다만 그분의 신실한 청지기요 일꾼이어야 한다. 이에 따라 하나님께서는 모세에게 성막

聖幕 제작에 필요한 예물禮物의 종류부터 친히 가르쳐 주셨다(출 25:1-9).

이때를 위하여 이미 하나님께서는 출애굽 시 이스라엘 백성들에게 풍부한 물품을 허락하셨던 것이다(출 12:35, 36). 이는 하나님의 모든 일은 하나님의 계시 곧 말씀으로 시작된다는 사실과 하나님의 방법에 의해서만 시행되어져야 한다는 사실이다. 이 예물들 중에는 금은처럼 비싼 예물도 있고 가는 베실이나 염소 털처럼 싼 예물도 있었다.

따라서 백성들은 자신들의 형편에 따라 얼마든지 알맞게 하나님께 바칠 수 있었다. 이 예물은 백성들이 자원하여 내도록 했다. 우주 만물의 소유자 하나님께서 진정 원하시는 것은 결코 예물의 질이나 양이 아니다. 이는 하나님께서 헌물獻物이나 헌금獻金의 양보다 그것을 드리는 자의 정성을 보심을 나타낸다.

하나님께서 모세에게 성막 제작 방법을 일러 주시면서 오직 하나님이 모세에게 지시한 바 식양대로 지을 것을 명한다. 이는 언약의 외적 표시가 되도록 하시기 위하여 여호와께서 친히 거하실 성막聖幕을 세우라고 명령하신 것이다. 하나님께서 솔로몬을 통하여 성전聖殿을 짓게 하시되, 그 부친 다윗에게 일러 주신 바 설계와 식양대로 짓게 하신 것과도 깊은 연관이 있다.

하나님께서 모세와 다윗에게 보이신 것은 '하늘에 있는 것의 모형과 그림자'(히 8:5)이다. 즉, 이는 하나님이 성막, 성전을 통하여 나타내시고자 하시는 바 당신의 구속사적救贖史的 계획을 오직 당신의 방법대로 성취하실 것을 보여 주는 것이다.

성막은 자신을 낮춰 인간과 더불어 계셨으며 자신을 화목제물和睦祭物로 바쳐 하나님과 인간 사이를 좁히신 그리스도를 상징한다. '하늘에 있는 것의 모형과 그림자'인 성막 제도는 참 실체實體이신 그리스도께서(요 2:21; 계 21:22), 오실 때 궁극적으로 완성되어 종결終結된다(히 8:13).

즉, 성막을 통해 계시하고자 하셨던 하나님의 구속사적 계획은 그리스도의 초림初臨과 재림再臨으로 완전히 성취된다(히 9:23-28). 또한 구약 시대 이스라엘 백성들이 성막을 통해 하나님과 교제를 나누었다면 오늘날 교회는 그리스도를 통해 하나님과 신령神靈한 교제를 나눌 수 있게 된 것이다.

(2) 언약궤의 설계도

성막에서 가장 핵심부에 속하는 언약궤言約櫃의 식양이 제일 먼저 계시되었다(출 25:10-22). 이는 성막의 여러 모형模形 중 궤櫃의 모형이 가장 먼저 기록된 것은 성소聖所에서 이것이 가장 중요하게 취급되었기 때문이다. 특히 법궤法櫃에는 신정 국가神政國家로서의 근간이 되는 하나님의 언약의 징표徵表들이 보관되어 있기 때문에 그것은 가장 중요시될 수밖에 없었다.

또한 성막 설치에 있어서 무엇보다도 궤가 먼저 언급된 것은 자기 백성들 가운데 머무르기로 결심하신 위대한 왕, 여호와의 왕좌를 상징하기 때문이다(삼상 4:4; 삼하 6:2). 언약궤는 왕의 영광과 찬연한 번영을 상징하는 금으로 둘러졌다. 궤 위에 연결된 그룹의 날개와 궤 뚜껑이 만드는 속죄소, 곧 시은소施恩所, 시은좌施恩座는 하나님의 강림降臨의 장소로 언급되었다(레 16:2; 민 7:89).

궤櫃는 가로 112.5cm, 세로 67.5cm, 높이 67.5cm의 직사각형 상자로서(출 37:1-9), 법궤法櫃(레 16:2) 또는 언약궤言約櫃(민 10:33; 14:44; 신 31:9; 히 9:4), 증거궤證據櫃(출 25:22; 26:34; 40:21) 등으로도 불리었다. 이는 궤 안에 언약을 체결할 때 주어진 하나님의 공의公義의 법과 성품을 증거하는 십계명 두 돌판이 들어 있기 때문이다(출 25:16, 21; 34:28; 40:20).

궤를 만드는 조각목皂角木은 사막에서 자라는 아카시아 나무의 일종으로서 가볍고 견고하며 내구성耐久性이 강하다. 애굽에서 오래 생활했던 이스라엘 사람들은 유명한 애굽의 도금鍍金 기술을 배워 법궤의 안팎을 정교하게 도금할 수 있었을 것이다. 이는 법궤 속에 금보다 귀한 율법(시 19:10)이 들어 있음을 암시하는 교훈을 준다.

법궤에 고리를 달고 그것을 운반하기 위해서 채를 만들도록 한 것은 이동이나 운반 시運搬時에 성물聖物인 법궤의 어떤 부분이라도 손을 대지 못하게 하려는 목적 때문이었다. 이러한 구약 시대의 성물 존중尊重 사상은 곧 하나님의 거룩과 성결聖潔을 깨닫도록 하기 위해서였다(삼하 6:1-15)

법궤는 성막 제일 깊숙이 위치한 지성소至聖所에 있는데(레 4:7), 처음에는 십계명十誡命 두 돌판만 담았으나 후에는 하늘의 참 양식이 되시는 예수 그리스도를 상징하는 만나와 그리스도의 부활을 나타내는 아론의 싹난 지팡이도 함께 담았다(출 16:32; 민 17:10; 히 9:4). 이 모든 것은 무엇보다도 율법과 예언의 완성이신 예수 그리스도의 품성과 사역을 증거하고 예표하는 기능을 한다.

법궤와 법궤의 덮개인 속죄소贖罪所는 하나님의 임재臨在에 대한 가시적인 형상이며, 속죄의 은총과 하나님의 교제를 상징한다. 그룹은 하나님을 수행隨行하는 천사로서 하나님의 영광과 거룩을 선포하고 지킨다(겔 10:9). 이것은 속죄소贖罪所 위에서 인간과 만나시는 하나님의 거룩과 영광을 선포하고 지킨다는 의미가 있다.

속죄소贖罪所로 번역된 히브리어 'כַּפֹּרֶת 카포레트'는 '뚜껑', '덮개'라는 뜻이다. 따라서 일시적으로 속죄소는 가로 112.5cm, 세로 67.5cm의 법궤를 덮고 있는 뚜껑이다. 그러나 단어 속에는 속죄, 용서, 화목이라는 상징적인 뜻도 내포되어 있는 바 곧 속죄소는 인간의 죄를 용서해 주는 장소 혹은 화목의 자리를 가리키기도 한다(레 16:14-16). 대부분의 영어 성경은 이 단어를 '자비慈悲의 자리'(a mercy seat)라고 번역하고 있다.

이와 같이 속죄소는 하나님의 공의의 성품을 나타내는 십계명을 덮고 있으므로 그 위에서 인간과 하나님의 만남을 가능하게 한다(출 25:22). 이것은 속죄소가 예수 그리스도의 대속代贖 사역을 예표함을 의미한다. 즉, 예수 그리스도는 하나님의 공의의 심판을 친히 당하심으로 우리들로 하여금 담대히 하나님께 나아가 교제할 수 있도록 하신다.

(3) 진설병의 설계도

하나님의 임재 처소인 법궤에 이어 하나님을 경배하는 데 필요한 기구들이 명시되었다. 그중 진설병陳設餠 상床의 식양이 계시되었다(출 25:23-30; 레 24:5-8). 진설병 상은 하나님께 바치는 거룩한 떡을 진열해 놓은 곳으로 제사장은 매 안식일마다(레 24:8) 12개의 떡을 두 줄로 늘어놓아야만 했다.

손바닥 넓이 만한 턱(약 3 인치로 7.6cm 가량)은 진설병 상 4 면에 붙은 틀(frame)을 말한다. 이것은 떡이 지면으로 떨어지는 것을 방지해 주었는데 예표론적인 측면에서 볼 때 이것은 당신의 백성들을 보호하시는 그리스도의 보호하심을 나타낸다. 상床의 금고리 넷은 성물에 손을 직접 손을 댐이 없이 이동을 수월하게 하기 위한 것이다. 진설병 상 이외에도 이동용移動用 고리를 만든 것은 법궤, 분향단, 번제단 등이 있다.

대접은 진설병 상床에 떡을 진설陳設할 때 담는 그릇이며, 숟가락은 향香을 담아 놓는 데 쓰여졌으며(민 7:14), 병甁은 목이 좁고 긴 병을 가리킨다. 이것은 유향乳香을 담는 데 사용되었을 것이다(레 24:7). 잔盞은 여호와께 드리는 포도주를 붓기 위한 사발(RSV, bows with which to pour libations)을 가리킨다.

진설병陳設餠은 직역하면 '얼굴의 떡'이다. 즉, 하나님 면전(출 33:14, 15; 사 63:9)에 차려 놓은 떡이다. 이는 하나님이 음식물을 흠향歆饗하신다는 의미로서 하나님의 임재를 상징했다. 이러한 관습은 고대 이스라엘의 여러 성소에서도 행해졌다(삼상 21:5).

이 떡은 이스라엘의 열두 지파支派를 상징하는 것으로서 하나님이 이스라엘 백성들에게 축복 주심을 나타내며, 이는 하나님께서 12 지파를 똑같이 사랑하시며, 그들의 필요를 채워 주신다는 의미이다.

이스라엘 백성들이 땀 흘려 일한 첫 열매를 하나님께 드리겠다는 선언과 동시에 모든 열매는 오직 하나님께서 복을 주심으로 된 것임을 안다는 의미로, 끊이지 않고 드려졌다. 매 안식일마다 새것으로 바꾸어 놓았는데,

그 교체된 묵은 떡은 아론(제사장)과 그의 자손의 몫으로 돌려졌다. 이들은 그 떡을 성막 뜰의 거룩한 곳에서 먹었다(레 24:9).

또한 이곳에 진설된 떡은 많은 사람들의 풍성한 삶을 위해 친히 생명의 떡으로 하나님께 드려진 예수 그리스도를 예표한다(요 6:35-58). 왜냐하면 예수 그리스도는 제사장들인 우리 성도들이(벧전 2:5, 9) 하나님을 섬길 때 먹는 생명의 양식이기 때문이다. 실로 예수 그리스도는 생명의 떡으로서(요 6:35, 48, 58) 우리들에게 구원과 힘과 능력을 공급해 주시기 때문이다.

한편 이 진설병 상은 가로 90cm, 세로 45cm, 높이 67.5cm의 크기로서(출 37:10-16) 제사장이 매 안식일마다 새로운 떡으로 갈아 놓아야 했으나 신약 시대 이후로는 이렇게 할 필요가 없다. 그 이유는 실체이신 예수께서 친히 참 생명의 떡으로 오셔서 이 의식儀式을 완수하셨기 때문이다.

(4) 등잔대의 설계도

현재까지 이스라엘이 유다 종교의 상징물로 여겨지는 거룩한 등잔대燈盞臺의 식양에 대한 계시이다(출 25:31-40). 성소의 왼편에는 등잔대 곧 금촛대가 있었다. 촛대는 순금純金으로 만들었는데 밑판에 줄기가 있었으며, 그 줄기에는 여섯 가지가 있었다. 세 가지씩 좌우로 향하게 하여 총 일곱 가지의 촛대였다. 이 등잔대는 성소 남쪽에 위치했으며, 그 반대편에는 진설병 상이 위치했다.

각 가지 끝에는 잔과 꽃, 꽃받침을 한 덩어리로 연결했는데, 그 꽃의 형상은 살구꽃 형상이다. 살구꽃이란 히브리 어로 'שָׁקֵד 샤카드'로서 '깨우는 자' 또는 '지키는 자'를 의미한다. 히브리인들에게 있어 특히 이 꽃은 부활과 희망, 그리고 각성과 보호를 상징한다.

등잔대의 구성 형태는 다음과 같다. 밑판은 등잔대를 바로 고정시켜 주는 아래의 넓은 판을 말하며, 줄기는 양 옆의 세 가지들이 각각 붙어 있는 가운데 지주支柱를 가리키며, 잔은 꽃 모양으로 된 둥근 그릇(bowl)으로서

양 옆의 세 가지에 3 개씩 18 개, 중앙 가지에 4 개로 합이 22 개였다.

꽃받침은 잔의 꽃 부분을 받쳐 주는 밑줄기로 22 개였다. 꽃은 잔에 새겨진 모양으로 합이 22 개였다. 잔과 꽃, 꽃받침은 한 덩어리로 연결되었다. 불 집게는 등잔의 타 버린 심지를 자르는 데 사용되었으며, 불똥 그릇은 등잔대에서 다 탄 심지를 모아 담는 그릇이다.

등잔대는 궤櫃나 상床과는 달리 순금으로 만든다. 등잔대의 모든 기구를 순금으로 만들었다는 것은 '하나님의 진리'의 순수함과 고귀함을 의미한다. 또한 등잔대는 가까이 계시는 하나님, 백성 가운데서 행하시는 하나님을 상징하며, 항상 밝게 빛나는 일곱 등잔은 하나님의 임재의 영원성을 뜻한다.

등잔대는 휘장 앞에 있는 성소의 어둠을 제거하기 위한 것이다. 등잔의 빛은 이스라엘의 헌신된 삶 속에 반영된 여호와의 영광을 나타내 준다. 이스라엘의 임무는 이방인들에게 빛의 역할을 하는 것이다(사 60:3). 일곱이란 숫자는 항상 '완전'을 상징하므로, 후에 일곱 등잔은 하나님의 성령으로 묘사되었다(슥 4:1-6; 계 5:6). 그리고 빛은 생명과 승리의 상징으로 나타나고 있다(시 27:1).

이 등잔대는 일곱 개의 가지로 구성되어 밤에 등잔의 불을 켜 성소 안을 저녁부터 아침까지 밝게 했으며, 제사장이 야간 봉사 시에 원활히 활동할 수 있도록 만들어졌다(출 27:21; 레 24:3). 따라서 제사장은 매일 저녁에 불을 켜고 아침에 등불을 껐다. 여기서 이 등불은 어둔 세상에 참 빛으로 오셔서 어그러진 영혼들을 진리로 이끄시는 예수 그리스도의 빛된 사역을 예표한다(요 1:9).

(5) 성막 보호막인 휘장

성막은 궤와 속죄소를 덮고 있는 천막으로서, 그 내부는 아름다운 천으로 장식된다(출 26:1-14). 그리고 성막 외부의 덮개는 이중으로 되어 있는데, 안쪽은 붉게 물들인 수양 가죽으로 바깥쪽은 해달의 가죽으로 만들었다. 성막 또한 궤나 속죄소처럼 운반하기 쉽게 만들었다.

그래서 펴고 접기에 편리하였다. 성막이 이동하기에 용이하게 만들었다는 것은 하나님의 임재臨在가 항상 움직이고 있다는 사실을 상징한다. 곧 하나님의 임재는 고정되어 있을 수 없으며, 항상 이스라엘 백성과 더불어 능동적으로 역사役事하시고 있는 것이다.

성막의 휘장揮帳을 이루는 부속물은 다음과 같다. 네 겹의 막 중 제일 안쪽의 막幕, 제1 휘장은 매 폭의 길이가 약 12.6m, 넓이가 약 1.8m인 휘장을 다섯 폭씩 두 개를 연결시켜 열 폭의 거대한 휘장으로 만들어진 제일 안쪽의 휘장은 전체 길이가 12.6m이고 넓이가 18m이다. 이것은 길이 부분이 양 옆으로 향하고 넓이 부분이 앞뒤 방향으로 향하도록 성소聖所와 지성소至聖所 위에 덮여졌다.

청색 고는 청색 실로 만들어진 '둥근 고리'(loop)를 가리킨다. 이 고리에 갈고리가 끼워져 다른 쪽과 연결된다. 금갈고리는 가장 안쪽의 막 곧 제 휘장은 모두 열 폭으로 구성되어 있었고 이 열 폭은 다시 다섯 폭씩 이등분되어 있다. 금 갈고리는 이처럼 이등분 된 휘장을 하나의 커다란 막으로 연결시키기 위해 필요한 것이다.

제일 안쪽의 막 곧 제1 휘장을 덮기 위한 두 번째 막 곧 제2 휘장은 가로가 13.5m, 세로가 1.8m인 휘장 폭을 각각 여섯 폭, 다섯 폭으로 만든 다음 이것들을 고와 갈고리로 한데 모은 것이다. 이 휘장은 첫 번째 휘장보다, 전체 길이는 2 규빗, 즉 90cm가 더 크고, 넓이는 4 규빗 곧 1.8m가 더 넓었다. 왜냐하면 제2 휘장은 제1 휘장을 완전히 덮어 보호하기에 부족함이 없어야 했기 때문이다.

제2 휘장은 통상 유목민들이 천막의 재료로 사용한 염소 털로 제1 휘장과는 달리 미적美的인 면보다 실용적인 면 곧 성막을 습기나 비바람으로부터 보호하기 위해 만들어진 것 같다. 놋 갈고리는 제1 휘장의 경우와 같이 둘로 구성된 휘장을 하나의 커다란 휘장으로 연결시키기 위해 필요한 것이었다.

다만 제1휘장의 경우에는 금이 사용되었으나 제2휘장의 경우에는 놋이 사용되었다. 제3휘장은 붉은 물들인 수양의 가죽으로 사용되었으며, 제4휘장은 해달의 가죽으로 사용되었다.

성막은 하나님의 임재를 상징하며(출 40:34), 동시에 성육신成肉身하신 임마누엘 하나님이시며, 참 성전聖殿으로서의 예수 그리스도의 모형과 예표이다. 그중에서 성막 덮개는 성물들을 외부의 각종 피해로부터 안전히 보호하는 역할을 하는 것으로서 4겹으로 되어 있다.

성막을 덮는 막 곧 휘장은 크게 네 부분으로 나뉜다. 첫째 부분은 성소와 지성소를 제일 안쪽에서 덮는 휘장을 다루고 있고, 둘째 부분은 그 위에 덮는 휘장을, 셋째 부분은 수양 가죽 덮개를, 넷째 부분은 해달 가죽 덮개를 각각 다루고 있다.

*** 각 휘장의 의미**

첫 번째 휘장은 가늘게 꼰 베실과 청색, 자색, 홍색 실로 그룹을 정교하게 수繡를 놓아 만든 것으로서 인성人性과 신성神性이 아름답게 조화를 이룬 완전한 하나님이시자 완전한 인자人子이신 그리스도의 모습을 나타낸다(요 1:18).

둘째 휘장은 하얀 염소 털로 만든 것으로서 대속代贖의 제물로 희생당하실 그리스도의 순결한 모습을 상징한다.

셋째 휘장은 붉은 물들인 수양 가죽으로 만든 것으로서 피 흘려 죽으실 그리스도를 예표한다. 예수 그리스도는 하나님의 어린양으로서(출 12:1-7; 계 5:6) 우리들을 위해 피 흘려 죽으셨다. 즉, 이 피는 우리들의 죄를 속죄贖罪하기 위해 흘리신 것이다(레 17:11, 14; 엡 1:7).

넷째 휘장은 거무스름한 해달 가죽으로 만든 것으로서 환경과 외부의 풍파에 아랑곳없이 강인하고 견고하게 진리를 전파하실 그리스도의 모습을 예표한다. 해달 가죽은 광야의 폭풍과 비, 우박 등을 막기 위해 사용되어졌다.

(6) 성막의 뼈대인 널판 설계도

성막을 고정시키는 널판과 그 아래 놓을 은 받침, 그리고 널판들을 연결하는 띠는 영적으로 험한 세파로부터 성도들의 안전과 신앙 공동체의 결속을 온전히 보존해 주시는 예수 그리스도의 돌보시는 은총을 예시한다(출 26:15-30; 요 14:27; 16:33).

성막은 먼저 은 받침 위에 널판이 세워지고 그 위에 휘장이 드리워짐으로써 형성되어진다. 널판의 규격은 길이가 4.56m, 넓이가 68.4cm로서 도합 48 개가 필요했다. 또한 각 널판은 법궤처럼 조각목으로 만들어져 그 위에 순금으로 덧입혀졌다.

이 널판은 두 촉鏃(tenon)에 의해 각각 두 은 받침에 견고하게 꽂혀 있었는데, 촉鏃은 각 널판의 아래에 뾰족하게 나온 것으로서 은 받침과 함께 요철凹凸을 이루어 널판을 견고하게 고정하는 역할을 했다.

성막의 전체 윤곽을 조성하는 48 개의 널판은 각종 자연의 변화에 성막의 무너짐을 방지하고 그 완전한 모양을 지속적으로 유지하는 역할을 한다. 성막을 지탱해 주는 골격은 48 개의 널빤지로 구성되어 있는데, 이 널빤지는 56 개의 은 받침대로 세웠으며 고리를 끼워 넣은 15 개의 띠로 단단히 연결되었다.

이 널판의 역할은 무엇보다도 비바람에 성막이 흔들리지 않도록 고정시켜 주는 것이다. 이것은 마치 하나님의 은혜가 성도들을 거친 세상 가운데서도 미혹에 빠지지 않도록 붙들어 주는 것과 같다. 여기서 널판을 떠받치는 은 받침은 인류를 위해 대속물이 된 그리스도께서 교회의 주춧돌이 되는 것을 상징한다.

띠는 성경에서 결합해 주는 역할을 하는 것으로 상징된다(골 3:14). 따라서 이것은 신약의 입장에서 볼 때 하나님의 성전을 구성하는(엡 1:21, 22; 벧전 2:5) 성도들을 온전하게 매어 주는 예수 그리스도의 역사役使를 상징한다.

(7) 성막 출입구에 드리워진 두 휘장

휘장은 성소에서 두 군데 사용되었는데 그 한 군데는 지성소와 성소를 구분하는 곳이며, 다른 한 군데는 성소의 문을 가리는 곳이다(출 26:31-37). 이 휘장들은 성소 내의 기둥들에 걸쳐 있었다. 그리고 휘장은 갈고리 아래 드리우게 되어 있어서 쉽게 부착할 수 있었다.

성소 휘장과 지성소 휘장과 구별되는 점은 다음과 같다. 첫째, 지성소 휘장에는 그룹이 수놓아져 있으나 성소 휘장은 재료는 같을 뿐 그룹은 수놓아져 있지 않다. 둘째, 지성소 휘장은 네 개의 기둥에 드리워져 있으나 성소 휘장은 다섯 개의 기둥에 드리워져 있다. 셋째, 지성소의 기둥 받침은 은으로 되어 있으나 성소의 기둥 받침은 놋으로 되어 있다.

성소와 지성소 사이에는 조각목皂角木으로 만든 기둥 넷이 있었는데 바로 이 기둥들에 여러 색깔로 그룹들을 정교하게 수놓은 휘장이 내리 걸려 있었다. 이 휘장을 지성소 휘장이라 하는데 이 휘장 안쪽에는 법궤가 안치되어 있었다(출 40:21). 또한 이 지성소 휘장은 항상 드리워져 있었으며 대제사장을 제외하고는 아무도 이 휘장 안으로 들어갈 수 없었다.

그러나 대제사장일지라도 오직 일 년에 한 번 속죄일贖罪日(7월 10일)에만 속죄의 피를 가지고서 들어갈 수 있었다. 성소에는 제사장이 매일, 그리고 안식일마다, 제사를 드릴 때(출 27:21; 30:7; 레 4:7; 24:3, 8) 들어갔으나 지성소에는 일 년에 한 번 들어갔다(출 30:10; 레 16:2, 34; 히 9:7).

이것은 성소와 지성소의 거룩함의 차이 때문이었다. 성소에는 제사장들이 봉사하는 예물과 기구가 있었으나 지성소에는 하나님의 임재하심을 상징하는 언약궤가 놓여 있었다(출 25:22; 레 16:2). 따라서 하나님께서는 성소와 지성소를 그룹이 수놓은 휘장으로 구별하라고 말씀하셨던 것이다.

이 휘장은 죄인인 인간들이 거룩하신 하나님께 쉽게 접근하는 것을 방지하기 위해 드리워졌다. 그러나 이는 그리스도께서 십자가의 사역使役을 완성하심에 따라 둘로 찢어지는데, 이것은 그리스도의 피로 인하여 하나님과 죄인 사이에 완전한 화해가 이루어진 것을 의미한다(고후 5:14-19).

그러므로 이 휘장은 예수 그리스도의 육체를 상징하는데 이것은 예수 그리스도께서 십자가에서 돌아가실 때 그 휘장이 완전히 찢어진 것으로 보아 분명히 알 수 있다(마 27:51; 히 10:20). 실로 그리스도께서는 당신이 직접 죽으심으로써 인간이 하나님께 나아갈 수 있는 길을 열어 놓으셨던 것이다(엡 2:11-18).

(8) 번제단의 설계도

성막 외부 곧 성막 뜰에 배치될 각종 기물器物들의 식양式樣이 계시되었다. 제물을 태워 하나님께 드리는 번제단燔祭壇 곧 놋 단은 제사 예배의 핵심 되는 도구이다(출 27:1-8). 이 번제단은 인간의 속죄를 위해 인간을 대신한 제물을 불태우는 장소였다. 이처럼 희생제를 드리지 않고는 아무도 하나님 앞에 나아갈 수 없었다.

이 단壇은 제물을 태워 드리는 단이기 때문에 번제단으로 불리기도 하고, 놋으로 만들어졌기 때문에 놋단으로 불리기도 했다. 이 단은 하나님께 예물을 드리는 곳으로서 하나님의 제물이 상달上達되어지는 곳을 가리키며 이 단 위에서 태워지는 예물은 예표론적豫表論的인 의미에서 볼 때 심판을 대신 당하실 그리스도를 상징한다.

실로 예수 그리스도는 하나님의 아들로서 우리를 위하여 심판을 당하사(마 27:46) 우리들로 하여금 하나님께 나아갈 수 있는 길을 열어 놓으셨다.

번제燔祭는 하나님께 드리던 제사의 한 형식으로 제물을 불에 태워서 드린다. 번제단은 운반하기 쉽도록 조각목으로 만들어 그 위에 놋을 입혔다. 크기는 길이 2.3m, 넓이는 2.3m, 높이는 1.4m이며, 성막 뜰로 나가는 입구入口 맨 앞에 놓였다.

재를 담은 통桶·부삽·대야·고기 갈고리·불 옮기는 그릇 등은 제단 위에서 제사를 드릴 때 사용되는 기구들이다. 이 기구들은 모두 놋 제품이다. 대야는 희생제물에서 흘러나오는 피를 받는 것이고, 고기 갈고리는 제물을 제단 위에 진열하는 데 쓰였다(삼상 2:13). 불 옮기는 그릇은 번제단에서 분향단으로 옮기는 데 사용했다(출 25:38; 37:23; 레 10:1; 16:12; 민 4:14).

놋고리 네 개는 그물과 번제단의 틀을 이어 주는 역할을 하고, 놋 그물(철망)은 번제단 틀의 중간쯤 위치했는데 이것은 제물을 용이하게 태우는 효과와 타고 남은 재가 잘 빠지는 효과가 있다. 채는 성물聖物에 직접 손을 대지 않기 위해, 또한 운반을 용이하게 할 수 있도록 하기 위해 기구의 양 옆으로 길게 댄 막대기이다.

네 모퉁이 위의 뿔은 희생제물을 제단에 붙들어 매기 위한 것이다(시 118:27). 이 뿔은 '도움'과 '도피처逃避處'를 상징하고(왕상 1:50; 2:28; 시 18:2), '제단의 속죄 능력'을 상징한다. 왜냐하면 속죄제로 드리는 희생 제물의 피를 이 뿔에 발랐기 때문이다(출 29:12; 레 4:7, 18, 25, 30, 34; 8:15; 9:9; 겔 43:20). 또한 이것은 권위와 능력의 상징이기도 했다(암 3:14).

요약하면 번제단은 인류의 영원한 대속 제물代贖祭物로서, '흠 없는 자신을 하나님께 드린 그리스도'(히 9:4)로서, 하나님께 피 흘려 바쳐졌던 갈보리의 십자가를 예표하며, 제단 위의 뿔은 그리스도의 보혈寶血로 말미암아 죄인이 구원 받게 된다는 사실과 죄에 대한 심판의 위엄威嚴을 상징한다(시 18:2; 겔 29:1; 눅 1:69; 계 9:3).

(9) 성막 울타리의 설계도

성막을 두르고 있는 성막 뜰과 그 뜰의 외곽을 구분하는 울타리는 남북이 각각 45m, 동서가 각각 22.5m 길이로, 높이가 2.3m인 포장으로 사면이 둘러 싸여 있다(출 27:9-19). 성막 본체와 성막 앞의 뜰은 성막 울타리에 의해 이루어졌다. 이 성막 울타리는 커다란 직사각형의 형태를 이루고 있다.

예루살렘 성전에 있어서 거룩한 영역을 싸고 있는 석조 담장과 비교해 볼 때, 여기 광야의 성막에 있어서는 기둥을 세워 설치하는 휘장의 형태로 나타난다.

성막 뜰은, 여호와께서 비록 일시적이긴 하지만 잠시 거주하시기로 선택하신 유일무이한 장소이다. 이 장소는 하나님이 회중들을 초청하시는 곳이다. 곧 백성들의 회집會集 장소를 가리킨다. 성막 뜰의 기구는 금이 아닌 은과 놋으로 만들어졌다. 이것은 성막 뜰의 기능을 잘 설명해 준다.

다시 말해서 성소와 지성소는 제사장과 대제사장만이 들어갈 수 있었으나, 성막의 뜰에는 이스라엘 백성이면 누구나 들어갈 수 있었다. 그리고 번제단 위의 희생 제사를 통하여 백성들은 누구나 하나님께 나아갈 수 있게 된다. 따라서 이 성막 뜰은 구원의 장소, 생명의 장소를 상징한다.

동쪽에는 안팎을 완전히 차단하지 않고 성막 밖의 사람이 안으로 들어갈 수 있도록 약 9m(20규 빗) 넓이의 출구(문)이 하나로 되었다. 여기에도 값비싼 재료로 수놓아 짠 휘장이 걸리게 한다. 이 성막 뜰의 문은 성문 밖에 있는 인간이 하나님께서 계신 거룩한 곳 곧 성막 안으로 들어갈 수 있는 길이었다.

하나님은 자신과 백성 간의 관계를 이 문을 통해서만 지속하셨는데, 이것은 신약 시대에 이르러 마치 죄로 더럽혀진 우리 인간들이 하나님께 나아가는 길이 오직 유일한 길과 진리이신 예수 그리스도를 통하는 길밖에 없음과 같다(요 10:9; 행 4:12).

성막의 뜰 안에는 우선 번제단이 중앙에 놓여 있고, 성막 가까이 남서쪽 방향에는 물두멍이 있다. 성막과 그 앞의 뜰 자체는 울타리에 의해 외부와 분리되어 있다.

이것은 세상과 거룩하신 하나님과의 분리 곧 세상과 교회와의 분리를 상징한다. 그러나 성막 주위가 비록 포장으로 둘러쳐져 있었지만, 제물을 가지고 번제단에 나아가는 자에게는 항상 열려 있었다. 이와 마찬가지로 교회도 언제나 죄인을 향하여 열려 있어야 한다(마 11:28).

(10) 등불에 관련된 계시

성막 내부를 밝히는 등잔대의 연료와 그 사용 방법을 계시하였다(출

27:30, 31). 여기에 사용되는 연료는 관유灌油와 같이 여러 향을 조제한 향유가 아니라 감람 열매로 만든 순수하고 정한 기름이었다(출 30:23-25). 감람으로 찧어 낸 순결한 기름이란 덜 익은 올리브 열매를 으깨어서 채취한 기름을 말한다.

이 기름을 태워서 생기는 불빛은 맑고 투명했으며, 그을음이 없이 밝고 선명하였다. 회막 안에는 항상 이 기름을 사용하여 등불을 밝혀야 한다.

그런데 여기에서 항상이란 밤낮으로 계속 등불을 켜라는 뜻이 아니라 매일 저녁에 규칙적으로 켜서 아침에 끄는 정시적定時的인 시간을 의미한다(출 30:7, 8; 삼상 3:3). 그리고 제사장은 항상 등불을 잘 살피고, 때를 맞추어 등불을 켜고 꺼야 한다.

하나님께서는 이 등불로 성막을 계속 환하게 밝힐 것을 명하심으로, 인류의 어둔 죄악 세상을 밝히기 위해 자신의 온몸을 불사르고, 스스로를 희생시켜 온 인류에게 빛을 주시는 예수 그리스도의 순결한 품격品格과 사역使役을 예표하게 하셨다(요 1:14).

2) 제사장의 위임식과 제사의 규례

(1) 대제사장의 성의(聖衣)에 관한 계시

여호와는 현존現存해 계시며 이스라엘은 하나님의 임재에 항상 응답應答하면서 살아가야 한다. 제사장의 옷은 두 가지 사실을 상징한다(출 28장). 하나는 제사장 직분의 권위를 상징하며, 다른 하나는 그 권위의 원천源泉에 대한 제사장 직분의 끊임없는 순종을 상징한다. 하나님께서 모세와 아론과 아론의 아들들을 가까이 오게 하셨다.

그리고 마지막 부분에서, 하나님은 모세로 하여금 각 제사장마다 옷을 입히고 기름을 부어 위임식을 행하여, 제사장 직분을 감당하도록 하셨다(출 28:1, 41). 제사장은 성막의 제사 제도에서 꼭 필요한 사람이기 때문에 중요한 위치를 차지한다. 이 두 곳 사이에는 신성한 제사장 옷에 관한 기록이 나와 있다.

대제사장의 옷은 크게 일곱 가지로 구분되며 제사장의 옷은 세 가지로 나뉘나 제사장의 옷은 의미 면에서 모두 대제사장의 옷에 준準한다. 대제사장의 옷은 크게 흉패胸牌, 에봇, 에봇 받침 겉옷, 속옷, 띠, 관冠, 성패聖牌 등으로 구성된다. 이것은 각각 그 형태와 의미에 있어서 예수 그리스도의 인격과 사역을 예표한다.

옷은 신체를 보호할 목적으로 착용하는 것이 일반적이나 또 한편으로는 생활의 성결을 상징하기도 한다(유 1:23; 계 3:18; 19:8). 아론과 그의 아들들이 입는 제사장 의복으로는 특별한 옷을 입어야 하는데 이것은 그들이 하나님을 섬기는 자들이기 때문이다.

아론의 아들들은 아론과 같이 화려한 옷을 입지 않고 단순한 복장을 취했다(출 29:40-43). 이것은 아론과 그의 아들들의 직능職能의 차이差異 때문인 것 같은데, 이는 신약 시대에 영적 대제사장이신 예수 그리스도와 제사장인 우리들과의 차이와도 같다.

우리들은 예수님 안에서 하나님을 섬기나 예수님은 친히 우리를 위해 하나님을 섬기신다. 마찬가지로 제사장들은 대제사장 아래에서 하나님을 섬기나, 대제사장은 친히 하나님께 나아가 섬긴다.

제사장인 그들은 특히 사역使役 면에서 예수 그리스도의 중보仲保 사역使役을 예표하는 자들로서 그들이 입는 옷도 또한 예수 그리스도의 인격과 성품을 예표했다. 제사장의 옷은 특별히 일곱 가지로 구성되어 있는데 각기 특별한 상징적 의미를 지니고 있다.

① 흉패(胸牌) : 네모 반듯하며 제사장이 입는 에봇 앞가슴에 달았다. 이 안에는 이스라엘의 열 두 지파를 상징하는 12 보석(홍보석紅寶石, 황옥黃玉, 녹주옥綠珠玉, 석류석石榴石, 남보석藍寶石, 홍마노紅瑪瑙, 호박琥珀, 백마노白瑪瑙, 자수정紫水晶, 녹보석綠寶石, 호마노縞瑪瑙, 벽옥碧玉)과 우림과 둠밈이 들어 있었다.

우림과 둠밈의 모양과 재료에 대해서는 성경상에 기록되지 않았기 때문에 확실하지 않다. 아마 매끈한 돌이나 혹은 금속으로 만든 주사위 모양 같았던 듯하다. 여하튼 그것의 용도는 명확하다. 즉, 그것은 구약 시대 초창기에 하나님께서 당신의 뜻을 나타내는 일종의 제비 도구로 사용되었다(삼상 28:6).

따라서 이것들은 대제사장의 흉패 안에 넣어져 보관되다가 국가의 중대사 重大事를 결정지을 때에 제비뽑는 형식으로 뽑아 문제를 판결짓는 역할을 하였던 것이다.

한편 **אוּרִים** 우림은 히브리 어 '**אוּר**우르'의 복수형으로 '빛들'이란 뜻이며, 둠밈(**תֻּמִּים** 투밈)은 히브리 어 '**תֹּם**톰'의 복수형으로 '완전'(무죄, 공의)이란 뜻이다. 따라서 우림과 둠밈이란 말 자체가 가지고 있는 의미는, 이스라엘을 빛 가운데서 완전하고 공의롭게 인도하시는 하나님의 판결을 따라 백성들이 빛과 완전함(공의) 가운데서 올바르게 살아가야 한다는 의미이다.

바로 이러한 의미를 두 개의 모양으로 형상화시킨 것이 우림과 둠밈이다. 이스라엘 백성들은 하나님의 뜻을 묻기 위해서 우림과 둠밈이 들어 있는 에봇을 입은 제사장에게로 나아왔다(삼상 23:6-8; 28:3). 여기서 이 흉패는 택한 백성을 일일이 기억하시고 또한 사랑으로 품어 주시는 주님의 사랑과 보호를 상징한다.

② **에봇**: 이 옷은 금실과 청실, 자색, 홍색실, 가늘게 꼰 베실로 만들어졌는데 제사장이 제일 겉에 입는 옷이다. 이 옷은 예수 그리스도의 영광과 아름다우심을 상징한다(마 3:17; 17:5). 견대肩帶는 가슴 쪽과 등 쪽으로 나뉘어진 에봇을 하나로 연결시키는 멜빵과 같은 역할을 한다. 에봇 위에 매는 띠는 에봇을 제사장 몸에 단단히 밀착시키는 용도로 쓰여졌다.

에봇(**אֵפֹד** 에포드)이란 말은 본래 '제복' 또는 '옷'을 의미한 듯하다. 에봇은 소매(sleeve) 없는 긴 조끼 모양으로 생겼다. 에봇 제조에 사용된 다섯 가지 색깔은 금색, 청색, 자색, 홍색, 흰색인데 금색은 영광과 존귀를, 청색은 자비와 사랑을, 자색은 권위와 위엄을, 홍색은 희생과 속죄를, 베실 곧 흰색은 순결과 순수를 각기 상징하는 색깔로서 모두 그리스도의 인격과 사역을 반영하고 있다.

③ **겉옷** : 이 옷은 대제사장이 에봇 안쪽에 입는 무릎 아래까지 내려오는 에봇을 바쳐 주는 옷이라는 점에서 에봇 받침 겉옷이라 불렸다. 이 옷은 청색으로 만들어졌는데 곧 그리스도의 '하늘의 신성神聖'을 상징한다.

하단부에는 석류 자수와 금 방울이 교대로 부착되어 있다. 금 방울이 상징하는 견해는 여러 가지가 있지만, 경건한 행동과 엄숙한 마음 자세를 갖기 위하는(제사 집전 시執典時 제사장이 어떤 행동을 취할 때마다 방울 소리가 울리게 되므로 보다 신중한 태도를 갖게 해 주었을 것이다.), 의미가 가장 타당할 것이다.

④ **반포(斑布) 속옷** : 하얀 베실로 만든 것으로 겉옷 안쪽에 입었다. 그러나 이 옷은 오늘날의 속옷과 같이 제일 안쪽에 입는 옷을 말하지 않고 평상시平常時 입는 겉옷(כְּתֹנֶת 케토네트)을 말한다. 이런 면에서 볼 때 겉옷은 에봇을 받쳐 준다는 특징이 있고, 속옷은 일반적인 겉옷 곧 바깥에서 보이지 않는 옷이라는 데 그 특징이 있다. 이것은 예수 그리스도의 순결한 인성人性을 상징한다.

⑤ **관(冠)** : 이것은 하얀 베실로 만들어진 것으로 원추형圓錐形 모양을 하고 있다. 이 관은 하나님 앞에 머리를 감추는 것으로서(고전 11:3, 10) 제사장들이 하나님의 말씀에 그대로 순종한다는 것을 나타낸다. 따라서 이것은 하나님의 권위에 즐겨 순종하시는 그리스도의 모습을 연상시킨다(요 5:19; 7:16; 8:28; 고전 11:3).

⑥ **띠** : 이것은 대제사장이나 제사장이 허리에 두르는 끈으로서 옷이 내려오거나 흐트러지지 않도록 고정시키는 역할을 한다. 이것은 예수 그리스도의 종으로서의 겸손과 사랑의 실천을 예표한다(요 13:4-5).

⑦ **성패(聖牌)** : 제사장이 머리에 쓰는 관에 매는 패牌로서 '여호와께 성결聖潔'이라는 글자가 쓰여졌다. 성패는 순금으로 만들어진 것으로서 대제사

장의 관에 붙여 매어졌다. 이와 같이 성패가 관에 매여 아론의 이마에 있게 한 것은 그것이 대제사장 및 제사장이 드리는 성물聖物의 거룩과 성결을 보존하도록 하기 위해서이다. 이는 하나님께서 대제사장의 성결을 보증하신다는 의미이다.

즉, 성패에 '여호와께 성결'이라는 말을 기록함으로써 대제사장이 드리는 성물을 여호와께서 받으시도록 했다. 왜냐하면 모든 성물 곧 하나님께 드리는 동물이나 곡물은 아담의 죄로 말미암아 인류와 함께 죄로 오염汚染되었기 때문이다. 따라서 그 자체는 하나님께 받아들여질 수 없는 것이었다.

그러므로 아론은 '여호와께 성결'이라는 글자가 쓰여 있는 성패를 관에 달고 성물의 죄와 허물을 담당해야만 했다. 성물의 죄와 허물은 인간의 죄를 속贖하기 위하여 인간의 죄를 전가轉嫁 받아 여호와께 드려지는 동물이나 곡물의 죄와 허물을 가리킨다. 아론이 이 성물의 죄와 허물을 담당해도 죽지 않는 것은 '여호와께 성결'이란 글자가 쓰여 있는 성패가 있었기 때문이었다.

이 성패聖牌는 우리들의 죄악을 담당하시기 위하여 자신을 거룩하게 하신 예수 그리스도의 거룩성을 예표한다(요 17:19). 또한 이것은 예수 그리스도가 순결한 자로서 하나님께 받아들여짐을 뜻한다. 실로 예수 그리스도께서는 죄를 알지도 못하신 자로서(고후 5:21) 우리를 대신해 하나님께 나아가(히 9:11-12, 24) 속죄하셨다.

(2) 제사장의 위임에 관한 규례

아론과 그의 아들들의 제사장직 위임에 대한 규례이다(출 29장). 제사장들이 성소에서 직무를 수행할 수 있도록 하기 위하여는 반드시 거쳐야 할 의식儀式이 있었다. 즉, 성직 수행을 위해 세속의 영역으로부터 거룩의 영역으로 옮겨 놓은 일이었다.

제사장 직분의 위임식은 하나님을 경배하는 장소에서 절차에 따라 거룩하게 진행된다. 이런 의식을 진행하는 이유는 제사장들로 하여금 백성들을 대표하여 기름 부음을 받아, 백성들을 대신하여 하나님 앞에서 예배의 직무를 감당하기 위해서이다.

먼저 아론과 그 아들들의 몸을 깨끗이 한 다음 예복을 입고, 희생제물을 갖추어 위임식을 준비한다. 제사장 직분을 수행하기 위해서는 제사장들부터 먼저 성결하게 되어야 한다. 그러므로 제사장들의 죄를 수송아지에게 전가轉嫁시키는 속죄 제사를 거행擧行한다.

그리고 숫양 하나를 취하여 그들을 대신하여 번제단 위에 사름으로써, 여호와께 완전한 헌신을 상징하는 화제 제사를 거행한다. 또한 다른 숫양 하나를 취하여 그 피를 그들에게 바르는데, 이는 제사장 직분에 대하여 완전한 복종을 상징한다.

그 다음, 무교병無酵餠 한 덩이와 기름 바른 과자와 전병煎餠으로 요제搖祭를 삼고, 이것을 번제물 위에다 불사른다. 이것은 제사장 직분이 근면하게 수행되어야 하며, 제사장의 처신이 올바르게 돼야 함을 상징한다.

한편, 다른 숫양의 나머지 부분을 위임식 숫양이라고 하는데, 이 부분은 위아래로, 앞뒤로 흔드는 요제搖祭를 드리고, 위로 높이 드는 거제물擧祭物로 삼아, 그 고기를 삶은 다음 속죄물贖罪物로서 제사장들만 먹는다. 이렇게 함으로써 제사장들은 하나님 앞에 온전하게 거룩하게 구별되어, 제사장 직분을 온전히 수행할 수 있게 된다(출 29:1-34).

제사장 직분의 위임식은 7 일 동안 계속되는데, 이 7 일 동안은 하나님의 임재臨在와 더불어 계속 진행된다. 따라서 모든 의식儀式 절차는 하나님 앞에서 깨끗하고 거룩하게 준비되고, 진행되어야 한다(출 29:35-37).

회막문에서 번제와 소제와 포도주, 또는 독주毒酒를 붓는 전제奠祭를 날마다 드리는 것은, 하나님이 주신 은혜에 대한 감사의 표시이다. 하나님께서 백성들과 회막문에서 만나심으로써 백성들의 부정한 것이 거룩하게 되고 깨끗하고 거룩하게 된 그곳에 하나님이 거주하시게 된다는 것을 의미한다(출 29:38-44).

회막은 하나님이 택한 백성들과 함께 계심을 구체적으로 증거해 준다. 언약에 기초하사 이스라엘을 해방시켜 주신 그 하나님은, 지금 그들과 함께 거하시고 있다. 그러므로 하나님의 임재는 백성들로 하여금 하나님이 어떤 분이시며, 무슨 일을 하셨는가를 기억나게 해 줄 것이다(출 29:45, 46).

아론과 그의 아들들은 백성들 사이에서 제사장 직분을 수행하기에 앞서 제사장 직분을 위한 위임을 받아야 했는데, 실제 이 위임식은 후에 성막이 세워지고(출 40:17), 제사 규례가 주어진 다음(레 1-7장) 실행되어졌다(레 8:1-36). 이것은 출애굽한 지 약 1 년이 지나서의 일이었다(출 40:17; 민 10:11).

제사장의 위임식은 크게 5 부분으로 나뉘어졌다. 첫째 부분은 아론과 그 아들들이 옷을 입는 부분이며, 둘째 부분은 그들이 속죄 제사를 드리는 부분이고, 셋째 부분은 번제를 드리는 부분이고, 넷째 부분은 화목제와 소제素祭를 드리는 부분이고, 다섯째 부분은 매일 드리는 상번제常燔祭를 드리는 부분이다(출 29:1-46).

이 중 아론과 그의 아들들에게 먼저 옷을 입히는 것은 그들을 거룩하게 분별해 놓은 것을 의미하며, 속죄제는 구별해 놓은 그들의 죄를 속贖하는 것을, 번제는 죄가 속해진 그들의 온전한 헌신을, 화목제와 소제는 하나님과의 화목과 하나님께 대한 충성을 맹세하는 것을 각각 의미한다.

안수는 구약에서부터 신약에 이르기까지 다양하게 사용되었다. 이것은 형태상으로는 이미 족장 시대에서부터 사용되어지고 있었다. 족장 시대에는 족장들이 머리에 손을 대고 자기가 원하는 자에게 축복을 내렸던 것이다(창 48:13, 14, 17-19). 초대 교회 당시 히브리서 기자는 이것이 중요한 교회 규범規範 중의 하나임을 밝혔다(행 6:1-6; 히 6:1, 2).

***안수에 대한 간략한 고찰**

① **의미 :** 안수는 자신이 가진 그 무엇을 다른 사람에게 전가轉嫁시키는데 그 의미가 있다. 즉, 안수 행위는 그 자신의 내적인 것을 다른 사람 또는 다른 동물에게 전가시켜 그 자신과 그 안수를 받는 자가 동일시되게 하

는 것이다.

② **형태** : 일반적으로 손을 그 안수 받는 사람의 머리에 얹어 행하는 것이 보통이다. 한편 이 안수는 안찰按擦(왕하 13:16)과 유사하나 안수가 머리 위에 손을 얹는 것임에 반해 안찰은 몸의 어느 부위部位에 손을 얹어 가볍게 어루만지는 것이라는 데 차이점이 있다.

③ **실례(實例)** : 안수의 실례는 구약과 신약에 많이 나타난다.

첫째, 구약의 제사법에서 많이 나타난다. 구약 시대 제사를 드리는 자는 자신의 손을 대신 희생당할 동물에게 얹었는데 이것은 그 자신의 죄악된 모든 것을 그 동물에게 떠넘긴다는 상징적 행위였다(출 29:15, 19; 레 1:4; 4:4; 8:14; 민 8:10, 12).

둘째, 신성모독자神聖冒瀆者를 돌로 칠 때 나타난다. 이것은 신성모독의 말을 들은 증인들이 자신들에게 임한 죄와 더러워진 인격, 나아가서 장차 당할 심판 등을 신성모독자에게 모두 전가시키는 것이다(레 24:14; 행 7:57-58).

셋째, 병을 고치는 역사役事를 행할 때 나타난다. 이것은 예수님 또는 사도들이 그들 안에 있는 하나님의 능력을 그 병자에게 전가시킴으로써 병을 낫게 하는 것이다(막 6:6; 행 28:8).

넷째, 성령을 받게 하는 데 나타난다. 이것은 사도들이 사도적인 권위로써 성령이 임하지 않은 지역의 그리스도인들에게 안수함으로써 그들도 성령 안에서 한 몸이 되었다는 것을 외형적으로 나타낸 것이다(행 8:18-19; 16:6).

다섯째, 직분을 위임할 때 나타난다. 이것은 안수하는 자가 자신의 권위, 직분, 능력 등을 안수 받는 자에게 전가시켜 그로 하여금 사역使役을 담당擔當하게 한다는 것을 뜻한다(행 6:6; 13:3).

여섯째, 하나님의 종이 하나님의 권위 가운데서 하나님의 종이 될 자에게 안수함으로써 그에게 있는 하나님의 은사恩賜를 드러나게 할 때 나타난다(딤전 4:14; 딤후 1:6).

④ **경고**(警告) : 그러나 우리들은 안수에 대해서 조심해야 한다. 안수는 함부로 아무에게나 행할 것이 아니라, 하나님의 위임된 권위 아래서만 하나님의 능력으로 행할 일이다. 따라서 우리들은 안수를 그리스도인의 초보적인 규범으로서 잘 알아야 하되 또한 조심스럽게 행해야 할 것이다.

(3) 제사장이 행할 제사 제도의 규례

① **분향단** : 제사장의 선택과 그 의복과 위임식에 관한 계시에 이어 성막에 부속된 기물에 관하여 계시되었다(출 30:1-10). 매일 아침저녁으로 향을 피울 분향단焚香壇의 모양과 그 위치 및 그 간수看守 방법 등이 제시되었다. 분향할 단의 높이는 약 90cm, 길이와 넓이가 각각 45cm의 크기이다. 재료는 아카시아이다.

윗부분 네 귀퉁이에 뿔이 하나씩 달려 있고, 순금으로 쌌다. 윗부분의 테두리도 금으로 입혔으며, 금테 아래 양편에 금고리 둘을 만들어 채를 꿰어 이동할 수 있게 했다. 채도 조각목으로 만들고 금으로 쌌다. 분향단이 '금향단'으로 불린 것도 고귀성을 나타내 주는 것이다.

분향단의 위치는 성소 안, 지성소를 가로막고 있는 휘장 앞에 두었다. 이 분향단이 하나님의 임재를 상징하는 속죄소 가까이에 위치하는 것과 단에 피울 향을 등불과 마찬가지로(출 27:20), 대대로 끊지 못하도록 하신 것은 성도의 기도를 하나님께서 귀히 여기신다는 것과 아울러 성도의 기도가 끊임없이 계속되어야 함을 상징한다.

***대제사장이 분향단에서 수행할 규례**

첫째, 아론이 아침저녁으로 향단에서 수종하며 향불이 꺼지지 않도록 한 것은 기도를 항상 계속해야 될 것을 보여 준다.

둘째, 그가 그 일을 하면서 동시에 등잔대를 살펴서 등불을 켠 것은 하나님의 말씀이 기도와 동반되어야 할 것을 보여 준다. 하나님의 말씀에서 이

탈된 기도는 미신迷信으로 기울어진다.

셋째, 향단에서 향을 피우되 다른 향을 사르지 말 것을 가르친다. 곧, 하나님께서 지적하신 것 외에 다른 것은 쓸 수 없다는 것이다. 이와 같은 규례는 사람이 하나님과 교통하거나 그를 섬기는 법에 있어서 그의 말씀에 순종해야만 될 것을 가르친다.

인간의 사상이나 방법으로는 하나님을 알 수 없으며, 그에게 예배할 수도 없다. 이것은 상징적으로 우리들이 육체의 정욕을 따라서 기도해서는 안 된다는 것을 보여 준다(약 4:3; 눅 11:1-13).

심지어 예수 그리스도께서도 하나님의 뜻을 위하여 기도하셨다(마 26:39, 42). 그럼에도 불구하고 오늘날 우리들의 기도는 물질적인 또는 입신양명立身揚名에 대한 것이 주종主從을 이루고 있으니 실로 안타까운 일이 아닐 수 없다.

이는 곧 우리의 신앙이 세상의 기복적인 방향으로 치우쳐 있음을 증거해 주는데 우리는 하나님이 기뻐하시고 원하시는 것이 무엇인지를 깨달아 이를 추구함으로써 기울어진 신앙의 바로미터(barometer)를 바로잡아야 할 것이다(마 5:2-12).

넷째, 향단香壇에서는 다른 일을 할 수 없음에 대하여 가르친다. 하나님의 백성이 마땅히 드려야 할 번제나 소제도 거기서는 드려서는 안 된다. 우리는 선한 일이라고 하여 그 방법을 함부로 취해서는 안 된다.

다섯째, 아론이 일년 일차씩 이 향단 뿔을 위하여 속죄하도록 되어 있다. 이것은 비록 분향단이 매일 하나님께 향을 바치는 성구聖具라 할지라도 그것 자체가 결코 신성시神聖視될 수 없다는 사실을 잘 보여 준다. 곧 성소에서 쓰이는 모든 도구들도 먼저 피로써 정결하게 돼야만 하나님 앞에서 거룩하게 쓰여질 수 있었던 것이다.

이렇게 하나님을 섬기는 일은 성결을 파수把守하는 데 있어서 엄격하다. 이것을 보면 성도가 기도할 수 있는 공로功勞는 피 뿐임을 알 수 있다. 그러므로 우리는 기도할 때마다 "예수님의 이름으로 기도합니다."라고 해야 된다.

② **생명의 속전** : 성막 기물器物에 관한 계시 도중 성소의 제작 비용이 될 속전贖錢에 관한 규정이 선포된다(출 30:11-16). 하나님께서는 이스라엘을 노역勞役과 절망의 땅 애굽에서 구출해 내심으로써 그들의 영원한 생명의 소유권자가 되셨다(출 12:29-36). 이러한 하나님의 소유 의식은 '생명의 속전贖錢'이라는 일종의 거룩한 성전세로 확인되었다.

이 성전세는 '백성들 중에 온역瘟疫이 발생하지 않도록 하기 위하여' 드려지는 것이었다. 그들에게 애굽으로부터 빼앗긴 생명을, 하나님께로부터 다시 받았음과 그들의 생명이 존속存續됨은 하나님의 권능과 인내하심이라는 것을 깨닫기 위한 것이었다.

또한 생명의 속전이란 하나님의 임재에 대한 이스라엘의 공적 신앙 고백이라 할 수 있다. 왜냐하면 인구 조사를 통하여 이스라엘은, 하나님께서 족장들과 세우신 언약에 근거하여 자신들을 구원해 주신 하나님의 은혜에 감사하지 않을 수 없기 때문이다.

이스라엘 자손의 수효를 조사할 때 생명의 속전을 드릴지니, "이는 계수할 때 그들 중에 온역을 없게 하려 함이라."라고 하셨다(출 30:11). 이 온역은 하나님의 진노와 형벌이다.

온역(개정 : 질병疾病)으로 번역된 히브리 어 'נֶגֶף네게프'는 때림이라는 뜻의 'נָגַף나가프'이 기본 어근이다. 그러므로 다수의 번역본은 '재앙災殃, 화禍'의 뜻으로 번역되어 있다. 온역을 없게 하는 것은 하나님의 진노와 형벌을 없게 하는 것인데, 생명의 속전은 출 13:13, 15에 나타난 '대속의 원리'와 같은 맥락이다.

계수計數함에 든다는 것은 하나님의 백성으로서 영적인 특권에 참여할 수 있다는 공식적인 인준을 받는 것이다. 그러므로 먼저 생명의 속전을 지불하고 나서야 온전한 자격을 얻는다고 할 수 있다.

이는 예수 그리스도께서 우리를 대신하여 자신을 십자가의 대속의 제물로 드려, 죄인들 대신에 진노와 형벌을 받으시어 죄인들의 고통과 죽음을 대신하여, 대속적 구원과 생명을 주시는 것을 예시하는 것이다.

이렇게 거두어진 속전은 성막 제작에 소용되는 재원과 성막 유지비 등으로 사용되었다. 결국 이 속전은 생명과 재산에 대한 하나님의 소유권을 인정하고 하나님과 생명적 교제를 가능하게 하는 것으로, 드리는 자의 유익을 위해 제정된 헌금이라 볼 수 있다.

이 속전贖錢은 20 세 이상 된 자들에게 똑같은 반半 세겔이 부여賦與됐다. 가난한 사람이나 부자나 부담 없이 낼 수 있는 적은 액수이다. 이것은 하나님 앞에서 누구나 평등한 제의적 권리와 의무를 가진다는 의미이다.

이는 빈부에 상관없이 모든 인간은 하나님 앞에 똑같이 구원 받아야 할 죄인임을 의미한다. 그러므로 그리스도께서는 모든 인류의 죄 사함을 위해 자신을 속전으로 드렸던 것이다(딤전 2:6).

후에 반 세겔은 '해마다 드리는 성전세聖殿稅'로 제도화되었다(마 17:24). 경제적으로 어렵던 포로 후에는 1/3 세겔로 감소되었다(느 10:32). '성소의 세겔대로'(개정 : '성소의 세겔로')라는 표현은 부자연스런 표현이므로 '성소에서 통용되는 세겔로' 또는 '성소의 세겔대로'라고 번역하는 것이 바람직하다(출 30:24; 38:24, 25, 26).

③ **물두멍 :** 번제단 앞 성소 입구에 놓여지게 될 물두멍, 곧 세면기洗面器 제작에 관한 계시이다(출 30:17-21). 이 물두멍은 제사장들이 성막 봉사 전후에 손과 발을 씻음으로써 정결례를 행하게 하기 위한 큰 그릇이다. 제사장들은 임무를 수행하기 전에 항상 물두멍의 물로 씻도록 요구되었다(출 30:19-21).

이 기물器物은 하나님께 나아가는 자가 항상 거룩하고 먼저 자신을 정결히 해야 함을 가르쳐 준다(사 1:16; 약 4:8). 부정不淨 또는 불결不潔은 죄의 결과 또는 영향이기 때문에 부정한 사람이 거룩하신 하나님께 나아가면 하나님의 거룩성을 침범한 죄로 반드시 죽임을 당한다.

그러므로 제사장일지라도 물로 씻어 정결하게 되었다고 인정 받은 후에야 비로소 하나님께 나아갈 수 있었다. 여기에서 외적이고 신체적인 정결은 제의적祭儀的 정결과 신비스러운 관계를 맺고 있다.

이는 신체적 정결에서 마음의 정결로 성화聖化되어야 함을 예수께서는 말씀하셨다(마 15:1-20). 그러므로 수족을 씻는 것은 죄의 회개를 상징하는 것이다(요 13:9-10). 이것은 오늘날 영적靈的 제사장 된 성도들이 하나님 앞에 나아갈 때 그 마음 상태가 어떠해야 될 것인지를 교훈해 주고 있다(벧전 2:4, 5).

물두멍은 놋거울로 만든 일종의 커다란 세숫대야로서 번제단 앞 성소 입구에 위치했다. 그 용도는 제사장들이 성소에 들어가기 전 혹은 제사를 드리기 전 먼저 손발을 씻기 위한 것이었다. 그러나 그 자세한 모양이나 크기, 제조 방법 등은 언급되지 않았다.

제사장들이 여기 이 물두멍에 손발을 씻는 행위가 의미하는 바는 물론 일차적으로 하나님께 나아가거나 제사 의식을 집전執典하기 전 사막의 흙과 먼지로 더럽혀진 손과 발을 깨끗이 씻는다는 사실을 보여 주는 것이다.

이를 하나님께서는 대대로 영원히 지킬 규례임을 말씀하신다. 물론 그 문자적 준수는 구약 제사 제도가 지속되는 동안에 한한다. 그러나 그 영적 준수는 그리스도의 재림 시까지 지속된다.

따라서 죄에 대한 참회를 매일 해야 하며 그리스도의 보혈과 생명수로 매일 자신들의 영혼을 정결하게 씻어야 한다. 이것은 이 세상에 사는 그리스도인들이 주위의 온갖 죄의 오염으로 인하여 영혼이 더럽혀졌을 때 그리스도의 생명수로 매일 정결하게 씻어야 한다는 사실을 교훈해 준다. 이런 의미에서 물두멍에 담긴 물은 인간의 온갖 더러움을 깨끗이 씻어 주기 위해서 십자가 위에서 아낌없이 쏟아 흘리신 예수 그리스도의 물과 피를 연상시킨다(요 19:34; 계 7:14).

④ **관유 제조법** : 거룩한 관유灌油의 제조 목적은 성소에 쓰여질 물품들을 성별聖別하기 위한 상징적인 의식을 치르기 위해서였다(출 30:22-33). 관유는 하나님의 지시를 따라 여러 가지 향품과 감람 기름을 섞어 만든 특

별한 기름으로서 성소의 모든 기구 및 아론과 그의 아들들에게 발라 그것들을 거룩히 구별할 목적을 위해 사용한 기름이다.

거룩한 제조법에 관하여는 자세한 설명이 없다. 단지 재료에 관하여 언급할 뿐이다. 몰약沒藥·육계肉桂·창포菖蒲·계피桂皮·감람橄欖 기름 등은 고급 향품들이다. 이것은 향품이 아주 값지고 우수한 것임을 뜻한다. 이러한 귀한 향품은 주로 종교 의식에 사용되었다. 이는 하나님께 바쳐지는 것은 우리 인생들의 가장 좋은 부분이 되어야 함을 보여 준다.

특히 몰약은 고대 사회에서 화장품(에 2:12)·의약품(눅 10:34)·요리 등에 널리 쓰였다. 이것은 팔레스타인 지역에 많이 자라고 있는 시스터스 장미나무의 진액을 가리킨다(출 25:6).

육계肉桂는 아주 희귀한 것으로서 월계수와 같은 나무의 외피, 내피에서 채취한 것이다.

창포菖蒲는 주로 진흙에서 자라는 식물에서 얻어지는 것으로서 방향제芳香劑 역할을 한다. 계피는 계피나무의 껍질로 만들어진 방향제로서 은은한 향기를 발한다.

기름을 붓는 행위는 성령을 상징하는 기름을 통하여 새로운 생명력을 주입시키는 것을 의미했다(계 9:13; 16:7). 따라서 이 관유는 하나님을 섬기도록 성도들을 거룩히 구별시키는 성령의 사역使役을 상징한다고 볼 수 있다. 성소 및 그에 딸린 모든 기구들은 기름 부음을 받아야 하고, 그렇게 함으로써 하나님께서 자신의 것으로 쓰실 수 있도록 봉헌되어야 했다. 즉, 지성물至聖物로서 신성하게 구별되어야 했다(창 28:18; 31:31).

기름 부음이 사람에게도 행하여졌다. 특히 제사장들을 구별하여 세우는 일에 행하여야 했다(출 29:37). 그러나 성유聖油를 세속적인 몸치장을 위하여 사용하는 것과, 그러한 목적이나 또는 타인에게 팔기 위한 목적으로 제조하는 것은 엄격히 금지되었다. 지극히 거룩한 것에 대한 범죄 행위에 내리는 처벌은 그 사회에서 제거해 버리는 것이었다(출 12:15). 즉, 사형에 처했다(출 31:14-15; 레 17:9; 20장).

⑤ **향유 제조법 :** 분향단焚香壇에 매일 조석朝夕으로 사르는 향 만드는 법과 사용상 주의 사항을 계시하셨다(출 30:34-38). 제사장들은 주어진 규정대로 매일 조석으로 여호와 앞에 향을 살라야 했다. 곱게 찧은 향은 증거궤證據櫃 앞 곧 지성소至聖所 휘장揮帳 바로 밖, 분향단에 있는 곳에 두어야 했다. 그래서 아론과 그의 아들들은 매일 아침, 저녁으로 그 향을 여호와 앞에 살라야 했다(출 30:7-8).

관유灌油와 마찬가지로 향香도 하나님이 지시하신 방법을 따라 만들어야 했으며 그 취급도 분향단에서 살라져 여호와께 그 향기를 피워 올리는 목적 외에는 달리 사용되어질 수 없었다. 성聖과 속俗을 구분하지 않고 하나님께서 구별하신 것을 망령되이 사용하는 것은 하나님을 모욕하는 일로써 무서운 징벌이 뒤따른다(출 30:38).

물론 지시된 바대로 제조되지 않은 다른 향은 절대 분향단에서 살라질 수 없었다. 분향단에서 사를 향은 4가지(소합향蘇合香, 나감향螺弁香, 풍자향楓子香, 유향乳香) 각각 다른 재료들이 똑같은 양으로 골고루 배합되어서 만들어졌다. 이같이 만들어진 향은 신선하고 진한 향취를 발했다.

소합향蘇合香은 팔레스타인산産 초록나무과科에 속하는 낙엽 교목喬木의 진액을 채취하여 만든 향품이며, 나감향螺弁香은 지중해나 홍해에서 발견되는 진주조개과科의 조개껍질로 만든 향품이다. 풍자향楓子香은 아라비아산産의 미나리과科의 회향茴香 풀인데 여기에서 채집한 수지樹脂로 만든 향품이며, 유향乳香은 감람나무 종류에 속하는 나무에서 채취한 수지樹脂로 만든 향품이다.

소금은 부패를 방지하는 역할을 한다(왕하 2:19-22). 따라서 향香에 소금을 치는 것은 향기로운 향을 그대로 보존하여 하나님께 사르기 위해서이다. 이것은 성도들이 죄를 짓지 않고 순결한 가운데서 하나님께 기도할 것을 의미한다(사 5:3; 사 59:1-2). 성경에서 소금은 종종 변하지 아니하는 하나님의 언약을 상징한다(민 18:19; 레 2:13).

(4) 언약의 재다짐

하나님께로부터 친히 음성으로 십계명을 전해 받은 모세와 온 이스라엘 백성들이 하나님과의 언약 체결식締結式을 가진 후 하나님의 명을 따라(출 24:12) 그 십계명을 기록한 돌판을 전해 받기 위해 중보자의 자격으로 모세가 시내 산에 올라 40 일 간 지내면서 받은 계시 중 마지막 부분이다. 하나님께서는 성막의 제작에 관한 총괄적인 계시(출 25-30장) 후, 하나님께서 하나님의 일을 통해서 모세에게 하나님의 언약을 굳게 하신다(출 31장).

*이를 크게 세 부분으로 나눌 수 있다

첫째 부분은, 브살렐과 오홀리압 및 지혜로운 마음을 가진 자들로 하여금 하나님의 성막을 만들도록 명하신 부분인데, 하나님의 일은 하나님의 지혜와 능력에 의해서만(고전 2:4, 5, 13) 이룰 수 있으며 인간의 지혜나 뜻대로 되어지지 않음을 보여 준다.

둘째 부분은, 안식일 준수遵守를 재강조하여 언약화言約化한 부분인 바, 이는 하나님께서 만물의 창조주가 되시며 이스라엘은 그 가운데서 하나님의 택하심을 받은 민족임을 나타낸다.

셋째 부분은, 약속한 대로 하나님께서 직접 십계명 두 돌판을 써서 모세에게 주시는 부분이다(출 31:1-18). 이것은 택한 백성을 통치하시는 왕의 자격으로서 그 백성들이 지켜야 할 법도法道를 가견적可見的 증표證票로 주셨음을 의미한다.

① 하나님의 사명자(使命者) : 하나님은 하나님의 일을 하시는데 먼저 택한 자를 부르시고 그 부르신 자들에게 지혜와 능력의 성령을 주셔서 그 일을 담당하게 하신다. 이것은 아브라함에게 그렇고(창 11:31-32; 12:1-3; 행 7:2-4), 모세(출 3:1-4:17), 아론과 그 아들들(출 28:1, 2), 예수님의 열두 제자들(마 10:1-4; 눅 6:12-16), 바울과 바나바(행 13:2, 3) 등에 있어서도 그렇다.

또한 오늘날 주의 일을 감당하는 모든 성도들에게서도 마찬가지이다. 결국 이것은 하나님의 일은 하나님에 의해서 시작되고, 하나님의 능력과 지혜로써만 가능하며, 마침내 하나님에 의해서 종결됨을 나타낸다.

② 하나님의 안식일 : 이스라엘이 하나님과 언약 맺은 백성임을, 삶을 통해 고백하는 한 가지 방법으로 안식일 엄수가 있다. 이 엄수 명령은 여러 번(출 16:21-30; 20:8-11) 제시되었는데, 이곳에서는 엄수 명령, 엄수 방법, 안식일의 참 의미 등이 또다시 제시되었다(출 31:12-17).

안식일 규례는 후에 이스라엘 백성들에게 언약의 내용(출 20:8-11)이 되었는데, 이것은 안식일이 하나님 앞에서 중요한 위치를 차지함을 나타낸다. 즉, 그들은 이 안식일을 언약으로써 지켜야 했는데, 이것은 그들이 이 율례律例를 지키면 살고 지키지 않으면 죽는 문제였었다.

한편 그들은 언약을 지킴으로써 그들이 하나님의 백성임을 자부하였는데, 마찬가지로 안식일을 지킴으로써 그들이 하나님의 선민임을 자랑하였다. 하나님께서는 이스라엘 백성에게 '나의 안식일'이라 하셨는데, 이는 하나님이 안식일의 주인이심을 뜻하는 말씀이다(출 31:13). 이 말은 신약 시대에 예수께서 죽으셨다가 주일主日에 부활하심으로 말미암아(마 28:1; 막 18:1-2; 누 24:10, 주의 날 곧 새로운 세계, 새 생명의 세계를 열어 놓으신 것을 예표하기도 한다(롬 6:4; 고후 5:17).

그리고 하나님이 안식일 규례를 지키라고 주신 것은 단순히 그들로 하여금 선민選民임을 자랑하게 하려는 데 그 의의意義가 있는 것이 아니라 다음과 같은 사실들에 그 의의가 있다.

첫째, 이스라엘 백성들이 하나님의 창조 역사役事 곧 하나님은 온 인류와 만유萬有의 창조주創造主시라는 사실과 그들은 단지 그의 피조물被造物이라는 사실을 기억하게 하려는 데 그 의미가 있다(창 1:1-2:3).

둘째, 그들을 출애굽시켜 주신 하나님의 은혜에 감사하도록 하려는 데 그 의미가 있다(신 5:15).

셋째, 엿새 동안 수고한 그들에게 육체적 휴식을 주시려는 데 그 의미가 있다(출 20:10).

그리하여 장차 임할 영원한 하늘나라와 평안과 휴식을 사모하게 하려는 데 그 목적이 있다. 다시 말해서 이날은 하던 일을 모두 중단하고, 회막에 모여 하나님을 경배하면서 그분과 교제하는 날이다.

③ 하나님의 십계명 : 모세에게 주신 증거판證據板은, 하나님의 율법만이 이스라엘을 가르치며, 하나님만이 변함없이 이들을 인도하신다는 사실을 증거해 주는 돌판이다(출 31:18). 십계명의 내용은 단순한 윤리 도덕이라든가 생활 신조 또는 법률로써 정해진 것이 아니라, 하나님과 이스라엘 백성과의 사이의 독특한 관계이다.

즉, 언약(계약)을 근거로 하고 그 언약에 기초하여 행동하신 하나님의 구원의 역사(일하심 - 출애굽)를 전제로 하고 있는 것에, 중요한 특색이 있다. 이같이, 율법의 주요한 목적은, 인간의 죄 많음을 명시해 주는 것에 의해(롬 3:19-20), 구세주에 대한 소망을 생기게 하고, 그것에 의해 우리들을 그리스도에게로 인도하는 몽학 선생蒙學先生(개정 : '초등 교사')의 구실을 하는 것이다(갈 3:19-29).

실로 십계명은, 만고불멸萬古不滅의 우주적 율법이다. 그 입법자는 여호와 하나님이시고, 시행자도 여호와이시다. 그것은 일찍이 사람들을 저주 아래로 쫓아 버렸으나, 오늘 은혜의 시대에 있어서 구원된 자에게 있어서는 그리스도 안에 있는 하나님의 의義와 사랑을 일층 더 잘 나타내는 것으로 되었다.

신약에 있어서, 그리스도는 모세와 대칭적對稱的으로 그려져 있는데(요 1:17; 3:13), 십계명의 정신은 그리스도교적으로 심화深化되고, 그리스도에 의해 성취된 것으로서, 교회의 기본적인 윤리 조항의 하나로서 중시되고, 주기도, 사도 신경 등과 함께, 그 신앙 생활에 교육적인 역할을 다하고 있다.

3) 언약을 파괴한 이스라엘과 모세의 중재 기도

(1) 금 송아지 우상 숭배 사건

이전에 이스라엘 백성들은 하나님께서 제안하신 언약을 지키겠다고 맹세하여 하나님과 언약을 체결하였다(출 19:6-8; 24:3-11). 그러나 그들은 하나님이 제시하신 언약의 내용(십계명 중 제 2계명)을 어김으로 그 언약을 깨뜨렸다. 이것은 하나님 앞에서 인간의 무력함을 보여 주며, 인간은 행위로는 하나님께 나아갈 수 없음을 나타낸다.

이스라엘 백성들이 아론에게 "우리를 위하여 우리를 인도할 신을 만들라."(32:1)라는 패역悖逆한 요구를 하였는데, 이는 애굽 사람들의 우상 숭배를 그대로 본받은 것이다. 애굽 사람들은 그들 자신을 위하여 각 개인 또는 각 지역을 위하여 동물 또는 우주 천체天體, 그리고 인간의 형상을 가진 우상을 수없이 만들어 섬겼다. 이와 같이 애굽인들은 자신을 위하여 우상을 만들어 놓고 섬겼던 것이다(출 32:1-6).

그러나 하나님을 신앙하는 것은 여느 이방異邦 신앙과 같이 경배자敬拜者가 경배를 받을 신을 자신들의 손으로 만들어 그들 자신을 위하여 섬기는 것이 아니다. 오직 경배를 받으시는 하나님이 먼저 인간을 택하시고(엡 1:4-6, 11) 그들을 통해 자신의 방법을 따라 경배 받으시는 것이다.

이스라엘 백성들은 그들을 애굽에서 인도하여 낸 자가 모세라고 알았다. 그러나 모세는 단지 그 같은 사역使役에 쓰여진 하나님의 도구에 불과하다. 그들이 미처 이 같은 사실을 바로 깨닫지 못했던 것은, 그들이 하나님과의 언약적인 신앙에 견고히 서 있지 못하는 증거이다.

왜냐하면 백성들을 인도하여 내신 분은 모세가 아니라, 아브라함과 언약 관계를 맺으신 하나님이셨기 때문이다(출 3:6-8, 16, 17; 창 15:8-21; 17:7).

그럼에도 불구하고, 아론은 금 송아지를 만들었는데 백성들이 말하되 "이스라엘아 이는 너희를 애굽 땅에서 인도하여 낸 너희의 신이로다."(32:

4)라고 하였다. 여기서 우리는 이스라엘 백성들의 잘못을 크게 세 가지로 지적할 수 있다.

첫째, 하나님은 지금 시내 산에서 모세와 만나고 계시는데 다시 신을 만든 것. 둘째, 우상을 만들지 말라는 하나님의 음성을 듣고도 우상을 만들었다는 것. 셋째, 애굽에 임한 10대 재앙 시 애굽의 모든 우상들이 깨뜨려지는 것을 목도하고도 그러한 신을 또다시 만들어 구속주救贖主 하나님을 배반했다는 것이다.

이에 하나님께서는 이스라엘 백성들이 범죄하자 그들을 진멸殄滅하려 하셨는데, 이것은 우상 숭배의 죄가 시내 산 언약을 깨뜨리는 행위일 뿐만 아니라 아브라함과 맺은 언약으로 하나님의 백성이 된 그들이 행해서는 안 될 일이었기 때문이다. 이는 하나님을 반역反逆하는 것이다.

이스라엘은 말씀의 불순종으로 타락墮落하게 되었다. 그들이 우상을 섬기지 말라는 언약의 십계명을 받았음에도 불구하고 금으로 된 송아지 형상의 우상을 세워서 하나님이라고 섬긴 이유는 다음과 같다.

첫째, 하나님께 대한 참된 지식의 결핍 때문이다(잠 1:7; 호 4:1-6). 그들은, 하나님은 영靈이시라(요 4:24)는 사실을 몰랐다.

둘째, 그들의 마음이 강퍅剛愎해서이다. 하나님께서는 시내 산에서 모세에게 나타나 그들로 하여금 지도자 모세를 신뢰할 수 있는 증거를 주셨다(출 19:9, 16; 20:18-21). 그럼에도 불구하고 그들은 하나님을 만나러 시내 산에 올라간 모세를 믿지 못하고 하나님을 믿지 않았다.

셋째, 그들이 하나님 말씀에 진실하지 못했기 때문이다. 그들은 하늘에나 땅, 땅 아래의 어떤 피조물이라도 그 형상을 만들지 말라는 하나님의 말씀을 귀로 들었었다(출 20:4-5). 그럼에도 불구하고 그들이 우상을 만든 것은 하나님의 말씀을 경홀히 취급했기 때문이다.

넷째, 그들이 가증한 애굽 사람의 제사 방식을 모방模倣했기 때문이다. 그들은 애굽에 있는 동안 애굽인들이 소牛 우상을 숭배하는 것이나 그러한 관습을 많이 접했을 것이다. 따라서 이스라엘 백성들은 그들을 인도하던 모세가 오랫동안 그들의 눈앞에서 보이지 않게 되자 두려움을 느낀 나머지 우상을 만들어 그것을 숭배했던 것이다.

오늘을 살고 있는 성도들은, 이스라엘 백성들의 이와 같은 우상 숭배에 대하여 비웃을 것이 아니라, 과연 나도 하나님을 위한 신앙이 아니라 나 자신을 위한 우상을 만들고 있지 않는가에 대한 성찰省察을 가지며, 다음과 같은 하나님의 말씀을 기억해야 한다.

첫째, "하나님은 영靈이시니 예배하는 자가 신령神靈(개정 : 영靈)과 진정(개정 : 진리眞理)으로 예배할지니라."(요 4:24).

둘째, "오늘 너희가 그의 음성을 듣거든 격노하시게 하던 것같이 너희 마음을 완고頑固하게 하지 말라."(히 3:15).

셋째, "여호와의 말씀은 순결함이여 흙 도가니에 일곱 번 단련鍛鍊한 은 같도다."(시 12:6).

넷째, "너희는 이 세대를 본받지 말고 오직 마음을 새롭게 함으로 변화를 받아 하나님의 선하시고 기뻐하시고 온전한 뜻이 무엇인지 분별하도록 하라."(롬 12:2).

(2) 모세의 중재 기도

모세가 없는 동안, 이스라엘 백성들은 여호와의 임재臨在를 송아지 우상偶像으로 바꾸어 버렸다. 이스라엘이 금 송아지를 섬기게 된 동기는, 하나님의 임재와 부재不在 사이의 긴장 관계에서 비롯된 갈등葛藤으로서, 백성들은 금 송아지를 봄으로써 불안한 마음을 스스로 달래보려고, 하나님의 부재를 가시화可視化하여 하나님의 임재를 느껴 보려고 했던 것이다.

하나님으로부터 이스라엘이 저지른 죄악을 듣고서 모세가 취한 첫 번째 행동은 백성들의 생명을 살려 달라고 한 것이며, 두 번째 행동은 맹렬한 분노忿怒였으며, 세 번째 행동은, 사태를 분석하여 철저히 조사한 일이며, 네 번째 행동은 범죄한 자들 다수多數를 죽임으로써 금 송아지 우상 사건을 응징膺懲하였으며, 마지막으로, 모세는 여호와께 나아가 이스라엘에게 자비를 베풀어 달라고 탄원歎願하였다. 그리고 자신의 이름을 생명책에서 지워 버려도 좋다는 각오로 하나님께 매달렸다(출 32:7-33:23).

① 모세의 간구 : 하나님께서 이스라엘 민족을 진멸殄滅하시고 모세의 자손으로 큰 나라를 세우시겠다고 하는 것은, 모세를 시험하시는 말씀이다. 이스라엘 민족을 출애굽시켜 가나안 땅까지 인도하시겠다고 하나님이 일찍이 약속하셨는데, 이제 그가 그 뜻을 변하신다는 것은 모세의 신앙에 동요動搖를 줄 만하다.

만약 모세가 편협偏狹하고 이기적인 정신을 가졌더라면, 그는 이 제안을 수락하고 말았을 것이다. 그러나 모세는 자기 가문의 출세나 성공보다는 이스라엘 민족의 구원을 더 원하였던 것이다. 바로 여기에서 신앙적인 지도자가 되기에 적합한 한 인간을 엿볼 수 있는 것이다

모세는 위의 두 가지의 시험 앞에서도 동요하지 않고, 하나님과 이스라엘의 언약에 근거하여 간절히 중보 기도를 한다. 모세는 백성들이 범죄하였지만 여전히 '주의 백성'임을 주장하였다.

이는 하나님께서 모세에게 이스라엘을 '네 백성'이라고 말한 것과는 대조를 이룬다. '나의 백성'이라고 하지 않으신 것은, 이스라엘 백성이 하나님과 맺은 언약을 깨뜨렸기 때문에 이제 하나님은 그들과 아무런 관계가 없다는 말씀이다. 이에 모세는 하나님께 이스라엘 민족을 위한 중보 기도를 드린다.

＊모세의 중보 기도 및 그 당위성

첫째, 하나님께서 '큰 권능과 강한 손'으로 그의 백성을 애굽에서 구출하셨는데, 이제 와서 그들을 멸하실 수는 없다는 것.

둘째, 하나님께서 범죄한 애굽 사람들을 홍해에서 진멸殄滅하셨는데, 이제 와서 이스라엘 민족을 그와 같이 진멸하신다면, 애굽 사람들이 이스라엘 민족을 핍박한 죄를 깨달을 수 없고, 하나님의 하신 일이 무의미하다고

조롱할 것이라는 것.

셋째, 아브라함과 이삭과 야곱과 맺은 언약(창 17:1-8; 26:1-5; 28:13-15; 35:9-15)은 그들의 자손으로 하여금 가나안 땅을 영원한 기업으로 주시겠다는 것 등이다.

모세의 이와 같은 언약에 근거한 중보 기도에 하나님께서 '뜻을 돌이키사' 말씀하신 화禍를 그 백성에게 내리지 아니하셨다. "뜻을 돌이키셨다."란 말은 하나님께서 의도意圖하셨던 어떤 일을 후회後悔하고 그 마음을 바꾸셨다는 뜻이 아니라, 참고 참으시며 인내하시는 하나님의 은혜恩惠를 표현한 말이다.

이처럼 하나님께서는 죄인이 하나라도 멸망하기를 원하지 않으시고(겔 18:23; 딤전 2:4; 벧후 3:9), 모두 돌아와 회개하기를 원하신다(눅 15:7, 10).

② 모세의 의분(義憤) : 산 밑에서 들려오는 백성들의 떠들썩하고 크게 외치는 소리에 여호수아는 혹시 지도자가 없는 사이 이민족異民族이 침입하지 않았을까 하는 우려를 표명했다. 그러나 하나님께로부터 백성들의 상황을 전해 들은 모세는 그 소리가 우상을 숭배하는 가무歌舞 소리인 줄 알았다. 춤을 추고 있었다는 것은 금송아지 아래에서 난잡亂雜하게 먹고 마시며 음란한 춤과 고성방가高聲放歌를 질러대는 방자放恣한 모습을 묘사한 것이다.

이스라엘 백성들의 타락한 모습을 보고, 모세는 분노하여 손에서 그 두 돌판을 산 아래 던져 깨뜨려 버렸다(출 32:19). 모세의 분노는 인간적인 혈기라기보다는 죄에 대한 분노였으며, 그가 계명이 적힌 두 돌판을 깨뜨렸다는 것은 하나님과 백성들 간의 언약을 파기한 것을 상징하는 것이다.

즉, 그 언약은 우상 숭배자에 대한 징벌을 규정하고 있으므로, 모세는 언약(계명) 공포를 유보시키기 위해 돌판을 깨뜨렸다고 학자들은 해석한다. 모세는 그들이 만든 금 송아지를 불살라 부수어 가루를 만들어 물에 뿌려 이스라엘 자손에게 마시게 하였다. 여기에서 우리는 인간이 아로새겨 만든 우상이 얼마나 무능력하고 헛된 것인지를 분명히 깨달을 수 있다.

모세는 금 송아지를 불살라 부수어 물에 타서, 일종의 '저주의 물'을 만들게 하였다(출 32:20; 민 5:11-31). 이스라엘 백성 전체에게 마시게 한 것은 그들에 대한 처벌을 하나님께 맡기는 것으로 볼 수 있다. 이는 자신들이 지은 죄에 대하여선 반드시 스스로가 죗값을 담당하게 된다는 사실을 상징적으로 교훈해 주고 있다(마 27:1-5).

③ 이스라엘에 대한 응징(膺懲) : 백성의 타락한 실상을 목격한 모세는 무엇보다도 먼저 그 경위經緯를 소상히 파악한 후, 레위 지파를 통해 우상 숭배자를 살육하게 하고, 하나님께 나아가 참회懺悔와 중보의 기도를 했다(출 32:21-35).

모세는 이를 통해 범죄를 해결하는 지혜를 얻게 되었는데, 그것은 범죄의 동기와 내용 및 결과를 상세히 점검하고 범죄의 원인을 철저히 소멸시킨 후, 하나님께 고백과 참회로써 해결하는 방법이었다. 모든 허물과 죄는 오직 하나님 앞에서만이 해결할 때 완전한 치유를 받게 된다.

모세의 책망에 대한 아론의 변명辨明은, 하나님께 대한 말씀에 불순종한 아담과 하와의 변명과 다름이 없다(창 3:9-13). 아론은 어떻게든 책임을 면해 보려고 궁색한 궤변詭辯을 털어놓는다. 그러므로 하나님께서는 진노하사 그를 죽이려고까지 하셨는데 모세의 간절한 중보 기도에 의해서 그는 겨우 살아남을 수 있었다(신 9:20).

그러나 만일 아론이 구차한 변명을 하기에 앞서 즉시로 하나님께 회개하였더라면 죄 사함을 받았음은 물론이거니와 수치를 당하지 아니하였을 것이니 우리는 여기서 회개가 얼마나 중요한 것인지를 절감할 수 있을 것이다(요일 1:9).

모세에 의해서 우상을 따르던 자들과 그렇지 않은 자들에 대한 판가름, 곧 심판이·단행된다. 그 판가름은 문 앞에서 시작된다. 문은 울 안팎을 연결짓는 통로로서, 어느 편으로 향하느냐에 따라서 소속이 달라지는 경계이다. 그러므로 모세는 문 앞에 서서 외친 것이다. "누구든지 여호와의 편에 있는 자는 내게로 나아오라."(32:26) 이 말은 "여호와께 속한 자가 누구냐? 그런 사람은 내게로 나아오라."라는 뜻이다.

레위 자손이 다 모여 그에게로 갔다. 이들은 백성들이 금 송아지 형상을 만들려는 계획을 반대했던 자들일 것이다. 세상이 온통 타락해서 악으로 가득 찬 것으로 보이는 중에도 그 악한 조류潮流에 물들지 않는 자들은 어느 시대에나 존재한다.

세상이 악으로 가득 차 홍수로 쓸어버릴 때 의인 노아가 있었고(창 6:9), 이스라엘 온 나라가 바알 숭배가 만연蔓延했을 때에도 엘리야 외에 순결한 자가 7천 명이나 있었다(왕상 19:18). 하나님은 언제나 다음 때를 위하여 의인을 남겨 두신다.

모세에게로 모여든 그들은 모세의 명령을 따라 그들의 이웃과 형제까지도 칼로 3천 명 가량이나 쳐 죽였는데, 이것은 그들이 하나님 앞에서 사람보다 하나님을 더 사랑한 일로 간주看做된 것이 사실이다. 이러한 레위인들은 백성들 가운데서 특별히 하나님의 것으로 취함을 받아 성막(회막)의 일을 담당하여 하나님을 섬기게 되는 복을 받은 것이다(민 1:47-54; 18:6).

또한 하나님께 헌신하여 주의 말씀을 준행하고 주의 언약을 지키었다고 인정 받았다(신 33:9). 때로는 신앙을 지키기 위하여 형제자매와 부모 간에 갈등과 선택의 기로岐路에 서야 할 때가 있다. 이러한 갈등을 극복克服해야 한다는 사실을 그리스도께서도 밝히 말씀하셨다(마 10:34-39).

범죄자를 잔인하리만큼 철저히 응징膺懲함을 통해 우리는 그 피상적이고 감상적인 안타까움을 초월하여 죄, 특히 우상 숭배의 죄악이 얼마나 하나님 앞에 가증可憎스럽고 또 그 결과가 무서운지를 분명 깨달아야 할 것이다. 또한 죄악의 뿌리는 호리毫釐라도 남겨서는 안 된다는 사실도 아울러 명심해야 할 것이다.

④ 이스라엘의 중보자 모세 : 첫 번째의 중보 기도(출 32:11-13)에 이어 두 번째로 이스라엘을 대표하는 중보자로서(출 32:30-35) 하나님께 그들의 죄를 사赦해 줄 것을 간구하고 있는 부분이다.

그런데 첫 번째 간구는, 하나님이 이스라엘에게 내리시기로 하신 화禍를 하나님의 편에서 언약을 위하여 내리지 마시기를 간구하고 있는 것인데 반해 두 번째 간구는, 이스라엘 편에서 이스라엘이 멸망하지 않도록 죄 사함을 간구하고 있다는 것에 그 차이점이 있다. 이것은 모세가 하나님과 이스라엘 백성 사이에 서서 그 관계를 위해 여러모로 중재하고 있음을 잘 나타낸다(갈 4:19, 20).

"그러나 합의合意하시면"(32:32, 개정판엔 없음)은 문자적으로는 '하나님께서 원하시면', '하나님께서 그들의 죄를 용서해 주신다면'이란 뜻이다. 그 뒷말은 나타나지 않고 감추어져 있다. 그 다음에 '그렇지 않으면 …'으로 밝혀져 있으므로 그 사이에 '얼마나 좋겠습니까'란 행간의 말이 모세의 마음에 있었다는 것을 짐작할 수 있다.

따라서 이 구절은 '만일 하나님께서 그들의 죄를 용서해 주신다면 얼마나 좋겠습니까. 그러나 용서하지 않으신다면 …'이라는 의미이다. 이는 우리들에게 두 가지 사실을 가르쳐 준다.

첫째, 하나님께서는 능히 죄를 사赦해 주실 수 있는 권위와 자격을 가지신 분이다. 둘째, 그러나 죄를 사해 주는 여부는 전적으로 하나님 자신의 뜻에 달려 있다. 하지만 하나님께서는 누구든지 죄를 자복自服하기만 하면 용서해 주시겠다고 약속하고 계시니(사 1:18, 19; 마 18:21-35) 우리는 이에 의지하여 그분께 죄 용서를 구할 수 있는 것이다.

"내 이름을 지워 버려 주옵소서"라는 모세의 기도가 자신의 생명을 건 간절한 중보 기도라는 사실을 나타낼 뿐 아니라 백성들에 대한 그의 지극한 사랑을 잘 드러내 준다. 이와 같은 마음은 신약의 바울에게서도 찾아볼 수 있는데(롬 9:1-3) 죽어 가는 뭇 영혼을 하나님께로 인도할 책임이 있는 우리들도(고전 4:1-2) 마땅히 이 같은 마음을 지녀야 할 것이다.

"내가 내 책에서 지워 버리리라."라는 말씀은 하나님의 공의公義를 표현한 말씀이다. 즉, 죄를 지으면 하나님께 구원 받을 수 없다는 것이다. 그러나 실제로 하나님의 생명책에 기록된 자의 이름이 지워 버려지는 일은 없다. 왜냐하면 생명책에 기록된 자는 영원히 구원 받기 때문이다(요 10:28).

이것은 하나님의 속죄의 효과가 죄의 영향보다 훨씬 더 크기 때문이다. 대신 생명책에 기록된 자라 할지라도 그가 범죄하면 하나님의 징계까지 면할 수는 없다. 따라서 그는 구원을 얻되 마치 불 가운데서 얻은 것과 같이 될 것이라는 점(고전 3:15)을 기억하여야 할 것이다.

기도는 원래 하나님과 기도자 사이의 은밀하며 개인적인 영적 교류이다. 더욱이 구원과 축복의 근본적 원인은 제삼자의 기도에 있는 것이 아니라 하나님과 기도자의 단독적인 만남에 있기에, 기도자 자체의 신앙과 중보 기도만으로 구원과 축복을 결정지을 수 있는 것이 아님 또한 사실이다.

그럼에도 불구하고 중보 기도는 대상자에게 커다란 신앙적 축복의 기회를 제공하는 것으로서, 성경은 이를 신앙인의 아름다운 미덕이며 의무로 소개한다(약 5:14-16).

즉, 성경에는 아브라함(창 18:23-33), 모세(민 12:13), 사무엘(삼상 7:5), 다윗(대상 21:17), 히스기야(대하 30:18) 등이 행한 많은 중보 기도들이 나타나는데, 이는 특히 만민을 위한 그리스도의 중보 기도를 예표한다(요 17:1-26). 더욱이 원수를 위해서까지 중보 기도하신 그리스도의 모습은(눅 23:34) 죽기까지 인간에 대한 사랑을 나타내신 그 정신과 일치한다.

또한 초대 교회 역시 그리스도의 사랑을 실천하는 것으로서 약한 자를 위한 중보 기도에 힘썼던 것이다(약 5:14). 그러므로 중보 기도는 오늘날 모든 성도들에게 요구되는 신앙적 의무인 것이다.

⑤ **여호와의 은혜와 긍휼** : 모세의 간절한 중보 기도 및 이스라엘 백성의 통회痛悔로 말미암아 마침내 하나님께서 백성들과 함께 동행하시겠다고 말씀하신다. 하나님은 이스라엘 백성들을 징계하려 하셨으나 모세의 중보 기도로 말미암아 그 마음을 돌이키시고 그들에게 긍휼을 베푸신다. 여기에서 우리는 자신의 백성들을 향한 하나님의 마음을 엿볼 수 있다.

즉, 백성들의 죄악에도 불구하고 모세의 중보 기도에 응답하셔서 그들이 행해야 할 바를 말씀하신 것은 하나님의 속성屬性이 은혜 베푸시기를 원하시며 긍휼히 여기기를 바라시기 때문이다. 이처럼 하나님은 겸손하고 통회하는 자에게 '영원히는 다투지 아니하며 끊임없이 노하지 아니할'(사 57:15, 16) 분으로 나타나신다.

깨어져 버렸던 하나님과 백성 사이의 언약은 이제 새롭게 정립된다. 곧 돌판이 깨어짐으로 파괴되었던 언약은(출 33:19), 하나님께서 모세에게 돌판을 다시 만들라고 지시하심으로써 재수립된 것이다(출 34:1, 2). 시내산에서 언약을 처음 체결하셨던 때처럼, 부정한 것의 출입이 금지되었고, 하나님은 다시 강림하셨다. 다만 여기서는 하나님의 이름과 속성, 그리고 사랑과 공의의 하나님이 새롭게 선언되고 있다.

하나님과 이스라엘 사이에 있어서, 언약 갱신의 주체자는 물론 여호와이시다. 따라서 언약을 수행하시는 분이 하나님이기 때문에, 이스라엘은 다른 신을 절대로 섬겨서는 안 되며, 구원해 주신 하나님을 기억하는 무교절無酵節을 지키고 또한 3대 절기를 지켜, 이스라엘 주인이 누구인가를 늘 염두에 두어야 한다. 그러나 어디까지나 감사와 사랑의 정신으로 해야 한다.

이처럼 언약의 갱신에 있어서도 주체자이신 하나님께 대한 충성과 순종이 요구되고 있다. 그런 까닭에 하나님은 백성들에게 그들이 해야 할 바를 다시 반복하신다. 하나님께서 말씀하셨던 언약은 십계명과 율례律例를 모두 연결시킨 말씀이다.

이런 의미에서, 갱신된 언약은 하나님이 이스라엘과 처음 세우셨던 언약의 계속이요 요약이다. 이 언약의 말씀은 하나님에 의해 다시 성문화成文化되어 기록되었고, 이스라엘 공동체의 삶에서 끊임없이 적용되어야 할 지침指針 원리로 백성들에게 주어졌던 것이다.

4) 성막의 완성 : 모세가 이스라엘 백성들에게 지시

(1) 이스라엘의 성막 제작

성막을 세우기에 앞서, 또다시 안식일의 중요성이 강조되고 있다(출 35:

1-3). 곧 하나님의 일에는 질서와 순서가 있다(민 2:17; 28:24; 대하 29:35; 고전 14:40). 성막 제작보다 중요한 것은 하나님의 임재를 규칙적으로 경험하는 일이다. 성막 작업에 바쁜 나머지, 하나님과 교통, 교제하는 안식일을 소홀히 할 수는 없는 것이다.

드디어 성막에 필요한 인적人的·물적物的 자원이 총동원된다(출 35:4-38:31). 이런 자원들은 어떻게 준비하는 것이 중요하다. 하나님이 명하신 지시는 맹목적인 의무가 아니라, 자발적인 봉사로 해야 하는 것이다. 모세의 말을 들은 이스라엘 백성들은 마음이 감동되어, 자원하여 예물과 재료들을 즐거운 마음으로 하나님께 바쳤다(출 34:4-29).

성막 제조자들은 하나님에 의해 정해진다. 하나님께서 그들의 마음을 감동시켜, 그들에게 지혜와 총명과 지식과 더불어 일에 대한 능력과 기쁨을 주신 것이다(출 35:30-36:1; 참고▶고전 12:4-11). 그러므로 그들의 일은 자신들이 선택해서 하는 것이 아니라, 무조건 하나님이 시키시는 대로 해야 한다. 백성들의 자발적인 참여와 더불어, 성막에 필요한 일꾼들과 예물들이 풍성히 모아졌다.

따라서 이스라엘 백성들은 최선을 다하여 하나님이 거하시는 처소를 만들면 되는 것이다. 브살렐과 오홀리압 등은 하나님이 명하신 대로 충실히 성막을 지어 나갔다. 성막은 히브리 어 'מִשְׁכָּן미쉬칸'으로써 '거처居處'란 뜻을 가지고 있어, 이는 하나님께서 사람들 가운데 더불어 계시는 장소를 의미한다. 뒷날 건축된 솔로몬의 성전聖殿은 사람과 함께 거하시는 하나님의 집을 상징한다(시 5:7; 65:4; 122:1; 134:1; 겔 48:35; 고전 3:9; 고후 6:16).

또한 성막의 구조물이 금으로, 은으로, 각종 실로 가늘게 꼰 베실로, 나무로 만들어지는 것과 마찬가지로, 하나님의 회중會衆도 서로 다른 많은 지체肢體들로 구성되어 있는 것이다(고전 12:12-31; 엡 2:20-22; 4:11-16). 그러므로 서로 안과 옆을 연連하여진 휘장은 같이 한 몸을 이루고 있는 이스라엘 공동체의 개개인을 가리킨다.

(2) 대제사장의 성의(聖衣) 제작

하나님의 거룩한 장막帳幕에서 하나님을 섬기는 일에 힘써야 할 제사장들은 그에 합당한 의복을 갖춰 입어야 한다(출 39:1-31). 이에 여기서 하나님 앞에 나아가는 자로서 갖춰야 할 제사장 복식服飾의 세 가지 특징을 살펴보면 다음과 같다.

첫째, 제사장의 옷을 성소聖所 안 거룩하신 하나님 앞에서 그분을 거룩히 섬길 때 입는 것으로서, 그 자체가 거룩해야 한다.

둘째, 제사장의 옷은 성소 안에서 지극히 영광스러운 하나님께 그에 합당한 영광을 돌릴 때 입는 것으로서 그 자체 또한 영화롭고 아름다워야 한다.

셋째, 제사장은 성소 안 하나님 앞에서 연약하고 타락한 자신의 육신을 가리우고, 거룩하신 하나님을 섬겨야 했기에 제사장의 옷은 필수 불가결必須不可缺한 것이다(출 28:43).

제사장의 복장은 철저하게 하나님의 명하신 대로 일일이 만들어졌다(출 39:1-31). 이것은 제사장의 옷이 얼마나 거룩한 것이며, 또 그 일이 얼마나 정확하고 신중하게 시행되어야 하는지를 보여 준다. 여기서 아론의 제사장 직분은 그리스도 중심으로 고찰되어야 한다.

예수 그리스도는 친히 자신의 피로 희생이 되신 희생제물이며 제단祭壇이시다(히 7:27; 13:10). 아론과 그의 아들들은, 날마다 자신의 육체를 하나님이 기뻐하시는 거룩한 산 제사를 드리는(롬 12:1) 신약의 신자들처럼, 날마다 하나님께 제사를 드림으로써 제사장 직분을 감당하였다.

그러므로 제사장 옷은 정교精巧하게, 화려하게, 아름답게, 겸손하게, 성결하게, 만들어져야 하는 것이다. 결국 제사장의 의복은 하나님께 특별히 구별되어 헌신獻身되었음을 나타낸다.

그러나 대제사장의 화려한 옷은 자랑하기 위한 것이 아니고, 봉사하기 위한 것이다. 하나님 나라의 성도들이 의義의 흰옷을 입은 것은 하나님을 섬기기 위한 것임과 마찬가지이다(계 3:4, 5).

대제사장의 옷이 화려한 것은, 실상 지극히 놀라운 신령한 뜻을 보여 주려는 것이고, 사람들의 호기심을 만족시키려는 것이 아니다. 그 모든 신령한 뜻이, 신약 시대에 예수 그리스도의 십자가의 속죄 사역使役으로 말미암아 성취되었다.

그러므로 지금은 하나님이 섬기는 자들이 이런 옷을 입을 필요가 없다. 그런 외부적인 복장과 장식裝飾은, 바울의 말과 같이 '초등 학문'이었던 것이다(갈 4:3, 9-11). 이제는 하나님 앞에서 봉사하는 성도와 성직자에게 무엇보다도 성결이 요구된다.

이는 우리의 모든 죄를 정결하게 해 주신 예수 그리스도의 보혈의 공로를 의지하지 않고서는 하나님께 나아갈 수 없음을 말하고 있다(히 10:19-22; 계 7:13-15; 19:7, 8; 22:14).

(3) 이스라엘 백성의 순종과 성막의 준공

이스라엘 백성들이, 성막과 모든 기구들과 제사장의 의복을 모세가 시내 산에서 받은 양식樣式대로 만들어서 모세에게로 가져왔으며, 모세는 하나님의 지시대로 되었는지 확인하였다(출 39:32-41). 이는 우리들에게 모세의 두 가지 면을 보여 준다.

첫째, 하나님의 종으로서의 책임을 다한 모세의 모습이다. 그는 성막 제작에 대한 지시에서부터 제작 과정의 감독, 완성 확인에 이르기까지 철저하게 자신의 사명을 다하였다.

둘째, 하나님 제일주의를 고수固守하고 있는 모세의 모습이다. 즉, 그는 완성된 성막 기구를 검사함에 있어서 하나님께서 명령하신 대로 되었는지 안 되었는지를 기준으로 삼고 있다.

하나님이 모세에게 명령하신 대로 모세는 이스라엘 백성들에게 명령한 바, 그대로 모든 것은 이루어졌다. 그리하여 모세는 이를 흡족하게 여기고 중보자仲保者로서 하나님의 권위를 가지고 백성들을 축복하였다(출 39:42-43).

애굽에서 종 노릇까지 하였던 이스라엘이 하나님과 언약을 맺고 이제 성막을 낙성落成함으로써 제사 제도를 확립하게 된 것은 구속사救贖史에 있어서 일대 획기적인 사건인데 이는 결국 예수 그리스도로 말미암은 영원한 제사와 인류 구원을 예표한다(히 7:11-28).

모세는 하나님의 지시대로 성막聖幕을 세우고, 성막 기구들에 기름을 발라 거룩하게 한 후 정한 위치에 배치하였다. 또한 아론과 그의 아들들도 기름 부음을 받아 영원한 제사장 직분을 부여 받았다. 또한 하나님이 명하신 대로 번제와 소제를 드리고, 아론과 그의 아들들로 하여금 제사장 직분을 행하게 하고, 마지막으로 모세가 성막과 사면의 뜰에 포장布帳을 치고, 뜰 문의 휘장揮帳을 달았다. 이로써 모든 역사役事는 드디어 끝나게 되었다(출 40:1-33).

이 모든 역사는 "여호와께서 명령하신 대로 되니라."에 있다. 모세와 이스라엘 백성들은 여호와의 명령하신 대로 순종하였다. 여호와의 지시대로 순종했다는 표현은 출 39장에서나 출 40장에서 특히 강조되는 것으로, 39장에 7 번, 40장에 7 번 나타나 있다. 7은 '완전'을 상징하는 숫자이다. 하나님의 수학은 철저하고 완전무결完全無缺하다.

출애굽기를 마무리하는 결론 부분(출 39-40장)에서 "하나님의 명령대로 다 행하였다."라는 말씀이 각 장에 정확하게 7 번씩이나 나타나는 것은 결코 우연이 아니다. 이것은 모든 일들이 하나님의 말씀대로 한 치의 오차誤差도 없이, 완전하게 성취되었다는 것을 강조하는 것이다.

여기에서 성막과 그 모든 제도들의 거룩성과 모든 역사役事에 함께하신 성령님의 인도하심을 깨달을 수 있다(출 28:3; 31:3; 35:31).

성막이 하나님께 봉헌奉獻된 후, 하나님의 영광은 구름으로 성막에 가득하였다(출 40:34, 35). 하나님은 광야 생활 내내 자신의 임재를 이스라엘 백성들에게 알려 주셨다. 구름을 통해 나타난 하나님의 임재는 백성들이 만든 성막을 받으셨음을 보장해 줌과 동시에 기꺼이 자신의 백성들과 거주하시겠다는 증거를 보여 준다. 하나님의 임재가 너무나 충만하여 모세조차도 가까이 갈 수 없었다.

이 마지막 출애굽기 40장은 성막의 모든 것 하나하나가 여호와의 임재와 밀접하게 연관되어 있음을 총괄적으로 보여 준다. 백성들 사이에 계신 여호와는 그들과 가까이 계시면서 그들을 보호하고, 인도하고, 지도하고, 복을 주신다.

여호와의 임재는 이스라엘 중앙에 정주定住하시며, 여호와의 임재는 이스라엘을 거룩하게 하시며, 여호와의 임재는 그들의 삶의 자리에, 언제나, 어느 때나 그들 안에 계신다. 신약에서는, 하나님은 자신의 백성들에게 자신의 임재를 성령으로 보장해 주신다(마 10:20; 12:18, 28; 눅 1:35; 요 3:5; 16:13; 행 1:8).

3. 제사와 성결

레위기에는 '제사' 혹은 '거룩'이란 말이 자주 나타난다. 이에 비해 '언약'이란 단어가 총 7 번으로 좀 드물게 나타난다(레 24:8; 26:9, 15, 42, 44, 45). 그렇다고 레위기와 언약 관계를 가볍게 보아 넘겨서는 안 된다. 레위기의 기초가 되는 사상은 '하나님의 임재'와 '시내 산 언약'이다(레 27:34).

따라서 레위기는 시내 산 언약을 바탕으로 하여 기록된 책이다. 하나님께서는 애굽을 탈출한 이스라엘 백성과 시내 산에서 언약을 맺으셨다. 그리고 이스라엘 백성 가운데 함께 거하시겠다는 언약을 이루시기 위하여, 성막을 건립하도록 명령하셨다.

레위기 1-17장은 제사에 대한 언약을 어떻게 행할 것인지를 설명하고 있으며, 18-25장은 언약의 백성들이 무엇을 행할 것인지를 설명하고 있다. 끝으로 26장은 언약에 순종하는 자의 축복과, 불순종하는 자의 저주를 언급한다. 특히 레위기의 마지막 절은 레위기가 시내 산에서 맺은 언약임을 분명하게 증명해 준다(레 27:34).

1) 하나님께 나아가는 길

(1) 제사법

① 이스라엘 백성의 제사

a) 번제 : 번제燔祭는 히브리 어 'עֹלָה올라'로 '올라가다, 사르다, 피어 올리다'의 'עָלָה 알라'에서 유래한 말로 곧 제물이 하나님께로 올라감을 뜻한다. 즉, 번제는 제물을 드리는 자가 하나님께 온전히 헌신하는 것을 뜻하는데, 이것은 번제가 희생제물犧生祭物의 고기를 제사장 몫으로 돌리는 것이 전혀 없이 온전히 하나님께 불살라 드려지는데, 이때 제사장들은 단지 번제물의 가죽만을 가졌다. 번제는 예표적인 의미에서 볼 때 생명 전체를 하나님께 바치는 '온전한 헌신'을 상징한다(레 1장).

'불살라'라는 이 말은 번제의 제단祭壇에서 희생제물을 태울 때 사용되는 전문 용어로서 "불에 태워 향기를 올린다."라는 뜻을 가진 'קָטַר 카타르'에서 유래되었다. 따라서 불사른다는 것은 단순히 태워서 없애 버린다거나 혹은 재로 만들어 버린다는 것을 의미하는 말이 아니라, 하나님께 향기로운 냄새를 올려 드리기 위해 제물을 정성껏 태운다는 뜻이다.

양이나 염소는 제물로서 이 둘은 그 비중이 동등한 단위임을 나타낸다. 그러나 암컷은 수컷보다 비중이 한 단계 아래이다(레 4:22-28). 비중이 높고 낮은 것을 드리는 것은 그 사람의 경제적인 사정에 따라서(레 12:8), 또는 죄악의 경중輕重에 따라서(레 4:3-28), 드려졌으니 하나님께서는 모두 평등하게 받으셨다.

산비둘기나 집비둘기 새끼는 이미 아브라함 시대에서부터 제물로 바쳐진 새이다(창 15:9). 산비둘기는 몸집이 큰 비둘기로서 주로 4-5월경에 많이 나타나는 새이다. 집비둘기는 몸집이 작은 새로서 집에서 기르기도 하지만 주로 야생한다. 이러한 비둘기는 가난한 계층의 사람들이 쉽게 먹을 수 있는 고기의 대용이었다.

하나님께서는 산비둘기나 집비둘기 새끼를 번제물로 바치라는 한 것은 경제적인 사정이 어려워 소나 양, 염소 등을 바칠 수 없는 자들을 위한 배려에서였다(레 12:8). 이것은 구속救贖의 은혜에는 빈부귀천의 차별이 있을 수 없다는 하나님의 자비를 보여 준다.

예수 그리스도와 관련하여는, 이 제사는 장차 그리스도께서 우리 죄인들을 위하여 십자가 위에서 자신을 하나님께 온전한 희생물로 바쳐 구속救贖 사업을 완수하실 것을 상징하며(롬 4:25; 엡 5:2), 성도들과 관련하여는, 이 제사는 모든 성도들이 자신을 하나님께 온전히 산 제사로 바쳐야 할 것을 상징하고 있다(롬 12:1)

b) **소제** : 소제素祭는 피 없는 유일한 제사이나 단독으로 드려질 수 없었고 보통 번제(레 9:17; 출 29:38-42)와 화목제(레 7:11-13)와 함께 드려졌다. 따라서 소제도 피와 함께 드려지는 제사와 같은 격이 되었다(레 2장). 소제는 히브리 어 '**מִנְחָה**민하'로 '선물', '헌물'을 의미하나 그 어원은 '분배하다', '수여하다'를 뜻하는 고어古語에서 유래했다.

이것은 소제가 자신이 직접 재배한 곡물穀物의 알곡 가루를 하나님께 제물로 바쳤기 때문에 기인起因한 말인 것 같다. 이것은 제물을 드리는 자의 순수한 봉사 및 충성을 의미한다. 알곡의 하얀 가루가 부서진 상태에서 하나님께 바쳐지기 때문이다. 또한 소제는 예표적인 의미에서 볼 때 예수 그리스도의 봉사를 의미하는데, 실로 예수께서는 순수하게 오직 하나님만을 위해서 봉사하셨다(요 4:34; 17:4).

봉사와 충성을 상징하는 소제素祭에 소금을 치라는 명령이 주어졌다. 소금은 부패를 막아 원래의 상태를 유지시키는 기능을 하는 것으로서, 소제에 소금을 치라 함은 성도들이 변질됨이 없이 늘 처음의 순전純全함과 열심을 가지고 봉사와 충성의 직무를 감당해야 함을 교훈하는 것이다.

c) **화목제** : 화목제和睦祭에 해당하는 히브리어 '**שֶׁלֶם**쉐렘'은 '보답하다', '배상하다', '다시 주다'의 뜻으로 곧 '보답', '감사의 희생' 등을 뜻한다. 이것은 화목제가 희생제물을 드리는 자가 하나님의 은혜에 감사하여 자원하

는 심령으로 드리는 제사라는 데에서 기인된 것 같다(레 3장).

희생제물은 구약 시대 제사에 있어서 중심이 되는 것이었다. 그러한 희생제물을 드리는 데에는 두 가지 중요한 목적이 있다. 그 첫째는 본래 범죄한 자가 그 죄의 대가로 직접 피를 흘려야 하지만(롬 6:23), 제물이 대신 피를 흘림으로 죄 사함 받는 것이며(히 9:13), 둘째는 그 제물로 인하여 하나님께 대한 헌신과 감사를 표시하기 위한 것이다.

화목제는 크게 세 가지로 나누는데 감사제와 서원제誓願祭와 자원제自願祭이다(레 7:15-16). 감사제는 하나님의 은혜와 축복에 감사해서 드리는 제사이며, 서원제는 서원하는 제물을 드리는 제사이다. 자원제는 낙헌제樂獻祭로서, 하나님께 자발적으로 먼저 드리는 제사이다.

화목제는 그리스도께서 하나님과 인간 사이를 화목하게 하신 것을 상징한다(골 1:20). 곧 그리스도는 십자가에서 피 흘려 죽으심으로 인간의 죄를 깨끗이 사赦 하셨는데(엡 1:7; 요일 1:7) 인간으로 하여금 하나님께 나아갈 수 있도록 율법의 요구를 이루어지게 하셨다(롬 8:4).

화목제에도 희생犧牲의 피가 반드시 요구되었던 것은 바로 이 사실 곧 하나님과 인간 사이의 친교나 화평의 관계는 오직 그리스도의 보혈의 공로를 통해서만 가능하다는 사실을 상징하기 위함이었다(롬 3:25; 엡 1:7; 골 1:20; 히 9:22; 10:19; 계 1:5).

d) 속죄제 : 속죄제贖罪祭는 히브리 어로 '**חַטָּאת**하타트'이며, 기본 어근인 '**חָטָא** 하타'는 '과녁에서 빗나가다'라는 뜻이다. '**חַטָּאת**하타트'는 '죄'와 '속죄제'를 동시에 의미한다. 죄는 고의적인 죄와 무의식적인 죄를 모두 포함한다. 제물을 드리는 것으로 무조건 죄가 해결이 되는 것은 아니다.

먼저 죄에 대한 철저한 자각과 통회와, 제물의 안수를 통한 죄의 전가轉嫁 이후에 제물을 드려야 한다. 이는 하나님께 속죄 받기 위해서는 철저한 죄인 의식과 예수의 보혈의 의지依支가 무엇보다도 필요함을 일깨운다(레 4:23-24).

속죄제는 범죄한 인간의 죄를 속죄하기 위한 제사로서 크게 네 가지로 나뉜다(레 4장). 첫째, 기름 부음 받은 제사장(특히 대제사장을 가리킴)의 속죄제. 둘째, 이스라엘 전체 백성의 속죄제. 셋째, 백성의 지도자를 위한 속죄제. 넷째, 일반 백성을 위한 속죄제이다.

속죄제로 드리는 예물은 각각 다르지만 방법은 같다. 대제사장은 백성 중의 한 사람으로서 온 백성을 대표하였다. 따라서 대제사장의 죄는 온 백성에게 화禍를 미쳤다. 속죄의 세 가지 원리는 ① 대속물(수송아지) ② 대속물과 일치(머리에 안수하고) ③ 대신 죽음(잡을 것이요) 이다.

이와 같이 속죄제의 규정을 나누는 것은 신분의 차이에 따라 죄의 무겁고 가벼움이 다르기 때문이며, 죄의 비중에 따라 제물도 달라지기 때문이다. 이처럼 제물의 등급을 매긴 이유는 첫째, 장차 전 인류를 단번單番에 그리고 영원히 대속代贖하기 위해서는 더 귀하고 값진 제물이 필요하다는 사실을 계시啓示하기 위함이었으며(히 9:1,14), 둘째, 가난한 자들을 위한 배려 때문이다.

성막을 깨끗하게 하는 가장 큰 목적은, 하나님께서 성막에 계속 임재臨在해 계시도록 하기 위함이었다. 속죄제의 피는, 죄로 더럽혀진 성막을 깨끗하게 하는 데 사용되었다. 속죄제의 피로 인하여 죄가 씻겨졌기 때문이다. 피 흘림 없이는 죄 사함이 없다(히 9:22).

왜냐하면 제사 의식상祭祀儀式上의 모든 피는 장차 십자가상十字架上에서 흘려질 예수 그리스도의 보혈을 상징하기 때문이다. 따라서 피를 흘린 것은 용서를 뜻한다.

그러나 구약의 제사 제도는 오늘날 더 이상 연장되지 않는다. 이는 예수 그리스도의 오심과 구속 사역인 십자가의 보혈로 완벽히 성취되었기 때문이다. 다만 피 흘림을 통해 구원에 이른다는 피 제사의 원리를 비롯한 레위기의 입법의 취지들이 신약 시대에도 엄연히 살아 있다.

신약 시대에는 예수의 죽으심이 우리를 정결하게 하신다. 예수는 참 대제사장이시다. 아론과 그의 아들들은 단지 오실 예수 그리스도의 예표豫表

에 불과하다. 예수는 동물의 피가 아닌 자신의 피를 가지시고, 단 한 번에 지성소에 들어가셔서 우리의 영원한 구원을 완성하셨다.

동물의 피도 죄인의 육체를 깨끗하게 했는데, 하물며 예수 그리스도의 보혈은 더 말할 나위도 없다. 오히려 동물의 피로써 할 수 없었던 부분까지도 온전穩全히 채워 주셨다(히 9:12-14).

이제 신약 시대의 성도들은, 예수의 피로 인하여 떳떳하게 지성소至聖所로 들어가게 되었다. 그의 피로 인하여, 우리의 양심과 몸까지도 깨끗하게 되었기 때문이다. 레위기 4장은, 죄가 지성소를 더럽혔다는 사실을 명백하게 가르쳐 준다.

죄로 더럽혀졌기 때문에, 하나님이 그의 백성 가운데 거하실 수 없다. 비록 이스라엘 백성이 선택된 백성이었지만, 죄로 더럽혀진 경우에는 하나님께서 함께하시는 특권을 누릴 수 없었다(레 10장; 민 14장).

이런 이유 때문에 하나님께서는 죄를 깨끗하게 하는 제사를 명하셨던 것이다. 마찬가지로 그리스도인들은 죄로 인하여 "성령을 근심하게 하지 말라."(엡 4:30)라고 성경은 언명한다. 신약 시대에 하나님은 믿는 자들 안에, 성령을 통하여 함께 거하시며, 중재仲裁하신다(엡 2:22). 그리스도인은 성령과 동행하면서, 동시에 성령의 권능과 지혜로 충만하게 되어야 한다(갈 5:25; 엡 5:18).

e) 속건제 : 속건제贖愆祭는 히브리 어로 'אָשָׁם아샴'으로서 '죄과罪過', '과오過誤', '범과犯過' 등을 의미한다. 이것은 속건제가 속죄제와는 달리 주로 하나님의 성물聖物이나 인간에게 해를 끼치며 범과한 죄를 속하기 위한 제사임을 나타낸다.

즉, 속건제는 성물이나 사람에게 해를 끼치며 범죄하였을 때 손해 배상으로 오분의 일을 더 내며 속贖하는 제사이다. 또한 여호와의 금령(계명) 중 하나를 범하였을 때에도 하나님께 갚는다는 의미에서 속건제가 드려졌다(레 5:1-6:7).

이때에 그 죄는 사해졌는데, 이것은 이 속건제 속에 속죄贖罪의 의미도 포함되어 있음을 의미한다. 이것은 하나님과 공의와 거룩성을 나타낸다. 하나님의 공의와 거룩성은 죄에 대한 속죄를 요구하실 뿐만 아니라 손해를 끼친 그것에도 덧붙여 배상賠償하기를 원하신다.

***속죄제(贖罪祭)와 속건제(贖愆祭)의 다른 점**

첫째, 제물이 다르다. 속죄제는 소·염소·양·비둘기·고운 가루를 드렸지만, 속건제는 오로지 흠 없는 숫양을 드렸다. 둘째, 속죄제는 남은 피를 번제단 밑에 쏟았으나, 속건제는 쏟지 아니했다. 셋째, 속건제는 언제나 개인적인 제사였지만, 속죄제는 집단적인 제사도 포함했다.

동물의 머리에 손을 얹고 죄를 전가轉嫁시키는 문제를 속건제에서는 언급하지 않았는데, 당연한 일이기에 생략된 것으로 본다. 끝으로, 속건제는 속죄제와 달리 특별한 경우에도 드려졌다. 곧 나병자가 정결함 받은 후에(레 14:8-12), 또한 나실인이 부정한 허물을 용서 받기 위해(민 6:1-12) 속건제를 드렸다.

한편 속건제와 속죄제의 차이점은 있었으나, 후대에 가면서 그 구분이 명확하지는 않았다. 즉, 속죄제가 하나님의 계명에 분명히 나타난 어떤 율법을 어겼을 경우 그것을 속贖함 받기 위해 드린 제사인 반면, 속건제는 인간 상호 간이나 혹은 하나님의 성물에 대해서 범과犯過했을 때 그것을 속함 받기 위해 드린 제사이다.

이때 범법자犯法者는 손해를 입힌 사람이나 성물聖物에 대하여 그 피해액의 5/1을 더 배상한 후에야 비로소 하나님께 속건제를 드릴 수 있었다. 그리고 속건제는 속죄제와 달리 언제나 개인적인 것이었다.

그러므로 속죄제는 본래 하나님께 대하여 범한 죄(1-4계명까지)를 속하기 위한 것이었고, 속건제는 인간 상호 간에 득죄得罪한 것들(5-10계명까지)을 속하기 위한 것이다. 그러나 그 구별이 모호할 때가 많아서(눅 15:18), 결국에는 속죄제와 속건제가 거의 구별 없이 함께 드려졌다(레 5:6).

모세의 율법은 당시 많은 성문법成文法들의 그 체제體制와 내용 면에 있어서 많은 유사점類似點을 가지나, 그 근본 사상에 있어서 몇 가지 엄격히 다른 특징들을 지닌다. 그중에서도 가장 큰 특징은 모세 율법이 가지는 신본주의적神本主義的 정신이라고 할 수 있다.

즉, 다른 고대 성문법들은 모든 인간의 도덕적이며 윤리적인 기준 하에서 사회를 유지하려는 목적으로 주로 집권자들에 의해 제정되었다. 그러나 모세 율법은 종교적 규례規例뿐만 아니라 모든 사회적 규범規範과 개인적 의무, 책임들 모두가 하나님과의 관계 안에서, 하나님에 의해서 규정規定된 것이다.

그러므로 이웃 관계에서 파생派生된 잘못도 결국 하나님께 대한 죄로 여겨져 상대방뿐만 아니라 하나님 앞에서도 이에 대한 책임과 대가代價를 치러야 했던 것이다.

② 제사에 관한 제사장의 직무

레위기 1:1에서부터 6:7까지는 5대 제사에 있어서 '제물의 종류나 내용'에 대한 백성들의 의무를 언급했으나, 레위기 6:8에서부터 7:38에서는 제사 드리는 일을 직접 담당하는 제사장들이 '어떤 절차와 방법으로' 각 제사를 드리며 또한 어떻게 제물을 처리해야 하는가에 대한 규정을 말하고 있다.

이처럼 하나님께서 제사의 종류, 방법, 절차에 대하여 구체적으로 지시하고 있는 것은 모든 제사의 기원起源 및 방법이 하나님께 근거하고 있다는 사실을 분명히 일깨워 결코 인간적인 요소가 개입되지 못하도록 하기 위함이었다.

a) 번제에 관한 제사장 직무 : 번제燔祭 드릴 때 제사장이 행할 규례는, 번제단의 불이 꺼지지 않도록 관리하는 일로 제사장의 주요 임무 가운데 하나이다. 맨 처음 제사를 드릴 때 하나님께서 번제단에 하늘의 불을 내려 주셨다(레 9:24). 그 불을 계속 보존하여 '여호와의 불'로만 제사를 드려야 했다(레 10:1, 2). 제사장의 또 다른 임무는 번제물의 재를 처리하는 일이

다(레 6:8-13).

번제단燔祭壇 위의 불은 항상 피워 꺼지지 않게 해야 했다. 그것은 바로 성도의 변함없는 충성과 헌신을 상징하는 번제물을 날마다 드리도록 하는 데 그 목적이 있다. 이는 결국 성도들이 항상 하나님 앞에 진정한 예배의 불을 피워 헌신을 다짐해야 하며, 단 하루라도 하나님과 교제하는 일을 게을리하지 말아야 함을 보여 주는 것이다.

제사의 절차와 방법에 대한 제사장의 직무를 언급하는 까닭은, 인간은 죄로 인하여 직접 하나님 앞에 나아갈 수 없으며 반드시 자신의 연약함을 중보해 줄 제사장이 필요했기 때문이다. 하지만 구약의 제사장은, 단번에 완전한 제사를 드리심으로써 그 믿는 자에게 산 길을 열어 놓으신 그리스도의 그림자일 뿐이다(히 10:19, 20),

b) **소제에 관한 제사장의 직무** : 백성의 소제素祭와 제사장의 소제에 있어서의 제사장의 역할을 말한다(레 6:14-23). 그 방법은 제주祭主가 가져온 제물 중 일부는 유향乳香과 더불어 태우고, 그 나머지는 누룩을 넣지 않은 채 제사장이 먹는 것이다.

소제 가운데 기념물을 제외한 나머지는 제사장의 몫이 되었다. 제사장은 자기 몫을 거룩한 장소, 곧 성막 뜰에서 먹었다. 먹는 행위도 제사의 일부분이었다. 이것은 신약 시대의 성도들이 제물 되시는 예수의 피와 살을 믿음으로 먹는 것과 비교될 수 있다(요 6:53-56).

한편 소제는 비록 희생 제사는 아니더라도, 성도에게는 제사장의 중보가 반드시 필요하였다. 이것은, 신약 성도들의 경우 그 어떠한 선행도 그리스도의 보혈의 공로를 힘입지 않고는 하나님께 열납悅納될 수 없음을 교훈하는 것이기도 한다.

c) **속죄제에 대한 제사장 직무** : 이스라엘 백성 개인을 위한 속죄제와 온 회중 및 제사장을 위한 속죄제를 구분하여 지침을 제시한다. 즉, 속죄제물의 취급법으로서, 희생제물犧牲祭物을 잡는 곳, 제물 취식자取食者와 그 장

소, 거룩한 희생제물의 접촉에 따른 해결법 및 제물 소각법燒却法이 소개되었다. 하나님께 바쳐진 것은 모두 거룩한 것으로서, 일상의 것과 반드시 구별되어야 한다.

지도자와 개인을 위한 속죄제의 경우, 콩팥과 기름을 제외한 모든 고기는 제사장의 몫이었으며, 회막 뜰 거룩한 곳에서 먹을 수 있다. 그러나 온 회중 및 제사장을 위해서, 지성소까지 가져간 속죄제물은 먹어서는 안 되었고, 이 두 가지 경우에, 속죄제의 고기는 진陣 밖에서 모두 불태웠다.

또한 희생의 피를 회막 안 성소의 휘장 앞에서 일곱 번 뿌리고 분향단 뿔에 발라야 했다(레 4:67, 17, 18). 특히 이 속죄제의 제물은 다른 것보다 더욱 거룩하였으므로, 그것을 담았던 용기의 뒤처리도 훨씬 더 세심해야 했다. 이는 하나님께 속한 모든 것들을 거룩하게 보존되어야 함을 시사한다.

d) 속건제에 대한 제사장 직무 : 속건제의 제물은 언제나 흠 없는 숫양이다. 속건제贖愆祭에 관한 규정들 중, 피를 뿌리는 방법, 생명을 유지시켜 주는 힘으로 간주되는 기름 부위 처리법 및 제사장 몫으로 주어진 제물을 먹는 법과 나누는 법 등은 속죄제의 경우와 매우 흡사하다. 이는 두 제사 모두 그 목적이 동일하게 하나님과의 화해이기 때문이다.

속건제가 번제와 소제 제사의 두 가지 제사를 드렸을 때, 특히 굽거나 부치거나 삶은 소제물은 그 제사를 집행하는 제사장만이 먹었다. 다른 경우는 여러 제사장들에게 균등히 분배되었다(레 7:9, 10; 민 18:8-20; 고전 9:13). 하나님께서는 신령한 일을 행하는 자들에게 합당한 보수를 주신다.

한편 하나님께 온전히 드릴 것(피, 기름)과 제사장 몫으로 할당되는 것(고기)이 엄격히 구분됨으로써 생명의 궁극적인 소유가 오직 하나님 자신임을 강력히 시사한다(레 17:11; 창 9:4, 5). 이렇듯 세심한 제사 방법에 대한 지침은, 하나님께 드리는 제사에 대하여는 시극히 거룩하게, 온진하게 드려야 함을 가르친다.

e) 화목제에 관한 제사장 직무 : 여기서는 제물을 드리는 자에게도 제물

의 몫이 돌려지는 유일한 제사인 화목제和睦祭에 대한 제사장 직무를 언급한다(레 7:11-36). 화목제에 필요한 부속물附屬物, 화목제물의 식용食用 가능 기간, 화목제물의 거룩성 유지 명령, 화목제물 중 식용 불가능 부분, 화목제물 중 제사장 몫 등이 기록되어 있다.

화목제물은 헌물자獻物者도 같이 먹을 수 있었다. 제물로는 희생 동물과 함께, 누룩을 넣지 않고 만든 떡인 무교병無酵餠, 누룩을 넣지 않고 번철燔鐵에 지진 떡인 무교전병無酵煎餠, 누룩을 넣어서 만든 떡인 유교병有酵餠을 바쳤다.

유교병이 화목제의 경우 특별히 허용된 것은 화목제는 친교와 화평을 도모하는 축제의 공동 식사를 겸한 제사였기 때문이다. 그러나 이 경우에도 유교병은 여호와의 제단祭壇 위에 올려질 수 없었고(레 2:12), 다만 다른 무교병들과 함께 준비되었다가 제사 음식으로만 사용되었다.

화목제의 종류는 감사제·서원제·자원제가 있다. 화목제는 그 종류에 따라 먹을 수 있는 기간이 다르다. 즉, 감사제의 경우에는 제사 드린 당일에만 먹을 수 있었고, 서원제와 자원제의 제물은 이틀 동안 남겨 둘 수 있었다.

이웃과 친지들을 함께 나누어 먹도록 하기 위한 조치이다. 만약 먹다 남은 고기가 생겼을 경우 그것은 불태워 없애야 했다. 이것은 하나님께 바쳐진 성물聖物에 대한 존중 사상에 그 근거를 둔 것이다.

화목제에 있어서, 특히 백성들에게 제사장보다 더욱 많은 제물의 몫을 허용한다는 점이 이 제사의 특징이라 할 수 있다. 이같이 하는 이유는, 백성들로 하여금 그 제물을 먹으면서, 하나님과의 화평 유지에 더욱 힘쓰도록 다짐하게 하기 위함이다.

이처럼 화목제는 그리스도를 통해 이루어질 하나님과 인간 사이의 완전한 화해와 교제를 상징한다(고후 5:17-21).

(2) 제사장의 성결과 위임

① 제사장의 성결

제사장들은 백성들을 대표해 하나님 앞에 나아가 중보의 역할을 감당하는 자로서, 성별聖別됨과 거룩함을 겸비兼備해야 했다(레 8:1-13). 이러한 제사장의 성결은 이전에 모세가 하나님으로부터 성막 제도에 대한 제반 규례들을 지시 받을 때(출 29:19) 주어졌던 것으로, 이제 모든 제사 규례에 대한 규정이 주어진 후에 시행되고 있는 것이다.

히브리 어 원어에 있어서 '거룩해진다', '구별된다', '성결한 자로 된다'는 동사 'קדש 카다쉬'는 '거룩하게 되어진다', '성결해진다'는 것으로, 분리하는 것을 의미하고, 사람 또는 물건을 하나님을 위해 '거룩한 것으로써 나누는 것'을 가리킨다(출 29:31).

이것에는 윤리적 의미도, 도덕적 깨끗함도 포함되어 있지 않은 용어였다. 다만 하나님은 거룩하시고, 하나님의 거룩하심에 참여하여, 하나님의 것으로 되는 것이다. 따라서 이 모든 성결은 하나님과의 관계이고, 하나님의 거룩하심에 가까이 나아가는 사람이나 물건 및 장소나 절기가 거룩하게 되고, 성결하게 되는 것이다.

모세의 성막(출 33:7-11), 언약궤(왕상 8:1-11), 성전, 성전 기물聖殿器物, 제사장, 월삭, 안식일(암 8:5) 등은 성결한 것으로 되었다. 하나님과의 관계를 끊어서는 성결해지지 못한다.

이스라엘 민족은 성결 또는 성별된 민족이었는데 거룩하신 하나님에의 불순종에 의해 여러 가지의 심판을 받은 것이다. 뒤에 성결이 도덕적, 윤리적 의의를 포함하기도 했는데, 어느 것도 기준이 아니라, 하나님과의 관계에서 문제되어 있다.

"너희는 거룩하라 나 여호와 너희 하나님이 거룩함이니라."(레 19:2)라는 말씀이 전형적으로 보여 주듯이, 구약에 있어서의 성결, 성화聖化는, 하나님께 대한 복종服從이고, 하나님께 소속하는 일이었다. 그러므로 제사장의 성결은 온 인류의 대제사장 되신 그리스도의 거룩을 예표한다.

그리스도께서는 그의 사역을 감당하시기에 앞서 물과 성령으로 실제적인 성결 의식을 치르셨는데, 이는 비록 그리스도 자신은 무흠無欠하고 거룩하신 분으로 이 같은 성결 의식이 소용없었으나, 그를 통하여 온 인류가 성결되게 죄 씻음을 받아야 함을 교훈하기 위해 모든 사람을 대표하여 그 같은 성결 의식을 치르신 것이다(마 3:13-17; 눅 3:21, 22).

② 제사장의 위임

제사장을 세우라는 하나님의 명령에 따라 모세는 아론과 그 아들, 곧 제사장들에게 하나님께서 주신 계시(출 28장)에 따라 만든 의복을 입혔다(출 36:1-39:1). 특히 이러한 의복은, 백성의 중보자라는 특별한 신분을 외형적으로 나타내기 위하여, 그리고 완전한 중보자이신 그리스도의 사역과 인격을 예표하기 위하여, 또한 하나님 앞에 나아가는 자로서의 성별됨과 거룩함을 유지하기 위해 반드시 필요했다.

모세가 제사장에게 기름 부음을 시행하는 이러한 의식은 하나님 앞에서 성별되고 특별한 사역을 부여 받은 자에 대한 공증公證이며, 하나님의 신神(영靈)이 기름 부음 받는 사람에게 임재하신다는 것에 대한 가시적可視的 표현이다. 이는 하나님께 부름 받은 성도들이 성령의 권능을 힘입어 사역使役을 감당해 나아가야 함을 보여 준다.

이 위임식委任式에 관한 명령은 이미 출애굽기 29장에서 모세가 성막의 제도에 관한 여러 법을 지시 받을 때 함께 받은 규례이다. 그러나 이 위임식 제사는 제사 제도가 지시되고 규정되기 전까지는 수행遂行할 수 없었기 때문에 모든 제사 제도에 관한 규례가 지시된 후(레 1-7장)에야 비로소 수행될 수 있었다.

이 위임식 제사는 번제나 소제 같은 제사祭祀의 한 종류가 아니라 '제사장 위임'이라는 특별한 목적을 위해 시행됐던 특별 제사였다(레 8장).

즉, 위임식 제사는 온 회중이 집결한 공개적인 장소에서 시행되었는데,

먼저 세움을 입을 제사장을 데려다가 그 몸을 씻도록 하고, 속옷과 겉옷을 입힌 후 띠를 띠우고 흉패胸牌를 붙이며 거기에 우림과 둠밈을 넣고 머리에는 관冠을 씌운다. 다음으로 관유灌油로써 그 머리에 부어 거룩히 구별한 후 속죄제贖罪祭와 번제燔祭 및 화목제 和睦祭를 드린다.

이러한 위임식 기간은 7 일 간 계속되었는데 이 기간 중 제사장은 회막에서 나오지 못했다. 제사장 위임식은 일주일 동안 매일 반복되었다. 이처럼 위임제를 반복하여 드린 까닭은, 하나님과의 영적 결속을 완전하게 하기 위함이었다. 제사장들이 그 기간 동안 회막문에 거하며 철저하게 자신을 성별했던 것은 성도들에게 하나님의 백성으로서의 성별된 삶이 요구됨을 보여 준다.

하나님 앞에서 백성들의 죄를 대속代贖하기 위한 중보자로서의 아론과 예수 그리스도는 모두 대제사장 大祭司長의 직분을 감당했다. 그런데 이 두 제사장 간에는 엄격한 차이점이 발견된다.

*** 아론과 예수 그리스도의 제사장 직분의 차이점**

첫째, 대제사장 아론은 인간으로서 가지는 죄성罪性과 연약軟弱함으로 인해 자기를 위한 속죄제를 필요로 하나 예수 그리스도는, 죄와는 전혀 무관하신 거룩한 분이심으로 그러한 속죄제가 필요하지 않다는 점이다.

둘째, 아론이 제물로써 많은 짐승의 피를 흘려 희생 제사를 반복해야 했음에 반해, 예수께서는 자신의 피를 흘려 단번에 영원한 속죄를 이루는 희생 제사를 드렸다는 사실(히 9:12, 25).

셋째, 율법의 규례와 명령에 따라 제사를 집전執典한 아론에 비해 예수께서는 자발적으로 하나님의 뜻을 이루었다는 사실(히 8:4).

넷째, 아론은 하늘 성소의 모형模形인 성막 聖幕에 들어가 제사했으나, 예수께서는 지금도 하늘 아버지의 우편에 계셔서 우리들을 위해 중보의 직무를 다하고 계시다는 사실이다(히 9:24).

제사장 위임을 위한 제물은, 수송아지는 속죄제를 위한 것이었으며, 숫양 두 마리 중 한 마리는 번제로, 다른 한 마리는 화목제로 각기 드렸다(레 8:14-29). 결국 제사장을 성별하는 위임식에서는 먼저 속죄제를 드려 죄사함을 받았고, 다음에 번제를 드려 전적 헌신 및 충성을 다짐했으며, 마지막으로 화목제를 드려 하나님께 감사와 찬송을 돌렸음을 알 수 있다.

a) **제사장 위임을 위한 속죄제** : 이 속죄제는, 제사장의 임직을 위한 본격적 제사인 위임제가 드려질 때에 하나님이 임재하실 곳을 성결하게 하며, 또한 위임제를 드리는 제사장 자신들을 먼저 하나님 앞에 성결하게 하기 위해 드려졌다.

b) **제사장 위임을 위한 번제** : 속죄제가 하나님과의 막힌 담을 허는 역할을 하였다면, 여기의 번제는 백성들의 중보자 된 제사장들이 하나님께 대한 헌신을 다짐하는 의미를 가졌다. 제사장들은 이 제사를 통하여 그 제물이 남김없이 모두 태워지듯이, 자신들도 죽도록 충성을 다할 것을 다짐했던 것이다.

c) **제사장 위임을 위한 화목제** : 제사장의 위임식이 화목제의 형식으로 거행擧行되는 까닭은, 먼저 하나님과 화목을 이룬 자만이 다른 백성들과 하나님 사이를 화목하게 할 자격이 있기 때문이다.

한편 피의 일부를 제사장의 귀와 손가락, 발가락에 발라 제사장을 성별시키는 일을, 모세가 하나님의 명을 받들어 준행하는 것은 그가 하나님의 대리자였음을 상징한다(레 8:36).

③ 제사장의 집례(執禮)

아론과 그 아들들인 제사장들에 의해 첫 제사가 시행된다. 우선 아론은 자신을 포함한 제사장들을 위해 속죄제와 번제를 드린 다음 회중들을 위한 속죄제, 번제, 소제, 화목제를 드렸다(레 9:8-21).

그런데 여기서 아론이 자기를 포함한 제사장들을 위한 제사를 드렸다는 것은, 인간 대제사장의 연약성軟弱性을 보여 주는 단적 증거이다(히 7:27-28).

결국 이러한 사실은 그리스도의 출현의 필연성을 암시한다고 할 수 있다.

한편 회중을 위한 제사 중 속죄제가 제일 먼저 드려진 것은, 이 제사를 통하여 하나님과의 관계가 회복된 후에야 비로소 헌신이나 감사도 가능하기 때문이다. 결국 회개를 전제한 예배만이 하나님께 열납될 수 있는 것이다(레 9:22-24).

최초로 드린 제사가 하나님께 기쁘게 열납悅納되었지만, 아론의 두 아들 나답과 아비후가 그들의 불성실함으로 인해 하나님께서 명하시지 아니한 다른 불로 분향을 드리다가 하나님의 진노의 심판을 자초自招하여 죽임을 당하였다.

즉, 아론과 그 아들들은 매일 아침저녁으로 등불을 끄고 켤 때에 향을 살라야만 했는데(출 30:7,8), 이때 향불은 반드시 번제단 불만을 사용해야 했다(레 16:12; 출 27:3; 민 16:46). 그러나 나답과 아비후는 번제단의 불이 아닌 다른 불을 가져다가 향을 살랐기 때문에 그들은 하나님의 진노의 불로 죽임을 당하였다(레 10:1-7).

아론의 두 아들 나답과 아비후가 잘못된 불을 드린 실수는 작은 듯하지만 하나님의 거룩하신 속성상 결코 용납될 수 없었다. 이는 하나님의 명령에 대한 철저한 순종, 하나님 경외敬畏에 있어서의 진정성과 거룩성의 필요를 교훈한다.

정녕丁寧 하나님께서는 그들에게 합당한 분향焚香의 방법을 세밀하게 명령해 주셨음에도, 불성실不誠實하고 안일安逸하게 하나님의 말씀을 대했던 그들은 엄청난 진노震怒의 불을 받아야 했다.

이는 하나님께서 제시하신 속죄 제사법 곧 예수 그리스도로 말미암은 구원의 길을 통하여 하나님께로 나아오지 아니하고 인위적인 다른 길로 나아오는 자는 결단코 영생의 구원을 받지 못하고, 영벌永罰의 심판을 당한다는 사실을 예표한다.

이에 그리스도께서는 자신이 길이요 진리요 생명이라 말씀하셨으며(요 14:6), 사도使徒 베드로도 예수 그리스도 이외에 천하 인간에 구원 얻을 만한 다른 이름을 주신 일이 없다고 역설하였던 것이다(행 4:12).

잘못된 불을 드림으로써 두 제사장이 죽임을 당하는 사실에 이어 하나님의 진노를 초래할 수밖에 없는 또 다른 제사 행위는, 포도주나 독주毒酒를 마신 제사장에 의해 집전執典되는 제사이다. 이처럼 제사장의 음주飮酒를 금하는 것은, 거룩한 제사는 성령에 의지하여 맑고 경건한 정신으로 드려야 온당하기 때문이다(엡 5:18).

또한 제사장이 자신의 몫을 챙기지 아니한 것이 문제가 되는 근본적인 까닭은, 제사장은 희생제물의 고기를 먹음으로써 그 대속의 죽음에 상징적으로 동참하여 제주祭主의 죄를 속贖하는 사명使命을 지녔기 때문이다(레 10:12-20).

제사장을 통해 하나님께로 나아가는 이 원리는 신약 시대에도 적용된다. 다만 그 제사장은 아론의 반차班次를 따르는 육신의 제사장이 아니라 하늘로부터 내려오신 영원한 대제사장 그리스도이시다(히 7:24-27). 따라서 오늘날 성도들은 그리스도를 통하여 하나님의 보좌寶座 앞으로 담대히 나아갈 수 있는 것이다.

(3) 정결법

① 정결한 짐승과 부정한 짐승

정결한 짐승과 부정한 짐승에 대한 규례이다(레 11:1-47). 이러한 짐승의 정·부정不淨 부분은 노아 시대부터 있었다(창 7:2, 3, 20). 이러한 구분의 원인은 인간의 타락이 짐승에까지 영향을 미쳤기 때문이다(사 24:1-5; 롬 8:19-22).

모세 율법 속에 나타난 정·부정의 구별은 하나님의 백성을 모든 부정한 것들로부터 분리시켜 거룩하신 하나님의 백성으로서 마땅히 갖추어야 할 정결함과 의義를 유지시키고자 하는 것이다.

한편 노아 시대 때의 구분은 제물용의 적부適否에 따른 것이었으나 레위기 11장의 구분은 식용食用의 적부에 따른 것이다. 여기서는 다음 세 가지 이유가 복합複合된 것으로 보여진다.

첫째, 위생학적衛生學的이고 섭생적인 이유 – 식용이 금지된 동물 중 대부분은 위생적으로 불결하며 병을 옮기는 동물들이다.

둘째, 종교 의식상 이유 – 어떤 동물들은 그것이 이교異教의 제사 의식에 관련되었기 때문에 부정한 것으로 간주되었다.

셋째, 생태학生態學 및 그 상징에 따른 이유 – 어떤 동물들은 그 생태학상 포악暴惡이나 간교奸巧 등 이방적異邦的 요소나 사탄적 요소를 상징하고 있는 것으로 간주되어 식용食用이 금지되었다.

여하튼 이러한 구분의 근본 목적은 택한 백성을 부정한 것들로부터 분리시키는 정결의 거룩한 백성으로 자라나도록 하는 데 있었다. 오늘날 구약 시대의 이러한 외적 구분법은 적용되지 않는다. 그것은 그러한 정·부정의 구별이 그리스도로 말미암아 그리스도 안에서 충족充足, 폐기廢棄, 승화昇華되었기 때문이다(행 10:9-16; 롬 14:14).

즉, 십자가의 죽음과 부활을 통해 죄를 이기시고 의義를 이루심으로써 율법을 완성하신 그리스도 안에서 정·부정의 구별 개념이 변화된 것이다. 그리하여 그리스도 안에 있으면 정한 것이요, 그렇지 못하면 부정한 것이라고 하나님 앞에서 법적 판단을 받게 된 것이다.

따라서 오늘날의 정·부정의 구분은 그 기준이 그리스도께 속했느냐 혹은 속하지 아니했느냐에 따라 나누어진다고 볼 수 있다. 이런 의미에서 사도 바울은, 그리스도께 속하지 않는 모든 "악은 모양이라도 버리라."(살전 5:22)라고 가르침으로써, 신약 시대 성도의 올바른 마음 자세를 일깨워 주었던 것이다.

② 출산의 규례

해산解産한 여인의 부정과 정결에 대한 규례이다(레 12장). 여기서는 출산으로 인한 부정의 제거를 언급한다. 아이를 낳는 일 자체는 부정한 일이 아니라 오히려 하나님이 주신 복이었다(창 24:60; 30:2). 인간의 타락으로 말미암아 저주詛呪와 징계懲戒의 성격을 갖게 되었다(창 3:16).

때문에 출산 시 생기는 출혈 등은 인간을 오염시키는 부정한 것으로 취급되었으며, 아들 출산의 경우 출산 후 40 일 동안, 그리고 딸의 출산 후 80 일 동안 각각 부정한 자로 취급되었다. 타락의 원인이 여자에게 있었던 사실과 무관無關하지 않을 것이다(창 3:1-7; 고후 11:3; 딤전 2:1, 14).

산모는 규정된 정결 기간이 지난 뒤 속죄제를 드려 하나님과의 화목을 회복하며, 번제를 드려 하나님께 대한 헌신을 다짐해야 했다. 특히 여기서 속죄제를 드림은 모든 부정은 대속代贖의 피 곧 그리스도의 중보 사역을 통해 사赦해짐을 상징하는 것이라고 볼 수 있다.

③ 나병(癩病)의 규례

나병(צָרַעַת 짜라아트)의 진단에 대한 규례이다(레 13-14장). 나병은 의사 대신 제사장이 진단하여 종교적인 규례로 다스렸다. 이는 정결淨潔함과 거룩함의 중요성을 가르치기 위함이었다. 'צָרַעַת 짜라아트'는 오늘날 생각하는 한센병보다 훨씬 더 광범위한 뜻으로 사용되었다. 곧 곰팡이균에 의하여 발병되는 모든 종류의 '피부병'이 '차라아트'였다.

성경에서는 사람뿐만 아니라 의복이나 건물에까지도 나병의 증세症勢가 나타난다고 기록하였다. 레위기 13장은 나병이 사람에게 나타난 경우와 의복에 나타난 경우로 구분되어 있다(레 13:2-46, 47-59). 나병이 건물에 나타나는 경우는 레 14:33-53에 기록되어 있다.

본문(레 13장)을 구체적으로 보면, 색점色點이 생기는 나병(1-8절), 흰점이 생기는 나병(9-17절), 종기腫氣가 생기는 나병(18-23절), 불에 뎀으로 말미암아 생기는 나병(24-28절), 머리나 수염에 생기는 나병(29-37절), 대머리 증상의 나병(40-44절) 등의 진단과 그러한 질병에 걸린 환자에 대한 방안을 설명한다(45-46절).

여기서 나병을 부정하다고 보는 까닭은 그 병이 치명적인 전염성을 가지고 있어 환자를 타인과 격리隔離해야 하는 등 죄의 특성과 너무나 유사

類似하기 때문이다. 따라서 나병자로 판정된 환자가 자신의 부정함을 공개적으로 고함으로써, 사람들로 하여금 그 병의 전염성에 대한 경계심을 갖도록 하는 것은 궁극적으로 영적 나병 곧 죄악의 위험성에 대한 경계를 상징한다고 볼 수 있는 것이다.

한편 이러한 나병은 제사장이 진단하였으며, 이는 대제사장되시는 예수 그리스도 앞에서만 성도의 정·부정이 온전히 판단될 수 있음을 예시한다.

성경에서 나병은 보통 단순한 질병이 아닌 아주 부정한 병으로 간주되었으며, 어떤 사람이 나병이 걸리게 되면 그것을 그의 죄로 인한 하나님의 심판의 결과로 보기도 했다. 그렇지만 실제로 나병 자체가 죄에 대한 형벌로 나타나는 것은 아니며(요 9:1-3), 또 나병에 걸린 사람에 대해 직접적으로 정죄되는 것은 아니다. 단지 나병이 가지는 그 병의 특성으로 인해 그 같은 상징적 의미를 나타내는 데 쓰였을 뿐이다.

즉, 나병은 심각한 전염성과 치명적인 위험성, 그리고 일단 질병에 걸리면 분리해야 하는 철저한 격리성이라는 특성을 지니게 된다. 이것이 곧 죄의 전염성이나 치명적인 위험성과 유사하여 나병이 죄를 상징하게 된 것이다. 그러므로 우리는 나병이 부정한 병으로 간주되어 철저히 경계되는 이러한 사실을 통해, 죄의 심각한 속성을 깨닫고 죄를 철저히 경계해야 함을 교훈 받아야 할 것이다.

레위기 14장은 나병자에 대한 정결 규례淨潔規例를 기록하고 있다. 나병자가 그 병에서 치유治癒함을 받았을 경우, 거룩한 언약 공동체言約共同體로 복귀復歸하도록 하기 위한 정결 의식淨潔儀式의 절차를 설명한다.

이러한 정결 의식의 과정은, 제사장이 진영陣營 밖에서 질병의 완치 사실을 확인한 후 새(鳥)의 피를 병자에게 일곱 번 뿌려 정결함을 선포하고, 병자는 머리털을 밀고 옷을 빨며(1-8절), 그 후 진陣 안에 들어오되 장막 밖에서 7일 간 머문 후(8-9절), 화목제를 제외한 모든 제사를 하나님께 드리는 것이다(10-20절). 그런데 여기서 화목제가 제외된 것은, 그 제사가 사실상 전체적으로 자원적인 성격을 지니고 있기 때문이다.

한편 속건제는 나병자로 인하여 부정하게 되었던 이웃이나 혹은 성물에 대한 죄를 속贖하기 위해(민 12:9 이하; 왕하 5:27; 대하 26:17 이하), 속죄제는 나병이라는 부정의 상태를 깨끗이 씻고 정결한 상태로 회복시키기 위해 드려졌다. 이는 죄의 문제를 해결하고 하나님의 자녀권을 회복하는 길은 오직 대속代贖의 피 곧 그리스도의 피를 통한 속죄뿐임을 보여 준다.

또한 번제는, 다시 하나님의 언약 공동체에 복귀한 이후 하나님께 더욱 헌신된 삶을 살겠다는 제의적祭儀的 고백이며, 소제素祭는 치료의 은총을 주신 은혜에 대한 감사의 표시이다. 특히 하나님은 번제나 속죄제의 경우 가난한 자들을 위하여 비둘기로도 제물을 삼을 수 있게 하셨는데 이는 가난한 자들에 대한 하나님의 사랑이 넘치는 세심한 배려이다.

나병이 재발하는 경우를 경계하는 말씀에서(레 14:43, 44), 우리는 주님 앞에서 이미 씻음 받았던 죄악을 다시 저지르는 어리석은 자들에 대한 경계를 연상할 수 있다. 진정 그 토한 것을 도로 먹는 것과 같은 어리석음을 거듭 행하는 것이(잠 26:11; 벧후 2:22) 바로 우리의 모습이 아닌가!

깨끗이 씻겨 놓은 돼지가 이내 누추한 오물 속을 뒹굴며 그것을 뒤집어 쓰듯이, 우리 또한 예전에 자복하고 끊어 버렸던 그 죄악에 또다시 빠져 허우적거릴 때가 얼마나 많은지, 이에 우리는 자신에게 혹시 재발하고 있는 부정한 죄는 없는지 항상 살피고, 그것을 경계하기 위해 항상 경성警省하여 영적 훈련에 힘쓰는 일이 절대적으로 필요하다.

④ 유출병의 규례

인간의 성생활性生活 가운데서 발생하는 부정한 현상(유출병流出病)과 그것에 대한 정결 규례가 있다(레 15:1-33). 성 관계는 남녀 간의 근원적 관계이며, 성性은 후손을 증식시키는 생명의 창조와 밀접한 연관을 맺고 있기 때문에 성에 대한 정결 규례는 인간 생활에 필요한 가장 중요한 요소 중의 하나이다.

이는 크게 4 부분으로 나뉘는데 첫째, 정액精液의 유출병 환자에 대하여

(2-15절). 둘째, 설정泄精한 자에 대하여(16-18절). 셋째, 경도經度(월경)하는 자에 대하여(19-24절). 넷째, 혈루병血漏病 환자에 대하여(25-30절) 등이다.

성性과 관련된 규례는 비록 인간들에게는 은밀한 것일지 모르나, 하나님 앞에서는 벌거벗은 것처럼 드러나지 않을 수 없다. 왜냐하면 하나님께서는 인간의 머리털까지지도 세시는 분이시기 때문이다(마 10:30). 결국 이 유출병에 관련된 규례는 나병처럼 외부적으로 확연히 드러난 부정한 상태뿐 아니라 내적으로 보이지 않는 은밀한 상태까지 정결해야 한다는 사실을 교훈해 주고 있다.

유출병流出病은 '계속 흘러내리다'란 뜻을 가진 'זוּב 조브'에서 유래된 말로 곧 '피나 정액의 계속적인 흐름'(유출 流出)을 뜻한다. 이 유출병은 제롬(Jerome)이나 유대 학자들이 말한 것처럼 생식기가 허약虛弱하여 사람의 몸에서 정액이 무의식적으로 흐르는 병을 말한다. 그러나 이 병은 또한 임질淋疾과 같은 요도 점막의 질병으로 인해 생기는 점액의 분출병噴出病을 의미할 수도 있다.

여하튼 성경이 이와 같은 유출액을 부정한 것으로 간주한 이유는 그러한 점액粘液이 타락하고 부패한 인간의 몸에서 흘러나왔기 때문이다. 따라서 의식법상儀式法上 이러한 유출액은 하나님의 거룩하심에 위배되는 것으로 간주되어 부정한 것으로 취급되었던 것이다.

그러나 구약 시대의 이러한 모든 의식법은 신약 시대에 이르러 그리스도 예수로 말미암아 충족充足, 폐기廢棄되어 외적인 형태에서 내적인 형태로 승화되었다. 곧 그리스도께서는 실로 사람을 부정하게 만드는 것은 이러한 유출액이 아니라 부패한 사람의 심령에서 나오는 온갖 죄악 된 것이라는 사실을 분명히 교훈하셨던 것이다(마 15:11).

(4) 속죄 제사

① 속죄일의 규례

이스라엘의 대제사장이 전체 회중의 죄를 사함 받기 위하여 일 년에 한 번 지성소에 들어가 특별히 하나님께 속죄 제사를 드리는 대大속죄일에 대한 규례이다(레 16:1-34). 그 내용은 속죄일 제도의 자세한 세부 규정(1-28절)과 해마다 이 규례를 지킬 것에 대한 명령이다. 이것은 이스라엘 백성과 하나님 사이에 죄로 인한 분리를 화해시키는 거국적인 행사이다.

이스라엘 백성들은 평소에도 범죄했을 때 속죄 받기 위해 속죄제를 드렸으며(레 4:1-5:13), 속건제로 죄에 대한 보상을 했다(레 5:14-6:7). 그러나 그들은 여전히 죄인 된 인간이므로 하나님 앞에 무의식적으로 죄를 지을 수도 있고 그 죄지은 것은 잊고서 속죄하지 않을 수도 있다.

따라서 그들은 일 년에 한 번씩 특별히 모든 속죄일을 지킴으로써 그들 자신의 죄를 회개하고 죄 씻음을 받아야 했다. 이것은 인간과 하나님의 분리 및 화해 및 그리스도의 속죄 사역을 가장 선명하게 나타내 보여 주는 의식법儀式法이다.

신약 시대에는, 그리스도께서 이 땅에 오심으로 모든 제사 제도가 그리스도 안에서 이루어졌다. 곧 희생제물의 피가 아닌 자신의 피를 가지고 '단 한 번 그러나 완전하게' 지성소至聖所에 들어가, 해마다 드리던 속죄일의 모든 의식을 완성시키셨다.

그리스도의 육신이 찢길 때 지성소의 휘장이 둘로 갈라졌다(마 27:51). 이제 모든 성도들은 그리스도 안에서 떳떳이 지성소 안으로(하나님 앞으로) 들어갈 수 있게 되었다(히 10:19). 더구나 속죄 제사로는 깨끗함을 받을 수 없던 양심도 깨끗함을 받았다(히 10:22).

*** 속죄일의 의식법을 통한 분리와 화해의 교훈**

a) 분리의 기원 : 인간이 하나님과 분리된 근본적인 원인은 죄이며 그 장소는 에덴 동산이다. 인간과 하나님의 분리는 인간이 죄를 범함으로 하나

님의 진노와 심판(저주詛呪)를 받음으로 시작된다.

b) 분리의 결과 : 인간과 하나님과의 분리는, 결국 인간에게 죽음을 안겨주었다(창 2:17; 롬 6:23). 이 죽음은 인간이 하나님과 교제할 수 없는 상호 교통의 단절을 포함하며, 인간으로 하여금 하나님께 나아갈 수 없도록 부정(죄) 가운데 거하게 된다(롬 5:21).

c) 화해의 의미 : 화해和解는 하나님과 인간 사이의 죄가 제하여지고, 화목하게 된 것을 의미한다(롬 5:10; 고후 5:17-21; 골 1:20). 좀 더 구체적으로 말하면 이것은 하나님과 인간들 사이에 죄가 제하여지고 인간이 새 생명으로 살아나, 하나님과 친밀한 교제를 하며 하나님 안에 거하는 것을 의미한다.

한편, 레위기 16:5, 7-10, 20-22에 나타난 두 마리의 숫염소가 이스라엘 회중이 속죄일에 자신들의 죄를 속함 받기 위해 준비한 속죄제물로 언급되었는데 우리말 성경(개역·개정)의 번역문에는 "두 염소를 위하여", "아사셀을 위하여", "여호와를 위하여"란 말이 반복하여 나온다. 속죄제물로 드리는 것이 속죄를 받기 위한 당사자를 위하여, 당사자의 속죄를 위하여 행하는 규례의 표현에 위와 같이 반복되는 표현은 논리에 부적합하고 어폐가 있어 성경 이해를 어렵게 만든다. 다행히 그 외의 몇 성경들은 이를 깨우쳤음인지 '위하다'를 '바치다'로 번역함으로써 이해가 아주 쉽다.

여기서 밝히고자 하는 것은 위와 같은 말의 표현이나 용법의 문제보다 '아사셀의 염소'에 대해서이다 '아사셀'에 대한 여러 학자들의 견해를 아래에 열거했거니와 우선 알아야 할 것은 이것의 언약과 성취의 초점이신 예수 그리스도의 속죄 사역과 어떤 관련, 어떤 의미가 있는가 하는 것이다. 말하자면, 여기서 염소가 두 마리인 것은 예수 그리스도의 사역의 이중성을 암시한다.

즉, 죽임을 당한 염소는 율법에 나타난 하나님의 의와 거룩성을 만족시키기 위한 그리스도의 대속적代贖的 죽음의 사역을 예표하고(롬 3:24-26),

살아 있는 염소는 하나님 앞에서 우리의 죄를 멀리 제거해 버리는 그리스도의 사역을 예표한다(롬 8:33, 34).

＊아사셀(Azazel) 염소에 대한 3 가지의 견해들

첫째, '아사셀Azazel'은 히브리 어 'עֲזָאזֵל아자젤'의 음역인데 곧 이것을 '염소'의 뜻인 עֵז에즈'와 '사라지다, 가 버리다'의 뜻인 'אָזַל아잘'의 합성어로 본다. 따라서 '아사셀Azazel'을 '보냄을 받은 염소'라는 뜻으로 보는 견해이다.

둘째, 이것은 '쫓김을 받은 악령'이나 '귀신'을 뜻하는 'עֲזַאלְזֵל아잘젤'이 발음상 유음화流音化된 것으로 보는 견해(Keil)인데 이 견해는 '아사셀Azazel'을 위하여 염소를 광야曠野로 내보낸다는 뜻은 이스라엘의 모든 죄악을 그 염소에 다 지워 그 죄악의 장본인인 '아사셀Azazel'에게 도로 돌려보낸다는 것을 상징한다고 보는 견해이다.

셋째, 염소가 쫓겨나 거하게 될 '장소'로 보는 견해이다.

이상의 견해 중 어느 것이 정확한 해석인지 결론이 나와 있지 않으나 공통적인 일치점이 있다. 즉, 이 염소가 이스라엘의 죄를 지고 이스라엘을 멀리 떠나갔듯이 하나님은 이제 이스라엘을 '죄 없는 자'로 보신다는 것이다. 결국 이 '아사셀'의 염소는 우리의 죄를 지고 성문 밖 골고다로 향하시는 예수 그리스도의 대속 사역代贖使役을 명료하게 예표豫表한다(히 13:10-13).

② 회막문(會幕門)에서의 규례

하나님께 드릴 희생제물은 반드시 성막聖幕에서 잡아야 한다는 규례이다(레 17:1-9). 이 규례는 우상 숭배에 오염되는 것을 막는 하나님의 조치였다. 회막은 하나님의 임재臨在 처소로 상징되었으므로, 모든 종교적 행사는 이곳을 중심으로 진행되어야만 했다. 그런 취지에서 제사 제물祭祀祭物을 회막문으로 먼저 끌고 가야 했다.

희생제물로서의 가축은 오직 성막에서만 살육殺戮해야 함을 명령한다. 특별한 경우(여호와께서 지정해 주신 예배처가 멀리 떨어져 있는 경우▶신

12:21)를 제외하고는 성막 안에서 제사에 바칠 짐승을 잡도록 했다. 이것은 가나안의 우상 제사에 물들지 않도록 이스라엘을 보호하기 위함이었다.

만약 이를 거역하거나 죄악 된 우상 제사로 사용할 때에는 예외 없이 하나님과의 관계가 단절될 것이었다. 이는 백성들이 식용을 빙자하여 함부로 가축을 살육하는 것과 이방 신에게 제사하는 것을 방지하기 위함이며, 오직 하나님이 정하신 곳(신 12:18; 14:23)에서만 제사를 드리게 하여 신앙 공동체로서의 이스라엘이 영적 통일성을 유지하기 위함이다.

또한 이스라엘 백성들이 짐승을 잡아 아무 데서나 제사를 드림으로써, 하나님의 법궤가 있는 하나님의 성막聖幕(후에는 성전聖殿)에서 하나님을 섬기지 아니하고 흩어져 우상을 세워 놓고 우상에게 제사하는 것을 막도록 하기 위해서이며, 나아가서 성막(또는 성소聖所)을 중심으로 하는 이스라엘 백성들의 단일 신앙 공동체를 무너뜨리지 않게 하기 위해서이다.

그러나 그 당시 우상 숭배자들은 우상을 위한 제물을 광야에서 죽였다. 그러므로 하나님께서는 광야에서 제물을 잡는 이방인의 우상 제사의 영향으로부터 이스라엘을 보호하기 위해 성막 입구에서 제물을 잡도록 명하신 것이다. 그러나 훗날 이스라엘은 이 규례를 어겼으며, 결국 혼합주의混合主義(하나님과 우상을 함께 섬김)에 빠져 버렸다.

③ 피와 사체(死體) 취식 금지(取食禁止) 규례

음식 취식에 따른 부록의 성격을 지닌 조항으로서, 생명이 되는 피의 섭취 금지攝取禁止와 버려진 짐승 사체死體 취식에 따른 부정不淨 및 정결법淨潔法을 다루고 있다(레 17:10-16). 사냥하여 잡은 짐승은 즉시 죽여서 피를 땅에 쏟고, 그 피를 흙으로 덮어야 한다. 왜냐하면 짐승이 죽은 후에 시간이 오래 경과하면 죽은 짐승 몸 속의 피가 굳어 버리기 때문이다.

그리고 스스로 죽은 짐승이나 들짐승에게 찢겨 죽은 짐승이 부정한 이유는 피를 쏟지 않았기 때문이다. 또한 사냥하여 잡은 짐승은 결코 제물로 바칠 수 없다(레 1:2). 이는 결국 하나님만이 생명의 주인 되심과, 부정한 자는 하나님의 백성 공동체에 참여할 수 없음을 강력히 시사하고 있다.

피의 본질은 노아 시대 때부터 이미 나와 있는 것으로서, 하나님께서 자신의 피조물을 얼마나 귀히 여기시는가를 보여 준다. 하나님께서는 노아에게 맨 처음 피 먹는 것을 금하는 이 규례를 명하셨다(창 9:4). 피는 생명 그 자체이다. 피는 생명과 일치하므로, 피를 먹는 자 곧 생명을 소멸하는 자이기 때문에 하나님의 백성의 대열에서 끊어진다. 모든 생명은 고귀하며 하나님께서 창조하신 것이기 때문에 하나님께 속한 것이다.

모든 제사 때마다 피를 뿌리거나 발랐는데, 이는 생명을 바친다는 뜻이었다. 한 생명을 바침으로 다른 생명이 대신 살 수 있다(히 9:22). 이것은 그리스도의 속죄를 예시해 주는 규례이다. 또한 이것은 후에 예수 그리스도께서 죽으심으로 어떻게 우리들의 죄를 속죄해 주시는가를 암시해 주기도 한다. 성경에서 속죄의 근거를 피 흘림에 두는 것도(히 9:22) 이 사실에 기인한다.

2) 하나님과 교제하는 길

(1) 백성의 성화(聖化)

① 성범죄(性犯罪)

레위기 18장부터는 하나님과 동행하는 성결聖潔한 삶이 무엇인지를 구체적으로 가르쳐 준다. 특별히 본문에는 하나님의 백성들이 거룩한 삶을 살아야 하는 근본적인 이유가 제시되어 있다. 그 이유는 "나는 여호와 너희 하나님이라."라는 말씀에서 찾을 수 있다. 하나님께서는 거룩하시기 때문에 그 백성들도 거룩해야 한다(레 11:44; 20:7, 8, 26).

거룩한 삶에 대한 첫 번째 규례가 부도덕한 성행위性行爲를 금하는 것이다. 그 당시 부도덕한 성행위는 우상 숭배와 직접적인 관계가 있었다. 우상 숭배자들은 도덕적으로나 윤리적으로 매우 문란紊亂하였는데, 그 문란함이 음란한 성 관계性關係로 표출되었다. 본문은, 근친상간近親相姦에 언급

(6-18절), 성적性的인 부도덕과 관련된 또 다른 가나안의 풍속에 대한 경고(19-23절)와 이 규례를 어긴 자들이 받게 될 징벌들이다(24-30절).

선민選民 이스라엘이 준행해야 할 성도덕性道德에 관한 제반 사항은, 고토古土 애굽과 신천지新天地 가나안의 패역한 악습을 지양止揚하고, 생존을 결정하는 하나님의 법을 준수할 것 등의 명령을 제시한다. 과거의 죄와 현재, 미래의 유혹을 이겨 낼 수 있는 가장 강한 힘은, 주의 말씀에 깊이 침잠沈潛하는 데서 비롯된다(딤후 3:14-17).

거룩한 씨를 보존하며 참 사랑의 공동체를 이루어 가야 할 이스라엘 내에, 이방 우상 문화에서 발견되는 추잡한 성 문화性文化의 도입을 금지하고, 가나안에 정착하여 혹 그와 같은 타락의 길을 걷는 자는 여호와의 백성으로서의 자격을 박탈하는 등의 강력한 제재 조항制裁條項도 시달되고 있다. 하나님의 나라에서는 영육靈肉의 동시同時 성결이 요구된다.

② 사회 질서

선택된 백성들이 지켜야 할 사회 규범에 관한 규례이다(레 19:1-37). 이것은 한편으로는 하나님께 대하여 행해야 할 법도法道이고 또 한편으로는 이웃 백성들에 대하여 행해야 할 법도이다(마 22:34-40; 막 12:28-33; 눅 10:25-28). 그러나 이 모든 것은 하나님의 선善하심으로부터 나온 것으로서 하나님의 공의公義와 자비慈悲를 증거해 준다.

하나님의 백성들이 지켜야 할 사회·윤리·의식적儀式的인 규례들은, 비록 사회적이고 윤리적인 규례일지라도 그것을 범하면 신앙적인 범죄가 된다. 왜냐하면 이스라엘이 일반 국가들과는 달리 신앙 공동체이기 때문이다. 이와 같은 규례를 지켜야 할 이유는 "너희는 거룩하라 이는 나 여호와 너희 하나님이 거룩함이니라."(레 19:2)라는 말씀 때문이다.

레 19장은 크게 세 부분으로 나눌 수 있다. 첫째, 종교적인 의무(1-8절), 둘째, 이웃에 대한 의무(9-18절), 셋째, 순결에 관한 의무이다(19-37절).

더 구체적으로 보면, 거룩한 선민選民 이스라엘이 준수해야 할 기본 규례와 사회 활동에 따른 여러 규범規範들을 제시하고 있다.

기본 규례로서는, ⓐ 절대 거룩(2절), ⓑ 부모를 공경하고 안식일을 준수하며 우상을 금하는 참된 경건敬虔 유지(3-4절), ⓒ 화목제 희생의 올바른 헌제법獻祭法을 다룬다(5-8절). 이로 보아 이스라엘의 우선적 구비具備 요건은 하나님께 대한 올바른 경배와, 화해 관계의 지속적持續的 유지 등으로 요약할 수 있다.

대사회적對社會的 규례로는, 하나님께 대한 기본적 도리를 제시한 앞 단락(1-8절)에 이어 사회 생활에서 필연적으로 맞게 될 제 문제諸問題들에 대한 기본 방향을 제시하고 있다.

즉, 본문에는 ⓐ 가난한 자를 위한 이삭 추수 금지秋收禁止(9-10절), ⓑ 도둑질과 거짓 행위 엄금(11-12절), ⓒ 이웃 늑탈勒奪과 장애자 모해謀害 금지(13-14절), ⓓ 불의不義한 재판, 중상中傷 금지(15-16절), ⓔ 이웃 선도善導와 사랑(17-18절), ⓕ 혼합混合 및 여성 노예와의 교합交合 금지(19-22절), ⓖ 과수 관리果樹管理(23-25절), ⓗ 이방 우상 문화 배격(26-28절), ⓘ 정절貞節과 안식일 준수(29-30절), ⓙ 미신 타파迷信打破(31절), ⓚ 부모 공경(32절), ⓛ 타국인他國人 사랑(33-34절), ⓜ 공평한 판결(35-37절) 등이 제시되었다.

거룩한 하나님을 그 삶에 모신 백성은, 사회 정의와 이웃 사랑을 필연적으로 실현하게 된다.

③ 가증스런 범죄

하나님께서 가장 가증스럽게 여기시는 극악한 범죄가 집중적으로 열거되어 있다(레 20장). 본 장에 열거된 죄를 유형별類型別로 크게 이분二分하면 우상 숭배 죄(1-7절)와 성적 음란性的淫亂 죄(10-21절)이다. 그리고 후반부에는 이러한 모든 멸망의 가증可憎한 죄악에서 떠나 거룩하게 되라는 하나님의 거듭되는 명령(22-26절)으로 끝을 맺고 있다.

죄악으로부터 분리되는 '거룩'은 단순히 윤리적이고 도덕적인 문제가 아니라 영원한 삶과 죽음의 문제라는 사실을 본 장은 생생히 보여 주고 있다.

우상 숭배의 죄는, ⓐ 인신 제사人身祭祀의 부당성과 그 징벌(1-5절), ⓑ 무속 종교 추종자의 징벌(6-7절), ⓒ 부모 저주자詛呪者의 징벌 등을 다루고 있다. 참 하나님 여호와를 버리고 우상을 좇는 것은 영적靈的 음란 행위로서, 단순히 도덕적 징벌의 대상이 아니라 그 전 인격全人格의 생존을 가늠하는 존재론적 대상인 것이다.

성적 음란性的淫亂 죄는, 이미 다룬 바 있는(레 18:6-23) 성적 음란죄에 그 징계 조항을 첨가한다. 이는 선민의 영적 순결純潔이 육적 순결과 절대 무관하지 않다는 사실을 일깨운다. 특히 그 징계 내용을 보면 거의 죽음으로 단죄斷罪하는 것을 보게 된다. 이는 육체적 순결을 지속持續하지 못하는 자는 곧 하나님의 거룩한 질서를 정면 거부한 자로 간주된다는 사실을 시사하고 있다.

레위기 20장에 기록된 규례들은 대부분이 이미 레 18-19장에서 다루었다. 그러나 이 두 부분에는 뚜렷한 차이가 있다. 레 18-19장에서는 금지하거나 명령하는 경고에 그쳤으나, 레위기 20장에서는 이런 규례들을 어겼을 때 받아야 할 형벌들이 구체적으로 나타난다.

그러면 이러한 죄를 범하면 오늘날에도 레위기 20장과 똑같은 형벌을 가해야 하는가? 바울도 "이 같은 일을 행하는 자는 사형에 해당한다."(롬 1:32)라고 원용援用하여 말했다. 바로 그 사형 집행을 예수께서 당하셨다. 따라서 그리스도 안에서 진정한 회개가 뒤따르면 이러한 죄는 용서 받을 수 있다는 것이 신약의 가르침이다(눅 15:7; 요 8:11; 요일 1:9).

(2) 제사장의 성화(聖化)

백성 전체에 대한 법규를 제시한 데 이어(레 18-20장), 레위기 21-22장은 성막 봉사자인 제사장들의 생활 규범을 제시하고 있다.

① 제사장의 규례

제사장들이 일상생활에서 지켜야 할 규례들이다(레 21장). 제사장들이 이와 같이 일상생활에서 성결히 생활해야 하는 것은 하나님께 대하여는 사람들을 대표하며, 사람에 대하여는 하나님을 대표하는 중재자仲裁者(또는 중보자仲保者)이기 때문이다.

이 규례를 크게 셋으로 나누어 ⓐ 제사장의 장례식 참석 규례(1-12절), ⓑ 제사장의 결혼 규례(13-15절), ⓒ 제사장의 신체 조건에 대한 규정(16-24절)으로 구분할 수 있다. 이는 선민選民 중의 선민이라 할 수 있는 제사장은 하나님의 근접 봉사자이자 백성의 영적, 도덕적 계도자啓導者이었으므로 더욱 완전한 생활이 요구되었다.

특히 대제사장에게는 일반 제사장보다 더 완전한 성별聖別이 요구되었다. 그 까닭은 하나님께 더 근접하여 봉사해야 했기 때문이다. 따라서 세상 일에와 염려와 슬픔이 금지되었으며(1--12절), 처녀에게만 장가들어야 했고(13-14절), 순결한 가정 유지(15절)가 필수적이었다.

결국 그는 오직 하나님의 영광과 거룩을 위해 존재하는 자로서 그에 부합되는 완벽한 성결을 유지해야 했다. 이런 점에서 모든 성도가 제사장으로 부름 받은 오늘 우리의 성결聖潔은 아주 당연한 것이 아닐 수 없다(벧전 2:9).

하나님의 봉사자인 제사장에게는 제물이 온전해야 하듯이 온전한 육체가 요구되었다(16-20절). 흠 있는 자에게는 단지 제사장의 몫으로 할당된 제물을 먹을 권리로만 주어졌다(21-24절). 이는 영적으로 거룩한 제사장된(벧전 2:9) 성도의 삶이 무흠無欠, 무결無缺을 지향指向하여 산 제사를 드리기에 부족함이 없어야 함을 보여 준다(롬 12:1).

② 성물(聖物)과 제물(祭物)에 대한 규례

앞부분(레 21:16-24)과 계속 연결된 내용으로서, 레위기 22장은 성물에 관한 규례(1-16절)와 하나님께 제사를 드릴 수 있는 제물에 대한 규례(17-33절)를 언급하고 있는 부분이다. 특히 성물에 관한 것은, 제사장들과 그의 가족 중 누구는 먹을 수 있고, 또 누구는 어떤 경우에 먹어서는 안 되는지에 관한 규례이다.

성물은 하나님께 속한 것으로서(레 21:22) 거룩하다. 따라서 제사장이라 할지라도 부정한 자는 하나님의 성물을 먹을 수 없었다. 즉, 성물 취식取食이 금지된 자들인데 의식적意識的 부정자(1-9절)와 제사장 집안과 무관無關한 자(10-13절)가 바로 그들이다.

만약 그가 부정한 채 하나님의 성물을 먹을 경우, 하나님의 성물을 더럽힌 것이 되어 죽음의 형벌을 면하지 못했다(15-16절). 이것은 신약 시대에 성도들이 죄를 범하였을 경우에는 하나님의 은혜로부터 단절되어 그 은혜에 참여하지 못함을 암시한다.

그러나 부지중에 취식한 자에게는 관용의 법이 적용된다(14절). 이처럼 하나님은 자신의 권위와 인준認准으로 성별된 것은 무엇이든지 거룩히 보존되기를 원하신다(레 11:45).

하나님께서는 아무런 구별이나 의식意識 없이 함부로 드리는 제물을 원하지 않으신다(레 22:17-33). 이는 올바른 제물을 드려야 함을 보여 준다. 하나님은 아무리 자애로운 분위기에서 드려지는 서원제誓願祭나 낙헌제樂獻祭라 할지라도 흠 없는 제물을 요구하셨다.

그의 희생제물로는 생후生後 8 일이 지난 것을 잡되, 어미와 새끼를 같은 날에 잡지 않을 것을 원하셨다. 그리고 감사 희생은 당일에 모두 취식함으로써 부정을 예방하여야 했다. 하나님께서 진정으로 원하시는 바는 화려한 제사가 아니라, 자신의 뜻에 전적으로 순종하는 것이다(삼상 15:22).

한편 하나님께 제물 드릴 때 흠이 없는 것으로 드려야 하는 것은(레 22:19), 하나님께서는 거룩하신 분이기 때문이다. 그는 거룩하신 분이시므로 흠 없는 것만을 받으신다. 흠이 없다는 것은 곧 온전穩全하여 부족함이 없다는 것을 의미한다.

이것은 예수 그리스도께서 흠 없는 제물로서 우리들의 죄를 온전히 사하신다는 것을 예표한다. 실로 예수 그리스도는 흠 없는 제물로 하나님 앞에 온전히 자신을 바쳐 우리들의 죄를 대속代贖하셨다(히 9:11, 12).

(3) 절기(節期)의 규례

① 여러 절기의 규례

이스라엘 백성들이 지켜야 할 여호와의 절기에 대한 규례이다(레 23장). 이 절기들은 이스라엘 백성들이 일 년 동안에 지켜야 할 것으로서, 하나님이 행하신 구속의 역사役事와 은혜와 복을 주심의 역사를 나타낸다. 즉, 이스라엘 백성들은 이 절기들을 행함으로써 하나님의 구속과 축복의 역사를 기념하고 즐거워하며 선포해야 한다.

이 절기들 중 하나님의 구속의 역사를 기념하는 것은 유월절과 무교절, 속죄일 등이며 은혜와 복 주심의 역사를 기념하는 것은 초실절과 오순절, 초막절, 나팔절 등이다. 이 절기들은 모두 구속사적救贖史的인 의미에서 볼 때에 그리스도의 구속의 역사役事와 섭리를 예표한다. 따라서 오늘날 성도들은 교회의 절기를 지킬 때에, 그 절기에 담긴 구속사적 의미를 바르게 알아야 하고, 형식적이 아니라 진실한 마음으로 지켜야 할 것이다.

***여러 절기에 대한 구체적인 의미**

a) **안식일** : 선민選民 이스라엘과 하나님과의 언약 관계를 지속시켜 주는 준거準據라고 할 수 있는 각종 절기의 준수 명령이 제시되어 있다. 그 첫째로서 안식일 준수 명령이 제시되어 있는데, 이날은 하나님의 창조 역사役事를 기리고, 천국에서의 영원한 안식을 사모하게 하는 역할을 한다.

안식일은 신약 시대에 이르러 그리스도께서 오심으로 완성되었다(골 2:16-17). 이 안식일은 그리스도의 구속 사역을 예표하는 날로 승화 발전昇華發展되어(출 20:8-11; 신 5:15) 오늘날에는 안식일 대신 그리스도의 부활復活을 기념하는 '주主의 날'로 지키고 있다.

b) **유월절과 무교절** : 출애굽의 감격을 영원히 지속시키기 위해 마련된 이 두 절기는 참된 구원과 해방, 그리고 자유를 주시기 위해 십자가 죽음을 감당하신 예수 그리스도의 희생을 예표한다(고전 5:7).

c) 초실절(初實節) : 초실절은 유월절 후 안식일 다음날에 첫 이삭을 하나님께 봉헌奉獻하는 날이다. 결국 이날은 풍성한 결실을 허락하신 하나님께 감사하는 날이며, 그 모든 소유의 근원이 하나님이심을 고백하는 날이다. 이날은 영적으로 부활의 첫 열매이신 예수 그리스도를 예표한다(요 20:17).

d) 오순절(五旬節) : 오순절은 초실절 후 일곱 안식일이 지난 다음날 곧 제 50 일째 되는 날로서 일명 칠칠절七七節, 맥추절麥秋節이라고도 한다. 이 날 역시 추수를 감사하는 날인데, 영적으로는 부활의 첫 열매이신 예수의 부활 후 50 일째 되는 날 성령의 강림으로 인해 세워질 교회 설립을 예표한 사건이라 본다(행 2장).

e) 나팔절 : 히브리 월력으로 종교력 7월은 민간력民間曆 1월에 해당하는 날로, 이 7월에 나팔절(제1 일), 속죄일(제10 일), 초막절(제15 일) 등의 중요한 절기들이 집중적으로 몰려 있다. 이것은 하나님의 창조 역사創造役事와 관련되어 있는 7이란 숫자가 갖는 독특한 성경적 의미 때문이다.

나팔을 부는 것은, 하나님의 새로운 소식을 알리기 위해서이다(출 19:16, 19; 살전 5:16; 계 8:6-9:1, 13). 여기에서 나팔을 분 것은 하나님의 새로운 기쁨의 날이 도래했다는 것을 알리고 선포하기 위해서이다. 유대인의 종교력으로 7월은 민간력으로 1월이었다. 따라서 이때에 백성들은 이 날을 신년 축하일로 즐기면서 새 마음으로 일상생활을 새로 시작하였다.

한편 이 나팔 소리는 예수 그리스도께서 재림하시는 것을 상징적으로 알리는 소리로도 해석할 수 있다(마 24:31; 살전 5:16).

f) 대속죄일(大贖罪日) : 이스라엘 공동체 전체의 죄 문제를 하나님께 사함 받는 날로서 7월 10일에 해당된다. 하나님께서 속죄일을 율법의 한 규례로 정하신 것은 모든 이스라엘 백성들의 죄와 제사장의 죄, 나아가서 성막의 부정함 등을 철저히 속죄하기 위해서이다.

이스라엘 백성이나 제사장 등은 범죄하고 깨닫게 되었을 때, 하나님 앞에서 속죄제를 드림으로써 속죄를 받을 수 있다(레 4:15:13). 그러나 그들이 죄를 범하고도 깨닫지 못한 죄나 온전히 속죄하지 못한 죄들은 여전히 죄의 잔재殘滓로 그들에게 남아 있었다.

따라서 그들은 그들의 이러한 죄를 속죄해야만 했었다. 또한 그들 중에 거하고 있는 성막도 그들의 죄로 인해 부정해졌기 때문에 피로 정결하게 할 필요가 있었다. 따라서 대제사장은 1 년 1 차 특별히 대속죄일을 통하여 그 모든 죄를 청산했던 것이다.

이 속죄일은 예수 그리스도의 십자가 사건을 가장 생생히 드러내 보여주는 예표적인 사건이다.

g) 초막절(草幕節) : 이스라엘 백성들이 광야 생활을 한 것을 기념하는 절기로서 한 해의 추수가 끝난 뒤 지키는 일종의 추수 감사제였다. 따라서 초막절(장막절帳幕節)은 수장절收藏節이라고 불렸는데, 유월절(무교절無酵節), 오순절(칠칠절 = 맥추절) 등과 더불어 이스라엘 3 대 절기 중 하나였다.

초막절에는 첫날에 큰 성회聖會로 모였으며, 제8 일째에 모인 거룩한 대회大會는 일 년 동안 지킨 모든 절기를 결산決算하는 의미를 지니고 있다. 초막절에는 한 주일 동안 집 밖에 임시로 초막草幕을 짓고 그 속에서 살았다. 이것은 애굽에서 나올 당시의 천막 생활을 되살려 보면서, 좋은 집에 사는 생활에 감사하도록 하기 위한 것이었다(신 6:10-12).

② 순결한 기름과 진설(陳設)할 떡

성소 관리에 관한 규례이다. 성막은 크게 세 부분으로 나누인다. 곧 성막 뜰과 성소聖所와 지성소至聖所이다. 성소와 지성소는 휘장揮帳으로 나누어져 있는데, 성소 안에는 향단(향을 피우는 단)·순금 등잔·떡상(진설병을 차려 놓는 진설대)이 있으며, 지성소 안에는 법궤가 있다. 이는 성소 내에 위치했던 순금 등잔불을 관리하는 규례와 떡상을 관리하는 규례이다(레 24:1-9).

사실 성막 제도에 관련된 모든 법은 출애굽기 25-40장 사이에서 이미 다루어진 부분이다. 그런데 레위기는 그 성막에서 실시될 제사 제도에 관한 규례를 다시 언급하고 있다. 이러므로 등잔 및 진설병에 관한 규례는 본서에서 다루어질 내용이 아니었다. 이에 대한 견해는 세 가지이다.

첫째, 아마 등잔불을 켜는 데 드는 기름과 진설병용 밀가루가 이스라엘 백성 전체의 공동 부담으로 이루어져야 한다는 사실을 강조하기 위함이다.

둘째, 이런 갑작스런 규례 제시는 아마도 각종 절기나 제사로 인해 그 관리가 소홀해지지 않을까 한 데서 비롯되었을 것이다.

셋째, 이는 백성들로 하여금 절기 때뿐만 아니라, 평상시에도 항상 하나님께 예배 드려야 한다는 사실을 암시적으로 강조하려는 의도를 지니고 있다(Gipsen). 실로 하나님께 드리는 거룩한 예배는 성도들의 삶 속에서 결코 중단함이 없어야 할 것이다(창 12:7).

어떤 견해이든지 간에 하나님께 드리는 제사 제도가 소홀함이 없음을 강조하기 위함이다.

③ 신성모독죄와 동해보복법(同害報復法)

하나님을 모독한 사람에 대한 형벌의 규례와 상해죄傷害罪에 대한 동해보복법이다(레 24:10-23).

a) 신성모독죄에 대한 처벌 지침 : 하나님께 대한 모독은 하나님의 진노를 초래하여 필히 죽음에 이르는 극악한 죄임을 보여 준다. 하나님은 자신의 거룩함을 근거로 지금껏 이스라엘의 거룩함을 요구해 오셨다. 여호와를 모독하는 자는 외국인이건 이스라엘인이건 돌로 쳐 죽였다. 또한 곁에서 그 말을 들었던 사람도 똑같은 형벌을 받아야 했다.

그러나 그 말을 들은 사람들이 여호와를 모독한 당사자의 머리에 안수하고 그들의 죄를 전가轉嫁하면 형벌을 면할 수 있다. 그런데 이런 자신의 뜻에 정면 배치正面配置한 혼혈아混血兒의 신성모독의 행위가 발각되자, 지체없이 처형하게 하셨다. 이는 하나님의 거룩함과 권위를 모독하는 자에 대한 영원한 권고가 될 것이다.

레위기 전체의 대주제인 거룩과 성결의 원리에 입각하여, 본 사건은(레

24:10-16) 하나님의 거룩성을 모독한 자에 대하여 어떻게 엄격히 처벌해야 할지를 가르쳐 준 하나의 판례判例로서 큰 교훈이 될 수 있었기 때문에 여기서 자세히 언급하고 있다.

b) **상해죄에 대한 보복법** : 일명 탈리오의 법이라고도 불려지는 동해보복법이 소개되고 있다(출 21:23-25; 레 24:17-23). '언약서'에서 취급된 바 있는(출 21:23-25), 인간의 기본 재산권과 생명 보존 및 보복의 악순환의 고리를 끊어 버리는 공의公義의 대원칙이다(신 19:2).

이 동해보복법의 근본 정신은 인간의 생명을 존중하라는 것과 필요 이상의 더 큰 보복을 하지 말라는 것이다. 또한 죄의 심각한 결과를 강조하고 악행의 악순환을 방지하기 위한 보복법으로서, 상해를 저지른 것과 동일한 방법으로 처벌하라는 방침이다. 이는 이후에 그리스도의 용서와 사랑의 법(마 5:38-44)으로 승화昇華 발전하여 완성되었다.

(4) 가나안 땅에서 지켜야 할 율법

① 안식년과 희년(禧年)

이스라엘에 대한 하나님의 사랑이 법 제정을 통해서 나타났다. 이스라엘 백성들 모두가 평등하고 자유롭게 살도록 하기 위하여, 특별히 경제적인 측면에서 영원히 부와 빈곤을 제어하는 법률을 공포하신 것이다. 진정한 사회 정의는 경제적 분배와 정의 위에서 가능하기 때문에 하나님께서는 부의 편중 현상을 막는 제도적 장치를 미련하신 것이다.

이러한 율법을 통해서, 온 땅과 거기에 충만한 모든 부요가 다 하나님의 것이라는 하나님의 주권성主權性과 공의로우심을 새삼 느끼게 되며 동시에 우리는 하나님의 청지기일 뿐이라는 사실을 자각하게 된다.

이를 크게 나누어, 안식년에 관한 규정(레 25:1-7)과 희년에 관한 규정(레 25:8-55)으로 구분되며, 그것들은 모두 장차 이루어질 하나님 나라에서의 복된 상태를 예표한다고 볼 수 있다.

a) 안식년에 관한 규정 : 매 7 년마다 토지를 쉬도록 규정한 안식년에 대한 규례로서, 언약 백성인 이스라엘에게서만 발견될 수 있었던 규례이다. 당시에 토지는 부의 상징이었다. 그러나 이 토지가 개인의 소유가 아니라 하나님의 소유임을 반드시 기억하도록 하기 위해, 하나님께서는 안식년을 제정하셨다. 후에, 이스라엘 백성들은 가나안 풍속에 물들어 안식년을 제대로 지키지 않았다.

이 안식년은 확대된 안식일과 같은 성격을 지닌다. 곧 안식일이 한 주간의 일곱 번째 날로서 쉴 것을 요구하듯이(출 20:8-11), 안식년은 매 일곱 번째 해로서 토지의 휴경休耕을 명령하고 있다.

따라서 이스라엘은 안식년을 엄중히 지킴으로써, 그 땅의 소유주는 자신들이 아닌 하나님이심을 행위적으로 고백할 뿐만 아니라, 더 나아가 안식년 그 한 해에 휴경지休耕地에서 저절로 자라난 곡식을 가난한 자와 심지어는 들짐승까지를 위하여 방치放置함으로써, 하나님의 자비하심을 드러내야만 했다.

그러나 안식년은 휴경을 통하여 지력地力을 보전保全하려는 목적도 있었겠지만, 안식일이 그렇듯이 하나님 안에서 안식을 체험하게 하려는 것이 더욱 중요한 목적이었다. 즉, 안식년은 영원한 신천 신지新天新地에서 이루어질 하나님 안에서의 영원한 안식의 모형模形인 것이다.

b) 희년(禧年)에 관한 규정 : 이는 안식년에서 더욱 확장된 성격을 지니고 있는 희년(יוֹבֵל요벨)의 규례에 대한 언급이다. '요벨'은 '양각 나팔'이란 뜻이다. 곧 양각 나팔을 불어 자유를 선포하고 새로운 시작을 알린다는 의미가 있다. 희년이 되면 토지와 가옥과 가족까지도 모두 되돌려 주어서 새로운 삶을 다시 시작하게 된다.

이 희년은 일곱 번째의 안식년 다음 해 곧 50 년마다 돌아오는 해이다(레 25:10). 이때에 이스라엘 백성들은 일곱 번째 안식년인 제 49 년에 이어 또다시 안식년으로 지켜야만 했다.

그러나 비록 이같이 연이어 토지의 경작을 쉰다고 할지라도, 하나님은 그 전년에 전혀 부족함이 없을 만큼 백성들에게 풍성한 식량을 미리 공급해 주시므로, 백성들은 아무런 염려 없이 오직 이 규례를 믿음으로 지켜야 했다.

하나님은 희년 제도를 통하여 '신앙 공동체'인 이스라엘 안에 다음과 같은 결과를 의도하셨다.

첫째, 토지를 본 주인에게 돌려줌으로써 빈부의 격차를 막으려 하셨고, 둘째, 종들에게 토지와 가족과 자유를 줌으로써 세습적世襲的인 노예 제도를 방지하려 하셨다. 하나님은 이스라엘이 평등한 사랑의 공동체가 되기를 원하셨다. 그러나 이 희년법 역시 지켜지지 않았으며, 세습적인 노예 제도와 극심한 빈부 격차가 발생하였다.

＊희년의 4 가지 교훈

a) **사회 정의(社會正義)** : 빈부의 격차가 없는 평등한 사회

b) **참된 예배** : 하나님께서는 자비를 베푸는 생활과 함께 드리는 제사를 원하신다.

c) **선행(善行)** : "이웃을 네 몸같이 사랑하라."(마 19:19)라는 말씀이 희년법의 기본 윤리이다.

d) **메시야의 예표(豫表)** : 예수님은 "은혜의 해"(희년)를 전파하셨다(눅 4:19).

한편 안식년에는 단지 그 한 해 동안 토지의 경작을 쉬는 것에 그쳤던 데 비해 희년禧年 규례는 이러한 안식년에 볼 수 없는 가난한 자들에 대한 다음과 같은 특별한 배려配慮가 있었다(레 25:23-55).

첫째, 어떤 사람이 부득불 토지를 팔았다고 하더라도 그것을 산 자는 희년에 그 땅을 다시 돌려주어야 했다(23-28절).

둘째, 희년에는 토지에 속한 가옥도 토지처럼 반드시 도로 돌려주어야 하였다(31-34절).

셋째, 이 희년에는 노예로 팔려 갔던 자도 풀려나 자유인이 되었다는 사실이다(39-55절). 물론 이스라엘 사람은 노예가 되었다고 하더라도 제 7년째에는 거기서 풀려 날 수 있었다(신 15:12-18). 그러나 희년을 맞이해서는 노예가 된 연수年數와 상관없이 무조건 해방시켜야만 했다.

이처럼 이 희년은 사회 정의正義, 특히 경제 정의를 실현하는 데 목적이 있었다. 그리고 이 희년은 그리스도의 초림初臨을 통한 이 세상의 영적 속량贖良(눅 4:21)과, 재림을 통한 완전한 새 질서의 확립을 예표하는 것이다(행 3:21; 약 5:1-8; 벧후 3:13).

② 순종과 불순종의 결과

레위기 26장은 레위기 전체의 실질적인 결론 부분에 해당되는 장으로서(27장이 있기는 하지만) 순종에 따른 축복(3-13절)과 불순종에 따른 저주(14-39절), 그리고 만일 타락하여 저주의 형벌을 받았더라도 회개하고 돌아오면 언제든지 회복시켜 주시겠다는 약속(40-46절)의 말씀으로 구성되어 있다.

특히 이 부분은 출애굽기 23:20-33에서 언급된 시내 산 언약의 결론 및 신명기 28장에서 모세가 이스라엘 백성들에게 행한 모압 평지 설교의 결론 부분과 맥을 같이하고 있는데 이 모든 내용 곧 순종과 불순종에 따른 축복 혹은 저주가 이스라엘 백성들 위에 임할 것이라는 이 말씀은 이스라엘 역사에서 그대로 성취된 예언적 성격을 띤 것이다.

a) 순종에 따른 축복 : '너희가 나의 규례와 계명을 준행遵行하면'이라는 함축된 의미의 조건부적 말로써 시작되는 본문은 곧 순종에 따른 축복이 열거되는 부분이다. 한편. 여기서 제시되고 있는 여러 축복들은 물론 축복이 결과를 가시적으로 뚜렷이 제시하고자 하는 일면도 있지만, 어디까지나 은혜로운 영적 축복의 모형으로서 제시되었을 뿐이다(신 28:6).

한편 본문(위의 레위기 26장)은 축복의 전제 조건이 되는 순종해야 할 율법의 시행령 3 가지를 제시한다. 첫째, 우상 숭배 금지 명령. 둘째, 안식일 준수 명령. 셋째, 성소 공경恭敬 명령으로, 이는 선택된 민족으로서 가장 소중히 해야 할 여호와 유일 신앙唯一信仰의 보존을 위해 반드시 필요한 시행령이었다.

또한 구체적으로 제시되고 있는 율법 순종에 따른 축복들에는 물질적인 풍요와 번영, 영적인 복락 등이 포함되어 있다. 이는 결국 하나님 말씀에 대한 순종은 필연코 영육간靈肉間의 축복을 가져다 준다는 것을 확증하는 것이다(막 10:29-30; 엡 6:1-3).

b) **불순종에 따른 저주** : "네가 만일 네 하나님 여호와의 말씀을 순종하지 아니하여 … 모든 명령과 규례를 지켜 행하지 아니하면"(15절 이하)이라는 말로써 서두가 시작되는 본문은 곧 불순종에 따른 저주가 길고도 적나라하게 열거된 부분이다. 이처럼 긴 저주의 말을 선언하고 있는 이유는 순종보다 죄악으로 쉽사리 기울어질 인간의 연약한 심성을 십분 고려했기 때문일 것이다.

율법의 순종을 언급한 앞부분과 극명한 대조를 이루는 본문은, 하나님의 율법과 명령을 지키지 않는 불순종자들에게 임할 저주가 점증적漸增的으로 그 도를 더해가며 제시되고 있다.

즉, 본문은 먼저 하나님의 저주와 형벌의 이유가 되는 율법에 대한 불순종을 전제하여, 그렇게 행하는 자들에게 임하는 재앙을 밝히고 있으며, 그러한 재앙에도 불구하고 죄의 자리에서 돌이키지 않는 자들에게 임할 하나님의 저주가 더욱 무섭게 경고되고 있다. 그리고 끝끝내 회개하지 않는 자들에게는 멸망이 임하게 될 것임을 선언되고 있다.

이렇듯 불순종자들에게 임할 저주가 갈수록 더욱 강력하게 제시되고 있는 것은 이스라엘 백성들이 율법에 순종함으로 은혜를 받기 위함이다. 하지만 이스라엘 백성들은 이와 같은 율법 순종의 강력한 촉구에도 불구하고 결국 하나님을 배반하고 말았다. 그리하여 그들은 앞에서 선언된 것과 같은 저주를 받아 앗수르와 바벨론으로 추방되는 엄청난 고난을 겪어야 했다.

하나님께 대한 순종에 따른 축복과 불순종에 따른 재앙의 약속은 이스라엘 역사 속에서 끊임없이 성취되었다. 더욱이 이는 장차 최후의 심판 때에 최종적으로 성취, 완성될 것이다.

그중에서도 하나님의 계명을 준행하지 않고 불순종할 때 이스라엘에 내릴 기근과 질병과 대적의 칼로 인한 재앙의 선포는 이후 이스라엘의 사사 시대, 왕정 시대를 거치는 동안 그대로 성취되었으며(삿 6:1-6; 13:1; 삼상 28:18, 19; 왕하 6:24-33; 18:9-12), B.C. 586년 예루살렘 함락陷落이라는 결과까지 초래하게 되었다(렘 52:1-34; 애 2:20; 4:9, 10).

그러나 본문 역시 중심 주제는, 불순종함으로 이러한 저주를 받지 말고 순종함으로 앞서 제시된 축복을 향유享有하라는 것이다. 단지 본문은 이것을 역설적으로 표현했을 뿐이다.

한편, 본문의 이러한 경고는 오늘날 영적 이스라엘 된 모든 성도들에게도 똑같이 선언되고 있으며, 또한 그대로 적용될 것이며, 기억해야 할 것이며(마 25:41), 그대로 성취될 예언의 말씀이다(엡 5:6; 살후 1:8).

c) 참회(懺悔)하는 자에 대한 회복의 약속 : 무서운 저주의 경고를 마친 후, 하나님께서는 마지막으로 회개에 따른 회복을 약속하심으로써 자신의 진정한 의도意圖를 계시하셨다. 불순종자에 대한 하나님의 저주가 갖는 목적이 선민의 완전한 멸망이 아니라 회복임을 보여 주는 부분으로서, 회개하고 돌이키는 자들에게는 하나님의 은혜가 다시 임하게 될 것을 약속하고 있다.

즉, 비록 이스라엘이 범죄하여 하나님의 저주의 징계를 받았다 할지라도 그들이 언제, 어느 때든지 그 징계의 의미를 바로 깨닫고 통회하는 심령으로 주께 다시 돌아오면 사랑과 긍휼矜恤의 하나님께서는 마치 탕자를 맞이하는 아버지의 심정으로(눅 15:20), 이스라엘을 맞이하여 품안에 안아 주시겠다는 것이 본문의 내용이다.

이로 미루어 볼 때 하나님께서 궁극적으로 원하시는 것은 심판과 형벌이 아니라 용서와 구원이라는 사실을 잘 알 수 있으며 동시에 하나님의 징계는 징계를 위한 저주의 막대기가 아니라, 회개를 촉구促求하는 사랑의 채찍임을 알 수 있다.

결국 이는 이스라엘 역사 속에서 끊임없이 확인되었는데, 특히 그들의 바벨론 포로 귀환捕虜歸還은 이를 확증하는 대표적 사건이다. 이는 또한 예수 그리스도를 통해 오늘날 회개하고 돌이키는 모든 심령들에게도 체험되고 있는 약속이다.

그러므로 이 약속을 굳게 믿는 자들은 은혜의 보좌 앞에 나아가 참회함으로써 자신이 범한 극한 죄까지도 사죄의 은총을 받을 수 있다(히 10:19-22). 이 사랑과 은혜로 인하여, 우리 성도들은 어떠한 상황에서도 주를 바라보며 영원한 소망을 가질 수 있는 것이다.

(5) 서원과 십일조

레위기 27장은, 레위기 마지막 장으로서 레위기의 부록이라 할 수 있다. 왜냐하면 하나님께서 26장까지 이스라엘 백성들이 지켜야 할 법法, 제도制度, 규례規例, 계명誡命 등을 모두 말씀하신 후에, 본 장에서 좀 더 적극적이고 차원 높은 신앙에의 부름이라 할 수 있는 것으로 크게 서원(1-29절)과 십일조(30-34절)에 관한 규정을 말씀하고 있기 때문이다.

① 서원(誓願)

서원이란 어려운 상황에서, 자신이나 자신에게 속한 것들을 하나님께 헌신함으로써, 하나님의 긍휼함을 입기 위해 드리게 된다(창 28:16-22; 삼상 1:11; 시 61:7, 8; 욘 2:9). 그러므로 서원은 철저히 자발적이며, 강제성이 없으므로 서원을 하지 않아도 죄가 되지 않는다.

하지만 일단 하나님께 서원을 했다면 반드시 이행해야 할 필요가 있으며(민 30:2), 따라서 서원의 불이행은 죄가 될 수밖에 없는 것이다(신 23:21). 그런 점에서 서원은 경솔히 하지 말아야 하고, 만일 이행하지 못할 것 같으면 차라리 하지 않는 게 본인에게 유익이다(잠 20:25). 왜냐하면 서원의 불이행은 하나님의 은혜를 잊고 그분의 역사役事하심을 깨닫지 못하는 극심한 불신앙이기 때문이다.

a) **서원에 관한 규정 :** 본문은 사람(2-8절), 가축(9-13절), 집(14,15절), 토지(16-25절) 등을 하나님께 자원해 드릴 때 지켜야 할 여러 조항들이다. 서원이 시내 산 언약의 본질은 아니지만, 순종과 헌신의 표현이기 때문에 마지막에 기록되었다. 또한 서원은 의무 조항은 아니나, 이를 통해 드리는 자의 신앙 성숙과 하나님과의 우의적友誼的 관계의 증진增進 및 더 큰 은혜와 축복의 지경에 이르게 한다(민 30:1-16; 신 12:5-8).

b) **여호와께 속한 예물 :** 서원 규례(1-25절)의 보조 규정으로서, 여호와께 이미 구별된 것은 서원 대상이 될 수 없음을 못 박고 있으며, 부정한 것은 서원물이 될 수 없음을 가르치고 있다(26-29절). 하나님께 자원하여 드리는 예물은 드리는 자의 순결한 영혼과 의지가 깃든 것이어야 하며, 정성과 최선을 다한 것이어야 한다.

② 십일조

a) **십일조에 관한 규정 :** 여호와께 속한 예물(26-29절)에 관한 내용과 연결된 부분으로서, 원래 여호와의 몫으로 정해져 있는 십일조는 서원 대상에서 제외되어야 마땅하다는 사실과 더불어 땅(30-31절)과 가축(32-33절)의 십일조에 대한 조항을 제시하고 있다.

이스라엘 백성들은 세 가지의 십일조를 드렸다. 첫째, 일반적인 십일조로 레위인들을 위해 드렸다(민 18:21). 둘째, 온 가족이 예배처에 모여서 같이 먹고 즐기는 십일조(신 14:22-27). 예배처가 멀리 떨어진 경우에는, 그것을 팔아 돈으로 바꾸어 가지고 예배처에 가서 거기에서 다시 사서 먹고 즐겼다. 셋째, 3년마다 가난한 사람들을 위해 드린 십일조이다(신 14:28, 29).

십일조에 대해서는 창 14:20; 28:22; 말 3:8에도 기록되어 있다. 그러므로 십일조는 첫째, 모든 소유에 대한 하나님의 주권主權을 인정認定하는 확실한 증거물이요 둘째, 하나님으로부터 받은 바 은혜恩惠에 대하여 드리는 감사의 증표證票이다.

그러면 신약 시대 성도들도 십일조를 드려야 할까? 예수님도 십일조에 관하여 말씀하셨다(마 23:23; 눅 11:42). 이 말씀에 대해 오해한 나머지, 오늘날에는 십일조를 없애야 한다고 주장하는 사람들이 있다. 그러나 그것은 잘못이다. 예수님께서는 십일조 드리는 계명을 반대하신 것이 결코 아니다. 그것만으로 다 된 줄 아는 형식주의를 반대하신 것이다.

오늘날에도 십일조를 드리는 그 마음과 행실이, 먼저 사랑과 공의와 믿음으로 채워진 후에, 감사와 자원의 마음으로 바쳐야만 한다. 초대 교회 성도들은 이것에 대한 본을 보여 주었다(행 4:32-36; 고후 8:10-21; 9장).

그리스도인들은 모든 물질이 하나님께로부터 왔음을 알고 있다. 우리는 그 물질을 관리하는 청지기일 뿐, 그 주인은 아니다. 물질 관리의 기준은 "많이 거둔 자도 남지 아니하였고 적게 거둔 자도 모자라지 아니하였느니라."(출 16:18; 고후 8:15)라는 평균의 원칙이다.

구약 시대의 십일조는 주로 성막에서 봉사하는 레위 지파를 위해 사용되었다. 그러나 이제는 예수님께서 모든 율법을 완성시켰다. 모든 성도들이 제사장이다. 따라서 신약 시대의 십일조는 그리스도의 지체肢體인 교회를 위하여 사용되어야 한다.

b) **땅에 대한 십일조** : 땅의 십분의 일 곧 땅에 있는 모든 것들의 십분의 일이 여호와의 것이라는 것은, 온 땅에 있는 모든 것들이 여호와의 것이라는 것을 의미한다(시 24:1; 50:10-12). 즉, 여기 분량적으로 십분의 일은 전체를 대표하는 의미가 있다.

이것은 실제로 인간들은 이 세상에서 하나님께 아무것도 바칠 수가 없다는 것을 나타낸다. 결국 우리가 우리의 소유 중 십의 일을 하나님께 바치는 것이 아니라, 하나님의 소유 중 십분의 구를 우리가 얻어 누리고 있는 것이다(민 18:21-31; 신 14:22-29).

한편 "십분의 일을 속하려면(개정 : 십일조를 무르려면)"(레 27:31)에 대한 견해가 두 가지가 있다. 첫째, 십일조를 물러 다른 것으로 바꿀 경우. 둘째, 자기가 낸 십일조를 다시 사려고 할 경우이다. 어떤 경우에는, 그 십일조에 해당하는 금액에 1/5일을 더하여 여호와께 드려야 했다(13절).

c) **가축에 대한 십일조** : 당시 유대인들은 가축의 십일조를 드릴 때 가축을 모두 우리 안에 가두었다가 문을 열고 막대기 밑으로 가축들을 차례로 내어 보내면서 그 숫자를 세었다. 이때 열 번째의 막대기 밑을 통과하는 짐승마다 여호와를 위한 십일조로 구별되었다(겔 20:37).

그러나 열 번째로 지정된 그 짐승은 좋든지 나쁘든지 간에 다른 것과 비교하여 대체代替시키지 말아야 한다. 그러나 꼭 그 짐승을 바꾸고 싶을 경우에는 다른 짐승으로 바꿀 수는 있었지만 본래 지정된 그 짐승은 제사장의 몫이 되었다(레 27:10).

③ 여호와께서 명하신 계명

모세는 본서의 결론으로서 본서 내용 전체가 "여호와께서 … 명하신 계명"임을 단언하고 있다. 이상의 모든 율법이 여호와께서 시내 산에서 주신 것이라는 것이, 이 레위기 26:46에 나오고, 27:34에도 나오고 있다.

레위기 26:46은 이전의 것의 출처와 수신자와 선포자를 말하고 있으나, 27:34은 27:1-33까지의 말씀의 출처와 수신자와 선포자를 의미한다. 이것으로 알 수 있는 것은 하나님의 법은 그 출처와 수신자와 선포자와 내용이 분명하고 확고 불변하다.

그 이유는 여호와 하나님이 영원 불변하시고 전지전능하신 분이시기 때문이다. 이는 본서의 신적神的 권위와 진정성眞正性을 확신시켜 주고, 또 이 모든 계명들이 선민 이스라엘이 그들의 필생에 있어 완수해 가야 할 삶의 고결한 준거準據요 푯대임을 시사해 준다.

이러하신 여호와 하나님께서 하나님의 사람이요 지도자인 모세를 통하여 이스라엘 자손에게와 각자에게 주신 이유는 그 각자가 자신을 하나님께 바쳐진 하나님의 종이고 사신들이기 때문이다.

하나님은 레위기를 통해 다음과 같이 거듭 말씀하신다. "내가 거룩하니 너희도 거룩할지어다." 그러므로 그와 같이 하나님 앞에서나 사람 앞에서 거룩하여야 한다. 하나님이 거룩하니(레 11:44, 45; 19:2, 20; 20:7, 26) 너희도 거룩하라는 명령에 의한 것이다.

제 4 장

요단 강을 건너는 언약궤

1. 언약궤의 행진

1) 제1차 인구 조사

(1) 각 지파별 인구 계수(計數)

출애굽기는 이스라엘 족속이 B.C. 1446년에 애굽을 탈출하여 시내 산에 도착한 후 성막을 완성하기까지의 대략 1 년 간의 과정을 기록했었다. 그리고 레위기는 성막 완성 후 시내 산에서 1 개월 간 더 머물면서 여호와께로부터 받은 각종 율법을 기록한 책이었다.

이어지는 민수기는 시내 산에서 본격적인 광야 행군을 개시하여 약속의 땅 건너편 모압 평지에 이르기까지의 약 38 년 간의 역사를 기록한 책이다. 민수기 1장은, 하나님의 계수 명령(1-4절), 계수 책임자 선정選定 및 계수 실시(5-19절), 각 지파별 계수 결과 기록(20-46절)으로 나눌 수 있다.

이제 이스라엘은 하나님의 명령에 의하여, 본격적인 행군을 개시하기 직전, 20 세 이상의 장정壯丁들을 계수한 사실을 기록하고 있다. 곧 출애굽 제 2 년 2월 1일(민 1:1), 시내 산에 도착한 지 약 11 개월째(출 19:1), 하나님의 성막을 세운 지 1 개월 후(출 40:1, 17), 시내 산 광야를 떠나기 전 20 일 전(민 10:11)이다.

즉, 이제 곧 출정出征될 광야 행군 및 정복 전쟁의 효과적 수행을 위하여 20 세 이상의 장정들을 계수하여 전 민족을 군대 조직화하고자 하는 제 1 차 인구 조사가 시내 산 광야에서 시작된 것이다.

이는 광야 생활의 효율적인 관리와 가나안 정복을 수행할 군대 조직의 편성編成이라는 이중적 목적을 가진 조사로서 이스라엘 민족이 하나의 자연적 집단에서 신정적神政的 국가 체제를 형성하는 계기를 마련하는 것이었다. 즉, 이는 이스라엘 백성들이 시내 산에서 언약을 맺고 율법을 받은(출 24:1-11; 34:1-28) 신정 국가의 언약 백성으로서 가나안 땅을 향해 행군하기 위한 행정 체제의 정비의 일환이다.

특히 하나님을 위한 영적 군사로서 약속의 땅 가나안을 향해 행군하며, 후에 보다 나은 가나안 정복을 위한 체제 정비의 일환으로 볼 수 있다. 물론 이스라엘이 수행해야 할 전쟁은 단순한 수탈과 영토 확장이라는 의미보다는 하나님 나라 건설과 하나님 나라의 확장이라는 거룩한 목적을 지닌 전쟁이었다.

한편 본문의 인구 조사(민 1:20-46)는, 이후 장막 배치(민 2:1-31)나 행군 순서(민 10:11-18) 때와 비교하여 르우벤 지파 및 그에 소속된 지파들과 유다 지파 및 그에 소속된 지파들의 순서가 바뀌었는데, 이는 영적 축복의 순서보다는 육적肉的인 장자를 앞세운 역사적 사실에 기인한다.

그리고 인구 조사에서 레위 지파는 제외되었는데, 이는 레위 지파에게는 다른 특별한 임무가 주어지기 때문이다(민 3-4장). 레위 지파가 이와 같이 다른 이스라엘 지파와는 달리 특별한 임무를 부여 받게 된 것은, 그들이 시내 산의 금 송아지 우상 숭배 사건 때 다른 지파와는 달리 특별한 충성忠誠과 헌신을 보여 주었기 때문이다.

또한 여기의 인구 조사는, 한 달 전에 생명의 속전을 바치기 위해 실시된 인구 조사를 행정적으로 재확인 실시한 것이므로 하루 만에 조사가 가능했던 것으로 보인다(출 30:11-16). 그러나 여기에는 이런 행정적 의미 이외에도 선민 이스라엘을 이제 하나님이 자신의 군대로 삼아 주신다는 심오한 뜻도 내포되어 있다.

그러므로 이스라엘의 대장隊長은 하나님으로서, 이스라엘은 그분의 명령에 복종하기만 하면 승리는 이미 보장되어 있다. 그리고 영적으로 볼 때 신약의 성도 역시 교회를 중심으로 하나님의 군대가 되어 믿음의 선한 싸움을 싸우며, 저 천국을 향하여 행군해야 할 것을 보여 준다(빌 2:25; 살전 2:2; 딤전 1:18; 6:12; 딤후 2:3, 4; 4:7; 몬 1:2; 히 10:32).

(2) 각 지파의 진(陣) 배치와 행진 순서

① 유다 지파

이스라엘 백성들이 지파별로 성막을 중심하여 진을 치며 행진하게 될 행군 모형도를 제시하고 있다(민 2장). 처음 인구 조사를 끝낸 이스라엘 백성들은 각 선임 지파를 따라 성막을 중심으로 동·남·서·북 순서로 장막을 배치한 바, 이는 이스라엘 백성들이 법궤 위 속죄소贖罪所에 임재하시는 하나님의 성막을 중심으로 생활하며 안식하는 것을 의미한다.

여기서 성막을 중심으로 진을 배치한 것은 하나님께서 진정한 통치자로서 그들의 삶 가운데 임재해 계신다는 사실을 상징적으로 보여 준 것이다. 이와 같은 생활은 신약 시대에 성도들이 하나님의 성전이 되는 교회(엡 2:21, 22)와 그 안에 임재하시는 하나님을 중심으로 생활하는 것을 예표한다.

하나님의 사람들에 있어서 자신의 존재 가치와 의의를 찾을 수 있는 유일한 방법은 하나님을 그 삶의 중심에 모셔들이는 것이다. 반면에 하나님을 제외시킨 삶에는 참된 행복과 기쁨이 찾아들 수 없다. 왜냐하면 하나님만이 유일한 복의 근원이 되시기 때문이다(시 16:2).

한편 장막의 배치 순서가 동으로부터 유다 지파를 시점으로 행군 대열의 제일선에 서게 된 것은 하나님께서 부여하신 영적 축복(창 49:8-11)으로 되었다. 그리고 이는 영적으로 온 인류의 구주와 왕이 되신 예수께서 온 인류 앞에 서서 영원한 나라로 인도하실 것을 예표한다(요 10:4). 예수께서는 이 유다 지파의 혈통을 빌어 성육신成肉身하셨다(마 1:3, 16; 요 4:22; 롬 1:3).

② 레위 지파

모세는 정치적, 종교적 해방을 주도하는 이스라엘의 실질적 지도자의 입장에서 소개된 반면, 아론은 하나님의 성막 봉사를 담당하는 제사장들의 대표 격代表格으로 소개되었다. 이는 각각의 직능職能이 다르다는 사실이지 그들의 신분과 인격에 차이가 있음을 말하는 것이 아니다. 그들은 하나님께 하나같이 귀하게 쓰임 받는 도구道具들이다.

그들은 높고 낮음을 떠나서 서로의 위치와 직능을 따라 조화를 이뤄 가며 하나님의 영광을 위해 힘써야만 했다. 이 같은 질서와 조화는 오늘날 몇몇 교회들에서 발견되는 다툼과 분쟁에 대해 가장 명쾌한 해답이 될 수 있을 것이다. 하나님의 백성들의 모임에는 하나님을 위한 봉사자들만 존재할 뿐 아무도 섬김 받는 자로 군림할 수 없다(엡 1:20-23).

a) 레위인의 제사장직 : 이스라엘의 인구 조사(민 1장)와 성막 배치(민 2장)를 끝낸 다음, 이제는 보다 내적인 일 곧 성막에서 봉사하는 레위 자손들의 할 일과 그들의 인원수에 대해서 다루고 있다(레 3장). 성막에서 봉사하는 자들은 제사장과 레위인들인데, 이들의 관계는 후자가 전자에 예속隸屬되는 관계로서 후자가 전자를 도와주는 것이다.

이와 같은 일의 형태는 각 사람을 자신의 주권主權대로 불러(히 5:4) 일을 행하게 하시는 하나님의 안배按配에 의해 정해진 것이다. 성막 봉사를 통하여 하나님을 섬기도록 구별된 집단이 레위인들이다. 그들이 맡은 성막은 타인들의 접근이 금지된 곳으로, 접근하는 사람은 죽임을 당하게 되었다(민 1:53; 2:2; 3:10).

레위인의 계수計數는 1 개월 이상된 자를 모두 계수한 것으로서 직무를 위한 계수라기보다는 이스라엘 장자를 대신하기 위한 곧 초태생初胎生의 원리를 위한 계수라 할 수 있다(3:14-39). 본문의 계수도 민수기 4장의 직무를 위한 계수 때와는 달리, 영적 중요성보다는 나이 순서에 따른 것이다(민 1:20-46).

레위인들은 하나님께 대한 헌신(출 32:26-29)으로 말미암아 이스라엘 백성들의 장자 대신 하나님을 섬길 수 있도록 부름 받았다. 이것은 하나님을 섬기는 일이 사람의 주관대로 되어지는 일이 아니고 오직 하나님의 주권적인 부르심에 의해서 되어지는 일이라는 것을 의미한다(출 28:1-5).

레위인들은 크게 세 분류로 나뉘어져 하나님의 일을 하는데 첫째, 성막과 기타 덮는 부분과 포장 둘러치는 것을 맡은 게르손 자손. 둘째, 증거궤와 기타 지성소와 성소 및 성막 뜰에 있는 것들을 맡은 고핫 자손. 셋째, 성막의 널판과 기둥 등을 맡은 므라리 자손 등이다.

이것은 하나님이 각 자손들에게 주신 재능과 능력대로 맡겨진 일이다. 또한 신약 시대에서 이와 같은 형태는 각 사람에게 부여된 하나님의 은사에 따라 성령께서 주신 은사대로 하나님의 일이 행해지는 교회 안에서 잘 나타난다(롬 12:3-8; 고전 12:4-30).

한편 레위인들은 이스라엘을 대표해서 하나님을 섬긴다는 측면에서 인간과 하나님 사이의 중보적 사역使役과 봉사적 사역을 동시에 감당하신(빌 2:6-8) 예수 그리스도를 예표하며 또한 예수 그리스도 안에서 하나님을 섬기는 신약 시대의 성도들을 예표한다.

b) **레위자손의 업무 분담 :** 레위 자손들의 업무 분담에 대한 규례로서 레위기 3:25, 26, 31, 36, 37에 대한 좀 더 구체적인 제시이다(레 4:1-49). 레위 자손들은 하나님의 일을 분담함으로써 좀 더 효율적으로 그리고 질서 있게 직무 수행에 임할 수 있었다. 이것은 오늘날 교회 안에 각양의 은사를 받은 성도들이 어떻게 조화롭게 하나님의 일을 추진해 갈 것인지에 대한 모범을 제시하고 있다(롬 12:4-8; 고전 12:7-11, 14-21).

ⓐ **고핫 자손의 직무 -** 고핫은 레위의 둘째 아들로서(출 6:17), 그의 후손들이 레위 자손들 중 제일 먼저 언급되어 성막의 중요한 부분을 담당하게 된 것은 하나님의 뜻대로 정하신 그의 주권에 의한 것이라 볼 수 있다(롬 9:10-13; 히 5:4). 고핫 자손들은 성막 중에서 내부의 가장 중요한 기물들

을 담당하여 운반했다. 특히 이들은 기물器物을 어깨로 매어 운반했는데, 여기에는 그들의 사역使役의 노고勞苦와 특성이 잘 표현되어 있다.

ⓑ **게르손 자손의 직무** - 게르손 자손들은 므라리 자손과 더불어 성막을 옮기는 일을 감당하였다. 게르손 자손은 성막의 휘장과 앙장仰帳의 일체를 다루었으며, 므라리 자손은 널판과 기둥과 띠 등을 다루었다(민 4:21-33). 그러나 어떤 의미에서는, 게르손 자손의 임무가 고핫 자손의 임무보다 더 작고, 므라리 자손의 임무는 게르손 자손의 임무보다 더 작다고 생각할지도 모른다.

하지만 성소에서 봉사하는 일에는 크고 작은 것이 없으며, 귀하거나 천한 직책이 있을 수 없다. 하나님께서 할당하신 임무는 각기 특별한 위치와 사명이 있게 마련이다. 마찬가지로 레위 지파의 임무나 또 다른 지파들의 임무는 모두가 하나님의 공동체 안에서 같은 중요성을 가진다.

ⓒ **므라리 자손의 직무** - 므라리 자손들의 주임무는 성막을 세우는 데 근간根幹이 되는 건축 구조물을 운반하는 것으로, 게르손 자손과 마찬가지로 소가 끄는 수레를 이용하였다(민 7:6-8). 그들의 임무가 성소 내의 기물을 다루는 것보다 중요하지 않은 것처럼 보이지만, 하나님께서는 그들의 임무에 관해 상세한 설명을 해 주셨다. 이것은 하나님의 일은 종류를 불문하고 고귀한 것임을 시사한다(마 25:40).

ⓓ **레위 지파의 계수** - 이 인구 조사(민 4:34-39)는 앞서 행하였던 레위 지파의 인구 조사(민 3:14-39)와 그 목적이 다르다. 민수기 3장에서의 인구 조사는 1 개월 이상된 남자를 계수하였지만, 여기에서는 30 세에서 50 세 사이의 건장한 남자를 가족대로 계수하였다.

또한 이 인구 조사는 민수기 1장에서 실시되었던 이스라엘 지파의 인구 조사와는 그 성격이 다름을 알 수 있다. 민수기 1장에서는 20 세 이상의 남자만 계수하였지만, 이 계수는 30 세 이하의 남자는 계수에서 제외되었다. 이스라엘 자손을 20 세 이상으로 계수한 것은 무장하여 전투에 참가할 수 있는 나이였기 때문이다.

반면, 영적 전투를 전담하는 레위 자손의 경우는 20 세 보다 더 성숙한 나이인 30 세 이상이 되어야 했으며, 하나님을 섬기는 일에 있어서 신중성과 침착성이 고려되었다. 또한 50 세 이하로 제한함으로써, 노년에 있을 비활동성과 태만함을 배제시켰다. 이처럼 광야에서의 이스라엘 공동체는 치밀한 계산으로 구성되었다.

ⓒ 성막 봉사의 연령 - 성막 봉사의 연령을 30 세부터 50 세까지로 정한 이유는 다음과 같다.

첫째, 육체적, 정신적으로 미숙하여 거룩하신 하나님을 섬기는 일에 혈기나 경망스러움이 끼어들지 않게 하기 위해 30 세라는 제한 연령을 두었다(25 세가 되면 회막 일을 보좌하는 예비생으로 활약 ▶ 민 8:24).

둘째, 연로하여 힘든 일을 하지 못하는 경우를 미연에 방지하기 위해 50 세 이하라는 규정을 두었다.

이처럼 하나님의 일을 하는 자들에게는 온전함(인격적, 육체적)이 요구되어진다. 예수께서 30 세부터 공적 사역公的使役을 시작하심으로써 이러한 정신을 존중했다고 볼 수 있다(눅 3:23).

(3) 이스라엘 민족의 행군 준비

① 진영 생활의 정결법

하나님은 이제 진영陣營 생활의 정결에 대하여 말씀하신다(민 5:1-31). 중요한 것은 여호와께서 진영 안에 임재해 계신다는 사실이다. 곧 법궤가 안치되어 있는 성막은 하나님의 임재를 상징한다. 하나님은 거룩하신 분으로 자기 백성 가운데 거하시고 계시기 때문에, 그분의 백성들 역시 신체적으로나(1-4절), 이웃과의 관계에서(5-10절) 성결하고 거룩해야 한다.

특별히 부부 관계에서(11-31절) 거룩함을 나타내어야 한다. 더구나 드러나지 않은 내면적인 부정은 이스라엘 공동체 내부의 결속을 해칠 염려가 있으므로, 이런 은밀한 죄악들은 반드시 하나님 앞에서 속贖함을 받아야 하며, 피해자에게도 규례에 따라 보상을 해 주어야 한다. 그리고 가정이란 조직은 공동체 내에서도 가장 중요한 기초 단위가 되는 사회 조직체이기 때문에 가정은 가장 순결해야 할 필요가 있다.

부부 사이에 금이 갈 때에는 온 공동체가 파괴되는 심각한 결과를 초래하게 된다. 따라서 부부 사이에서 정결이 문제가 되었을 때에는, 하나님께서 정하신 규례대로 해결 받아야 한다.

② 나실인 제도

나실인人은 일정 기간 포도주를 금하고, 머리털을 깎지 않고, 시체를 만지지 않겠다고 서원함으로써, 자신을 성별하여 하나님께 바친 사람을 말한다. 이 나실인의 제도는 남자와 여자 모두에게 적용될 수 있었다(민 6:1-21). 이 제도의 목적은 서원이란 수단을 통하여 여호와께 특별히 봉사하도록 하는 데 있었다.

이렇게 함으로써, 나실인은 하나님의 거룩을 닮을 수가 있는 것이다. 나실인의 금기 사항은 포도주를 마시지 않는 것과 머리털을 깎지 않는 것과 시체를 만지지 않는 일이었으며(1-8절), 만약 이 규례를 위반했을 때에는 다시 정결하게 하는 의식儀式을 행해야 했다(9-12절).

그리고 기한이 차면, 특별한 의식을 행한 다음, 정상적인 생활로 다시 돌아올 수 있었다(13-21절). 하나님은 이스라엘을 거룩한 백성으로 만드시기 위하여 열국 가운데서 특별히 선택하셨다(출 19:5-6). 그리고 이스라엘 백성 가운데서 레위인을 택하여 자신의 거룩을 먼저 배우도록 하셨다(민 3-4장).

그러나 레위인이 아니더라도 누구나 어떤 목적을 위해 일정 기간 동안 전적으로 자신을 구별하여 하나님께 드릴 수가 있었다. 따라서 하나님은 나실인 서원 제도를 통하여 모든 백성을 거룩하게 만드시기를 원하시고 있는 것이다.

③ 제사장들의 축복권

제사장들이 이스라엘 백성들에게 축복할 수 있는 권한에 대한 규례이다(민 6:22-27). 아론과 그 아들들이 선포하는 축복 기도는 하나님 자신으로부터 나오는 것이기 때문에, 그 권위와 효력은 확실하다. 이 권한은 제사장 스스로의 권위에 기초하지 않고 복의 근원이신 하나님의 권위에 의한 것이다.

그런 이유 때문에 제사장은 축복을 선포할 때 하나님의 이름으로 선언해야만 했다. 따라서 이것은 하나님께서 제사장들에게 위임하신 권위에 의한 권세라고 할 수 있다. 하나님은 아론과 그 아들들이 자신의 이름으로 이스라엘을 축복하도록 약속하고 계신다(27절). 그러므로 제사장에 의한 축도祝禱는 하나님께서 백성들의 삶과 일터와 가정에 대한 평강으로 함께 하시겠다는 신실한 약속이다.

그러므로 하나님의 편에서 인간을 향하여 당신의 백성들에게 주시고자 하는 축복을 하나님이 자신과 인간 사이에 구약 시대의 중보자仲保者로 세우신 제사장으로 하여금 대신하게 하신 것이다. 이같이 제사장이 갖는 중보자로서의 권한은 죄인 된 인간과 하나님 사이의 유일하며 완전한 중보자이신 그리스도를 예표하는 것이다(딤전 2:5).

구약의 이와 같은 권세는 신약의 예수께로 옮겨졌고, 예수 안에서 신약의 성도들에게 옮겨졌다(마 26:26; 막 8:7; 10:16; 눅 6:28). 따라서 신약 시대에는 모든 성도들이 예수님을 통하여 직접 하나님 앞에 나아가는 제사장적 특권을 누리게 되었다(벧전 2:9).

그러므로 신약의 성도들은 이와 같은 권세를 위임 받은 자로서(롬 12:14; 고전 4:12; 14:16), 이웃에게 복음을 전달하며 그들을 위해 복을 빌어야 한다(창 12:1-3; 벧전 2:9). 물론 인간에게 있어서 가장 귀한 축복은 하나님을 신뢰하는 믿음 그 자체이다(시 16:2).

④ 이스라엘 족장들의 성막 봉헌 예물

이스라엘 민족이 광야 행군 개시에(출애굽 2년 2월 20일) 앞서 성막을 봉헌할 때에 드린 예물의 내용을 소개하고 있다(민 7:1-9). 물론 성막이 완성된 것은 출애굽 2년 1월 1일이었다(출 40:2). 그러나 봉헌식은 그 성막에서 일할 제사장 임명과 제사법의 규정 등이 다시 주어지고 난 후, 이스라엘이 광야 행군을 개시하기 직전에 드려졌다.

예물은 "모세가 장막 세우기를 끝내고 그것에 기름을 발라 거룩히 구별하고 또 그 모든 기구와 제단과 그 모든 기물에 기름을 발라 거룩히 구별한 날에"(1절) 드려졌다. 그런데 장막은 출애굽한 후 "둘째 해 첫째 달 곧 그 달 초하루에"(출 40:17) 세워졌다. 그리고 인구 조사는 "애굽 땅에서 나온 후 둘째 해 둘째 달 첫째 날에"(민 1:1) 실시되었다.

따라서 민수기 7장의 사건은 민수기 1장보다 선행先行한 사건이다. 다시 말해서 출애굽기 40장부터 민수기 6장까지는 성막을 세울 때부터 인구 조사 때까지 일어난 일을 기록하고 있으며, 민수기 7장은 인구 조사 이전으로 돌아가 그때 있었던 일을 기록하고 있다.

본문에서 알 수 있듯이 전반부(1-3절)는 성막과 그 모든 기구들에 기름을 발라서 모든 기구가 하나님의 거룩한 제사 도구로 인정되었음을 표시한 후에 족장들에 의해 그 도구들의 운반에 필요한 물품들이 하나님께 드려진 사실을, 후반부(4-9절)는 드려진 예물들을 성막 운반에 필요한 대로 분배한 내용을 언급하고 있다.

한편 장막에 기름을 바른 것은, 아론과 그 아들들의 기름 부음과 함께 행해졌는데 성막을 세상 것과 구별시켜, 하나님께 속하도록 하여 거룩한 제사에 합당한 기구들로 삼기 위해서 기름을 발랐다. 사실 성막에 사용된 기구들은 그 무엇도 스스로는 거룩하여 하나님의 도구로 사용될 수 없었다.

그것들이 각각의 기능에 따라 하나님의 도구로 사용될 수 있었던 것은 하나님께서 그것들에 신적神的 존귀를 부여하셨기 때문이다(출 40:34-35). 그러므로 이러한 기름 바름은 영적으로 성령의 역사役事를 상징한다. 이러한 사실은 예수께서 성령으로 잉태되시고 성령으로 기름 부음 받아 세상 사람과 구별되어서 하나님의 사역使役을 수행한 경우를 통해서 확증된다(마 3:16; 행 10:38).

이처럼 성령으로 기름 부음 받는 일은 하나님의 일을 하는 데 필수적인 것이다(행 1:8; 고후 1:21-22). 그 이유는 하나님의 일은 세상의 일과 달라서 세상의 지혜로 전혀 이루어지지 않기 때문이다(고전 2:4, 13; 3:18-20).

⑤ 이스라엘 족장들의 번제단의 봉헌 예물

이스라엘 열두 지파의 족장들이 번제단의 봉헌을 위해서 감사 헌물을 드리는 장면이다(민 7:10-89). 이들은 하루에 한 지파씩 12 일 동안 같은 내용의 예물(또는 제물)을 드렸는데 이것은 그들이 하나님께 온전히 감사함으로 드린다는 것을 나타낸다. 즉, 12는 완전을 의미하는 숫자로서 이스라엘 백성들이 온전히 감사 예물을 드림으로 헌신한 것을 나타낸다.

각 지파의 이름과 족장의 이름이 이름만 바꾸어서 같은 사건의 내용이 단조롭게 반복되어 있다. 번제단이란 날마다 드리는 제사 현장의 중심부이다. 그러므로 번제단을 위한 봉헌은 첫 제사를 시작하기에 앞서 행하는 중요한 행사이다.

여기서 각 지파가 동일한 예물·번제물·속죄제물·화목제물을 드리고 있음을 주의해서 볼 필요가 있다. 번제물을 제외한 나머지 제사물들은 제사장들의 소득원所得源이 된다. 특히 소제물素祭物은 제사장들의 주요한 몫이었으며(레 6:14-18), 속죄제물과 화목제물도 일부는 태우고, 나머지는 제사장의 몫으로 주어졌다(레 7:11-18, 28-36).

또한 여기에서는 제사장의 사역을 뒷받침하고 있는 족장들의 일을 매우 강조하고 있다(민 7:10-88). 즉, 이스라엘의 모든 지파들은 거룩한 직분들을 감당하고 있는 제사장들을 도와, 그들이 사역을 충분히 수행할 수 있도록 해 주었던 것이다.

여기에서 열두 지파가 드린 예물과 제물을 동일하게 반복하여 기록한 까닭은, 모든 지파가 균등하게 하나님을 예배하는 일에 참여하고 있음을 보여 주기 위함이며, 또한 각 지파가 서로 협동하여 성막과 제사장직을 받들었음을 보여 주기 위함이었다. 번제단이 봉헌된 후, 하나님께서 실제로 회막 가운데 거하시게 됨으로써, 이제 회막은 이스라엘 공동체의 예배 중심지가 되었다.

이스라엘 열두 지파의 족장들이 드린 것은 번제, 속죄제, 소제, 화목제 등이었다. 이 중에서 속죄제를 가장 적은 양量으로 드리고 화목제를 가장 많은 양으로 드린 것은 번제단의 봉헌을 위한 예물이 감사를 위한 화목제물로 드려진 것을 암시한다.

여기서 긴 지면을 할애하여 12 지파 대표들의 제사 행위를 소상하게 묘사한 것은 다음과 같은 의의를 지닌다.

a) **각 예물을 기록함** : 이는 바친 인격들 하나하나의 마음을 하나님께서 기쁘게 받으신다는 표시이다.

b) **각 사람의 이름을 기록함** : 하나님 앞에서 의롭고 선한 일을 한 자들을 하나님께서 기억하고 계심을 나타낸다.

c) **모든 예물들이 하나님께 대한 제사와 연관됨** : 제사의 귀중성과 제사를 통해 인간과의 관계를 이루어 가시는 하나님의 성품을 반영한다.

⑥ 등잔대(燈盞臺) 제도와 레위인의 성별과 연한(年限)에 대한 규례

a) **등잔대 제도** : 등잔대는 아론이 켜서 항상 앞을 비추도록 하였다. 등잔대는 바깥 세상과는 완전히 차단된 성소聖所 안을 밝게 비추는 역할을 한다(민 8:1-4). 그러므로 이 등잔대는 제사장들이 성소 안에서 향을 사르는 등等의 거룩하고 조심성이 요구되는 일을 하는 데 없어서는 안 될 기구이다(출 25: 31-40).

특히 등불을 등잔대 앞으로 켜도록 한 것은, 어두운 성소 안에서 제사장들이 밝은 빛을 힘입어 진설병 배치와 향단의 향을 사르는 등 하나님의 일을 하기에 수월하도록 하기 위한 것이다. 이 기구는 어두운 세상에 빛으로 오시사 참 빛 곧 진리와 사랑을 제공해 주시며 하나님을 올바로 섬길 수 있는 길을 보여 주신 예수 그리스도를 상징한다.

한편, 하나님께서 천지 창조 시에 가장 먼저 존재하게 하신 것이 '빛'이다. 즉, 빛을 창조하심으로 무질서와 혼돈의 세계를 변화시켜 조화와 질서의 세계를 만드시고 세상 역사世上歷史의 문을 여셨다(창 1:3). 그러므로 '빛'을 제하고는 인간을 비롯한 모든 피조물의 존립을 이야기할 수 없다.

특히 영적인 측면에서 이 빛은 죄로 어두워진 이 세상에서 절대적으로 요청된다. 인간의 이러한 필요를 익히 알고 계셨던 하나님께서는 독생자를 이 땅의 빛으로 제공하시고(요 1:9) 그 빛을 통하여 의와 진리가 바로 서게 하셨다. 이와 같이 물질계의 혼돈과 영계의 어두움을 몰아내신 하나님이야말로 인류의 유일한 소망이며, 생존의 이유가 된다. 이 빛의 근원을 떠난 자에게는 흑암과 사망만이 남게 된다.

b) **레위인의 성별(聖別) 의식** : 레위인의 정결 의식은 레위인을 세상으로부터 구별하여 하나님께 드리기 위한 제의祭儀이다(민 8:5-22). 물론 레위인은 다른 이스라엘 백성들과는 구별되지만 제사장들과 같이 기름 부음 받지는 못한다.

그들은 시내 산에서 우상 숭배로 말미암아 하나님을 섬길 수 있는 특권을 잃어버린 이스라엘 백성들의 장자들 대신에(민 3:40-51), 하나님을 섬기는 은총을 입었을 뿐만 아니라 하나님의 거처를 관리하는 영광을 얻었었다(민 8:5-26). 그러므로 그들에게는 각별各別한 성결이 요구되었다(레 11:25).

즉, 그들은 혈통적으로 하나님을 가까이 섬기는 특권을 얻었지만 그것으로 하나님을 섬기는 요건이 갖추어진 것이 아니라 그들 각자의 자발적이고 의지적인 성결이 요구되었던 것이다. 거룩한 일에 종사하는 자들은 철지히 준비시켜지며, 특별한 방법으로써 구별되이야 했다.

정결하게 되는 의식을 통하여 레위인들은 이스라엘의 다른 지파의 사람들과 분리分離된다. 그러나 레위인들이 공동체 안에서 따로 분리되는 것을 의미하지는 않는다. 공동체 사람들이 레위인들에게 안수함으로써, 레위인들은 백성을 대신하여 하나님을 섬기는 일을 맡게 되는 것이다. 따라서 레위인들은 제사장들과 백성들 사이에서 교량적橋梁的 역할을 감당했다고 할 수 있다.

한편 제사장들과는 달리 레위인들은 기름 부음을 받거나 특별한 복장을 입지 않았다. 다만 입고 있는 옷을 깨끗하게 빨아 입었다. 이것은 비록 구원 받은 성도들이라 하더라도 매일의 경건과 성결한 삶을 통해서만 하나님과 교제하며 그분을 온전히 섬길 수 있는 것을 예표한다. 우리는 대제사장이신 예수께 속하여 하나님을 섬기는 영적 레위인들로서 언제나 '거룩'을 요청 받는다(요 1:13; 6:37, 65; 17:6, 9; 고전 1:30).

c) **레위인의 봉사 연한 :** 원래 레위인은 30 세에서 50 세 사이에서만 성소聖所 봉사를 할 수 있었다. 여기 언급된 25 세는 아마 견습생으로서의 자격 연한을 가리키는 것 같다(민 8:23-26). 역대상 23:24에는 20 세까지로 그 연한이 낮아진다.

한편 50 세 이상이 되면 정년이 되어 봉사를 할 수 없게 되지만 대신 그 때부터 성소 봉사자들의 고문의 위치에서 성소 일을 계속할 수 있었다. 결국 그들을 평생 동안 하나님을 섬기는 일을 하였던 것이다.

⑦ 두 번째 유월절

유월절은 하나님의 구원과 은혜를 가장 함축적으로 보여 준 구속사의 백미白眉로서 하나님의 백성들의 존재 이유와 목적을 깨닫게 해 주는 아름다운 사건이다. 그러므로 이스라엘 백성들은 이 절기를 잊을 수 없었으며, 하나님께서도 이 절기를 영원히 지키도록 명하셨다(출 12:14).

새로운 조직과 제도에 의해 탄생된 공동체에서 실시하는 두 번째 유월절 행사에 대하여 말씀하신다(민 9:1-14). 앞부분에서는, 모든 지파의 인구 조사(1-2장) · 레위인에 대한 인구 조사(3장) · 레위인의 임무(4장) · 제사장의 책무責務(5-6장) · 새로운 제도에 대한 공동체의 봉사(7장) · 레위인의 정결(8장)이 기록되어 있다.

이런 맥락에서, 이 두 번째의 유월절은 이스라엘 공동체의 새로운 출발에 선행先行된 귀중한 행사가 되었다고 하겠다. 곧 새롭게 조직된 이스라엘은 시내 산에서 가나안 땅까지의 여정旅程에 앞서 유월절 행사를 함으로써, 상호 간의 동질성同質性을 확인하고 신앙의 역사적인 뿌리를 재음미하게 되었던 것이다. 그러므로 이 행사에는 누구나 참여할 수 있도록 예외 규정을 만들어 놓고, 누구나 이 유월절을 지키도록 하였다.

특히 이 부분(민 9:9-14)은 시체로 인해 부정한 자나, 여행으로 인해 성소와 먼 거리에 있던 자가 정월 십사일의 유월절을 지키지 못하면 한 달 후(이월 십사일)에 지킬 수 있도록 또 한 번의 기회를 주는 특례법特例法을 기록하고 있다.

*** 특례법의 의미**

첫째, 율법의 제한적인 특성 곧 율법이 온전한 규례가 아니라 장차 실제로 오실 그리스도를 예표해 주는 그림자로서의 역할을 한다는 것을 나타내 준다(마 5:17; 갈 3:19-24).

둘째, 하나님은 형식주의에 얽매인 고지식한 분이 아니라 인간의 속사정을 깊이 이해하시며 그들이 처한 상황에 따라 적절히 대처하시는 자비로우시며 풍요로우신 분이심을 보여 준다.

셋째, 하나님은 인간에게 대한 징벌보다는 화목과 용서를 원하시는 사랑의 주인이심을 시사해 준다.

⑧ 구름 기둥과 불 기둥

유월절이 과거의 단회적單回的 구원 사건의 상징이라면, 불 기둥과 구름 기둥의 인도는 이스라엘이 가나안에 이를 때까지 계속되는 것으로 하나님의 현재적現在的 보호의 상징이다. 이스라엘 백성들이 시내 산 광야를 출발하기 전에(민 10:11), 이미 성막 위에 구름 기둥과 불 기둥의 인도에 따라 행진行進한 사실을 보여 준다(출 13:21, 22; 40:34-38).

이는 이스라엘 백성들이 광야 행진 중 하나님의 말씀을 순종한 사실을 나타내며, 불과 구름 기둥의 인도(민 9:15-23)은 앞 단락(민 9:1-14)처럼 후에 모세가 하나님의 말씀을 기록할 때(신 31:24-26), 이 사건을 앞부분에 삽입, 첨가한 기록이다.

구름 기둥과 불 기둥은, 하나님의 군대인 이스라엘의 상징적 지도자로서 나타나며, 이스라엘과 함께하시는 하나님 임재의 가시적可視的 현상이고 나아가서는, 자신의 백성을 구원하시고 직접 인도하시는 하나님의 구원 행동에 대한 역사적 증거이다. 그리고 하나님의 사랑이 얼마나 구체적이고 치밀한가를 보여 준다.

애굽을 벗어나 광야를 지나서 시내 산까지 오는 동안 여호와께서는 모든 사람의 눈으로 직접 볼 수 있는 불과 구름이라는 중간 매체中間媒體를 통해 그의 은혜로우신 임재를 나타내셨으며, 그의 백성들을 친히 인도하셨다(출 13:21, 22).

광야의 찌는 더위(이때는 구름 기둥으로 보는)와 쌀쌀한 밤 날씨(이때는 불기둥으로)에도 불구하고 그곳을 40 년 간 아무 사고 없이 통과할 수 있었던 것은 바로 하나님의 임재를 뜻하는 불 기둥과 구름 기둥이 그들과 함께하였기 때문이다.

마찬가지로 죽음과 분쟁이 도사리고 있는 광야 같은 이 세상 가운데서 하나님 나라를 바라보고 살아가는 우리들에게 하나님께서는 날마다 동행하시고 우리의 고난을 능히 이기게 해 주신다. 하나님을 따라 그분의 인도를 받는 것이 성도가 승리할 수 있는 비결이다(요 10:14).

(4) 가데스 바네아로의 행진

이스라엘 백성은 출애굽 한후 제 2 년 2월 20일(민 10:11) 시내 산 광야에 도착한 지 약 1 년 후(출 19:1), 하나님의 장막을 세운 지 1 개월 20 일 후(출 40:1, 7), 인구 조사를 한 지 20 일 후(민 1:1)에 시내 산 광야를 떠나 가나안 땅으로 행진 여정行進旅程을 시작했다.

이스라엘 백성들은 시내 산 광야에 머무는 동안 하나님과의 율법 언약 체결(출 19:5-7; 24:1-11), 하나님의 율법 받음(출 20-23장; 31-34장), 하나님의 성막 제작(출 25-40장), 하나님께 대한 제사법과 기타 율법 규례 받음(레 1-27장), 가나안 땅에로의 행군 및 정복 사업을 위한 체제 정비, 기타 율법 규례 받음(민 1:1-10:10) 등으로 인해 하나님의 신정 국가 神政國家로서 온전히 존속할 수 있도록 준비되었다.

이제 끝으로 가나안 행진에 앞서 은銀 나팔을 불 것을 규정하고 있다. 이 나팔 소리는 성경에서 하나님의 위엄과 권위 혹은 자신의 절대적인 명령을 상징했다(출 19:16). 이 나팔은, 백성을 소집하거나 진영을 이동시킬 때, 전시에 군대의 사기를 높일 때, 거룩한 절기를 지킬 때 등에 사용되었다(민 10:9, 10).

결국 성경에 언급된 나팔은 하나님이 이스라엘의 통치권자이심을 기억하게 하며 질서 의식, 순종 의식을 고취시키기 위한 도구였음을 알 수 있다, 행진 순서는 장막 배치 순서와 같다(민 2:1-31).

① 언약궤를 앞세운 행진

이스라엘의 광야 행진의 모든 경우에 선도적 핵심부의 위치를 차지하며 하나님의 임재를 상징하는 언약궤를 앞세워, 이스라엘 백성들은 가나안으로 가는 길목의 가데스바네아로 행진하였다. 이는 하나님의 말씀인 십계명이 담겨 있는 법궤의 인도인 바(출 25:16; 40:20) 곧 하나님의 인도하심을 나타내는 것이다.

그때에 "그들이 여호와의 산에서 떠나 삼 일 길을 갈 때에 여호와의 언약궤가 그 삼 일 길에 앞서 가며"(민 10:33)라고 했는데 쉽게 말해, 그들이 여호와의 산(호렙 산)을 떠나 갈 때에 언약궤를 앞세우고 사흘 길을 행진했다는 것이다. '여호와의 언약궤'는 히브리 어로 'אֲרוֹן בְּרִית-יְהוָה아론 베리트-예호바'로 되어 있다. 그 여호와의 언약궤는 법궤이다(출 25:10-16). 법궤는 이미 출애굽기 25장의 제작 방법으로 아카시아 나무로 만들고 안팎으로 금을 씌웠고 양편에 두 고리씩 채를 꿰어 메게 되어 있었고, 그 안에 만나 금 항아리, 아론의 싹 난 지팡이, 그리고 두 돌판이 있다(출 16:33, 34; 25:16; 민 16:8, 10; 신 10:1-5; 히 9:4) .

＊ 언약궤가 이스라엘 백성들 앞에서 행한 목적

첫째, 그 이스라엘 자손의 갈 길을 안내한 것이다. 그래서 히브리 원어에는 "그들 앞에서"라고 되어 있다. 이것은 선두에 서서 인도하는데 목자가 양을, 선두에서 안내하는 것과 같다.

둘째, 그들은 쉴 곳을 찾았다. 즉, 이스라엘 자손들이 쉴 수 있는 장소를 찾았는데 물이 있고, 나무와 풀이 있고, 진을 칠 수 있는 평지이다.

마치 시편 23편과 같이 여호와가 그들의 목자가 되신 것이다(요 10장). 그러므로 여호와 하나님이 이스라엘의 목자가 되시는데, 신약에서는 하나님의 독생자 예수 그리스도가 성도들의 목자가 되었다. 교회 시대에는 그리스도 안에서 성령이 인도하시고 보호하신다.

모세는 법궤가 떠날 때와 멈출 때에 여호와 앞과 이스라엘 백성 앞에서 부르짖었다(민 10:35, 36). 이 선언은 기쁨에 찬 믿음의 증거일 뿐 아니라, 이스라엘 백성이 똑같은 믿음을 갖도록 하기 위한 격려의 선언이었다. 모세는 여호와 하나님과 언약궤가 불가분리의 관계에 있다는 것을 알았다.

또한 여호와 하나님의 보좌寶座인 언약궤에서 전능하신 하나님의 임재하시는 가시적可視的 증표를 보았기 때문에 이와 같이 말할 수 있다. 이 말은 단지 이스라엘 백성이 광야에서 만나게 될 대적들만 언급한 것이 아니라, 하나님께서 이스라엘을 부르셨다는 확실한 믿음에서 한 말이다.

인간의 힘으로는 이 일을 이루지 못하기 때문에 전능하신 하나님께서 그의 백성 앞에 가시면서 대적을 흩으셔야만 했다. 그러므로 하나님께서 이렇게 해 주시기를 원하는 기도는 확고하고도 담대한 믿음의 표현으로 응답이 확실한 기도였다.

한편 모세의 이 믿음은 민수기 11장에서 일어나는 사건들과 비교해 볼 때, 아이러니한 대조가 된다. 모세는 하나님이 이스라엘에게 복을 주시리라고 확신하였으나(민 10:29), 백성들은 하나님을 원망하기 시작했다(민 11:1). 모세는 하나님께서 대적들을 흩으실 것을 기도했으나, 가나안 땅을 정탐한 정탐꾼들은 이스라엘이 가나안 족속에게 패할 것이라고 하였다(민 13장). 민수기 10장을 승리의 기도로 끝맺음으로써, 계속되는 사건들의 비극성悲劇性이 더욱 강조되고 있다.

② 가데스바네아에서의 방황

불순종과 불신앙이 하나님의 백성들에게는 가장 위험스러운 것임을 예증例證해 준 가데스바네아 사건이 기록되어 있다(민 13:1-14:45). 하나님은 약속한 땅이 아름답고 훌륭하니 지체 말고 올라가 정복하라고 하셨다(신 1:21). 그러나 이스라엘 백성들은 이 말을 받아들이지 않고 모세에게 와서 가나안 땅을 정찰偵察할 것을 요청했다(신 1:22).

이것을 좋게 생각한 모세는 하나님께 기도하고 모세의 기도에 대한 응답으로 하나님은 가나안 땅을 정찰할 것을 명령하셨다. 이 명령은 전략적인 응답을 얻기 위한 것이 아니라 이스라엘 백성들의 믿음을 강하게 하기 위한 것이었다. 가데스는 가나안을 바로 눈앞에 둔 곳으로 백성들의 요청(신 1:22)에 따라 모세는 이곳에서 12 지파 12 명의 가나안 정탐꾼을 파견하였다.

모세는 정탐꾼들에게 뚜렷한 목적 의식을 제시하였다. 즉, 이스라엘 백성이 어느 길로 올라가야 할 것인지 또는 어느 성읍으로 들어가야 할지를 알아보게 하고(신 1:22) 또한 그들이 거처할 땅이 얼마나 비옥한가를 확인하게 함으로써 하나님의 약속하신 땅에 대한 더 큰 확신을 가지도록 했던 것이다.

이러한 그의 심정을 다음 두 마디에서 발견할 수 있다.

a) 담대하라 : 이 말은 목격되는 장면들이 어떠하든지 간에 신앙의 눈으로 그것들을 바라봄으로써 능히 모든 장애물을 극복하라는 말이다. 하나님과 동행하는 자의 마음에는 실망과 좌절이 있을 수 없다(수 1:6; 요 16:33).

b) **가져오라** : 가나안 땅의 풍성한 소출을 목도함으로써 하나님이 제공하고자 하시는 축복이 얼마 만한지를 확인하게 하는 조치였다.

이와 같이 모세는 정탐꾼들에게 하나님이 주시고자 한 땅이 어떠한가를 확인하게 하는 단 한 가지 목적을 부여하였으나 그들은 그 땅에 산재해 있는 부정적인 면들을 탐지하고 보고함으로써 이스라엘 내에 극한 불신앙의 바람을 일으키고 말았다.

40 일은 가나안 지역을 정탐하기에 충분한 기간이었음을 상징하는 표현이라 할 수도 있다. 왜냐하면 노아의 홍수 기간은 40 일로 하나님의 진노가 충분히 표출된 기간이며(창 7:17), 시내 산에 머물렀던 모세는 40 일 간 하나님과 온전한 교제로 십계명을 하사 받은 시간이며(출 24:18), 그리스도께서 당신의 공생애를 시작하시기 전에 광야에서 연단(시험) 받으신 기간이기 때문이다(눅 4:1, 2).

한편 실제로는 영원히 거할 가나안 지역을 샅샅이 정탐하려면 이 정도 시간으로는 부족할지도 모른다. 오늘날 40 일 기도나 헌신 역시 40 일이라는 날짜를 채우는 게 중요한 것이 아니라, 40 일로 표현된 하나님을 향한 온전한 마음이 중요하다.

가나안 정탐 결과에 대한 두 가지 대조적인 보고이다. 갈렙과 여호수아를 제외한 10 명의 정탐꾼들은 가나안 땅이 매우 비옥한 땅이라는 사실을 인정했지만 그 땅의 거민들이 매우 강하고 성읍도 대단히 견고하여 정복이 불가능할 것이라는 자기들의 의견을 첨부하였다.

즉, 그들은 눈으로 볼 수 있는 사실(fact)은 제대로 보았으나 모든 역사를 하나님이 주관하고 계신다는 '역사 의식歷史意識'과 무한한 능력을 소유하신 하나님의 약속을 신뢰하는 '신앙'을 제대로 갖추지 못하였다. 참 신앙인은 먹구름 속에 감추어진 태양을 볼 줄 아는 눈을 가진 자이다(행 27:20-26; 빌 4:13).

불신앙은 인간을 절망에 빠뜨리고 만다. 10 명의 절망적인 보고는 다음과 같다.

a) 거주민을 삼키는 땅이다 : 이는 경작할 수 없는 불모지不毛地란 뜻이 아니라 기름진 곳이기 때문에 많은 족속이 서로 싸우다 멸망할 수밖에 없는 땅이라는 뜻이다.

b) 거주민들의 신장이 장대하다 : 정복하기 불가능함을 시사한다.

c) 이스라엘은 메뚜기 같다 : 심리적으로 이미 패배했음을 알 수 있다.

그들의 보고 가운데는 하나님과 그분과의 약속과 능력에 관해서는 한 마디도 언급되지 않았다. 이처럼 하나님 없는 자들에게는 신앙으로 말미암아 비전과 소망이 부정적으로 보일 수밖에 없다. 하나님은 우리의 힘과 능력이시다(시 27:1-3).

죄와 불신앙은 그 전염성이 매우 강하다. 10 명의 정탐꾼이 전해 준 가나안 땅의 상황은 이제 막 노예의 자리에서 해방된 이스라엘 백성들에게는 위협적인 사실이 아닐 수 없었다. 그들의 힘으로는 도저히 감당하기 어려운 일임을 깨닫게 된 백성들은 군중 심리에 이끌리어 밤새도록 울며 모세와 아론을 원망했다.

용기와 신념이 필요한 신앙의 길을 포기했던 그들에게는 현실에 대한 굴욕과 타협밖에 남은 것이 없었다. 그로 인해 하나님께서는, 가나안 입국을 40 년 간 유보시키고, 20 세 이상의 구세대舊世代들에게는(여호수아와 갈렙 제외) 가나안 땅을 밟지 못하고 죽게 만드셨다.

결국 하나님의 이 같은 조치는, 하나님의 경륜經綸을 무시하는 자에게는 죽음이 뒤따른다는 것과 하나님의 나라에 들어갈 자에게 필요한 것은 하나님의 주권과 통치를 신뢰하는 믿음이라는 것, 그리고 인간의 반역에도 불구하고 하나님의 계획은 온전히 성취되어 간다는 진리를 제공한다.

그러나 여호수아와 갈렙은 가나안 땅에 대한 호평을 마친 후에, 하나님께 대한 믿음을 강조하였다(민 14:9). 그들은 하나님의 뜻 곧 이스라엘 백성들을 애굽에서 이끌어 내시어 가나안 땅에 인도하시고자 하는 하나님의 계획(출 3:8)을 신뢰했기 때문에 백성들에게 하나님께 대한 온전한 믿음을 강조할 수 있었다.

여호수아와 갈렙은 낙망한 이스라엘 백성들에게 "그들은 우리의 밥(개정 : 먹이)이라."라는 가나안 정복에 대한 확신에 찬 믿음의 말을 하였다. 갈렙과 여호수아가 이렇게 말할 수 있었던 근거는 '여호와는 우리와 함께 하신다.'라는 믿음 때문이었다(수 1:5, 6). 하나님이 함께하시는 자의 마음에는 더 이상의 불안이 없다(롬 8:31-39).

여호와 하나님께서는 인간들에게 위임하신 자신의 권위가 훼방 받을 경우에 결연히 개입하시어 당신의 영광을 보존하신다(민 16:42; 욥 38:1). 이러한 하나님의 간섭은 언제나 악인에게는 심판으로, 의인에게는 구원과 축복으로 나타난다(시 37:28; 145:20).

③ 이스라엘의 총회

이스라엘 자손 총회는 이스라엘 전체 무리를 말한다(민 16-17장). 좀 더 구체적으로 말하면 하나님의 부르심과 신정적神政的인 목적에 따라 모인 공식적인 선민選民 집단, 또는 회중이 모여 만든 전 민족적 정치, 종교 집단을 가리킨다. 이 총회는 광야 생활 중에 하나님의 주권적인 역사로 말미암아 구성되어졌던 바, 우리는 이를 가리켜 '광야 총회(교회)'라 지칭할 수가 있다(행 7:38).

이 광야 교회曠野敎會는 "주는 그리스도시요 살아 계신 하나님의 아들이시니이다."(마 16:16)라고 고백한 베드로의 신앙 고백 위에 세워진 교회의 그림자 역할을 한다. 하나님께서는 이 거룩한 교회('총회 總會')를 통하여 인류를 향하신 자신의 거룩한 뜻을 성취해 가신다.

오늘날 하나님의 부르심을 받아 거룩한 공동체의 일원이 된 우리들은 개인적이고 이기적인 사고와 삶에서 탈피하여 부르심에 합당한 자로서 하나님의 영광과 온 공동체의 유익을 위해 힘씀이 마땅하다(엡 4:11-16).

그러나 38 년 간의 광야 방랑이 거의 끝나 가던 시점에서 일어난 두 가지 반역이 있었다(민 16:1-50). 처음은, 지도층에서 발생한 소위 정치·종교적 지도권 쟁취를 위한 반란이고, 다음은 백성들이 모세와 아론의 영도적 자질에 불만을 품고 반역한 사건이다.

고라는 모세와 아론처럼 레위 사람이었다. 그러므로 자신도 그들만큼 정치·종교적 위치를 차지할 수 있다고 생각하여 반란을 주도하였다. 또한 다단, 아비람, 온 등은 장자인 르우벤 지파 출신이기 때문에 자신들도 정권을 차지할 권리가 있다는 인간적인 생각으로 정치적 반역에 선뜻 가담하였던 것 같다.

고라가 품은 불만의 표적標的은 아론의 대제사장직이었다. 비록 고라의 말이 이스라엘 백성 모두가 제사장이 될 수 있다고 주장하는 것처럼 들리나, 레위인의 특권을 폐지시키려 한 것은 아니었다. 고라의 구호口號는 이스라엘 백성에게 최대한의 지지를 얻으려는 것이었다. 이러한 의도는 고라의 불평을 모세가 어떻게 생각했는지를 살펴봄으로써 분명히 알게 된다. 모세는 고라가 제사장직을 원하여 아론을 공격하는 것이라고 생각했다(민 16:10-11).

다단과 아비람(온의 경우는 반역 계획에서 제외된 듯하다.)의 불평은 이스라엘 백성으로 광야를 지나 가나안으로 인도하시려는 하나님의 계획에 대한 반대였다(민 16:13, 14). 이러한 불평은 이미 여러 차례 있었다(민 11:4-6; 14:2, 3). 아마도 이들은 아론의 아들들이 죽던 모습을 기억하고, 제사장직을 달라는 고라의 대담한 요구에 불안감을 느꼈을 것이다.

이들은 고라의 요구가 부당함을 알면서도, 자기들의 생명에 해害가 오지 않을 만큼의 적당한 거리를 두고 고라를 지원하려고 했다. 그렇지만 이것 역시 하나님께 대한 반역이요, 역시 죽을 죄인인 것이다. 그들이 모세와 아론을 대적할 때 고라와 함께 시작한 것처럼 죽을 때도 땅이 갈라져 함께 죽었다(민 16:24, 33).

모세와 아론은 그들의 인간적인 공로나 성품 때문에 당대의 지도자로 세워진 것이 아니라 오직 하나님의 권위에 의해 위임되었다. 결국 고라 일당의 반란은 하나님의 주권을 무시한 교만한 처사로서 신약 성경은 이를 가리켜 '고라의 패역悖逆'(유 1:11)이라고 일컫고 있다.

하나님은 자신의 풍부하신 지혜와 능력으로 각 사람에게 적합한 직임職任을 위임하신다, 이에 대해 인간이 불만을 표시하거나 그 위임委任된 권위를 무시하는 것은 하나님의 뜻에 정면 배치되는 것으로 하나님의 심판을 자초하는 것이다(롬 9:19-21).

이스라엘 백성들은 고라의 무리들이 저지른 죄의 결말이 어떻게 되었는지를 보면서도, 계속해서 하나님께 반역하였다. 하나님께서는 이러한 심판을 백성들 사이에 널리 알리게 하기 위해서 기념물을 만들게 하셨다. 그러나 백성들은 끝내 모세와 아론을 그들의 지도자로 인정하지 않았다.

결국 그들의 완악頑惡함은 돌이킬 수 없게 되어 심판이 임하였으며, 온 회중에게 염병染病이 퍼지게 되었다. 여기에서도 모세와 아론의 중재의 기도는 끊이지 않았다. 여호와의 진노는 여호와께서 친히 제정하신 대제사장의 직분에 의해 멈출 수가 있게 된다(민 16:46-48).

여기서 아론이 향로香爐를 가지고 백성을 구한 것은 대제사장의 중보의 기능을 구체적으로 나타낸다. 그러나 이것은 아론의 믿음이 진실하고 열심이 있어서가 아니라, 대제사장의 속죄 기능을 제정하신 변할 수 없는 하나님과의 약속 때문이었다. 이렇게 하여 하나님께서 선택하신 제사장직의 권능이 실제적으로 백성들에게 나타났다.

④ 모세와 아론의 불순종

이스라엘 백성들이 가데스바네아의 정탐꾼 사건 이후 하나님의 징벌을 받아 광야에서 약 38 년 동안 방황한 후에 다시 이곳 가데스에 돌아왔다(민 20장). 돌아온 이스라엘 백성 가운데에는 출애굽 제 1 세대는 거의 전멸되었고 제 2 세대는 장정으로 성장하여 주역을 담당하고 있다. 이는 곧 이스라엘의 가나안 정복이 멀지 않음을 시사해 준다.

그들은 38 년 간의 기나긴 세월 동안 죽음과 고통의 광야를 끝없이 행진하였으나 기갈飢渴과 음식 부족 또는 환경 때문에 죽어간 사람은 없었다.

왜냐하면 하나님께서 그들의 필요를 날마다 채워 주시며 그들의 행진을 인도하셨기 때문이다(다만 하나님의 징계로 인해 가데스 반역 사건 당시 20세 이상이던 자들은 계속 죽어 갔을 것이다(민 14:20-35).

그럼에도 불구하고 그들은 불평과 원망을 일삼으며, 자신의 범죄로 가나안 입국의 영광을 얻지 못한 데 대한 일말의 반성도 하지 않았다. 이렇게 완악한 백성들에게 시달려 온 모세와 아론은 혈기를 부리며 불신앙의 자세를 노출시킴으로써 가나안 입국을 할 수 없게 되었다(민 20:10-12).

모세는 자신이 일생일대의 가장 큰 실수를 하였다. 그의 실수는 하나님의 공의로우신 판단과 그분의 말씀보다 스스로의 감정을 앞세운 데서 시작되었다. 즉, 모세는 하나님의 권능은 인정했으나 그 권능이 자신의 의지에 따라 발휘될 수도, 그렇지 않을 수도 있음을 나타내 보이려 하였다.

뿐만 아니라 하나님의 말씀을 대언한다는 입장에서 반석을 향하여 하나님께서 지시하신 대로 말로 명령하지 않고, 백성들을 치고 싶은 격한 감정으로 반석을 두 번 쳤다. 하나님은 모세가 욕하는 바로 그 백성에게 당신의 능력과 은혜를 베풀고자 하셨으나 모세는 격한 감정을 발함으로써 오히려 하나님의 거룩성과 영광을 파괴하고 말았다.

모세가 지닌 지팡이는 그 자체로써는 어떤 능력도 발휘할 수 없다. 이것은 단지 하나님의 권위를 대변하는 상징물이다(출 4:1-17; 14:16; 17:5, 6). "반석에게 명령하여"(민 20:8)란 무생물에 대한 하나님의 주권을 강조하는 명령이다. 하나님께서는 '말씀'으로 천지를 창조하시고, 또한 그것을 운행하신다(창 1장; 요 1:3)

피조被造 세계에서는 하나님의 간섭 없이 존재할 후 있는 것이라고는 아무것도 없다(롬 11:36). 그러므로 모세에게 명하신 그 반석이나 모세에게 어떤 이적적인 능력이 있어서가 아니라 하나님의 말씀의 능력에 의해 그 반석에서 물이 흘러나오게 된 것이다.

결국 순종과 겸손과 절제를 잃어버린 모세는 약속의 땅에 들어갈 수 없었다. 이런 사실은, 지도자의 실책이 하나님 앞에서는 매우 엄중하게 다루어지며(약 3:1), 하나님의 일꾼들의 권위는 오직 하나님의 영광을 위해서만 사용되어야 할 뿐 아니라, 하나님 나라에 들어갈 자에게는 교만과 방종이 결코 용납되지 않는다는 진리를 제공하고 있다.

모세와 아론이 하나님의 명령을 거슬렀기 때문에 그 땅에 들어갈 수 없다는 책망은, 아론이 죽음으로써 현실로 나타났다. 아론의 죽음으로 인해 백성들은 자신들이 마땅히 죽어야 할 존재임을 깨닫게 되었다. 그러나 대제사장의 직무는 전적으로 하나님의 은혜로 주어지기 때문에, 이 직무는 아론의 아들인 엘르아살에게 이어졌다(민 10:22-29).

2) 제 2 차 인구 조사

(1) 모압으로의 행진

이스라엘 백성은 모압 땅 동쪽 경계선을 따라 지나갔다(민 22:1). 그러나 그때는 모압 족속은 이스라엘 백성을 공격하지 않았다. 오히려 빵과 물을 이스라엘 백성에게 팔았다(신 2:28-29). 그때 그들은 아모리 왕 시혼이 이스라엘을 전멸시키거나, 광야로 쫓아 버리기를 기대했음이 틀림없다. 그러나 그들의 기대는 무너지고 말았다. 이스라엘 백성은 아모리 족속의 두 왕을 거꾸러뜨리고 모압 땅에 바짝 다가서게 되었다.

이에 모압 왕 발락은 두려움을 느꼈다. 그러나 그 두려움은 근거가 없는 것이었다. 왜냐하면 하나님이 모압 족속을 치는 것을 금하셨기 때문에(신 2:9), 이스라엘 백성은 모압 족속에게 적의를 갖고 있지 않았다. 의식적으로 모압 족속의 땅·재산을 건드리지 않았다. 그리고 아모리 족속을 격파했을 때에도 모압 족속에게 무기를 돌려대지 않았다. 이스라엘 백성은 오직 약속의 땅을 얻기 위하여 요단 강을 향해 나아갔을 뿐이다.

이스라엘 백성들은 모압 평지에 진陣을 쳤다. 그곳은 약속의 땅과는 요단 강 하나만을 사이에 두고 있는 곳이었다. 그러나 이 경계선境界線을 넘기 전에 준비해야 할 것이 많이 있었다.

첫째, 이스라엘 모든 백성은 후손들에게 매우 중요한 의미를 갖는 시험을 통과해야만 했다(바알브올 사건, 민 25:1-8).

둘째, 모세는 죽기 전에 법규를 제정해야 했다 - 하나님이 약속하신 기업基業의 정복에 대한 규례, 가나안 땅의 분배, 하나님의 율법을 이스라엘 백성의 마음에 심어 주는 일 등이다.

한편 이스라엘이 요단 강 건너편 곧 여리고 맞은편에 있는 모압 평지에 진을 쳤을 때, 모압 왕 발락은 승승장구乘勝長驅하는 이스라엘에 관한 소문을 듣고서 매우 두려워했다(민 22:1-4). 발락은 이스라엘을 꺾기 위하여 메소포타미아의 유명한 점쟁이인 발람을 생각해내었다.

첫 번째 초청을 거절한 발람은 발락이 여러 가지 좋은 조건을 제시하면서 재차 초청하자 응하고 말았다. 몰론 이때 발람이 하나님의 뜻을 물어보는 것처럼 행동하기 하였으나 그것은 실상 위선적인 행동에 불과하였다. 그러기에 하나님께서는 발람을 더 이상 막지 않으시고 경고와 함께 보내신 것이다. 이는 발람이 거짓 선지자인 동시에 욕심에 이끌려 하나님의 뜻조차 거스르는 패역한 인물이었음을 드러내 준다.

발락은 발람의 입을 빌어 이스라엘을 저주하려고 하였으나 번번이 실패하였다. 발람의 예언은 오히려 하나님의 간섭으로 저주에서 축복으로 바뀌어진다.

첫 번째 예언 : 발람은 바알의 산당에 올라가 고대 이방 점술가들이 쓰던 방식대로 제단을 쌓고 하나님의 음성을 기다렸다(민 22:41-23:3). 이는 곧 하나님을 자신이 섬기던 여러 잡신 중 하나로 착각하여 나온 일종의 주술 행위였다. 그러나 하나님께서는 오히려 발람의 입술을 강권적으로 주장하사 하나님께서 함께하시는 이스라엘은 그 누구도 저주할 수 없다는 예언을 발하게 하셨다(민 23:4-12). 인간의 허탄한 계획은 여지없이 무너지고 만다.

두 번째 예언 : 발락은 발람을 데리고 비스가 산 꼭대기에 올라가 이스라엘을 저주하기 위한 두 번째 시도를 하지만 역시 실패하고 만다(민 23:13-

26). 특히 발람의 이번 예언은 중요한 내용을 담고 있는데 곧 하나님께서는 자기의 언약 백성들의 허물을 보시지 않고 끝까지 지키시고 인도하실 것이라는 점이다.

세 번째 예언 : 발락은 발람을 데리고 브올 산 꼭대기로 가서 세 번째로 이스라엘 저주를 시도하였다. 발락은 앞서 두 번의 실패를 경험 삼아 사술邪術을 쓰지 않고 직접 이스라엘을 저주하게 하였으나, 이번에도 발람은 하나님의 영靈에 사로잡혀 이스라엘의 복된 미래를 예언하고는 분노하는 발락에 변명하기에 급급해한다(민 24:1-13). 이와 같이 발락과 발람의 의도가 계속 실패하는 이유는 여호와의 주권적인 역사役事하심 때문이다.

네 번째 예언 : 세 차례에 걸쳐 이스라엘을 축복한 발람은 이제 마지막으로 이스라엘과 그 주변 국가들의 미래에 관한 일들을 예언함으로써 하나님의 도구로서의 임무를 마감한다(민 24:14-25). 특히 그가 예언한 '야곱의 별'은 메시야 출현을 예언한 것으로 하나님께서 끝끝내 자기 백성을 다 구원하시고야 말 것임을 시사해 준다.

이처럼 거짓 선지자조차 도구로 사용하사 장래 일을 계시하신 하나님의 역사役事)는 현재 일이든, 장래 일이든 심지어 인간의 의지조차도 온전히 하나님의 장중掌中에 속해 있음을 증거해 준다(시 103:17; 139:16; 요 11:47-53).

(2) 백성들의 범죄와 하나님의 징계

모압 평지에서 싯딤 지역에까지 퍼져 머물고 있던 이스라엘 백성들은, 발락의 요청에 따라 이스라엘을 저주하러 왔다가 하나님의 주권적인 역사役事로 인해 네 번이나 축복하게 된 발람의 꾀에 의해 모압 여인과 음행하는 범죄에 떨어졌다(민 25장).

발람은 발락의 물질적인 공세의 유혹에 못 이겨 모압 땅에 왔으나, 하나님의 강권적인 역사에 의해 이스라엘을 저주하지 못하고 축복만 하다가 그의 고향으로 돌아가기 전 발락이 제시한 물질에 대한 유혹을 떨치지 못하고 음행으로 이스라엘을 타락시켜 실족하게 하는 올무를 제시했던 것이다(민 31:16; 벧후 2:15; 계 2:14).

이스라엘 백성의 타락은 모압의 우상 숭배의 일환인 음행을 한 것으로서, 영육 간에 범죄한 것이므로 그 심각성이 크다. 발람은 이스라엘을 감싸고 있는 하나님의 영광과 능력이 그 백성들을 모든 위험으로부터 보호하며 누구도 당해 낼 수 없는 방위 수단임을 여러 번 확인했다(민 22-24장).

그러므로 발람은 외부의 힘이 아닌 이스라엘 내부의 분란과 패역으로 하나님의 진노를 불러일으키게 하는 이스라엘의 자멸책을 구상하였다. 즉, 발람은 이스라엘로 하여금 무분별한 성적 타락과 그로 인한 우상 숭배를 유도함으로써 하나님과 불화不和하게 하였다(민 31:16).

이스라엘을 타락으로 유도誘導한 주도 세력이 모압이었는데, 미디안 여인들도 동조한 사실이 언급되어 있다. 하나님께서는 후에 이 사건으로 말미암아 이스라엘에게 미디안 다섯 왕과 그 남자들과 발람까지 죽이게 하심으로 죄악의 동조자들이 당하는 비참한 최후를 보여 주셨다(민 31:1, 7, 8).

모압 평지에서 일어난 음행 사건은 시내 산 밑에서 일어난 금 송아지 사건(출 32장)과 유사한 점이 많이 있다. 두 사건 모두 하나님의 계시가 주어진 직후 발생된 일로서, 백성들은 언약의 기본 원칙을 무시하였다(제 1, 2계명을 파괴하였다). 곧 두 사건에서 이스라엘은 다른 신을 경배하였던 것이다(출 32:8; 민 25:2).

그리고 우상 숭배에 참여한 자들은 즉각 죽임을 당하였다(출 32:26-28; 민 25:7, 8). 그 결과 첫 번째 사건에서는 레위 지파가 하나님을 섬기는 일로 구별되었으며(출 32:29), 두 번째 사건에서는 비느하스가 영원한 제사장직을 약속 받게 되었다(민 25:11-13).

이스라엘의 범죄로 인하여 하나님의 심판인 염병染病이 시작되고 있음에도 불구하고 또다시 이스라엘의 한 남자가 행음할 목적으로 미디안 여인을 데리고 돌어온 데 따른 사건이다(민 25:6-18). 이때 그 광경을 본 비느하스가 그들을 쳐 죽이자 염병이 멈추었고, 비느하스는 대제사장직의 권한을 위임 받게 되었다.

그리고 모압족과 결탁하여 이스라엘을 올무에 빠뜨린 미디안족에 대한 하나님의 진멸 명령이 떨어진다. 이는 하나님께서 비느하스 한 사람의 의로운 행동에 만족하시사 범죄한 백성들에 대한 진노를 멈추신 사실은 죄인들을 위한 그리스도의 속죄 사역이 하나님의 공의公義를 만족시킨 사실을 연상시켜 준다.

출애굽 후 백성들이 시내 산에서 하나님과 모세 사이에서 무슨 말이 오고 갔는지를 알 수 없었듯이(출 32:1), 마찬가지로 이스라엘은 모압 평지에서 발람이 그들을 위해 무슨 예언을 했는지를 전혀 알지 못했다(민 22-24장). 여기서 두 사건을 통한 공통적인 교훈이 있다.

그것은 환경이 어떻게 변할지라도 하나님의 속성은 결코 변하지 않는다는 것이다. 곧 인간의 실패는 궁극적으로 하나님의 선하신 목적을 방해할 수 없다는 것이다. 금 송아지 사건에 연루된 옛 세대는 이미 죽었다. 따라서 가나안 땅을 정복하게 될 새로운 세대는 하나님의 선하심을 깨달아 할 것이다.

이러한 사건을 통해, 하나님의 권속眷屬으로 택함 받은 자라도 죄에 대한 경각심을 지니고 있지 않으면 타락할 수 있다는 사실과, 육적肉的인 타락과 영적 타락은 깊은 연관성이 있고, 타락한 자와 타락하게 한 자는 모두 하나님의 징계를 면하지 못한다는 사실을 발견하게 된다. 하나님은 지금 개개인의 행동을 놓치지 않고 바라보고 계시며 최후의 순간에 선악 간에 각자를 심판하신다(고후 4:10).

(3) 신세대의 인구 조사

이스라엘 백성의 음행 사건은 바알 숭배로 이어져서 2만 4천 명의 목숨을 앗아갔던 염병染病은, 비느하스의 의로운 행동으로 그쳤다. 이 사건을 끝으로 가나안 입국이 금지된 자들의 죽음이 종식終熄(모세 제외) 되었다(민 14:19, 30). 결국 이 죽음에는 죄로 얼룩졌던 광야 생활을 마감하고 이제 가나안 땅의 새로운 질서로 진입한다는 의미가 내포되어 있다.

이스라엘 백성들이 모압 광야에서 가나안 땅에 들어가기 직전에 행한 인구 조사는, 가나안 땅을 정복하기 위한 군사력의 점검을 목적으로 실시된 제 1차 인구 조사(민 1장)와는 성격상 차이가 있는 것으로서 가나안 땅 정복을 위한 재무장 및 가나안에서의 유업 분배 원칙 및 원칙 수립 등을 위해서 실시되었다(민 26:1-4).

모압 평지에서 실시한 제 2 차 인구 조사는 시내 광야에서 실시된 제 1 차 인구 조사와 비교할 때, 총인구 수가 1,820 명이 감소되었다. 곧 일곱 지파(유다, 잇사갈, 스불론, 므낫세,베냐민, 단, 아셀 지파)는 인구가 증가했고, 다섯 지파(르우벤, 시므온, 갓, 에브라임, 납달리 지파)는 감소했다.

특별히 주목해야 할 점은 시므온 지파의 인구가 59,300 명에서 22,200 명으로 37,100 명이나 감소되었다는 사실이다. 이것은 아마도 바알브올의 음행 사건 때에 시므온 지파가 염병으로 가장 많이 죽었기 때문일 것이다. 왜냐하면 그 당시 시므온 지파의 두령이었던 시므리가 사건의 주모자였기 때문이다(민 25:14).

하나님은 새 땅을 정복할 때 새 세대에게 그들의 불신앙적 태도(민 15:1-5)에도 불구하고, 자신의 언약을 성취해 나가신다는 사실을 알려 주신다. 곧 각 지파는 각자의 크기에 따라 기업의 몫을 분배 받게 되는 것이다.

그런데 각 지파의 기업 할당割當은 사람에 의해 분배되는 것이 아니라 각 지파가 제비 뽑은 대로 여호와께서 친히 할당하시는 것이다. 따라서 각 지파는 분배 받을 분깃이 여호와로부터 말미암은 분깃임을 알아야 한다.

제 1 차 인구 조사 때처럼(민 3:14-39), 레위인에 대한 2 차 인구 조사도 다른 지파와 구별하여 실시되었다. 그런데 레위 지파 중에서도 특별히 모세와 아론의 가계家系를 등장시켜 엘르아살과 이다말의 제사장직을 강조하고 있다. 애굽을 나온 사람들 중에는 오직 갈렙과 여호수아만 생존하였다(민 26:57-65). 이제 이스라엘 공동체는 완전히 개편되었다. 새 공동체는 새 세대의 지도자들에 의해 운영되어 갈 것이다.

(4) 정복 전쟁과 땅 분배 지시

① 르우벤과 갓 지파

요단 강 동편 지역을 정복함으로써(민 21:10-35; 31:1-12) 가나안 입국의 발판을 구축한 이스라엘 백성 가운데 하나님의 거룩하신 계획을 망각하고 정복된 땅에서만 거주하기를 원하는 자들이 생겨났다. 즉, 용감하기로 이름난 르우벤과 갓 지파 사람들이 더 이상의 정복 전쟁에 참여하지 않고 현실에 만족하려 했던 것이다(민 32장).

르우벤과 갓 지파가 모세에게 요구한 땅은 소위 '트랜스 요르단'이라고 부르는 곳으로서 약속의 땅 가나안 밖에 있었다. '트랜스 요르단(Trans Jordan, beyond the Jordan)'은 팔레스타인의 요단 강 동쪽의 지역을 가리키는 명칭이다. 이 지역은 하나님께서 족장들에게 약속하신 땅 밖에서 거주할 생각을 했다는 사실에서, 하나님과의 약속의 말씀에 무관심했다는 것을 알 수 있다.

트랜스 요르단은 요단 저편(עֵבֶר הַיַּרְדֵּן에베르 하야르덴)과 같다(신 3:8; 4:47; 수 12:1, 이러한 표현은 마 4:15에도 씌어져 있다). 물론 이 표현은 요단 강을 사이에 두고서의 관점에서 동서 어느 것을 가리키는 것으로서, 때로는 '해 돋는 편'(신 4:47; 수 12:1), 또 반대로 '서편'(수 5:1) 이라는 말을 붙여 구별을 보이고 있다. 그러나 '트랜스 요르단'이라는 말은 요단강 동쪽 지역을 가리키는 지리적 술어로 되어 있다.

이렇게 갑자기 르우벤과 갓 지파가 요단 강을 건너려 하지 않으므로, 하나님이 주신 땅을 정복하려던 이스라엘 백성은 주춤할 수밖에 없었다. 이 사건은 민 13, 14장의 정탐꾼 사건과 아주 흡사했다. 당시 갈렙과 여호수아를 제외한 모든 백성들은 가나안 정복을 두려워하였다. 그들은 하나님의 약속을 잊어버리고서 가나안 정복을 두려워하였다.

이번에도 르우벤과 갓 지파는 약속의 땅을 차지하는 일에 흥미가 없다고 선언하였다. 모세는 이들의 태도를 38 년 전, 가데스바네아에서 있었던 사건과 분명하게 비교하고 있다. 그러나 르우벤과 갓 지파의 지도자들은 자신들의 생각이 부족했음을 인정하고, 가나안 정복을 완수할 때까지 '우리 집('트랜스 요르단')으로 돌아오지 않겠다는 제의를 한다(32:18).

모세는 이 제의를 받아들여 '트랜스 요르단'을 그들에게 나누어 주었다(민 32:16-38). 후에 이 지파들의 후손들은 이곳의 지리적 조건 때문에, 이방 민족의 침략을 많이 받아 곤고困苦하게 살았다. 하여튼 르우벤과 갓 지파는 그들도 공동체의 일원임을 분명히 깨달아야 했다. 그러나 그들은 자신들의 이익 때문에 공동체의 목적을 등한시하였다. 하나님의 공동체는 공동의 목적을 위해 구성되었으므로, 상호 책임을 지고 서로 도와줄 필요가 있는 것이다.

② 가나안 땅의 경계와 분배

이스라엘 역사는 인간의 실패와 범죄에도 불구하고 하나님의 거룩하신 계획(하나님 나라 건설과 인간 구원)이 성취되어 온 구속사救贖史의 정수精髓라 할 수 있다.

특히 출애굽의 여정旅程은 인간이 부패하여 멸망당할 수밖에 없는 존재라는 사실과 그럼에도 불구하고 하나님께서는 그러한 인생들에 대한 기대를 포기하지 않으시고 은혜를 끝없이 베푸심으로써 자신의 거룩한 뜻을 이루어 가신 일들을 담고 있다는 점에서 구속사의 전형으로 취급된다.

민수기는 이스라엘 백성이 약속의 땅 가나안 정착을 전망하는 측면을 담고 있으면서, 땅을 분배하는 것을 주제로 하는 여섯 가지 규정으로 끝을 맺고 있다(민 33:50-36:13). 민수기 전체의 주제를 생각할 때 이것은 매우 적절하다고 할 수 있다.

＊땅 분배의 6 가지 규정(規定)

a) 가나안 족속과 그들의 종교를 완전히 멸망시키라는 명령 (33:50-56).
b) 약속의 땅 가나안의 경계를 확정함(34:1-15).
c) 땅을 분배할 책임을 질 족장들의 명단(34:16-29).

d) 레위인에게 줄 성읍(35:1-8).
e) 약속의 땅에서 살 때, 살인죄와 같은 피를 흘리는 죄에서 깨끗해지는 방법(35:9-34).
f) 각 지파에 속한 땅을 다른 지파에 넘기지 못한다는 규정(36:10-12).

이 규정들은 민수기의 다른 곳에 있는 규정들과 같이, 단순히 법적인 규정 이상의 것이다. 곧 이 규정들은 하나님의 약속을 함축하고 있다.

＊위의 규정들에 담긴 하나님의 약속

a) 적을 물리치고 승리하도록 하겠다(33장).
b) 크고 넓은 가나안 땅을 주겠다(34장).
c) 레위인을 그들 중에 살게 하심으로 자기 백성들을 거룩하게 하시고, 그들 가운데 하나님이 친히 임재해 계시겠다(35장).
d) 그리고 그 땅을 이스라엘이 영원히 소유하도록 하겠다(36장) 등이다.

이스라엘 각 지파에게 주어진 땅은 하나님과 그들 각 지파 사이에 맺어진 언약과 축복의 보증으로 취급되었기 때문에 어떠한 경우에든지 그 땅이 보존되어야만 했다(민 27:1-11). 그런데 아들 위주의 상속 제도가 성행했던 이스라엘에서(신 21:16, 17) 아들이 없는 가정은 위의 원칙을 적용할 수 없게 되는 불리함이 발견되었다.

이에 하나님께서는 그들의 인습因習에 의한 불공평한 상속 제도를 새롭게 하셔서 딸들도 상속인이 될 수 있게 하는 파격적인 법률을 제정하셨다(민 27장). 그러나 여기에서도 문제점이 발견되었는데, 만일 상속 받은 여자들이 다른 지파 사람과 결혼하게 되면 그 땅이 다른 지파에게로 이전되어 버린다는 것이다.

하나님께서는 상속녀들의 지파 내 결혼을 명령하심으로써 위의 문제점들을 말끔히 해결하셨다(민 36장). 이처럼 율법과 규례의 계속적인 보완補完은 그 율법이 지니는 점진성漸進性과 예표적豫表的(그림자적)인 성격을 반영한 것이지(히 10:1), 하나님의 지혜의 한계성이나 율법의 근원적인 모순을 드러낸 것이 아니다. 더욱이 이것은 하나님께서 사회의 제도나 질서는 존중하시되 그것 이전에 당신의 백성과의 관계를 더 중하게 여기신다는 사실을 시사해 준다.

3) 모세의 설교

신명기는 모세 오경 중 마지막 책으로서 모세가 요단 강 동편 모압 평지에서 행한 세 편의 설교 및 그의 행적을 언급한다. 창세기가 하나님의 창조와 인류의 타락 및 열조의 행적 등을, 출애굽기가 선민選民으로서의 이스라엘의 출애굽(구원)과 율법의 언약 체결, 율법 부여 등을, 레위기가 하나님의 신정 국가로서 이스라엘 백성들이 지켜야 할 제사 법도를, 민수기가 가나안 땅을 향한 이스라엘 백성들의 광야에서의 행군 등을 다룬 것이라면, 신명기는 하나님께서 이스라엘을 인도하신 역사적 배경의 회고와 율법의 회고 및 반복 설명 등을 다룬다.

(1) 모세의 1차 설교

① 율법 설명의 시작

모세는 여호수아와 갈렙만을 제외하고 출애굽 제 2 년째 되던 당시의 나이가 20 세 이하였던 자들로만 새롭게 구성된 백성(민 14:29-35) 곧 가나안을 정복할 새 세대의 백성들에게 말씀을 선포하였다(신 1:1-5). 열하룻길은 호렙 산에으로부터 광야를 통과하여 약속의 땅 경계선인 가데스 바네아까지 통상 걸리는 여정이다.

이만한 거리에 거의 40 년이나 소요했음을 다시 한 번 상기시킴으로써 불순종의 대가代價가 얼마나 무서운지를 강력하게 보여 주고 있다. 하나님의 뜻을 따라 사는 길, 그것이 삶의 최선의 지름길임을 깨달을 수 있다.

모세가 율법 강론律法講論에 앞서 이스라엘 백성들의 가나안 행진을 저지하려 했던 강력한 두 왕의 패망 기사(민 21:21-35)를 언급하고 있는 것은 이스라엘 백성들과 맺은 하나님의 언약의 신실성을 보여 주기 위함이었다. 즉, 택한 백성을 약속의 땅으로 인도하시는 하나님의 사랑의 손길은 그 어떠한 사탄의 세력도 침범할 수 없음을 시사한다.

율법을 '설명하기를'이란 말에 해당하는 히브리 어 'בָּאַר바아르'는 명백하게 밝혀 해설 혹은 강해하는 것을 뜻한다. 따라서 여기 모압 평지에서 모세가 하고자 했던 일은 새로운 율법을 펴내는 것이 아니라 이전부터 주어진 하나님의 율법을 백성들에게 잘 풀이해 주어 그들로 하여금 하나님의 은혜에 감사하게 하고 그 뜻에 순종하도록 만드는 일이었음을 알 수 있다.

왜냐하면 장차 가나안을 정복하고 그곳에 여호와의 신정 국가를 이룩해야 할 이들 새로운 세대들은 율법이 처음 마련되었을 당시에는 태어나지 않았거나 이해할 수 없었던 나이들이었기 때문이었다. 따라서 신명기에 기록된 모세의 율법 강론講論은 단순한 이전 율법의 재반복이 아니라 약속의 땅에서 적용시킬 율법 해석이다.

② 모세의 첫 번째 설교

모세에 의해 행하여진 첫 번째 설교로, 주로 광야 40 년의 생활을 회상하는 내용으로 구성되어 있다(신 1:6-4:43). 그는 언약의 백성 이스라엘이 가나안 입성을 목전에 둔 가데스바네아에서 여호와 하나님의 능력을 믿지 아니하여 광야에서 방황하게 된 사실과, 최근 헤스본 왕 시혼과 바산 왕 옥을 쳐부순 사건을 상기시키면서, 하나님께 대한 믿음과 순종을 요구한다.

모세는 가나안 족속과의 계속적인 대접전을 눈앞에 둔 이스라엘 백성에게 치밀한 공격 전략을 지시하는 것이 아니라, 하나님께 대한 이스라엘의 의무를 보여 주는 그 율법을 설명하고 있다. 이것은 그들의 싸움이 일반 세상의 싸움과는 다른 성격을 가진 거룩한 전쟁임을 나타낸다(신 9:4-5).

a) 시내 산에서 요단 동편까지 : 애굽을 탈출한 이스라엘 백성은 시내 산에 오래 머물러 있었다. 여호와께서는 이 산에 더 이상 머물러 있지 말고, 아브라함과 이삭과 야곱에게 하신 약속에 근거하여(창 12:1-7; 13:14-17;

15:18) 그 땅을 정복하고 기업으로 삼으라고 촉구하신다.

모세는 이러한 사실을 그 백성에게 상기시키면서, 시내 산에서 언약을 맺기 전에는 장인 이드로의 제안에 따라 자기를 대신해서 일할 각 지파의 지도자를 세운 일을 덧붙이고 있다. 그들의 역할은 많은 소송 문제를 공의의 원리에 따라서 공평하게 판결하는 것이다. 그것은 언약 백성 이스라엘에 대한 하나님의 통치 방식이었다.

모세는 시내 산 출발로부터 가데스바네아 사건의 이야기로 돌아간다(신 1:19). 그는 가데스바네아의 실패를 광야에서 태어난 새 세대들에게 상기시키면서, 과거의 사건을 교훈 삼도록 한다. 이스라엘은 가데스바네아에 진陣을 치고 열두 정탐꾼을 보냈다(민 13:4, 15).

백성들은 그들에게 정복로征服路와 정복할 성읍을 탐색하여 보고하도록 하였다. 아마도 모세는 이것을 지혜로운 처사라고 좋게 여긴 듯하다(신 1:19-25). 첫 정복 시도에 실패한 주요 원인은 하나님의 약속에 대한 불신이었다. 그들은 하나님을 믿지 아니하여 첫 시도를 승리에로 이끌지 못하고, 하나님의 명령을 거슬렀다.

정복할 성읍과 그 주민의 강대함을 보고 받은 그들은, 세상의 힘 앞에서 자기들의 연약함을 먼저 탄식하였으며, 하나님께서 그들을 미워하신 것이라고 원망하였다. 또한 그들 앞에서 행하셨던 하나님의 역사役事를, 세상의 세력 앞에서 아무것도 아닌 것으로 여겼다. 세상의 힘과 찬란한 문화가 크고 두렵게 보일 뿐, 능하신 하나님의 손길은 안중에도 없었다. 이것은 큰 불신이며, 언약 백성으로서 취할 믿음의 태도는 아니었다.

불신앙에 대한 징계로써, 갈렙과 여호수아와 어린아이들만이 약속의 땅에 들어가게 되고, 나머지 백성들은 다 죽게 된다는 사실과 이러한 하나님의 징벌을 받아들이지 않고 백성들이 아모리 족속의 산지山地로 올라가 싸운 사실이다.

그들은 여호와의 처음 명령(신 1:26)을 거역拒逆했을 뿐만 아니라, 이제 그곳을 정복하지 말라는 하나님의 두 번째 명령도 거역하였다(민 14:39-

45). 그들은 자기 힘으로 가나안을 정복하여 하나님의 뜻을 이루려고 하지만, 결국 실패한다. 육신의 힘으로 하나님 나라의 일을 성취하려던 일부 백성들은 패배敗北하여 세일에서부터 호르마까지 쫓겼다.

모세는 가데스바네아에서 홍해 길로 방향을 바꾼 사실과 광야 생활을 간략히 언급한다. 그리고 가나안 정복을 위해 전진하라고 말한다. 이 부분에서는 이스라엘 백성이 하나님의 명령에 순종한 사실이 많이 언급된다(신 2:3-23). 여호와의 명령에 대한 순종은 언약 백성으로서 당연한 일이다. 이 순종으로 말미암아 하나님의 뜻은 이 지상에서 이루어진다.

하나님께서는 이스라엘 백성에게 에서의 후손이 거居하는 세일과 롯의 자손 곧 모압과 암몬 족속이 거居하는 곳은 점령하지 말라고 하신다. 그 땅은 그들에게 기업으로 주셨기 때문이다. 이것은 이스라엘 백성이 역사를 주관하시는 하나님의 섭리攝理의 뜻을 거스르지 말라는 것을 시사하며, 더불어 그 동족들에게 대한 하나님의 자비를 나타내는 것이다.

모세는 이제 요단 건너편 지역에서 이루어진 정복의 사실을 상기想起시킨다. 이스라엘 백성이 헤스본을 점령한 것은 약소국에 대한 강대국의 정복과 성격이 같지 않으며, 여호와의 명령에 기인起因한 것이었다. 언약 백성의 명성을 천하 만민이 알도록 의도하셨다(신 2:25).

이스라엘은 하나님의 명령에 순종하여 대승리를 거두었다. 이러한 승리 가운데서도 그들은 자만하지 않고, 여호와께서 정복을 금하신 지역에 대해서는 그 명령에 순종하였다. 이러한 순종은 이스라엘이 하나님의 언약 백성이 되었다는 삶의 좋은 증거였다.

이스라엘 백성은 헤스본 왕 시혼을 정복한 후에 북으로 더 전진하여, 여호와의 명령에 따라 바산 왕 옥의 영토와 그 거민居民을 철저히 정복하였고, 모세는 정복한 요단 동편 땅을 르우벤, 갓, 므낫세 반半 지파에게 여호와의 주신 기업으로 각각 분배하였다.

이때 모세는 그 지파들에게 특별한 명령을 내렸다. 아직 땅을 기업으로 받지 못한 지파들의 선봉이 되어 요단 강을 건너라는 것이다. 모세의 이 명령은 온 이스라엘의 일체성一體性을 강조한다. 그리고 그때 그는 여호와께 가나안으로 들어가게 하여 달라고 간구하였으나 거절당하였다(신 3:23-28).

가나안 정복은 여호와의 도움 없이는 이스라엘의 승리가 불가능하다는 진리를 모세는 강조한다. 여호와의 능력이 승리를 가져왔다. 모세는 이런 확신으로써 이스라엘의 결의決意와 믿음을 강화시켰다(신 1:30; 2:21, 22;, 31; 20:4). 여호와는 이스라엘의 민족신民族神으로써 싸워 주시는 것이 아니라, **언약의 하나님으로써** 싸워 주시는 것이다.

b) 모압에서의 이스라엘 : 모세는 이스라엘 백성에게 하나님의 율법을 순종하라고 요구했다. 그들이 순종하면 큰 나라 사람이 되며, 그들과 그 후손이 복을 받아 여호와께서 주시는 땅에서 오래 살리라고 하였다(신 4:40). 모세는 이스라엘이 큰 나라가 될 것을 기대했다. 그러나 큰 나라의 이상理想은 애굽이나 고대 근동 다른 나라들의 이상과는 달랐다. 크다는 기준이 국가의 번영이나 군사력에 있지 않았다. 이스라엘의 위대함은 율법을 순종함으로 드러날 그들의 지혜와 지식에 있었다.

모세는 이스라엘 백성에게, 호렙 산에 나타나셨던 여호와에 대해 상기시킨다. 영광과 위엄 중에 나타나신 여호와는 그들에게 그의 말씀을 알게 하셨고, 그 자신을 육체적 형상으로 계시하지 않으셨다. 이것은 구속 받은 언약 백성이 지녀야 할 확실한 신관神觀에 관한 것이었다. 사람에게서 신관이 그릇되면 그는 우상 숭배에 빠지게 된다.

십계명으로 이스라엘은 여호와 경외함을 배우게 된다(출 20:3-17; 신 4:13; 5:22). 경외敬畏란 하나님의 주권을 인정하고 예배와 삶을 통해 그를 높일 때 나타난다. 모세는 제 2 계명을 설명하면서 우상 숭배의 위험을 지적한다.

제 2 계명은 하나님을 예배하고 섬기면서 범하기 쉬운 잘못에 대해 말해준다. 이스라엘 백성은 시내 산에서 금 송아지 형상을 만들어 숭배하면서 "이는 너희를 애굽 땅에서 인도하여 낸 너희 신神이라."(출 32:8)라고 하였다. 비슷한 예가 북이스라엘의 첫 왕王 여로보암에게서도 발견된다(왕상 12:28).

우상 숭배는 하나님과 맺은 언약을 깨뜨리는 배교背教 행위이므로 매우 치명적인 결과를 가져온다. 하나님께서는 언약 백성일지라도 우상 숭배에 빠지면 열국列國 가운데 흩으실 것이라고 하신다. 그러므로 모세는 가나안에 들어갈 언약 백성이 그런 배교背教에 빠지지 않도록 하나님의 경고를 상기시킨다.

모세는 백성들에게 출애굽 사건을 통해 하나님이 행하신 일들과 하나님께서 시내 산에서 불 가운데 임하사 말씀하신 일을 거론하면서, 이것을 비길 데 없는 역사적 사건들이라고 지적한다. 이런 특별한 사건들을 행하신 목적은, 이스라엘 백성으로 하여금 여호와가 하나님이시며, 그분 외에는 다른 신神이 없는 줄을 알게 하기 위함이었다.

(2) 모세의 2차 설교

신명기는 3차에 걸쳐 행한 모세의 긴 설교로 구성되어 있는데, 두 번째 설교에서는 본서의 본론 부분에 해당한다(신 4:44-26:19). 여기서 모세는 시내 산 율법을 다시 반복 정리反復整理하여 가르치고 있는데 율법 내용에 대한 자세한 설명과 아울러 그 율법의 적용 방법까지 훈계하고 있다. 따라서 신명기 전체를 한 편의 종주권宗主權 계약 조문(신 1:6-4:43)으로 간주할 때 이 두 번째 설교는 바로 그 계약의 핵심적인 내용 부분에 해당한다고 볼 수 있다. 또한 모세는 이 부분에서 언약 신앙의 본질이 무엇이며(신 5:1-11:32), 상세한 언약 규정이 무엇인가(신 12:1-26:19)를 주로 다룬다.

① 기본적인 계명들

모세는 두 번째 설교에 들어가기 전에 두 번째 설교가 행해진 시기와 역사歷史와 배경을 밝혀 주고 있다(신 4:44-49). 첫째, 언제(when) : 출애굽한 이스라엘 백성들이 요단 동편의 두 왕 시혼과 옥을 정복한 후(출애굽 40 년 곧 B.C. 1406년) 가나안 정복 전쟁을 두어 달 앞둔 때. 둘째, 어디서

(where) : 모압 평지 벧브올 맞은편 골짜기. 셋째, 무엇을(what) : 시내 산에서 받은 하나님의 규례와 법도이다.

a) 하나님의 언약인 십계명 : 언약 신앙은 여호와께 대한 전적인 충성을 요구한다. 이것이 언약 신앙의 본질이다. 십계명은 언약 관계의 기초를 명령의 형식으로 나타내고 있다(신 4:13). 그것은 하나님을 사랑하고 이웃을 사랑하라는 내용을 담고 있다. 언약의 중요성은 하나님께서 그들의 하나님이 되고 그들은 하나님의 백성이 된다는 데 있다.

언약을 맺으면 여호와는 그들의 주권자가 되며 그의 율법은 그들의 삶의 방편이 된다. 그러므로 언약을 지키면 복을 받게 될 것이지만, 언약을 어기면 저주를 받게 될 것이다(신 28:15-20). 언약은 시내 산에 있었던 자들과 맺었지만, 그들은 그 나라의 대표가 되었기 때문에 모든 후세대와도 맺은 것이 된다.

십계명은 하나님과 이스라엘의 관계에 기초와 핵심이 된다. 여호와께서 영광과 위엄 가운데서 십계명을 말씀하실 때 백성의 대표들은 "이 큰 불이 우리를 삼킬 것이요 만일 우리가 하나님 여호와의 음성을 다시 들으면 죽을 것이라."(신 5:25)라고 두려워한다. 때문에 그들은 모세에게 중재자仲裁者가 되어 주기를 간청한다(27절). 이스라엘은 두려움에도 불구하고, 여호와를 그들의 하나님으로 섬기고 하나님께 복종하겠다고 한다. 하나님은 이 청請을 받아들이시고 모세를 통하여 말씀하신다.

십계명이 후대 역사에 미친 영향은 매우 지대하다. 십계명은 서양 역사歷史에서 도덕적 원리의 기초를 이루며, 참되신 하나님이 믿음과 예배와 행위의 측면에서 그의 백성에게 기대하신 바가 무엇인지를 요약한다.

b) 율법 교육을 명령함 : 하나님의 율법을 지킬 때 얻게 되는 유익은 생명의 복을 누리며, 기업으로 받을 땅에서 언약의 나라가 계속 존속할 것이며 백성이 심히 번성하게 되리라는 것이다(신 5:33; 6:3). 유대인 전통에서 'שְׁמַע 쉐마'는 '들으라.'라는 뜻이라 하여 경건한 자들이 날마다 낭송하는

유대인의 신앙 고백이 되었다.

'우리 하나님 여호와는 오직 하나인 여호와시다.'라는 유일신관唯一神觀은 이스라엘 종교의 근본적 진리이며, '전심으로 여호와를 사랑하라.'라는 것은 그런 신관에 기초를 둔 근본적 의무였다.

그리고 그 마음에 새겨야 할 뿐만 아니라 자기 자녀들에게 부지런히 가르쳐 이 신앙을 계속 보존시켜야 했다, 이런 신앙이 이스라엘 내에 존속하지 않는다면 하나님 앞에서 이스라엘의 존재 가치는 사라지게 된다. 하나님께서 과거에 베푸신 자비와 구원하신 행위를 잊지 않고 기억한다는 것은 성경적 신앙의 근본이 된다.

여기에서 기억해야 할 중요한 두 가지는 첫째, 애굽 땅 종 되었던 집에서 인도하여 내신 여호와를 잊지 말라는 것이며, 둘째, 애굽에서 구원하신 큰 사실을 자녀에게 전수傳授하라는 것이다(신 6:10-25).

c) **가나안 정복 명령과 진멸하신 이유** : 모세는 가나안 정복이 거룩한 전쟁임을 설명한다(신 7:1-26). 하나님께서 이스라엘로 하여금 모조리 진멸殄滅하라고 하신 일곱 족속은, 하나님을 영화롭게도 하지 않으며 감사하지도 않고 오히려 헛된 우상을 숭배했다. 이러한 일곱 족속을 불쌍히 여기지 말고 진멸하라고 하셨고, 우상 숭배와 관련된 여러 가지 것들을 없애라고 하셨다.

그 정복은 강대국의 잔인한 정복 전쟁과 같은 것이 아니다. 그 정복이 이스라엘에게는 하나님의 약속 성취 사건이 되며, 일곱 족속이 하나님의 심판 대상이 되었다.

이스라엘로 하여금 가나안 정복 시에 이미 그 땅에 살고 있던 원주민原住民을 진멸시키라는 명령은 하나님의 사랑의 속성屬性과 조화되지 않는다는 주장이 있다. 그러나 당시 가나안 족속은 우상 숭배를 행하여 하나님 보시기에 가증可憎한 자들이었으므로(레 18:24-30), 멸망될 수밖에 없었다. 즉, 그들이 가나안 족속이었기 때문에 멸망된 것이 아니라 죄를 범하였기 때문에 멸망의 대상이 된 것이다.

이러한 사실은 이스라엘 역시 죄를 범했을 때 하나님의 징계를 받아 멸망한 사실에서 확인된다. 동시에 가나안인 진멸 명령에는 이스라엘로 하여금 타락한 가나안 족속과 접촉하지 못하도록 미리 그들을 제거함으로써 성결한 백성으로서 구속사의 주역이 되기를 바라신 하나님의 사랑이 포함되어 있다.

'진멸殄滅'이라는 의미의 말이 쓰인 것을 보고 하나님을 비인격적이고 무자비한 분으로 여기는 사람들이 많이 있다. 그러나 이것은 하나님이 진멸하시는 이유를 모르기 때문이다. 하나님께서 그렇게 하신 이유는 그처럼 악한 자들을 쳐부수어 거룩한 자기 백성들이 대적으로 인해 오염되는 것을 방지하기 위해서이다.

그러므로 하나님의 진멸하심은 단순히 윤리적인 차원의 성격을 뛰어넘는 영적인 차원의 것임을 알 수 있다. 이러한 하나님의 진멸하심은 거룩한 전쟁이라고 한다.

이처럼 하나님은 자신의 통치 원리인 공의와 사랑에 위배됨이 없이 범죄한 자에게는 엄정한 공의를, 그리고 택하신 백성에게는 무한한 사랑을 베풂으로써 구속사救贖史를 전개시켜 나가셨다. 따라서 오늘날에도 구속사의 주역主役으로 부름 받은 성도는 하나님의 공의를 자극하는 불순종으로 멸망을 자초하는 일이 없어야 함은 물론 하나님의 무한한 사랑을 경험하는 자가 되어야 한다.

가나안 정복에는 왜 이스라엘을 택하셨는지에 대하여, 하나님께서는 "너는 여호와 네 하나님의 성민聖民이라."(신 7:6)라고 이유를 말씀하신다. 이 구절의 히브리 어 원문에는 문장 처음에 '왜냐하면(כִּי 키)'이라는 접속사가 나온다. 이 접속사가 이스라엘에 대한 요구가 왜 그럴 수밖에 없는지 그 이유를 밝혀 준다.

이스라엘이 여호와의 거룩한 백성이며, 자기 기업의 백성이기 때문이었다. 그러므로 그들은 하나님의 편에 서서 그분의 뜻을 이루기 위해, 그 족속들과 그 종교를 철저히 분쇄해야 했다. 이것이 그 역사적 상황에서 그들에게 주어진 과제로 확실히 인식되어야 했다.

모세는 하나님의 백성에게 거룩한 전쟁 수행을 위한 믿음의 필요성을 강조한다. 그는 이스라엘이 수數의 열세劣勢 때문에 두려워하여, 가나안 정복이라는 하나님의 명령에 순종하지 아니할까 염려한다. 그래서 그는 과거에 하나님께서 행하신 능력의 일들을 기억하라고 촉구한다. 백성이 이것을 기억할 때, 그들은 역사歷史를 주관하시며 그의 뜻을 이루어 가시는 하나님께 대한 믿음이 생겨 그들의 사명使命을 성취할 수 있다.

또한 여기서 가나안 정복 전쟁을 수행함에 있어서 이스라엘의 백성이 준수遵守해야 될 사항으로 원주민을 철저히 진멸시키고 절대로 그들의 우상을 남겨 두지 말 것을 제시한다. 이처럼 모세가 거듭해서 가나안 족속과 우상 배척을 강조하고 있는 이유는 그것이 공의로운 하나님의 뜻을 시행하는 길이자, 선민選民 이스라엘의 거룩함을 보호하는 가장 좋은 방법이기 때문이다.

d) **여호와를 기억할 것을 명령함** : '하나님을 사랑하고 그의 계명을 지켜 행하라.'라는 신명기의 대주제 하에서 모세는 계속해서 이스라엘 신세대들에게 하나님의 말씀으로 권면, 훈계 혹은 경고하고 있다(신 8:1-20). 이러한 맥락에서 과거 40 년 광야 생활 동안 이스라엘을 지켜 보호하여 주신 하나님의 크신 사랑을 기억할 것과 또한 미구未久에 펼쳐질 가나안 땅에서의 풍요로운 삶을 소망하면서 그것을 허락하신 하나님의 크신 은혜를 받은 자들로서 마땅히 하나님을 사랑하고 그의 계명을 지켜야 한다는 것과 만약 그렇지 못했을 경우 하나님의 심판이 필연코 뒤따르게 될 것이라는 경고 역시 덧붙여 선포하고 있다.

이스라엘은 광야 생활을 통해서 하나님의 약속이 얼마나 귀한 것이며 그의 능력이 얼마나 큰 것인가를 깨닫게 되었다. 이제 그들이 하나님의 명령을 지키기만 한다면 그 신실하시고 능력 많으신 하나님이 내리시는 축복을 받게 될 것이다.

모세는 하나님께서 이스라엘 백성으로 하여금 40 년 동안이나 광야에서 생활을 하게 하신 목적을 밝히고 있다(신 8:2). 그 목적은, 이스라엘을 겸손하게 하기 위해서, 하나님에 대한 그들의 충성심을 알아보기 위해서였다.

하나님은 결국 유익이 되지 않는 환난을 그의 백성들로 결코 당하게 하지 않으신다. 예를 들면, 하나님께서는 그의 백성이 배고픔을 당하도록 허락하신 후 필요한 양식을 또한 공급하심으로 그의 자비의 풍성함을 깨닫게 하셨다. 이와 같은 풍성한 축복은 하나님의 인자하심을 찬송하게 한다. 하나님은 그분이 베푸신 풍성한 축복을 누리며 그의 자녀들이 기뻐하고 즐거워하기를 바라신다.

성경은 단순한 금욕적인 생활을 하라고 요구하지 않으며, 인간의 그릇된 욕망을 부인하라고 주장하는 반면 하나님의 뜻에 따라 풍성하고 즐거운 생활을 할 것을 요구한다. 따라서 율법을 지키며 살라는 성경의 주장이 단순한 금욕적인 생활을 하도록 강요하는 것은 아니다(시 42:4; 67:4; 사 12:3; 61:3; 요 15:11; 빌 4:4).

하나님의 자녀는 오직 하나님만이 인간으로 하여금 부를 얻게 하시는 분이라는 사실을 항상 기억해야 한다. 이스라엘이 축복을 누리게 되는 것은 그들이 훌륭해서가 아니라 하나님이 이스라엘의 조상들과 맺으신 하나님의 언약에 근거하는 것이다. 축복에 대한 이러한 교훈은 모든 인류가 자신들에게 적용시켜야 할 교훈이다.

부와 번영은 단순히 인간의 노력의 결과로 생각해서는 안 된다. 그것은 하나님의 선물이기 때문이다. 여호와를 잊어버리고, 여호와의 말씀을 기쁨으로 따르지 않는다면, 이스라엘 백성은 하나님을 섬기지 않았던 가나안 사람들과 마찬가지로 징계 받아 멸망당하게 될 것이다. **신명기 전체에 흐르고 있는 근본 사상은 한마디로 하나님의 언약에 충성하라는 것이다.**

e) 이스라엘의 자만심을 경계함 : 이스라엘 백성들의 가나안 입성 후에 일어날 불신앙에 대한 경고의 연속이다(신 8:11-20; 9:1-5). 다만 전자前者에서는 가나안 땅에서 누리게 될 풍요에 젖어 하나님을 잊어버리게 되지

않도록 하라는 경고가 강조된 데 비해서 이제 후자에서는 가나안 입성 자체가 전적으로 하나님의 인도하심과 도우심에 의한 것이지, 결코 이스라엘 자신의 공로에 의한 것이 아니라는 사실을 잊지 말라는 경고가 강조되고 있다.

특히 이스라엘 백성의 가나안 정복은 하나님께서 아브라함과 이삭과 야곱에게 주신 언약의 성취일 뿐 이스라엘이 자만할 일은 결코 아님을 분명히 하는 것이다(신 9:5).

이스라엘 백성들로 하여금 결코 자만에 빠지지 않도록 경고하기 위해, 모세는 지난날 그들이 하나님을 거역했었던 구체적인 역사적 실례를 제시한다.

호렙 산에서의 금 송아지 숭배 사건에 이어서 모세는 디베라의 원망 사건(민 11:1-3), 맛사의 물 사건(출 17:1-7), 기브롯 핫다아와의 메추라기 사건(민 11:4-34), 가데스바네아의 정탐꾼 사건(민 13:1-14:38) 등을 언급함으로써 이스라엘 백성의 자만심을 송두리째 꺾고 있다.

이 중에 가장 먼저 언급되는 출애굽 첫해에 발생한 호렙 산의 금 송아지 숭배 사건(출 32:2-29)은 하나님과 이스라엘 백성 사이의 언약 관계를 단절시킬 뻔했던 사건이었다. 모세는 40 년 전에 있었던 쓰라린 이 사건을 이스라엘 백성들에게 회상시킴으로써 교만하지 않도록 경고하고 있다.

금 송아지 우상 사건으로 인해 하나님과 이스라엘 백성 사이의 언약관계가 심각한 손상을 입게 되고 심지어 언약의 파기破棄까지 초래될지 모르는 위험에 처하자, 모세는 목숨을 걸고 하나님께 간구하였다.

이러한 모세의 중보 기도는 온 인류의 참 중보자仲保者이신 예수 그리스도의 사역을 예표하는 것으로서, 마침내 하나님의 용서와 자비를 이스라엘 백성들이 누릴 수 있게 만들었다.

즉, 하나님께서는 십계명의 두 돌판을 다시 만들어 주심으로써 파기될 뻔했던 언약을 재확증하시고, 레위 지파를 구별하여 제사 직무를 수행하게 하심으로써 하나님과 이스라엘 백성 사이에 영적 교제가 지속되도록 하셨다.

모세는 이스라엘 백성들의 거듭되는 반역과 불순종에도 불구하고 변하지 않고 베풀어 주신 하나님의 은총과 자비를 상기想起시켜서, 그들로 하여금 기꺼이 하나님을 경외하고 그 계명에 순종하도록 유도하고 있다. 이와 같이 성도는 과거의 실패로부터 얻게 되는 교훈을 잊지 않음으로써, 하나님의 뜻에 순종하는 지혜를 지녀야 하는 것이다.

f) **축복과 저주에 관계되는 명령** : 모세는 언약 백성 이스라엘에게 여호와를 경외하고 사랑하며, 또한 순종하라고 권면한다. 이것은 하나님과 언약을 맺은 이스라엘 백성에게 마땅히 요구할 바인 것이다. 왜냐하면 전에는 살아 계시고 유일하신 하나님을 그들의 하나님과 왕으로 알지 못했기 때문에, 다른 신들을 숭배하고, 자신의 사고방식과 생활 원리와 경험을 토대로 살았던 것이다.

그러나 이제 이스라엘은 하나님을 그들의 하나님으로 알았고, 그들은 하나님의 귀중한 소유가 되었기 때문에 거룩하신 하나님께로부터 비롯한 율법을 지켜 행함으로써 이방 백성과 구별되어야만 한다. 그들은 하나님께 대하여 제사장 나라가 되고 거룩한 백성이 되어야 한다.

여호와를 경외하고 사랑하고 순종하라는 요구는 그들의 하나님께 대한 언약 백성의 전적인 충성을 뜻한다. 이런 요구가 실행되면 여호와께서 그들과 그들의 후손의 날을 약속하신 땅에서 장구하게 하실 것이라고 한다(신 10:12-11:32).

"복과 저주를 너희 앞에 두나니"(신 11:26)란 말씀은 가나안 정복 후에 하나님의 말씀에 순종하는 삶을 통해 계속 축복을 향유享有하느냐 아니면 불순종하는 거역의 삶을 통해 저주를 초래하느냐 하는 선택의 문제를 이스라엘 백성들의 결단決斷 앞에 둔다는 뜻이다.

이것은 마치 선악과 앞에 아담과 하와를 두었듯이(창 2:16, 17) 인간에게 최초부터 주어진 자유 의지를 근거로 하나님께서 인간에게 선과 악을 선택할 권리를 허용하신 것이다(신 8:2, 16; 약 1:12-15).

하나님은 인간의 순종을 원하시되 그 마음과 의지에서 우러나오는 자발적인 순종을 원하시기 때문이다. 오늘날에도 역시 이 선택의 원리는 성도의 모든 삶의 정황에 있어서 그대로 적용된다.

모세는 축복과 저주의 교훈을 보다 강조하기 위하여 이스라엘 백성들로 하여금 그들이 가나안 땅에 들어간 후에 그리심 산과 에발 산을 선택해서 이스라엘 12 지파가 각각 반씩 나누어 선 다음 거기서 축복과 저주의 율법을 선포하는 상징적인 의식을 거행하도록 지시하고 있다. 이와 같은 지시는 가나안을 정복한 후 실제로 여호수아의 주도 하에 실행되었다(수 8:30-35).

각각 축복과 저주의 산으로 선택된 이 두 산은 남북으로 서로 마주 보고 있는 산으로서 그 사이에는 폭이 약 200m 가량 되는 깊은 골짜기가 있다. 그런데 이 두 산이 왜 축복과 저주의 산으로 선택되었는가 하는 문제에 대하여 구구한 견해들이 많다.

즉, 위치상 그리심 산은 항상 햇빛이 드는 반면 에발 산은 늘 그늘이 지기 때문이라는 견해, 자연 경관상 그리심 산은 숲이 울창한 반면 에발 산은 수목이 거의 없는 황폐한 산이었기 때문이라는 견해, 해가 뜨는 동쪽을 바라볼 때 그리심 산은 오른편에, 에발 산은 왼편에 위치하고 있다는 견해 등이다.

여하튼 이 두 산은 가나안 땅의 중심부에 위치하고 있을 뿐만 아니라 약 700 년 전 이스라엘 조상 아브라함이 가나안 땅으로 이주해 들어와서 처음으로 제단을 쌓은 지점으로서(창 12:6, 7), 그 위치나 의의상意義上 매우 중요한 곳이었기 때문에 특별히 선정되었음이 분명하다.

② 예배의 거룩한 생활에 대한 규례들

모세는 두 번째 설교에서(신 4:44-26:19) 먼저 여호와께 대한 전적인 충성을 요구하는 언약 신앙의 본질을 말하고(신 5:1-11:32), 이제 여기서 가나안 땅에 정착한 이스라엘 백성들이 준수해야 할 제사와 거룩한 생활을 위한 언약 규정을 더 상세히 언급한다(신 12:1-26:19).

a) 의식법(儀式法) : 거룩한 백성이 하나님께 드려야 할 예배와 생활에 대한 규정을 언급한다(신 12:1-16:17).

ⓐ 참된 제사에 관한 지침 - 가나안 족속들의 우상 숭배 습관처럼 아무 곳에서나 제사 드리지 말고 지정된 한 곳에서만 하나님께 제사를 드리도록 명령한다(신 12:1-14). 이는 제사가 하나님과 그의 백성의 거룩한 교제 의식으로서, 임마누엘이신 예수 그리스도의 구속 사역을 예표하기 때문에 결코 가나안 족속의 우상 숭배 방법을 모방해서는 안 됨을 나타낸다.

ⓑ 식용 고기에 대한 규례 - 여호와 신앙을 가진 이스라엘 백성은 하나님께서 주시는 풍성한 삶을 누렸다. 따라서 고기를 먹는 것도 자유롭게 허용되었으나 다만, 생명의 상징인 피는 결코 먹지 못하도록 금지되었다(창 9:4). 이 당시의 우상 숭배자들은 희생제물의 피를 마심으로써 신神과 교통하게 된다는 미신에 빠져 있었기 때문에, 그와 같은 사악邪惡한 풍습에 이스라엘 백성들이 물들지 않게 하기 위해서였다(신 12:15-28).

또한 이 규례는 사람의 죄를 속하는 피(레 17:11)를 존중함으로써 궁극적으로 예수 그리스도의 보혈이 가져올 온 인류의 구속救贖을 소망하게 하는 역할을 하고 있다.

ⓒ 가나안 족속의 풍습 배격 명령 - 그들의 멸망 이유가 되었던 우상 숭배의 풍습을 철저히 배격하도록 교훈하고 있다(신 12:29-32). 따라서 모세는 아무리 그들의 종교가 그럴듯해 보인다 해도 이는 이스라엘을 멸망에 이르게 하므로 결코 추종하지 말라고 권면하고 있다. 이러한 교훈과 같이 하나님의 백성들은 세상을 본받지 말고, 오직 하나님께서 원하시는 거룩한 생활을 해야 한다(롬 12:2).

ⓓ 거짓 선지자 배격 명령 - 여호와 신앙에 위배違背되는 거짓 종교의 각종 유혹을 물리치도록 미리 이스라엘 백성들을 일깨우는 내용이다(신

13:1-5). 실로 아무리 놀라운 이적과 기사를 행하더라도 여호와 하나님 외에 다른 신을 섬기도록 유혹하는 자는 모두 거짓 선지자이기 때문에 철저히 배격하는 것이 마땅하다.

ⓔ **미혹하게 하는 가족과 친구 배격 명령**–가족이나 친구로 인해서 우상 숭배에 미혹迷惑되는 일이 없도록 하는 경고이다(신 13:6-11). 범죄의 유혹은 혈연血緣과 우정의 탈을 쓰고 다가올 정도로 교묘하다. 그러나 하나님의 백성들은 이 세상의 그 누구보다도 하나님을 더 사랑해야 되기 때문에(마 10:35-37), 하나님과의 관계에 장애가 되는 그 어떤 제안도 단호히 배격해야만 한다(눅 14:26).

ⓕ **다수의 군중에 의한 우상 숭배의 유혹 배격 명령** –다수의 군중에 의한 우상 숭배를 경계한다(신 13:12-18). 하나의 민족 공동체를 이루고 있는 이스라엘 백성들에게 있어서 어느 한 지파 혹은 하나의 성읍 자체가 우상 숭배에 젖게 되면 그 파급 효과는 심각하여서 금방 다른 지파와 주위 성읍까지 오염시키기 마련이다. 따라서 그럴 경우, 단호한 조처를 취해서 이스라엘 가운데 우상 숭배의 죄악이 뿌리를 내리지 못하게 하는 것은 긴요하였다.

ⓖ **이방인의 애도(哀悼) 풍습 배격 명령**–하나님의 거룩한 백성들이 준수해야 할 구별된 삶에 대한 교훈의 하나로 당시의 가나안 족속들이 장례식 때 슬픔을 표현하기 위해 자기 몸에 상처를 내는 풍습(레 19:28; 렘 16: 6)을 본받지 말 것을 명시한다(신 14:1-2). 이는 이러한 이방 풍습이 우상 숭배의 습관이며 또한 하나님께 영원한 소망을 두는 성도의 몸은 오직 하나님의 뜻을 이루고 하나님께 영광을 돌리는 데에 사용되어야 마땅하기 때문이다(고전 6:20).

ⓗ **성별된 백성의 음식에 대한 규례**–레위기 11:1-47의 반복으로서, 하나님께서는 자기 백성들에게 인간의 가장 기본적인 식생활에서부터 성별된 생활을 하도록 요구하신다는 사실을 보여 준다(신 14:3-21). 물론, 이러한

규례의 이면에는 결국 성도의 모든 생활이 하나님의 뜻에 절대 순종하는 거룩한 삶이 되도록 하시려는 목적이 숨겨져 있다.

한편 사도행전 10:51에서도 알 수 있듯이, 이러한 까다로운 음식 규례는 의식적儀式的인 것으로서, 이미 예수 그리스도의 오심으로 완성되었기 때문에 오늘날의 성도들에게는 더 이상 문자적文字的으로 준수할 의무는 요구되지 않는다(딛 1:15). 다만 이러한 규례 뒤에 감추어져 있는 율법의 근본 정신 곧 성별된 생활 방식은 하나님의 백성에게 항상 요구되는 것이다.

ⓘ **'둘째 십일조' 규례**-하나님의 백성들에게 요구되는 십일조 제도 가운데서 이른 바 '둘째 십일조'에 관한 규례이다(신 14:23-29). 소득의 1/10을 떼어서 레위인과 제사장에게 바치는 첫째 십일조(신 14:22; 민 18:24) 외에, 이스라엘 백성들은 다시 1/10을 떼어서 온 가족이 성소聖所로 가서 감사의 제사를 드리고 즐거운 잔치를 벌였다.

한편 안식년을 기준으로 제 3 년과 6년에는 이 '둘째 십일조'를 성소에 가져가지 않고 각 성에서 가난한 이웃을 구제하는 데에 사용해야만 했다(신 14:28, 29; 26:12-15). 이처럼 십일조 제도는 하나님께 대한 감사와 이웃에 대한 사랑을 실천하기 위한 훌륭한 제도이다.

ⓙ **빚의 면제년(免除年)과 종의 해방에 대한 규례**-이스라엘 백성들에게 매 7 년마다 가난한 이웃의 빚을 탕감해 주고 종을 해방시켜 주라는 명령이다(신 15:1-18). 이는 사랑의 실천을 개인적인 자비나 동정심에 맡기지 않고, 강제적인 율법 조항으로 규정함으로써 그 실천을 구체적으로 강조하는 것으로 이해할 수 있다.

한편 여기에 언급된 부채負債의 탕감과 종의 해방은 결국 같은 규례라고 할 수 있는데, 당시로서는 전쟁을 통해 이방 족속을 노예로 사로잡는 경우 이외에, 동족이 부채를 갚지 못해서 종이 되는 경우가 대부분이었기 때문이다. 이는 우리에게 이웃 사랑의 방법과, 인간의 존귀함을 깨닫게 한다.

ⓚ **초태생(初胎生) 성별 규례**-이미 신 12:17, 14:23에 언급된 것으로서,

가축의 첫 새끼를 구별하여 하나님께 바치라는 명령이다. 이러한 규례는 이스라엘 백성들이 출애굽 때에 일어났던 마지막 재앙에서 구원 받은 사실에 근거한 것이다(출 12:29, 30; 13:2, 12, 13).

한편 초태생 성별 규례 가운데, 온전하지 못한 첫 새끼는 드리지 못하도록 한 것은 그것이 흠 없는 어린양 예수 그리스도(요 1:29; 벧전 1:19)를 예표할 수 없기 때문이다.

① 3대 절기에 대한 규례－출애굽기 23:14-19; 34:18-26; 레위기 23:1-44 등에 이미 언급된 내용의 반복으로서, 이스라엘 백성들이 매년 지켜야 할 3대 절기에 대한 규례이다(신 16:1-17).

즉, 출애굽을 기념하는 유월절(1-8절), 첫 수확을 기념하는 칠칠절(9-12절), 광야 생활을 기념하는 초막절(13-17절)에 관한 규례는 이스라엘 백성들로 하여금 하나님과의 관계를 정기적으로 점검해 보고 그분의 은혜와 축복 속에 머물도록 만드는 역할을 했다.

b) 지도자들에 대한 법 : 모세 율법의 규례는 본질적으로 하나님의 공의에 근거하여 입법되었을 뿐만 아니라 그에 입각해 시행되어야 한다(신 16:18-20:20).

ⓐ 재판에 관한 규례－재판장과 관리들이 지켜야 할 규례이다(신 16:18-20). 재판장이 지금의 판사에 비교된다면, 유사有司(개정 : 지도자)는 법을 집행하는 경찰에 비교될 수 있다. 모세의 재판에 나타난 근본 정신을 한마디로 요약하면 곧 하나님의 공의에 입각한 '공의의 정신'이다(신 1:16-18; 출 23:1-9; 레 19:15).

이런 의미에서 사법부는 그 시대 사회 정의의 보루堡壘가 되어야 하기 때문에 재판의 주관자이신(신 1:17) 하나님께서는 더욱 준엄하고 엄격하게 재판장들의 공정한 판결을 요청하셨다.

판결을 굽게 만드는 요인으로서 성경이 지적하고 있는 것은, 빈부 여하 혹은 지위 고하에 따른 사람의 외형적 기준(신 1:17; 출 23:6; 레19:5), 뇌물 수수 授受(출 23:8), 다수나 권력자들에 의한 압력 및 그들과의 야합 野合(신 1:17; 출 23:1, 2) 등이다.

ⓑ **우상 숭배자의 처벌에 관한 규례** – 이스라엘의 성결을 위해서 우상 숭배자들을 처벌할 재판 규례를 교훈하고 있다(신 16:21-17:7). 이스라엘 백성들이 가나안 땅에서 건설하게 될 신정 국가의 재판관은 성민聖民의 순수성을 무너뜨리는 우상 숭배의 죄악에 대해 단호히 대처해야만 했다.

그러나 이때에도 우상 숭배자들의 혐의 사실에 대한 철저한 조사와 증거 수집이 요구되고 있다. 이는 공의로우실 뿐 아니라 진노 중에서도 긍휼을 베푸시는 하나님의 성품을 보여 주는 것이다.

ⓒ **재판의 상소(上訴)에 대한 규례** – 신명기 16:18에서부터 시작된 재판의 규례 중 마지막 부분이다(신 17:8-13). 이스라엘 재판 제도는 2 심 제도로서, 1심에 해당되는 지방 재판정에서 어려운 사건은 2 심에 해당되는 중앙 재판정에 상소하여 다루도록 되어 있었다.

이 중앙 재판정은 여호와의 성소에 설치되는 비상설 기구 非常設機構로서, 바벨론 포로 시대 이후에 '산헤드린'(סַנְהֶדְרִין, *συνέδριον* 수네드리온)이라는 유대의 최고 기관으로 발전하였고 바로 여기서 예수님께서 사형 판결을 받으시게 된다. 한편 이곳에서 내려진 판결에는 무조건적인 순종이 요구되었다.

ⓓ **왕의 자격과 의무에 대한 규례** – 신정 국가의 이스라엘의 지도자들 중 왕에 대한 규례 특히 왕의 자격과 의무에 대하여 언급하고 있다(신 17:14-20).

만왕萬王의 왕이신 하나님의 통치와 보호를 받는 이스라엘 백성들에게 지상의 군주 제도는 불필요했으나, 주변 국가들이 지니고 있는 왕정 체제를 모방하게 될 이스라엘 백성의 연약성을 미리 간파하신(삼상 8:4-22) 하나님께서는 자신을 대리한 신정 국가의 정치 지도자를 허락하시되, 율법을 통치 정신으로 삼도록 지시하셨다.

ⓔ **제사장과 레위인의 분깃에 대한 규례**–신정 국가 이스라엘의 종교 지도자들의 분깃에 대한 내용을 다루고 있다(신 18:1-8). 본문은 그중 제사장과 레위인에 관한 규례로서, 민수기 18:8-24에 언급된 내용의 반복 및 부연敷衍 설명이다.

생업에 종사하지 않고 종교적 직무만을 수행하는 제사장과 레위인의 경우, 이스라엘 백성들로부터 생계 수단을 제공 받을 수밖에 없었는데, 하나님께 바쳐지는 제물과 십일조가 바로 그들의 몫이었다.

ⓕ **이방 주술(異邦呪術) 행위 배격 명령**–본문은 이스라엘의 종교 지도자들에 관한 규례를 언급하는 도중에, 잠시 가나안 족속의 종교 지도자들이 행하는 풍습을 경고한다.

특히, 가나안 종교 지도자들이 벌이는 가증한 미신과 주술적 행위가 바로 하나님의 징계를 초래하는 원인임을 밝혀 둠으로써 절대로 이스라엘 백성들이 가나안의 우상 숭배 풍습에 미혹되지 말 것을 경고하고 있는 것이다.

ⓖ **참 선지자와 거짓 선지자에 대한 규례**–본문은 신정 국가 이스라엘의 지도자들에 관한 규례 중 마지막 부분으로 선지자에 관한 규례이다(신 18:15-22). 따라서 신명기 17장에서 언급된 왕과, 신 18:1-8의 제사장에 대한 내용과 더불어서 이른바, 구약의 3대 직분에 관한 규례가 모두 언급되는 셈이다.

이스라엘이 쫓아내야 할 여러 이방 민족들은 직업적인 점쟁이들·마술사·신접神接한 자들의 말을 듣고 사는 자들이다(신 18:9-14). 그러나 이스라엘 백성들은 여호와께서 세우시는 선지자들의 입을 통해 나오는 여호와의 말씀을 듣고 살아야 한다(신 18:15-18).

그러므로 이스라엘은 약속의 땅에서 역사歷史의 바른 전진을 하려 할 때, 소극적으로는 그런 가증한 행위를 본받지 않아야 하며, 적극적으로는 선지자들의 입에 의탁하신 여호와의 말씀을 통하여 인도 받아야 한다. 그런즉 그들은 궁극적으로 선지자이신 그리스도를 기대해야 한다(요 1:21).

한편 본문에 나타난 선지자직은 호렙 산에서 모세가 행한 중보자 역할에 근거를 두고 있으며, 이것은 모두 결국 참 중보자이신 예수 그리스도의 사역使役을 예표한다.

ⓗ **도피성(逃避城)에 대한 규례**-이미 신명기 4:41-43에서 모세는 요단 강 동쪽의 세 도피성에 대해 언급한 바 있다. 특별히 여기서(신 19:1-13), 모세는 민수기 35:9-34에 언급되지 않은 사항 곧 도피성을 향해 누구든지 쉽게 갈 수 있도록 도로를 닦고 가나안 땅 전역을 3등분하여 각 지역의 중앙에 도피성을 설정設定할 것을 명한다.

이러한 규례는 가나안 땅 전역에 흩어져 사는 각 지역의 사람들이 골고루 그 혜택을 누리도록 만들기 위함이었다. 이와 마찬가지로 하나님께로 가는 참 길이신(요 14:6), 예수 그리스도는 그 어떤 죄인일지라도 용서와 구원의 은총을 누리게 하시며 또한 세상 모든 민족들로 하여금 영원한 생명을 얻을 수 있게 해 주신다.

ⓘ **경계표(境界標) 이동 금지 규례**-본문은 십계명 중에서 열째 계명과 관련된 율법으로서, 이웃의 경계표를 이동移動시키지 말라는 규례이다(신 19:1-4). 당시 사회에서 경계표는 각자의 땅을 구분지어 경계를 표시해 주는 토지 소유권의 상징이었다. 그러므로 본문의 규례는 강자라 하여 약자인 이웃의 소유나 재산을 탐내거나 침해하는 횡포를 막는 사회 윤리적 성격을 지니고 있다.

ⓙ **증인 수 및 위증에 대한 형벌 규례**-신명기 19:1-13이 여섯째 계명과 그리고 14절이 열째 계명과 각각 관련된 규정이라면, 본문(신 19:15-21)은 아홉째 계명과 관련된 율법이라고 할 수 있다. 고대 사회의 재판은, 대체로 증인의 증언에 따라 판결이 좌우될 수밖에 없었다.

특히 철저한 증인 제도證人制度를 규정하고 있는(신 17:6-7) 이스라엘 사회에서 위증僞證은 무죄한 자에게는 치명적인 결과를 초래할 수 있었으므로 단호한 예방 조치를 필요로 했던 것이다. 이러한 규례는 다수의 공모에 의한 힘없는 개인의 무고한 피해를 방지하려는 목적을 지니고 있다.

ⓚ **전쟁터에서 돌려보낼 자에 관한 규례** – 전쟁에 관한 규례로서 가나안 정복 전쟁을 목전에 두고 있는 이스라엘 백성들로서는 아주 절실한 내용이었다. 이 중 본문은 일종의 병역 면제자에 관한 사항을 먼저 언급하고 있다(신 20:1-9).

이스라엘 백성들이 치르게 될 전쟁은 하나님의 명령에 따라 수행되는 성전聖戰이기 때문에, 전쟁의 승패가 군사력의 우열에 좌우되는 것이 아니라 하나님의 임재와 도우심에 대한 확신, 그리고 용기에 의해 좌우될 수밖에 없었다. 따라서 모세는 전쟁에 온전한 힘을 쓸 수 없는 자들을 분류, 제시한 것이다.

ⓛ **이스라엘의 전투 수칙(守則)** – 이스라엘 백성들은 전쟁을 수행하기 전에 상대방에게 먼저 화친和親을 제의해야 했고 만약 그것이 거부될 경우에만 싸움이 허용되었다(신 20:10-20). 그러나 가나안 족속들과는 그 어떤 화친 조약도 맺어서는 안 되며, 오직 철저하게 진멸시켜야만 할 뿐이었다. 이는 이스라엘이, 죄악이 관영貫盈된 가나안을 심판하시는 하나님의 도구가 되어 그의 공의公義를 나타내어야 했기 때문이다.

c) **사회법 :** 택擇한 백성을 모든 죄의 오염으로부터 깨끗하게 보호하시려는 하나님의 사랑과 택한 백성의 거룩성을 유지하기 위해 성결을 방해하는 그 어떠한 죄악도 단호히 끊어 버리시려는 하나님의 공의가 각 율법 조항마다 면면히 흐르고 있는 것이다(신 21:1-26:19).

ⓐ **미결(未決) 살인에 대한 규례** – 인간의 생명 및 인권 보호에 관한 율법들을 다루고 있다(신 21:1-9). 본문에서는 범인을 알 수 없는 살인 사건에 대해서까지 속죄 의식을 거행擧行하도록 규정하고 있다. 이는 비록 원인불명原因不明의 죽음일지라도 생명에 대한 대가代價는 어떤 방식이든지 반

드시 지불되어야 한다는 것이 율법의 정신임을 나타내는 것이다.

ⓑ **포로 된 이방 여인과의 결혼에 대한 규정** – 전쟁 중에 포로 된 이방 여인을 아내로 삼고자 할 경우에 반드시 치러야 할 정결 예식과 이러한 절차를 거쳐 아내로 삼은 여인에 대한 처우 규정處遇規定을 기록하고 있다(신 21:10-14).

한편 본문과 같은 규정이 제정된 목적은 이방 여인으로 인하여 이스라엘 공동체의 순수성 및 여호와 신앙이 약화되는 것을 방지하기 위함은 물론, 자칫 무시되기 쉬운 포로 된 이방 여인의 인권을 보호하기 위함이었다.

ⓒ **장자 상속권 보장 규례** – 일부다처제가 용인容認되었던 사회에서 부친의 편애偏愛에 의해 장자의 권리가 무시되는 일이 없도록 보장하는 규정이다. 비록, 애첩에게서 태어난 자식을 더 귀하게 여기더라도 본처에게서 난 장자의 상속권만은 절대로 침해할 수 없었다.

ⓓ **패역(悖逆)한 자식의 처벌 규례** – 신명기 21:15-17에서는 자식에게 부당한 대우를 하는 아버지의 잘못을 방지하기 위한 율법 규정이 언급된 것에 비해서, 이제 여기서(신 21:18-21)는 부모에게 완악하고 패역하게 대하는 자식의 죄악을 바로잡기 위한 율법 규정이 언급된다. 즉, 패역한 자식에 대해서는 단순한 가정적 훈계와 징벌뿐만 아니라 사회 공동체적 대응 조처가 필요함을 보여 주고 있다.

ⓔ **나무에 매달린 시체의 처리 규례** – 범죄자를 나무에 매달아 죽이는 방법은 이스라엘 사회에서는 사용되지 않았다. 따라서 본문(신 21:22, 23)은 다른 방법으로 사형을 당한 사람에게 다시 저주를 가하고 뭇 사람들의 경종을 울리기 위해 나무 위에 그 시체를 매달아 전시했을 경우에라도 밤이 될 때까지 시체를 방치하지 말고 장사해 주도록 명령한 규례로서 이것 역시 인간의 존엄성을 강조하는 것이다.

한편, 예수께서 십자가 위에 달리신 것도 인류의 죄에 대한 율법의 저주를 만족시키기 위해서였으며(롬 8:3, 4), 어두워지기 전에 아리마대 요셉의 묘에 장사된 것도 바로 본문에 언급된 율법 규정 때문이었다(마 27:57-61).

ⓕ **이웃 사랑의 규례** – 하나님의 백성들이 준수해야 할 사회 생활에 관한 여러 가지 율법들이 언급되고 있는데, 그중에서 본문(신 22:1-4)은 공동체 생활의 기본이 되는 이웃 사랑의 규례이다.

본문에서 말하는 이웃의 개념은 혈연血緣과 지연地緣에 국한되지 않은 상당히 포괄적包括的이고 초월적超越的인 관계를 의미한다. 한편, 레위기 19:18에서도 이미 알 수 있듯이 율법의 근본 정신은 원수를 갚지 않고, 이웃을 자기 몸처럼 사랑하는 것이다.

ⓖ **창조 질서의 보존 명령** – 남녀의 의복 혼용混用을 금하고, 자연의 종족 보존을 방해하지 말며, 가옥 건축 시 인명 보호 시설을 설치하고, 동식물은 물론 옷감일지라도 혼합混合을 금하라는 규례가 언급되고 있다(신 22:5-12). 바로 이러한 규례들은 인간들이 삶을 영위하는 터전인 자연 생태계를 보호함으로써 창조 질서를 보전하고 아울러 선민 이스라엘의 영적 순결 유지를 교훈하기 위한 목적을 가진다.

ⓗ **성도덕(性道德)에 관한 규례** – 하나님께서는 결혼 제도의 순수성을 보호하고 성性의 오용誤用을 방지하기 위한 규례를 주셨다(신 22:13-30). 하나님께서 친히 인간을 위해 제정하시고 복을 주신 결혼과 성性은 남녀 간의 신뢰와 순결을 바탕으로 유지되어야 한다는 것이 본문에 나타난 율법의 정신이다. 본문은 급격히 밀려드는 성性 개방 풍조의 위기에 놓인 우리들에게 경각심을 일깨워 주고 있다(고전 6:16).

ⓘ **여호와의 총회에 들어오지 못할 자들** – 본문(신 23:1-8)의 내용은 신명기 22장에서 언급된 이스라엘 백성들의 사회 생활에 관한 율법의 연속이다. 이스라엘 백성들에게는 하나님의 선민으로서 공적, 사적 모든 생활에서 거룩하게 구별되는 삶이 요구되었다.

여호와의 총회에 들어간다는 말은 진정한 이스라엘 사람이 되며, 따라서 하나님을 경배하는 의식에 참여하는 사람이 된다는 것이다. 그리고 '총회'(קָהָל카할)는 하나님과의 언약 백성, 하나님께 경배 드리는 공동체를 뜻한다.

이러한 여호와의 총회에 들어갈 수 없는 네 부류의 사람이 언급된다. 그들은 고환이 상했거나 생식기가 잘린 자, 사생자私生子, 암몬 사람과 모압 사람, 에돔 사람과 애굽 사람들이다. 고환睾丸이 상한 자나 음경陰莖이 잘린 자들에 대해, 여기서는 어떤 불의의 사고나 질병에 의한 것이 아니라, 다른 이방 신異邦神을 인정하고 섬기는 표시로서 자신의 신낭腎囊이나 신腎에 상해를 가加한 사람을 가리킨다.

'사생자'로 번역된 'מַמְזֵר맘제르'는 이방 종교의 음란한 의식儀式에 참여하여 태어난 자녀를 뜻한다. 암몬과 모압 족속은 롯과 그의 두 딸 사이에 태어난 자들의 후손이었다(창 19:30-38). 에돔 사람과 애굽 사람은 암몬과 모압 족속에 못지않게 이스라엘을 푸대접하고 핍박한 적대敵對 세력이었다.

"여호와의 총회에 들어오지 못하리라."(23:1)라는 이 말이 무엇을 뜻하는지에 대하여 논란이 많다.

첫째, 이스라엘 백성들 가운데 섞여 살 수가 없다는 뜻으로 보는 견해
둘째, 이스라엘 백성으로 귀화歸化할 수 없다는 뜻으로 보는 견해
셋째, 이스라엘 백성과 결혼할 수 없다는 뜻으로 보는 견해
넷째, 이스라엘 사회 중에서 어떠한 직책도 맡을 수 없다는 뜻으로 보는 견해
다섯째, 이스라엘이 하나님께 드리는 공식적인 예배 의식에 참여할 수 없다는 뜻의 견해 등이 있다.

성경에 나타난 여러 실례實例와 문맥을 고려할 때 이 중 첫 번째와 두 번째 견해는 전적으로 잘못된 견해이다. 나머지 세 견해 중에서 다섯 번째의 견해가 가장 타당妥當한 듯하다.

한편, "3대 후 자손은 여호와의 총회에 들어올 수 있느니라."(8절)라고 했는데, 히브리 어 원문 9절에는 "그들이 그들에게 제 3세대가 태어났을 때 자손들은 여호와의 총회에 들어올 수 있다."라고 했다. 여기의 "여호와

의 총회"는 하나님의 부름을 받아 하나님의 백성이 되어 성소에서 경배하는 집단이다. 그들은 선민으로 신약에서는 교회이다.

그러므로 여호와의 총회에 들어오는 것은 신약에서 예수 그리스도로 인하여 구속을 받아 교회의 성원成員이 되는 것이다. 그러므로 이것은 이방인의 구원을 예언하는 계시이고, 이방의 선교를 의미하여, 하나님은 만민의 하나님이시고 사랑의 하나님이심을 나타낸다.

성경 중에 여호수아서에서는 여리고에서 이방 여자 기생 라합과 그의 가족들이 구원되었고(수 6:22-25), 룻기에서는 이방 여자 룻이 다윗의 가문에 들었고, 요나는 이방인의 선지자가 되어 니느웨를 구원하였다. 마침내 그들 중에 어떤 이는 예수 그리스도의 계열이 되었다(마 1장).

ⓙ **진중(陣中) 성결에 관한 규례** – 평상시가 아닌 비상시의 거룩한 생활에 대한 언급이다(신 23:9-14). 이와 같이 적군과 맞서 싸우기 위해 진陣을 치고 야영하고 있는 상태에서도 이스라엘 백성의 성별聖別된 삶은 유지되어야 한다. 이 또한 하나님의 영적 군사된 우리들도 세상과 구별된 거룩한 생활을 해야 함을 교훈한다.

ⓚ **타인과 하나님 앞에서의 자비와 성실 규례** – 이스라엘 백성들이 준수해야 될 3가지 기본 도리에 대해 말하고 있다(신 23:15-25). 즉, 자비의 규례, 불로소득 금지 규례, 서원의 성실한 이행에 대한 규례가 바로 그것으로 이러한 규례들은 하나님의 사랑과 이웃 사랑의 실천을 통해 준수될 수 있다.

ⓛ **사회적 약자의 보호 규례** – 본문(신 24:1-9)에 언급되는 규례들은 공통적으로 약자에 대한 보호를 강조하고 있다. 이 중 본문에 언급되는 이혼 규례(1-4절)는 버림 받은 여자의 인권을 보호하기 위한 것이고, 맷돌 담보 금지 규례(6절)는 채무자의 생존권을 보호하기 위한 것이며, 신혼 부부의 보호(5절)와 유괴범의 처벌(7절), 그리고 나병자의 처리(8-9절)에 관한 규례 역시 무시당하기 쉬운 사회적 약자의 인권 보호를 위한 것이다. 하나님

의 율법은 이처럼 약자를 보호하는 데에 전력全力함으로써 하나님의 공의와 자비를 드러내고 있다.

ⓜ 가난한 자를 위한 규례 - 본문(신 24:10-22)은 1-9절에 이어서 경제적 약자의 인권 보호를 규정하고 있다. 이는 채무자의 최저 생존권 보장(10-13절), 정당한 임금 지불(14-15절), 연좌 처벌連坐處罰 제도의 금지(16절), 빈민층의 권익 보호(17-22절) 등을 통해 경제적으로 보다 여유 있는 자의 양보와 자비를 전제한 이웃 사랑의 구체적인 실천 사항으로 제시된다.

ⓝ 태형(笞刑)에 대한 규례 - 이스라엘 백성들의 재판, 가정, 생활, 경제 활동에 관한 여러 가지 규례가 계속 나열된다(신 25장). 아마 신명기를 구성하고 있는 3 개의 설교 중 두 번째의 설교가 26장으로 종결되므로 모세는 지금까지 자신이 설명하던 중에 누락된 것들을 언급하고 있는 듯하다. 그중 본문(신 25:1-3)은 태형에 관한 규례로서, 비록 범죄자라 할지라도 최소한의 인권을 존중하여 무자비하게 다루지 않도록 규정하고 있다.

ⓞ 짐승에 대한 자비 실천 규례 - 하나님께서는 심지어 말 못하는 짐승에 대해서도 자비를 베풀도록 명령하신다(신 25:4). 이 규례는 수고하는 일꾼에 대한 배려와 보호 명령으로 신약 성경에 인용되고 있다(고전 9:9-10; 딤전 5:17-18).

ⓟ 계대(繼代) 결혼법 - 자손 없이 죽은 형제의 아내와 결혼하여 그 죽은 형제의 대를 잇게 하는 계대 결혼법은 후손이 없이 죽음으로 말미암는 가문의 단절을 커다란 저주로 여긴 당시의 사회 풍조에 대한 대안으로 제시되었다(신 25:5-10). 아울러 이는 과부가 된 여인을 돌보기 위한 일종의 사회 보장책이기도 했다.

계대 결혼(Levirate Marriage)은 모세 시대 훨씬 이전부터 존재해 오던 풍습이었다(창 38장). 그런데 이 풍습을 모세가 성문법으로 규정한 데에는 다음과 같은 몇 가지 목적이 있었다.

첫째, 죽은 형제의 후사後嗣를 낳아 주어 그 가문과 기업을 지파 내에서 영구히 보존할 수 있도록 하기 위해서이다.

둘째, 그 과부가 타 지파 사람과 재혼함으로써 죽은 남편에게서 물려받은 재산이 타 지파에게로 넘어가는 것을 막기 위해서이다.

셋째, 자녀도 없이 불쌍하게 된 과부를 보호한다는 사회 보장적인 목적을 위해서이다.

결국 모세가 계대 결혼을 율법으로 규정한 것은 이스라엘 각 지파를 온전히 유지하기 위한 공동체적 목적과, 하나님의 사랑과 긍휼의 정신을 실현하기 위한 목적에서였다고 할 수 있다.

ⓠ **정숙하지 못한 여인의 처벌** – 본문(신 25:11, 12)은 비록 곤경에 처한 남편을 돕기 위한 행동이었다 할지라도 다른 남자의 생식기를 잡아당기는 행위를 한 여자는 가차 없이 중벌에 처하도록 규정한 율법이다. 왜냐하면 품위를 내팽개쳐 버린 정숙하지 못한 행동이었을 뿐만 아니라 '대代의 계승'이라는 관점에서 볼 때 남자의 생식 기능에 중대한 위협을 가하는 용서받지 못할 행동이었기 때문이다.

ⓡ **공정한 상거래에 관한 규례** – 불의한 수단을 사용하여 부富를 축적하는 행위에 대한 금지 규례이다(신 25:13-16). 불의한 방법으로 이익을 얻는 것은 공의로우신 하나님보다 눈에 보이는 재물을 더 의지하는 행위였으므로 결코 용납할 수 없었다.

ⓢ **아말렉 진멸 명령** – 이스라엘 백성이 출애굽하여 가나안 땅을 향해 갈 때 시내 산 근처 르비딤에서 광야 생활 중에 최초로 이스라엘을 대적하여 공격하였던 아말렉 족속을 진멸할 것을 명령하고 있다(신 25:17-19). 이는 하나님의 축복의 길을 걸어가는 성도들을 방해하는 자들을 하나님께서 멸하실 것을 나타내며, 신약 시대에 영적 생명의 길을 가는 성도들을 훼방하는 자에 대한 하나님의 심판을 암시한다.

아말렉에 대한 심판은 발람에 의해서도 예언된 바 있는데(민 24:20), 하나님은 이를 이스라엘 왕 사울에게 첫 임무로 부여하셨다(삼상 15:1-23).

이후로도 아말렉 족속은 다윗 왕에 의해 정복당했으며, 시므온 지파에 의해 진멸당하기도 했다(대상 4:43). 이들의 최후에 대하여 성경은 더 이상 언급되지 않았으나, 이들에 대한 진멸 예언은 계속 적용된다(에 3:1-6, 10; 8:1-9:32).

ⓣ **첫 열매 봉헌에 대한 규례** – 이스라엘 백성이 가나안 땅에 들어가서 거둔 곡식의 첫 열매의 봉헌을 다룬다(신 26:1-11). 모세는 지금까지 언약 규정을 상세히 언급하였다(12-26장). 그 주요 내용은 약속의 땅에서 계속될 이스라엘의 미래 생활과 관련한 것이었다. 이스라엘은 이제 그 땅을 소유하자마자 실행해야 할 두 가지 의식에 대해 듣게 된다.

하나는 그 땅의 첫 열매를 바치는 것이고(26:1-11), 다른 하나는 3년마다 모든 소산의 십일조를 내어 혜택 받지 못하는 다양한 계층에게 나누어 주는 것이었다(12-15절). 전자는 여호와께서 택하신 곳에 가서 실행해야 했고(2절), 후자는 그들의 성읍에서 실행해야 했다(12절).

토지 소산의 모든 맏물은 가나안 땅에서 거둔 모든 소출이 하나님께서 주신 것이며, 이 맏물이 모든 소산의 대표가 된다는 의미로 하나님께 드려져야 했다. 그리고 제사장은 그것을 바치면서 이스라엘에 대한 하나님의 주권적 경륜經綸의 사실을 고백해야 했다.

즉, 하나님께서 이스라엘로 큰 민족을 이루게 하셨고(5-6절), 또한 애굽에서 구출하시어 약속의 땅을 소유로 주셨나이다(6-10절)라고 고백하고 하나님께 경배를 드려야 했다. 이처럼 이스라엘이 하나님께 예물禮物을 드린다는 것은 이제 이스라엘이 방랑 생활을 끝마치고 새로운 농경農耕 생활(즉, 정착 생활)을 시작한다는 의미이다.

또한 본문(1-11절)은 이스라엘 백성이 기업으로 얻은 땅 가나안에서 토지의 첫 소산물所産物을 하나님께 바칠 때, 헌물獻物과 함께 감사와 기쁨으로 고백하여야 할 신앙 고백의 내용이 구체적으로 기록된 부분이다. 이 고백의 내용은 첫째, 가나안 땅을 기업基業으로 허락하신 하나님의 은혜에 대한 감사(3, 9절). 둘째, 과거 비참했던 애굽 생활에 대한 겸손한 회고回

顧(5-6절). 셋째, 바로의 권세를 꺾으시고 이스라엘을 그 손에서 인도해 내신 하나님의 전능하심에 대한 찬양(7-8절) 등이 담겨 있다.

ⓤ **제삼년의 십일조 규례 준수 명령** – 신명기 14:28, 29에서 이미 언급된 바 있는 제삼년의 십일조 곧 구제용救濟用 십일조에 관한 내용이다(신 26:12-15). 매 안식년을 기준으로 3년째 되는 해마다 특별히 가난한 자의 구제를 목적으로 바치는 소위 '셋째 십일조'를 가리킨다.

이것은 감사 축제용으로 사용되는 '둘째 십일조'와 용도상用度上 구별된다. 여기서는 구제용 십일조를 온전하게 바친 후에 하나님 앞에 드릴 맹세를 함께 언급하고 있다.

첫 소산물을 헌납할 때와 마찬가지로 본 규례도 하나님 앞에서 충실히 이행한 후 신앙 고백으로서 최종 성화聖化되어져야 했다. 이 신앙 고백은 두 가지 내용으로 구성되어 있다. 즉, 충실한 이행에 대한 양심 선언(13-14절)과 그에 따른 복의 간구(15절)이다.

이 세 번째 십일조는 레위인과 객客과 고아와 과부에게 주었으며 하나님이 인정하시지 않는 다른 목적을 위해 쓰지 않았다(레 27:30; 14:22; 민 18:21). 이 십일조를 드릴 때 백성들은 '하나님의 명령에 따라 십일조를 드렸사오니, 하나님이 주신 약속의 땅에 복을 내려 주시옵소서'(신 26:14, 15)라고 기도해야 한다.

실로 온전한 십일조란 불의한 재물이나 불로소득이 아닌 땀 흘려 일한 대가로 정당하게 얻은 소득을 하나님의 은혜에 대한 감사의 표시로 바쳐서 성경적으로 합당하게 사용되게 하는 것이다.

ⓥ **두 번째 설교의 교훈** – 신명기 26:16-19은 언약 규정(12:1-26:15)에 대한 결론 부분이다. 본문은 신명기 4:44에서부터 시작하여 신명기 26:15까지 모세의 두 번째 설교의 결론으로서 이스라엘 백성은 지금까지 제시된 언약 규정 곧 언급된 모든 계명과 규례를 전심으로 지켜 준행하라는 명령(16-17절)과 그에 따른 축복의 약속(18-19절)이 주어지고 있다. 따라서

여기 결론 부분에서 강조되고 있는 내용은 곧 본서 전체의 주제 겸 요약이라고 볼 수 있는데 그것은 여호와의 성민聖民이 된 이스라엘을 여호와께서 명령하신 모든 율법을 힘써 지킴으로써 여호와를 자신들의 주主로 인정하고 섬겨야 한다는 것이다.

또한 그렇게 할 때 하나님께서는 이스라엘을 열국列國 중 보배로운 백성으로 삼아 주실 뿐만 아니라(출 19:5, 6) 영광과 지혜로 관을 씌워 주실 것이라는 것이다.

이와 같은 축복은 오직 여호와 하나님으로 고백하고 그분의 말씀을 준행하는 자에게만 베풀어진다. 그러므로 율법을 지켜 순종하는 것이 여호와를 사랑하는 삶의 실제적인 증거가 된다.

이스라엘이 하나님의 보배로운 백성과 성민이 되는 결정적인 증거는 여호와를 그들의 하나님으로 인정하고 이제까지 모세를 통해 베푼 언약 규정을 지켜 행할 때 나타나게 된다는 것이다. 이렇게 할 때 언약 백성은 국가적 삶에서 하나님의 영광을 나타낼 것이다(19절).

한편 신명기 12:1의 서론이 여기에서 다시 반복되고 있다. 이는 언약이 갱신되었음을 알려 주는 구절이다. 비록 언약 갱신의 의식이 외적으로 드러나지는 않았지만 이 부분의 모세의 언급을 통해 그 사실을 깨닫게 된다. 모세가 율법을 선포하자, 백성들은 하나님의 그 율법에 순종할 것을 맹세한다. 그러자 언약 갱신의 중재자인 모세를 통해서 이스라엘 백성에 대한 하나님의 신실하심이 선포된다.

(3) 모세의 3차 설교

① 가나안 입성을 위한 교훈

언약 규례(신 12-26장)는 미래의 언약 갱신을 강조한 신명기 11:26-32과 27:1-26 사이에 위치해 있다. 모압에서의 언약 갱신은 두 가지 목적을 가지고 있다. 첫째, 과거의 시내 산 언약을 기억하게 하고, 둘째, 갱신될 언약의 미래를 바라보게 하는 것이다. 히브리인들은 시간에 대한 직선적인 개념을 가지고 있지 않다.

도리어 그들은 과거와 미래와 현재는 상호 밀접한 관계가 있는 것으로 보고 있다. 신명기 27-28장은 가나안 입성을 위한 교훈으로, 29-30장은 모세의 세 번째 설교로서 언약 공동체(이스라엘)를 이끌어 갈 지도자들이 계속 이어질 것을 언급하고 있다.

이스라엘 백성들이 언약의 땅 가나안에 들어간 후 반드시 이행하여야 할 두 가지 의식 규례를 모세가 지시하고 있는 장면이다(신 27:1-26).

첫째는, 큰 돌을 세우고 석회를 바른 후 그 위에 율법을 기록하는 것이다. 아울러 그곳에 하나님께 제사 드릴 제단을 쌓는 것이다.

둘째는, 그리심 산과 에발 산에 양편으로 갈라서서 율법의 순종과 불순종 여부에 따른 축복과 저주를 선포하는 것이다.

모세는 이스라엘 백성에게 요단을 건너 약속의 땅에 들어가는 날 큰 돌들을 에발 산에 세우고 번제와 화목제를 드리라고 명한다. 그 큰 돌에는 "율법의 모든 말씀"을 기록해야 했다. 이 모든 말씀은 신 12-26장에 나타난 규정으로 해석한다.

그리고 번제는 여호와를 위한 것으로서 온전히 불로 태워 드렸고(레 1:1-17), 화목제는 다른 제사들과는 달리 바쳐진 예물을 경배자들이 함께 나누어 먹으며 즐거워하는 제사였다(레 3:1-17). 이러한 제사는 시내 산에서 언약을 체결할 때에도 드려졌으며(출 24:3-8), 역사서歷史書에도 나타난다(삿 20:26; 21:4; 삼상 10:8; 삼하 6:17; 왕상 3:15).

모세는 이스라엘 백성이 요단을 건넌 후에, 언약을 새롭게 기억하고 행해야 할 의식儀式에 대해 설명한다. 열두 지파 대표는 세겜을 기준으로 하여 여섯 지파는 그리심 산에 서며, 다른 여섯 지파는 에발 산에 서게 했다. 그리고 레위 사람 곧 레위 제사장은 큰 소리로 열두 가지 저주를 선창하고 그 대표들은 아멘으로 응답해야 했다.

그 선포될 저주를 몇 가지로 분류하여 보면, 형상의 금지(15절), 자식의 의무와 사회적 의무(16-19절), 성적으로 부당한 네 가지 경우(20-23절),

살인에 대한 두 경우(24-25절)와 관련된 것들이다. 이 열두 가지 저주는 '세겜의 십계명'으로도 불린다.

＊모세가 이러한 의식을 시행하도록 지시한 이유

첫째, 백성들에게 율법에 대한 인상을 깊이 그리고 감동적으로 심어 주어 그들로 하여금 율법을 영원하도록 잊어버리지 않도록 하기 위함이었다. 즉, 시각적인 효과(율법을 새긴 돌비)와 청각적인 효과(축복과 저주를 외치는 소리)를 동시에 일으켜 이스라엘 백성들로 하여금 하나님의 율법에 대한 순종의 결의를 굳게 다짐하도록 하기 위함이었다.

둘째, 율법에 대한 순종과 불순종 여부가 삶과 죽음의 분기점分岐點이 된다는 사실을 분명히 깨닫게 하여 율법만을 그들의 삶의 기준으로 삼도록 하기 위함이었다.

신명기 27장은 요단을 건넌 후 이스라엘 백성이 거행해야 할 의식에 대하여 언급한다. 그러나 28장은 다시 모압 평지에서 선포된 상세한 언약 규정(신 12-26장)과 관련시켜, 축복에 대한 진술(1-14절)과 저주에 대한 진술(15-68절)을 기록한다.

모세는 백성들이 이 언약을 순종하면 축복을 받게 되고 불순종하면 저주를 받게 될 것이라고 권고한다. 이는 앞서 언급된 두 낱말 곧 '축복과 저주'에 관한 구체적인 해설로서 율법의 순종과 불순종의 여부에 따라서 이스라엘 백성들 위에 임하게 될 축복의 내용과 저주의 내용이 광범위하게 취급된 부분이다.

그러므로 이 부분은 출애굽기 23:20-33과 레위기 26장의 확대 해석이라고도 볼 수 있다. 본문(신 28장)은 내용상 크게 두 부분으로 나누어진다. 그것은 곧 "여호와의 말씀을 삼가 듣고 … 그 모든 명령을 지켜 행하면"이라는 순종의 전제 조건 하에 축복이 세시된 선반부(1-14절)와 "만일 네 하나님 여호와의 말씀을 순종하지 아니하여 … 그 모든 명령과 규례를 지켜 행하지 아니하면"이라는 불순종의 가정假定 하에 저주가 제시된 후반부

(15-68절)이다.

본문의 특징은 순종으로 인한 축복의 결과와 불순종으로 인한 저주의 결과를 가시적可視的인 형태로 상호 뚜렷이 대조해 보이고 있다는 점이다. 이것은 이스라엘 백성들에게 생동적이고 실제적인 효과를 주어 결국 그들의 내적이고 신앙적인 삶을 순종에의 삶으로 인도하고자 하는 데 그 목적이 있다.

한편, 성경을 고찰해 보면 복에는 두 가지 차원의 복이 있음을 알 수 있다. 첫째는, 물질적이고 현세적인 차원의 복이요 둘째는, 영적이고 내세적인 차원의 복이다. 전자가 부차적副次的이고 상대적이며 일시적인 복이라면, 후자는 일차적이고 절대적이며 영원한 복이다.

계시가 발전되지 않은 구약 시대에는 복의 개념이 주로 외형적이고 물질적인 측면으로 강조되었지만 하나님의 뜻이 완전 계시된 신약 시대에는 내적이고 영적인 측면으로 강조되어 있음을 알 수 있다.

그러나 신구약 시대를 막론하고 복에 대한 성경의 근본 개념은 동일하다. 곧 참된 복은 인간이 추구함으로써 얻어지는 것이 아니고 하나님 자신으로부터 인간에게 주어지는 것인데 이것은 곧 순종에 기반을 둔 '하나님과 인간 사이에 올바른 관계 성립'에서부터 비롯된다는 것이다.

즉, 복이란 단순히 하나님께서 인간들에게 베푸시는 어떤 유익의 단계를 넘어 바로 하나님 자신이 참된 복의 근원이요, 복 그 자체란 것이다(창 15:1; 시 23:28; 요 15:5).

따라서 말씀에 대한 순종은 복을 받기 위한 수단이 아니라, 하나님께서 우리의 복이 되어 주신 데 대한 의무인 것이다. 이런 관점에서 진정 성도가 추구하여야 할 복은 하나님을 자신의 하나님으로 삼는 영적이고 내세적인 복이 되어야 할 것이다. 예수님께서 가르쳐 주신 8복도 이와 맥을 같이한다(마 5:3-12).

그러므로 오늘날 개인의 장수, 부귀, 명예, 득남 등이 복의 전부인 양 착각하고 끊임없이 개인의 물질적인 축복만을 비는 기복 신앙祈福信仰이나

'신앙 = 물질적 축복'의 복 사상은 마땅히 지양止揚되어야 한다.

그러한 부차적인 복은 하나님께서 자신의 주권적인 뜻에 따라 때로 주시기도 하지만 때로 거두시기도 하시기 때문이다(삼상 2:7). 오히려 어떤 때는 사랑하는 자에게 그 신앙의 유익을 위하여 물질적 궁핍이나 역경을 일부러 허락하기도 하시기 때문이다.

그러므로 성도는 물질적이고 현세적인 축복은 하나님의 주권적인 뜻에 전적으로 맡기고 매일을 하나님과 올바른 관계를 맺는 참으로 복된 생활을 추구하는 데 전력全力을 기울여야 할 것이다.

② 모세의 세 번째 설교

앞서 모세는 순종에 따른 축복과 불순종에 따른 저주를 장엄한 어조로 길게 교훈하였다(신 28장). 계속되는 신명기 29장과 30장은 모세의 세 번째 설교로서, 신명기 1-28장까지를 요약하는 내용으로 볼 수 있다. 곧 가나안에 입성할 새 세대들과 모압 평지 언약을 맺는데 그것은 호렙 산 언약을 환기시키고 재확인시키는 언약이었다.

즉, 모세는 이 부분에서 출애굽 구속의 은혜를 근거로 이스라엘 백성들에게 순종에의 삶을 살도록 종용慫慂하고 있는 한편(신 29:2-9), 행여라도 말씀에 불순종하고도 평안한 삶을 기대하려는 자들에게 하나님의 진노가 얼마나 무서운가를 엄중히 경고하고 있다(신 29:16-29).

아울러 모세는 만일 이스라엘이 하나님의 말씀에 불순종함으로 말미암아 저주를 받고 세계 각처에 뿔뿔이 흩어져 고통 중에 살게 된다 할지라도 끝내 실족하지 아니하고 회개하고 하나님께 돌아오기만 하면 긍휼의 하나님께서는 반드시 그들을 회복시켜 주실 것이라는 소망과 확신을 심어 주고 있다(신 30:1-10).

결론적으로 모세는 그러한 징계의 채찍을 맞고 돌아오기 전에 하나님의 율법을 잘 지켜(신 30:11-14) 저주를 버리고 축복을 택하라는 간곡한 권면으로써 세 번에 걸친 그의 긴 고별告別 설교의 끝을 맺는다(신 30:15-20).

강렬하고 웅변적인 본문의 문장은 우리로 하여금 이스라엘과 함께 지금 모세의 훈화訓話를 듣고 있다는 느낌이 들게 한다.

그렇다! 실로 모세의 훈화는 B.C. 1407년 11월, 가나안 입성을 두 달 열흘 앞둔 이스라엘의 새 세대들에게만 국한되는 훈화는 결코 아니다(신 29:14-15). 바로 오늘을 살아가고 있는 우리 성도들과 맺은 언약이요, 우리 성도들에게 적용되는 훈계訓戒로서 순종에의 삶으로 생명의 길을 걸어가라는 권고勸告이다. 또한 타락한 자에게는 속히 죄악의 길을 떠나 하나님의 품으로 돌아오라는 회개 촉구悔改促求의 메시지이다.

모세의 세 번째 설교를 더 구체적으로 보면, 여호와 하나님께서 베푸신 과거의 구원 역사救援役事 곧 출애굽 시에 베푸신 능력, 광야 40 년 동안 의식衣食의 문제를 해결하여 주심, 그리고 최근에 일어난 전투에서의 승리를 회상하면서, 하나님께 순종하고 그분을 신실하게 섬기며 하나님과의 언약을 성실하게 지키라고 새롭게 당부한다.

모압 광야의 언약(신 29:1-29)은 크게 세 부분으로 나뉘는데, 언약의 말씀을 지켜야 한다는 것(1-9절)과 이스라엘 백성들이 언약에 참여할 것(10-13절)과 언약의 맹세가 후손에게까지 미치므로 그 말씀을 지키지 않을 경우에는 누구든지 저주를 받으리라는 것(14-29절) 등이다.

특히 본문의 언약 말씀을 순종하지 않을 때 당하는 저주에 대해서는 신 28:15-68에 잘 언급되어 있다. 그러나 본문에서 이스라엘 백성이 시내 산 언약에서처럼 율법 언약서를 읽고 제단을 쌓아 제사를 드리며, 언약의 피를 뿌리고 언약을 체결한 후 잔치를 벌이지 않는 것은 본문의 언약이 시내 산 언약에 기인起因한 것이고, 그에 참여하는 것이기 때문이다(10-13절; 출 24:1-11).

회개에 따른 축복의 약속(신 30:1-10)은 레위기 26:14-39과 신명기 29:15-29에 언급된 것처럼 이스라엘 백성이 말씀을 순종하지 아니하여 먼 열국 중에 흩어진 후에라도, 자신들의 죄를 돌이키고 회개하면 하나님께서는 은총과 축복을 내리셔서 그들을 다시 팔레스타인으로 돌아오게 하시고 복을 주시겠다는 약속이다.

이는 하나님께서 율법 언약 이전에 이스라엘의 열조인 아브라함, 이삭, 야곱과 맺은 언약에 의거하여 긍휼을 베푸신 것이다(레 26:40-45). 이것은 하나님께서 자신의 백성들을 사랑하시되 끝까지 사랑하시는 것을 보여준다(요 13:1).

따라서 성도들은 이 세상에서 사는 동안에 죄를 짓지 않도록 해야 하며, 잘못해서 범죄했을 경우에는 반드시 회개해야만 한다. 그리고 만일 범죄에 대한 징계를 받을 경우에는, 그 기간이 끝날 때 임할 하나님의 은혜와 긍휼을 기대해야 한다(렘 3:22, 32; 히 12:5-13).

계시된 하나님의 명령 곧 하나님의 계명에 대한 순종을 촉구하기 위해, 과연 하나님의 계명이 얼마나 쉽고 분명한 것인지를 설명하고 있다(신 30:11-14). 이는 율법의 평이성平易性과 인접성隣接性을 수사학적修辭學的으로 묘사한 부분이다.

따라서 본문은 불순종에 대한 변명 곧 '율법이 너무 어려워서 그 도道를 깨닫지 못했기 때문에' 혹은 '율법이 너무 접하기 어려워서 그 도를 들을 수 없었기 때문에' 등의 여러 변명들이 분명히 어불성설 語不成說에 지나지 않는다는 점을 지적하고 있다.

신약 시대의 바울은 본문을 복음의 도道 곧 이신득의以信得義의 교리에 적용시켰다(롬 10:6-11). "내 멍에는 쉽고 내 짐은 가벼움이라."(마 11:30)라는 그리스도의 말씀도 이와 맥을 같이한다. 다윗은 하나님의 말씀이 "송이 꿀보다 더 달도다."(시 19:10)라고 고백했다.

우리가 우리에게 베풀어 주신 하나님의 구속의 은혜에 감사하면서 하나님을 진정 사랑하는 마음으로 그 말씀을 대할 때 오늘날 우리 성도 역시 이와 같은 고백을 할 수 있을 것이다.

신명기 30:15-20은, 29:1 이하에서부터 선포된 모압 평지 언약의 마무리 부분이자 3 차에 걸친 모세 설교의 총결론 부분으로서 모세가 이스라엘 백성들에게 순종과 불순종에 따른 축복과 저주의 원리를 다시 한 번 요약해서 제시한 후 불순종으로 말미암은 저주와 사망의 길을 버리고, 순종으로 말미암는 축복과 생명의 길을 택하라고 엄숙히 권고勸告하는 장면이다.

이것은 결국 하나님을 섬김으로 축복된 삶을 누리느냐, 아니면 우상을 좇음으로써 저주를 초래하느냐 하는 문제로 양자兩者 사이에 머뭇거림이나 혹은 양자 외에 또 다른 길이 있을 수 없음을 분명히 선포하는 말씀이기도 하다(왕상 18:21).

여기에서는 하나님의 말씀의 준행 여부가 인간의 생사화복生死禍福과 관련이 있음을 네 가지로 제시한다.

첫째, 하나님께서는 생사화복을 그들 앞에 두셨다.
둘째, 천지를 증인으로 삼았다.
셋째, 살기 위하여 생명을 택함은, 하나님께서 그들에게 말씀을 주신 것이 그들에게 생명을 주시기 위함이기 때문이다.
넷째, 그들이 그것을 자유로이 택할 수 있다고 함은, 그의 말씀을 순종하는 것이 바로 하나님을 모시는 길이기 때문이다.

그러므로 그들이 율법을 순종하면 하나님이 그들의 하나님이 되시기 때문에 모세는 "그는 네 생명이시요 네 장수長壽이시니"(신 31:20)라고 했다.

(4) 모세의 당부와 죽음

이 부분(신 31:1-34:12)은 신명기의 결론에 해당되는 부분이며 동시에 모세 오경 전체와 여호수아서의 다리 역할을 하는 부분이다. 이제 지도자 모세가 죽은 후 그의 후계자 여호수아가 지도자의 자리를 계승함으로써, 이스라엘 역사는 새로운 국면으로 접어들게 된다.

① 모세의 마지막 당부

신명기 30장까지 모세는 3차(신 1:6-4:43; 4:44-26:19; 27:1-30:20)에 걸친 그의 긴 강론을 통해 율법 세우는 일과 언약 갱신하는 일을 모두 마무리지었다. 이제 본문(신 31:1-33:29)은 모세가 자신이 이스라엘 백성들과 최종 고별할 날이 멀지 않았음을 알고 마지막 사력死力을 다하여 하나님께로부터 받은 소임所任을 완수하는 장면이다.

따라서 이 부분에는 모세의 마지막 사역使役들이 기록되어 있는데 그 주요 업적은 후계자에 대한 지도권 위임, 율법의 기록과 전수傳授, 고별 노래와 고별 축복의 선포 등이다.

＊모세의 마지막 사역들

a) **지도자상과 목자상** : 모세가 자신의 사후 가나안 정복 전쟁을 수행해야 할 이스라엘 백성들과 자신의 후임 지도자 여호수아에게 승리를 확신시키는 말로 용기를 북돋워 주고 있는 장면이다(신 31:1-8).

약속의 땅 가나안에 함께 들어가지 못하는 인간적인 서운함에도 불구하고, 또한 목전에 다가온 자신의 임종에도 불구하고 오히려 이스라엘의 장래만을 마음속 깊이 염려하고 있는 모세의 이런 모습을 통해 우리는 그가 이스라엘 백성을 얼마나 사랑했는지 새삼 깨닫게 되며 동시에 참된 지도자상像과 목자상像을 엿볼 수 있다.

b) **두 가지 지시 사항** : 모세가 자신이 그동안 가르쳐 온 하나님의 율법을 책에 기록하였던 두 가지 지시 사항(신 31:9-13)이다.

첫째, 매 안식년의 초막절에 전 이스라엘 백성들 앞에서 그것을 낭독할 것. 둘째, 후손에게 그것을 힘써 가르칠 것과 함께 그 율법책을 제사장들과 이스라엘 장로들에게 그들이 가나안 땅에 들어간 후 가장 소중히 해야 할 것이 바로 "이 율법의 말씀을 잘 지켜 행하는 것"이라는 사실을 인식시켜 주려 했다.

그것은 그 율법책에 기록된 하나님의 말씀에 대한 순종 여부에 따라 이스라엘의 장래 역사가 결정되기 때문이다.

c) **예언적 경고** : 이스라엘 백성이 장차 들어가 살게 될 가나안 땅에서 하나님과 맺은 언약을 어기고 우상을 섬기다가 마침내 하나님의 심판을 초래하고 말 것이라는 암울한 예고가 기록된 부분이다(신 31:14-23). 하나

님께서는 모세에게 자신이 한 이 예언의 말씀(16-18절)을 주제로 하는 '증거의 노래'를 지어 백성들로 하여금 부르도록 하라고 명하셨다.

왜냐하면 이 증거의 노래가 백성들의 입으로 불려지는 한 그 노래는 자기 백성들의 타락을 미리 알고 경고해 주시는 전능하신 하나님의 사랑을 증거해 줄 것이기 때문이다. 또한 이러한 예언적 경고에도 불구하고 끝내 타락한 자들에게는 이 노래가 그들의 용서 받지 못할 행위를 고발해 주는 증인이 될 것이기 때문이다.

d) **율법서의 위탁** : 후계자 위임이 완결됨으로 말미암아 이제 모세에게 남긴 일은, 율법서의 기록을 마무리지어 그것을 제사장들과 장로들에게 위탁하는 일, 하나님께서 지시한 바 증거의 노래를 지어 그 노래를 이스라엘 백성들에게 가르쳐 주는 일, 이스라엘 12 지파에게 최후의 축복을 선포하는 일 뿐이다. 그중 신 31:24-26은 율법서를 위탁하고 있는 부분이다.

언약궤(법궤) 안에는, 만나 담은 항아리, 아론의 싹 난 지팡이, 두 돌판의 십계명이 들어 있었다(출 16:33, 34; 25:16; 민 17:10; 히 9:14). 십계명의 해설서라고 할 수 있는 모세의 율법서는 바로 이 언약궤 곁에 두어 후손 대대로 하나님을 증거하는 책이 되도록 해야 했다. 레위 제사장들은 언약궤 곁에 따로 상자를 만들어 율법책을 그 속에 보존했던 것 같다.

e) **모세의 노래 서언(序言)** : 신명기 32:1-43에 나오는 모세의 노래에 대한 서언(신 31:27-30)으로서 모세가 왜 이 증거의 노래를 지어 백성들로 하여금 부르게 하는지 그 이유를 제시하여 밝혀 주고 있다. 그 이유는 곧 '이스라엘의 패역함' 때문이었는데, 모세는 비단 하나님의 말씀(16-18절)을 통해서뿐만 아니라 자신의 광야 40 년 광야 체험을 통해서도 이 사실을 잘 알고 있었다(출 34:9).

따라서 모세는 이 증거의 노래를 지어 이스라엘 백성들로 하여금 부르게 함으로써 그들이 이 노래를 부를 때마다 그들에게 임할 심판이 자신들의 패역함 때문이라는 사실을 분명히 일깨워 주고자 했던 것이다. 자신의 죄악을 철저히 깨닫는 것이 바로 회개와 회복의 첫 단계가 될 것이기 때문이다.

f) 모세의 노래 : 하나님의 지시에 의하여(신 31:19), 모세가 이스라엘의 배반과 하나님의 심판이라는 주제로 이스라엘의 미래 역사歷史를 노래한 '모세의 노래'이다(신 32:1-43).

비록 이 노래가 타락과 심판이라는 이스라엘의 암울한 미래사未來事를 예언하고는 있지만 진정 이 노래가 원하는 목적은, 이스라엘의 타락을 미연에 방지하는 것이요, 타락 시에는 심판의 원인이 바로 자신들의 죄악 때문이라는 사실을 깨우치는 것이며, 그리하여 그들로 하여금 마침내 회개하고 다시 하나님의 품으로 돌아오게 하는 것이었다(신 32:44-47).

따라서 노래의 내용도 이스라엘의 패역함과 하나님의 선하심, 이스라엘의 배은망덕背恩忘德함과 하나님의 자비하심 등 상반된 두 요소로 되어 있다.

노래의 각 구절 역시 이스라엘의 죄악 된 역사를 꾸짖는 준열함과 하나님의 공의로우심을 찬양하는 신앙의 열기로 가득 차 있다. 오늘날 이 노래는 시공時空을 초월하여 이스라엘의 죄악 된 역사의 전철을 밟고 있는 모든 자에게 똑같이 들려지는 죄악을 지적해 주는 노래요 죄악을 회개하라는 노래이다.

g) 유언적 축복 : 하나님의 사람 모세가 최후 임종을 맞이하기 위해 느보산에 오르기 전, 이스라엘 12 지파에게 최후 유언적 축복을 선포하고 있는 부분이다(신 33:1-29).

구약 성경에 나타나는 축복(blessing) 행위는 일종의 기도(benediction)이자 예언(prediction)으로서 하나님의 은총이 임하기를 기원하거나 선포하는 예식이었다. 노아의 축복(창 9:26, 27), 이삭의 축복(창 27:27-29), 야곱의 축복(창 48:15; 49:2-27) 등이 바로 그것들이다.

이런 의미에서 본문에 나타나는 모세의 축복도 이스라엘 12 지파를 향한 일종의 예언적 기도이다. 신명기 32장에 언급된 모세의 노래가 이스라엘의 타락과 그에 따른 하나님의 심판을 노래한 작별의 경고였다면, 본문은 하나님의 선민 이스라엘의 12 지파 위에 임할 하나님의 축복을 예언한 작별 축도祝禱인 것이다.

② 모세의 죽음

모세는 사랑하는 이스라엘 12 지파에 대한 축복을 모두 마무리지었다. 그 축복은 곧 모세의 최종 유언이었다. 이제 모세에게 남은 일은 열조列祖의 품으로 돌아가는 일 곧 죽음뿐이었다(신 32:48-52). 본문은 이 위대한 하나님의 사람 모세의 죽음과 장사에 대한 기록이다(신 34:1-12).

모세는 가나안 땅 전역을 이적적인 방법으로 두루 바라본 사실은 성도들이 믿음의 눈으로 천국을 바라보고 확신하는 것에 비유될 수 있다. 비록 모세는 가나안 땅에 직접 들어가지 못했지만 초자연적 방법으로 그곳의 아름다움과 풍요를 맛볼 수 있었던 것이다.

마찬가지로 이 땅에 살면서 천국을 맛보는 삶을 누리는 사람에 의해 기록된 것으로 추정된 부분이다. 왜냐하면 모세가 자신의 죽음과 장례 그리고 자신에 대한 사후死後의 평가를 기록할 수 없는 노릇이기 때문이다. 따라서 대부분의 학자들은 모세의 후계자 여호수아에 의해 신명기 34장이 기록된 것으로 이해한다.

두 가지 면에서 모세는 특별한 선지자요 이스라엘 중 위대한 선지자였다.

a) 하나님과 가까이 지냄에 있어서 : 이것은 미리암의 나병 사건(민 12장)을 통하여 하나님께서 직접 분명하게 보여 주셨다. 즉, 다른 선지자들과는 달리 하나님께서 모세에게는 "마치 사람이 그 친구와 이야기하듯" 가까이 대면하여 말씀하셨으며(출 33:11), 자신의 영광스런 임재도 목격하게 하셨다(출 33:18-23).

또한 하나님께서는 시내 산에서 시간에 구애 받지 아니하고 모세와 단둘이서 오래 지내셨다. 따라서 모세는 실로 하나님의 영광을 그 누구보다도 많이 보았고 또한 체험한 선지자였다.

b) 하나님의 권능과 능력을 나타냄에 있어서 : 하늘의 비상 대권非常大權을 위임 받은 자 모세는 출애굽 시 바로와의 대결에서 여호와의 십대 재앙을 이스라엘 목전에서 애굽에 시행한 자였다.

실로 모세는 위대한 선지자로서 옛 언약 곧 율법의 창시자요 중재자였다. 이 율법이 지속되는 한 이스라엘 중에서는 모세와 같은 선지자는 다시 일어나지 않을 것이다.

오직 한 사람 모세보다 더 큰 영광과 명예를 누릴 자가 있으니 곧 모세를 충실忠實한 종으로 두고 있는, 하나님 집의 장자로서(히 3:2-6; 민 12:7), 우리의 사도요 대제사장이시며 영원한 새 언약의 중보자 및 창시자가 되시는 분, 바로 예수 그리스도이시다.

2. 여리고의 언약궤

1) 가나안 땅에의 진군

(1) 새 지도자 여호수아

하나님은 모세의 시종侍從이었던 여호수아를 모세의 뒤를 이어 이스라엘을 인도할 새 지도자로 지명하시고 위임 명령을 내리신다(수 1:1-9). 이 명령의 주요 내용은 가나안 땅을 정복하라는 것과 하나님의 계명을 지키라는 것이다. 여호수아서 전체의 내용이 이 명령 안에 포함된다. 곧 땅의 정복이 1-12장, 땅의 분배가 13-19장, 하나님의 계명을 지키라는 것이 20-24장에 각각 기록되어 있다.

여호수아 1장은 신명기 마지막 장에 이어지는 부분으로서, 모세 사후(신 34:5)에 여호수아가 이스라엘의 새로운 지도자로 세우심을 받는 장면을 기록하고 있다. 여기서 하나님이 여호수아에게 깊이 인식시키신 내용은 세 가지로 요약된다.

첫째, 하나님께서 친히 여호수아의 인도자가 되어 주실 것이므로 마음을 담대히 할 것을 권면하신다.

둘째, 가나안 땅을 허락하리라고 하셨던 하나님의 약속이 바야흐로 성취될 단계에 이르렀음을 선언하셨다. 이스라엘이 애굽의 종살이에서 구원되었고(출 12:37) 모압에서 여호와의 언약에 참여하기도 했지만(신 29:10-17), 정작 그 언약이 이행되어질 곳인 가나안 땅에는 아직 이르지 못했던 것이다.

셋째, 하나님의 은총을 누리기 위해 이스라엘 백성들이 지켜야 할 법도가 명확히 제시되어 있다.

이제 구원의 역사歷史는 새로운 국면으로 접어들게 된다. 모세는 자기의 사명을 다하고 그 열조列祖에게로 돌아갔다. 하나님은 이미 준비된 지도자 여호수아를 세워 새로운 시대를 이어 나가게 하신다.

하나님은 여호수아에게 과거의 언약을 다시 반복해서 약속하시며, 함께 하실 것을 확인하신다. 여호수아에게는 "마음을 강하게 하라."라는 권면이 주어지고, 하나님의 말씀에서 떠나지 말 것을 당부하신다. 여기에서 가나안 정복은 말씀을 떠나서는 있을 수 없다는 것을 알 수 있다.

하나님의 말씀을 떠나지 않는 삶은 하나님이 함께 하시는 삶이다(시 119:72, 98, 101-102; 행 18:9, 10). 그리고 하나님의 말씀은 '내 발의 등'이요 '내 길에 빛'(시 119:105)이며 우리들에게 '영靈이요 생명生命'(요 6:63)인 바 이 말씀을 따라서 살 때 더욱 온전히 하나님의 뜻대로 살 수 있다는 것이다.

하나님의 명령은 지체 없이 실행된다. 여호수아는 식량을 준비하게 하고, 요단 강을 건너갈 계획을 말한다. 여호수아는 하나님께서 하신 약속을 굳게 믿고 있으며, 요단 강 동쪽을 차지하게 될 지파에게도 함께 나아가 싸울 것을 명령한다(수 1:2-4; 민 32:1-42). 이스라엘 백성은 새로운 지도자 여호수아에게 충성하겠다고 서약한다.

가나안 정복의 준비가 끝나고, 하나님과 새로운 지도자와 이스라엘은 하나가 되었다. 이처럼 오늘날 믿는 자들의 역동적力動的인 삶도 하나님의 말씀으로 하나 됨이 있어야 가능한 것이다. 우리는 하나님의 지도적인 섭리 안에서 하나로 무장하여 영적 전쟁을 수행할 수 있어야 한다(엡

6:10-20).

여호수아는 이스라엘 백성의 대대적인 지지(수 1:12-16)를 기반으로 가나안 정복의 제일보第一步를 내디디었다. 물론 여호수아는 가나안 땅이 하나님의 능력에 의해 정복될 것이라는 믿음을 확고히 지니고 있었지만 그와 동시에 인간이 할 수 있고 또한 해야 할 구체적인 일들을 간과하지 않았다.

모세 당시에 열두 명의 정탐꾼이 가나안에 밀파密派된 바 있었다. 하지만 갈렙과 여호수아 외에 열 명은 한결같이 비신앙적인 두려움에 가득 찬 보고를 함으로써 정복 계획이 좌절되었다(민 13-14장).

그러한 쓰라린 경험을 한 바 있는 여호수아는 다시 정탐꾼을 여리고에 보내었는데, 여리고 성은 팔레스타인 중앙 지대로 들어가는 길목에 위치하였기 때문에 전략상 중요한 교두보橋頭堡라 할 수 있었다.

특히 여기에서(수 2:1-24), 기생 라합의 슬기로운 처신이 묘사되어 있다. 그녀는 이스라엘 하나님을 지고至高하신 분으로 믿고 있었고, 가나안 땅에 대한 하나님의 섭리를 거스를 수 없는 것으로 받아들일 만한 통찰력을 지니고 있었다.

그러한 안목이 있었기 때문에 라합은 목숨을 걸고 정탐꾼들을 숨겨 주었을 뿐만 아니라 여리고 거민들의 유약한 대전對戰 자세를 소상히 고告하여 중요한 전략 정보를 제공하였던 것이다.

결국 외모를 보시지 않는 하나님은(삼상 16:7), 천대 받는 지위에 속한 기생 라합을 높이 들어 쓰셨으며(고전 1:26-29), 이로 인해 라합은 믿음의 위인으로 칭송 받게 되었을 뿐만 아니라 그리스도의 직계 조상이 되는 영광까지 누리게 되었다(히 11:31; 약 2:25; 마 1:5).

(2) 요단 강 도하(渡河)

이스라엘 백성이 요단에 이르렀을 때 바로 건너지 않고 유숙留宿한 것은 하나님의 인도를 기다리기 위해서였다(수 4장). 여호수아는 요단 강을 건너는 것도 하나님의 능력으로 되어지는 일임을 알리고, 성결聖潔할 것을 명한다. 그리고 앞서 가는 언약궤를 따라가라고 말한다. 이스라엘 백성들은 요단 강이라는 큰 난관을 오직 법궤의 뒤를 좇음으로써 무사히 극복할 수 있었다.

"그러나 너희와 그(언약궤) 사이의 거리가 2,000 규빗쯤 되게 하고 그것에 가까이 하지는 말라."(수 3:4)라고 한 것은 하나님의 거룩하신 임재에 대한 경외감의 표시이자, 모든 이에게 법궤의 모습이 보이도록 하기 위한 조치였다. 이것은 오직 가나안의 입성入城과 승리는 하나님의 임재하심과 능력으로 말미암는다는 것을 가시적可視的으로 보여 주는 것이다.

제사장들이 법궤를 메고 요단 가운데 굳게 서 있는 동안 물은 갈라진 채 있었다. 그 법궤가 말씀의 상징象徵이라면 제사장들이 말씀을 지키고 서 있는 동안 심판은 없었다는 말이 될 것이다. 본래 물이 넘치는 요단은 환난 혹은 심판을 상징했다(렘 12:5).

아무리 요단의 물이 넘칠지라도 법궤를 멘 제사장들이 굳게 서 있을 때 그것은 멀리 물러갔다(시 114:4, 5). 밀려오는 환난을 막는 일은 제사장들의 사명임을 보여 준다.

구약의 노아도, 아브라함도, 롯(벧후 2:8)도 그 시대를 지키며 닥쳐 오는 환난과 심판을 막아섰던 제사장들이었다. 넘치던 요단 물의 중앙에 선 제사장들의 모습은 오늘날 교회의 사명이 무엇인지를 알려 준다.

베드로는 신약의 성도들을 다 왕 같은 제사장이라고 했다(벧전 2:9). 성도들은 하나님의 말씀을 가지고 다가올 환난과 심판을 경고해야 한다. 그것이 전도傳道의 한 측면이다.

제사장들이 언약궤를 메고 요단 강에서부터 나와 발바닥으로 육지를 밟는 순간 요단 강이 이전과 같이 다시 흐르게 되었다. 언약궤가 요단 한 가운데 머물러 있는 동안에는 가나안에 들어가는 은혜의 길이 열려 있었고 또한 안전했으나, 언약궤가 강을 떠나자마자 물은 다시 합해졌고 은혜의 문도 닫히고 말았다.

따라서 구원에 이르는 길은 유일한 통로인 예수 그리스도를 부인하고 다른 길을 모색하는 자는 스스로 헤어날 수 없는 급류急流에 몸을 던짐과 동일하다(행 4:12).

이스라엘 백성들은 언약궤를 멘 제사장들이 요단 강 가운데 서 있는 동안 모두 강을 건넜다. 많은 시간이 걸렸을 법한(당시에 도강渡江한 이스라엘 백성들의 총 수효는 약 2백만 명 정도 되었을 것이다.) 이 장면을 성경 기자는 "온 백성이 요단 건너기를 마치매"(수 4:1)란 단 한 줄로 요약했으며, 그 대신 요단 강에서 열두 개의 돌을 취하여 쌓은 일에 대해서는 상세하게 묘사하고 있다. 이는 열두 돌을 쌓은 일의 중요성이 그만큼 컸기 때문이다.

즉, 하나님은 그러한 표징表徵을 통해 장차 올 후손들에게 자신의 신실하심과 권능을 상기시키고자 하신 것이다. 이러한 하나님의 권면에도 불구하고 이스라엘 백성들은 불과 한 세대 전의 전철을 그대로 밟는 우매함을 보일 때가 많았다(삿 2:17; 3:12; 4:1).

하나님은 백성들에게 자신이 여호수아와 함께한다는 것을 알리고자 하셨다. 또한 여호수아는 하나님이 백성 가운데 계셔서 가나안 정복의 처음부터 마지막까지 하나님의 역사役事로 이루시리라고 말한다. 여호수아의 명령을 받은 제사장들은 주저하지 않고 요단 강에 발을 내디뎠다. 이때에 강물은 끊어졌고, 백성은 마른땅으로 건널 수 있었다.

하나님 말씀에 일사불란一絲不亂하게 순종하며 언약궤를 앞세워 나가고 있는 이스라엘의 모습은 퍽이나 장엄하다. 이것이 주님을 중심으로 하는 영적 군병된 우리 그리스도인의 삶인 것이다(삼상 17:45; 고후 10:4). 이는 가나안 땅을 차지하게 될 승리의 전주곡이다.

이스라엘 백성들은 하나님의 초자연적인 역사役事로 요단 강을 건넜다. 이 소식을 들은 요단 강 서편西便의 여러 왕들은 크게 두려워할 수밖에 없었다. 왜냐하면 그들은 요단 강을 천연적인 방벽防壁으로 믿고 있었기 때문이다.

이제 이스라엘은 가나안 본토를 진격하기 직전의 긴장 상태임에도 불구하고 할례를 행하며 유월절을 지키는 등 대적들의 눈에 헛되고 괴이하게 보이는 일련의 의식들을 거행하였다(수 5장).

사실상 대적들을 목전에 두고서 할례를 행한다는 것은 인간적인 눈으로 볼 때 무모無謀하기 짝이 없는 일이었다(창34:15-25). 그럼에도 불구하고 이런 일을 행하는 것은 그들이 하나님과의 관계를 무엇보다도 소중히 여기고 하나님의 강하신 능력에 전적으로 순종하고자 함이었다.

이스라엘 민족은 약 40 년 동안 할례 의식割禮儀式을 거행하지 않았다. 그 이유는 할례를 할 기회가 없어서가 아니라, 이스라엘 백성이 하나님으로부터 징계를 받은 상태이기 때문이다(민 14:34). 할례 의식은 하나님이 아브라함과 맺은 언약을 상징한다(창 12:1-3; 17:11). 할례의 상징적 의미가 성경에 나타나 있다(신 10:16; 30:6; 렘 4:4; 6:10; 9:25, 26).

여호와께서 여호수아에게 이르시되 "할례를 행하라."(수 5:2)라는 명령이 있었다. 이는 이미 할례 받은 자가 재차 받는 것이 아니라, 40 년 동안 백성이 거의 할례를 받지 않았다가 다시 할례를 시행한다는 뜻이다. 할례를 다시 받기 시작한다는 것은 하나님의 징벌이 끝난 것을 의미한다(민 14:34; 수 5:5).

여호와의 말씀을 순종하지 아니한 자들은 가나안 땅에 들어갈 수 없었다. 애굽에서 나와서 할례를 받은 자들일지라도 결국에는 광야에서 모두 죽고 말았다. 할례를 받은 자는 마음으로부터 하나님께 순종해야 할 의무를 갖게 된다(롬 2:25). 그런데 복음에 의해서 이 의식은 폐지되었다(갈 5:6; 골 3:11; 빌 3:3; 골 2:11).

할례를 마친 후 여호와께서 여호수아에게 이르시되 "애굽의 수치를 너희에게서 굴러가게(개정 : 떠나가게) 하였다."(신 5:9)라고 말씀하셨다. 광야 생활을 하는 동안 애굽인들이 조롱한 것을 가리킨다. 곧 애굽인들은 이스라엘을 하나님이 버리신 백성이라고 조롱하였다(민 14:13-16; 신 9:28).

특히 신명기 9:28에서 애굽인들은 하나님의 무능과 이스라엘 백성의 버림 당함을 조롱하였다. 그러나 요단 강의 이적을 통해서 하나님은 자신이 살아 계신 분이시며(수 3:10), 이스라엘 백성은 하나님이 돌보시는 백성이라는 사실을 증명하였다.

이제 이스라엘은 광야 생활을 끝나게 되었으며, 약속의 땅에 곧 들어가기 앞서 하나님의 백성이라는 증표로서 할례를 받았다. 그러므로 이스라엘의 광야 생활을 조롱했던 애굽인들의 오만한 생각은 사라지게 되었다.

애굽의 수치를 벗고 새 출발을 강조하는 사건이 세 가지로 나타난다. 곧 유월절을 지키는 것, 가나안 소산所産을 먹은 것, 만나가 그친 것이다. 약속의 땅을 들어가게 됨에 따라 만나는 더 이상 필요가 없었다(요 6장). 여기에서 우리는 이스라엘 백성이 하나님의 점진적인 인도 하에 있음을 알 수 있다. 할례를 통하여 이스라엘 백성은 언약의 백성으로 회복되었다. 회복된 다음에 행할 일은 유월절을 지키는 일이다(출 12:43-49).

이 유월절 의식儀式은 애굽의 모든 재앙과 장자를 멸하는 재앙에서 구원받은 것을 감사하며, 노예의 굴욕을 벗어버리고 자유를 얻은 기념으로 하나님께 감사 드리는 예식으로, 할례 받은 자에 한해서만 그 예식에 참여한 이스라엘 백성은 유월절 음식을 먹었다.

출애굽 직전의 긴박한 상태에서 행해진 첫 유월절(출 12:11)은 전투를 앞둔 상황에서 거행된 길갈에서의 유월절과 흡사한 점이 많다.

구약에서 할례와 유월절은 하나님의 백성임을 나타내는 증거이자, 인印을 치는 것과 같다. 그 때문에 할례 받은 백성을 '거룩한 백성'이라고 불렀다. 신약에서 세례와 성찬식은 그와 같다. 이 거룩한 백성은 하나님께 소속되며, 따라서 하나님이 그들에 대한 소유권을 갖고 있는 백성이다.

그리고 여호와의 군대장관軍隊長官이 여호수아에게 나타난 이유는 이스라엘 백성들에게 용기를 불어넣어 줌은 물론 그들로 하여금 성결한 마음가짐을 갖게 하기 위함이었다. 이같이 가나안 정복에 앞서 전반적으로 이스라엘의 성결이 요구되었다.

이는 하나님의 도우심을 받아 세상을 능력 있게 살아가기 위해서는 비둘기같이 순결한 마음이 다른 무엇보다도 우선적으로 요구됨을 의미한다 (마 10:16).

2) 가나안 정복 전쟁

여호와의 군대는 '하늘의 만군萬軍'(왕상 22:49)으로도 불린다. 가나안 정복을 앞둔 여호수아 앞에 여호와의 군대장관이 나타난 사실은 가나안 정복 전쟁이 곧 여호와의 성전聖戰이었음을 의미한다.

오늘날 성도들도 성령의 강력한 도우심에 힘입어 마귀의 견고한 진陣을 파破하는 전쟁에 담대한 믿음으로 임臨해야 할 것이다(고후 10:4; 엡 6:10-20).

(1) 가나안 중부 전쟁

이스라엘 민족의 가나안 정복 및 정착 전쟁은 전체적으로 볼 때 3 단계를 거쳤다고 볼 수 있다.

첫 단계는 전 민족이 합심하여 가나안 땅의 전술적 요충지要衝地를 정복하여 최소한의 임시 거주지를 확보한 것이다.

둘째 단계는 이스라엘 12 지파가 가나안 땅을 공평하게 각 지파별로 분할 분배한 것이다.

마지막 셋째 단계는 각 지파가 각각 자신에게 할당된 지역에 아직 남아 있는 이방인 점령지들을 계속 점진적으로 점령, 정착해 나간 것이다. 중부 전쟁은, 첫 단계로서 가나안의 중심 지역을 정복하기 위한 것이다.

① 여리고 성 함락

가나안 정복의 제 1 관문이었던 여리고 성을 점령하는 사건이 나온다 (수 6:1-27). 이 전쟁은 처음부터 하나님의 성전聖戰으로 시작되었기 때문에 전쟁 과정 또한 철저히 하나님의 주권적 방식에 의해 진행되었다. 여리고 성을 무너뜨리기 위해 나팔을 불며 성 주위를 돈다고 하는 것은 인간의 상식으로는 이해하기 어려운 일이었다.

하지만 하나님의 미련한 것이 사람보다 지혜 있고 하나님의 약한 것이 사람보다 강하다는 사실은 만고불변萬古不變의 진리이다(고전 1:25). 그러므로 정복 전쟁의 승패는 오직 하나님의 말씀에 대한 이스라엘의 순종 여부에 달려 있었던 것이다.

여리고 성은 요단 서편 8km, 길갈 서북쪽 3km 지점에 있는 가나안에서 가장 오래된 견고한 성읍이었다. 여리고 성 공략에는 군사적인 방법이 사용되지 않았는데, 이는 인간적인 판단으로는 어리석기 짝이 없는 방법이었다. 엿새 동안 그저 여리고 성을 돌다가 마지막 날 나팔을 불며 소리치는 것이었다.

그러나 하나님은 이미 그 성을 여호수아의 손에 '붙였다'라고 하셨다. 이미 여리고 성은 함락된 것이나 마찬가지였다. 다만 이스라엘의 빈틈없는 순종만 남아 있을 뿐이었다.

이스라엘 백성은 하나님의 명령대로 일주일 간 움직였다. 이스라엘의 행진 대열은 하나님의 임재하심과 말씀에 순종하는 대열이었다. 여리고 성은 철저하게 멸망당했다. 가나안의 첫 성인 여리고의 정복은 가나안 전체에 대한 승리를 보장하는 사건이었다.

여리고 성의 정복은 우리 성도들에게, "믿음은 바라는 것들의 실상이요 보지 못하는 것들의 증거"(히 11:1)인 바 '믿음으로 행하고 보는 것으로 하지 않도록'(고후 5:7) 권고해 준다. 믿음으로 행할 때 우리는 하늘의 축복과 은총을 우리 것으로 얻을 수 있다. 여호와의 말씀대로 성벽이 무너져 성안으로의 길이 활짝 열렸다.

여리고 주민이 자기의 보호벽으로 믿었던 성벽이 직접적인 멸망의 원인이 된 것이다. 예기하지 못했던 성벽의 매몰埋沒로 주민들은 저항할 생각조차 하지 못했음이 확실하다. 그들은 이스라엘에 의해 쉽게 무너졌다. 이와 마찬가지로 사탄의 나라는 종말에 이르면 너무나 허무하고 처절하게 무너지게 되며, 하나님께 대항하여 자신을 완악하게 하는 사람도 절대로 형통하지 못할 것이다. 멸망 가운데서도 하나님의 약속을 믿는 자는 구원함을 받는다.

라합과 그 가족은 하나님의 전적인 긍휼하심과 자비하심으로 구원을 받았다. 여리고는 여호수아의 저주로 재건되지 못했다(왕상 16:34). 이로써 이스라엘은 가나안 중부로 통하는 요충要衝을 확보한 셈이다.

② 아이 성에서의 실패

아이 성 공략의 실패담이 기록되어 있다(수 7:1-26). 아이 성을 정탐한 결과 손쉽게 정복할 수 있으리라는 것이었는데, 어이없이 패배하고 말았다. 본문(수 7:2-5)에는 하나님의 지시나 명령이 전혀 나타나 있지 않다. 따라서 이 전쟁은 여리고 정복 후 승리감에 도취한 이스라엘 백성의 자만에 의해 수행되었음이 분명하다.

그들은 견고한 여리고 성도 별 힘을 쏟지 않고 함락시킨 바 되었기 때문에 보잘것없는 아이 성쯤은 우습게 생각하였을 것이다. 하지만 하나님의 일을 하는 데 있어서 인간의 자만은 반드시 실패를 초래하는 방해거리로 작용한다(잠 16:18).

2,000 명이면 충분히 승리하리라 예상했던 아이 성 공략이 36 인의 전사자戰死者와 함께 패주敗走로 끝나게 되자 이스라엘 백성은 심한 두려움에 사로잡히기 시작했다. 기대가 컸던 만큼 실망 또한 컸었던 것이다. 하나님의 권능과 영광을 호가호위식狐假虎威式으로 가로채 자고自高하여졌던 이스라엘 백성은 참패한 후에야 비로소 황망慌忙스럽게 하나님의 존전尊前에 엎드리게 되었던 것이다.

그러나 근본적인 패배의 원인은 전술적인 잘못이 아니라 아간의 불순종으로 인한 여호와 하나님의 진노였던 것이다. 아간 한 사람의 잘못을 전체에게 물으시는 것은 한 하나님의 백성이기 때문이다(고전 5:6-7; 히 12:15).

아간의 범죄는 아이 성 정복의 직접적인 실패 요인으로 작용하였고 온 백성을 좌절과 고민으로 몰아넣었다. 이스라엘 민족은 단순한 혈연 공동체血緣共同體였을 뿐만 아니라, 한 분 하나님을 모시는 언약 공동체였다. 따라서 그들은 하나님께 대하여 전체로서 하나이며 한 개인은 전체 민족을 대표하는 셈이었다.

여호수아는 탄식하며 기도했다. 그는 언제나 하나님께 항변하듯 질문하면서 기도한다. 이것은 하나님과 그와의 관계로 볼 때 불손不遜한 것이라 할 수 있다. 그만큼 그는 이스라엘의 멸망을 두려워하고 있고, 전쟁에서의 승리를 확신하고 있었던 것이다. 그는 이 일로 하나님의 위엄이 가나안에서 무너질까 크게 염려하고 있었다(수 7:6-9; 신 32:27).

우리는 우리의 실패로 하나님의 영광이 이 땅 위에서 가려지는 것을 크게 두려워해야 한다(마 5:16). 여호수아는 이스라엘의 패망이 하나님의 영광을 더욱 욕辱되게 하는 것이라고 호소했다. 진실로 여호수아는 이스라엘의 패전으로 인해서 하나님의 지혜와 능력과 그의 선하심과 진실하심에 영향을 미칠까 봐 두려워했다.

신실한 성도에게는 하나님의 이름에 누累를 끼치게 된 것이 가장 슬픈 일인 것이다. 그러므로 하나님이여 "주의 크신 이름을 위하여 어떻게 하시려 하나이까"(7:9)라고 한 여호수아의 간구는 가장 절실切實한 표현인 것이다.

하나님께서는 다시금 기회를 주신다(수 7:10-15). 하나님과의 언약을 어긴 것이 실패의 이유였다. 하나님은 의로우시고 신실하신 분이므로 자신의 말씀을 받은 자들이 마음에 간직하고 삼가지 않으면 진노하신다. 그 죄는 자신도 망하게 하고 언약의 공동체에도 누累를 끼치는 일이다. 결국 이스라엘의 약함은 칼과 창에 있는 것이 아니라 불순종에 있는 것이다.

실패의 원인을 찾기 위하여 제비를 뽑되 지파, 족속, 가족, 남자의 순서로 뽑자 아간이 뽑혔다. 그 죄를 자백하게 하자, 시날산産 외투 곧 값비싼 바벨론 외투와 은금銀金을 도적질한 것이 드러났다. 이것은 백성의 것이 아니고 하나님께 바쳐야 할 것이었다. 어떤 개인도 이 전쟁에서 사리사욕을 위해 싸워서는 안 되었다.

여호수아는 아간과 그의 자녀를 돌로 쳐 죽이고 물건을 불살라 돌무더기를 이루게 했다. 이 죄악을 단호히 척결剔抉하지 않으면 앞으로의 전쟁은 이

길 수 없기 때문이다. 우리는 신앙 안에서 물질적인 사리사욕을 채우려는 행위와 소원이 얼마나 우리를 악하게 하는지 알아야 한다(딤전 6:5, 10).

③ 아이 성에서의 승리

이스라엘은 이미 요단 강을 건너 가나안에 와 있다. 이스라엘에게는 하나님을 철저하게 의지하고 싸우는 일만이 남아 있을 뿐이다. 하나님께서는 진군하도록 격려하셨다. 교회 내부의 부패는 외부의 적보다 훨씬 더 조직을 교란시키고 지도자의 사기士氣를 저하시키며 조력자의 관심을 둔화시킨다.

즉, 이스라엘의 백성 중 반역한 자는 악질적인 가나안 족속보다도 훨씬 더 두려워해야 할 존재였던 것이다. 그러나 이제 하나님께서는 여호수아에게 낙담落膽하지 말라고 격려하신다. 민족 내부의 반역자를 단죄하신 하나님의 능력은 이스라엘을 이제 외부의 적으로부터 지켜 주실 것이다.

그리하여 하나님께서는 여호수아에게 용기를 북돋아 주시고 아이 성에 대한 승리를 "아이 왕과 그 백성과 그의 성읍과 그 땅을 다 네 손에 주었으니"(8:1)라는 말씀으로 확신시키며, 이것을 오직 선물로 받기만 하면 된다고 말씀하셨다.

아이 성 공략은 가나안 중부를 공략하여 장차 남부와 북부로 진출하기 위한 교두보를 확보하는 중요한 기동機動 작전이다. 본문(수 8:1-29)에는 아이 성의 치욕스런 패배를 회복하는 사건이 극적으로 전개되어 있다. 하나님의 진노의 원인이 되었던 아간을 처형處刑함으로써 이스라엘은 다시 전능자 하나님의 보호와 인도를 받게 되었다.

하나님은 다시 여호수아에게 용기를 주시고 아이 성 정복을 위한 구체적인 전략으로서 매복 전술埋伏戰術을 지시하셨다. 여호수아는 그 말씀을 의지하면서 지혜를 발휘하여 복병 전술伏兵戰術, 유도 작전誘導作戰, 협공 전술挾攻戰術을 세워 승리했다. 여기서 우리는 하나님의 기본적인 지침을 더욱 지혜롭게 구체화시켜 마침내 승리를 이끌어 내는 여호수아의 노력을 본다.

＊이 전술이 당시 아이 성 공략에 가장 주효(奏效)했던 원인 3 가지

첫째, 아이 성 주민들은 한번 승리를 거둔 이후로 승리감과 자만심에 들떠 있었다. 따라서 그들은 이스라엘 주력 부대의 거짓 패주敗走에 쉽사리 유혹되어 성城을 텅 비워 둔 채로 추격에만 몰두하였다(17절).

둘째, 아이 성은 고지高地에 위치해 있었기 때문에 정면 대결을 벌일 경우에는 이스라엘 군대가 설사 승리를 거둔다 해도 엄청난 피해를 내지 않으면 안 되었다. 따라서 매복埋伏은 매우 타당하고 효과적인 전략이었다.

셋째, 아이 성 주변의 지형은 굴곡이 심한 산간 지대였기 때문에 매복이 용이하였다(13절).

이처럼 하나님의 직접적인 도우심, 여호수아의 뛰어난 용병술 그리고 군사들의 일사불란한 움직임 등이 혼연일체渾然一體가 됨으로써 아이 성을 쉽게 정복한 이스라엘은 큰 용기와 확신으로 스스로를 더욱 담대하게 무장할 수 있었다.

아이 성을 점령한 여호수아는 모세의 명령에 순응하여, 백성들을 두 편으로 나누어 한편은 그리심 산 앞에, 또 한편은 에발 산 앞에 세웠다. 그때 그리심 산에 있는 자들은 율법을 순종하는 자를 그리고 에발 산에 있는 자들은 율법을 불순종하는 자들을 상징하였으며 순종에는 축복으로, 불순종에는 저주로 보응할 것이라고 선포하였다.

이처럼 하나님께 대한 인간의 태도는 순종과 불순종 양자택일이 있을 뿐이며 그 중간 상태란 없는 것이다(마 25:32, 33).

(2) 가나안 남부 전쟁

이스라엘이 가나안 중부 지역에 이어(수 6-8장), 남부 지역을 정복한 과정을 기록한 부분이다(수 9-10장). 가나안 족속들이 이스라엘에 의해 여리고와 아이가 정복되었다는 소식을 들은 후 함께 동맹을 맺고 연합군을 형성하여 대항하려 한 사실을 소개하고 있다.

① 이스라엘과 기브온 족속의 화친 조약

이스라엘이 요단 강을 이적적으로 건너고 여리고와 아이를 패망시켰다는 소식을 접하자 기브온 거민들은 도저히 이스라엘을 당해낼 수 없다는 냉철한 현실 판단을 내리게 되었다. 따라서 그들이 생존할 수 있는 유일한 길은 이스라엘과 화친和親하는 것이었다(수 9장).

하지만 이스라엘이 가나안 족속들과 더불어 화친하려는 의사가 전혀 없음을 기브온 거민들도 잘 알고 있었기 때문에 그들은 생명 부지生命扶持를 위해 매우 치밀한 계획을 세웠던 것이다.

신발과 옷이 낡아지고 빵에 곰팡이가 날 정도라면 최소한 그 여행은 몇 달 이상 걸렸다는 셈이 된다. 그러나 이스라엘이 요단 강을 건너 여리고와 아이를 점령한 기간은 그만큼 길지 않았다.

그러므로 기브온 밀사密使들의 행색을 자세히 살펴보고 그들의 말의 전후곡절前後曲折을 주의 깊게 연결시켜 보았다면 여호수아와 이스라엘 백성들은 그들의 거짓 행위를 간파看破할 수 있었을 것이다. 어쨌든 이로 인해 이스라엘 백성은 가나안 정복 전쟁을 재개한 이래 두 번째 실책失策을 저지른 셈이다(수 7장).

이스라엘이 하나님의 뜻을 알아보지도 않고 성급히 화친 조약에 동의하는 실수를 저지른 것은 아이 성 전투의 승리로 인해 다분히 들떠 있었기 때문이다. 우리는 이를 통해 성공을 거둘수록 더욱 자중自重하며 겸손히 하나님의 음성에 귀를 기울어야 한다는 교훈을 배울 수 있다.

구약 시대에는 하나님의 뜻을 알아보는 방법으로 우림과 둠밈의 판결법(출 28:30; 신 33:8), 선지자를 통한 문의(삼상 23:2; 왕하 8:8), 그리고 하나님께 대한 직접적인 문의(창 25:22; 대상 14:14) 등이 있었다.

하나님께서는 이스라엘 백성들에게 가나안 사람들과 언약을 맺지 말라고 경고하셨다(출 34:15-17). 또한 신약에서는 "믿지 않는 자와 멍에를 함께 메지 말라."(고후 6:14)라고 경고하고 있다. 그 이유는 거룩한 하나님의 백성이 불신자나 우상 숭배자들과 어울려 교제함으로써 그들의 악한 행위에 물들지 않도록 하려는 데 있었다(15, 16절).

불과 3 일 후에 기브온 거민들의 기만술欺瞞術이 탄로났지만 이스라엘은 이미 맺은 언약으로 인해 그들을 해할 수 없는 처지에 이르렀다. 그리고 기브온 거민들은 가까스로 목숨을 건질 수 있었지만 거짓말에 대한 책임으로써 이스라엘을 위해 종살이를 하게 되었다. 지도자들의 실책으로 말미암아 공동체 내에 혼란이 조성될 기미까지 보였다.

여기서 지도자의 책임이 얼마나 막중한가가 드러난다(렘 22:1-7). 그러나 백성들은 원망하기에 앞서 본의 아닌 실수를 감싸 주고 차선책을 함께 모색함이 옳았다.

당시 이스라엘이 진陣 치고 있었던 길갈에서부터 기브온 성읍까지는 도보로 약 3 일이 걸렸다. 부득불 화친 언약이 이미 성립되었으므로 이스라엘이 기브온을 방문한 것은 고대 국가 간의 관습상 당연한 일이었다.

이스라엘이 기브온 성읍에 들어간 주원인은 주종 관계의 언약을 보다 확실히 천명하고 그 거민들의 반응을 직접 확인하기 위함이었을 것이다. 기브온 족속들에게 부과된 임무는 성소의 제사장 나무를 패며 물을 긷는 일이었다. 이방인들로서 기브온 사람들이 여호와의 은혜에 참여하고자 원했던 열렬한 소원은 가상嘉尙히 여길 만하나 교묘한 속임수를 썼던 것은 명백한 잘못이다.

목적만 좋으면 수단이나 방법은 아무래도 좋다는 태도는 신자들이 취해야 할 바른 자세는 아니다. 일찍이 야곱이 축복을 받았으나 그 속인 일로 인하여 많은 시련을 겪지 않으면 안 되었던 것처럼 비록 기브온 사람들도 구조는 받았으나 그 속임의 대가를 치르고야 말았던 것이다.

성소에서 행해지는 대부분의 일들은 본래 레위인들에게 위임되어 있었으나, 그중 천하고 힘든 일들을 다시 기브온 사람들에게 나누어 준 것이다. 결국 그들은 당시 이스라엘 백성 가운데 거주하는 사람들 중 가장 비천卑賤한 신분으로서 취급되었던 것이다(신 29:10-11).

기브온 사람들이 종살이를 하게 되었다는 사실에서 우리는 3 가지 사실에 주목하게 된다(수 9:23, 24, 25).

첫째, 그들이 당하게 된 굴욕은 명백한 하나님의 저주였다(창 9:25)
둘째, 그나마 그들이 생명을 보존될 수 있었던 것은 하나님을 두려워하고 그 은총을 사모하였기 때문이다.
셋째, 나아가 그들은 이방 죄인도 은혜에 동참同參할 수 있음을 종말론적으로 예표한 셈이다(사 66:21).

② 아모리 동맹군의 기브온 공격

기브온과 같이 강한 세력이 이스라엘과 화친을 맺고 종이 되었다는 소식은 가나안 동맹국들에게 커다란 충격을 주었다. 이 소식을 들은 가나안 동맹국은 한편으로 큰 두려움에 떠는 동시에 다른 한편으로는 그들을 배반한 기드온을 응징膺懲할 결의를 확고히 했다.

예나 지금이나 영원한 우방은 존재하지 않으며 오늘의 아군이 내일의 적군이 될 수 있다는 냉혹한 국제 관계의 원리는 여전하다. 그러나 하나님 안에서 형제로 맺어진 관계는 절대로 변할 수 없다.

남부 지방의 왕들은 기브온 사람들의 배반을 응징하기 위하여 서로 동맹을 맺고 기브온 사람들을 치러 온다. 이에 당황한 기브온 사람들은 여호수아에게 구원을 요청하였으며, 여호수아는 이에 즉각적으로 응한다.

혹자는 기브온 사람들과 맺은 언약의 내용 속에 전쟁이 났을 경우 서로 도와줄 의무가 규정되어 있다고 주장하지만, 이것은 언약의 본질을 무시한 해석이다. 여호수아가 이 전쟁에 개입한 이유는 기브온 사람들이 이미 이스라엘 공동체의 일원으로 소속되었기 때문이다. 그러므로 당연히 하나님의 이름으로 그들은 보호를 받음이 마땅하다.

길갈을 거점으로 삼아 여리고와 아이를 차례로 점령함으로써 가나안 세력들의 허리 지역을 끊어 버린 이스라엘군은 이제 아모리 연합군을 격파함(수 10:1-27)과 아울러 팔레스타인 남부 지역 공략에 나서게 된다(수 10:28-43).

여호수아가 기브온의 요청으로 나가 싸워 크나큰 승리를 거둔다. 이때에 태양이 종일 지지 않고 중천에 머무르는 전후무후한 역사가 일어났다. 이때에 태양이 머무른 것은 시적 표현이 결코 아니다. 빛이 굴절되어 전쟁터를 비추어 준 정도도 아니다. 실제로 태양이 머무른 이적이다.

여호수아의 기도의 응답으로 태양이 머물렀던 이 위대한 이적에 대하여 다양한 해석이 시도되었다.

첫째, 지구가 실제로 회전을 느리게 하여 지구의 달력에서 완전히 하루가 빠진 것이라고 주장하여, 그 주장을 애굽이나 중국 그리고 힌두교 문헌들 속에서 찾아내려고 한다.

둘째, 구절 중 '머물다'라는 히브리 원어 'דוֹם돔'을 멈춘다는 뜻으로 보아 태양이 빛을 발하기를 멈추었다는 해석이다. 다시 말하면 이스라엘 군대가 태양의 열기熱氣 때문에 싸우기 힘들었는데 하나님께서 그 빛을 구름으로 가리어 주셨다는 것이다.

셋째, 해가 진 뒤에도 일광日光이 굴절되어 계속해서 전쟁터를 비춰 주었다.

넷째, 본문이 시詩로 기록되어 있다는 점을 착안하여 하나님께서 이스라엘 군대에 힘을 주셔서 그들로 승리하게 하셨으므로 하루 동안 싸워야 할 분량을 반날에 마쳤다는 시적詩的 표현일 것이다.

이상의 견해 중 어느 것이든지 사람의 생각은 단지 자기의 의견일 뿐이다. 다만 여기서 우리가 확신할 수 있는 것은 천지 만물을 지으신 하나님께서 하시고자 하면 이루어지지 않을 것이 없다는 사실이다. 하나님은 이 사건을 통하여 자기 백성 이스라엘을 위해 베푸시는 지고至高하신 권능을 온 세상에 알리고자 하신 것이다.

그리고 이를 통해 해와 달을 숭배하는 모든 가증한 행위들은 허탄한 것임을 만방에 실증하신 셈이다. 또한 우리는 이 이적을, '의義의 태양'(말 4:2)으로서 치료하는 광선을 발하시는 분인 예수 그리스도와 연관지어 묵상해

볼 수 있을 것이다.

아모리 다섯 왕을 처형한 고로 가나안 남부 지역 정복을 이미 다 성취한 것이나 다름없는 상황에서(수 10:16-27), 여호수아는 조금도 고삐를 늦추지 아니하고 그 여세를 몰아 막게다, 립나, 라기스, 게셀, 에글론, 헤브론, 드빌 등 남방의 모든 지역을 쳐서 정복하였다. 이로써 가나안 정복 정착을 위한 전쟁의 1단계인 가나안 중부 지역에 이어 남부 지역마저 정복함으로 완수하게 된다. 우리는 실로 이러한 계획을 이루어 나가시는 하나님의 역사役事에 대해 놀라움을 금하지 못하게 될 뿐만 아니라, 연일 계속되는 전투에 의해 피곤하고 지쳐 있을 여호수아와 이스라엘 군대가 그동안의 승리를 쏟을 수 있었다는 사실에 감탄하지 않을 수 없다.

이처럼 우리도 당신의 백성들을 구원하기 위한 하나님의 열심에 부응副應하여 맡은 바 사명에 충실하고 매진邁進하는 삶을 살게 될 때 여호수아와 그의 백성들을 통해 위대한 가나안 정복의 역사役事를 성취하신 것처럼 하나님은 우리를 통하여서도 크신 역사를 반드시 성취하실 것이다.

실로 하나님의 뜻을 이루기 위해 현재의 고난을 참고 하나님의 뜻에 순종하며 사는 자마다 장차 위대한 하나님의 영광에 참여하게 될 것이다(롬 8:18).

(3) 가나안 북부 전쟁

남부 동맹군이 격파당하자 가나안 거민居民들이 다시 이스라엘을 대적하려고 인구 4만의 도시 하솔을 중심으로 북부 연합군을 결성하였다. 그러나 여호수아와 이스라엘 백성들은 북부 동맹군을 격파하였다(수 11:1-23).

① 북쪽 지방의 정복

가나안 남부의 몰락沒落 소식을 접한 북부의 왕들은 이스라엘과 싸울 준비를 한다(수 11:1-5). 그리고 많은 수의 북방 연합군들이 싸우려고 진陣을 쳤다. 하솔은 당시 가나안 북부의 가장 크고 강력한 왕도였다. 그들의 연합은 "해변의 수다한 모래같이" 많았다(삼상 13:5; 계 20:8; 겔 38-39장).

그러나 하나님은 이 대군을 파破하심으로써 그 능력을 드러내셨으며, 단번에 북방의 기세를 꺾을 수 있는 기회를 잡는다. 하나님은 여호수아에게 용기를 주셔서 메롬 물가에 진陣 친 연합군을 기습하게 했다. 전쟁의 승패는 군대 대규모에 있지 않았다. 이것은 이미 "그들을 이스라엘의 손에 넘겨주셨기 때문에" 그리되었다.

또한 가나안 족속들이 진멸당하게 된 것은 그들이 마음을 강퍅하게 하여 이스라엘을 끝까지 대적하기 때문이라고 하면서, 그렇게 그들의 마음을 강퍅하게 하신 것은 여호와 하나님이시라고 한다. 이와 유사하게 출애굽기 11:10에는 여호와께서 바로의 마음을 강퍅하게 하셨다고 기록하고 있다.

이러한 진술의 진정한 의미는 무엇인가? 하나님이 이들에게 악한 마음을 주시고 그렇게 충동질하셨다는 뜻인가? 그렇지 않다. 여기서 하나님이 강퍅하게 하셨다는 말은 하나님께서 그들을 간섭하사 악한 마음을 버리고 여호와께로 돌아오게 하시지 아니하고 그대로 방치하셨다는 뜻이다. 이처럼 하나님은 자기를 싫어하는 자들을 그 상실喪失한 마음대로 내버려 두심으로 스스로 사탄의 종이 되어 범죄하고 결국은 멸망에 이르게 하는 방법으로 심판하신다(롬 1:28-32).

이를 볼 때 하나남이 당신의 택한 백성들을 간섭하시는 것은 우리 성도들에게 얼마나 큰 축복인지 모른다. 하나님의 전능하심을 믿고 나아가는 길만이 온갖 난관에 처한 성도가 승리할 수 있는 길이다. 하나님께서 우리와 함께하시므로 모든 어려움과 고통 속에서도 우리는 승리할 수 있는 것이다(시 35:1-8).

② 가나안 정복의 완수

가나안의 남부 동맹군, 그리고 북부 동맹군을 격파함으로써 대부분 지역의 정복 사업을 마무리하게 되었다. 이로써 이스라엘은 하나님께서 그들의 조상에게 약속하셨던 땅을 차지하게 된 것이다(창 15:12-21). 이것은 구속사적으로 볼 때 하나님의 언약의 성취이다.

이 언약을 성취시키고자 하나님은 친히 싸우셔서 그 땅을 주셨던 것이다(시 44:3). 이제 이스라엘은 북부 지역을 정복함으로써 명실상부名實相符한 가나안의 주인이 되었다. 따라서 이스라엘에게 남은 일은 그동안 점령한 가나안 땅을 분배하고 차지하는 것뿐이다(수 13:1-21:45).

모세와 여호수아 이전의 족장들은 실제적인 의미에서 가나안 땅을 차지하지 못하였다. 그들은 다만 땅을 차지하리라는 언약의 보증으로 가나안 땅의 적은 부분인 매장지만 소유했다. 엄격한 의미에서 족장 때의 가나안은 그들이 우거하는 땅에 지나지 않았다(창 17:8; 28:4; 출 6:4). 이스라엘 백성이 언약의 땅 곧 가나안을 소유하고 상속 받게 된다는 말씀이 신명기에 69 회나 나타난다. 이스라엘 백성의 가나안 정복은 민족적인 우월성에 의한 것이 아니라, 하나님의 언약에 의한 것임을 알 수 있다. 또한 가나안 땅과 이스라엘 모든 것은 여호와의 기업基業(삼상 26:19; 삼하 21:3), 혹은 소유(수 22:19; 대하 20:11)라고 불렀다.

그러므로 가나안은 하나님의 소유여서 하나님이 기뻐하시는 이스라엘 백성에게 그 땅을 주셨다. 그리고 이스라엘은 그 지파대로 그들의 몫을 받았다.

열조들이 그토록 갈망해 왔던 약속의 땅 가나안의 대부분을 점령함으로써 여호수아는 마침내 가나안 정복이라는 대과업을 완수하였다. 하나님의 명령에 대한 이스라엘 백성들의 순종과 노력으로 말미암아 이스라엘 역사의 새 장章이 열리게 된 것이다.

여기에서 특별히 여호수아의 순종에 대한 두 가지 측면을 살펴볼 수 있다. 첫째는 하나님의 명령에 대한 순종이며, 둘째는 모세의 명령에 대한 순종이다.

물론 여호와께서 모세에게 명령하신 것을 모세가 여호수아에게 명령하였고 그것을 여호수아가 그대로 실행하였으므로 이들은 결국 한 가지의 순종이라고 볼 수 있다. 여호수아의 이러한 순종적인 태도는 오늘날 모든 종교 지도자들에게 큰 귀감이 된다.

우리는 여기에서(수 11:1-23) 펼쳐지는 모든 전쟁 장면을 통해 다음과 같은 교훈을 배울 수 있다.

첫째, 성도들의 싸움은 궁극적으로 사탄의 세력에 대한 것이므로 성도는 하나님의 전신 갑주全身甲冑로 무장하여야만 승리할 수 있다. 당시 이스라엘 군대와 가나안 동맹국들 간의 전력戰力을 비교해 보면, 병기 면에서나 군사 수효 면에서 그리고 각 군사들의 전투 역량 면에서 이스라엘이 압도당하고도 남음이 있다.

그럼에도 불구하고 이스라엘이 전쟁사戰爭史에 길이 남을 만한 대승大勝을 거둘 수 있었던 것은 이스라엘 군대가 '하나님께 대한 순종'이라고 하는 가장 강력한 무기를 소유했기 때문이다.

둘째, 하나님은 역사의 주인이시므로 자기의 계획을 펼쳐 나가시는 데 있어서 하등의 차질도 있을 수 없다. 다시 말해서 하나님의 계획 안에는 구원과 심판, 승리와 패배, 긍휼과 진노 등의 양면이 포함되어 있으나, 궁극적으로는 이 모든 것이 합력하여 선을 이룬다는 것이다(롬 8:28).

③ 정복되지 못한 땅

중요 거점據點은 정복되었지만, 가나안에는 이스라엘이 아직도 정복하지 못한 지역이 많이 남아 있었다. 하나님께서는 이 같은 사실을 주지시키시며 여호수아가 늙어 더 이상 나머지 지역을 정복할 수 없으므로 각 지파에게 분배하여 정복 사업을 지속할 것을 명령하셨다(수 13:1-7).

당시 갈렙의 나이가 85 세였으므로 여호수아는 100 세 가까이 되었을 것이다. 그는 더 이상 일선에서 지휘할 수 없게 되었다. 젊은 시절부터 노년에 이르기까지 여호수아의 생은 행군과 전투로 점철되어 있다.

그러나 이제 그의 기력이 쇠하여 더 이상 전투 일선에서 싸움을 지휘할 수 없었고 아직 정복되지 않은 채로 남아 있는 땅도 많았다. 하지만 여호수아는 모세의 뒤를 이어 하나님의 종으로서 사명을 훌륭히 감당함으로써 가나안 땅의 주도권을 온전히 장악하게 되었다.

아직 미정복未征服 상태로 남아 있는 땅이 남아 있었음에도 불구하고 하나님께서는 일단 전면전全面戰을 중지시키셨는데, 우리는 여기서 하나님의 지혜로우신 배려를 깨달을 수 있다.

첫째, 오랜 시일 동안 계속되는 전투로 말미암아 기진氣盡해 있던 이스라엘 백성들은 원기를 회복할 필요가 있었다. 따라서 무리하게 계속 싸움을 할 경우 백성들 중에는 하나님을 원망하고 불신의 늪에 빠지는 자들도 생기게 될 우려가 있었다. 하나님은 고난을 허용하시되 그것을 수준과 역량에 맞추어 허락하신다(고전 10:13).

둘째, 이스라엘 백성이 광야 시절과 정복 수행 당시에는 전적으로 하나님의 도우심에 의존할 수밖에 없었다. 따라서 그들은 항상 진보적인 신앙 자세로 무장되어 있지 않으면 아니 되었다. 하지만 모든 적들이 소멸된 풍요로운 정착지를 막상 대하게 되었을 때, 자칫하면 이스라엘 백성은 지난날의 모든 일들을 잊어버리고 안일과 퇴폐에 젖어들 우려가 있었다.

그렇게 되면 하나님의 영원하신 언약을 도외시하고 현실에만 안주하는 비신앙적 암매暗昧에 빠질 수밖에 없었다. 따라서 하나님께서는 미정복지를 남겨 두사 항상 긴장의 허리띠를 늦추지 말고 전진하는 신앙 자세를 갖도록 의도하셨던 것이다(히 10:22).

이러한 시점에 하나님께서는 여호수아에게 마지막 대사명을 완수하게 하셨으니 곧 이스라엘 민족의 숙원이었던 가나안 정착을 위해 땅을 분배하도록 한 것이었다(민 27:1-11). 그리고 아직 정복되지 않은 땅을 각각 지파별로 서로 협동하여 정복해야 할 몫으로 남겨졌다. 다시 말해서 이후로는 정착과 정복이 동시에 수행되어야만 했던 것이다.

하나님은 정복하지 못한 땅을 각 지파에 미루어 놓고 그 땅을 분배할 것을 명하셨다. 남은 땅은 서남 지역 곧 블레셋 지방, 두로와 시돈, 북쪽 지대였다. 그러나 하나님은 이 땅도 점령할 수 있도록 도와주겠다고 약속하셨다.

이렇게 하신 것은 우상 숭배자인 가나안 족속을 일부 남겨 놓아 이스라엘의 여호와 신앙을 시험하고 단련시키기 위함이었다(삿 2:20-3:4). 실로 하나님의 나라는 완성되는 그날까지 확장을 멈추지 않을 것이며 또한 이를 위한 성도들의 노력 역시 계속되어져야만 한다.

3. 실로의 언약궤

가나안을 점령한 후에 중심에 성막을 세우는 것이 좋았다. 그래서 그 길갈은 여리고 동편에 있는 요단 강 근처에 있었는데 거기서 실로로 성막을 옮겨 세운 것이다. 실로는 벧엘의 북쪽이고 세겜에서 예루살렘에 이르는 큰길의 동쪽에 위치해 있었고 에브라임의 성읍이다.

1) 가나안 땅의 분할

이스라엘 자손이 가나안 땅을 거의 다 점령하고, 그 땅을 르우벤과 갓과 므낫세 반半 지파에게 가나안 동편 땅을 분배한 외에, 가나안 서편 땅을 아홉 지파 반半에게 토지를 분배했다(수 14:1-19:51). 가나안 땅의 분할이 매우 단순하고 쉽게 이루어졌다는 인상을 받게 된다(수 14:5). 그러나 실제상으로는 그 과정에서 수많은 우여곡절迂餘曲折이 발생하였다.

특히 충격적인 사실은 유다와 에브라임 그리고 므낫세 반 지파에게 기업이 분배된 후에 분배 작업이 일단 중단中斷되었다는 점이다. 그리고 온 이스라엘이 실로에 모여 성막을 세우는 사건이 있다(수 18:1). 또한 여호수아는 기업을 받는 일에 있어서 소극적인 태도를 보였던 7 지파에 대하여 책망하였다(수 18:3).

(1) 두 지파와 반(半) 지파의 분할

① 유다 지파의 기업(基業)

가나안 땅의 분배는 일찍이 하나님이 모세에게 지시하셨던 대로(민 26:52-56; 33:54; 34:16-29), 면밀하게 이루어진다. 땅의 배분은 완전히 하나님의 계획에 따른 것으로서, 하나님의 백성을 위한 것이었다. 여호수아 15장에는 유다 지파에 대한 기업 분배와 관련하여 네 가지 사실이 기록되어 있다.

첫째, 유다 지파에게 할당된 땅은(1-12절), 동서남북 경계선 구획으로 유다 지파는 12 지파 가운데서 맨 처음 추첨 받게 되었으며, 다른 지파의 분깃에 비해 훨씬 넓은 땅을 할당 받았다. 그리고 이 지역 안에는 사막도 포함되어 있었으나 비옥한 목초지와 풍성한 포도원이 많았다. 이처럼 하나님께서는 유다 지파를 우선적으로 배려하심으로써 야곱의 예언을 성취시키셨던 것이다(창 49:8-12).

둘째, 갈렙이 헤브론 땅에서 아낙의 소생所生을 내어 쫓고 이어서 옷니엘이 드빌을 점령한 기사記事가 기록되어 있다(13-19절). 이러한 기사는 사사기 1:11-15에서도 나타나는데, 이는 드빌 점령 사건이 여호수아 사후死後에 일어났음을 의미한다. 본서 기자는 유다 지파의 땅 분배를 일목요연一目瞭然하게 정리하기 위해 이러한 기록을 여기에 기록한 것으로 보인다(Cavin). 왜냐하면 갈렙에게 분배된 헤브론 땅은 유다 지파의 지경 내에 있었기 때문이다.

셋째, 유다 지파의 지경 내에 속한 성읍들은 주로 남방(21-23절), 평지(33-47절), 산지山地(48-60절), 광야(61-62절) 등의 네 구역으로 대별되었다. 본문에 이토록 세세하게 성읍들이 언급된 것은, 유다 지파에게 허락된 땅이 얼마나 광활하고 비옥했는가를 보여 주기 위함이었다.

넷째, 예루살렘이 여전히 여부스 사람들의 지배 하에 있었다는 사실이 특별히 기록되었다(63절). 유다 성읍들 중에서도 가장 중요한 위치를 차지하게 될 예루살렘이 원수의 손아귀에 남아 있다는 사실은 가나안 정복 사명이 아직 완수되어 가는 과정에 있을 뿐임을 의미한다.

한편 요단 서편의 가나안 땅이 분배될 때에 유다 지파는 맨 처음으로 기업을 분배 받았다. 그런데 장자도 아니며 단지 넷째 아들에 불과한 유다의 자손인 유다 지파가 요단 서편 땅을 분배할 때 기업을 제일 먼저 받은 것은 전날 유다 지파에 대한 야곱 예언의 성취로서(창 49:8-12), 장차 이스라엘 지파 가운데 유다 지파가 지도자적 위치에 설 것을 예표한다(대상 5:3).

더욱이 유다 지파가 기업으로 받은 땅은 에돔 땅과 인접한 넓고 비옥한 지역이었다. 그 땅은 열두 지파의 기업 중 가장 넓은 영토이며 포도 소출이 많고 비옥한 토지였다. 곧 유다 지파에서 메시야가 탄생될 예언의 성취이다.

이 예언은 모든 인류의 장자가 되시며(롬 8:29; 히 1:6), 죽은 자의 첫 열매가 되시는 메시야가(고전 15:20, 23), 유다 지파의 혈통을 통하여 나신 것으로 성취되었다(요 4:22; 롬 1:3; 히 7:4-15). 이는 유다 지파의 후손인 다윗이 통치할 이스라엘 왕국과 아울러 장차 구현될 메시야 왕국의 풍성함을 예표한다(사 65:17-25; 계 19:16).

② 요셉 자손의 기업

요셉의 아들들 곧 에브라임과 므낫세의 후손들이 기업으로 받은 땅을 설명하고 있다(수 16, 17장). 야곱의 열두 아들 가운데 요셉을 제외한 다른 아들들은 각각 한 지파씩으로 구성되었는데, 요셉은 기근 때에 가족을 구한 공로로 두 아들 므낫세와 에브라임의 명의로 두 지파로 구성되었다(창 48:5).

요셉 자손이 토질이 우수한 중앙 지대를 유다 자손 다음 순順으로 분배받게 된 것은 야곱을 통해 예언된 축복의 성취라 할 수 있다(창 48:15, 16; 49:22-26). 이들의 차지가 된 가나안 중앙 지역은 남쪽으로는 단과 베냐민 지파와 경계하며, 북쪽으로는 아셀, 스불론, 잇사갈 지파와 경계하고, 동쪽으로는 요단 강, 그리고 서쪽으로는 지중해를 그 경계로 한다.

요셉의 둘째 아들 에브라임이 먼저 기업을 받은 것은 야곱에게서 '더 큰 자가 될 것'이라는 장자권을 부여 받았기 때문이다(창 48:8-20). 에브라임 지파가 받은 땅에는 우리가 알고 있는 성읍과 산들이 많다. 하나님의 성막이 설치되었던 실로, 여리고, 사무엘의 고향 라마가 있고(삼상 7:17), 에발 산과 그리심 산이 있다(수 8:30-35). 곧 중요한 요충要衝을 두루 차지했던 것이다.

이스라엘이 성막을 중심으로 진을 쳤을 때 에브라임 지파는 서편 진지의 지도 세력이었다(민 1:18-24). 그리고 에브라임 지파의 영토 안에 있는 실로에 하나님의 성막이 세워짐으로써, 에브라임 지파는 사사 시대에 이르기까지 정치, 종교 등에 있어 주도적 역할을 감당하였다. 이토록 중요한 위치에 있었던 에브라임 지파였지만 한 가지 큰 실수를 범하였다.

즉, 에브라임 자손들은 그들의 지경 내에 가나안 거민들을 쫓아내지 않고 종으로 삼은 것이다. 이는 곧 그들에게 가나안 족속들을 쫓아낼 힘이 있었음에도 불구하고 자신들의 편의를 위해 하나님의 명령을 거역했다는 말이다(신 7:1-26).

우리도 목전의 이득이나 편리함에 눈이 어두워 우리에게 향하신 하나님의 귀하신 뜻을 스스로 그르치지 않도록 주의해야 할 것이다(살전 5:18).

므낫세 지파는 르우벤과 갓 지파의 땅보다 더 넓은 땅을 요단 동편에 있을 때에 할당 받은 바 있다(수 13:8-31). 그런데 가나안에서 나머지 므낫세 지파에게 배당된 땅도 에브라임 지파에게 분배된 기업의 2 배 가까이 되었다. 이스라엘의 두 번째 인구 조사에 의하면 에브라임 지파는 32,500 명, 므낫세 지파는 52,700 명으로 계수되었다(민 26:34-37).

물론 인구 비례에 따라 기업을 분배하는 것이 원칙이었지만(민 6:53-54; 33:54), 므낫세 지파에게 분배된 땅은 인구에 비해 너무 넓었다. 그래서 형평衡平의 원칙에 따라 므낫세 지파의 기업 중에는 에브라임 지파에게 할당된 성읍들도 있었다(수 16:9; 17:9).

가나안 서편의 중부 지역에 기업을 얻은 므낫세 지파는 여섯 가족으로 구성되었다. 특히 주목할 만한 것은 므낫세의 현손玄孫 중 슬로브핫은 딸만 다섯을 두고 죽었는데, 그 딸들이 분깃에 참여했다는 점이다(수 17:3, 4). 이는 기업에 대한 여성의 동등한 권리를 인정함과 동시에 크게는 각 지파의 기업을 분배된 대로 보존, 유지하기 위한 조치였다.

즉, 슬로브핫이 아들 없이 딸만 다섯을 두어 그의 기업이 다른 사람에게 주어지게 되었을 때 슬로브핫의 딸들은 자신들이 아비의 기업을 잇도록 청원하였었다.

그러나 후일 슬로브핫의 딸들이 기업을 가지고 다른 곳으로 시집감으로써 그 기업이 자기 지파에서 박탈될 것을 우려한 므낫세 지파의 청원이 또다시 있었고 그래서 모세는 슬로브핫의 딸들이 아비의 지파 안에서 혼인하는 조건으로 기업을 잇게 했다.

(2) 실로의 회막

다섯 지파 곧 르우벤, 갓, 유다, 므낫세, 에브라임의 기업 분배를 마친 후 지파들의 땅 분배는 여기서 잠시 지체된다. 여호수아는 기업 분배를 잠시 중단하고 이스라엘 모든 회중을 '실로'에 모이게 한 다음, 회막을 세우게 했다(수 18:1).

이는 요셉 자손의 항의 사건으로 인해(수 17:14-18), 기업 분배에 있어서 연합과 열심이 약화될 것을 우려한 조처였을 것이다. 그리고 남은 일곱 지파들은 현실에 안주安住하여 기업을 차지하려고 노력도 하지 않고 오히려 늦장을 부렸다.

여호수아는 성막을 세움으로써 하나님의 언약을 새롭게 할 필요가 있음을 알았던 것이다. 이스라엘 자손은 그들의 회막을 길갈로부터 실로로 옮겼다.

이로써 그들은 종교적, 정치적, 행정적, 군사적 중심을 가나안 중심부로 옮긴 셈이며, 이는 가나안 정략에의 적극적인 의지를 뜻하기도 한다. 이때 세워진 성막은 389 년 동안 계속 거기에 있었다(삼상 1-4장).

① 회 막

'회막'은 이스라엘 백성의 종교 생활의 중심이 되었으며 이스라엘의 궁극적 통치자가 하나님이심을 상징하는 것이기도 하였다.

회막의 명칭과 기능은 다음과 같다.

a) **성막(אֹהֶל오헬, מִשְׁכָּן미쉬칸, tabernacle)** : 이동 성전인 장막에 대한 명칭의 하나(출 16:1, 9)로, 성막은 하나님의 임재를 상징하는 장소였다. 히브리 어 오헬은, 간편한 주거로 종종 씌어지는 말로서 천막을 뜻하고, 미쉬칸은 '거하고 있다'의 뜻을 가지는 말이다.

b) **회막(אֹהֶל מוֹעֵד오헬 모에드 tent of meeting)** : 성막과 장막에 대한 유사한 명칭의 하나로, 하나님께서 예배하는 자를 만나기 위해, 자기를 계시하시는 장소였다(출 29:42, 44).

c) **증거막, 증거의 장막(מִשְׁכַּן הָעֵדֻת미쉬칸 하에두트, Tabernacle of the Testimony)** : 이스라엘 백성의 광야 여행 중의 예배소였던 장막의 명칭으로, 거기에 증거의 돌판을 보관하는 증거(율법)궤가 두어져 있었기 때문에, 이 이름이 주어졌다(출 38:21; 민 1:50; 10:11; 17:7, 8; 18:2; 대하 24:6). 증거의 돌판은 하나님과 인간 사이에 맺어진 언약의 증표인데, 여기에 십계명이 기록되어 있다. 신약에도 인용되고(행 7:44), 또한 하늘에 있어서의 장막의 모형으로 말해지기도 한다(계 15:5, 증거 장막).

d) **법막(法幕 / 개정 : 성막 = אֹהֶל הָעֵדֻת오헬 하에두트, Tent of the Testimony)** : 증거막과 같은 의미로 사용되었다.

e) **성소(מִקְדָּשׁ미크다쉬, קֹדֶשׁ코데쉬, *ναός* 나오스, santuary)** : 뜻은 거룩한 곳, 성별된 장소를 뜻한다. 성전 및 그 이전의 형태인 성막, 혹은 그 중의 일부를 가리킨다(출 25:8; 대상 22:19; 히 9:2). 장막에서는 지성소의 전실前室이 성소로서, 촛대와 상과 진설병이 비치되고, 지성소와의 사이에는 휘장이 쳐져 있었다(출 26:33; 28:29; 히 9:2). 성전에 있어서는 성소는 외소外所로도 불리고(왕상 6:3, 17, 19), 제사장이 분향하는 장소였다(왕상 8:10; 눅 1:9, 21).

f) 여호와의 전(בֵּית יְהוָה 베트 예호바, House of the Lord) : 이것은 이스라엘 백성들의 거주지와 구별되는 하나님의 집이라는 뜻이다(출 23:19).

g) 하나님의 집 장막(מִשְׁכַּן בֵּית הָאֱלֹהִים 베트 하엘로힘 미쉬칸, Tabernacle of the house of God) : 하나님의 전殿과 같은 의미이다(대상 6:48).

h) 여호와의 장막(מִשְׁכַּן יְהוָה 미쉬칸 예호바, Tabernacle of the Lord) : 하나님의 전과 같은 의미이다(레 17:4).

i) 장막 מִשְׁכָּן 미쉬칸, Tabernacle, Tent : 유목민, 목자, 병사들이 쓴 이동주거(창 4:20; 25:27; 삿 8:11), 또는 하나님께서 모세에게 지시하여 만들게 하신 텐트형의 이동할 수 있는 성소(출 25장)이다. 성소로서의 장막에는 '언약궤'가 안치되고, 광야의 여행을 계속하는 동안, 이스라엘은 이것을 이동할 수가 있었다. 이 장막은 하나님 여호와의 나타나심의 장소이기도 하고, 여호와께서 이스라엘 사이에 거하시는 것의 표상表象이었다.

그러므로 '회막'(출 33:7; 민 11:16; 신 31:14), '여호와의 장막'(왕상 2:28), '여호와의 전'(출 34:26), '여호와의 집'(수 6:24), '하나님의 집 장막'(대상 6:48), '증거막'(출 38:21; 민 9:15), '증거의 장막'(민 17:7; 행 7:44), '성막'(출 26:1)으로도 불렸다. 나중에 솔로몬의 성전에 옮겨졌다(왕상 8:1-4). 이같이 하여 장막은 성전으로 대체되었다.

신약에 있어서는, 장막은 상징적인 의미로 말해져 있다. 그것은 '하늘에 있는 것의 모형模形'(히 8:5)이고, '참 장막'(히 8:2), '온전한 장막'(히 9:11)을 가리키는 것으로 되어 있다. 장막으로 번역된 원어는, 히브리 어에 있어서는 명사 אֹהֶל 오헬 과 מִשְׁכָּן 미쉬칸 두 개이다.

② 실 로

שִׁילֹה실로에 대하여는 여러 가지 해석이 있을 수가 있다. 그러나 그중 가장 타당한 견해 중 שִׁילֹה실로를 지명으로 해석하여 가나안이 정복되어 언약궤가 거기 안치될 때까지 유다 족속이 이스라엘을 선도先導한다는 뜻으

로 해석한다.

이는 성경에서 지명을 인격적으로 사용하는 것에 기초를 둔다(마 23:37; 삼상 3:11; 사 10:12; 29:17; 46:1). 이것으로서 가나안 땅에서 자기의 후손에 참 평화가 주어지도록 바란 야곱의 말이 분명해진다.

실로는 틀림없이 족장 시대에 존재하고 있었다. 그리고 자기의 자손은 가나안 땅에 반드시 돌아온다는 것을 바라고 있던 야곱은(창 15:13-16; 46:3, 4; 48:21) 장차의 예표로서 조용함과 평화의 성읍의 어의語義를 가지고 '실로'라는 성읍의 이름을 썼다.

그것은 에서가 야곱(יַעֲקֹב 야아코브)이란 이름의 자의字義에 대해 말하는 것과 같으며(창 27:36) 미가가 유다의 제諸 성읍의 이름의 어의語義에 어조語調로 맞추어 예언한 것과 마찬가지이다(미 1:10-15).

이렇게 하여 특별한 위기에 처할 때 하나님께서 유다 이외의 다른 제諸 지파에서 사람을 들어 쓰신(레위 사람 모세나 에브라임 사람 여호수아 등) 것은 장자권과 거기에 따르는 여러 가지 특권이 유다에게 속해 있는 것에 아무런 차이를 생기게 하지 않았다. 그것은 행군의 선두, 또 숙영宿營에 있어서 장막의 앞에서 유다에게 배당한 위치로서도 알 수 있다(민2:3, 9).

또 하나님께서는 유다의 자손을 증가시켜 그 결과 광야에 있어서 유랑의 40 년 동안에 어느 지파보다도 창대해졌다는 것으로서도 확실하다. 또 길갈에서 정복지를 분배했을 때 맨 먼저 유다 지파가 제비를 뽑은 것으로 보아 더욱 확실해진다(수 14:1, 2, 6; 15:1).

그러나 야곱은 실제로 실로 성읍에 이르는 것이 필요하다고 생각지는 않았다. 그러나 그의 말은 그의 기대보다도 더 문자대로 성취되었다. 그는 오로지 약속의 땅의 평화로운 소유만을 눈앞에 그리고 있었다.

장막이 실로에 세워졌다는 것(야곱의 말을 여호수아가 알아 이 성읍을 그것을 위해 선정하도록 인도되었을 것이다.)은 하나님의 언약 실현의 제 1 단계였다. 이스라엘 역사상 새로운 시대가 여기에 도달한 것이다. 정복은 완료되어 유업遺業의 땅은 그들의 것이 되고, 소유가 시작되었으며, 안녕과 휴식이 쟁취되었다.

가나안 사람의 복종은 다만 지복至福을 미리 맛보는 것에 불과하며, 가나안 땅의 점령과 그 풍요를 누리는 것은 언약의 은혜에 포함되어 있는 메시야의 승리와 평화의 모형模形에 불과했다.

주권을 가진 유다는 가나안에 있는 안식처에 이르러 사람들을 복종시켜 정복한 소유를 점령하고 즐겼다(창 49:10-12; 대상 5:2). 이 말은 그가 실로에 올 때 홀笏(개정 : 규圭)이 떠난다는 것을 뜻하지 않는다. 이것은 이사야 42:4에 "그는 쇠衰하지 아니하며 낙담하지 아니하고 세상에 공의를 세우기에 이르리니"라고 쓰이고 있는 것과 같은 말로 이해되어야 할 것이다.

마찬가지로, 야곱이 의미한 것은 아브라함의 언약에 의해 주권자로 수여된 특권(대상 5:2)은 유다가 약속된 축복을 손에 넣는 곧 가나안을 소유할 때까지는 옮겨지지 않는다. 그리고 그때 그는 그것을 기뻐하며 즐거워할 것이라는 것이다. 새로운 시대가 그에게 열려진다.

유다 지파는 여전히 하나님으로부터 전 지파 중에서 제1위를 받고 있으며, 배당된 땅에 남아 있는 가나안 사람을 치라는 명령을 받는다. 그는 또 베냐민 지파에 대한 싸움에 있어서도 올라가라는 명령을 받는다. 그리고 사사 시대의 기간 중 전 이스라엘의 첫 번째이자 유일한 구원자는 유다에게서 일으켜졌다(삿 3:7-11).

베냐민 지파 출신인 사울은 다른 사사들과 마찬가지로 이스라엘을 구원하기 위해 쓰임을 받았다(삼상 9:16; 10:5). 그리고 그의 집에 왕위가 유지되었으나(삼상 13:13-14; 15:23, 26, 28) 르우벤이 장자권을 상실한 것처럼, 죄에 의해 기회를 잃고 영원한 왕통王統은 유다에게 주어졌다.

*세월이 흐름에 따라 메시야의 완전한 뜻이 계시되었다

선시사들은 "말일에 여호와의 선殿의 산이 모든 산들의 꼭대기에 굳게 설 것이요 작은 모든 산들 위에 뛰어나리니 만방이 그리로 모여들 것이라 많은 백성이 가며 이르기를 오라 우리가 여호와의 산에 오르며 야곱의 하나님의 전에 이르자 그가 그의 길을 우리에게 가르치실 것이라 우리가 그 길로 행하리라 하리니 이는 율법이 시온에서부터 나올 것이요 여호와의 말씀이 예루살렘에서부터 나올 것임이니라 그가 열방 사이에 판단하시며 많은 백성을 판결하시리니 무리가 그들의 칼을 쳐서 보습을 만들고 그들의 창을 쳐서 낫을 만들 것이며 이 나라와 저 나라가 다시는 칼을 들고 서로 치지 아니하며 다시는 전쟁을 연습하지 아니하리라."(사 2:2-4; 미 4:1-3). "각 사람이 자기 포도나무 아래와 자기 무화과나무 아래에 앉을 것이라 그들을 두렵게 할 자가 없으리니 이는 만군萬軍의 여호와의 입이 이같이 말씀하셨음이라."(미 4:4)라는 진리를 환희歡喜로써 역설할 뿐이다.

③ 기업(基業)

기업(אֲחֻזָּה 아후자, נַחֲלָה 나할라, *κληρονομία* 클레로노미아, Inheritance, heritage)은 부모나 근친으로부터 물려받은 재산과 사업을 말한다. 고대 이스라엘에서는 토지가 주된 기업이었는데, 이것은 원래 정복에 의해 얻은 것이 아니라, 하나님으로부터의 은사恩賜(선물)로 생각되었다.

즉, 하나님은 축복을 세상에 미치도록 하기 위해, 그 기초(시초始初)로서 먼저 자기의 백성을 택하시고, 이들에게 거주할 토지와, 토지에 동반하는 모든 축복을 주셨다(시 105:11). 토지는 처음 지파(부족部族)에 속했었는데 후에 차츰 가족 단위로 되었다.

일반적으로 토지 외에는, 노비, 가재家財, 가축, 우물 등이 상속되었다. 장남은 다른 자식들의 2 배의 재산을 물려받았는데, 이것은 일족一族의 대표로서 고가高價의 희생제물을 드리기로 하고, 손님 대접을 하는 등의 일을 하기 위해서였다. 특별한 경우에는, 장남이 아닌 아들에 대한 상속의 예도 보여진다(창 27:37).

후에 나라를 잃어버리고 나서부터는(바벨론 포로捕虜), 영적인 의미가 깊어지고, 주 하나님이 그 백성의 기업이라고 믿어지게 되었다(시 73:26, 분깃). 기업의 개념은 신약에서도 중요성을 가지고 있는데, 그것은 주로 하나님의 아들이신 까닭에 만물의 상속자(heir, *κληρονόμος*)이신 예수 그리스도의 인격과 사업에 관련하여 인용된다(막 12:7; 히 1:2). 그리스도의 속죄의 역사役事를 통하여 신자는 하나님의 아들로 되고, 그리스도와 함께 상속인으로 되는 것이다(롬 8:17; 갈 4:7). 이 영원한 나라를 이어받을 기업의 약속(히 9:15)의 보증으로서, 그리스도는 성령을 주셨다(엡 1:14).

히브리서는 구약 시대의 이스라엘이 하나님으로부터 기업을 받은 것같이, 신약에서는 새 이스라엘이 보다 나은 기업을 받을 것에 언급하고 있다. 이 기업은 유대인뿐 아니라, 이방인도 포함된 모든 참된 신자가 받는 것이다(엡 3:6).

기업은 하나님의 나라와 그 일체의 축복을 포함하고 있다(마 25:34; 고전6:9; 갈 5:21). 그것은 현재와 종말적인 것을 포함하고 있다(롬 8:17, 23; 고전 15:50; 히11:13; 벧전 1:3, 4). 이것은 오로지 하나님의 주권적인 은사恩賜(선물膳物)인 것이다.

기업으로 번역된 원어 중, 히브리 어 명사 אֲחֻזָּה아후자는 소유를 뜻하는 말로서, 주로 토지의 소유를 가리키고(창 17:8; 47:11; 레 14:34; 27:21), 또는 재산으로 상속된 부동산을 가리킨다(레 27:16, 22, 24, 28). 이 말은 소유(창 23:4, 20; 49:30; 수 21:12; 시 2:8), 소유지(수 22:4, 19)로도 번역되어 있다.

נַחֲלָה나하라는 원래 은사(선물)를 의미하고, 그리고 소유, 자산資産, 상속 재산을 의미하게 되었다. 주로 기업으로 번역되고(출 15:17; 민 16:14; 신 4:20-21), 유업遺業으로도 번역되어 있다(창 31:14; 신 15:4; 왕상 21:3; 시 2:8).

헬라 어 명사 *κληρονομία*클레로노미아는, 배당(몫, lot)을 뜻하는 동사 *κλῆρος*클레로스와 소유하다 (possess)는 *νέμομαι*네모마이의 합성어로서, 유업遺業으로도 번역되고(마 21:38), 기업으로도 번역되어 있다(행 20:32; 엡 1:14, 18; 5:5). 히브리서 6:17에는 명사 *κληρονόμος*클레로노모스가 씌어져 있는데, 이것도 동일한 합성어이다.

(3) 일곱 지파의 분할

① 일곱 지파의 기업

여호수아는 이스라엘 백성이 가나안 땅을 확보하는 데 나머지 일곱 지파가 점차 소극적消極的인 태도를 취하는 것을 책망한다. 그러면서 다시 열심을 내기 위해, 미점령지로 그들을 파견하여 땅을 측량하여 조사해 오라고 명령한다(수 18:27).

여호수아는 공평하게 그것을 근거로 하여 제비뽑기로 땅을 분배했다. 제비뽑기는 하나님의 뜻에 맡긴다는 의미가 있으며, 하나님은 그 일을 자신의 뜻을 계시하는 방편으로 사용하셨다(수 18:8-19:51).

여호수아는 나머지 일곱 지파에게 분배될 땅을 제비뽑기 이전에 특별히 토지 선정위원회를 구성하였다. 즉, 각 지파에서 3 명씩 선정하여 그 21 인으로 하여금 그들 지파에게 남겨진 땅을 7 등분하여 그려 오도록 하였던 것이다.

＊여호수아가 이처럼 특별 지시를 내린 이유 3 가지

첫째, 7 지파의 미온적微溫的 태도를 경계하고 그들로 하여금 땅 분배에 적극적이고 능동적으로 참여하도록 독려하기 위함이었다.

둘째, 기업 분배가 많이 지체되므로 사전에 조사단을 파견하여 신속, 정확하게 분배 작업을 진행시키고자 함이었다.

셋째, 각 지파별로 공共히 3 인씩으로 구성된 조사단을 파견함으로써 그들로 하여금 사심私心 없이 공평하게 경계선을 그릴 수 있도록 하였다. 그리하여 제비 뽑은 후의 경계선 확정 시에 발생할지도 모르는 불평, 불만 요소를 미연에 방지하고자 하였던 것이다.

여기서 그들이 그려야 했던 지도는 엄격하고 상세한 측량을 의미했던 것은 아니며, 다만 그들은 적절한 7 구분을 가능하게 해 줄 특징적 자연 경계 등을 개괄적으로 조사해 오면 되었다. 왜냐하면 7 지파의 인구가 서로 달랐으므로 제비를 뽑은 다음에 구체적인 경계선 조정이 필요했기 때문이다. 제비를 뽑아서 일의 방향을 점占쳤던 것은 고대 근동 지방에 널리 퍼져 있던 풍습이었다.

그러나 이스라엘 백성에게 있어서 제비 뽑은 관습은 하나님의 뜻을 구한다는 특별한 의미를 지니고 있었다. 여기서도 역시 땅의 분배라는 큰 일을 앞에 두고 하나님의 뜻을 묻기 위해서 제비를 뽑았던 것이다. 따라서 이 제비뽑기를 오늘날의 복권 추첨이나 도박과 같이 요행을 바라는 마음에서 나온 세속적인 행위로 간주해서는 안 된다.

② 도피성

하나님께서는 과거 모세에게 주셨던(민 35:9-34; 신 19:1-3) 도피성 설치 명령을 다시금 여호수아에게도 주셨다. 하나님께서 가나안 땅 분배에 이어 곧장 도피성을 가나안 땅에 세울 것을 명하신 것은 도피성 제도가 갖는 사회적 기능 때문이다(수 20장).

이 도피성 제도는 선민 이스라엘에게 하나님이 주신 복되고 거룩한 가나안 땅에서는 결코 무고한 피 흘림이 없게 하고 복수에 의한 피 흘림의 악순환으로 사회의 혼란과 파멸이 일어나지 않도록 하기 위한 제도였다. 따라서 이스라엘은 여섯 도피성을 택정하여 이 명령을 순종하였다.

도피성은 히브리 어로 'מִקְלָט미클라트'이며 '받아들이는 도시'라는 뜻이다. 고대 여러 민족들(페니키아, 시리아, 헬라, 로마 등)도 일정한 장소를 택하여 우발적인 범죄자를 보호하기 위한 도피처로 사용한 바 있으며, 고대 이스라엘에서도 여호와의 성전은 도망자들의 피난처로 간주되었다(왕상 1:50-53; 2:28-34).

그러나 성경에서 나타난 도피성 제도는 다른 나라에서 발견되는 유사 제도에 비하여 더욱 체계적일 뿐만 아니라, 예수 그리스도를 예표豫表한다는 점에서 각별한 의미를 지니고 있다. 도피성 설정設定의 기본 목적은 더 이상의 불필요한 살인을 막아 보자는 데에 있었다.

이스라엘의 율법상, 고의 살인故意殺人의 경우에는 용서 받을 수 있는 길이 전혀 없었다. 하지만 그런 경우에도 반드시 공정한 재판을 거쳐서 정죄定罪되었던 것이다(민 35:29, 30). 따라서 도피성 제도는 살인에 있어서 고의적이냐 우발적이냐를 가리기 위한 시간적 여유를 갖게 하는 것이기도 하였다.

일단 도피성을 찾아온 도망자는 성문 앞에서 그 성의 장로 들에게 사건 경위를 설명하였으며, 부지중에 살인한 것으로 판단된 자에 한해서 성안으로 들여보내졌다. 그리고 도피성으로 들어간 자는 백성들 앞에서 공정한 재판을 받을 때까지 머물러 있어야 했으며, 재판을 통해 비非고의성을 인정 받을 경우에 그는 사건 당시의 대제사장이 죽기까지 도피성 안에서 있어야 했다.

요컨대 도피성 제도는 구약에 나타난 형벌 관념의 가장 발달된 단계로서, 형벌 적용의 공정성과 정상 참작의 원칙을 반영하고 있다. 뿐만 아니라 이 제도는 대속 개념代贖槪念의 근거가 되기도 한다. 다시 말하자면 인간은 자신의 행위로는 죽을 수밖에 없지만 도피성에 피함으로써 구출됨과 같이 이는 죄인을 대신하여 죽으신 그리스도를 믿음으로 말미암아 구원을 얻는 것을 의미한다.

③ 약속의 성취

레위인의 성읍 분배를 끝으로 이스라엘의 기업 분배가 완전히 종결되었고, 가나안 땅을 주시리라 하셨던 하나님의 약속이 일단 성취되었다(수 21:43-45). 이 부분은 여호수아 13-21장에 걸쳐 언급된 가나안 땅 분배에 관한 최종 결론이다. 가나안 전쟁과 승리, 그리고 분배가 끝났다. 이곳까지 이스라엘을 인도하신 하나님의 신실하심을 여실히 느낄 수 있다. 하나님은 언약에 신실하신 분이기 때문에 한번 말씀하신 것은 반드시 이루신다(호 11:12).

하나님께서는 아브라함(창 12:1, 2)에게, 이삭에게(창 26:2, 3), 야곱에게(창 28:13), 뿐만 아니라 모세와 여호수아 그리고 온 이스라엘 백성들에게

(출 3:8) 가나안 땅을 주신다고 약속하셨다. 이제 이스라엘에게 약속하신 언약이 이루어졌음을 확인하고 있다.

이스라엘 백성의 불순종으로 말미암아 때로는 이 약속이 무산되는 것처럼 보일 때도 있었지만, 하나님은 당신의 이름을 위하여(시 23:3) 그리고 언약 백성들에게 향하신 경륜을 위하여 마침내 약속을 성취시키셨던 것이다.

그러므로 영원한 가나안에 관한 약속을 받았을 뿐 아니라 그 실재를 실제적으로 체험하는 오늘날의 그리스도인들은, 약속에 신실하신 하나님을 굳게 믿어 요동하지 아니하며 각자에게 부여된 사명을 깨닫고 완수하는 일에 기쁨으로 전념해야 할 것이다(엡 3:6; 골 1:11).

이스라엘 조상들에게 하신 하나님의 약속은 이제 성취되었다. 역사의 주관자이신 하나님은 자신이 하신 약속을 신실하게 지키시는 분이다. 하나님은 자기 백성들에게 안식을 허락하셨다. 하나님의 말씀과 행위는 반드시 일치할 뿐만 아니라 그 모든 것은 결국 그분의 백성들을 위한 것이다(시 44:1-9). 약속이 성취되는 곳에 참된 안식이 있다(수 21:44).

이것은 주변 가나안 족속의 군사적 위협과 압박에서 벗어난 평화로운 상태를 말한다. 이 안식도 약속된 것이다(신 3:20; 12:9-10; 25:19). 물론 아직 가나안 거민들을 완전히 축출하지 못한 것은 사실이나, "여호와께서 그들의 주위에 안식을 주셨다."(44절)라는 표현은 하나님 약속의 완전한 성취에 대한 강한 신앙을 반영한 것이다.

특히, 이 같은 표현은 다윗이 이스라엘을 통일하고 예루살렘 왕궁에서 통치할 시점에서 다시 한 번 사용되는데(삼하 7:1), 이 같은 안식의 궁극적 실현은 메시야 왕국 도래에 의해 이루어질 것이다(히 4:9-11; 계 19:9; 21:1-7).

2) 여호수아의 고별 메시지

(1) 요단 동편의 제단

가나안 정복 전쟁이 완전히 종결되었으므로 여호수아는 요단 동편에 분깃을 얻은 르우벤, 갓, 므낫세 반 지파 소속의 병사들의 노고를 치하하고 정복 전쟁에서 얻은 전리품들을 나눠 준 후 가족들이 있는 곳으로 돌려보냈다.

여호수아는 이 병사들에게 자기 기업으로 돌아가서도 신앙 생활에 전력을 기울일 것을 당부하였는데(수 22:1-5), 이는 아무리 기업을 소유한 후일지라도 여호와 신앙을 떠날 때에는 이방 족속의 악한 풍습에 동화되어 범죄하게 될 것을 염려한 때문이었다. 여호수아는 이 당부 속에서 여호와 하나님의 보호를 받지 못하면 기왕에 얻은 기업도 아무런 소용도 없음을 권면하고 있다.

하나님께서는 이스라엘이 가나안의 이방 풍습에 물들지 않도록 하나님께서 지정하신 장소에서만 하나님을 섬기도록 명령하셨다. 그래서 이스라엘이 가나안을 정복하여 전국 각지로 흩어져 살게 되었을 때 여호수아는 실로에 성막을 안치하고 성소의 단일화를 꾀했다(수 18:1).

그런데 요단 동편 지파가 다른 지파들과 함께 요단 서편 땅 정복 전쟁에 참여하였다가 자기들의 기업으로 돌아오게 된 것을 기념하여 제단을 쌓은 사건이 기록되어 있다(수 22:10-12). 자기 땅으로 돌아가던 두 지파 반半 곧 르우벤, 갓, 므낫세 반半 지파 병사들이 요단 강 가에서 다른 지파와의 신앙적, 민족적 동질성을 증거하기 위해 쌓은 단壇은 도리어 다른 지파의 오해를 샀다.

그런데 이처럼 순수한 의도에서 세운 요단 동편 지파의 제단이 왜 요단 서편 지파들의 강한 반발을 가져온 것일까? 왜냐하면 율법이 여호와의 택하신 한 곳 이외의 다른 곳에 제단을 쌓는 일을 엄격히 금하고 있었기 때문이었다(신 12:13, 14).

또한 이는 바로 이들이 새롭게 건립한 제단이 중앙 단일 성소인 실로의 회막의 기능을 약화시키는 결과를 초래할 뿐만 아니라, 중앙 성소를 중심으로 하는 이스라엘 민족의 단합에 지장이 된다는 이유에서이다.

따라서 이스라엘은 격분하게 되었고, 비느하스를 비롯한 진상 조사단을 파견하게 되었다. 이들이 이처럼 과민한 반응을 보이게 된 것은 과거 아간의 죄악과 바알브올의 죄악으로 인하여 이스라엘 백성 전체가 극심한 고난을 경험했기 때문이다(수 22:17, 20; 민 25:9).

자기들이 단을 세운 것과 관련해서 찾아온 이스라엘 대표들로부터 책망과 권면의 말을 들은 두 지파 반半이 자신들의 행위에 대하여 해명하여, 지파간에 오해가 불식拂拭되고 온 이스라엘은 하나님을 찬양하며 즐거워하였다(수 22:21-34).

비느하스 일행의 질책과 충고를 받은 두 지파 반半은 자신들이 제단을 세운 목적이 결코 우상 숭배를 위한 것이 아님을 말한다. 도리어 단을 쌓은 목적은, 자신들의 후손이 세월이 흐름에 따라 하나님께 대한 신앙에서 멀어지는 것과 요단 서편 지파들과 민족적 연대 의식을 상실하는 것을 막는데 있었다고 설명한다.

이에 비느하스 일행은 잠시나마 오해하였던 것을 미안스럽게 여기고 요단 서편으로 돌아와 이러한 사실을 알린다. 이에 모든 백성은 하나님께 대한 신앙과 서로 간의 공동체 의식을 다시 한 번 확인함으로써 더 깊은 형제애를 맛보게 된다.

이로써 이스라엘은 각 지파 간의 오해로 인한 민족적 위기 상황을 무사히 극복하는데, 이에는 그들의 신앙적 열심과 같은 민족으로서의 일체성, 그리고 신중한 태도가 큰 역할을 했다고 볼 수 있다.

(2) 여호수아의 유언

여호수아 23, 24장은 본서의 결론 부분으로 여호수아의 마지막 고별 연설과 그의 죽음을 기록하고 있다. 특히 본문의 중심 내용은 언약을 범하면 하나님이 주신 모든 선한 것이 완전히 뒤바뀔 것을 강조한다. 언약은 율법과 밀접하게 관련되어 있다(신 4:13).

언약을 위반하는 것은 곧 모세의 율법을 어기는 것이다. 하나님의 은혜로 이스라엘 백성을 애굽에서 구원하고 율법을 주셨지만, 그 율법을 지킬 의무는 바로 은혜를 받은 이스라엘 백성에게 있는 것이다.

① 여호수아의 마지막 당부

여호수아는 이스라엘 각 지파에게 기업을 분배한 후에, 자신의 몫으로 받은 에브라임 산지에 있는 딤낫세라(수 19:49, 50)로 물러가서 조용히 인생의 말년을 보낸 듯하다. 그러나 그는 세상을 하직할 날이 가까워 오자 예전의 여호와께로부터 받은 사명(수 1:6-8)을 생각하여 백성의 대표자들을 모아 유언에 가까운 고별사를 남기게 되었다.

여호수아는 모든 지도자들을 불러 이제 마지막 당부의 메시지를 전한다(수 23:1-16). 이 메시지는 경고의 메시지이다. 곧 이스라엘이 각기 좋아하는 대로 다른 신들을 섬겨 여호와 하나님을 배반하면, 그때는 더 이상 하나님이 이스라엘의 편이 될 수 없다는 경고이다.

하나님은 이스라엘을 애굽에서 불러내어 젖과 꿀이 흐르는 이 가나안 땅에 살도록 은혜를 베풀어 주셨다. 그러므로 이스라엘 백성은 마땅히 이에 응답해야 한다. 하나님은 이스라엘이 억지로 자신에게 순종하시기를 원하시는 분이 아니다. 축복과 저주는 항상 백성 앞에 놓여 있다.

축복은 전적으로 하나님만 신뢰하여 나아갈 때만 지속된다. 반대로, 하나님의 백성이 다른 이방 신을 섬기고, 또한 이방 나라와 같이 되려고 한다면 저주는 속히 임한다. 저주란 약속된 땅을 잃는 것이며, 파멸과 죽음이다. 이와 같이 인간이 하나님의 요구를 무시하고 자기 뜻대로 행할 때에 하나님의 징벌이 오는 것이다.

고대 여러 나라들에 있어서도 마찬가지였지만 특히 이스라엘 사회에 있어서 가장이나 민족 지도자의 유언은 대단한 권위를 가지고 있었으며, 성경에 기록된 유언에는 하나님의 예언이 담긴 경우가 대부분이다(창 49장; 신 32장; 왕상 2:2-9). 여호수아는 자신에게 임박한 죽음을 지극히 담담한 심경心境으로 맞이하고 있는데, 당시 그의 마음을 채우고 있었을 생각들은 대략 다음과 같다.

첫째, 그는 인간의 죄성罪性과 유한성을 깊이 깨닫고 있었으며, 인간과는 달리 영원하시고 참되신 하나님의 계획과 섭리에 순종하도록 이스라엘 백성들에게 권고하고자 하였다.

둘째, 그는 어차피 빈손으로 왔다가 빈손으로 가는 공수래공수거空手來空手去 인생임을 백성들에게 주지시킴으로써 세상적 욕심에 너무 집착하지 말 것을 당부하고자 하였다

셋째, 그는 죽이기도 하고 살리기도 하시는 하나님께 대한 신앙으로(신 32:39) 더 나은 본향을 바라보고 있었을 것이다(히 11:8-19). 부활에 대한 종말론적 희망은 신약 시대에 와서 비로소 완연宛然히 드러났지만, 구약 시대에도 점진적으로 계시되어 왔던 것이다.

여호수아의 고별사告別辭는 다음 세 가지의 사항에 초점이 맞추어져 있으며, 새 점령지에서의 생업 수단이나 관습, 법 규례 등 일반 역사가들의 관심의 주대상들은 오히려 유보되었다(수 23:1-16).

첫째, 하나님께서 이스라엘을 위하여 행하신 위대한 역사役事들을 되새기도록 하였다(1-5절).

둘째, 이러한 하나님의 주권과 권능을 믿는 이스라엘 백성들이 마땅히 지켜야 할 사실들을 주지시켰다(6-11절).

셋째, 순종에 따른 축복과 불순종에 따른 저주를 예고하였다(12-16절).

하나님의 언약에는 축복과 저주가 동시에 담겨 있다. 언약을 잘 지켜 행하면 하나님께서 함께하심으로 형통하는 복을 받으나, 만일 그 언약을 파기하게 되면 죽음의 형벌이 내려졌다. 여기서 여호수아가 언약의 저주 부분만을 특별히 강조한 까닭은 사람들이 언약을 잘 지켜 행하기보다는 연약하고 암매한 본성으로 말미암아 언약을 파기할 가능성이 많기 때문이다.

이처럼 여호수아가 죽기 전에 노구를 이끌고서 여호와께 대한 순종을 역설한 사실은 여호와와 그분의 백성들에 대한 그의 충정이 어떠한가를 잘 보여 준다. 그의 삶은 이와 같이 시종일관 여호와께 순종하며 백성들에게 봉사하는 생활의 연속이었던 것이다. 이러한 여호수아의 자세는 오늘날 주의 일을 맡아 수고하는 지도자들에게 귀한 모범이 된다(겔 33:6).

② 이스라엘 구원과 결단

이스라엘 지도자들에게 당부의 말을 남겼던(수 23장) 여호수아는 다시금 이스라엘 온 백성을 세겜에 소집하여 이스라엘의 구원 역사救援歷史 회고를 통하여 여호와께 대한 신실한 순종을 당부하였다(수 24:1-28). 세겜은 아브라함이 가나안 땅에 도착하여 처음으로 제단을 쌓은 의미 깊은 곳이었다(창 12:6, 7).

이곳에서 여호수아는 매우 엄숙하고도 진지하게 이스라엘의 구원 역사救援歷史를 회고하였다. 즉, 아브라함의 소명召命으로부터 시작하여 이삭, 야곱, 그리고 출애굽의 역사와 가나안 정복에 이르기까지의 구원 역사를 회고하였던 것이다.

여기서 여호수아는 하나님의 무조건적인 은혜와 무한한 사랑, 수고도 아니한 땅과 성읍을 거저 주시는 축복 등을 거듭거듭 강조하였다. 이는 이스라엘로 하여금 가나안 땅을 그들에게 주신 분이 여호와이시며, 여호와가 온 우주의 주권자이심을 다시 한 번 알게 하기 위한 것이었다.

구원 역사를 회고한 여호수아는 이제 백성들의 결단을 촉구한다. 이에 백성들은 여호와 신앙을 변함없이 지킬 것을 다짐하는데, 이를 거듭 확인한 여호수아는 다시 한 번 여호와 신앙 여부에 따른 축복과 저주의 내용을 주지시킨다.

이는 이스라엘과 언약을 갱신하기 위한 준비였다. 이스라엘 백성들로부터 여호와 순종에 대한 확고한 결의를 받아 낸 후 여호수아는 이제 중보자가 되어 이스라엘 백성들과 함께 하나님 앞에서 언약 갱신식을 거행하게 된다.

여기서 언약의 갱신이란 기존에 맺었던 언약의 규정을 바꾸어 다시 언약을 맺는다는 말이 아니라 과거 언약의 규정들을 다시금 되새기고 그 언약을 준수하려는 각오와 결의를 다지는 것을 가리킨다. 여호수아가 이스라엘을 인도하는 동안에 이번 것을 포함하여 두 차례의 언약 갱신이 있었는데, 첫 번은 아이 성 싸움에서 패하고 아간을 처벌한 후에 행했던 것이었다(수 8:30-35).

여호수아가 특히 여기에서의 언약 갱신 때에 이스라엘 백성들 앞에 선포한 모든 말씀을 하나님의 율법책에 기록記錄하고 שִׁילֹה 실로의 성소 곁 상수리나무 아래 큰 돌을 세움으로써 언약의 증거를 삼았다.

여호수아의 죽음으로 가나안 정복 시대는 막을 내린다. 그리고 요셉의 뼈를 세겜에 장사한 사건을 통하여 출애굽 구원 사건이 가나안 정복으로 말미암아 비로소 온전히 성취되었음을 의미한다.

여호수아 전체의 마지막 부분(수 24:29-33)은 여호수아 · 요셉 · 엘르아살의 죽음과 매장으로 장식한다. 본문은 매우 중요한 신학적 의미를 담고 있다. 즉, 이 이야기들의 초점은 하나님이 약속하신 가나안 땅과 관련되기 때문이다. 요셉은 임종 시에 하나님의 약속이 곧 실현될 것을 믿음의 눈으로 바라보고 자신의 뼈가 가나안 땅에 묻히기를 희망하였기 때문이다(창 50:24-26).

여호수아는 이스라엘 백성을 인도하여 하나님이 주시기로 약속하신 가나안 땅을 정복하였다. 그리고 엘르아살은 그 땅을 분배하는 데 공헌한 사람이다. 이들은 가나안 땅에 묻힌 것은 하나님이 이스라엘 조상들에게 약속하신 땅에서 안식을 누린 것을 의미한다.

한편 여호수아의 죽음 장면에는 모세 때처럼 후계자 계승이 이루어지지 않고 있는데, 이는 후에 이스라엘의 정치 체제가 그 모습을 달리할 것을 시사한다. 또한, 이 여호수아의 죽음 사건이 사사기 첫머리에서도 언급되고 있다는 사실을 볼 때 암울한 사사 시대의 전조前兆를 암시하고 있는 듯하다.

제 5 부

여호와의 언약궤

1. 사무엘

1) 언약의 파기(破棄)

사사士師 시대부터 엘리 제사장 시대까지 되풀이되는 현상은 하나님 언약의 파기 시대이다(삿 1장-삼상 4장). 언약의 파기로 말미암아 환난을 자초한 이스라엘 백성들에 대한 모습을 진솔하게 보여 주고 있다.

(1) 사사 시대

사사 시대 전체를 통해서 나타나는 가장 중요한 주제 중 하나는 이스라엘에 대한 하나님의 주권이다. 곧 이스라엘이 그의 통치를 인정하고 그에게 충성하는가 하는 문제이다. 이스라엘에 대한 하나님의 왕권은 시내 산 언약(출 19-24장)에 의하여 수립되었으며, 그 후 모압 평지(신 29장)에서 모세와, 세겜(수 24장)에서는 여호수아에 의해 다시 확인되었다.

사사기 2:1에서 말하는 언약은, 출애굽 20장, 신명기 1-28장, 여호수아 24장에서의 언약과 맥락을 같이한다. 여기에서 강조점은 '깨어진 언약'이다. 여호와께서는 족장들과 맺은 언약을 이행하셨고, 그들은 애굽에서 구원해 내어 약속의 땅으로 인도하셨다. 그분은 자신의 의로운 성품과 일치하지 않는 행동을 할 수 없으시다.

그러나 그 언약은 무조건적이 아니다. 이스라엘은 자신들을 구원하신 하나님께 충성을 다하고 그분의 계명을 지켜야 했다. 그들은 특히, 가나안 사람과 계약을 맺지 말아야 했다(출 23:32). 그러나 그들은 언약을 어겼으며 그 결과로 고통을 당하게 되었다.

그럼에도 불구하고 은혜의 하나님은 언약을 깨뜨린 이스라엘을 다시 회복할 수 없도록 내버려 두시지 않으셨다. 하나님은 사사와 선지자들을 통해 그들이 돌아설 것을 끊임없이 권고하셨으며, 큰 심판 때에도 소수의 '남은 자들'을 통해 새 언약의 길을 예비하셨다.

사사기의 저자는 여호와의 왕권을 반복해서 거부한 이스라엘을 고발하고 있다. 이스라엘은 여호와를 위한 전쟁을 거부하였고, 가나안 신神들에게로 향하였으며, 하나님의 율법을 저버렸다. 여호와께서는 거역하는 이스라엘을 징벌하기 위해 이방 압제 세력을 보내시고, 그의 백성이 부르짖을 때 구원자를 세우심으로써 이스라엘에 대한 그의 왕권을 유지하시고 나라를 보존하셨다.

불순종·이방인의 압제·곤경 중에서의 부르짖음·구원이라는 반복적인 주기週期로부터, 우리는 또 하나의 중요한 주제를 끌어낼 수 있다. 그것은 언약言約에 대한 여호와의 신실하심이다. 혼란스러웠던 사사 시대만큼 하나님의 놀라운 인내와 오래 참으심이 잘 나타난 때도 없다. 사사 시대의 이스라엘의 역사는 하나님께 대한 불충不忠과 배약背約의 역사였다.

레위인의 충격적 고발(삿 19:29)에 분개한 이스라엘 백성들은 미스바에서 범지파적 회합을 가진 결과 기브아 성읍을 처단하기로 결의하였으며, 공격을 감행하기 이전에 비류匪類(개정 : 불량배不良輩)들을 내어 달라고 하는 최후 통첩을 보내었다(삿 20:13).

그러나 베냐민 지파는 그 요구 사항에 응하지 않고 오히려 군사들을 모아 형제 지파들과 전쟁을 벌일 결심을 굳혔다. 이렇게 하여 시작된 전투는 베냐민 지파가 수적 열세에도 불구하고 우세한 양상을 보였다.

거듭 패배를 경험하고 나서야 비로소 이스라엘 자손은 보다 근원적으로 패인敗因을 생각하게 되었으며 스스로를 돌아보아 교만하고 완악했던 모습들을 회개하기에 이르렀다. 이스라엘 백성들은 이전까지는 병력의 수효數爻만을 믿고 하나의 요식 행위要式行爲로 하나님을 찾았지만, 이번에는 '모든 해결책이 오직 하나님께만 있다.'라는 겸허하고 간절한 마음으로 하나님 앞에 나아갔다.

즉, 그들은 고난을 통하여 자신의 죄악 된 실상들을 직시하고 그로 말미암아 하나님의 도우심에 전적으로 순종하는 자세를 배우게 되었던 것이다(시 119:71; 히 5:8).

그때에 하나님의 언약궤가 사사 시대에 처음이자 마지막으로 등장한다(삿 20:27, 28). 하나님의 임재의 상징인 언약궤를 앞세우고 나아가 전쟁에 임한 예는 성경에 여러 번 등장한다(수 6:12-16, 20; 삼상 4:3, 4). 그러나 언약궤는 그 임재의 상징일 뿐이고 그 궤 자체에 어떤 신통력이 깃들어 있어서 전쟁에 승리를 얻을 수 있었던 것은 아니다. 그럼에도 불구하고 이스라엘 백성은 하나님보다 법궤를 더 의지함으로써 종종 전쟁에 패하는 쓰라린 경험을 하였다(삼상 4:5, 11, 17-22).

한편, 모세와 여호수아를 통한 구원 사건에 뒤따라오는 사사 시대는, 놀랍게도 성령께서 특별한 방식으로 활동하신 때이기도 하다. 하나님의 신神(개정 : 영靈)은 사사들로 하여금 하나님의 나라를 위협하는 세력을 대항하여 싸우는 거룩한 전쟁에서 큰 승리를 거둘 수 있게 해 주셨다(삿 3:10; 6:34; 11:29; 13:25; 14:6, 19; 15:14; 삼상 10:6, 10; 11:6; 16:13).

바로 이 성령이 신약 시대에 교회 위에 강림하셨다. 이때, 성령으로 권능을 받은 여호와의 백성들은 복음을 모든 나라에 전파하고 하나님의 나라를 확장시키는 일을 해 나가기 시작했다.

사사기의 저자는 이스라엘 자손이 가나안 땅에 정착한 후의 이스라엘 역사를 "이스라엘에 왕이 없으므로"(삿 21:25)라는 한마디로 요약하였다. 이 마지막 구절은 왜 이스라엘에 불법한 행위가 일어났는가를 설명해 주고 있다(삿 17-21장). 즉, 당시에는 이스라엘 사회의 무질서를 바로잡아 줄 왕이 없었기 때문에 백성들은 각각 자기의 생각에 좋은 대로 행동하였다.

이 구절은 만약 이스라엘이 공평과 정의로 다스려지는 왕정 하王政下에 있었다면 베냐민의 자손과의 전쟁이나 야베스 길르앗 주민들을 진멸해 버리는 것과 같은 무법無法한 일들은 일어나지 않았을 것이라는 사실을 의미하고 있다. 여기에서 말하는 왕은 일차적으로 여호와 하나님을 지칭하며(삼상 8:7-9), 이차적으로는 여호와를 대신하여 인간을 통치할 인간 지도자를 지칭한다.

본문(삿 21:25)은 그와 동시에 이스라엘이 하늘의 통치자를 인정하지도 않았고, 순종하지도 않았다는 것을 말하고 있다. 사사기 17-21장의 사건들은 체계적으로 하나님의 말씀과 그의 통치를 거부한 이스라엘이 어떻게 타락하고 비참하게 되어 가는지를 묘사하고 있다.

이스라엘의 고통은 언제나 그들이 하나님을 떠날 때부터 시작되었다(삿 1:21-36; 2:11-15, 20-23). 그러나 하나님께서는 긍휼하심과 오래 참으심으로, 범죄한 백성들을 완전히 멸하지 않으시고 그들이 회개하고 돌아올 때는 언제나 구원자를 일으켜 구원시키신다. 왕이 없으므로 혼란한 상태에 놓인 이스라엘은 여호와의 마음에 합한 그의 종 의로운 통치자를 기다리게 되었다.

(2) 엘리 시대

하나님의 회막이 있는 שִׁילֹה 실로에 대제사장 엘리와 제사장인 그의 두 아들 홉니와 비느하스가 있었다. 그의 두 아들은 불량자라는 평가를 받는다(삼상 2:12). 불량자는 히브리 어 'בֵּן בְּלִיַּעַל 벤 벨리야알'로 '벨리아의 아들들Son of Belial' 곧 '우상의 아들들', '불량배들'이라는 뜻이다.

이는 그들이 하나님께 전적으로 무익한 존재였다는 사실을 의미한다. 엘리의 두 아들은 '절대 헌신絶對獻身'과 '절대 성결絶對聖潔'을 모토motto로 삼아야할 성직자였음에도 불구하고(민 8:5-26), 자신의 욕심과 향락을 위해 성직을 악용하였다.

※ 엘리의 두 아들이 제사장으로서 행한 범한 죄

첫째, 하나님을 무시하였다. 그들은 오만불손했으며 하나님께 대한 신령한 진리를 알려고도 아니했다. 하나님을 부인하는 자가 하나님의 성막을 위해 봉사한다는 것은 아이러니칼ironical한 일이다. 이는 마치 중생의 체험이 없는 자가 교회를 위해 봉사하는 것과 같다.

둘째, 경건한 제사 제도를 문란하게 하고 여호와의 제물을 강탈하였다(삼상 2:13-16). 하나님과 이스라엘을 연결하는 유일한 통로는 희생 제사였다. 그러나 엘리의 두 아들은 신성한 제사의 법도를 무시한 채 자신들의 욕심만을 채움으로써 성소 기능을 마비시켰다.

셋째, 다른 사람들까지 실족하게 하였다(삼상 2:13, 17, 24). 그들은 종교적 지도자의 위치에 있었기 때문에 자신의 타락은 그 수하에 있는 많은 사람에게 악영향을 끼쳤다(겔 33:6).

엘리의 아들들의 죄악은 이스라엘의 부패상腐敗像에 대한 단적인 증거로 사무엘 등장의 필연성을 보여 준다. 엘리의 아들들의 죄악을 한마디로 요약하면 경건한 제사 제도를 문란하게 함으로써 하나님과 이스라엘의 관계를 단절시킨 것이다.

엘리 가문의 죄악에 대한 구체적인 지적과 함께 새로운 제사장이 세워질 것을 예언하고 있다(삼상 2:27-36). 패역悖逆한 엘리 가문의 멸망은 출애굽 당시부터 지속되어 온 아론 가계家系의 제사장직이 종식終熄될 것을 시사한다.

여호와를 경외하는 것(잠1:7)과 존경하는 것(삼상 2:30)은 인간 번영의 원동력이 된다. 사무엘이 하나님으로부터 소명을 받은 맨 처음 첫 번째 들은 계시는 엘리 가문의 파멸에 대한 심판이 임박했다는 경고의 메시지였다.

이미 엘리 자신은 알고 있었던 사실(삼상 2:31-34)이지만 사무엘에게 다시 한 번 그 계시를 주신 것은 다가오는 시대를 이끌어 나갈 사무엘에게 교훈을 주기 위해서였다. 사무엘이 인간적인 연약성을 극복하고 대담하게 저주의 메시지를 엘리에게 전한 것은 하나님의 말씀을 전하는 모든 자들의 귀감이 된다고 할 수 있다.

엘리 가문의 비참한 종말을 통해 전쟁의 결과가 이스라엘에게 미친 영향을 단적으로 보여 주고 있다(삼상 4:12-22). 홉니와 비느하스의 죽음, 여호와의 언약궤를 빼앗김, 98 세 된 늙은 엘리의 죽음, 이 모든 사실은 삼상 2:31-34의 예언 성취였다.

백성을 바로 인도하여 이스라엘의 사명(출 19:5, 6)을 잘 드러내도록 지도하지 못한 엘리 가계에 대한 징벌이었다. 그 단적인 예로 전장에 나간 백성의 장로들이 여호와의 궤를 바로 인식하지 못한 사실에서 찾을 수 있다.

그들은 자신들의 사악邪惡함을 돌아보지 않고, 다만 언약궤가 진중陣中에 들어오면 하나님의 능력이 자동적으로 나타날 것이라고 기대했다. 그러나 언약궤는 하나님의 임재하심의 상징에 불과하며, 하나님을 믿는 수단으로 그 백성의 헌신과 순종을 요구하는 것이다.

그들은 하나님의 임재와 그 가시적 상징을 동일하게 인식함으로써, 그 상징을 숭배하는 이방 종교의 신神 개념을 여실히 드러낸다. 백성의 대표들의 신神 지식이 이런 정도였다면, 일반 백성의 신앙 정도가 어느 수준이었는가는 미루어 가늠할 수 있다.

블레셋 사람은 빼앗은 언약궤를 다곤의 곁에 두었다. 이것은 다곤이 하나님보다 우월하다는 상징이었으나, 다곤이 여호와의 궤櫃 앞에 엎드러져 있게 됨으로써 그 상징은 정반대가 되었다.

이것은 다곤 우상에 대한 하나님의 심판이었고, 더 나아가서 이스라엘에게는 언약궤와 함께하시는 진정한 하나님의 임재와 능력을 보여 줌으로써 이스라엘의 근본적인 범죄를 새삼 강조하는 것이었다(삼상 5:1-5).

언약궤가 아스돗, 가드, 에그론으로 옮겨질 때마다 독종毒腫의 재앙은 더 심해졌다. 블레셋 사람들은 처음에 그들의 신이 여호와 하나님을 이긴 것처럼 생각했겠지만, 독종의 재앙으로 인해 그런 생각은 확실히 무너지게 되었다. 그들이 하나님의 엄위와 능력을 보게 된 것이다.

비록 이스라엘이 불신 가운데서 언약궤를 잃고 그의 영광을 실추시켰지만, 이스라엘의 하나님은 그의 살아 계심과 능력을 블레셋에 나타내셨다. 이것은 언약궤의 신비성을 알리려는 데에 있지 아니하고, 자신이 이방의 모든 신들(이것들은 모두 거짓된 우상에 불과)에 감히 비할 수 없는 유일한 참 하나님이심을 보이시는 데 그 의도가 있었다.

블레셋 종교 지도자들은 속건제贖愆祭를 드려 현재의 재앙에서 벗어나야 한다고 제안했다. 그들은 재앙의 근원이 하나님인지 아닌지 반신반의半信半疑하면서 언약궤를 이스라엘로 돌려보내야 한다는 것이었다.

그 궤櫃를 실은 암소는 좌우로 치우치지도 않고 곧장 벧세메스로 올라갔다. 블레셋 다섯 방백은 이 사실과 암소로 번제 드리는 것을 확인한 후 에그론으로 돌아갔다. 블레셋에 내린 재앙이 분명 하나님의 심판이었음을 확증한 것이다.

벧세메스 사람들이란 그들 가운데 레위 사람과 제사장들을 가리키며, 이들은 불경不敬한 호기심을 가지고 궤를 들여다봄으로써 심판을 받게 되었다. 여호와의 궤에 대한 벧세메스 사람들의 경솔한 태도는 5만 70 명이나 죽임을 당했다.

이는 자기 백성에게로 돌아온 여호와께서 철저한 경외심敬畏心을 자기 백성에게 요구하고 계심을 보여 준다. 벧세메스 사람들의 경박한 처사 때문에 언약궤는 다시 기럇여아림(קִרְיַת יְעָרִים 키르야트 예아림) 사람들에 의해 아비나답(אֲבִינָדָב)의 집으로 옮겨지고 그곳에서 20 년 간 정착하게 된다.

하나님께서 자기 백성에게 그의 임재를 언약궤와 밀접히 연관시켜 나타내셨기 때문에, 언약궤를 경외와 존엄으로 대해야 했다(삼하 6:7; 민 4:17-20). 이런 태도는 이스라엘 장로들이 언약궤를, 블레셋을 이길 수 있는 마술적 힘을 가진 물체로 간주한 미신적 태도와는 다른 것이다.

2) 언약의 회복과 훼손

(1) 사무엘

사무엘서의 저자는 아이를 낳지 못하는 한나의 고통과 이러한 한나를 향한 엘가나의 애틋한 연민과 더불어 엘가나의 가정 이야기로 이 역사서를 시작한다(삼상 1장). 이 가정은 이스라엘이 사사 시대로부터 왕정 시대로 돌입하는 데 중요한 역할을 한 하나님의 도구로서 의미를 지닌다. 한나가 아들 주실 것을 하나님께 구한 것은 브닌나와의 갈등이 있기 때문이다. 그는 하나님께 아들 주실 것을 간청하고, 주신다면 평생을 나실인人으로 하나님께 바치겠다고 서원한다. 그는 단순히 아들 없는 설움에서 벗어나 살아보겠다는 육신적 욕심에서 기도한 것이 아니다.

한나의 기도와 서원은 이스라엘 역사에서 중요한 역사적 의미를 갖는다 (삼상 2:1-10). 왜냐하면 그것은 신정神政 정치를 어떠한 왕보다도 잘 드러냄으로써 대대로 모든 왕의 평가 기준이 된 다윗 왕을 세우는 사무엘을 출생시킨 것과 직접 관계되기 때문이다.

당시 이스라엘 백성은 정치적, 경제적 안정과 함께 새로운 지도자의 탄생을 고대하고 있었다. 또한 극심한 영적, 도덕적 침체 가운데서 벗어나 하나님의 선민으로서 역할을 수행하기 위해서는 강력한 영적 지도자가 필요했다. 이때 주권적인 하나님은 사무엘을 예비하심으로 이스라엘의 영적 수면 상태를 일깨우고자 하셨다.

이스라엘의 마지막 사사이자 모세 이후 첫 선지자인 사무엘은 제사장으로서 과도기적 시대의 한 전환점을 형성하면서 구속사의 흐름에 하나의 큰 획을 긋게 된다. 한나의 불임不姙이 의미하듯이 하나님의 구속 역사救贖役事는 전적으로 주권적인 그분의 섭리대로 진행되는 것이며, 인간의 무능이나 타락으로 인해 결코 멈추어지지 않는다.

그리고 역사적 전환기마다 영적 지도자를 준비하시는 하나님의 성실하심과 열심 때문에 성도들로 하여금 소망을 갖게 된다(렘 1:5). 이러한 때 한나의 기도는 여호와를 거룩하신 유일자唯一者 또는 의義의 유일한 반석으로 찬양한다.

여호와는 전능하심과 의義로써 온 땅을 다스리며, 교만한 자와 높은 자를 낮추시며, 죽이기도 하고 살리기도 하시며, 가난하게도 하고 부하게도 하신다.

여호와는 절대 주권을 가지신 하나님이시다. 한나는 하나님께서 거룩한 자들을 지키시며, 악인을 사라지게 하시며, 온 세상을 심판하시며, 자기 왕에게 힘을 주실 것이라는 확신에 찬 말로 끝을 맺는다.

사무엘이 사사士師로서 활동하던 시기에는 영적 각성과 믿음의 활동이 엘리 시대와는 확실히 달랐다(삼상 7:1-17). 언약 백성 이스라엘이 하나님께로 돌아와 그만을 섬기게 된 것이다. 이스라엘의 본래적 사명(출 19:5, 6)을 회복하게 되었다.

이런 시기로 접어들면서 일어난 주요한 한 가지 사건이 있다. 미스바 성회聖會와 관련하여 일어난 사건이다. 이스라엘이 미스바에 모여 하나님께 회개하였다. 이러한 성회 소식을 들은 블레셋은 그것을 호기로 삼고 당장 그들을 치려고 올라왔다.

그러나 그들의 침략은 도리어 이스라엘 백성의 회복된 신앙이 어느 정도인지를 입증할 좋은 기회가 되었다. 하나님의 치밀한 섭리였다. 비록 이스라엘 백성이 비무장한 연고로 두려워했을지라도, 그들은 하나님께 구원을 청했다. 그들은 자기 힘을 의지할 수 없었다.

이런 상태에서 하나님은 '큰 우레를 발하여' 블레셋을 패하게 하셨다. 하나님께서 초자연적 기적을 통해 자신이 이스라엘의 여호와이심을 보이셨다. 이스라엘은 이 사건을 분수령으로 블레셋의 위협에서 벗어나 튼튼한 하나님의 보호 아래 놓이게 되었다.

사무엘의 통치 성격은 그가 특별히 겸하고 있던 직분(선지자, 제사장, 사사)을 수행하였던 것으로 설명된다. 먼저 사무엘은 선지자로서, 율법의 말씀을 가르쳐 이스라엘 백성을 회개와 변화의 길로 인도하였으며, 제사장으로서 기도와 제사를 통해 하나님과 이스라엘 사이의 언약적 관계를 재확립하였다.

마지막으로 그는 사사로서 블레셋 군대를 물리쳐 곤경에 처한 이스라엘을 구원하였다. 이는 이스라엘 회복 운동을 주도했던 사무엘은 회개를 통해 하나님과 새로운 관계를 이루고 완전한 해방을 허락하신 신약의 그리스도를 예표한다.

사무엘이 나이가 많아져서 사사 직무를 일선에서 수행할 수 없을 정도가 되고 그 아들들의 악행으로 인하여 정치 질서가 문란하게 되자 이스라엘 백성들은 다른 나라들과 같이 왕을 세워 달라고 요구하고 나섰다(삼상 8:19, 20). 사무엘의 아들들의 타락은 백성들로 하여금 왕정 체제를 요구하도록 하는 도화선導火線의 역할을 하였다.

이는 이스라엘 역사에서 왕정 시대의 도래를 예고하는 사건으로 기회만 주어지면 하나님의 통치에서 벗어나고자 하는 인간의 악한 본성을 보여준다. 이스라엘 모든 장로들의 이러한 간청은 450 년의 사사 시대를 그들 나름대로 결산한 백성의 중의衆意로 보인다.

왜냐하면 그 시대에는 이방의 압제와 고통을 당했을 뿐만 아니라, 사사들의 활동에 의해서 강력한 국가도 세워질 수 없는 정치 제도의 결함을 갖고 있었다고 생각했기 때문이다. 그리하여 그들은 사무엘의 늙은 나이와 그의 아들들의 악행이라는 현실적인 이유를 들어서 인간 왕을 요구했다고 볼 수 있다.

그러나 이 요구는 백성의 근본적인 불신을 반영하고 있다. 이는 택하신 이스라엘 백성의 저의底意 속에 왕 되신 여호와의 주권을 거절하는 언약 파기적破棄的 불신이 도사리고 있었다는 것이다. 여호와께서 왕王을 세워 달라는 이스라엘의 요구를 불신과 죄악으로 간주하신 것이다(삼상 8:7; 10:19; 12:12, 17, 19, 20).

그럼에도 불구하고 사무엘은 여호와께로부터 백성의 요구를 들어주라는 명령을 받는다. 왕정 제도에 대한 외견상의 이런 상충적相衝的인 태도는 이스라엘과 맺으신 언약 관계言約關係라는 맥락에서 이해되어야 한다.

모세는 사람을 왕으로 세우려는 이스라엘의 요구를 예상했었다(신 17:18-20). 그러나 이스라엘의 왕권은 그들의 대왕으로서 여호와의 계속되는 통치와 모순되는 것이 아니어야 했다. 그런데 이스라엘은 여호와의 왕권 자체까지 거절했다.

이런 상황 가운데서도 여호와께서는 이스라엘의 왕정 확립이 그의 정하신 뜻 가운데 있었으므로(신 17:14-20), 그들이 왕을 요구한 동기와 목적이 하나님의 교훈적인 뜻과는 상충되어도, 그의 주권 하에서 그 경륜을 이루시려고 사람의 악한 행위조차 허용하고 계신다. 이러한 성경적 사례는 다른 곳에서도 나타난다(창 50:20; 행 2:23).

(2) 사 울

① 사무엘과 사울

이 세상에서 진행되는 사건이 비록 우리의 시각으로서는 하찮게 보인다 하더라도 그 이면에는 하나님의 크신 경륜과 오묘한 섭리가 작용하고 있다(마 13:31-32; 막 4:31-32). 사울은 아버지의 명을 따라 사환과 함께 잃은 암나귀를 찾으러 베냐민 땅 중북부 지역을 돌아다녔지만 허사였다(삼상 9:1-4).

그는 사환의 조언에 따라 하나님의 사람 사무엘에게 그들의 갈 길을 물으러 갔다. 사울은 나귀를 되찾고자 하는 사소한 목적 때문에 하나님의 사람을 찾았지만, 하나님께서는 그런 과정을 통해 자기의 큰 일을 그에게 보이시려고 계획하셨다.

사무엘은 사울을 만나자 그가 이스라엘의 왕으로 백성들의 존경 받는 자가 될 것임을 알렸다. 그리고 나서 그를 유력한 자 30 명이 모인 자리의 상좌에 앉힘으로 그들에게 사울이 왕 될 자임을 암시한다(삼상 9:22-24). 그런 후 사울을 산당의 지붕으로 불러 최종적으로 하나님의 계시를 구체적으로 전달한다.

사무엘은 사울에게 기름을 붓고 그 일이 사무엘 자신의 임의에 의한 것이 아니라 하나님의 권위에 따른 것임을 깨닫도록 하기 위해 세 가지 표징이 그에게 임할 것을 예언한다.

그 표징表徵들은 각각 인간사에 대한 하나님의 절대 주권과 무엇보다도 중요한 일이 하나님과의 교제라는 사실, 그리고 하나님의 백성을 다스릴 자는 반드시 하나님의 영靈에 따라야 함을 시사하는 것으로, 신정적神政的 왕정 체제에서의 합당한 왕의 자세를 가르친다.

제 2 차 미스바 총회에서 예정대로 사울이 왕으로 선출되었다. 사무엘은 이미 사울에게 기름을 부어 왕으로 세운 사실을 감추고, 제비를 뽑아 왕을 선출하도록 한 것은 사울의 왕 됨이 인간의 모든 역사를 친히 주관하시는 하나님의 섭리에 따른 것임을 공개적으로 드러내고, 특히 이스라엘의 왕정 체제가 하나님께서 인정하신 결과 수립된 것임을 밝히기 위한 것이었다.

이제 사사 시대는 끝나고 왕정 시대가 도래到來한다(삼상 12:1-17). 이 시점에서 사무엘은 고별 설교를 한다. 먼저 그는 사사로서 공의롭게 행한 것을 술회하고, 백성의 근본적인 죄악을 "그들이 그 하나님 여호와를 잊은지라."라는 한마디 말로 요약한다.

이 설교의 초점은 비록 왕정 체제를 갖춘다 하더라도 왕이 이방 민족의 침략에 대한 근본적 해결책이 아니라는 것이다. 여호와를 경외하지 않고 여호와의 말씀을 거역하면, 사사 시대에 이방 민족을 들어 징벌하신 것처럼, 왕정 시대의 이스라엘도 징벌하실 것이라고 말한다. 이스라엘의 통치 방식이 변할지라도, 여호와께서 이스라엘의 왕이라는 신명기적 신앙은 계속 요구되고 있다.

하나님께서 사울을 이스라엘의 지도자로 삼으신 것은 이스라엘을 블레셋의 손에서 구원하시리라는 예언을 성취하기 위함이었음을 알 수 있다(삼상 9:16). 여기서 우리는 비록 사울이 전적으로 하나님께 순종하지 못하였음에도 불구하고 하나님께서 섭리의 목적에 따라 그를 사용하셨음을 알 수 있다.

사울이 왕으로 즉위한 지 제 2 년에, 사울은 처음으로 3,000 명의 정예 상비군을 모집하였다. 당시 이스라엘은 블레셋으로부터 계속적인 위협과 침략을 당했고, 때때로 그들의 통치에 복속服屬되기도 하였다. 이스라엘 백성이 왕을 요구한 것은 현실적인 이유 때문이었다.

그러므로 사울이 왕으로서 취해야 할 일차적인 목표는 당연히 블레셋의 퇴치였다. 블레셋 수비대의 공격에 대하여 그들은 이스라엘을 진압하기 위해 해변의 모래알처럼 많은 군사를 동원하였다(삼상 13:5; 수 11:1-5; 겔 38-39장; 계 20:8). 블레셋과 대치한 상황에서 사울은 성전聖戰을 위한 제사 의식을 거행하고자 했다.

그러나 제사를 집행할 사무엘이 속히 나타나지 않았고 백성들은 동요하였다. 이에 조급해진 사울은 스스로 제사장 직분을 취하여 제사祭祀를 진행하였다. 사무엘은 이러한 사울의 행동을 자기의 신분과 위치를 망각한 망령妄靈된 행동이라고 지적하며, 이 죄악으로 인해 사울의 왕위가 무너지리라고 예언했다.

사울의 왕직은 주변 이방 국가들의 왕직과는 달랐다. 자국의 안녕과 복지를 위한 책임뿐만 아니라, 만국萬國의 제사장 나라로서의 임무를 수행할 책임이 수반되었기 때문이다. 따라서 제사를 드릴 때에는 하나님과의 교통을 의식하고, 율법의 규례대로 드려야 했다.

그러므로 자의적인 필요에 따라 하나님의 법을 어기면서까지 자기 목적을 성취시키려는 행위는 하나님의 통치를 거부하는 행위가 된다. 이러한 사울의 행위에 대해, 사무엘은 "왕이 망령妄靈되이 행하였도다."(삼상 13:13)라고 질책하였다.

② 사울과 요나단

사무엘은 사울의 왕위가 실질적으로 더 이상 계승되지 못한다고 선언하였다(삼상 13:13, 14). 사울 왕은 백성이 요구한 왕이었으나, 블레셋과의 전쟁에서 무능함이 나타났다. 이것은 곧 왕을 요구했던 이스라엘 백성들 자신의 실패를 뜻했다. 이 모든 일은 하나님과의 언약에 충실하지 못했기에 빚어진 결과였다.

요나단은 이스라엘의 이런 적나라한 현실을 직접 목격하고 문제의 핵심을 파악한 후, 전쟁의 승패가 하나님께 달려 있음을 확신하였다. 할례는 이스라엘 백성이 하나님과 맺은 언약의 징표였다(창 17:10-14).

요나단이 블레셋 사람을 '할례 없는 자'라 부른 것은, 하나님께 속하지 않은 이방인으로 천대, 멸시하는 말이다. 이런 표현은 요나단에게 있어서 이스라엘이 하나님의 신실한 언약을 믿는 백성임을 말하는 역설적인 표현이기도 하다.

하나님에 대한 신뢰 회복은 하나님의 왕국의 진행에 진일보하는 계기가 된다. 요나단의 신앙 고백은 "여호와의 구원은 사람의 많고 적음에 달리지 아니하였느니라."(삼상 14:6)라는 데서 그 절정에 이르며, 이런 신앙으로 인해 이스라엘에게 새로운 돌파구가 제시된다. 경건한 이들은 항상 자기가 하는 일에 대하여 하나님께 확증 받는 기도를 해야 한다.

요나단은 블레셋과의 전쟁이 하나님의 전권에 달린 전쟁임을 알고, 자기 심복과 함께 하나님께 표징을 구했다. 그러나 표징의 여부에 따라 하나님께 대한 신뢰를 결정하겠다는 것은 아니었다. 다만 하나님이 알려 주신 바에 따라 확신 있게 행동하겠다는 것이다.

요나단은 전쟁이 '하나님께 속한 것'임을 확신하고 행동으로 옮긴 데서 큰 전적戰績을 이루었다. 이 확신은 하나님께서 요나단을 감동시킴으로써 이스라엘에게 구원을 베풀고자 함이었다.

블레셋 진영의 혼란을 지켜 본 사울은 그 원인이 요나단 일행의 습격 때문임을 알았다. 그래서 전열戰列을 정비하여 공격 준비를 하려고 하나님의 궤를 가져오라고 명령한다.

사울의 이러한 결정을 보면 아직도 사울과 이스라엘 백성들은 그들의 근본적인 실패 원인이 불신앙임을 깨닫지 못하고 나름대로의 종교적인 의무만을 이행함으로써 전쟁을 효과 있게 수행하고자 했다. 하나님의 궤를 이용하여 전쟁의 결정적인 승리를 의도한 것은 사울의 실책이었다.

하나님의 궤를 옮겨서 전쟁 여부를 하나님께 알아보려던 사울은, 블레셋의 패색敗色이 더욱 짙어짐을 보고 하나님의 뜻을 더 알아볼 필요가 없다고 판단했다.

그래서 이제 하나님께 묻지 말라고 제사장에게 명령한 것이다(삼상 14:

18-19). 이와 같은 사울의 결정은 하나님 중심적인 전쟁 수행이 아니라 인본주의적 동기에서 출발하여, 인본주의적 방법과 능력으로 전쟁을 승리를 이끌고자 했던 것이다.

전쟁 수행을 위한 자신의 왕권과 자기 임의대로 하나님의 뜻과 상관없이 주장함은, 왕직이 하나님 통치의 대리적인 왕권임을 무시하고 자기 한계와 본분을 망각한 행위인 것이다.

"여호와께서 그날에 이스라엘을 구원하셨다."(삼상 14:23)라는 전쟁의 승리가 사울이나 요나단에 의한 것이 아니라, 하나님에게서 비롯된 하나님의 전쟁이었음을 뜻한다. 멸망 직전에 전화위복으로 대승리를 거둔 후, 사울은 완전한 진멸을 스스로 꾀하고자 비상 금식령을 선포한다.

구약에서 금식은 비상시에 하나님의 백성이 회개와 각성을 할 목적으로 하는 종교 행사였다. 사울의 이 명령은 이스라엘의 기력이 쇠하여 곤경에 빠진 것을 모른 채 외형적인 종교 행사에 치중한 나머지, 백성 전체를 심각한 위기에 몰아넣었다.

항명抗命하는 자에 대한 저주는 사울 자신이 하나님의 명령에 항명한 결과가 되어 스스로에 대한 저주를 자초한 것이다. 사울의 금식 명령을 어긴 요나단은 죽음을 면하지 못하게 되었다. 그러나 백성들의 탄원으로 인해서 요나단은 목숨을 건지게 되었다.

백성들이 요나단을 옹호한 근거는, 요나단이 이스라엘의 대적을 크게 물리쳤다는 사실이었다. 이러한 승리는 하나님께서 함께 역사役事하심을 의미한다.

사울의 명령에는 이미 하나님께서 부여한 신적神的 권위가 사라졌음을 보여 준다. 형식적인 종교 의식으로 전쟁에서 이기고자 했던 사울의 금식령은 자기 아들을 제물로 죽게 하는 비극적인 결과를 초래할 뻔했으나, 하나님은 요나단을 죽음으로부터 구해 내셨다.

이스라엘의 구원과 요나단의 구원은 서로 밀접하게 연결되어 있다. 그것은 하나님께서 함께하신 구원의 역사役事임을 증거한다.

③ 사울과 아말렉

사무엘이 사울에게 아말렉을 진멸하라는 하나님의 명령을 전하였다(삼상 15:1-3). 이는 하나님께서 사울에게 준 마지막 기회였다. 뿐만 아니라, 약 500 년 전에 하나님이 약속하신 것(출 17:14-16)을 사울 왕을 통해서 실현하고자 했던 것이다. 하나님의 도구道具로 사용되는 특권은 당사자에게는 엄격한 책임이 수반된다(눅 12:48).

따라서 불신앙적인 사울에게 하나님께서 이 사명을 수행하도록 명령하심은 사울의 종말을 재촉한 것이었다. 아말렉과의 전쟁은 블레셋의 위협과 더불어 부담이 가중加重된 것으로 하나님께서 사울을 폐위시킨 실제적인 계기가 되었다. 아말렉은 출애굽 이후 광야 시대부터 하나님의 백성인 이스라엘을 대적하던 이방 세력이었다.

진멸殄滅이라 함은 하나님의 공의公義를 만족시키는 멸망을 의미한다. 무엇보다도 그 파괴를 통하여 하나님의 택한 백성으로서 거룩하게 성별聖別되는 전쟁이었다. 따라서 이 전쟁의 완전한 승리는 이스라엘의 전적인 헌신과 직결되었다. 이방 세력에 대한 관용은 이방 세력과의 타협을 가리키며, 하나님의 성별에 대한 멸시와 무감각을 의미한다.

아말렉을 진멸하는 것은 택한 선민 이스라엘의 철저한 헌신을 요구하는 것이다. 사울은 표면적으로는 하나님의 명령에 따라 아말렉과의 전쟁을 승리로 이끌었다. 그러나 자기의 임의적인 판단으로 노략물을 처리함으로써 그들을 완전히 진멸하라는 하나님의 명령을 어기게 되었다. 아말렉의 우상 숭배와 그 악행의 풍습에 오염된 결과였다.

사울은 하나님께서 명령하신 전쟁의 진정한 뜻을 헤아리지 못하고, 이제까지 해 온 방식에 따라 자기 소견대로 적당하게 처리한 것이다. 하나님의 도구가 되기보다는, 스스로 이방 세력의 보호, 유성지기 되어 하나님께 대적하는 자리에 서게 되었다.

사울은 헤브론 남쪽 약 12km 지점에 위치한 유다 지파의 갈멜 성읍에 자기를 위하여 기념비를 세웠다. 아말렉과의 승전을 기념하여 자기의 영광을 드러내고자 함은, 하나님을 대신하는 통치자로서의 면모를 그에게서 더 이상 찾아볼 수 없게 된 것을 의미한다. 그것은 이방 왕의 풍습에 따른 행동이었다.

아말렉을 군사적으로 정복했으나 정신적으로는 사울이 정복당한 것이다. 아말렉 전쟁의 진정한 의미로 보면 사울의 행동은 스스로 실패를 자인自認하는 것이었다. 사무엘의 추궁에 사울이 대답한 말을 분석해 보면 분명하다. "여호와께 제사하려 하여 양들과 소들 중에서 가장 좋은 것을 남김이요."(15:15)라고 하였다. 이는 경건의 모든 모양과 구색具色을 갖추려 한 노력이었다.

그러나 종교적인 형식을 추구한 것이 사울의 실패에 가장 큰 요인이 되었다. 진정한 의미를 생각하지 않고 제사를 드리려 함은 아말렉의 전쟁을 승리로 이끌었을지라도 하나님과의 관계에서 실패한 것과 같다. 즉, 목적과 의미가 다를 때 미신적인 제사가 될 뿐 아니라 이방의 우상 숭배와 조금도 다르지 않게 된 것이다.

사무엘은 사울이 저지른 죄악의 근본적인 이유와 함께 현실적인 근거를 확인시킨다. 구체적인 실례로 '탈취하기에만 급하였다.'(15:19)라고 지적하였다. 사울은 사무엘의 지적에 '가장 좋은 것으로 하나님 여호와께 드리려 한다.'라고 당당하게 항변한다. 그가 취해 온 방식으로는 최선의 길이었다. 그리고 자신의 행동이 정당함을, 하나님께 제사 드리려 하였다는 사실에서 찾고 있다.

그러나 이 제사를 통하여 하나님을 경외하고 순종한다고 말할지라도 그의 정신 상태는 이미 하나님과는 상관이 없다. 그만큼 하나님과 사울 사이에는 돌이킬 수 없는 거리가 생겨난 것이다. 사무엘은 사울의 항변에 대하여 일침을 놓는다. 제사 의식 자체가 덜 중요하다거나 무시되어야 한다는 것은 아니다. 다만 순종이 결여된 제사는 무의미하다는 것이다.

왜냐하면 제사의 본질적인 의미가 하나님께 향한 자기 헌신을 포함하고 있기 때문이다. 어떤 종교적인 형식도 합당한 내용이 없이는 무가치하다.

구약의 제사란, 성도가 자기 삶 전체를 요약해 고백하는 의식이다. 따라서 겉치레를 가장 좋은 것으로 잘한다 해서 합당한 내용이 갖춰지지는 않는다. 합당한 제사는 먼저 순종하는 삶이 선행되어야 하는 것이다.

사무엘은 순종이 결여된 제사, 하나님께 불순종하며 드리는 제사는 우상에게 절하는 죄, 곧 우상 숭배와 같다고 지적한다. 사울의 입장에서 취한 최선의 노력이 결과적으로 하나님을 대적하는 우상 숭배라고 꾸짖는 것이다. 이것은 사울 왕 폐위를 공식적으로 선언하는 근거가 되며, 사울 왕이 먼저 여호와의 말씀을 버렸기 때문이라고 결론을 맺는다.

이에 대하여 사울은 회개한다고 하였지만 진정 심중에서 우러나온 고백은 아니었다. 다만 죄에 대한 징벌이 두려웠고 또한 백성들 앞에서 체면과 위신이 문제였을 뿐이었다(삼상 15:30). 사울은 사무엘의 경책警責으로부터 자신의 죄악이 하나님의 말씀을 청종한 것 대신에 백성의 말을 청종한 것이 되었고, 하나님을 두려워하기보다는 백성을 두려워한 것임을 깨닫게 되었다.

사울은 자신의 자존심과 체면 유지를 위해 사무엘에게 매달렸다. 그러나 사울의 전체 삶의 결과는 이미 하나님에 의해 평가된 후였고, 그의 폐위廢位는 결정되었다. '찢어진지라'와 '떼어서'로 번역된 히브리 어는 같은 단어인 'קרע 카라'로 '찢겨 나누어지다, 갈라지다'라는 뜻이다(삼상 15:27, 28).

사무엘의 옷이 쉽게 찢어짐은 사울이 사무엘에게 간청한 결과가 아무런 소용이 없어 왕권이 다른 왕에게 넘겨질 것을 상징하고 있다.

사울이 해야 할 임무였던 아말렉 진멸이라는 대명大命을 사무엘이 수행한다. 이 실제적인 사건을 통하여 사무엘은 하나님께서 사울의 왕권을 더 이상 인정하지 않음을 확증하고 있다. 즉, 사울 왕은 아말렉을 진멸할 실제적인 권능을 상실했다는 의미이다. 하나님께서 더 이상 사울과 함께하지 않으시기 때문이다.

④ 사울과 다윗

이스라엘을 통하여 자신의 뜻을 실현해 가시려던 하나님께서는 이스라엘 통치에 있어서 결격 사유缺格事由가 많은 사울을 폐위廢位시키시고 참으로 자기를 신뢰하고 순결한 양심을 소유한 다윗을 새롭게 선택하셨다. 이렇게 선택된 다윗은 사울처럼 인간적인 조건들이 그렇게 뛰어나지는 못했다. 그러나 그가 사울보다 뛰어난 것이 있었는데 그것은 하나님의 마음에 합한(개정 : 마음에 맞음) 자였다는 사실이다(삼상 16:7; 행 13:22). 여기에서 볼 수 있듯이 하나님 나라에 필요한 자는 화려한 외적 조건을 갖춘 자가 아니라 하나님 기준에 상합相合하는 자이다(마 5:3-12). 이 같은 원리는 궁극적으로 하나님 나라를 목표로 하고 있는 교회의 일꾼을 선택하는 데 있어서도 필히 적용되어야 할 것이다.

“그(여호와)의 마음에 맞는 사람”(삼상 13:14), ‘사울보다 나은 사울의 이웃’(삼상 15:28) 등의 표현은, 암시되어 왔던 사울의 후임자인 다윗을 말한다. 사울은 인간적인 기준으로 선발된 왕이었으나(삼상 9:2; 10:21) 다윗은 이미 오래전부터 하나님의 기준으로 선택되고 예비된 왕이었다(행 13: 22). 이런 점에서 이스라엘의 왕정 체제가 완성된 것은 사울 때라기보다는 다윗에 이르러서야 비로소 이룩되었다고 봄이 옳을 것이다. 또한 이것은 “반드시 네 하나님 여호와께서 택하신 자”를 왕으로 세우시겠다는 신명기 17:15의 예언의 온전한 성취이기도 하다.

구약 성경에 나타난 성령의 역사役事는 우주적, 국가적, 개인적인 것으로 대별할 수 있다(B. Warfield). 또한 그 성격은 선택적이고 일시적이다. 다윗에게 임한 성령의 역사役事는 하나님 왕국 건설과 그의 택한 백성을 위한 역사役事이었으므로 보편적이면서도 국가적이며 동시에 개인적이다.

하나님의 신神(개정 : 영靈)이 사울을 떠난 사건은 사울의 왕권이 실제적으로는 완전히 상실되었음을 보여 주고 있다. 실제적인 어떤 권능도 더 이상 그에게 남지 않게 된 것이다.

사울은 사무엘이 죽은 후에 종교적 혁신 운동을 일으켰다. 모세의 율법을 따라, 신접神接한 자와 박수들을 쫓아낸 것이다. 사울의 이러한 종교적 숙정肅正 행위(출 22:18)는 사무엘의 죽음을 애도하는 백성들의 환심을 얻기 위해 생색을 낸 것에 지나지 않는다.

이 사실은 후에 사울이 스스로 박멸撲滅하려던 신접한 여인을 찾아가 점을 치는 웃지 못할 해프닝을 벌인 것으로 입증된다(삼상 28:7,8). 변장한 채 엔돌의 신접한 여인을 찾아가는 사울의 모습에서 그의 철저한 타락상을 본다. 미신적인 발상發想에서 무당이나 점쟁이를 찾아가는 것은 하나님께서 엄금하신 바 있는 영적 간음 행위이다(레 19:31; 신 18:9-14).

다윗이 블레셋의 시글락 땅으로 도피해 있던 중 하나님의 은혜로 아말렉을 보복報復 진멸하였다. 당초에 아말렉의 진멸은 하나님께서 사울에게 명령하신 것이었다(삼상 15:2, 3). 사울이 정작 싸워야 할 상대는 블레셋이 아니라 아말렉이었다.

아말렉은 출애굽 당시 르비딤에서 하나님의 백성을 대적하여 싸운 족속이었다(출 17:8). 이는 출애굽 이후 하나님 나라의 건설을 가장 현저하게 방해한 첫 번째 적대敵對 세력이었던 것을 말한다. 이 흑암의 이방 세력이 완전히 진멸된 것은 다윗에 의해서이다.

그런 동안 이스라엘은 블레셋의 공격을 당하였다. 이스라엘은 전략상 유리한 고지인 길보아 산을 차지하였음에도 불구하고 참패를 당하였다. 블레셋의 침략은 이스라엘을 심판하시는 하나님의 도구였다. 철저한 부패가 철저한 심판을 가져와 모조리 죽음을 면하지 못한 것이다. 이스라엘을 큰 불신과 흑암 가운데 인도했던 사울은 결국 스스로 자기 목숨을 끊었다.

자기의 뜻과 자기의 목적에 따라 자기 방법대로 살아왔던 사울의 종말은 자기가 자기를 죽이는 행위로 끝이 났다(대하 10:13, 14). 하나님의 부름을 받았어도, 하나님과 상관없이 자기 마음대로 행한 자의 비극적인 최후였다. 사울의 자살로 사울 통치 하의 이스라엘은 완전히 망하였다.

사무엘상은 시골 여인 한나의 이야기로 시작하여 이스라엘 최초의 왕이 무참히 멸망하는 것으로 끝을 맺는다(삼상 31장). 이 기록에서 우리가 확실히 찾을 수 있는 것은 다음과 같다.

백성의 추대로 왕이 된 사울이 세운 나라는 하나님의 나라가 아니었고, 사무엘의 정신을 이어받은 다윗이 세운 나라가 하나님의 나라였음을 보여 준다. 이러한 정신은 한나 - 사무엘 - 다윗의 정신의 계보로 이어진다. 사무엘상은 하나님의 나라가 미미한 데서 시작하여 어떻게 장성하여 가는가를 잘 보여 주고 있다.

2. 다윗

다윗의 통치 하에서 하나님은 이스라엘을 번영하게 하셨다. 다윗은 하나님의 처소이며 그 백성의 예배 장소인 성전을 건축하고자 하였으나, 하나님께서는 다윗의 집 곧 다윗 왕가王家를 세우시겠다는 약속을 주셨다. 사무엘하 7장은 다윗 왕가의 영원한 존속을 약속하신 내용이다. 이는 다윗과의 언약의 수립을 의미한다(시 89:34-37).

이 언약은 여인의 후손을 통하여 악의 세력에 대한 궁극적인 승리를 약속한 것(창 3:15)과, 셈과 그 후예들(창 9:26, 27), 그리고 아브라함과 그 후손에게 약속한 것(창 12:2, 3; 13:16; 15:5)과 상통하며, 마침내 유다와 그의 후손에게 약속한 내용(창 49:8-11)과도 일맥상통한다. 이 언약은 구체화되고 점진적으로 발전된다.

1) 다윗의 부흥기

(1) 이스라엘의 왕

① 유다와 이스라엘의 왕

다윗이 헤브론에서 유다 왕으로 5년 반 가량을 통치했을 무렵에 이스라엘 10 지파가 사울의 아들 이스보셋을 왕으로 추대하고 마하나임에 정부를 수립했다(삼하 2:1-11). 그런데 표면적으로 볼 때에 이스보셋 정부는 사울 왕가를 계승한 것으로서 정통성을 지니는 것처럼 보인다.

그러나 신정 왕국神政王國 이스라엘에서는 어떤 가문의 정통성이 중요한 것이 아니라 그 가문의 통치권에 대한 하나님의 인정이 중요하다. 따라서 하나님이 이미 사울 왕가의 통치권을 거두시고 다윗에게 그 왕권을 주셨다고 누차 예언하신 사실(삼상 13:13, 14)을 상기해 볼 때 이스보셋의 마하나임 정부는 하나님의 명령에 절대 배치되는 부당한 정부였다.

이 사실은 마하나님 정부가 수립된 지 채 2 년도 못 되어 붕괴된 사실에서도 입증되는 바이다. 이는 사울의 전사戰死 이후 대다수 이스라엘 지파는 오직 하나님이 세우신 자만이 택한 백성 이스라엘의 왕이 될 수 있다는 사실을 망각했던 것이다.

그래서 기름 부음 받은 새 왕 다윗을 떠나 정치적 이해 관계에 따라 사울의 아들인 이스보셋을 왕으로 삼고 또 하나의 왕국을 수립했다. 그러나 이러한 사울가家의 이스보셋 왕국은 이스보셋과 실질적으로 권력을 장악한 군장軍長 아브넬의 다툼과 그의 피살被殺, 그리고 뒤이은 이스보셋의 피살로 말미암아 완전히 몰락했다(삼하 3-4장).

이는 곧 인본주의적 왕정을 펼쳤던 사울 왕과 그를 뒤이은 그 가문의 완전한 몰락을 말하는 것으로, 궁극적으로 하나님의 통치권을 벗어나 인본주의적 목적에서 세운 모든 지상의 왕국들은 결국 하나님의 심판을 받아 멸망하게 될 것을 예표한다.

다윗은 왕으로 선택된 지 약 20여 년 만에(삼상 16:13) 전 이스라엘의 왕으로 등극하였다(삼하 5:4, 5). 다윗은 이미 사무엘에게 기름 부음을 받았었다. 첫 번째 기름 부음은 다윗 개인에게 하나님의 은밀한 목적을 계시해 준 의식이었고, 두 번째 기름 부음은 하나님의 목적이 성취되어 공식적으로 유다 백성의 왕이 되는 의식 곧 왕의 즉위식이라고 볼 수 있다(삼하 2:4). 이로써 이스라엘을 통치할 메시야가 유다 지파에서 나오리라는 창세기 49:10의 예언이 일차적으로 성취되었다. 다윗은 그 당시 30 세였다. 그는 골리앗을 쓰러뜨린 이후 10여 년 동안 왕이 되기까지 고난과 연단을 경험하였다(삼상 16장 - 삼하 2장). 이제 세 번째 기름 부음으로 전 이스라엘의 왕이 된 것이다. 이때 이스라엘 모든 지파가 다윗에게 충성을 맹세하였다(삼하 5:1, 2).

다윗은 온 이스라엘의 진정한 왕으로서 백성을 의롭게 통치할 책임을 질 것과, 이스라엘의 모든 지파는 다윗 왕에게 신실하게 충성할 것과 백성의 의무를 다할 것을 서약함으로써 언약이 수립되었다. 드디어 다윗은 온 유다와 이스라엘의 통일 왕국을 이루게 되었다.

이로써 다윗을 통하여 신정적神政的 왕정 체제를 건설하고자 하셨던 하나님의 계획이 가시적으로 실현되었다. 실로 다윗 왕국의 설립 과정에서 명백히 드러나듯 하나님의 계획은 사람의 눈에는 더딜지라도 하나님의 섭리에 따라 가장 적절한 때에 가장 확실하게 실현되는 것이다.

② 예루살렘

명실상부名實相符한 전 이스라엘의 왕으로 즉위한 다윗이 맨 먼저 한 일은 수도를 옮기는 일이었다(삼하 5:6-12). 동서고금의 많은 나라들이 역사적 전환기를 맞아 그들의 수도를 새로운 곳으로 옮김으로써 민심을 안정시키고 정치, 사회 체제의 정비를 꾀했다.

그런데 특히 다윗의 경우에 있어서는 8년 가까이 분열되어 있던 나라를 하나로 통일한 것이기 때문에 제3의 장소에 새로운 수도를 건설하는 것이 매우 시급한 실정이었다. 더욱이 베냐민 지파 가운데는 아직도 사울 왕가를 복건復建하려는 움직임이 있었는데 이러한 상황 역시 다윗의 천도遷都를 재촉하게 한 하나의 요인이 되었다.

예루살렘은 통일 이스라엘 왕국의 새로운 수도로서 정치·민간·군사·행정·종교의 중심지가 되기에 적합했다. 왜냐하면, 요단 강 동편에 있던 마하나임이나 너무 남쪽에 위치하고 있던 헤브론에 비해 비교적 이스라엘의 중심부에 위치하고 있었기 때문이다.

또한 그 주위가 깊은 골짜기로 둘러싸여 있고 그 성읍 자체는 고지高地로 이루어진 천연적인 요새였으며, 유다와 베냐민의 경계지(어느 쪽에도 속하지 않음)였으며(수 16:7,8; 18:6), 지파 의식을 불식拂拭하고 국가의 총회를 이루는 데 도움이 되었고, 기혼(Gihon) 샘과 같은 좋은 수원을 가지고 있어서 큰 도시로 발달할 수 있는 좋은 조건을 갖추고 있었기 때문이다(대상 11:4,9).

난공불락難攻不落의 요새 예루살렘의 방어에 자신만만했던 여부스 사람들은 "맹인과 다리 저는 자라도 너를 물리치리라."(삼하 5:6)라고 과장誇張되게 말하였다. 그러나 그들은 철옹성 여리고를 부숴 버린 이스라엘의 하나님 여호와의 능력을 간과看過하고 있었다.

여부스인들이 호언장담할 정도로 예루살렘이 난공불락의 천연적인 요새였기 때문에 다윗은 철저한 지형 탐사 끝에 예루살렘 성내로 연결되는 지하 배수로를 찾아내 그곳으로 부하를 침투시켰던 것이다. 다윗은 여부스족에 속한 도성都城이었던 예루살렘을 정복한 후, 성을 수축修築하였다.

다윗은 통일 된 이스라엘의 통치자로서 그곳에 좌정坐定하여 하나님의 백성을 다스렸던 것이다. 다윗 왕의 보좌가 있는 곳이기에 다윗 성이라 하였다. 다윗 성에는 이스라엘의 왕 다윗만 있는 것이 아니라 하나님께서 함께하셨다. 즉, 만군의 주가 좌정하시사 자기 백성을 보호하고 여러 가지 은혜를 베풀고 계셨던 것이다.

다윗 왕국이 든든하게 세워지고 점점 강성하여짐은 그 배경에 하나님이 함께하셨기 때문이다. 한편, 이 예루살렘에는 후일 하나님의 명령에 따라 솔로몬의 지도 아래 단일 중앙 성소인 성전이 건축되어 정치적 중심지의 역할과 함께 종교적 중심지의 역할까지 담당하게 되었다. 이는 신명기에서 "여호와께서 자기의 이름을 두시려고 … 택하신 곳"(신 12:5)인 바 가장 적합한 곳이었다.

(2) 여호와의 언약궤

① 오벧에돔 집의 언약궤

블레셋 정복의 대업은 본래 사울에게 주어졌으나(삼상 9:16) 사울의 불순종으로 다윗을 통해 성취되었다(삼하 5:3-18). 이로써 이스라엘은 사사시대부터(삿 13:1) 지금까지 블레셋에게 당했던 모든 고통에 대해 확실하게 보복하고 팔레스타인의 대권을 장악하였다.

블레셋과의 전투에서 승리함으로써 정치적 안정 기반을 다지게 된 다윗은 이제 종교적 안전을 위해 기럇여아림(바알레유다 : 삼하 6:2, 바알라 : 수 15:29)에 방치되어 있던 하나님의 언약궤를 예루살렘으로 옮기고자 하였다.

이 궤는 그룹 사이에 좌정하신 만군의 여호와의 이름과 동일하게 불렀다. 즉, 하나님 자신의 모든 명예와 영광을 언약궤로써 상징하는 것이다. 언약궤가 있는 곳에 하나님이 친히 임재하심을 나타낸다. 이 계획으로 비로소 블레셋에 법궤를 빼앗긴 치욕을 극복하게 된 것이다. 이는 이스라엘의 진정한 성소가 회복될 것을 의미하고 있다.

블레셋의 격퇴擊退는 여부스족의 진멸과 더불어 다윗 왕국에 새로운 회복의 계기를 마련해 주었다. 다윗은 이 전쟁을 치르는 동안 하나님의 임재와 동행을 철저하게 체험하였다. 그래서 블레셋에 빼앗겼던 하나님의 궤를 옮겨 성소를 회복시키자 한 것이다.

법궤가 아비나답의 집에서 나오게 된 것은 그곳으로 옮겨진 지 약 70-80년으로 추정된다. 이는 아비나답의 집에 법궤가 안치된 후 사무엘 시대의 에벤에셀 전투(삼상 7:5-12)까지가 20 년이었으며(삼상 7:2), 그 후 사무엘과 사울의 치세治世 기간이 약 40-50 년, 그리고 다윗의 통치 기간이 거의 10 년 정도 지났기 때문이다.

또한 아비나답 생존 시로부터 70-80 년이 지난 후임을 감안할 때 아비나답의 아들 웃사와 아효에서 아들로 표기된 히브리 어 'בֵּן 벤'은 아들이라기보다는 증손자 정도의 의미로 이해되어야 할 것이다(삼상 7:1).

이 두 사람이 언약궤를 옮기게 된 까닭은 그때까지 언약궤가 그들의 집에 있었기 때문이다. 기럇여아림은 도피성도 아니었으므로 이들이 레위인일 수는 있어도 제사장이었다고 보기는 어렵다(삼상 7:1).

이에 다윗은 전체 이스라엘 중에서 삼만 명을 선발하고, 언약궤를 옮겨오는 작업을 대신들과 더불어 거국적으로 진행하였다(삼하 6:1-2). 그러나 오랫동안 이스라엘을 침식해 왔던 영적 무지가 일순간에 벗겨질 리는 없었다. 그들의 무지는 충격적인 결과를 빚어내고, 그렇게 됨으로써 그들은 하나님에 대한 새로운 인식을 갖게 되었다.

본래 하나님의 궤를 운반하려면 레위인 중에서도 선택된 제사장들이 어깨에 메어서 운반해야 했다(신 31:9; 수 3:3). 그런데 이렇게 수레에다 언약궤를 싣는 방식은 하나님께서 내리신 규례에 어긋나는 방법으로, 하나님의 심판에 당황한 블레셋 사람들이 법궤를 취급했던 방식이었다(삼상 6:7).

다윗과 그에 의해 선발된 사람들의 지휘로 이 일이 수행되었음에도, 하나님의 궤를 취급하는 방법과 태도에 있어서 중대한 실수를 저지른 것이다. 이 일이 진행되는 과정들에서 하나님의 법에 대한 무지가 드러나고 있다. 이 실수는, 전혀 자연적인 현상이라고는 판단할 수 없는 소들의 난동亂動에 의해 현실적으로 자각되게 되었다.

율법의 규례를 보면 법궤는 레위인 제사장이 옮겨야 할 뿐 아니라, 그 외의 사람은 손을 대지 못하도록 경고하고 있다(출 25:12-14; 민 4:5, 6, 15).

"여호와께서 웃사를 충돌衝突하시므로(개정 : 치시므로)"(삼하 6:8)의 '충돌하다'란 말은 히브리 어로 'פָּרַץ פֶּרֶץ 파라쯔 페레쯔'로 갑자기 생명을 앗아간다는 의미로 쓰였다.

웃사의 잘못은 법궤가 굴러서 수레에서 떨어지는 것을 막으려는 선한 의도가 있던 것이 아니라, 단순한 감정으로 법궤를 만진 사실에 있다. 웃사의 이 행위 하나로, 다윗을 중심으로 한 정치·종교 지도자들의 무지했던 소치가 하나님의 심판을 받게 되었다.

수레를 끄는 소들이 날뛰므로 흔들리는 법궤를 잡으려 했던 웃사의 행위는 인간적으로 볼 때 잘못이 없다. 그러나 그 행위는 하나님의 말씀(민 4:15)에 정면正面으로 위배되는 것이다.

신적 영광의 보좌요, 여호와의 보이지 않는 임재의 가시적인 표상인 법궤를 만진 사실은 거룩하신 하나님의 위엄을 범하는 것이 되었다. 하나님은 인간의 보호를 필요로 하실 만큼 연약하거나 불완전하지 않다. 인간적인 선부름은 오히려 하나님의 뜻을 그르치기 일쑤이다.

하나님의 일을 할 때에 인간적 기준의 생각과 원칙보다는 먼저 하나님의 말씀을 따르도록 해야 한다(엡 6:4; 딤후 3:15-17). 하나님께서는 자신의 '거룩하심'을 침해하는 자를 향하여 급속한 죽음의 형벌을 내리신다.

다윗이 분忿한 것은 하나님께 대해서가 아니라, 웃사에게 떨어진 재앙에 관해서였다. '분忿'에 해당하는 히브리 어 'חָרָה 하라'는 '진노하사'와 같은 단어이다(삼하 6:7). 그러나 여기에서는 흠정역이나 공동 번역처럼 '마음이 언짢아, 몹시 마음이 걸려'라는 의미가 강하다.

이는 다윗이 스스로에게 또는 자신이 하는 일 위에 이 재앙이 가해진 것으로 여겼기 때문이다. 그가 법궤를 옮기기로 작정했을 뿐만 아니라 예루살렘으로 끌고 갈 것도 계획했기 때문에 웃사의 죽음의 원인을 자기의 계획에 가해진 재난으로 생각할 수밖에 없었으므로 다윗은 흥분하고 당황한 나머지 이러한 여호와의 심판이 실재적이고도 심오한 근거를 알아차리지 못했다.

좀 더 정확하게 말하자면, 다윗이 "여호와를 두려워하여"(삼하 6:9)라는 것으로 보아 자기의 실수와 무지에 대한 책임감을 통감痛感한 후 드러낸 감정이라 생각된다. 이에 다윗이 여호와의 궤를 다윗 성으로 메어 가기를 꺼려하여 언약궤는 가드 사람 오벧에돔의 집으로 메어 갔다.

② 예루살렘의 언약궤

오벧에돔과 그 집안은 하나님의 궤를 거룩하게 보존하였기에 하나님으로부터 축복을 받았다. 웃사에게는 법궤로 인하여 진노를 내리셨던 것과 대조적으로 "오벧에돔과 그의 온 집에 복을 주시니라."(6:11) 함은, 하나님께서 진노하시고 심판하심은 궁극적으로 은혜와 자비를 베풀기 위함이었음을 보여 준다.

여기에 축복과 저주의 갈림길이 있다. 하나님의 거룩하심은 그 백성의 진정한 행복을 위한 것이었다. 이 소식을 들은 다윗은 하나님의 진노가 거두어졌음을 확인하게 되었다. 하나님의 은혜가 도래到來함을 보고서야 기쁨으로 궤를 다윗 성으로 옮기게 된 것이다.

다윗이 1차 법궤 운반에 실패한 후 3 개월 만에(삼하 6:11), 재차 법궤를 운반하고자 시도하게 된 동기는 첫째, 1차 운반 시도가 실패하게 된 이유를 깨달았기 때문이다(대상 15:2, 12, 13). 둘째, 법궤를 모시고 있던 오벧에돔의 집이 큰 축복을 받았다는 소식을 들었기 때문이다.

다윗의 명령에 따라 여호와의 궤를 메고 그 첫걸음을 신중하게 떼어 놓기 시작했다. 하나님의 뜻을 파악하려는 진지한 태도였다. 궤를 멘 사람들은 제사장 사독과 아비아달, 레위인 우리엘, 아사야, 요엘, 스마야, 엘리엘, 암미나답 등 8 명이었다(대상 15:11). 무려 여섯 걸음을 옮길 때까지 아무런 재난이 없었다.

이에 다윗은 이 일을 하나님께서 인정하신 것으로 확신하고 일종의 봉헌식奉獻式을 올렸다. 이러한 다윗의 봉헌식은 약 40 년 후 그의 아들 솔로몬의 성전 봉헌식(왕상 8:1-66)을 방불하게 할 정도로 거국적이며 열熱과 성誠을 다한 종교 의식으로서 하나님을 진정한 통치자로 모신 다윗 왕국의 힘찬 발진發進을 의미하는 것이었다.

*** 법궤 봉헌식 (삼하 6 : 17, 19)**

a) 번제와 화목제를 드렸다(대상 16:1).
b) 백성을 축복하였다(대상 16:2).
c) 참석자들에게 떡, 고기, 건포도 떡을 나눠 주었다(대상 16:3).
d) 레위 사람 아삽 외 9 인을 세워 악기를 연주하게 했다(대상 16:4-6).
e) 다윗이 감사 노래를 불렀다(대상 16:7-36).
f) 언약궤를 섬길 자를 임명하였다(대상 16:37-42).

g) 봉헌식을 마침으로 다윗과 모든 백성들이 귀가하였다(대상 16:43).

이 법궤 운반이 얼마나 감격스럽고 중요한 행사였는가는 다윗이 자신의 위신을 생각하지 않고 춤을 추며 큰 축제를 벌였던 사실을 통해 알 수 있다. 법궤는 하나님의 임재를 상징한다(출 25:22; 30:6; 삼하 6:2). 다윗은 만군의 하나님을 자기 왕국의 참된 왕으로 모신다는 사실에 대하여 그처럼 감격했던 것이다.

하나님의 궤를 옮기는 일에 있어서 다윗의 기쁨과 감격은, 시 24편에서 찬양과 환희로 표현되어 있다. 다윗은 축제 행렬 속에서 통치자로서보다는 제사장으로서 하나님을 기뻐하였다. 그것은 오직 하나님만이 이스라엘의 진정한 왕이요, 통치자임을 인정하고 경배하고자 한 행동이다. 다윗은 그러한 하나님 앞에서 꾸밈없이 즐거워하고 춤을 춘 것이었지, 하찮은 인간들 더구나 미갈 같은 여자 앞에서 추태를 부린 것이 아니었다.

하나님께서는 미갈의 아비인 사울과 그 온 집을 버리시고 다윗을 이스라엘의 주권자로 세우신 것은, 이스라엘의 왕은 다른 이방의 왕들과는 달리 인간적인 권위와 체통을 세워 처신하는 것보다 더 중요한 원리가 있다는 것을 나타내시고자 함이었다. 그러한 원리는 하나님을 제대로 알고 그분의 통치를 인정하며, 자신은 단지 그 통치의 대리자일 뿐임을 깨닫는 것이었다.

하나님께서 사울을 버리신 것은 하나님의 쓸모에 부적격자였으며 오히려 하나님의 뜻에 대적하는 자였기 때문이었다. 그런데도 미갈은 자기 아버지 사울에게서 보고 배운 바대로 왕의 지위와 위신을 더 우선적으로 생각했던 것이다. 인간 앞에서의 체통과 위신보다는, 오히려 절대자인 하나님 앞에서의 순수하고 꾸밈이 없는 다윗의 감정 표현이, 하나님이 인정하시는 참된 왕의 겸손하고 솔직한 모습이었다.

하나님의 진노를 깨닫고 그 잘못을 돌이킴은 하나님의 백성이 해야 할 마땅한 도리이다. 그런데도 하나님은 당연히 순종을 이유로 값진 은혜와 복을 내리신다. 인간 존재의 진정한 의미는 하나님의 일을 제대로 수행함에서 찾게 되는 것이다.

이리하여 다윗은 1차 운반 시도 실패의 좌절을 자성과 신앙으로 잘 극복했을 뿐만 아니라 겸손히 하나님의 규례를 따름으로써 종교적 숙원이었던 법궤의 예루살렘 안치에 성공하였다.

③ 다윗의 언약

다윗 성으로 하나님의 궤를 옮겨 온 다윗은, 이제 하나님의 전殿을 건축할 계획을 세운다. 다윗으로 하여금 하나님의 임재와 경배를 위한 성전 건축을 계획하게 한 것은 이스라엘의 온전한 회복을 예시한 것이다. 이 모든 상황은 다윗의 업적이 아니라 오직 하나님의 은혜였다.

이러한 사실은, 하나님께서 친히 이스라엘의 모든 대적을 파破하셨기 때문에 다윗 왕의 통치 하에서 온 이스라엘이 평안했다는 기록에서 알 수 있다(삼하 7:1). 다윗은 다만 하나님께서 자신에게 맡긴 왕국의 통치 대리자로서 역할에 신실하게 순종했을 뿐이다. 하나님의 통치가 온전하게 이루어질 때 진정한 평화와 행복이 도래하게 된다.

성전聖殿이란 하나님께서 임재하시고 거처하시기 위하여 사람이 마련한 곳이 아니다. 오히려 하나님께서 자비와 긍휼을 베푸시사 자기 백성을 위하여 거룩한 곳을 정하여 임하시는 장소이다. 이러한 사실은 하나님께서 어떤 특정한 장소에 한정되어 그곳에서만 임하신다는 것이 아니라, 그 백성에게 은혜를 베푸시고자 하나님께서 직접 절차와 장소를 정하신다는 것이다.

사무엘하 7장은 다윗 언약의 장이다. 이 언약으로 말미암아 다윗의 자손인 솔로몬의 사역使役과 번영이 제시되고 더 나아가 인류의 구속자이시며 하나님 나라 건설자이신 메시야가 예언되었다.

그의 왕국(신앙 공동체, 교회), 그의 성전(좁게는 그리스도의 육체, 넓게는 성도들로 이루어진 교회 ▸ 요 2:19; 고전 3:16-19)이 계시되어짐을 볼 때, 본 장은 메시야의 도래가 시작되는 신약을 이해하는 데 있어 필수적인 배경을 제공하는 셈이다.

본 장의 내용은, 언약 체결의 배경(1-3절), 언약의 체결(4-17절), 언약에 대한 다윗의 감사 기도(18-29절) 등으로 구성되어 있다.

＊다윗 언약 체결의 배경

a) 다윗이 온 이스라엘의 왕으로 기름 부음을 받음(삼하 5:3).
b) 예루살렘이 이스라엘의 수도로 결정되었음(삼하 5:6-10)
c) 법궤를 바알레유다에서 예루살렘으로 옮김(삼하 6장)
d) 하나님께서 다윗에게 평안을 허락하심(삼하 6:1)
e) 다윗이 법궤를 모실 성전 건축의 소원을 가짐(삼하 6:2, 3)

다윗의 성전 건축 의사에 대하여 하나님께서는 선지자 나단에게 지시한 말씀은, 하나님의 무소부재無所不在하심, 다윗의 번영에 대한 약속, 솔로몬에게 성전 건축을 대신 위임함이다. 결국 다윗 성전 건축 의사는 거절되었다(대상 28:3).

그러나 여기서 우리가 유의해야 할 점은 다윗이 단순한 성전 건축의 부적격자로 거절된 것은 아니라는 사실이다. 그는 어떤 의미에서 성전 건축보다는 더 중요한 '신성神聖한 언약言約'을 체결하는 당사자이기 때문이다(삼하 7:12-16).

하나님께서 성전을 건축하려는 다윗의 마음을 가상히 여기면서 허락해 주신 3 가지 약속(9, 11a, 11b절)을 생각할 때 다윗은 직접 성전을 건축한 자나 다름없는 큰 축복을 받았음을 알 수 있다.

다윗의 진실한 마음을 꿰뚫어 보신 하나님께서는 그의 섣부른 제의는 거절하셨지만 그의 충성스런 열정을 받으시고 그에게 풍성한 은혜를 허락하셨다. 이처럼 하나님께서는 인간에게 완전한 것을 요구하시는 것이 아니라 각자의 수준과 재능과 여건에 따라 최선을 다하는 진지한 삶을 요구하신다(마 25:14-30; 롬 12:3; 엡 4:7).

선지자 나단으로부터 성전 건축에 관련된 말씀을 전해 들은 다윗이 하나님께 드린 감사 기도의 내용은, 주의 언약에 대한 감사와 과거에 행하신 주의 기사奇事에 대한 감사, 미래에 이루어 주실 주의 언약적 축복을 위한 간구이다.

다윗은 자기의 염원이 거절되었음에도 전혀 불평하지 않고 오히려 하나님께 감사의 기도를 드림으로써 신성한 언약의 당사자다운 신앙적인 면모를 보여 주고 있다. 은혜는 그것을 받는 자가 복이 되는 것이 아니라 그것을 받고 깨달아 감사할 줄 아는 자에게 가치가 있고 복이 된다.

또한 다윗은 과거에 베풀어 주신 하나님의 능력과 기사奇事를 회상하면서 하나님을 찬양한다. 여기 회상되고 있는 하나님의 과거 역사役事는 4 가지로 볼 수 있다(삼하 7:18-24).

첫째, 다윗 자신과 자신의 가문에 대한 축복이다(21절).
둘째, 이스라엘을 구속하심(23a절) - 출애굽의 감격은 모든 세대 신앙인의 기쁨이요 감사이다.
셋째, 광야에서의 40 년 여정과 가나안 정복에 관련하여 하나님께서 행하신 숱한 이적들이다(23b절).
넷째, 이스라엘을 영원한 주의 백성으로 삼으심 - 다윗 이전에 체결된 모세 언약의 내용이다(출 19:5, 6; 레 26:12).

이러한 하나님의 과거 역사役事는 오늘날 우리 성도들에게도 마찬가지로 적용된다. 왜냐하면, 과거의 은총에 대해 참되고 깊은 감사를 드리는 자는 미래의 축복을 받을 만한 준비가 된 자라고 할 수 있기 때문이다.

"내가 너를 위하여 집을 세우리라."라고 하신 하나님의 말씀에 근거로 다윗은 미래에도 하나님께서 자신의 가문에 변함없이 축복을 주시기를 간구하고 있다. 결국 다윗은 하나님께서 자신의 성전 건축을 거절하신 대신에 축복하셨던 그 모든 약속들이 이루어지기를 간구하였던 것이다(삼하 7:25-29).

* 위대한 영적 의미를 내포한 다윗과의 언약(삼하 7장)

a) **메시야의 인성**(12절) : 메시야는 육체적인 면에서 다윗의 자손으로 오신다(마 1:1; 롬 1:3).

b) **메시야의 신성**(14절) : 메시야는 참 인간인 동시에 하나님의 아들 곧 하나님으로서 임하실 것이다(시 2:7; 막 1:1; 롬 1:4).

c) **성육신**(13절) : 성전은 하나님 임재의 상징이었다. 그런데 예수 그리스도의 성육신이야말로 하나님 임재의 극치였다(마 10:45).

d) **영원한 왕국**(13b, 16절) : 다윗 왕국으로 예표된 메시야 왕국은 영원할 것이다(사 9:6-7; 눅 1:32-33).

e) **은총의 왕국**(15절) : 인간의 노력이나 공로가 아닌 하나님의 '은총'만이 지배하는 나라가 될 것이며 인간의 범죄로 인하여 몰락하는 불완전한 나라가 아니다(사 55:3).

2) 다윗의 침체기

정치적인 면에서(삼하 1-5장), 영적인 면에서(삼하 6-7장), 군사적인 면에서(8-10장) 승리를 구가謳歌해 온 다윗의 생애가 밧세바 범죄 사건으로 인해 급전직하急轉直下되어지는 것이다. 결국 다윗은 선지자 나단의 충고를 듣고 철저히 회개하게 되지만 자신의 범죄가 파생派生시킨 가정적, 국가적 재난으로 말미암아 큰 어려움을 겪지 않으면 안 되었다(12-20장).

(1) 다윗의 범죄

① 밧세바와 우리아

암몬 족속과 이스라엘과의 전쟁이 계속되어 한 해가 지났음을 보여 준다(삼하 11:1). 아람의 원병援兵으로도 이스라엘과는 상대가 되지 못했다. 이 시기는 다윗이 예루살렘에 도읍을 정한 지 10여 년이 지났을 때로 추정된다. 아람 연합군이 암몬 지원을 포기한 후(삼하 10:19), 암몬은 수도 랍바가 포위되고 함락陷落 직전에 놓이게 되었다.

전세戰勢는 완전히 판가름이 나서 전쟁의 나머지 진행은 군대 장관 요압이 혼자 처리해도 될 수 있을 정도였다. 그래서 다윗은 여유만만餘裕滿滿하게 승리를 확신하고 예루살렘 왕궁에 머물러 있었다. 여유가 생기면 나태해지고, 영적 분별력이 둔감해지는 것이 인간의 생리이다.

환난과 역경의 때보다는 평안한 환경에 놓여 있을 때, 실수하거나 유혹에 넘어가기 쉽다. 하나님의 백성은 언제든지 하나님에 대해 예민하게 반응할 수 있도록 긴장하며 살아야 한다.

다윗은 낮잠을 자고 저녁 시간에 왕궁 지붕을 거닌 것으로 볼 수 있다(삼하 11:2). 낮잠은 낮의 기온이 높은 팔레스타인 지방의 습관으로 볼 수 있으나(왕상 18:27), 국가적으로 초긴장 상태에 있던 당시의 상황으로서는 비정상적인 것이며 결국 그의 영적 상태가 나태해져 있음을 대변해 주는 것이었다.

당시 다윗의 궁은 시온 산의 높은 곳에 위치했으므로 인근에 사는 평민의 집 안마당을 잘 내려다볼 수 있었다. 따라서 자기 집 안마당에서 목욕하는 밧세바의 행위는 무례無禮한 것도, 다윗을 유혹하려는 행위도 아니었다. 이 범죄의 원인은 다윗 자신에게 있었다(약 1:13-25).

그는 안목眼目의 정욕에 휩싸여 밧세바를 유혹했던 것이다(창 3:6; 13:10). 이처럼 시각視覺 간음으로부터(수 7:21; 마 5:28) 시작된 그의 범죄는 미혹迷惑에 이끌려 올바른 판단력을 잃고(잠 23:31-33) 마침내 행동화된 간음을 자행恣行했던 것이다(신 27:21).

다윗은 자신으로 말미암아 밧세바가 잉태한 사실을 숨기기 위해 두 차례에 걸쳐 교활한 수법을 동원하고 있다. 즉, 전장에 있었던 밧세바의 남편인 우리아를 소환하여 밧세바와 동침하게 함으로써 밧세바의 잉태가 그 남편으로 말미암은 것처럼 위장僞裝하려 했던 것이다.

다윗은 하나님과의 관계가 완전히 무너진 채 인간적인 방법을 동원하여 자신의 범죄를 은폐하기에 급급하였다. 이에 대한 우리아의 생각은 전장에 있는 언약궤와 이스라엘과 유다의 군사에 있었던 것이었다.

언약궤를 전장에까지 내보내는 것은 하나님의 뜻을 묻는다는 신앙적인 의미보다 그 궤를 통하여 병사들의 사기를 고조시키기 위한 군사적 의도가 더 짙은 행동이다(삼상 4:3; 14:18). 하나님은 장소를 초월하여 이스라엘과 함께하시며 그들을 위해 힘쓰고 계신다(수 1:9).

결국 다윗은 거듭되는 승리에 의해 군사, 정치적 수완은 진일보했을지 모르나 신앙적으로 점점 무지無知해 가고 있다. 다윗은 우리아의 충성된 말에 자신의 허물을 깨닫고 회개했어야 했다. 2차에 걸친 범죄 은폐의 시도가 무위로 돌아가자 다윗은 3차 시도로써 우리아 살해를 계획한다. 그는 요압에게 편지를 보내어 우리아를 전쟁에서 죽게 하도록 하는 매우 교묘하고 사악한 방법으로 청부 살인을 자행恣行하였던 것이다(삼하 11:14-17). 다윗의 죄는 고의적이고 계획적이라는 데에서 큰 심각성을 안고 있다. 다윗은 정욕으로 인해 권력을 남용하고 율법을 무시함으로써 한 가정과 하나님의 법질서를 동시에 파괴하였다.

② 회복과 은혜

하나님께서는 거의 일 년 동안을 다윗이 하는 대로 방관하셨다. 이러한 내용은 다윗이 밧세바에게서 아들을 낳게 되었다는 기록에서 확인할 수 있다. 그 아들의 출생은 다윗의 죄악을 부인하거나 은폐할 수 없는 확실한 근거가 되었다.

하나님은 다윗의 행위에 대해 전혀 무관심하신 것이 아니다. 그동안 그로 하여금 양심의 큰 고통을 겪게 하심으로써, 선지자의 책망을 받아들일 수 있도록 마음 상태를 준비시키신 것이다. 다윗이 겪은 양심의 가책과 심령의 고통은 시 32편과 51편에 생생히 묘사되어 있다.

하나님의 백성은 자신의 죄악에 대해 본성적으로 갈등과 고민을 일으키게 된다. 그것은 하나님의 생명이 그 안에 있기 때문이다. 선지자 나단은 우리아를 죽이고 그의 아내를 취한 것이 하나님의 말씀을 멸시하는 일이라고 책망하였다.

하나님의 말씀을 업신여기는 것은 곧 하나님 자신을 멸시하고 모독하는 것임을 강조하여 다윗을 엄중하게 꾸짖었다. 하나님 앞에서는 드러나지 않을 것이 없으며, 여호와 앞에서는 감추일 것이 없다.

범죄 은폐를 위한 다윗의 치밀한 노력에도 불구하고 하나님께서는 이미 다 아시고 계셨으며, 마침내 자신의 심부름꾼인 선지자를 보내사 그 흉악한 죄악을 칼날같이 지적하셨다.

다윗이 자신의 죄악을 은폐하려던 그 죄까지 철저하게 심판하실 것을 선언한다. 남의 처妻를 빼앗은 사실에 대해서는 다윗도 처妻들을 빼앗기게 될 것이고, 은폐하려던 악행의 대가로 환한 대낮에 다윗이 수치를 당하게 되리라는 것이었다. 하나님의 공의로운 섭리에는 예외가 없다. 다윗의 범죄로 말미암아 하나님을 대적하는 원수들이 모욕하고 멸시할 근거가 생기게 되었다. 하나님의 영광과 명예를 위하여 세움을 받은 다윗이 오히려 하나님을 모욕하고 조롱 받게 한 것이다.

다윗의 죄악은 다윗 자신과 그 집안의 몰락을 가져왔을 뿐 아니라, 다윗에게 걸린 하나님의 명예를 땅에 떨어뜨려 대적들에게 조롱거리가 되게 하였다. 다윗의 불륜 행각으로 태어난 아이에게 심판이 임했다. 다윗은 그 심판이 행여 거둬질까 하여 하나님께 금식하며 밤새도록 간구하였다.

이제야 다윗은 자기의 죄악을 인정하고 하나님의 긍휼과 자비를 더욱 사모한 것이다(삼하 12:22). 하나님께서는 다윗의 범죄를 처리하심에 있어서 공의와 동시에 사랑을 드러내셨다. 하나님께서는 왕국의 질서를 분명하게 확립시키기 위하여, 죄악의 결과로 밧세바에게서 난 아들을 제거하셨다.

이는 다윗에 대한 하나님의 징계의 표현이었다. 그와 동시에 하나님께서는 율법에 의한 마땅한 죽음을 내리지 아니하시고 다윗을 살려 두심으로 용서하신 것이다. 이에 대한 다윗의 깊은 참회와 신앙은 시 51편에 고백되었다. 다윗은 밧세바 사건을 통하여 새로운 하나님의 은혜를 체험하게 된 것이었다.

아이의 죽음에 대한 소식을 접接한 다윗은 자기의 범죄에 대한 하나님의 징계의 손길을 분명히 깨닫고 자기의 죄악들을 솔직하게 인정하는 단계에 이른다. 또한 자기를 살려 주시고 회개하게 하시는 하나님의 긍휼하심을 깊이 체험하고, 그 하나님께 자신을 새롭게 드리고 의지하는 의미로 경배하였다.

다윗은 자신의 행·불행에 관계없이 하나님이 하시는 일을 받아들였으며, 겸손과 순종의 자세로 변화되었다. 이러한 태도는 운명론적인 체념과는 달리, 조물주의 권위적인 통치를 받는 피조물인 인간이 조물주의 엄숙한 결정을 받아들이는 태도이며, 자기의 분수와 책임을 명확히 인식한 태도이다.

그리스도인은 슬픈 일을 당했을 때에도 그 사건의 배후背後에 있는 하나님의 손길을 인식해야 한다. 인생의 모든 용기와 희망은 그분께 달려 있는 것이다.

하나님으로부터 긍휼矜恤을 입은 다윗은 그의 아내 밧세바에게 그 긍휼을 전하였다. 하나님께서 위로하시는 것만이 인간에게 진정한 위로가 될 수 있다. 다윗은 단순한 남편으로서 아내를 달랜 것이 아니다. 자기가 체험한 사죄와 구원, 그리고 이를 허락하신 하나님의 사랑과 긍휼을 밧세바로 하여금 체험하게 한 것이다.

이 위로는 다윗과 밧세바가 이루는 가정의 새로운 출발을 하기 위한 터전이 된다. 다윗의 범죄로 다윗과 그 집안은 하나님의 심판을 겪었다. 우선적으로 불륜의 소생인 아이가 희생제물이 되었다. 그러나 이제 하나님의 경이로운 은혜로 말미암아 다윗 왕가가 회복되는 계기를 맞는다. 밧세바에게서 솔로몬이 출생한 것이다.

솔로몬은 '평강, 평화'라는 뜻의 히브리 어이다. 그는 불행한 다윗 왕가에 진정한 평안을 가져왔다. 하나님께서 그를 사랑하심은 이 평안이 하나님으로부터 비롯되었음을 나타내 준다. 한 가정의 평강에 그치는 것이 아니요, 하나님이 경영하시는 하나님 왕국 전체에 진정한 평화가 이룩될 것을 예시해 주고 있다.

'여디디야'는 하나님의 은혜로운 약속을 나단을 통해 계시해 준 솔로몬의 이름이다. 즉, '여호와께서 사랑하시는 자'이다. 다윗 왕국의 회복과 함께 그에 따른 암몬과의 전쟁이 끝났다.

(2) 다윗 왕가의 범죄

암몬 족속과의 전쟁과, 그 기간 중에 있었던 다윗의 범죄와 그에 대한 하나님의 심판, 그리고 긍휼을 베푸사 솔로몬을 주신 후의 일이다(삼하 13:1). 사무엘하 13장의 이 서두序頭는 12장의 배경에 의한 사건임을 예시하고 있다.

① 암논

암논의 누이동생 다말에 대한 겁간劫姦 사건이 일어난 이때는 다윗 왕국이 새로운 출발을 하는 한편, 이미 돌이킬 수 없는 하나님의 심판이 다윗 집안에 쏟아지기 시작하는 때였다. 뿌린 대로 거두는 것은 하나님의 법칙 중 가장 철저한 것이었다. 그 당시 다윗은 약 53 세, 암논은 22 세, 압살롬은 20 세, 다말은 15 세, 그리고 솔로몬은 2 세 정도로 추정된다.

아마도 다윗 통치 기간(약 25 년)의 중반기에 해당되었을 이때에, 다윗 왕국은 왕가의 내분이라는 위기를 맞게 되었다. 이 모든 원인은 다윗에게 있었다. 다윗은 자식들에게는 훌륭한 모범도 되지 못했고, 그들을 철저하게 교육시키지도 못했던 것 같다.

암논은 다윗이 헤브론에서 낳은 맏아들로 이스라엘 여인 아히노암의 소생이다(삼하 3:2, 내상 3:1). 다윗에게는 사울의 딸 미갈, 아히노암, 나발의 아내였던 아비가일, 마아가, 학깃, 아비달, 에글라, 그리고 우리아의 아내였던 밧세바 등의 아내들이 있었다. 아들로는 암논, 길르압, 압살롬, 아도니아, 스바댜, 이드르암, 밧세바의 소생인 시므아, 소밥, 나단, 솔로몬이 있었으며, 이 외에도 아홉 명이 더 있었다.

다윗의 범죄 이후 다윗 왕가의 영적 수준이 어떠했는가를 적나라하게 보여 준다. 다윗과 암논의 범죄의 양상이 비슷한 것은 우연이라기보다는 당시의 이스라엘의 생활상이 그러했음을 나타낸다. 뿐만 아니라 다윗의 범죄에 대한 하나님의 심판이 집행된 것이기 때문에, 한 치의 오차도 없이 그대로 보응을 받게 된 것이다.

밧세바와의 간통 사건으로 인해 다윗에게 내려진 경고의 예언 곧 "칼이 네 집에 영영히 떠나지 아니하리라."(삼하 12:10)라는 말씀이 서서히 실현되며, 이로 인한 다윗가家의 갈등은 계속적으로 심화深化되어 갔다.

이복 형제 암논의 다말에 대한 근친상간의 범죄(레 18:19; 20:17)는 단순히 종교적, 윤리적 범주를 넘어 언약의 머리 되는 다윗을 넘어뜨리려는 여호와의 원수의 훼방(삼하 12:14)으로 보아야 한다.

암논은 압살롬의 신하들에 의해 죽임을 당했다. 장차 다윗 왕의 후계자로서 이스라엘의 왕이 될 자가 자기 죄악 때문에 죽임을 당하게 된 것이다. 이러한 사실을 보더라도 다윗 왕국의 대물림은 자연적인 혈통으로 이어지는 것이 아님을 알 수 있다. 하나님의 왕국은 하나님께서 선택하신 자들만이 그 백성이 될 수 있고, 그 나라의 왕이 될 수 있는 것이다.

② 압살롬

누이동생 다말의 일에 대하여 암논에게 보복 살인한 사건을 계기로 해서, 압살롬은 다윗 왕국사의 어두운 일면을 장식하는 한 인물로 등장하게 된다(삼하 13:1-19:14). 다말 사건에 대하여 다윗이 익히 알고 있었음에도, 압살롬이 암논에게 직접 복수한 사실은 다윗이 이 일을 바르게 처리하지 못한 데서 비롯되었다.

이러한 다윗의 실정失政은 결국 암논의 죽음과 압살롬의 망명이라는 비극적인 결과를 낳았다. 왕위 계승 문제에 있어서 다윗의 심중에 내정하고 있는 계승자는 압살롬이었다. 장자 암논이 이미 죽었으므로 살아 있는 자들의 왕위 계승 문제에 암논의 일을 염두에 둘 필요가 없었기 때문이었다.

그러나 많은 아들 중에서 다윗이 압살롬을 그 심중에 두었다는 사실은 자기 가정을 다스리는 다윗의 다스림이 정의롭지 못함을 드러내고 있다. 과거 다윗은 우리아를 고의적으로 살해하고 그의 처를 빼앗음으로써 하나님의 징책懲責을 받은 적이 있었음에도 불구하고, 사사로운 정情에 이끌려 왕위 계승 문제를 정하고 있었다.

그러나 이스라엘 왕으로 하나님이 선택한 사람은 암논이나 압살롬이 아니라 솔로몬이었다. 다윗이 하나님의 뜻을 잘 파악했다면 암논에게나 압살롬에게나 공의와 사랑으로 다스려야 했다.

그러므로 다윗은 암논의 악행에 대하여 눈감아 줌으로써 압살롬의 악행을 불러들였으며, 더구나 그 두 사람의 소치가 하나님의 뜻이나 이스라엘 신정 국가의 왕으로서는 어긋나는 행동이라는 사실을 인정하지 못함으로써 내전內戰이라는 큰 불행을 겪게 되었다.

압살롬이 요압으로 인해 다윗 왕궁으로 왔어도 그의 죄과가 용서된 것은 아니었다. 압살롬은 3 년 간의 망명 생활 끝에 예루살렘으로 환궁하기는 했지만(삼하 13:38) 다시 2 년 동안 왕의 얼굴을 보지 못하는 일종의 미복권未復權 상태에 처해 있었다.

이때 압살롬은 자기의 과오를 뉘우치고 근신해야 했을 것이나 도리어 부친 다윗에 대하여 반감을 품기 시작했다. 그가 요압에게 다윗과의 화해를 주선하도록 강권한 것도 사실상 반역 음모를 구체화시키기 위한 동기에서 이루어졌다. 압살롬의 반역 사건은 나단 선지자를 통한 경고 예언(삼하 12:10-12)의 부분적 성취라 할 수 있다.

연속되던 다윗 집안의 범죄들(간음, 살인 등)은 이제 다윗에게 직접적이고 뼈아픈 영향력을 행사하기 시작했다. 즉, 압살롬의 반역과 왕위 찬탈簒奪은 다윗으로 하여금 또 한 번의 유랑 생활을 하게 했으며, 압살롬의 죽음을 통해서야 비로소 환궁할 수 있게 되었다. 이처럼 인간의 범죄는 하나님 앞에서 그에 합당한 징벌을 받는다(겔 18:4).

3) 다윗의 교훈

(1) 삼 년 기근

사울이 기브온 사람들에게 행한 범죄 때문에 임했던 다윗 시대의 3 년 기근에 얽힌 사건들이다(삼하 21:1-4). 이 기근은 압살롬의 반란이 있기 전, 요나단의 아들 므비보셋의 생사를 확인한 후에 일어난(삼하 9:6; 삼하 21:7) 것으로 추정된다. 아무튼 이 기록은 연대기적 기술記述과는 상관없이 다윗의 치세 중에 발생한 여러 사건 중의 하나이다.

사울이 기브온 사람에게 행한 범죄의 내용은 자세히 알 수 없으나, 여호수아 시대에 기브온 사람과 맺은 언약(수 9:15-21)을 위반한 것이었음이 분명하다. 이에 대해 다윗은 사울의 가족 일곱을 취하여 기브온 사람들의 손에 죽게 했는데, 이는 비록 이방인과의 맹세라 할지라도 반드시 그 맹세한 바 언약을 이행해야 함을 보여 줄 뿐만 아니라 언약에 철저한 하나님의 공의를 보여 준다.

이스라엘에 있어서 자연 재해는 단순한 자연적 변화 이상의 의미를 갖는다. 즉, 하나님께서는 종종 자연의 섭리를 통해 이스라엘 위에 자기의 뜻을 전하셨기에 그 재해는 백성들로 하여금 자신들을 돌아볼 수 있는 기회를 제공하였다(삼하 24장; 욥 42:1-6; 암 7:1-3).

특히 그중에서도 기근은 생명의 근원인 물을 단절하는 것이었기에 그 의미하는 바가 더욱 컸다(왕상 17:1-7; 왕하 25:1-7; 느 5:3; 애 4:4). 평상시에도 물이 부족한 이스라엘에 3 년 동안 가뭄이 들었다는 것은 바로 죽음을 뜻하는 것이었다. 이처럼 심각한 위기에서 인간은 항상 자신의 미약함과 한계성을 깨닫게 된다.

이 같은 상황 속에서 인간이 취할 수 있는 가장 지혜로운 행동은 자연의 창조자이시며 운행자이신 하나님을 향하여 부르짖는 것이다(시 50:15; 121:1, 2). 참 신앙인은 외부로 드러난 현상들에 집착하기보다는 그 현상 가운데서 말씀하시는 하나님을 바라본다.

다윗은 사울의 범죄를 자신의 범죄로 이해하였고, 그 기근이 하나님의 진노(수 9:19, 20)임을 알게 되었으며, 비록 하찮은 거류민인 기브온이라도 하나님께서는 그들의 호소를 듣고 계신다는 사실(시 10:17, 18; 약 5:4)을 발견하였다. 기브온 사람들은 그들의 생계를 보장 받는 것에 안주安住하지 않고 하나님의 법질서가 바로 서기를 요구했다(창 9:6; 출 21:20). 특별히 그들은 여호와 앞에서란 말을 통하여 그들의 요구가 개인적이고 감정적인 차원에서가 아니라 하나님의 공의를 만족시키려는 종교적인 소청임을 강조했다. 다윗과 요나단의 우정은 죽음 이후에도 계속되었다(삼하 9장; 삼상 19:3; 20:8, 14-17, 42).

다윗은 하나님의 이름으로 맹세했던 요나단과의 언약을 지키는 표로 7명의 살해자 명단에서 므비보셋을 삭제했다. 이 일이 진행된 후에야 이스라엘을 향하신 하나님의 진노가 종식되었다. 하나님은 인간과의 교제를 기뻐하신다(호 2:19-20).

그러나 그 교제에는 반드시 전제 조건이 따르는데, 그것은 하나님과의 교제를 가로막는 인간의 죄를 철저히 도말塗抹하는 것이다. 하나님은 죄인과 교제하시지 않고 회개한 죄인과 교제하신다(시 66:18; 사 59:2; 요일 3:21, 22).

한편, 이 기브온 사건이 사울 시대에 일어났음에도 불구하고 다윗 시대에 이르러서야 하나님의 징벌이 가해진 것은 이상한 일이다. 그러나 이러한 하나님의 심판 유보留保는, 이스라엘이 하나님 앞에서 시간과 인격을 초월한 단일 공동체이며, 아비의 허물이 자손들에게 영향을 미치게 되리라는 율법의 성취(출 34:7)인 동시에, 징계를 통하여 자신의 백성의 범죄 방지와 성숙한 신앙 인격을 갖추게 하시기 위한 하나님의 배려(약 1:2-4)와 인간의 죄는 언젠가 하나님의 공의로운 심판을 부르게 되어 있다(전 12:14; 고후 5:10)는 진리를 내포하고 있다.

(2) 구원의 하나님

다윗은 자신의 파란만장한 생애 가운데서 경험했던 하나님의 사랑과 은혜와 구원을 조금도 거침없는 상상력과 영감에 찬 내용으로 노래하고 있다(삼하 22:1-51). 그의 벅찬 감격과 희열은 그 노랫말을 초超시간적이며 우주적인 표현으로 가득 메우게 했으며, 그의 넘치는 신앙열熱을 통해 뿜어낸 찬미는 시대를 초월한 모든 신앙인들의 영혼의 노래가 되게 했다. 이 찬미는 시편 편자編者에 의해 가장 힘이 넘치는 시로 선정되었다(시 18편). 여하튼 기쁨과 감격이 넘치는 본 시詩의 흐름으로 보아 이 시는 다윗의 신앙이 가장 고조되었던 때(성전 건축 제안 및 다윗 언약이 체결된 때 : 삼하 7-8장)에 지어졌다고 보는 것이 무리가 없을 것이다.

① 여호와 하나님의 구원 역사(役事)

이 시詩(삼하 22:1-51)는 출애굽기 15:1과 민수기 21:17, 그리고 신명기 31:30에 실린 구원의 노래와 마찬가지로 구약에서 대표적인 구원의 하나님께 대한 찬양시이다(1절).

2, 3절에서는 구원하시는 여호와의 손길에 대한 다양한 묘사를, 4-7절에서는 언제든지 기도에 응답하시는 하나님을 나타내고 있다. 8-20절에서는 전능하시며 무소부재無所不在하신 하나님의 구원의 역사를 다양한 각도에서 묘사하고 있다.

본 시詩의 사실성(역사성)과 그 배경 및 취지를 소개한 표제문表題文은, 본 시의 주제를 여호와의 구원이라고 밝히고 있는데 특별히 사울의 손에서라는 구체적인 사건을 언급함으로써 막연하고 피상적인 시어詩語가 아닌 현장감 넘치는 언어로 하나님의 구원을 나타내고 있다(삼하 22:1).

이처럼 성도들이 노래하는 여호와의 구원은 결코 미래에 국한된 막연한 것이 아니라 과거와 현재와 미래를 통틀어 체험하고 확신한 바 곧 삶에서 구체화된 실존적인 구원의 노래여야 한다.

다윗은 본문에서 자신이 체험했던 상황과 그에 상응하는 하나님의 구원의 다양성을 강조하기 위해 팔레스타인의 지형을 통해 발견할 수 있는 것을 중심하여 여호와의 속성屬性을 반석, 요새, 건지시는 자, 하나님, 피할 바위, 방패, 구원의 뿔, 높은 망대, 피난처, 구원자 등의 10 가지로 비유하고 있다(삼하 22:2, 3).

이 비유에서 특이한 사실은 비유어譬喩語 앞에 반드시 '나'라는 1인칭 대명사를 사용하고 있다는 점이다. 이는 하나님께서 다윗 혼자만의 신神이라는 뜻이 아니라 그와 하나님과의 친밀한 교제를 강조하는 점이다.

하나님이 창조주요 세상의 주관자라는 사실을 믿지만 그분이 바로 '나의' 구원자이심을 믿지 못한다면, 하나님과 '나'와는 아무런 상관이 없게 된다(마 6:26).

구원하시는 여호와의 다양한 모습을 노래한 다윗은 곧이어 기도라는 통로를 통해, 자신이 경험했던 구원자와의 긴밀한 교제를 묘사하고 있다(삼하 22:4-7). 구약 시대의 성도들에게 있어서 하나님은 지엄至嚴하시고 권위적이시며 공의를 따라 철저히 다스리는 분으로 받아들여졌기 때문에 하나님과 인간 간에는 결코 좁힐 수 없는 커다란 간격이 놓여 있다고 대체로 믿어졌다.

그러나 다윗은, 하나님께서는 구체적인 삶에 찾아오셔서 그 형편과 처지에 따라 도움과 사랑을 베푸시는 분임을, 체험을 통해 간증했다(시 50:15; 59:10). 그가 이러한 구약적 한계를 떨쳐 버리고 하나님과 깊은 교제를 나눌 수 있었던 것은, 하나님에 대한 올바른 인식과 그분과의 개인적인 만남(욥 42:5)으로 인해 가능했다.

즉, 기록된 율법서나 타인의 가르침에만 의존해서 하나님을 이해한 것이 아니라, 그것들을 기초하여 자신의 삶 속에서 경험된 살아 계신 하나님을 인식할 수 있었던 것이다.

다윗은 신앙의 눈으로 하나님을 바라볼 때 하나님께서는 지상에 묶여 제한된 활동으로 그치는 분이 아니라 초超공간적이며 전능하신 분으로서 악인을 도말塗抹하시고 의인을 구원하시는 것을 깨닫게 되었다(삼하 22:8- 20). 특별히 이 부분에 강조되고 있는 것은 하나님께서 인간을 향하신 자기 계시의 수단으로, 또한 통치의 한 방편으로 자연을 사용하고 계신다는 사실이다.

이런 관점에서 자연은 스스로의 힘으로 조화를 이루어 나가는 것이 아니라 인간을 향한 하나님의 계시의 한 방편으로서 항상 수동적인 입장에서 있음을 알 수 있다(시 19:1-6). 우리는 흔히 자연을 통해 전달되는 하나님의 메시지를 일반 계시라 일컫는다(롬 1:19, 20; 2:14, 15).

여기서 다윗은 단지 자연의 변화와 거기에 관련된 하나님을 찬양하고자 한 것이 아니다. 그는 우주 전체의 요동과 위기 상황을 긴박감 넘치게 다루어 하나님께 범죄한 인간이 당하게 될 심판의 필요성과 그 심판이 지니는 파괴성을 강조하고자 했던 것이다.

더 나아가 그는 악인들의 심판을 통해 얻게 될 자신의 구원을 궁극적으로 바라보고 있었다. 그는 하나님을 천지의 주재자主宰者이신 동시에 자신의 구원자로서 확신하였다(롬 11:36; 고전 8:6).

이처럼 전 우주를 움직이시는 하나님께서 미미微微한 존재인 자신을 구원하셨다는 그의 고백은 하나님께서 천하보다도 자기를 의뢰하는 한 생명을 더 사랑하신다는 사실을 증명해 준다(마 6:25; 10:31; 16:26).

구약적인 의미에서 의義란 도덕적인 측면보다는 법적인 뉘앙스가 더 짙은 용어로서 하나님이 제시한 율법과 규범에 일치한 삶을 사는 것을 가리킨다. 즉, 하나님께서 제정하신 법도에 순응하느냐, 그렇지 않느냐에 따라 의義와 불의不義가 판가름 나는 것이다.

하나님만이 절대 의를 소유하셨기 때문에 인간에게 제시한 법도法道는 당신의 성품을 대변한 것으로서 의롭다. 이런 점에서 다윗이 자신의 의義와 정결과 완전함을 하나님께 보임으로 인해 하나님께서 구원하시고 은혜를 베푸셨다는 본문(삼하 22:21-31)의 말은 스스로 중생重生의 자격을 갖추었다는 교만의 의미로 이해되어서는 안 된다.

이는 그가 이미 구원 받은 자로서 하나님의 기쁘신 뜻을 좇아 살아간 사실에 대한 하나님의 보응報應(상급賞給)을 받았음을 가리킨다(창 7:9; 15:6; 22:12-18; 계 22:12).

② 여호와 하나님의 승리

앞서 제시한 하나님의 구원 역사役事를 좀 더 구체적으로 묘사하였다(삼하 22:32-46). 즉, 다윗은 전능하신 하나님께서 자신에게 힘과 승리를 제공하셨고 동시에 악인들을 철저히 징계하셨다고 고백했다.

이러한 사실은 비록 성도들이 인간적인 면에서는 무능한 존재에 불과하지만 그를 구원하시고 계속적으로 보존하시는 하나님으로 인하여 강건할 수 있다는 신앙적 확신을 제공한다(고후 10:4-8; 빌 4:13).

또한 다윗은 하나님께서 자신을 구원하시고 악인을 징벌하시는 궁극적인 목적이 모든 인류를 하나님의 권위 아래 복종시키기 위한 것임을 노래하고 있다(삼하 22:45).

이런 사실을 통해 하나님의 구원 역사役事에는 분명한 목적이 있으며(벧전 2:9), 하나님의 뜻은 범죄한 인류를 파멸하는 것이 아니라 구원하시려는 것이고(요 3:16), 종국終局에 가서는 모든 일이 조화를 이루어 하나님께 영광이 돌아가도록 함이며(롬 11:36), 그리고 이런 영광은 예수 그리스도로 인하여 성취될 하나님 나라를 예시한다는 데 그 의의가 있다는(빌 2:10-11) 진리를 발견하게 된다.

다윗은 자신의 찬양의 근거가 생존하시는 하나님이라는 사실을 밝혔다(삼하 22:47-51). 사실 그분의 살아 계심은 생명력 넘치는 그분의 속성屬性을 반영한 것으로서 아무런 희망도 없던 존재들에게 새 힘과 삶의 의미를 제공하기에 충분하다(딤전 6:16).

그러므로 생존하시는 하나님과 더불어 생활하는 자에게는 결코 낙심이나 두려움이 있을 수 없다(마 28:5, 6; 행 17:31). 그분의 살아 계심은 곧 성도의 안전과 생명과 기쁨을 의미한다. 그런 측면에서 영존永存하시는 하나님과 예수 그리스도의 부활을 믿는 우리의 입에서는 찬양이 끊어질 수 없다(롬 11:13-24; 계 1:4, 8, 18).

다윗의 고백은, "영원하도록 다윗과 그 후손에게로다."라고 끝을 맺는다. 이는 사무엘하 7:8-16에 언급된 다윗의 언약에 대한 재확인인 동시에 그 언약의 주재자이신 하나님께 대한 감사 찬송이다. 여기서 후손(זֶרַע 제라)이라 함은 다윗의 자손 모두를 일컫는 복수가 아니라 단수로서 하나님이 친히 그 아버지가 되어 주시겠다고 하신 다윗의 후계자를 가리킨다(삼하 7:14).

그런데 그 후계자는 솔로몬을 의미하지 않고 다윗의 자손으로 이 땅에 오실 예수 그리스도를 가리킨다(마 1:1; 12:23; 21:9). 그 같은 사실은 '기름 부음 받은 자' 또는 '영원하도록'이라는 수식어를 통해서 알 수 있다. 결국 다윗의 찬양의 지향점은 오실 메시야에게로 발견하게 된다(롬 1:3; 15:12).

이것은, 인류 구속의 완성자는 예수 그리스도 한 분뿐이시며(행 4:12; 15:11), 우리의 찬양의 대상 역시 구원자 예수와 그분을 우리에게 보내신 하나님이어야 함을 시사해 준다(고후 1:3).

③ 여호와 하나님의 찬양

하나님의 구원과 은혜를 노래했던 사무엘하 22장과 23:1-7은 시간적으로 상당한 차이가 있다. 즉, 전자가 노래의 활기찬 흐름으로 보아 다윗의 최전성기에 기록되었다면, 후자는 그의 인생을 마감하던 때, 곧 범죄 이후 하나님의 공의로운 섭리와, 그와 동시에 베풀어지는 그분의 사랑에 감격했던 상황을 기록한 것이다.

특히 이 고백적 찬양은 단순한 다윗 개인의 신앙과 감사를 다룬 것이 아니라 미래에 완성될 공의로운 메시야 왕국을 예언했다는 점에서 '선지자적 찬양'이라 일컬어지기도 한다. 다윗이 이러한 영적 노래를 할 수 있었던 것은 하나님의 감동에 의한 것이지만 구체적으로는 하나님께서 나단을 통해 제시해 주었던 다윗 언약(삼하 7:8-16)에 기초한다.

이처럼 다윗은 자신의 미천한 신분에도 불구하고 자신과 더불어 언약을 맺으시고 그 언약을 신실히 이행해 오신 하나님으로 인하여 자신의 시선이 현재와 이 땅이라는 제한된 정황 속에 머무르지 않고 자신의 가계家系를 통해 출생하게 될 공의로운 통치자와 그분의 사역을 예지豫知할 수 있었으니 이는 오직 하나님의 은총으로 말미암은 것이었다.

"다윗의 마지막 말"이라는 것은, 다윗의 전 인생을 요약하여 표현한 말이다. 특히 다윗을 "이새의 아들, 높이 올리운 자, 야곱의 하나님에게 기름 부음 받은 자, 이스라엘의 노래 잘하는 자"라고 한 것은 다윗의 약력과 특성을 간단 명료簡單明瞭하게 잘 요약, 제시하고 있다.

"마지막 말"이라는 말의 일차적 의미는 이 시편(삼하 23:1-7)의 마지막을 뜻한다. 그러나 혹자는 그의 임종 시에 그의 아들 솔로몬에게 주는 최후의 가르침과 교훈(왕상 2:1-10)으로 보기도 한다. 또는 다윗이 이스라엘 왕으로서 공식적으로 행한 마지막 말로 추정하는 경우도 있다.

어떻든 다윗의 생애를 요약하여 삽입했다는 것은 의미심장하다. 이는 다윗의 순결한 양심과 하나님께 대한 소명 의식에 따른 그의 최후의 공식 메시지라는 의미이다.

그러므로 그의 메시지 속에는 자신의 일생을 마감하는 가장 함축적인 언어들로 가득 차 있다. 그의 메시지의 핵심은 미래에 도래할 의로운 통치자였다. 이처럼 하나님의 주권을 일평생 인정한 신앙인에게서 발견할 수 있는 마지막 말은 '하나님'과 '그분의 나라'에 관련된 내용이어야 한다.

(3) 아라우나의 타작마당

국가나 개인이나 할 것 없이 자신의 영광과 사악한 욕망을 추구해 나가는 것은 하나님의 영광과 그분의 통치 질서에 대한 도전으로서 결코 용납될 수 없는 죄악이다(행 12:21-23; 약 4:6; 벧전 5:5). 사무엘하 24장은 밧세바 간음 사건(삼하 11장)에 이어 다윗의 최대 실책인 인구 조사로 인한 범죄에 대해 기록하고 있다.

이 사건의 발생 시기는 다윗의 통치 말년일 것으로 추측된다. 이는 본장 후반부(18-25절)에 장차 성전의 터가 될 아라우나 타작마당에서의 화목제 사건이 언급되고 있을 뿐만 아니라 병행 본문인 역대상 21장을 보면 이 인구 조사 사건을 계기로 하여 다윗이 본격적으로 성전 건축을 준비했다는 것 등을 통해 알 수 있다.

이로 볼 때 다윗은 인구 조사를 통해 왕국의 확실한 기반을 다진 후 왕위를 세습하려는 생각을 가졌던 듯하다. 그러나 다윗의 이러한 행동은 신정 왕국神政王國인 이스라엘을 인본주의적 이방 국가와 동일하게 군사력이나 국가적 번영을 근거로 평가한 것으로 이스라엘의 왕위 세습이 인위적인 힘에 의해서 되는 것이 아니라 오직 하나님의 주권과 섭리에 의한 것임을 간과한 영적 무지와 불신앙의 소치이다.

인구 조사는 원래 하나님께서 생명의 값 곧 성전세를 받기 위하여 사용한 수단이었다. 하나님 백성의 속죄 은혜를 상징하는 종교적 의미가 있는 행사였다(출 30:11-14). 그러나 다윗은 이 거룩한 의미를 제외하고 오직 자신의 정치적 야망을 실현하는 도구로 삼았다. 즉, 국가 체제를 정비하고, 전쟁에 대비하여 군사력을 파악하려는 목적이 있었다.

다윗 왕국의 발전이라는 외형은 같지만 그 의도 여하에 따라 반역과 충성의 갈림길에 놓여 있음을 알 수 있다. 하나는 인간 왕국으로 치닫는 길이요, 하나는 진정한 하나님의 왕국을 건설하는 길이다.

따라서 다윗의 인구 조사에 대한 의도는 결국 하나님의 권능을 불신하고, 하나님의 영광을 가로채는 무서운 범죄가 된다. 사탄은 다윗이 빠지기 쉬운 이 허점을 노려 인구 조사를 사주使嗾한 것이다(대상 21:1). 이는 하나님 왕국의 멸망을 획책한 사탄의 궤계詭計이다.

그렇지만 하나님께서는 다윗과 백성의 영적인 잠을 깨우기 위하여, 다윗의 범죄(자기 힘의 자랑 곧 교만)를 허용하셨던 것이다. 이 말은 하나님께서 초월적으로 섭리하시는 가운데 사탄의 역사役事(시험)가 시작되었음을 가리킨다.

다윗 왕국을 세운 하나님의 목적이 있었기에 어떤 행사도 하나님의 목적에 부합되어야 하고, 하나님의 뜻을 이루는 방법이 되어야 하는 것이다. 아무리 외형이 그럴듯해도 그 내용이 결여될 때 오히려 하나님께 반역하는 모습이 되는 것이다. 이런 반역은 사탄에 의한 적극적인 지원과 사주使

嗾에 의한 것이었으므로 하나님께서는 진노하사 무서운 징계를 내리시고자 하셨다.

그중 대표적인 것이 기근, 전쟁, 그리고 온역瘟疫 세 가지이다. 기근은 자연을 통한 재앙, 전쟁은 사람에 의한 재앙, 온역은 하나님의 손에 의한 재앙이다. 선견자先見者 갓은 이 세 가지 재앙 중 하나를 선택하라고 하였다. 이 말은 다윗의 죄악이 치명적이기 때문에 피할 도리가 없음을 의미하고 있다.

하나님의 심판에 의하여 다윗과 이스라엘 전체가 멸망당할 위기에 놓이게 되었다. 그 어느 것을 선택해도 멸망 외에는 다른 길이 없었다. 인간 제국을 건설하려 했던 다윗은 자신의 실수를 깨달았다. 이러한 상황에서 그는 마지막 희망을 하나님의 긍휼에 두었다.

사람의 손에 의지함으로 스스로 살 가능성을 모색하지 않고 자신의 죄악을 솔직하게 인정한 후, 오로지 여호와의 손 곧 하나님의 전권에 자신과 이스라엘의 운명을 걸게 된 것이다. 자신의 영광을 위했던 불신앙의 극치에서 죽어도 하나님의 손에 죽겠다는 신앙의 극치로 변화되었다. 이러한 다윗의 태도는 다윗 왕국을 완전한 멸망의 위기 속에서 구원하게 된다.

"청하건대 주의 손으로 나와 내 아버지의 집을 치소서"라는 기도는 다윗의 회개가 진실한 것이었음을 보여 준다. 다윗은 비로소 다윗 왕국에 있어서 자신의 역할을 회복하게 된다. 이스라엘 왕으로서 모든 백성을 하나님의 공의와 화평으로 인도해야 할 중보자적仲保者的 책임을 깨닫게 된 것이다.

자신과 자신의 가계를 희생하고 하나님의 백성을 구하겠다는 각오가, 그리스도의 대속代贖을 내다보는 예표적 표현이다. 다윗의 필사적인 기도가 응답되었다.

선견자 갓은 다윗에게 하나님의 은혜를 전하였다. 그것은 하나님께 화목 제사를 드림으로 하나님의 진노를 그치게 하라는 내용이었다. 이로 볼 때 화목제는 하나님과 인류의 화목을 이룬 메시야의 십자가 사건의 예표가 되며, 여호와께서 다윗을 위하여 집을 짓고 다윗 가문의 왕권을 영원히 보장하겠다는 '다윗 언약'(삼하 7장)이 여호와에 의해 실행되고 있음을 보여 준다.

아라우나는 옛날부터 예루살렘에 거주한 여부스 족속의 후예였다. 원래 가나안 일곱 족속의 하나로 진멸의 운명을 타고난 자들(신 20:17)이었다. 그런데도 하나님의 은혜를 깨달아 다윗 왕국에 충성을 다한 것이었다. 그는 제사에 필요한 모든 제물과 제구祭具를 무상으로 제공하겠다고 제의하였다(삼하 24:22, 23).

그런데도 다윗은 정당한 대가代價를 지불한 바, 여기에서 하나님과 이스라엘 백성에 대한 다윗의 겸허한 마음을 엿볼 수 있다. 이것이 하나님의 대리 통치자요, 그 백성의 중보자인 왕이 갖추고 있는 진정한 왕권의 표상이다. 이전에 이곳은 아브라함이 독자 이삭을 바쳤던 모리아 산(창 22:2)으로, 그로부터 천 년의 세월이 지난 후, 다윗의 제단이 세워지고, 성전 부지敷地가 되어 솔로몬이 성전을 건립한 곳이다(대하 3:1). 다윗 왕의 참된 회개와 중보의 기도와 희생 제사를 통해 하나님과 이스라엘 백성 사이에 깨어졌던 언약 관계가 다시 회복되었다.

제 6 장

예루살렘 성전에 있는 여호와의 언약궤

1. 솔로몬의 성전

1) 이스라엘의 왕 솔로몬

사무엘서가 이스라엘 왕정 체제의 형성기의 역사를 다룬 반면, 열왕기는 솔로몬 시대에서 시작하여 남북 왕조의 분열 및 몰락의 역사를 여러 왕을 중심으로 전개한다. 열왕기列王記와 역대기歷代記는 모두 이스라엘의 왕정 시대를 기록하였다는 점에서 동일하다.

그러나 열왕기는 끝내 패망까지 좌초한 고대의 죄악사罪惡史를 회고, 반성하는 과거 지향적 관점에서 쓰여졌고, 역대기는 멸망 후 150 년이 지난 뒤 새 역사를 창조하여 축복을 받자는 미래 지향적 관점에서 쓰여졌다는 점에서 다소 차이가 있다.

(1) 솔로몬

① 아도니야

다윗 왕권이 솔로몬에게로 이양移讓되기 직전 왕국 찬탈을 꾀한 아도니야의 반란이 일어났다(왕상 1:5-10). 당시 다윗은 약 70 세의 고령이었기 때문에 나라를 다스릴 기력이 다 쇠衰한 상태였다. 신하들이 다윗의 몸을 보호하기 위해 갖은 애를 다 쏟기는 했으나 더 이상 통치는 불가능했다.

이때를 틈타 솔로몬의 평화의 왕국이 도래하는 것을 방해할 사탄의 대대적인 공작이 아도니야를 통하여 실시되었다. 평상시 다윗의 총애를 받던 아도니야는 다윗의 왕위를 계승하려는 주도면밀한 계획 하에 자신의 대관식을 임의로 추진한다.

그러나 다윗에게 속한 용사들 중 아무도 아도니야를 추종하지 않았고, 단지 한때 압살롬을 통해 권력을 장악하려고도 생각했던 요압이 다시 아도니야의 반란에 가담했지만(삼하 14장; 왕상 1:7) 결국 실패하고 말았다.

이는 결국 하나님의 나라는 인간의 인위적인 힘이 아닌 오직 하나님의 주권에 의해 자신의 뜻에 가장 합당한 자들을 통해 이루어진다는 사실을 보여 준다.

일반적으로 이스라엘의 왕위 계승은 다른 왕정 국가와 마찬가지로 세습적인 형태로 이뤄졌다. 그러나 근동의 다른 왕국들의 왕위 계승 방법과 비교할 때 독특한 점이라 할 수 있는 것은 절대적으로 장자 계승의 원리를 따르기보다는 주로 왕이 자기 자식들 가운데서 지명하는 방식으로, 보다 근본적으로는 신적神的 선택에 의해 이루어졌다는 점이다.

즉, 신정 왕국神政王國 이스라엘의 왕권이 하나님의 절대 주권에 기인한 것이듯이 왕위 계승의 일차적인 근거도 신적神的 선택이었던 것이다. 이에 이스라엘의 왕 된 자는 무엇보다도 여호와께 대한 순종이 요구되었고, 이 같은 순종이 수반되지 않을 경우 아예 그 가문 전체의 왕위 계승권이 박탈되었다(삼상 13:8-15).

아도니야의 음모를 분쇄粉碎하고 솔로몬으로 하여금 다윗의 왕위를 계승하도록 하기 위해 나단 선지자는 다윗을 찾아가 다윗 언약을 상기시키고 그 언약의 성취는 솔로몬을 통해서만이 가능함을 역설하며 설득했다. 나단 선지자가 이처럼 서둘러 솔로몬의 왕위 계승을 추진하게 된 것은, 나단이 솔로몬을 향한 하나님의 계시를 통하여 이를 간파하고 있었기 때문이다(삼하 12:24, 25).

다윗 왕국은 혈통적인 장남인 암논도, 인간의 눈으로 보기에 준수한 압살롬이나 아도니야도 아닌, 하나님의 마음에 합한 솔로몬에 의해 계승되어야 함을 확신하고 있었으며, 아도니야의 음모에 의해 이 일에 차질을 빚는 것을 방관만 할 수 없었기 때문이다. 이는 곧 하나님의 뜻이 이루어지도록 노력하는 것이 성도의 마땅한 도리임을 보여 준다.

② 솔로몬의 왕권

왕권에 대한 음모가 진행되고 있음을 안 다윗은 즉각 솔로몬을 후계자로 공포하고 대관식戴冠式을 시행하도록 명령했다(왕상 1:29-39). 이는 인위적으로 왕위 계승을 획책한 아도니야의 모반謀反의 불법성을 입증하는 것이었다. 여기서 우리는 순간적이기는 하지만 이스라엘에 두 왕위 계승자가 공존하고 있음을 알 수 있다.

인간적인 여러 호조건을 구비하고 치밀한 준비를 함으로써 에느로겔(이 지명은 히브리 어로 'עֵין רֹגֵל'이므로 '엔 로겔'로 표기해야 맞는데 개역이나 개정이 다 같이 왕상 1:9에는 '에느로겔'로, 수 15:7에는 '엔로겔'(붙었음), 18:16에는 '엔 로겔'(띄었음)이라고 되어 있어 개정할 때 '엔 로겔'로 바로 통일시키지 못한 점이 아쉽다. 이런 것을 지적하려면 이 외에도 많을 것이다.)에서 왕이 된 아도니야와 아무런 준비도 없었지만 하나님의 언약과 다윗 왕의 명령을 따라 기혼에서 왕이 된 솔로몬이 바로 그 사례이다. 우리가 사는 이 세상에도 역시 두 왕이 공존하고 있다.

하나님이 세우신 참된 왕 예수 그리스도를 왕으로 모실 것인가? 아니면 인간의 마음에 합한 온갖 우상의 배후에 있는 적그리스도 사탄을 왕으로 모실 것인가? 이는 우리의 구체적 삶 속에서 순간순간마다 답변되어져야 할 숙명적인 질문이기도 하다(수 24:15; 사 5:16).

아도니야의 반란 이후 역풍逆風을 극복하고, 왕정 체제로 전환한 이스라엘의 제3대 왕으로 즉위한 솔로몬은 이제 다윗 왕의 유언을 따라 국적國賊 4인(아도니아, 아비아달, 요압, 시므이)을 처벌하였다(왕상 2:2-46). 다윗의 유언은 3가지 요점으로 정리되어진다.

다윗은, 먼저 새 왕 솔로몬을 격려하면서 "여호와의 명령을 지키라."라는 신명기의 주제로 그를 권면하였다. 다음으로 하나님이 세우신 왕권을 거슬러 행했던 요압과 시므이에 대한 처벌을 명하였으며, 마지막으로 공신 바실래의 아들들에게 상급을 주도록 명했다.

이러한 다윗의 유언은 그대로 시행되었다(왕상 2:1-46). 이로써 솔로몬의 왕권은 더욱 견고해졌으며 이스라엘 왕국은 전무후무한 전성기요 황금기를 맞이할 준비를 갖추게 되었다. 이러한 이스라엘의 극성기極盛期는 구속사적으로 볼 때 예수 그리스도로 말미암아 이루어질 하나님 나라의 완성 곧 신천 신지의 도래를 예표한다.

즉, 사울로부터 시작된 이스라엘의 신정 왕국이 다윗을 거쳐 솔로몬 때에 이르러 보다 이상적 형태로 완성되었듯이, 그리스도의 초림으로 이 세상에 임한(마 3:2; 눅 11:20) 하나님 나라도 계속 발전, 성숙, 확장되어 가다가 그리스도의 재림을 통하여 완성되어질 것이다(마 13:31-33). 그리고 솔로몬이 국적國賊들을 처벌한 것처럼, 예수께서도 재림의 날에 하나님 나라 건설을 훼방한 무리들을 모두 처단(심판)하실 것이다(행 17:31).

(2) 이스라엘의 번영

① 솔로몬의 아내

솔로몬 왕은 국력을 튼실히 하기 위하여 애굽과 결혼 동맹을 맺었다. 솔로몬이 바로의 딸을 아내로 취한 것은 이방인과의 통혼通婚을 금지하신 하나님의 율법에 위배되는 것으로(신 7:3) 후일 이방인 아내로 말미암아 타락할 솔로몬의 운명을 예시한다(왕상 11:1-8).

이는 솔로몬이 하나님의 도우심보다 이방의 원조를 기대하여 정략적으로 결혼한 것은 분명히 인본주의적인 비신앙적 처사였다. 솔로몬은 애굽의 공주와 결혼하기 전에, 이미 암몬 여인 나아마라는 부인이 있었다(나아마는 르호보암의 어머니였다).

이와 같이 솔로몬이 이방 여인들과 결혼하는 것은 하나님의 명령을 어기는 행위였다. 이 일로 인하여 이스라엘에 이방 우상들이 가득 차게 되었다. 이것은 솔로몬뿐만 아니라, 온 이스라엘까지도 멸망의 길로 몰아넣는 계기가 되었다.

이스라엘 열왕列王들 중 가장 현명하였던 솔로몬이 이렇듯 터무니없는 약점을 지니고 있다는 사실에서, 우리는 인간의 유한성과 유약함을 통감하지 않을 수 없다.

이스라엘이 멸망하게 된 가장 큰 원인은 바로 혼합 종교(하나님과 이방 우상을 같이 섬기는 일)이다. 그들은 오히려 하나님을 잘 섬긴다고 생각하고 있었기 때문에 죄의 가책을 느끼지 않았다.

솔로몬 왕 즉위 초기에는 아직 성전이 건축되지 않았으므로 산당山堂 예배가 횡행橫行하고 단일 중앙 성소 예배가 이루어지지는 않았지만 여호와를 향한 솔로몬의 열정은 뜨겁고 건전하였다. 보통 산당(בָּמָה 바마)은 이방 족속의 우상 숭배 장소였다. 그러나 예루살렘에 성전이 건립되기 전에 일시적으로 하나님께서는 산당에서도 희생 제사를 받으셨다(대하 1:2-6).

사실 이스라엘과 블레셋이 격돌했던 아벡 전투(삼상 4:1-11)에서 이스라엘이 패하였고, 법궤를 빼앗기면서 중앙 성소가 있던 실로가 패망하게 되었기 때문에 이때부터 예루살렘에서 성전을 건축하기 전까지 산당에서의 제사가 불가피했던 것으로 보인다.

그러나 이스라엘의 중앙 성소인 예루살렘 성전 건립 이후에는 산당에서의 제사는 중앙 성소의 종교적, 민족적 구심점으로서의 기능을 약화시키는 결과를 가져오기 때문에 반드시 폐지되어야 했다.

그럼에도 불구하고 솔로몬은 그의 통치 말기에 이방인인 아내들의 신神들을 위하여 완전히 타락하여 이방 신神의 산당을 짓게 되었고(왕상 11:1-8), 그에 따라 일반 백성들도 산당에서의 예배, 우상 숭배를 그치지 않게 되어 그 이후 산당은 이스라엘 백성의 타락의 온상溫床이 되고 말았다.

② 솔로몬의 지혜

솔로몬은 백성들에 대한 통치를 시작하기 이전에 하나님과의 바른 관계를 정립하기 원했다. 즉, 그는 기브온 산당에 올라가 자신과 백성들을 하나님께 헌신하는 하나의 신앙 고백으로서 일천 희생 번제(a thousand burnt offerings)를 드리게 되었던 것이다(왕상 3:2-4).

속죄나 헌신의 목적으로 드려졌던(레 1:1-4, 9) 번제에 관한 기사는 성경 곳곳에 발견된다(창 8:20; 22:2-13; 출 32:6; 삿 20:26; 삼상 7:9-10; 삼하 6:17-18). 그중에서도 솔로몬의 일천 희생 번제는 그 규모 면에서 가히 전무후무하였다고 할 것인데, 이는 그의 강렬한 헌신과 순종에의 열의를 잘 입증한 사례事例였다.

＊ 솔로몬의 일천 희생 번제에 대해 배울 교훈

첫째, 성도들의 삶에 있어서 궁극적인 지표指標는 바로 하나님의 뜻대로 사는 것이며, 이러한 지상 목표를 실현시키기 위해 일생 노력하는 자야말로 진정한 믿음의 용사라 하겠다(마 6:10; 막 3:35; 요일 5:14).

둘째, 성도들에게 절실히 요구되는 바가 무엇인지를 정확히 아시는 분인 하나님께서는 성도들이 구하지 않은 것까지도 다 채워 주신다(마 6:8). 그럼에도 불구하고, 우리는 종종 주어진 현실에 대해 원망하며 환경의 전환만을 기다리며 받은 바 달란트를 썩히는 경우가 많다(마 25:24-30).

셋째, 참된 축복을 받기 위한 으뜸되는 방도는 하나님께 온전히 헌신하는 것이며(롬 12:1), 선행 · 전도 · 헌금 등 여타의 사항들은 헌신으로 말미암은 자연스러운 결과요 열매라 할 것이다.

일천 희생 번제에 대한 여호와 하나님의 응답은 "내가 네게 무엇을 줄꼬 너는 구하라."(왕상 3:5)이다. 하나님께서는 솔로몬을 극진히 사랑하셨으며(삼하 12:24, 45), 그의 마음을 드리는 번제를 기쁘게 흠향歆饗하셨다. 구약의 이스라엘은 하나님이 온전히 통치하시는 하나님 나라에 대한 그림자였다.

솔로몬은 자기를 위함이 아니고, 이스라엘을 위하여 지혜智慧를 구했다. 그리고 하나님의 공의에 귀를 기울이기 위해서, 또 이스라엘 안에서 하나님의 정의가 드러나게 하기 위하여 지혜를 구했다. 이것은 "너희는 먼저 그의 나라와 그의 의를 구하라."(마 6:33)라는 주님의 가르침에서 나타나는 기도의 정신이다. 하나님께서는 솔로몬에게 지혜 이외에도 부富와 영광을 더하여 주신 것은 "그리하면 이 모든 것을 너희에게 더하여 주시리라."라는 약속과 그 맥락을 같이하는 것이다.

＊솔로몬의 모범적 기도에서 배워야 할 기도의 원리(눅 11:1-13)

첫째, 과거에 베풀어 주신 하나님의 은혜를 기억하고 먼저 하나님을 찬양하는 기도이다. 솔로몬은 자기 소원을 말하기 전에 부친 다윗에게 베풀어 주신 하나님의 은혜를 찬양했다.

둘째, 자신의 부족함을 겸손히 고백하는 기도이다. 하나님께서는 교만한 자를 물리치시고 겸손한 자에게 은혜를 주신다(약 4:6).

셋째, 하나님의 뜻을 따라 간구하는 기도이다. 기도하기 전에, 혹은 기도하는 중이라도 우리에게는 끊임없이 내 뜻을 꺾고 하나님의 뜻을 세우고자 하는 신앙적 자세가 유지되어야 한다(마 26:39; 요일 5:14).

넷째, 중언부언하지 않는 간명簡明한 기도이다. 솔로몬은 여러 가지를 구하지 않고 **자기에게 가장 절실한 지혜만을 하나님께 구했다. 이렇듯 하나님의 나라와 의를 구할 때** 하나님께서는 일상적으로 필요한 모든 것을 더해 주신다(마 6:33).

솔로몬은 하나님께서 주신 이러한 지혜로써 3,000 개의 잠언箴言과 1,005 편의 시詩를 지었으며, 식물학·동물학 등에도 통달하였으며, 그것을 세상 사람들에게 가르쳤다(왕상 4:32, 33). 하나님께서는 솔로몬에게 지혜와 총명 외에도 측량할 수 없는 넓은 아량雅量을 주셨다(왕상 5:29).

또한 하나님께서는 솔로몬에게 부富와 영광을 조건 없이 주시겠다고 약속하셨다(왕상 3:14). 그러나 장수長壽만은 하나님의 율법을 지킬 때에 주시겠다고 약속하셨다. 이러한 장수의 약속은 이루어지지 않았다. 왜냐하면 하나님께서 제시한 조건을 솔로몬이 지키지 못했기 때문이다(왕상 11:42).

③ 솔로몬의 통치

솔로몬은 왕국을 보다 효율적으로 통치하기 위해 열두 구획으로 나누었으며 직속 중앙 기구로서 9부部를 두었는데, 이는 다윗 시대에 비해 더욱 체계화되고 확장된 모습이다(삼하 8:15-18). 그리고 솔로몬 왕궁의 풍요는 물론이고 당시 이스라엘 백성들 모두가 태평성대太平聖代를 구가하였으며 이스라엘 지배 하에 있었던 속국들에까지 평화와 번영의 축복이 임하였다(왕상 4:1-34).

이렇듯 공의와 사랑 그리고 평화와 번영이 넘치는 솔로몬 왕국은 예수 그리스도를 통해 완성될 영원한 메시야 왕국을 예표하고 있다(사 11:1-11; 롬 14:17).

솔로몬의 내각 특징은 다음과 같다. 다윗의 내각(삼하 20:23-26)과 비교해 볼 때 시위대가 폐지되었으며 관리장과 궁내대신, 총리대신 등이 증설되었다(왕상 4:2-6). 결과적으로 내각은 7부에서 9부로 늘어난 셈이다. 이것은 솔로몬의 통치력이 그만큼 확장되었음을 의미한다. 2, 3부 장관(사관史官, 제사장, 감역관監役官)의 연임을 제외하고 모든 부서部署에 새로운 인물을 등용하였다. 이는 유능한 인재를 유효 적절하게 배치하여 행정의 효율화를 도모하기 위함인 동시에, 새로운 통치에 부응하는 각료들로 내각을 구성하려는 의도 또한 반영하고 있다.

다윗의 내각에서는 군대 장관이 가장 먼저 소개된 데 비하여(삼하 8:16; 20:23), 솔로몬의 내각에서는 제사장과 행정관의 이름이 서두에 기술되고 있다. 이 사실은 정복 전쟁을 치러 온 다윗의 군사력 위주의 정책이 솔로몬 등극 이후, 외교 정책으로 전환되면서 맞이한 솔로몬 시대의 평화로움을 말해 주는 것이다.

솔로몬 왕 통치의 광활한 이스라엘의 판도에 대해 어떤 비평가들은 다소 과장된 것 같다고 말한다(왕상 4:21). 하지만 성경 기록의 사실성은 다음 사항들을 통해서도 입증된다. 당시 동쪽의 메소포타미아 지역은 암흑시기를 맞아 이렇다 할 강대국이 없었던 침체된 상태였고 남쪽의 강대국이었던 애굽 역시 극도로 쇠약하였던 21 왕조의 치세 하에 있었다.

이러한 국제 정세 속에서 이스라엘은 외부의 영향을 받지 않고 팽창할 수 있었던 것이다. 또한 애굽 왕이 자기의 딸을 솔로몬에게 주었던 사실(왕상 3:1)도 당시 솔로몬 왕국의 강성함을 의미한다. 그리고 이전 다윗 왕 때 정복되었던 모압, 암몬, 아람, 다메섹, 에돔 등에 대한 지배권을 계속 유지했다는 의미이다(삼하 8:2-14).

＊솔로몬 당시 이스라엘 왕국의 통치 영향력이 미치는 3대 구역

첫째, 왕국 중앙부에는 가나안 정복 당시와 흡사한 규모의 본토가 위치하였다.

둘째, 그 주위에는 조공을 바칠 의미가 있었던 에돔, 모압, 암몬, 아람, 다메섹 등의 나라들이 위치하였는데, 이들은 이스라엘 정부로부터 파견된 총독에 의해 다스려지거나(삼하 8:6, 14), 중앙 정부의 통제 하에서 지방 왕족들에 의해 통치되기도 하였다.

셋째, 솔로몬의 통치권을 수락해야만 했던 주변 속국들을 들 수 있는데, 블레셋을 비롯하여 트랜스 요르단의 여러 왕국들이 그러하였다.

솔로몬은 기브온에서 하나님으로부터 받은 약속 중 부富와 영광榮光에 대한 축복이 실현되었다. 그런데 이러한 부와 영광의 축복이 하나님께로부터 받은 신적神的 지혜와 매우 밀접한 관련을 지닌다. 왜냐하면 솔로몬 왕국이 외교, 경제, 국방에 있어서 놀라운 번영을 이룩한 것은 결국 솔로몬의 지혜로운 통치로 말미암은 결과라 할 수 있기 때문이다.

＊솔로몬 왕국은 장차 도래할 메시야 왕국을 예시해 준다(왕상 4:20-28)

첫째, 솔로몬 왕국에는 백성들이 많았다. 그렇지만 메시야 왕국의 백성은 더욱 많다(단 7:10; 계 7:9).

둘째, 솔로몬 왕국은 넓은 영토를 가지고 있다. 그러나 메시야 왕국은 그보다 훨씬 넓은 영역을 지닌다(시 72:8, 11; 계 11:15).

셋째, 솔로몬 왕국은 물질적, 외형적, 일시적인 면에서 기쁨과 평화의 나라였지만 메시야 왕국은 완전한 기쁨과 평화를 영원히 향유하는 나라이다(롬 14:17; 계 7:16).

넷째, 솔로몬 왕국에는 충성스러운 신하들이 있었다. 마찬가지로 메시야 왕국에도 24 장로를 위시한 뭇 백성들이 왕이신 하나님 앞에서 경배하며 충성을 다할 것이다(계 4:10-11; 7:9, 10).

2) 여호와의 성전

(1) 성전 건축

① 성전 건축 준비

솔로몬은 왕권을 견고하게 확립한 후, 즉시 성전을 건축하기 위한 준비를 시작하였다(왕상 5장; 대하 2장). 그는 먼저 베니게(페니키아)의 왕 히람(후람)과 무역 협상을 맺고 여러 가지 전축 자재를 수입하였다. 성전 건축을 위하여 이미 다윗 왕도 많은 준비를 해 놓았다(대상 22:2-4, 14-16).

두로는 페니키아에서 가장 큰 성읍이었다. 그 성읍은 이스라엘 북쪽, 지중해 연안에 있는 항구 도시였다. 히람 왕은 현명한 왕이었다. 다윗 왕과 친한 친구였기에 솔로몬이 왕위에 오르자 축하 사절단을 보냈다.

이에 솔로몬은 그 사절단을 통하여 예루살렘 성전 건축을 위하여 히람 왕과 협상 맺기를 원하였다. 이방 나라의 왕을 성전 건축에 참여하게 하신 하나님의 뜻은, 장차 메시야가 이 땅에 오실 때 이방 사람들도 같이 참여하게 될 것을 미리 보여 주신 것이다(시 68:29; 사 60:10, 13; 계 21:24).

다윗이 성전을 건축해서는 안 되었던 구체적인 이유는 그가 전쟁으로 인하여 많은 피를 흘렸기 때문이다(왕상 5:3; 대상 22:8). 따라서 성전 건축은 평화의 왕인 솔로몬에게 맡겨졌다. 그러나 다윗의 전쟁은 침략전이 아니었고 방어전이었다.

하나님께서는 아브라함에게 약속하신 경계를 결코 넘어서지 않았다(창 15:18; 민 34:2-12). 하나님께서 그의 백성과(출 33:14; 수 1:13, 15) 다윗에게(삼하 7:11) 약속하신 평안이 솔로몬 시대에 이루어졌다. 그러나 참된 평안은 평강의 왕이신 예수님께서 다스릴 때 성취된다.

히람 왕은 솔로몬의 성전 건축에 대한 말을 듣고 여호와를 찬양하였다. 그러나 이것은 히람 왕의 진정한 신앙 고백은 아니다. 히람은 바알 신을 섬기는 다신론자였다(아합의 왕비 이세벨은 두로의 공주였다). 다신론자들은 상대방이 섬기는 신을 인정하는 것을 예의로 알았다.

히람이 여호와를 찬양했던 이유는, 이스라엘과 좋은 외교 관계를 유지하기 위함이었다. 그러나 한편으로 그는 하나님의 능력을 알고 있었다(대하 2:12). 그 당시 많은 나라에서는 이웃 나라의 신神이 더 강력한 능력이 있는 것처럼 보이면 그 신을 받아들여 함께 섬겼다. 이러한 어리석은 일을 모방模倣한 것이 이스라엘이었다.

히람을 통한 건축 자재 확보를 마친 솔로몬은 이제 성전 건축을 위한 역군役軍들을 모집하였다. 역군의 총수는 18만 3천 3백이었으며 총감독은 아도니람이었다(왕상 5:14). 이 가운데 이스라엘 역군 3만 이외의 15만은 노예들이었다.

그리고 이스라엘 역군 3만은 한 달에 1만인씩 번갈아 가며 일하게 했는데 이는 과로로 지치거나 자신의 생계를 돌아보지 못하게 하는 일이 없도록 하기 위한 솔로몬의 세심한 배려이다.

② 성전 공사

성전 건축을 위한 준비가 모두 갖추어지자 이제 본격적으로 건축 작업이 시작되었다. 열왕기상 6장은 성전의 외부 건물 공사(2-10절)와 내부 장식 공사(14-36절)로 나누어 설명하였으며, 그 중간에 하나님의 위로와 권면의 말씀을 삽입하였다(11-13절).

성전 건축을 시작한 솔로몬 4년 시브월(유대력 2월, 양력 4-5월)을 B.C. 966년으로 볼 때 출애굽 연도는 B.C. 1446년으로 보는 것이 타당하다. 이 사이에, 광야 생활 40 년, 가나안 정복기 및 평정기平定期 32 년, 사사 시대

331년, 사울의 통치기統治期 33년, 다윗의 통치기 40 년, 솔로몬의 통치기 4년 등 도합都合 480 년이 개재介在되어 있다.

성전과 성막은 모두 동편을 향하였으며 각기 현관, 성소, 지성소 등 3중 구조를 이루는 등 전반적인 설계에 있어서 서로 흡사하였다. 굳이 그 차이점을 들자면, 성전에는 성막에 없는 낭실廊室(개정 : 주랑柱廊)과 교창交窓(개정 : 창문窓門)이 있다는 것이다(왕상 6:2, 3). 그러나 크기에 있어서는 성전의 규격이 성막에 비해 꼭 두 배나 늘어났다. 이는 성전이 성막의 영적 의의를 계승, 발전시키고 있다는 점을 가리킨다.

성전 건축하는 동안 성전 속에서 철 연장 소리가 들리지 않게 한 이유는, 성전은 하나님의 임재, 하나님과 사람 간의 화해 등을 상징하는 거룩하고 평화로운 장소이므로, 건축되는 과정에 있어서도 정숙함과 거룩성이 유지될 필요가 있었기 때문이다(대상 22:8). 또한 작업상의 편의를 위해서였다. 건축 현장에서의 혼잡과 소음을 대비해서 돌들을 미리 다듬음으로써, 일사불란한 질서 가운데 작업이 진전되도록 하였다(고전 14:40).

하나님께서는 솔로몬에게 성전 건축 작업을 격려하심으로써, 이미 약속하신 말씀(왕상 3:14)을 재확인시켜 주셨는데, 이 말씀의 이면에는 중요한 의미가 내포되어 있다. 먼저 하나님께서는 많은 비용과 수고로 말미암아 기진맥진하였을 솔로몬에게 새로운 의욕과 용기를 불어넣고자 하셨던 것이다. 특히 내부 공사에는 엄청난 양의 금이 필요하였으며 더욱 정교한 기술이 요구되었으므로, 솔로몬은 외부 공사를 끝내고서 일시적으로나마 암담한 가운데 빠졌을 법하다.

이렇듯, 하나님께서는 자신의 일을 맡은 자들에게는 가장 적절한 시기에 가장 필요한 말씀을 해 주시는 것이다(수 1:5-9). 그리고 하나님은 성전 건축의 실질적 의의를 다시 한 번 주지시키셨다. 하나님께서는 솔로몬과 백성들이 성전에 담긴 신령한 의미를 망각하고 건물 자체에만 연연해하거나, 건축 사업에 동참했다는 사실만으로 기고만장하게 되는 것을 우려하셨던 것이다.

성전의 내부는 백향목과 잣나무로 꾸며 모두 금을 입혔고, 지성소는 백향목 널판으로 막아 하나님의 거룩함과 위엄을 나타냈다(시 92:12; 겔 31:3). 또 지성소 안에는 법궤를 두기 위하여 모두 정금으로 입혔는데, 이는 언약의 하나님의 순전함(계 21:18)과 불변성(벧전 1:7)을 상징한다. 그리고 내외소內外所 사면 벽에는 그룹들이 아로새겨졌는데, 하나님의 임재가 더욱 상징적으로 표현되었다.

성전은 7여 년 간의 오랜 공정 기간에 걸쳐 솔로몬의 즉위 11년에 완공되었는데, 이는 장차 도래할 신약 시대의 교회를 의미한다(엡 2:21, 22). 즉, 솔로몬이 하나님의 처소로서 성전을 건축한 것은 예수 그리스도께서 하나님의 집으로서 교회를 건축할 것을 나타낸다(마 16:18; 딤전 3:15).

③ 성전 완공과 왕궁 건축

성전 건축은 만 7 년 6 개월 만인 솔로몬 11년 불월(유대력 8월)에 완성되었다(왕상 6:37, 38). 따라서 건축 기간은 태양력으로 B.C. 966년 봄(4-5월)에서 B.C. 959년 가을(10-11월)이 되는 셈이다. 이처럼 단시일 만에 웅대한 성전을 완성했다는 것은 다른 건축물들의 소요 기간(이집트의 피라밋 20 년, 에베소 아데미스 신전 200 년, 헤롯 성전 46 년)에 비하여 단기간일지라도 솔로몬이 많은 인력과 물질을 동원하여 최선을 다해 성전 건축에 임했음을 보여 준다. 이처럼 솔로몬은 가장 좋은 것으로 가장 아름답게 성전을 지어 가장 존엄하신 하나님께 드리는 최선의 원리를 실천하였다.

성전이 완공되자 솔로몬은 즉시 왕궁을 건축하기 시작했다. 이는 성전과 왕궁이 매우 밀접한 관계에 있음을 의미한다. 즉, 하나님이 이스라엘의 참 왕으로서 성전 가운데 임재해 계시며 자신을 대행하여 자기 이름으로 백성들을 다스릴 왕을 세운 것을 나타낸다. 왕궁을 건축하는 동안 13 년 동안 성전의 장식물과 치장도 완비完備되었다.

열왕기상 기자記者는 성전 건축에 관해 서술하고 나서(왕상 6장) 곧바로 성전 봉헌(왕상 8장)으로 넘어가지 않고, 그 사이에 왕궁 건축 작업을 소개하고 있다(왕상 7:1-12). 본문은 역대기와 중복되지 않은 부분으로서, 역대기 기자에 비해 보다 객관적 역사 서술에 치중하려 하였던 열왕기 기자의 의도를 잘 반영하고 있다.

여기에서 몇 가지의 사실이 고찰될 수 있다. 첫째, 솔로몬은 자기의 왕궁을 짓기 전에 하나님의 성전을 먼저 건축함으로써, 무엇보다도 먼저 하나님의 나라와 의를 구하는 삶의 모범을 보여 주었다(마 6:33). 둘째, 솔로몬은 왕궁과 성전은 서로 마주 위치하게 했는데, 이는 양자 간의 밀접한 연관성을 의미한다.

즉, 다윗의 왕좌가 만왕萬王의 왕이신 예수 그리스도를 예표하듯이, 솔로몬의 왕궁 또한 이스라엘을 향하신 하나님의 통치를 상징하는 장소였던 것이다. 이제 하나님의 도성 예루살렘에 성전과 왕궁이 완공됨으로써 이스라엘은 신정 왕국으로서의 외양을 건실健實히 갖추게 되었다.

왕궁 건축에 관한 삽입 기사를 끝낸 후(왕상 6:38-7:12), 저자는 본문(왕상 7:13-51)에서, 열왕기상 6:37, 38에 이어 성전 기구들의 제작에 관해 설명하고 있다. 특히 우리는 성전 건물 바깥 곧 안뜰에 위치한 모든 기구器具들은 놋으로 만들어진 반면에 건물 안 곧 성소와 지성소에서 사용되는 기구들은 모두 금으로 만들어졌다는 사실을 주목할 필요가 있다. 이렇듯 하나님께서는 내밀內密한 중심을 보다 중요시하는 바, 외모와 형식에 치중되기 쉬운 인간의 유약한 본성과는 대조적이라 할 것이다(삼상 6:7; 16:7; 엡 6:9).

(2) 성전의 여호와의 언약궤

성전 건물에서부터 내외소內外所의 기물器物들에 이르기까지 모든 건축물들이 완공되자, 이제 역사적인 성전 봉헌식이 거행되었다. 역대하 5-7장과 더불어 열왕기상 8장은 바로 이러한 성전 봉헌식의 제반 과정들을 매우 소상히 묘사하고 있다.

언약궤 안치식安置式(1-21절), 솔로몬의 봉헌 기도(22-53절), 백성들을 위한 간구(54-61절), 희생 제사 및 성전의 낙성식落成式(62-66절) 등이다. 이에 대한 열왕기상 9:1-9은 여호와 하나님의 응답이다.

① 성전 봉헌식

성전의 봉헌은 구약 역사상 가장 중요한 사건 중의 하나이다. 왜냐하면, 마침내 성전이 봉헌됨으로써 이스라엘은 명실공히 신정 왕국으로서의 면모를 갖추게 되었기 때문이다. 또한 20여 년 간의 장구한 세월에 걸쳐 시행된 성전과 왕국 건축은 법궤를 지성소에 안치하는 성전 봉헌식으로 완전히 종결되어진다.

지성소 안 그룹들의 날개 아래 안치된 언약궤는 이스라엘 가운데 거하시는 하나님의 임재를 상징하며, 성전에 가득했던 구름은 하나님의 영광을 상징한다. 이로써 이스라엘은 신전 왕국의 면모를 완벽하게 갖추게 되었다.

특히 봉헌식奉獻式이 종교적 행사였음에도 불구하고, 전 의식儀式을 집행하는 대표 책무가 왕에게 주어졌다. 이는 신정 왕국의 특성을 단적으로 대변해 주는 좋은 사례라 하겠다.

성전의 모든 것이 완성되자, 솔로몬은 먼저 다윗 성 곧 시온에서 가장 중요한 언약궤를 메어 올리고자 하였다. 성전의 다른 장식품은 새로 만들었지만, 이 언약궤는 새로 만든 것이 아니었다.

이 법궤는 일찍이 모세 당시 시내 산에서 만들어진 것이었다. 실로의 성막聖幕에 있다가 한때 블레셋에게 빼앗기기도 하였다가(삼상 5:1), 다시 기럇여아림의 아비나답의 집으로 옮겨졌으나, 다윗이 오벧에돔의 집으로 옮겨 갔다 석 달 후에 다윗 성으로 가져왔었다(삼하 6장).

열왕기상 8:9에서 저자는 언약궤 속에 십계명이 새겨진 두 돌판만이 있음을 강조하는데, 이는 성전의 참된 가치는 하나님의 임재와 그의 말씀에 대한 백성들의 순종에 있음을 말한다. 그리고 언약궤가 성전에 안치된 사실은 성전의 참 실체가 되시는 예수 그리스도의 성육신을 예표하며, 그리스도를 통해서만 하나님과의 참된 교제가 가능함을 의미하는 것이다.

그리고 성전에 가득한 구름으로 인하여 제사장이 서서 여호와를 섬길 수 없었다는 사실은, 하나님의 거룩함과 영광에 비해 지극히 비천한 인간의 죄악 된 모습과 그리스도가 임재하기 이전 구약 시대에 이루어진 하나님과의 교제가 불완전함을 보여 준다.

하나님의 현현顯現(theophany)이란 하나님이 인간에게 자신을 나타내 보이실 때 나타나는 현상을 말한다. 원래 하나님은 순수한 영靈이시므로 육체가 없으시며 지극히 거룩하시다. 따라서 인간의 눈으로는 볼 수도 없을 뿐만 아니라, 또 죄로 오염된 인간이 하나님을 본다면 결코 살지 못한다(출 33:20). 그럼에도 불구하고 구약 시대에는 하나님께서 필요에 따라 자기를 여러 양식으로 드러내 보이셨다.

한편 하나님의 현현이라고 할 때에는 좁게는 하나님께서 육신을 입고 직접적으로 나타나신 것만을 가리키지만(창 18장; 32:24-30), 넓게는 하나님 임재의 뚜렷한 표시로써 영광榮光을 드러내 보이시거나(출 40:34-35), 음성을 들려주시는 것(신 5:22-24)까지도 포함된다. 하나님의 현현의 최고 절정은 예수 그리스도의 성육신成肉身으로 말미암아 이루어졌다(요 1:14, 18; 14:9, 10).

십계명을 새긴 두 돌판을 보관하였던 언약궤는 전체 성전 중에서도 가장 핵심이 되는 것으로서, 하나님의 임재와 계시의 장소였다. 따라서 언약궤 안치식安置式이야말로 성전 건축 대역사大役事의 마지막을 장식하는 대미大尾라 하겠다. 성전 건축 완공에 대하여 솔로몬은 감격하여, 다윗에게 한 언약이 성취되었음을 선포하였다.

또한 언약궤에 대해서는 "우리 조상들을 애굽 땅에서 인도하여 내실 때 그들과 세우신 바 여호와의 언약을 넣은 궤"(왕상 8:21)라고 설명했는데, 이는 모세와 그 당시 백성들과 세운 언약이 이때 완전히 성취되었음을 의미하며 동시에 장차 영원한 약속의 땅 곧 새 예루살렘에 대한 언약의 성취를 의미한다.

언약궤의 안치와 더불어 하나님의 영광이 성전에 가득하자, 솔로몬은 감격에 겨워 하나님을 찬양하였으며, 성전 봉헌이 있기까지 개재介在된 하나님의 섭리와 은총을 하나하나 새겼다, 그러므로 열왕기상 8:13-21은 성전 봉헌사奉獻辭라 할 수 있겠다.

② 솔로몬의 봉헌 기도와 축복 기도

하나님의 주권적인 섭리를 찬양하는 봉헌사奉獻辭에 이어 솔로몬은 가히 성도들의 기도의 교본이라 할 만한 봉헌 기도를 드린다(왕상 8:22-53; 대하 6:22-42). 솔로몬은 무릎을 꿇고 손을 벌린 자세로 기도하였다(대하 6:13).

그는 먼저 여호와만이 유일하신 하나님임을 고백하였으며, 하나님의 말씀과 언약으로 기도의 근거를 삼았다. 하나님께서는 신실하신 분이기 때문에 반드시 자기와 맺은 약속을 지키신다. 따라서 솔로몬의 기도는 하나님을 신뢰하는 믿음의 기도였다.

즉, 솔로몬은 봉헌사를 바친 뒤 이스라엘 백성들 앞에 마주서서 하늘을 향해 손을 펴고 이제까지 하나님께서 언약을 지켜 은혜 베푸신 것을 찬양한 다음 다윗과 언약하신 것을 신실하게 지켜 주실 것, 자신과 백성들이 성전을 향해 기도할 때 응답해 주실 것, 백성이 범죄함을 깨닫고 회개할 때 용서해 주실 것, 이방인이 그 소원한 바를 하나님께 간구할 때 응답하시어 주의 이름을 만민으로 경외하게 하실 것, 전장에 나가는 백성이 기도할 때 그 기도에 응답하실 것 등을 간구하였다.

이러한 본문을 통하여 우리는 솔로몬이 실로 놀라운 신앙의 안목을 소유했음을 알 수 있다. 즉, 하나님은 유일하신 하나님이시며 성전을 초월하여 계신 만유萬有의 대주재大主宰이심과 온 인류의 하나님이심을 자각自覺하고 있었던 것이다.

솔로몬은 성전 봉헌 기도가 끝난 후 백성들을 축복하면서 모세를 통하여 주신 말씀이 성취됨으로써 이스라엘이 태평하게 된 사실을 상기시킨 뒤 여호와의 보호하심과 도우심, 기도의 응답을 간구했으며, 만민에게 여호와의 이름을 드러내시기를 기도했다.

이는 하나님과 이스라엘 사이에 맺은 언약이 영원히 끊어지지 않고 계속되기를 축원하였으며, 앞에서 드린 이스라엘을 위한 기도가 반드시 응답되기를 축원한 것이다. 그리고 마음을 다하여 여호와의 법도를 준행할 것을 백성들에게 당부하는 것도 잊지 않았다(왕상 8:54-61). 여기서 우리는 신정 왕국의 왕으로서 솔로몬의 당당한 모습과 나라와 민족을 사랑하는 그의 충정을 엿볼 수 있다.

솔로몬이 하나님께서 우리와 함께하시는 조건으로 그의 법도와 계명을 지키라고 요구한 것은 하나님의 은총에 대한 응답으로서의 순종을 제시하고 있는 것이다.

그런데 이러한 요구는 오늘날 성도들에게도 동일하게 요구된다. 즉, 성도들은 임마누엘 되신 하나님의 은혜에 감사하며 그분의 말씀에 우리 자신을 전폭적으로 바쳐 헌신하고 항시 그분의 음성에 귀를 기울이는 자세를 가져야 한다는 것이다(요일 4:16).

③ 성전 낙성식과 장막절

솔로몬의 성전 봉헌 기도와 축복 기도에 이어 성전의 낙성식과 장막절帳幕節 곧 초막절草幕節을 시행한다. 낙성식으로 드려진 화목제는 이스라엘 역사상 최대였는데, 이는 당시의 풍요와 종교적 열심을 잘 반영한다. 화목제는 하나님과 그의 백성이 성전을 통하여 하나가 되었음을 의미하며, 번제, 소제, 감사제 등의 각종 제사는 성전의 기능에 대해 말해 주고 있다.

특히 이와 같은 성전 봉헌식의 의미는 민수기 7:1-88의 성막 및 번제단의 봉헌식에서도 발견할 수 있다. 그리고 봉헌식에는 특별히 화목제가 먼저 언급되었는데, 이는 하나님께서 성전 가운데 거하시사 이스라엘 백성들 가운데 임하시므로 그 하나님께 화목하며 감사하는 의미에서 드려졌기 때문이다.

거대한 규모의 화목제가 드려짐으로써 성전 봉헌식은 그 절정에 달하였다. 병행 부분인 역대하 7:4-10에는 악기를 동원하여 여호와를 찬양하는 장면까지 상세히 묘사되어 있다.

성전 낙성식의 화목제에 사용된 제물의 수효에 대하여(왕상 8:63), 혹자는 터무니없는 과장 내지는 필사자의 실수의 탓으로 돌린다. 그러나 다음 몇 가지 사항들로 미루어 전술前述한 견해는 충분히 반박할 수 있다.

첫째, 병행절인 역대하 7:5과 기타 모든 역본들도 본 절의 내용과 동일하다. 둘째, 다윗 당시 레위인의 수효가 38,000이었으므로(대상 23:3), 봉헌식 때에는 적어도 2, 3천 명 가량의 제사장이 있었을 것이다. 셋째, 당시에 온 백성이 모여 있었던 점으로 미루어 보아 그들이 가져온 제물도 여기에 포함되었을 것이므로 제물의 양이 엄청나게 많아 놋단에 전부 수용하지 못했다(왕상 8:64, 65). 그러므로 7 일 동안 소 2만 2천과 양 12만을 드리는 데에 별 어려움이 없었을 것이다.

한편 솔로몬이 이렇듯 엄청난 규모의 화목제를 드린 것은, 그의 간절한 신앙을 반영한다. 혹자는 이를 무모한 경제적 낭비로 간주할 수도 있지만, 그러한 생각은 지극히 피상적이고 얄팍한 경제적 타산의 발로일 뿐이다(요 12:1-12).

또한 이는 솔로몬 왕국의 풍요를 반영하고 있다. 온갖 향락에 몰두하였던 고대 왕들의 허영과는 달리, 솔로몬은 엄청난 풍요를 무엇보다도 하나님을 위한 사업에 쓰고자 하였던 것이다.

이스라엘 백성들은 화목제를 드린 후에 장막절을 지켰는데, 이는 성전 건축과 출애굽의 관계를 의미하는 것으로, 죄에서 구속 받은 백성들이 들어갈 영원한 하나님 나라를 예표한다(고후 5:1; 히 11:13-16).

낙성식에 연이어 다시 7 일 동안 거행된 장막절은 출애굽 이후 광야에서의 장막 생활을 기억하고 가나안 땅 정착을 기념하는 것으로 언약궤의 성전 안치와 연관성을 갖는다. 이는 성전 되시는 그리스도를 통한 속죄와 하나님과의 화목이 선행될 때 참 영생을 얻어 천국에 들어갈 수 있다는 교훈을 얻는다(엡 2:16; 골 1:20).

＊봉헌식과 장막절에 부각(浮刻)된 사항

첫째, 이스라엘 백성들에게 있어서, 두 가지의 행사는 기쁨과 감사의 축제였을 뿐만 아니라 더욱 온전한 헌신을 결단하는 계기가 되었다.

둘째, 한 하나님에 대한 간절한 신앙으로 말미암아 솔로몬 왕을 중심으로 모든 백성이 혼연일체渾然一體가 되었다.

이와는 반대로 이스라엘의 열왕들이 하나님의 통치의 대행자로서의 본분을 망각하고 자기의 뜻대로 권력을 휘둘렀을 때, 온갖 반란과 모반 음모가 횡행橫行하였고 백성들은 도탄塗炭에 빠질 수밖에 없었다(호 7:3-7).

④ 여호와 하나님의 응답

솔로몬의 봉헌 기도에 대한 하나님의 응답으로서 신명기적 교훈과 함께 다윗에 대한 언약의 재확인이라고 할 수 있다(왕상 9:1-9). 솔로몬 시대에는 하나님의 말씀을 대언하는 선지자들의 활동이 잠잠했었다. 그 대신 하나님께서 직접 솔로몬에게 나타나셔서 솔로몬과 언약을 맺으셨다.

언약의 내용은, 하나님께서 여호와의 이름과 눈과 마음을 항상 성전 안에 두겠다고 말씀하시면서 아비 다윗의 행함 같이 마음을 온전히 하고 바르게 하여 일러 준 모든 계명과 법도와 율례를 지키라고 솔로몬에게 권면하셨다.

솔로몬이 모든 계명을 신실히 준행하면 그의 왕위를 영화롭게 할 것이지만, 다른 우상을 섬긴다면 약속의 땅에서 추방시킨다는 것이다. 또한 이스라엘 백성에게는 만일 우상을 숭배하면 성전조차도 던져 버려 웃음거리가 되게 하며 모든 재앙을 내리시겠다고 경고하셨다.

성전의 상징하는 바는 하나님의 임재였으므로(왕상 8:13), 하나님이 부재不在하시는 성전이란 일반 건물과 하등 다를 바 없으며 하나님과 무관하다는 것이다. 하나님의 이러한 약속은 역사상 어김없이 성취되었으되, 안타깝게도 축복보다는 저주의 방향으로 성취되었다.

즉, 솔로몬과 그의 후손들은 하나님 앞에서 어그러지고 패역悖逆한 행위를 서슴지 않았다(왕상 11:6; 12:13, 14; 15:3). 그 결과 이스라엘은 굴욕과 파멸을 경험해야만 하였던 것이다. 솔로몬 성전은 우상 숭배 등 이스라엘 백성의 가증한 범죄들로 인하여 B.C. 586년에 바벨론 왕 느부갓네살에 의해 파괴되고 약탈되었다(왕하 25:8, 9).

예수께서는 진정한 의미에서의 성전이란 곧 자기와 모든 성도들의 몸이라는 사실을 지적하신 바 있다(요 2:19-21; 고전 3:16). 이러한 가르침들은 오늘날 성도들에게 있어서 훨씬 더 중차대重且大한 의미를 갖는다. 즉, 그리스도인들은 구약의 성도들에 비해 형식과 제도 면에서 훨씬 단순한 가운데 신앙 생활을 하는 반면, 내적으로 보다 온전하고도 신령神靈한 삶을 요청 받고 있는 것이다(마 5:27-48).

그러므로 가시적 교회의 존립과 성장을 위하여 여러 가지 제도와 형식 절차들이 꼭 필요한 것이로되, 정도를 넘어 형식주의 내지는 권위주의의 폐단을 낳아서는 안 된다는 것을 교회사를 통해서 잘 알 수 있다.

2. 요시야의 언약

통일 왕국의 마지막 왕인 솔로몬 왕의 통치 말년의 우상 숭배에 대한 하나님의 심판과 징계로 이스라엘은 북이스라엘과 남유다로 분열하게 된다(왕상 11:1-13). 이후 영적 상태에 따라 흥망성쇠를 거듭하는 가운데 북이스라엘은 B.C. 722년에 앗수르에 멸망하게 되었으며, 남유다의 스토리는 히스기야와 요시야의 종교 개혁으로 다윗 왕조의 역사를 이어간다.

특히 히스기야 통치시와 요시야의 통치 시에 거행된 유월절 대축제에 관한 언급은 출애굽 사건을 연상하게 하는 것으로, 출애굽으로부터 시작된 하나님의 구원이 완성될 때가 가까웠음을 의미한다. 따라서 유다 역사의 진정한 종말은 요시야의 유월절 행사를 마지막 사건으로 하여 새로운 구원을 제시한다.

출애굽의 완성을 소망하게 함은 구원의 완성 곧 새로운 구원이 있을 것을 확인하는 것이다. 역대기의 저자가 히스기야와 요시야 당시의 유월절 행사를 부각시켜 진술한 것은, 구약 전 역사의 의미를 요약하여 진정한 메시야의 출현과 하나님 왕국의 본격적인 도래到來를 소망하게 하는 것이다.

1) 히스기야의 언약

(1) 여호사밧

① 여호사밧과 아합

유다의 제 4 대 왕이었던 여호사밧은 선조 다윗을 본받아, 유다 왕국에 개혁 운동을 일으킴으로써 하나님의 축복을 누린다(대하 17:1-5). 특히 여호사밧은 선지자 아사랴가 부친 아사에게 준 훈계(대하 15:1-7)에 따라 방백들과 레위인들과 제사장들의 대표를 뽑아 전국을 순회하며 하나님의 율법을 백성들에게 강론하게 하여 영적 부흥 운동을 일으켰다(대하 17:16, 19).

이러한 결과로, 여호사밧이 통치하는 유다 왕국은 솔로몬 시대의 번영에 버금가는 강성함을 국내외에 떨치게 되었다. 여호사밧은 그동안 적대관계에 있었던 북이스라엘 왕국과의 관계 개선을 모색하였다.

그리하여 당시 북이스라엘을 다스리던 아합과 결혼 동맹을 맺고(대하 18:1; 21:6), 얼마 후에는 아합의 요청에 따라 아람과의 전쟁을 준비하게 되었다. 구약 성경에서 가장 악한 왕으로 평가 받고 있는 아합과 결혼 동맹을 맺은 여호사밧의 행위는 실로 그의 생애에 있어서 최대의 오점汚點이었다.

아람과의 전쟁이 임박해지자, 여호사밧은 선지자를 통해서 하나님의 뜻을 알아보기 원했다. 이때 아합에게 아부하고 맹종하는 400 명의 거짓 선지가가 출전을 찬성함에도 불구하고, 단 한 사람의 참 선지자 미가야는 단호히 이번 전쟁이 하나님의 뜻에 합당하지 않음을 선언했다.

결국 미가야는 오히려 거짓 선지자로 매도되어 핍박을 당하고(대하 18:4-27), 미가야의 경고에도 불구하고 여호사밧은 아합과 함께 아람을 물리치고자 전쟁터로 나갔다. 두 왕 중 여호사밧은 목숨을 건졌지만 아합은 결국 죽고 말았다.

그것은 결코 그가 운이 나빴다거나 우연히 전사하게 된 것이 아니라, 하나님의 말씀이 성취된 필연적 결과였다(왕상 21:17-26; 대하 18:27). 그렇지만 악한 왕 아합과 동맹을 맺은 여호사밧의 죄는 결국 그의 사후에 비극적인 궁중 학살극(대하 22:1-12)을 초래하는 원인이 되고 말았다.

② 여호사밧의 신앙

겨우 이스라엘로 돌아온 여호사밧을 기다리고 있는 것은 따뜻한 위로가 아니라 혹독한 책망이었다. 하지만 진노 중에서라도 긍휼을 잊지 아니하시는 하나님께서는, 그동안 여호사밧이 지녀 왔던 경건한 삶과 신앙 역시 결코 간과看過하지 않으셨다는 사실도 동시에 알려 준다.

선견자先見者 예후의 책망을 겸손하게 받아들인 여호사밧은 회개하여 유다 왕국에 새로운 개혁 조치를 시행하는 계기로 삼았다(대하 19장). 특히 그는 전국을 자신이 직접 순회하면서 여호와 신앙을 백성들에게 심어 주었고, 율법에 의거하여 공정한 재판을 시행할 수 있는 사법 제도를 정비하였다.

이는 아람과의 동맹을 책망하는 선지자 하나니를 투옥시켜 버린 아사의 태도와 매우 대조적이다(대하 16:7-9).

이미 예고된 하나님의 진노(대하 19:2)에 따라, 유다 왕국은 암몬·모압 연합군의 침입을 받았다(대하 20:1). 이때 여호사밧은 주저없이 온 백성들과 더불어 하나님께 나아가 도우심을 간구한다. 이 여호사밧의 기도 속에는 언약 백성을 향한 하나님의 신실하심을 간절히 의지하는 신앙 고백이 담겨져 있다. 이때 유다 백성들이 각자의 아내와 자녀들을 데리고 하나님 앞에 서서 응답을 기다리고 있는 모습은 참으로 감동적이다.

간곡한 여호사밧과 유다 백성들의 기도에 대해 하나님께서는 자신이 친히 적군들과 싸워 줄 것이니, 여호사밧과 유다 백성들은 가만히 서서 여호와의 구원을 보기만 하라고 약속하셨다. 바로 이러한 약속대로 모압과 암몬 연합군들은 서로 살육을 감행하여 전멸하고 말았기 때문에, 여호사밧과 유다 백성들이 한 일이라고는 마구 버려져 있는 전리품을 줍는 것뿐이었다(대하 20:26).

그렇지만 여호사밧은 두 가지의 잘못을 제거하지 않았다. 즉, 여전히 산당을 제거하지 않음으로써 성전 중심의 여호와 종교에 심각한 걸림돌을 남겨 두었으며, 북이스라엘의 아합 왕과 동맹을 맺었던 그가 아합의 아들 아하시야와 계속해서 교류함으로써, 남유다 왕국에 북이스라엘의 우상 숭배 풍습이 전해질 수 있게 한 실정失政이었다.

이러한 사실은 세상의 그 어떤 인간도 하나님 앞에서는 완전할 수는 없음을 보여 주며 아울러 의義와 진리眞理로 통치하시는 완전한 왕 예수 그리스도를 사모하게 한다(엡 4:13).

(2) 히스기야

① 성전 복구와 성결

남유다 왕국의 제13대 왕이었던 히스기야는 유다의 왕들 가운데서 가장 특출한 개혁자로서 부왕父王 아하스와는 너무나 대조적인 모습을 보여 주었다. 타락과 범죄에 대한 심판으로써 멸망해 간 형제국 북이스라엘의 모습과, 자신의 남유다에서 자행恣行되고 있는 온갖 우상 숭배와 불의와 악독을 보면서 히스기야는 종교 개혁을 시급히 시행하지 않을 수 없었다. 히스기야의 개혁 조치 중 가장 핵심적이었다고 할 수 있는 것은 성전 복구와 성결 조치이다(왕하 18:1-8). 그는 유다 왕국의 위기를 맞은 원인이 무엇인지 잘 알고 있었으므로 부친 아하스가 폐쇄해 버린 성전의 문들을 다시 열고, 정성을 다하여 안팎을 수리했다.

성전 복구와 성결 작업이 끝나자, 히스기야는 속죄제, 번제, 감사제를 드려 각종 제사 제도의 회복을 시도했다. 이는 히스기야가 결코 외형적인 개혁 조치에 만족하지 않고, 내면적인 신앙 개혁을 유다 백성들 사이에 불러일으키려고 했음을 보여 준다.

바로 이와 같은 히스기야의 시도는 마침내 성공을 거두게 되었고, 유다 왕국이 오래간만에 기쁨이 넘치는 날들을 맞이하게 되었다. 하나님께 대한 바른 신앙과 참된 예배 없이는 그 누구도 기쁨과 만족을 누릴 수 없는 법이다.

심판을 향해 치닫고 있는 백성들의 범죄와 타락을 멈추게 하는 가장 중요한 첫 단계가 깨어진 하나님과의 올바른 관계 회복이어야 함을 잘 알고 있었던 히스기야였던 것이다(행 2:42; 롬 1:12). 이에 히스기야는 하나님을 섬기고 예배하는 일에 "이제는 게으르지 말라."라고 외치고 있다.

② 유월절

히스기야의 통치 초기에는 북이스라엘이 멸망하고 북왕국 백성들이 대부분 앗수르로 포로 되어 갔기 때문에 히스기야 정부는 이제 전 이스라엘의 유일한 왕정이 되었다. 그래서 히스기야는 복구된 성전에서 유월절을 지키기로 결정하고 남북 이스라엘 전역에 통지해 유월절 행사를 위해 모이도록 했다.

이 유월절 의식은 율법에 규정된 날(1월 14일)에 지키지 못하고, 유월절을 지키지 못한 전 이스라엘 백성을 위해 효율적으로 규정한 2월 14일에 지키게 되었다(대하 30:2; 민 9:6-11).

당시에 칠칠절과 장막절이 농업과 관련성을 지닌 축제로 근근이 지켜져 오고 있던 반면에, 전적으로 하나님의 구원을 감사하는 종교 행사였던 유월절은 가장 중요한 절기임에도 불구하고, 거의 지켜지지 않고 있었다. 따라서 종교 개혁을 계속해서 시도하고 있던 히스기야로서는 성전 제사 제도의 회복(대하 29:20-36)에 이어서 유월절 준수의 시급성을 느끼게 되었다.

따라서 그는 온 이스라엘과 유다에 편지와 보발步撥꾼들을 보내어 유월절 준수를 선포하였다. 여기서 '온 이스라엘'이라는 표현은 당시 북이스라엘이 앗수르의 침공을 받아 이미 멸망했기 때문에(왕하 17:1-6), 유다 왕국의 영향력이 그들에게까지 쉽게 미치고 있었던 까닭으로 보인다.

물론 오랫동안 우상 숭배에 빠져 있던 북이스라엘 백성들인 터라, 단지 일부 사람들만 예루살렘에 와서 이 엄숙한 행사에 동참했다. 그러나 솔로몬 이후에 남북으로 분열되어 있던 이스라엘과 유다 백성들이 한자리에 모여 하나님의 구원을 감사한 것은, 형제의 연합과 일치를 이룬 의미를 지닌 사건이었다.

히스기야의 주도 아래, 백성들이 유월절은 물론 7 일 간의 무교절無酵節까지 준수하였다. 이는 왕국 분열 이후 처음으로 남북 왕국 백성들이 함께 모인 것이며 그 참가자의 규모나 성대함도 솔로몬 시대 이후 가장 큰 것이었다. 이에 이 거룩한 절기로 인한 희락喜樂이 백성들 사이에 넘쳐서, 결국 그들은 7 일 간 축제를 더 연장하기까지 했다(대하 30:13-27).

이 당시의 유월절 행사가 여러 면에서 결함이 있었다는 사실을 알 수 있다(18-20절). 하지만 이와 같은 결함에도 불구하고 하나님께서는 그들의 허물을 책망하지 않으시고 오히려 백성들을 축복하는 제사장과 레위인들의 기도를 열납悅納해 주셨다.

이제까지 성전 복구와 제사 제도 회복 및 유월절 준수 등 주로 히스기야의 외면적인 종교 개혁을 다룬 데 이어 제사장과 레위인의 조직을 회복시키고, 십일조 헌납을 부활 정비시킨 것 등 내면적인 종교 개혁을 시행했다(대하 31:1-21).

백성들은 이 개혁을 따라 율법에 규정된 대로 온전한 십일조와 예물을 하나님께로 드리기로 작정했고, 이를 실행하였다. 아무래도 물질적 이해관계에 민감한 인간의 속성을 감안할 때, 히스기야가 십일조와 예물 제도의 개혁에 착수한 것은 실로 대단한 신앙과 용기를 필요로 하는 일이었다.

따라서 우리는 히스기야의 개혁 운동이 얼마나 철저하고 올바른 것이었는지 깨달을 수 있다. 아울러 이와 같은 히스기야의 온전한 개혁 조치에 대다수의 백성들이 즐거운 마음으로 호응하였다는 사실은 북이스라엘 왕국의 파멸을 목도하고 큰 충격을 받았으리라는 것을 짐작하게 한다(대하 30:6-9).

③ 기도의 승리

앗수르의 산헤립은 히스기야 왕국을 정복하려는 거대한 야욕을 품고 침입해 왔다(왕하 18:9-37). 이때는 유다가 믿음을 바로잡아 모든 종교적인 제도를 재정비한 후 곧 "이 모든 충성된 일을 한 후에"(대하 32:1)이었다. 아마도 산헤립은 그 자신이 섬기는 우상을 파괴한 히스기야를 징벌하려고 생각했는지도 모른다.

그는 히스기야가 행한 일을 불경스러운 것으로 보고 이제 그가 앗수르의 보호를 벗어난 것으로 간주했다. 산헤립은 유다로 들어갔을 때 별 저항을 받지 않자, 이 모든 것이 그의 것이 되리라고 생각했을 것이다. 따라서 그는 유다를 쉽게 손아귀에 넣을 수 있는 먹이로 여겼다.

앗수르 왕 산헤립은 히스기야와 유다 백성들이 마지막 구원처救援處로 삼고 있는 여호와 하나님을 모독하고, 히스기야의 종교 개혁 조치를 비방함으로써 히스기야와 유다 백성들을 이간시키는 술책을 시도했다. 이처럼 무슨 방법을 동원해서라도 하나님의 백성들을 쓰러뜨리는 것이 사악邪惡한 세력들의 궁극적인 목표이다.

우리는 우리의 의무를 행하고 있는 동안에도 환난과 위험을 만나게 될 것이다. 하나님은 그 자신이 마음을 바로잡은 유다 백성들을 위하여 강한 힘이 되신다는 것을 보여 주시기 위해 이때에 이러한 일을 명하셨을 것이다. 하나님께서는 우리가 그에게 확신을 갖고 있는가를 시험하시고 그가 우리를 보살피고 계신다는 것을 증거하시기 위해 그러한 것들을 명하신다.

특히 성경은 이 전쟁이 단순히 지상 국가의 충돌이 아니고, 유다 민족이 섬기는 하나님에 대한 세상 세력인 앗수르의 도전임을 제시한다. 역대기 기자는 앗수르 산헤립이 이스라엘의 하나님 여호와를 업신여기며, 그 종 히스기야를 비방하고 조롱하기를 서슴지 않았다고 기록하고 있다.

이는 이 전쟁의 특성을 보여 준다. 역대기 기자뿐 아니라 열왕기 기자나 이사야 선지자도, 당대의 열국을 정복하고 최대 강국이 된 앗수르의 산헤립과, 하나님에게 속한 유다 왕국 히스기야와의 대결을 하나님과 세상 세력과의 대결로 부각시키고 있다(왕하 18-19장; 사 36-37장).

산헤립의 반半 설득 반半 위협조의 말은, 그 내용에 있어서 하나님을 모독하는 오만한 것이었다. 히스기야에 의해 회복된 하나님 왕국에 대하여 세상의 태도가 얼마나 적대적敵對的인가를 시사해 주는 좋은 예이다.

산헤립에 의해 하나님의 이름이 모독冒瀆당한 후, 히스기야는 자신의 옷을 찢고 굵은 베옷 차림으로 성전에 들어가서 선지자 이사야와 함께 하나님께 애절哀切하게 부르짖었다(왕하 19:1). 이에 하나님께서는 천사를 보내어 앗수르 군대를 물리치심으로 응답하셨으며 산헤립은 궁중 반역으로 살해당하는 징벌을 받았다.

2) 요시야와 언약궤

다윗은 비록 생전에 두 가지 범과犯過를 했음(삼하 11:4, 15; 12:9)에도 불구하고 일평생 선한 통치와 하나님의 율례律例를 준수하는 것으로 일관한 현군賢君이었다(왕상 15:5). 그래서 하나님께서도 그를 당신의 마음에 합한 사람이라고 하셨으며(행 13:22) 그에게 왕위와 나라가 영원할 것이라는 메시야적 언약도 주셨다(삼하 7:12, 16).

따라서 '다윗'이라는 이름은 하나님의 뜻에 가장 합당한 인물을 가리키는 상징적인 용어가 되어 버렸다. 또한 유다와 이스라엘 열왕列王들에게 있어서 그의 이름은 그들이 본받아야 할 가장 선한 통치자로 인식되었다.

그러므로 그들에게 있어서 '다윗처럼' 또는 '다윗의 길로'라는 말은 최상의 평가가 아닐 수 없었다. 유다 왕들 중에서 이 같은 평가를 받은 사람은 여호사밧(대하 17:3), 히스기야(왕하 18:3; 대하 29:2), 요시야(왕하 22:2; 대하 34:2) 등 단 3 명뿐이다.

(1) 율법책과 유월절

① 여호와의 율법책

역대기 기자는, 열왕기에 기록된 이스라엘 역사 중에 하나님이 행하신 일이나, 베푸신 은혜를 한 가지도 빠짐없이 보완하였다. 히스기야가 죽은 후에는 우상 숭배가 다시 등장하였다. 즉, 므낫세와 아몬의 통치 시에 유다 왕국은 살아 계신 하나님을 배반하고 도덕적으로 부패한 사회가 되었다.

그 후에 요시야의 종교 개혁과 부흥 운동이 있었고, 예레미야 선지자는 이 시대부터 활동하기 시작하였다. 요시야 즉위 18 년은 그의 통치에 있어 일대 전환점을 이룬 해였다. 왜냐하면 그해에 성전 청결 사업을 시작했고, 또 그 사업 중에 제사장 힐기야가 여호와의 율법책律法册을 발견했기 때문이다(왕하 22:3-11; 대하 34:14).

열왕기 저자는 율법책 발견 이후에 유다와 이스라엘 전역에 걸쳐 우상 타파와 종교 개혁이 있었다고 기록하고 있는데(왕하 22:8-23:20), 역대기 저자는 요시야의 개혁 사업이 율법책 발견 10 년 전부터 실시되었다고 기록하고 있어 약간의 차이를 보이고 있다.

그러나 역대하 34:4-7을 율법책 발견 이후의 개혁 사업이라고 본다면 별 문제가 없다. 역대기 저자는 요시야의 우상 훼파를 높이 평가하기 위해 미리 기록하면서 그러한 개혁은 어렸을 때부터 계속되어 온 것이라고 추가 설명하고 있다.

여호와의 율법책은 정확히 어떤 책인지 아직 확실히 밝혀진 바가 없다. 대다수의 학자들은 모세 오경 전체였을 것으로 본다. 왕은 언제나 율법책을 가까이해야 했음에도 불구하고(신 17:18-20), 요시야에게는 율법책이 없었다.

약 200여 년 전에 요아스가 왕위에 오를 때에는 율법책을 전수 받은 바 있다(대하 23:11). 또한 히스기야가 율법의 가르침 대로 성전 예배를 부활시키고 유월절을 지켰던 것으로 보아, 그의 시대에도 율법책이 있었던 것이 분명하다. 아마도 여호와의 율법책은 극심한 악행이 자행恣行되던 므낫세 왕의 통치 전반기에 유실되었던 것이 아닌가 여겨진다.

율법책을 읽고 통회하며 가슴을 쳤던 요시야는 유다의 미래와 심판을 면할 방법을 듣기 위해 여선지자 훌다를 찾는다(대하 34:22-33). 그러나 요시야는 예루살렘과 유다 백성을 향한 저주의 말씀(신 27:14-26; 28:15-

68)을 읽고 하나님 앞에서 겸비謙卑하여 옷을 찢고 통곡했지만 정해진 저주는 바꾸지 못하며 다만 재앙을 눈으로 보지 않는 축복의 말씀을 들었다.

당대에는 멸망이 없으리라는 선고를 들은 요시야는 언약책의 모든 말씀을 읽어 무리들로 듣게 하고 강력한 개혁 정책으로 백성들이 여호와를 섬기도록 했는데, 그럼에도 불구하고 백성들의 죄악이 확산되는 것을 막았을 뿐 백성들을 회개에 이르게 하지는 못했다.

② 요시야의 유월절 의식(儀式)

히스기야 왕 이후에 중지되었던 유월절 축제가 다시 거행되었다(대하 35:1-19). 역대기 기자는 이 기사記事를 간단히 언급한 열왕기(왕하 23:21-23)에서 보다 훨씬 더 상세하게, 많은 지면을 할애해서 기록하였다. 이 절기 의식은 언약의 갱신을 확인하고 백성들이 여호와의 교제 관계에 있게 된 사실을 확정하기 위함이다.

내용별로 준비 상황을 파악해 보면 첫째, 축제 의식에 관계된 여러 가지 직무를 맡아 수행할 제사장들과 레위인들을 임명하였고 둘째, 유월절 의식에 필요한 희생제물을 마련하였다. 그런 다음 유월절 제물을 잡아 제사를 드리고, 제의적祭儀的 식사를 준비하였다. 마침내 유월절 의식을 거행하고, 마지막으로 유월절의 내력을 특징 있게 기록하였다.

유월절은 유대인의 중요한 명절로서, 그것은 애굽에서의 노예 상태를 기억하게 한다. 하나님께서 그 노예 상태로부터 해방시켜 주심을 오늘날까지 기념하고자 한 것이다. 결국 출애굽은 하나님이 이스라엘 민족에게 선물한 약속의 땅을 향한 출발점이다.

이스라엘 왕국사에 있어서 요시야가 시행한 유월절 행사는 어떤 왕에 의해서도 이룰 수 없었던 특별한 배경을 형성한다. 즉, 죄악과 불순종으로 점철된 왕국사의 새로운 도약이요, 역사적인 전환점이다. 다시 말하면 새로운 메시야 시대를 향한 제2의 출애굽이라 할 수 있다.

지상의 역사 속에서 유다 왕국은 멸망 받아야 할 운명이나, 요시야의 유월절逾越節 의식은 하나님의 새롭고 본격적인 구원 곧 하나님 왕국의 진정한 도래를 상징하는 구속사적 의미를 가지고 있다.

요시야가 행한 유월절 의식儀式은 가깝게는 다윗의 글과 솔로몬의 글에 명령된 것이지만, 궁극적으로는 하나님께서 모세에게 언약하신 내용이었다. 모세가 출애굽 사건을 지도한 인물이라면 다윗과 솔로몬은 이스라엘 왕국의 대표적인 왕들이다.

즉, 출애굽 사건으로 출발된 하나님의 왕국이 다윗과 솔로몬 大代에 이르러 본격적인 체제를 갖추게 된 것이다. 모세 언약이 다윗 언약으로 일차적인 완성을 보았고, 이제는 진정한 완성을 기대하여 왕국 역사가 진행되고 있는 것이다.

따라서 요시야의 유월절 의식은 구속사적인 새로운 도약의 계기가 역사의 전환점을 마련해 주고 있다. 모세 율법에 따른 단순한 유월절 제사 규례나 성결 의식의 준행이라기보다는, 그것을 통하여 하나님의 왕국 역사가 점진적으로 완성을 향하여 전진해 나가고 있음을 보여 주는 것이다. 요시야가 특별히 이 유월절 의식을 준행한 것은 오로지 역사歷史를 주관하시는 하나님의 독특한 은혜요 주권적 섭리였을 뿐이다.

역대기 기자가 열왕기 저자와는 다르게 요시야의 유월절 의식에 관한 기사를 상세하게 언급한 것은 메시야 왕국을 대망하는 관점에서 역사를 기술하기 때문이다. 또한 역대기 기자가 출애굽 사건을 유월절 의식 준수로 상징하며 회상하게 함으로써, 진정한 애굽 세력이 무엇인가도 동시에 암시하고 있다.

즉, 단순한 정치 세력이 아니고 인간의 패역한 죄악 세력이요, 흑암의 권세를 가리킨다. 따라서 진정한 출애굽은 죄악의 권세로부터의 온전한 해방을 의미하며 또한 그것이 진정한 구원인 것이다. 하나님 왕국의 진정한 면모는 그런 은혜가 충만한 곳에서 찾아볼 수 있다.

③ 거룩한 언약궤

언약궤는 요시야 왕이 유월절을 지키는 중에 레위인에게 "거룩한 궤를 이스라엘 왕 다윗의 아들 솔로몬이 건축한 전 가운데 두고 다시는 너희 어깨에 메지 말고 마땅히 너희 하나님 여호와와 그의 백성 이스라엘을 섬길 것이라."라는 역대하 35:3이 기록 이후로 언약궤는 이스라엘 역사상에 나타나지 않는다.

요시야의 명령에 의한 법궤는 사악한 왕들에 의해 이리저리로 옮겨져 있음에 틀림없다. 아마 그 왕들은 아하스나 므낫세일 가능성이 높다. 왜냐하면 아하스는 극렬한 우상 숭배와 아울러 성전 기구들을 훼파毁破하였고(대하 28:22-25), 므낫세 역시 성전에 우상의 제단을 쌓았기 때문이다(대하 33:3-7).

이처럼 하나님의 일을 위해 최선을 다해야 할 성직자를 자신의 이익을 위해 쓸데없이 동원한 사례는 여호와 신앙의 규례를 넘어선 이스라엘 왕권의 폭거暴擧라 할 수 있다(삼상 4:1-11; 14:18-19).

그러나 요시야의 개혁으로 이제 법궤는 더 이상 동원되지 않고 고정된 자리(지성소 至聖所)에 안치되었다. 이로써 엄밀한 의미에서 참된 예배가 회복되었으며 또한 레위인들은 언약궤를 메고 다니지 않아도 되었으므로 다른 성전 봉사 일에 전념할 수 있었다.

언약궤가 구약의 기록에서 사라진 이유에 대하여 예레미야 3:16에 "여호와의 말씀이니 너희가 이 땅에서 번성하여 많아질 때에는 사람들이 여호와의 언약궤를 다시는 말하지 아니할 것이요 생각하지 아니할 것이요 기억하지 아니할 것이요 찾지 아니할 것이요 만들지 아니할 것이며"라고 되어 있다.

'여호와의 언약궤'라는 표현은 아마도 제의적祭儀的 진술로서, 이는 언약궤가 미래 이스라엘 신앙에서 어떤 중요한 역할도 감당하기를 그만두게 되기 때문이다. 17절에서 그 이유가 명확해진다. 하나님의 보좌寶座였던 언약궤는 바로 예루살렘이 지상의 하나님의 보좌가 되기 때문에 그 중요성을 그만두게 되는 것이다.

그리고 이 언약궤가 이스라엘에서의 하나님의 현존現存을 상징해 왔던 반면에, 미래에는 예루살렘이 민족들의 세계라는 좀 더 큰 상황 속에서 하나님의 현존을 상징하게 될 것이기 때문이다. 다시 말해서 예견되고 있는 변형은 선택된 백성의 한계를 넘어서 전체 세계의 민족들을 편입시키기 위해 확장될 것이며, 이 민족들의 자기 신뢰의 감정은 하나님을 향한 신뢰로 변화될 것이다.

먼 미래에 대한 이와 같은 환영幻影에서, 예레미야는 선택된 민족의 소명이 붕괴의 경계에 있던 당대의 재앙을 초월해서 제사장적인 민족으로서 봉사했던(출 19:5, 6) 이스라엘에 대한 고대의 소명召命이 충족될 미래의 시기를 보았다. 이 일은 예레미야 31:31-40에서 더욱 상세하게 확장되어 간다.

도래到來할 새 시대에는 옛 언약인 모세의 율법 언약을 새롭게 갱신하여 더 완전한 언약으로 세울 것을 선언하고 있다. 옛 언약에서는 법적인 강제성이 우선되었으나 새 언약에는 의무적인 순종이 아니라 자발적인 순종을 하게 하는 요소가 보강되었다.

과거 옛 언약 하에서의 모든 불순종과 패역함이 새 언약 하에서 하나님께 향한 신실함과 충성으로 대체될 것이다. 이를 위하여 치명적인 요소였던 죄악에 대한 해결 방법으로 사죄赦罪의 은혜가 주어질 것을 말하고 있다.

이 언약은 특별히 출애굽 당시에 맺은 내용과 전혀 차원이 다른 것이다. 여기에서 출애굽 사건을 상기시킴은 새 언약이 주어지는 상황이 출애굽과 유사한 형편이기 때문이다. 어떤 의미에서 진정한 출애굽 또는 제 2 의 출애굽을 상징하고, 하나님의 백성을 속박하는 근본적인 세력인 죄악의 권세로부터의 해방을 가리킨다고 볼 수 있다.

그러할 때 비로소 하나님을 진정으로 섬기는 백성이 되고 하나님은 명실공히 그들의 하나님으로 합당한 영광과 존귀와 찬양을 받게 되리라는 것이다. 이렇게 생각할 때 옛 언약은 파기된다기보다는 완성된다고 볼 수 있다(사 59:20, 21; 렘 32:37-40; 겔 16:60-63; 37:21-28; 히 8:6-12).

신약의 모든 하나님의 백성은 이런 새로운 관계에 들어가 있는 것이다. 이 모든 사역은 성령님에 의해 구체화될 것이다. 옛 언약에서는 하나님의 법을 가르쳤으나 이제 새 언약 하에서는 하나님을 진정으로 알고 만나서 그분을 경험하는 자들이 편만遍滿해질 것을 말한다.

즉, 하나님의 계시 방법이 간접적이 아니라 직접적이며, 또 이제까지의 불완전한 방법이 아니라 하나님의 독특한 능력과 지혜에 의한 완전한 방법이 될 것임을 시사하고 있다. 이 방법의 구체적인 단계가 죄악을 용서하는 은총으로 제시된 것이다.

새 언약(렘 31:31-34)의 성취에 대한 여호와의 신실성을 몇 가지 자연법칙을 들어 보증하고 있다(37-40절). 천지 창조 당시의 규례를 언급함으로써, 창조 질서가 창세 이래로 지금까지 엄연히 존재하는 것으로 새 언약이 반드시 실현될 것을 강조하였다. 뿐만 아니라 새 언약이 창조 언약과 긴밀한 관계가 있음을 암시하고 있다.

하나님께서 이스라엘 자손을 구원하셔서 영원한 나라로 인도하시려는 계획이 창조의 본의이며 창조의 완성임을 보이는 것이다. 이 일이 창조이면서 창조와 전혀 다른 차원이기에 새 창조이다. 따라서 이스라엘 자손의 실패에도 불구하고 하나님의 독특한 지혜와 능력으로 이 일을 이루실 것을 확약確約하는 것이다.

예레미야는 예루살렘의 재건을 언급함으로써 새 언약의 대단원을 마감하고 있다(렘 31:38-40). 재건된 예루살렘 성의 장엄함과 영화로움이 다윗의 전성기의 그것에 비추어 조금도 손색이 없음을 보여 주고 있다. 이 예언은 일면 포로 귀환 이후에 완성될 스룹바벨 성전을 예시豫示하는 것으로 포로 귀환의 확실성을 제공하는 근거가 된다.

더욱이 이것은 그리스도의 초림初臨으로 말미암아 시작된 하나님 나라의 영속성永續性과 그리스도의 재림으로 성취될 하나님 나라의 최종의 완성을 의미한다.

(2) 예루살렘 함락

유다의 멸망은 하나님의 작정하심으로, 아무리 경건하고 의로운 요시야의 노력으로도 변경할 수 없는 역사의 철칙이었다(왕하 21:10-15). 하나님께서는 바벨론 왕 느부갓네살을 사용하시어 멸망시키고자 하신 것이었다(왕하 24:1-4). 당시 팔레스타인에서는 앗수르가 멸망하고(B.C. 610년) 바벨론 제국이 세력을 장악하고 있었다.

그러나 옛 앗수르 영토에는 아직도 앗수르 잔류군殘留軍이 남아 있었고 바벨론도 본격적으로 세력을 확장하지는 않고 있었다. 따라서 이때야말로 애굽으로서는 팔레스타인에 대한 지배권을 회복하고 옛 앗수르의 영토를 회복하는 데 더할 나위 없는 호기라고 생각하였다. 이에 요시야는 팔레스타인에 대한 애굽의 지배권이 부활되는 것을 저지沮止하기 위해서 군대를 동원함으로써 '므깃도 전쟁'이 발발勃發하게 되었다.

애굽 군대는 가사와 아스글론을 점령하고 점차 북상하여 므깃도에 이르렀다. 요시야의 군대도 갈멜 산맥을 통과하여 므깃도에 도착하였는데 이곳에서 양국 간의 전투가 벌어졌다.

요시야는 애굽의 대적군對敵軍은 유다가 아니라 바벨론이라는 느고의 말(실實은 하나님의 말씀)을 듣고도 끝내 순종하기를 거부함으로써 하나님의 경륜을 이해하지 못하고 대항하다가 결국 전사하고(35:22-24), 유다를 애굽의 속국으로 몰아넣었다.

요시야의 죽음으로 유다 왕국은 역사적인 불운을 면하지 못하였다. 열왕기하 23:29의 기록에 따르면, 애굽 왕 느고는 "앗수르 왕을 치고자" 올라온 것으로 되어 있다. 그러나 히브리 원문상 애굽 왕 느고는 '앗수르를 도와' 바벨론 왕 나보폴라살을 물리치려고 북진하고 있었다고 보는 것이 옳다(대하 35:21).

유다 왕국과 전쟁할 의사가 전혀 없었으나, 요시야의 오판과 무모함으로 결국 느고의 군대에 의해 죽임을 당했다. 이 불행한 비극은 이스라엘 왕국이 겪어야 할 불행의 전초전이 되었다. 요시야의 죽음을 애도한 예레미야의 애가哀歌는 현재 전해지지 않고 있다.

이를 통해 발견할 수 있는 진리는, 하나님은 이방을 통해서도 역사役事하신다(렘 25:1-26; 엡 3:6). 따라서 성도들은, 아무리 이방인이라고 하더라도 무조건적인 적대감을 가져서는 안 되고, 어느 편이 진정한 악의 세력이고 어느 편이 하나님의 뜻을 행사하는 도구道具인지를 분별할 수 있는 예리한 통찰력 곧 영靈들 분별력을 가져야 한다(고전 12:10).

하나님의 명을 거역하고 싸우는 요시야의 모습은 아합과 여호사밧이 동맹하여 아람과 벌였던 전투를 연상시켜 준다. 하나님의 섭리를 무시한 자는 결코 살아날 수 없다는 사실을 확인할 수 있다(왕상 22:29-36).

요시야의 사후死後에는 고대 근동의 세력 판도가 크게 달라져 애굽 왕 느고가 발흥勃興하여 침략해 왔다. 요시야의 아들인 여호아하스가 애굽에 볼모로 잡혀가서 죽고, 그 형제 여호야김이 유다의 왕으로 유다를 다스리게 되었다. 그러는 동안에 신흥 강국인 바벨론의 느부갓네살 왕이 갈그미스 전투에서 앗수르를 도우러 온 애굽 왕 느고를 패망시켰다.

뿐만 아니라 여호야김 통치 하의 유다를 유린蹂躪하고 포로로 잡아갔다. 또한 예루살렘 성전도 완전히 훼파하고 모든 성전 기구를 바벨론으로 가져갔다. 그런 와중에 여호야긴 왕도 바벨론 포로가 되었고, 그 뒤를 이은 유다의 마지막 왕 시드기야도 바벨론의 손에 죽임을 당했다.

요시야 이후에 있었던 3 명의 유다 왕들의 공통점은 하나님이 보내신 선지자들의 경고를 무시하고 여전히 우상 숭배와 이방의 가증한 악을 행하였던 것이다. 이로써 북왕국 이스라엘이 멸망한 지 134년 후 B.C. 586년에 하나님 왕국의 표상이었던 유다 왕국이 역사 위에서 그 종말을 고하였다. 바벨론으로 사로잡혀 간 여호야긴 왕은 바벨론에서 37 년 간 감옥 생활을 하다가 바벨론의 새 왕이 즉위하자 특별 사면으로 풀려 나왔다(왕하 25:27-30). 그리고 귀빈의 신분으로 후한 대접을 받았다. 그는 다른 나라에서 잡혀 온 왕들보다 높임을 받아 일평생을 바벨론 왕궁에서 지낼 수 있었다.

이와 같은 여호야긴의 모습은, 바벨론으로 잡혀가 죽임을 당한 시드기야와는 아주 대조적이다. 바벨론에서는 여호야긴만 공식적인 유다 왕으로 인정했던 것 같다. 열왕기 기자가 열왕기의 끝 부분에 후대厚待 받는 여호야긴 곧 여고냐에 대한 기사를 기록한 가장 큰 이유 가운데 하나는, 절망 속에 있는 유다 백성들에게 소망의 빛을 던져 주기 위함이었다(마 1:12-16).

하나님께서는 다윗의 언약을 잊지 않으셨다는 것과, 또한 장래에 포로생활에서 구원 받을 날이 반드시 올 것임을 이 사건을 통하여 암시해 주었다. 바벨론 포로捕虜 생활은 그들의 죄악에 대한 일시적인 징벌일 뿐이지 영원한 버림은 아니었다.

제 7 장

하나님의 성전에 있는 하나님의 언약궤

1. 언약의 성취

1) 예수 그리스도의 선재(先在)

마태복음이 다윗의 자손을, 마가복음이 하나님의 아들을, 누가복음이 세상의 구주를 각각 그 주제로서 강조하고 있는 반면에, 요한복음은 영원한 아들 곧 로고스(λόγος = 말씀)로서의 예수를 주제로 삼고 있다. 그분은 이 세상이 창조되기 전에 하나님과 함께 계셨으며. 세상이 창조될 때 하나님과 함께 일하셨다(요 1:3; 5:17). 하늘과 땅이 창조되었을 때(창 1:1), 말씀은 이미 선재先在하고 있었다.

마태는 예수 그리스도의 기원起源을 아브라함과 다윗에게 두었고, 누가는 아담에게, 요한은 천지 창조 이전에 영원한 하나님께 두었다. 요한복음의 1:1의 "태초太初에"라는 것은, 그가 영원 전부터 계셨다는 것을 말해 주는 또 다른 표현이다.

요한은, 예수님의 신성神性에 대하여 증거하는 것을 그 주요 목적으로 한다. 그러므로 그는 예수님의 선재성先在性을 지적하는 것으로 시작한다. 여기 말한 대로, '태초太初에 말씀이 계셨다.'라고 하였다는 것은, '계시기 시작하였다.'라는 것이 아니라, 그가 태초 전에도 무궁無窮하게 계셨음을 알려 준다. '말씀'이란 헬라 원어로 'λόγος로고스'인데, 예수 그리스도께서는 언제나 하나님 아버지의 계시자啓示者란 의미에서 이 명칭을 취하셨다.

요한복음은 전체에 걸쳐 "나는 … 이니라."라는 말씀이 일곱 번 반복되어 나온다(요 6:35; 8:12; 10:7, 11; 11:25; 14:6; 15:1). "나는 … 이니라."라는 말씀은 구약 성경에서 매우 중요한 구절이다. 이 말은 불타는 가시덤불 속에서 모세에게 계시되었던 하나님의 이름을 표현하는 한 형식이었으며(출 3:14), 신성神性을 표현하는 말이었다(창 17:1; 출 15:26; 35:3; 렘 3:12).

그 이유는 여호와라는 하나님의 이름이 "나는 … 이니라."라는 말로 표현되었기 때문이다. 따라서 "나는 … 이니라."라고 하신 예수님의 말씀은 언약의 하나님, 애굽으로부터 이스라엘을 구원하신 하나님, 아브라함과 이삭과 야곱의 하나님을, 예수님과 동일한 분으로 간주하는 것이다.

"나와 아버지는 하나이니라.", "나를 본 자는 하나님을 보았느니라."의 말씀으로 초기 유대 그리스도인들은 예수님을 창조주 하나님과 동일시하였던 것이다.

(1) 아브라함과 다윗의 자손

마태가 예수님을 아브라함과 다윗의 자손으로 묘사한 것은 한마디로 예수님이 구약에 예언된 메시야임을 가장 결정적으로 밝히기 위해서였다.

마태는 유대 역사에서 가장 중요한 두 사람과 예수님의 관계를 강조한다. 한 사람은 "네 씨로 말미암아 천하 만민이 복을 받으리라."(창 22:18)라는 약속을 받았던 가장 위대한 믿음의 조상 아브라함이며, 다른 한 사람은 "네 집과 네 나라가 내 앞에서 영원히 보존되리라."(삼하 7:12-16)라는 약속을 받았던 유대의 가장 위대한 군주 다윗이다.

*마태의 족보는 세 단계로 기록되어 있다

첫째, 아브라함으로부터 다윗까지의 시기로, 족장 시대와 사사 시대를 망라하고 있다. 님자만 포힘시기는 유대의 족보 기록 방식과는 맞지 않게, 네 여자(다말, 라합, 룻, 우리야의 아내 밧세바)의 이름이 기록된 것은 특이한 점이다.

그것도 모두 이방인 아니면, 낮은 자리의 여자들이었다. 영광스러운 하나님의 아들이지만 비천卑賤한 혈통을 따라서 나시기까지 낮아지신 주님의 모습을 볼 수 있다.

둘째, 다윗 때부터 유다가 바벨론으로 추방될 때까지의 시대 곧 왕정 시대의 예수님의 계보를 기록하고 있다. 이 시기에 다윗 가문은 최상의 영광과 최악의 도덕적인 비극을 체험하였다.

여호사밧과 히스기야와 요시야는 영적 부흥을 상징했던 왕들인 반면에, 르호보암과 아하스와 므낫세는 포로 생활의 비극을 몰고 온 대표적인 왕들이었다. 그러나 그 속에서도 자신의 언약을 지키시는 하나님의 신실하심은 면면히 이어진다(왕상 11:9-13; 15:3-5; 왕하 8:17-19).

셋째, 이 시기는 언약 백성들에는 가장 오랜 영적 피폐기疲弊期로서, 바벨론 포로에서 그리스도의 탄생으로 하나님의 약속들이 영광스럽게 성취된 절정의 기간이다.

처음 세 사람(여고냐, 스알디엘, 스룹바벨)은 구약 성경에 기록되었으며, 나머지 사람은 구약 정경正經이 종결된 후에 살았던 사람들이다. 앞의 세 인물이 살던 시대에 '새 언약'이 주어졌는데, 이 언약은 특히 '마음'을 강조한다(렘 31:31).

구약은 메시야가 멀리는 아브라함을 그 조상으로 하여 태어나며 보다 가까이는 영원한 왕권 언약(삼하 7:16; 대상 17:16)을 받고 다윗의 후손으로 오실 것이라고 예언하였다. 당시 유대인들도 이를 잘 알고 있었던 바, 마태는 예수님이 바로 그 약속한 대로 오신 분임을 밝히고자 이를 복음서 가장 서두에 기록하고 있는 것이다.

뿐만 아니라 예수님은 더욱 멀리로는 창세기 3:15의 여자의 후손 예언, 심지어는 야곱 자손 중에서 나온 한 별에 대한 이방 선지자 발람의 민수기 24:17의 예언의 성취로서 오신 분이기도 하다.

결국 예수님은 구약 모든 예언 그리고 언약의 성취로서 오신 것이다. 여기서 우리는 예수님을 통한 하나님의 구원 계획은 태초부터 거듭하여 계속 구체적으로 예언되어 왔으며 또한 이는 예언된 대로 필히 성취되어 왔음을 발견할 수 있다.

따라서 우리는 이제 그러한 예언 성취로서 오신 예수께서 주신 말세와 천국과 구원의 약속 예언도 필히 이루어질 것을 확신할 수 있는 것이다. 또한 우리는 이러한 사실들을 통해 역사는 그저 우연의 연속이 아니라 태초부터 종말까지 우리 주 그리스도를 중심으로 일관되게 진행되는 구원의 역사임을 깨달아야 한다.

(2) 다윗의 왕위 계승

예수님의 탄생 예고에 관한 기사는 몇 가지 복합적인 요소들로 구성되어 있다(눅 1:26-38).

첫째, 다윗에게 하신 언약 곧 메시야의 오심과 그의 영원한 통치(삼하 7:13, 16)가 탄생한 아이를 통해 이루어짐.
둘째, 남자를 알지 못한 처녀가 아이를 낳게 되리라는 이사야 7:14의 예언의 성취.
셋째, 탄생할 아이가 '하나님의 아들'이라 불릴 것임 등의 내용으로 구성되어 있다.

예수님의 탄생 예고에 대한 기사가 우리에게 주는 바는 매우 의미심장하다. 그의 태어난 장소, 태어나는 방법, 그에 대한 구약의 성취 등은 곧 하나님께서 적극적으로 인간의 죄와 불의로 얼룩진 역사에 개입하여, 예수 그리스도로 말미암아 새 시대, 새 나라의 왕으로서 구원과 정의를 행하게 하시는 바, 그가 지배하는 나라는 영원하다는 것이다.

누가복음 1:32의 "그 조상 다윗의 왕위를 그에게 주시리니"라는 말은 다윗에게 예언한 대로 되는 일이니(행 2:30), 이 세상 나라가 아니고 신령한 나라의 왕위를 이름이다. 하나님께서 다윗에게 예언하시기를, "그의 나라 왕위를 영원히 견고하게 하리라."(삼하 7:12)라고 하신 일이 있다. 그것은 다윗과 솔로몬의 왕위가 영원하리라는 예언이니, 솔로몬의 계승으로 다윗 왕통王統이 영원히 이어지리라는 뜻을 포함한다. 그러므로 이 예언에 기초하고 있는 모든 예언들은, 다윗 왕통에서 영원한 왕이 오실 것을 가리켜 말한 것이다.

예레미야 23:5에, "여호와의 말씀이니 보라 때가 이르리니 내가 다윗에게 한 의로운 가지를 일으킬 것이라 그가 왕이 되어 지혜롭게 다스리며 세상에서 정의와 공의를 행할 것이며"라고 하였고, 에스겔 34:23, 24에는, "내가 한 목자를 그들 위에 세워 먹이게 하리니 그는 내 종 다윗이라 그가 그들을 먹이고 그들의 목자가 될지라 나 여호와는 그들의 하나님이 되고 내 종 다윗은 그들 중에 왕이 되리라 나 여호와의 말이니라."라고 하였다.

이사야 9:6, 7에는, "이는 한 아기가 우리에게 났고 한 아들을 우리에게 주신 바 되었는데 그의 어깨에는 정사政事를 메었고 그의 이름은 기묘자奇妙者라, 모사謀士라, 전능하신 하나님이라, 영존永存하시는 아버지라, 평강平康의 왕이라 할 것임이라 그 정사와 평강의 더함이 무궁하며 또 다윗의 위位에 앉아서(개정 : 왕좌王座와 그의 나라에 군림하여) 그 나라를 굳게 세우고 자금自今(개정 : 지금只今) 이후 영원토록 공평과 정의(개정 : 정의와 공의)로 그것을 보존하실 것이라 만군의 여호와의 열심이 이를 이루시리라."라고 하였다.

이사야 11:1-10에, "이새의 줄기에서 한 싹이 나며 그 뿌리에서 한 가지가 나서 결실結實할 것이요 그의 위에 여호와의 영靈 곧 지혜와 총명의 영이요 모략과 재능의 영이요 지식과 여호와를 경외하는 영이 강림하시리니 그가 여호와를 경외敬畏함으로 즐거움을 삼을 것이며 그의 눈에 보이는 대로 심판하지 아니하며 귀에 들리는 대로 판단하지 아니하며 공의로 빈핍貧乏(개정 : 가난)한 자를 심판하며 정직으로 세상의 겸손한 자를 판단할 것이며 그의 입의 막대기로 세상을 치며 그의 입술의 기운으로 악인을 죽일 것이며 공의로 그의 허리띠를 삼으며 성실로 그의 몸의 띠를 삼으리라

그때에 이리가 어린 양과 함께 살며 표범이 어린 염소와 함께 누우며 송

아지와 어린 사자와 살진 짐승이 함께 있어 어린아이에게 끌리며 암소와 곰이 함께 먹으며 그것들의 새끼가 함께 엎드리며 사자가 소처럼 풀을 먹을 것이며 젖 먹는 아이가 독사의 구멍에서 손을 넣을 것이라 내 거룩한 산 모든 곳에서 해 됨도 없고 상傷함도 없을 것이니

이는 물이 바다를 덮음 같이 여호와를 아는 지식이 세상에 충만할 것임이니라 그날에 이새의 뿌리에서 한 싹이 나서 만민의 기호旗號(개정 : 기치旗幟)로 설 것이요 열방이 그에게로 돌아오리니 그가 거한 곳이 영화로우리라. 하였고,

미가서 5:2에는, "베들레헴 에브라다야 너는 유대 족속 중에 작을지라도 이스라엘을 다스릴 자가 네게서 내게로 나올 것이라 그의 근본은 상고上古에, 태초太初에니라."(개정 : 영원에 있느니라)라고 하였다.

위에 기록된 예언들은 다윗의 자손 중에서 왕이 날 것을 가리키는데 그 왕은 의로우신 분이고(렘 23:5), 목자의 일을 하실 분 곧 강포强暴로 다스리지 않고 긍휼과 자비로 구원하시는 분이시고(겔 34:1-24), 참 사람이시고 하나님이시며(사 9:6, 7), 끊기었던 다윗 왕통王統에서 나실 분이시고(이사야 11:1의 이새의 줄기에서 난 싹), 성령으로 일하시는 분이시고(사 11:2), 그의 존재와 활동이 영원한 분이시다(미 5:2).

위의 여섯 가지 성품을 가지신 인물은 오직 예수 그리스도이시다. 그러므로 그는 다윗의 왕손王孫으로 오실 영원한 왕이시다.

2) 그리스도의 성육신

이사야 7:14의 예언대로 메시야는 남자를 알지 못한 처녀의 몸에서 태어나시게 되는 것이다. 여기에 성육신成肉身(Incarnation)의 오묘한 진리가 내포되어 있다.

천사의 메시지(눅 1:26-38)는 예수님의 인성人性과 신성神性에 관해 말해주는데, 그는 다윗을 조상으로 하여 태어난 인간인 동시에 하나님의 능력

에 의해 특별한 방법으로 이 땅에 오신 하나님의 아들인 것이다. 따라서 이 성육신은 하나님 자신이 하나님이시면서 동시에 인간이 되신 것으로, 타락한 인간을 구원하시기 위한 유일한 방법이었다(요 1:1-18).

요한복음 6:38-39에는 그리스도께서 성부聖父의 뜻 곧 하나님께서 생명을 주시기로 작정하신 자를 대속代贖의 희생을 통해 구원하시기 위해 이 땅에 오셨음을 밝히고 있다. 제2위 성자聖子로서 절대 영靈이셨던 예수께서 이 땅에 오시기 위해 육신을 입으신 것을 우리는 성육신成肉身이라고 부른다. 거기에는 깊은 구속의 원리가 있다. 그 옛날 하나님과 인간은 에덴동산에서 선악과 언약善惡果言約을 맺으면서 이를 어길 경우 필히 죽을 것이고 이를 지킬 때에만 생명을 보장해 주기로 약속하셨다(창 2:15-17). 그런데 인간은 이를 어겼다. 따라서 인간의 죽음은 필연적이었다.

이에 하나님은 절대 거룩한 당신이 세운 법이므로 그 법法 자체는 일단 지키면서 인간으로 하여금 죄의 책임을 지게 하면서도 그 죄를 범한 인간 자체는 회개悔改를 전제로 살려 두시기로 원하셨다. 따라서 하나님은 다른 존재가 인간을 대신하여 죽어 죄의 대가를 치름으로써 대신 인간은 살 수 있는 구속救贖의 원리를 세우셨다(롬 8:1-4).

그런데 그 대속 희생代贖犧牲을 할 자는 먼저 하나님 앞에서 완전한 인간이어야 했고, 또 반대로 인류에게 하나님의 완전한 용서를 보증하기 위해서는 하나님 자신이셔야 했다.

그러므로 이런 존재는 삼위 하나님 자체밖에 없었으므로 삼위 중 2위이신 성자께서 성육신하여 하나님(신성神性)인 동시에 인간(인성人性)이 되어 대속 희생代贖犧牲을 치르시어야 했던 것이다.

이렇게 본다면 예수 그리스도의의 성육신成肉身과 십자가의 대속 희생代贖犧牲의 수난에 담긴 하나님의 구속救贖의 원리는 자신의 법을 세우시려는 공의公義와 죄인을 살리시려는 사랑의 원리가 오묘하게 조화된 결과이다.

(1) 예수 그리스도의 탄생

예수님의 족보에 이어서, 마태가 동정녀 탄생을 언급하고 있는 이유는, 예수님의 인간적 혈통을 보여 주어 인성人性을 강조하고 있는 족보에 이어 그의 신성神性도 부각시키기 위해서이다.

인류의 죄를 대속代贖하시기 위한 완전 무결完全無缺한 희생제물이 될 수 있는 자격은 하나님 앞에서 죄와는 아무 상관이 없는 완전한 인간이셔야 했고, 동시에 인류에게는 하나님의 완전한 구원의 보증이 되기 위해서는 하나님 자신이어야 했다.

이에 삼위 하나님 중 제 2 위이신 성자聖子 예수께서는 성령聖靈으로 말미암아 동정녀의 몸에 잉태되는 특별한 탄생 과정을 통해 인성人性과 신성神性을 모두 가지고 이 땅에 오신 것이다.

예수 그리스도의 탄생의 신비는 동방의 박사들이 먼 곳으로부터 여행해 와서 유대인의 왕으로 나신 아기 예수께 경배 드린 사건에서도 확인된다. 이처럼 이방인들이었던 동방 박사들에 의해서까지 왕으로 인정 받은 것은 예수께서 단순히 유대인의 왕인 것이 아니라 온 인류의 메시야이심을 시사해 주고 있다.

동방 박사들의 경배(마 2:1-12)와는 달리 누가는 당시 사회에서 천대 받는 계층階層이었던 목자들의 아기 예수께 대한 경배를 묘사하고 있다(눅 2:8-20). 이것은 예수께서 온 세상의 가난하고 억눌린 자들을 구원하시기 위해 오신 분이라는 누가의 시각視覺을 잘 반영한다.

예수님의 탄생에 관한 예고(눅 1:26-38)는 세례 요한의 탄생 예고(눅 1:5-25)와 구조적으로 평행을 이룬다. 또한 예수님의 탄생 역시 세례 요한과 마찬가지로 구약 예언의 성취였다. 이는 구약이 제시하는 대로 예수께서는 메시아의 혈통적 조건들(창 3:15; 22:18; 49:10; 민 24:17; 삼하 7:6)을 다 충족시키고 있음을 알 수 있다.

그러나 이 해석은 표면적 고찰이며, 심층적으로 볼 때에 천지 창조를 기록하고 있는 구약의 첫머리와 대칭對稱되어 적어도 다음 두 가지 영적靈的

진리를 강력히 증명한다.

첫째, 천지 창조가 성부聖父의 우주 역사 전개의 시작이라면 예수님의 성육신成肉身은 성자聖子의 희생으로 이룩된 구속사救贖史의 시작이다.

둘째, 예수 그리스도를 예표豫表한 희생제물의 피로 인한 구원을 보여주는 구약과 그 실체實體이신 예수 그리스도 자신의 피로 구원을 제시하는 신약은 예수님을 중심으로 상호 연결되어 있다(마 26:28).

예수 그리스도는 어느 날 갑자기 새로운 종교를 창시한 것이 아니다. 태초부터 있었던 진리(요 1:1-4)와 구약의 예언을 다 계승하시는 바 곧 영원부터 영원까지 이어지는 영속적 진리 가운데서 우리에게 구약의 맥脈을 발전적으로 계승한 복음을 주신 것이다.

구약에 속한 메시야 언약의 혈통 계승으로 예수님의 존재는 우리의 구원을 가르치는 성경聖經을 창세기에서 계시록까지 유기적有機的으로 연계시키고 있다.

(2) 예수 그리스도의 공생애

"회개하라 천국이 가까웠느니라."라는 예수 그리스도의 공생애公生涯의 일성一聲이다(마 4:17). 마가복음 1:15에는 "때가 찼고 하나님 나라가 가까웠으니 복음을 믿으라."라고 기록되어 있다.

마가는 세례 요한 투옥 시점과 예수님의 전도 시작을 관계시키고 그 메시지 역시 '회개와 천국 도래天國到來'(마 3:2)로 일치시킴으로써 세례 요한의 사명이 그리스도의 길을 예비하는 데 있음을 의미한다(사 40:30.

① 세례 요한

마태복음 3:2에 세례 요한의 공생애의 맨 첫마디 말씀이 "회개하라 천국이 가까웠느니라."라고 하였다. '가까웠다'의 'ἐγγίζω 엥기조'의 완료 능동태 동사의 'ἤγγικεν 엥기켄'(가까웠느니라)이라는 문자적인 의미는 '다가오다'이다.

이 동사는 하나님 나라와 관련하여 4:17에 기록된 예수님의 말씀에서도 사용되고 있지만(막 1:15), 12:28에서는 '*ἔφθασεν* 에프다센'이라는 동사가 사용되고 있다. 이와 같은 사실을 감안한 도드(C. H. Dodd)는 여기서 사용된 '*ἐγγίζω* 엥기조'라는 동사가 '임하다'라는 뜻을 지니고 있다고 주장한다.

하지만 이 동사는 일반적으로 막 도착하려고 하는 어떤 것을 가리키는 데 사용되고 있다. 그러므로 여기서 완료형으로 사용된 이 동사는 '가까이 다가와 있다'라는 뜻으로 해석되어야 한다.

'천국(*ἡ βασιλεία τῶν οὐρανῶν* 헤 바실레이아 톤 우라논)'이라는 말은 '하나님'이라는 말을 사용하기를 꺼려 하는 유대적인 관행에 따라 '하나님의 나라(*ἡ βασιλεία του θεου* 헤 바실레이아 투 데우)' 대신 사용된 문구이다(막 11:30-31; 눅 15:18, 21). 마태는 이 '천국'이라는 단어를 자신의 복음서에서 무려 23 회나 걸쳐 사용하고 있다.

'하나님의 나라' 대신에 '천국'이라는 단어를 사용한 복음서 저자는 오로지 마태뿐이다(하지만 때로는 '하나님의 나라'라는 문구도 사용하고 있다 ▶ 12:28; 19:24; 21:31, 43). 하지만 이 두 가지 표현은 얼마든지 같은 의미로 사용될 수 있다(마 19:23-24).

여기서 마태가 말하는 '천국'이란, 예수께서 이 땅 위에 오심으로써 인류가 체험할 수 있게 된 하나님의 통치와 거기에 따르는 축복을 의미한다. 일찍이 하나님이 약속하셨고 예언자들의 다양한 묘사를 통해 예고되었던 축복의 황금 시대가, 복음을 믿고 받아들일 자세를 갖춘 모든 사람에게 활짝 열리게 되었다는 것이다.

세례 요한의 메시지를 이처럼 직접 화법話法으로 기록한 복음서 저자는 오로지 마태뿐이다. 마가와 누가는 마태복음과는 달리 "죄 사함을 받게 하는 회개의 세례"(막 1:4; 눅 3:3)라는 말로 세례 요한의 메시지 내용을 요약하고 있다. 그리고 "천국이 가까웠느니라."라는 메시지를 세례 요한의 입을 통해서 나온 것으로 기록하고 있는 복음서 저자도 오직 마태뿐이다.

세례 요한은 회개를 촉구하는 설교에서 예언자들의 메시지를 원용援用하고 있다. 구원은 물론이려니와 심판까지도 포함하는 하나님의 역사役事

에 참여하기 위해서는, 오로지 회개하고 이스라엘의 하나님에게로 돌아오는 수밖에 없다. 이는 단순한 개종의 차원을 뛰어넘는 근본적인 삶의 변화를 의미한다.

유대인들에게는 이 문제가 예언자들의 시대 이후로 줄곧 핵심적인 문제로 부각되어 왔다. 특히 쿰란 공동체는 자신들이 회개의 언약에 참여하고 있다고 믿었다. 세례 요한의 메시지는 마태복음 4:17에서 다시금 똑같은 형태로 예수님의 입을 통해 선포된다(예수께서 제자들을 파송하시면서 같은 메시지를 전파하라고 분부하신다 ▶ 마 10:7).

그러므로 세례 요한과 예수님은 연속 선상에 있으며, 유대인들을 향한 세례 요한의 메시지는 곧 마태복음을 읽는 그리스도인들을 향한 메시지이기도 하다. 여기서는 비록 마가복음이나 누가복음에서처럼 회개와 죄 사함이 직접적으로 연관되어 있지는 않지만, 마태는 이미 1:21에서 죄 사함에 관하여 언급한 바가 있을뿐더러, 26:28에서 '언약의 피'와 관련하여 이 주제를 다시 한 번 거론하고 있다.

마태복음 4:17에서의 이야기의 전환점을 나타내는 마태의 상용어 "이때부터 예수께서 비로소 … (시작하시더라)"라는 이 복음서의 또 하나의 전환점인 마태복음 16:21에서도 똑 같은 형태로 등장한다. 여기서는 예수께서 세례 요한과 마찬가지로 복음을 전파하는(***κηρύσσειν*** 케루세인), '주의 사자使者' 역할을 하신다(23절; 3:1).

우리는 복음 선포宣布라는 주제를 이 복음서 도처에서 발견할 수 있으며(마 9:35; 11:1), 나중에 이 사명은 제자들에게 위임되기에 이른다(마 10:7, 27; 24:14; 26:13). '가라사대(개정 : 이르시되 ***καὶ λέγειν*** 카이 레게인)'라는 문구는 예수께서 전하신 가장 핵심적인 메시지 "회개하라 천국이 가까웠느니라."를 소개하는 역할을 한다. 사람들이 회개하여야 하는 까닭(***γάρ*** 가르)은 천국이 가까웠기 때문이다.

따라서 회개 자체보다는 천국이 더 가까웠다는 사실이 훨씬 더 중요하다. 하나님의 '나라'는 하나님의 '통치'를 뜻한다. 복음의 핵심은 하나님의 통치가 시작되었다는 기쁜 소식을 선포하는 데 있다.

② 예수 그리스도

마가복음 1:14에서 마가는 예수 그리스도의 공생애公生涯를 "하나님의 복음을 전파하여(*κηρύσσεν τὸ εὐαγγέλιον τοῦ θεοῦ* 케뤼센 토 유앙겔리온 투 데우)"를 서두로 기록하고 있다. 복음서 기자가 예수님의 갈릴리 활동을 묘사하기 위하여 초대 교회의 선교 상황으로부터 유래된 용어를 사용하고 있는 것 같다는 견해도 있다(롬 1:1; 15:16; 고후 11:7; 살후 2:2, 8; 벧전 4:17).

그러나 마가복음 1:14은 예수께서 오심을 이사야의 관점에서 하나님으로부터 오는 복된 소식을 전하는 사람으로서 묘사한다(사 52:7; 61:1). 그러므로 이사야의 약속은 마가의 '시작'(막 1:1-3)을 위한 배경을 다시 제공하게 된다.

동시에 예수께서 '전파傳播한 것'과 세례 요한이 '전파한 것'(막 1:7)과는 상당한 차이가 있다. 요한은 회개의 세례와 더 능력 많으신 이의 오심을 전파하였지만, 예수께서는 이사야의 약속처럼 '하나님의 복음'을 전파하심으로써 '더 능력이 많으신 자'임을 그 스스로 증명하셨다. 이 '복음'의 내용은 마가복음 1:14의 서술적 목적절인 1:15의 메시지에서 공포된다.

마가복음 1:15의 '때가 찼고'(*Πεπλήρωται ὁ καιρὸς* 페플레로타이 호 카이로스)에서 카이 레곤*καὶ λέγων*과 호티*ὅτι*라는 보족어補足語의 사용은 '하나님으로부터 온 복음'을 설명하는 특별한 메시지와 연결된다.

이 메시지는 두 가지 종합적이고 병행적竝行的인 선언으로 시작되고 있다. 첫 번째 선언은 때의 성취에 대하여 말하고 있으며, 두 번째 선언은 왕국의 도래에 대하여 말하고 있다.

첫 번째 선언은 예언자이고 묵시적인 기대에 부합하는 배경을 지닌다(단 7:22; 겔 7:12; 9:1; 벧전 1:11; 계 1:3). '정하여진 때(*καιρôς* 카이로스)'라는 용어는 일반적으로 일정한 기간이라기보다는 결정적인 순간 곧 정해진 시간을 의미한다(막 11:13; 12:2). 그러므로 '*Πεπλήρωται*페플레로타이'란 동사는 '완성'의 의미보다는 '성취' 혹은 '실현'의 구원사적救援史的인 의미를 지닌 말이다.

예수께서는 그것이 결말에 도달하는 시기를 선포하기보다는 시간 안의 결정적인 순간의 성취를 선언하고 계신다. '*Πεπλήρωται*페플레로타이'라는 말은 수동태受動態와 시제時制로 이러한 의미를 뒷받침한다.

현재완료 시제는 사건이 지속적인 의미를 지니고 지금 성취되고 있음을 암시한다. 수동형의 문장은 하나님이 그 사건을 실현시킬 때에 일하고 계심을 암시한다. 오고 있는 것은 바로 하나의 '정하신 때' 곧 종말이다.

두 번째 선언의 "하나님 나라가 가까웠으니(*ἤγγικε ἡ βασιλεία τοῦ θεου* 엥기켄 헤 바실레이아 투 데우)"는 종합적인 병행법竝行法으로 다른 선언을 확증하며 설명한다. 예수께서는 하나님의 통치와 복된 소식을 선언하는 이사야 52:7과 62:1의 사자使者로 등장하고 계신다.

마가는 '왕국'이란 말을 마태(약 50 회 사용)나 누가(약 40 회 사용)보다 비교적 적게 사용하고 있다(약 15 회 사용). 그가 이 말을 사용한 것은 마가 이전의 전승으로부터 비롯된 것으로 보는 것이 적절하다.

그러나 여기에서 왕국은 예수의 메시지의 내용으로, 그리고 '복음'(막 1:14-15)과 같은 의미로 쓰여지고 있기 때문에, 우리는 '왕국'이 예수님의 사역使役에 대한 마가의 이해에서 매주 중요하다는 사실을 알 수 있다.

"회개悔改하고 복음을 믿으라(*μετανοεῖτε καὶ πιστεύετε ἐν τῷ εὐαγγελίῳ* 메타노에이테 카이 피스튀에테 엔 토 유앙겔리오)."라는 두 가지의 명령이 앞부분의 선언에 뒤따르고 있다.

회개하라는 초청을 선포의 문맥(막 1:4, 15; 6:12의 '*κηρύσειν* 케뤼세인' 안에 배치하는 것은, '회개하다(*μετανοεῖν* 메타노에인)'라는 말이 '다시 돌아가다', '되돌아가다'를 뜻하는 구약 성경의 'שׁוּב슈브'의 의미를 지닌 것을 암시한다. 즉, 모든 사람을 향하여 하나님께로 되돌아오라는 예언자적 초청의 의미를 내포하고 있다.

이것은 '마음을 변화시키다', '후회하다' 또는 'μετανοεῖν 메타노에인'의 슬픔을 문자적으로 해석하는 것보다 더 중요하다. 그러므로 예수께서는 하나님에 대한 전적인 복종 가운데서 자기 자신의 강퍅한 길로부터 돌아설 것을 사람들에게 촉구하고 계신다.

"복음을 믿으라."라는 초청은 앞의 설교와 종합적인 병행 구절을 이루고 있다. 이러한 관계에 있어서 '믿으라(πιστεύεῖν ἐν 피스튜에인 엔)'는 다소 특이한 구문構文의 의미를 결정하는 데에 도움이 된다.

마가복음의 1:14, 15의 광범위한 문맥과, 1:15의 '회개하라'라는 초청의 직접적인 배경은 때의 성취와 역사 속에서의 하나님의 통치의 복된 소식을 선포함으로써, 이사야 52:1과 61:1의 약속을 성취하고 계신 예수께서 사람들에게 "복음을 믿으라."(막 1:15)라고 설교하시는 것이며, 그것은 바로 '하나님으로부터 온 복음'(막 1:14)을 의미한다. 이는 우리가 하나님의 통치에 관한 '복음을 믿는' 것처럼, 회개하여 하나님에게 전적으로 복종하여야 함을 말한다.

그러므로 마가복음 1:15의 메시지는 두 개의 선언과 두 개의 명령으로 구성되어 있다. 각각의 짧은 종합적 대구법對句法으로 배치되어 있다. 예수님에 의해 선포된 하나님의 복음은 하나님이 정하신 때의 성취 곧 역사 속에서 하나님의 통치가 시작된 것이다.

맨 처음 증언은 정하여진 때 곧 세례 요한을 포함한 선지자들에 의해 예견된 구원의 때를 성취하기 위해서 하나님이 일하고 계심을 분명히 선언하고 있다. 하나님의 정하신 때의 시작은 하나님의 통치가 역사 속에 시작되었음을 의미한다.

그러나 하나님의 왕국의 시작을 표현하기 위해서 선택된 언어는 도달과 가까움의 복합적인 사건을 표현하고 있다. 여기에서 왕국에 관한 예수님의 가르침을 특징짓는 이중적인 측면인 현재적 차원과 미래적 차원이 다 발견된다. 이러한 이중적 측면이 이곳에서 나타나 있다 하더라도 이 부분에 직접적인 문맥은 왕국의 현재적인 시작이 강조되고 있다.

이것은 하나님에 대한 전적인 복종 가운데 회개하여 복음을 믿으라고 초청한 예수님의 사역使役의 주제였다. 이 개요가 독립적으로 사용되었다고 간주하는 것은 마가가 예수님을 '하나님의 통치와 구원의 도달 곧 '하나님의 복음'을 선포하게 될 이사야 52:7과 61:1에서 약속된 종말론적인 메시야로서 생각하고 있었음을 암시하는 것일 수도 있다.

그러나 막 1:14, 15에 대한 이러한 이해는, 1:1-15의 더 광범위한 문맥과 1:16-16:8에서 나타나고 있는 예수상像을 간과看過하고 있는 것이다. 예수께서는 하나님의 정하신 때가 시작되었음을 선포하실 뿐만 아니라, 그때가 자신이 온 것과 더불어 시작되었다고 선포하고 계신다.

또한 예수께서는 하나님의 왕국이 역사 속에서 시작되었을 뿐만 아니라, 자신의 사역이 역사 안에서 하나님의 통치를 실현하고 있다고 선포하셨다.

2. 십자가의 언약

예수님의 지상 사역은 인간의 구속 사역을 결정적으로 성취하시기 위한 십자가에서의 죽으심과 부활이 그 절정이다. 이를 위해 예수께서는 하늘의 보좌寶座를 버리고 이 지상에 내려오셨던 것이다(마 16:21-28; 17:22-23; 20:17-19; 26:1-5). 이러한 죽음과 부활은 한 치의 오차도 없이 예수님 자신의 예언에 의해 증거되고 있다.

즉, 예루살렘에서 가룟 유다에 의해 제사장 무리에게 넘기어지고(요 18:1-14), 그들은 산헤드린 공회에서 사형을 결의하며(눅 22:66-71), 당시 총독 빌라도에게 다시 넘겨져서 정식 재판을 받으며(눅 23:1-25), 능욕凌辱과 채찍질을 당하며 마침내 십자가에 못 박혀 죽으시나(눅 23:56-56), 3일 만에 부활하신다는 이 예언이 그대로 이루어진 것이다(눅 24:1-53).

이것은 결국 예수님의 죽음이 우연한 정치범의 죽음이 아니라 신적神的 존재 곧 하나님과 예수님 자신의 구속救贖 계획에 의해 이미 계획된 예언이며 또한 예수께서는 힘이 없어서가 아니라 이미 다 아시면서도 스스로 자원하여 십자가 고난을 당하셨음을 증거해 준다.

1) 유월절의 성만찬

성찬聖餐은 세례와 더불어 그리스도께서 직접 제정하신 두 가지 성례聖禮 중 하나이다. 이는 예수께서 돌아가시기 전 유월절 절기에 제자들과 더불어 마지막 만찬을 드시면서 제정하셨다(마 26:26-29; 막 14:22-25; 눅 22:18-20; 고전 11:23-25). 따라서 성찬은 구약 출애굽 사건 시 있었던 유월절 규례와 깊은 관련을 갖는다.

즉, 구약의 유월절 어린 양이 예표하고 있는 바 구속救贖의 희생제물로 오신 그리스도가 이제 전 인류를 위한 구속 사역을 행하시기에 앞서 자신의 살을 떡으로, 그리고 피를 포도주로 상징하여 떡을 떼고 잔을 나눔으로써 이 의식儀式을 제정하셨다.

따라서 성찬은 그리스도의 죽으심에 성도가 연합하여 동참함을 의미한다(눅 22:19, 20). 또한 성도가 같은 성찬에 참여함으로 성도가 영적으로 하나의 공동체임을 확인했다.

그러므로 성도는 이 의식을 행할 때마다 자신이 그리스도의 죽음과 부활에 동참하고 있음을 깨닫고 또 그리스도를 믿음으로 구원 받았음을 신앙 고백하게 되는 것이다. 따라서 이런 놀라운 구속의 섭리와 은혜를 체험하게 하는 성찬 의식聖餐儀式은 그리스도가 다시 오실 때까지 시행될(마 26:29) 은혜의 방편方便이라 할 수 있다.

(1) 보혈의 새 언약

언약covenant 사상은 신구약 성경 전체를 관통하고 있는 주요 맥脈으로서, 예수 그리스도의 십자가 사건에서 그 절정을 이룬다. 즉, 언약(신 29:25)은 하나님께서 구속 역사救贖役事를 진행시키는 데 있어서 취하신 일관성一貫性 있는 방편으로서 아담(창 2:7; 3:15), 노아(창 6:18), 아브라함(창 15:18), 모세(출 24:8), 다윗(삼하 7:12-16)을 거쳐 오면서 점점 명확해지다가 예수님의 새 언약에 이르러서는 최종적으로 그 뜻이 드러나게 된 것이다.

그리고 성경에서 '피'는 곧 생명을 의미하는 바(창 9:4, 5; 레 17:11; 신 12:23) 피 흘림 없이는 생명 보존과 관계되는 죄 사함도 있을 수 없다(히 9:22). 그러기에 하나님께서 모세와 더불어 옛 언약을 세우실 때, 짐승의 피로써 세웠듯이(출 24:8) 죄로 인해 죽을 인생들을 구원하실 속죄贖罪의 새 언약을 세우시는 현 시점에서도 예수님의 피로 세우신 것이다.

예수께서 유월절 만찬을 자신의 성만찬聖晩餐(최후의 만찬)으로 지키실 때 떡과 포도주를 가지고 자신의 대속적 죽음의 의미를 밝혀 주시면서 제자들에게 이를 기념하도록 성찬 예식聖餐禮式을 제정해 주셨다(마 26:26-30; 막 14: 22-25; 눅 22:14-20).

***유월절과 관련한 성만찬의 중요한 의미**

첫째, 유월절 만찬이 애굽에서 종 노릇 하던 이스라엘이 구원을 얻은 것을 기념하는 것이라면, 성만찬은 예수께서 죄의 종 노릇 하던 인간들을 사탄의 권세에서부터 해방시킨 것을 기념하는 것이다. 즉, 전자는 이스라엘의 정치적 해방을 기념하는 것이라면 후자는 예수님의 구속 사역으로 말미암아 인류가 죄와 사망의 권세에서부터 해방된 영적 해방 곧 구원 얻은 것을 기념하는 것이다(막 14:22-25 등).

둘째, 예수께서 제자들과 함께 드신 성만찬은 장차 성도들이 하늘나라에서 맛볼 천국 잔치를 상징한다(눅 13:29).

셋째, 유월절 저녁에 양을 잡아 그 피를 문설주에 바름으로써 이스라엘 백성들의 사망을 면하게 한 어린 양의 피(출 12:1-14)는 인간을 영원한 사망에서부터 건져 내 주신 하나님의 어린양 예수 그리스도의 보혈寶血을 상징한다(요일 1:7). 이런 점에서 우리는 신구약 성경이 계시사적啓示史的, 구속사적救贖史的 관점에서 예수 그리스도를 중심하여 철저히 연결되어 있음을 알 수 있다.

넷째, 그러므로 예수께서 짐승의 피로 세운 옛 언약 곧 유월절 예식에 반해 자신의 성만찬과 성찬 예식을 가리켜 “내 피로 세운 언약”(막 14:24; 고전 11:5)이라 칭하셨는데 이 점은 히브리서 기자도 확언하고 있는 바이다(히 9:11-22).

다섯째, 예수께서 제자들에게 나누어 주신 떡은 곧 인류를 위하여 십자가상에서 찢기시고 상처 입으신 자신의 몸을 상징한다(사 53:4-5).

그런데 예수께서 만찬 도중에 떡과 포도주를 가지사 자신의 죽음의 의미를 분명히 밝히시고 자신의 재림 시까지 이를 기념하도록 명하신(제정하신) 것은 바로 오늘날 기독교 교회와 가톨릭 교회가 공히 중요한 예전禮典으로 지키고 있는 성찬식聖餐式의 기원이 되었는데 초대 교회 당시까지만 해도 이것은 단순한 감사의 예전인 ‘애찬愛餐(*ἀγάπαι* 아가파이)’으로만 지켜져 왔었다(고전 11:33-34). 그러던 것이 점차 교회가 외형적, 내면적 틀을 갖추면서부터 정식적인 성찬 예식으로 지켜지기 시작하였다.

(2) 겟세마네의 기도

겟세마네(*Γεθσημανῆ* 게드세마네)는 히브리 어 ‘גַּת שְׁמָנֵי 가트 쉐마니’에서 나온 이 지명의 뜻은 ‘기름틀’이다. 이곳은 예루살렘 동쪽, 감람산 서쪽 중턱에 위치한 동산인데 감람나무 숲이 우거져 있다. 따라서 ‘겟세마네’란 지명도 사람들이 그곳에서 감람유를 짰기 때문에 생긴 이름일 것이라고 쉽게 추정할 수 있다. 그런데 예수께서 이곳에서 기름 대신 마치 피 방울 같은 땀을 흘리시면서까지 하나님께 기도하셨으니(눅 22:44), 자못 의미심장하다.

예수께서는 자신의 죽음을 불과 24 시간도 채 못 남겨 놓은 시점에서 겟세마네Gethsemane 동산으로 나아가 하나님께 기도 드렸다(마 26:26-46; 눅 22:39-46; 요 18:1). 예수께서는 세 제자 베드로와 야고보와 요한만을 택하여 가셨다(막 5:37; 9:2; 14:33).

겟세마네에 이르러 그들에게 깨어 있으라고 명하신 까닭은 아마도 바야흐로 자신이 인류 구속人類救贖을 위하여 겪어야 하는 극심한 고난을 그들이 깨닫고 함께 고통을 나누며 기도해 주기를 바라셨기 때문일 것이다. 그러나 그 같은 중에서도 예수께서 그들에게 여기 머물러라고 명하심으로써 여느 제자들과 마찬가지로(막 14:32), 자신과의 일정 거리를 두게 하신 까닭은 비록 제자들의 합심 기도가 필요하기는 하나 인류 구속 사역使役이라는 문제는 결국 하나님 앞에서 예수님 스스로가 해결해야 할 혼자만의 문제였기 때문이다.

마가복음 14:36 상반절의 첫 번째 기도에서, '이 잔盞'(마 20:22; 26:39; 눅 22:42)으로 표현된 자신의 수난受難을 면하게 해 달라고 간구하신 것은, 자신에게 지워진 십자가가 너무나도 무겁고 고통스러운 것임을 단적으로 증거해 주며, 하나님께서는 무엇이든지 불가능한 일이 없지만(렘 32:17; 눅 1:37) 자신의 원대遠大하신 경륜과 섭리를 따라 행하심을 우리들로 하여금 새삼 깨닫게 해 주신다.

36절 하반절의 '아버지의 원대로'는, 극심한 고통과 죽음을 면하기 원하는 자신의 인간적 욕망을 쳐서 하나님의 뜻에 복종시킨 것일 뿐 아니라, 원하시기만 하면 언제라도 자신의 뜻을 관철시킬 수 있는 자신의 신적 권능조차도 온전히 하나님의 뜻에 순복順服시킨 행위이다(마 4:3, 6; 하나님의 아들이지만).

***이에 우리는 몇 가지 중요한 사실들을 발견하고 교훈을 얻을 수 있다**

① 참된 기도의 본을 보이심 : 공생애를 40 일 금식기도로써 시작하신 예수(막 1:12, 13)께서는 이후 항상 습관을 좇아 기도하시기를 쉬지 아니하셨을 뿐만 아니라(마 14:23), 그의 생애를 마무리하는 시점에서도 기도하시기를 잊지 않음으로써(눅 22:39), 우리들에게 참된 기도의 본을 보이셨다.

② 산인(神人) 양성(兩性)을 온전히 겸하심 : 예수께서 죽음을 앞두고서 처절한 고통을 호소하고 계시는 것은 그분께서 하나님의 아들이셨으면서도 우리와 다름없는 인간의 육체와 성정性情을 그대로 지니신 채 이 땅에 강

림하셨음을 나타내 준다(요일 4:2).

③ 우주적 죽음의 고통 : 순교자들 중에는 자신의 죽음이 영광의 길임을 깨닫고 그것을 평온한 마음으로 받아들였던 경우(행 7:55, 56)와는 달리 예수께서는 이 문제를 놓고서 말할 수 없는 번민煩悶을 하신 것은 그의 죽음이 단순한 순교가 아닌, 하나님께로부터 일순간 버림을 당하는 죽음이었음을 증거해 줄 뿐만 아니라 예수께선 온 인류의 죄를 대신 일신에 지시고 하나님께 홀로 버림 받는 대속적代贖的인 우주적 죽음을 당하신 것이므로(고후 5:21) 다른 일개인의 죽음과는 천양지차天壤之差로 판이함을 보여 준다.

④ 어떠한 자세로 하나님을 섬겨야 하는지를 일깨워 주심 : 그러나 그 같은 고통과 번민 중에서도 예수께서 하나님을 아버지라 부르며 그분께 자신의 모든 것을 의탁하신 것은 하나님께서 자신을 버리시되 아주 버리시는 것이 아님과 그 같은 죽음이 가져올 인류 구원이라는 놀라운 결과, 자신의 영광의 회복 등과 같은 일련의 이후 일들을 예견豫見하시고 이를 조금도 의심하지 아니하셨음을 드러내 준다(빌 2:8-11).

아무튼 비록 인간을 사랑하고 하나님께 순종하는 마음에서이긴 하나 예수께서 하나님께 죽기까지 복종하셨다는 것은 하나님의 종 된 우리 성도들에게 과연 어떠한 자세로 하나님을 섬겨야 하는지를 분명히 일깨워 주시는데 곧 "무엇을 하든지 또한 생사生死 간에 하나님의 영광을 위하여" 해야 할 당위성當爲性을 실제로 나타내 주신다(고전 10:31; 롬 14:8; 빌 1:20).

2) 십자가에서의 죽으심·부활·승천

(1) 십자가에서 죽으심

그리스도는 여자의 후손으로 이 세상에 태어나신(창 3:15) 완전한 인간이었으나(요 8:39, 40), 모든 인간이 지닌 죄의 성향은 전혀 지니지 않으셨다. 이처럼 예수께서는 모든 인간을 대표하시되 완전한 희생제물이 되기 위해서는 죄가 없으셔야 했다.

이러한 무죄성은 예수님의 죄를 찾기 위해 힘썼던 빌라도에 의해서도 증언되며(요 18:38; 19:4), 예수께서 스스로에 대해 죄 의식이 없었다는 점에서도 발견된다(요 3:3, 5).

그리스도는 성령을 통해 잉태되었으므로 아담의 후손인 모든 인간이 지니는 원죄로부터 벗어났고(눅 1:35), 다른 사람들로부터 책잡히는 범죄 행위를 저지른 일이 전혀 없는 순결한 분이셨다(요 8:46).

나아가 본질적으로는 하나님이신 분이 나 같은 죄인을 위해 대신 죽어 주신 것이기에 예수님의 구속救贖의 효력은 완전한 것이며 동시에 그 사랑은 진실하고 순결한 것이다.

예수께서 십자가에 못 박히셔서 경험하신 극한 고통의 상태들은(마 27:34, 35, 46), 구약의 여러 곳에서 이미 예언한 바 있다. 즉, 고통을 감소시킬 목적으로 쓸개 탄 포도주를 준 사실은 시편 69:21에 나오는 다윗이 고난을 노래한 구절에서, 그리고 예수님의 옷을 제비 뽑아 나눈 사실은 시편 22:18에서 다윗이 자신에게 닥친 고통을 호소하는 구절에서 예언된 내용의 성취이다.

또한 모든 죄인의 대표로서 하나님에게조차 마침내 버림받아 형벌의 고통을 당하는 그 엄청난 영혼의 고통 중에 발하신 "엘리 엘리 라마사박다니" 곧 "나의 하나님 나의 하나님 어찌하여 나를 버리셨나이까"란 절규 역시 하나님으로부터 버림받은 자의 고통을 호소한 시편 22:1에 등장한다. 여기서 우리는 성경 전체가 그리스도의 구속 사역에 초점을 맞추고 있으며 또한 그리스도의 사역은 그 모든 말씀의 완전한 성취임을 새삼 깨닫게 된다.

십자가 위에서 고통당하시던 예수께서는 마침내 오후 3시경에 운명하심으로 메시야 사역을 완수하셨다. 이 순간 갑자기 흑암이 찾아오고 성전의 휘장이 둘로 찢어졌으며, 지진이 일어나고 무덤에서 죽은 자들이 일어났다.

특히 성전 휘장이 위로부터 아래로 찢어진 것은, 예수님의 죽음으로 인해 하나님과 인간 사이에 가로막혔던 죄의 담이 완전히 허물어졌음을 의미한다. 성육신하신 예수께서는 율법의 복종과 수난과 죽음을 거쳐 장사지낸 바 됨으로써 비하卑下된 신분으로서의 사명을 다 이루셨다.

십자가상에서 운명하신 예수께서 무덤에 장사되기까지의 과정이 상세히 소개되고 있다(요 19:1-42). 예수님의 장사葬事 지냄은 성자聖子 예수님의 낮아지심의 극치이다. 즉, 성자로서 영광 된 보좌를 버리시고 비천한 인간의 몸을 입고 이 땅에 오셔서 자신이 주셨던 율법에 스스로 복종하시며 온갖 고난을 받으시고, 죄인으로서 죽임을 당하시고 무덤에 들어가기까지 낮아지신 것이다.

저자 요한은 여기서 예수님의 죽음이 그 자신의 실패로 인한 것이 아니라 이미 구약에서 예언된 바의 성취라는 사실에 초점을 맞춘다. 예수께서 매를 맞는 내용(1-3절)은 예언의 성취이다(사 50:6; 시 22:6, 7). 또한 군병들이 예수님의 옷을 나눈 것(23, 24절)은 시편 22:18에 나오는 예언의 성취이다.

그리고 예수께서 다리를 꺾이지 아니한 것(33절; 시 34:2)은 예수님의 모형되신 유월절 희생 양의 뼈가 꺾이지 아니한 것과 다윗의 고난 시苦難詩에 등장하는 내용의 오묘한 성취이다(시 34:20). 왜냐하면 로마인들은 십자가에서 처형된 죄수가 정말 죽었는지를 확인하기 위해 다리 등의 뼈를 꺾는 것이 관례였는데 예수님의 경우는 매우 이례적異例的으로 뼈는 꺾지 않고 오히려 창으로 옆구리를 찌르는 행위를 했기 때문이다.

예수님의 죽음은 '구속 사역의 성취'라는 위대한 역사歷史를 이루는 것이었지만, 실로 당사자에게는 매우 외롭고 고통스러운 것이었다. 십자가상에서 "다 이루었다." 하신 주님의 말씀은 구속 사역 성취를 위해서는 그 같은 죽임이 필연적이었으며 이제 그분 한 사람의 죽음으로 그를 믿는 자는 모두 그러한 저주스런 죽음을 당하지 않게 되었음을 선언하는 것이었다.

실로 자기 몸이 십자가상에 찢기어 죽음에로 치닫는 순간에도 자기 백성들의 구원을 위한 그리스도의 외침은 택한 자의 구원을 위한 신적 열심과 사랑의 절정이라 아니할 수 없다.

이렇게 볼 때 우리는 하나님께서 이미 수천 년 전에 예수님의 죽음의 세부 장면까지 정확히 예언해 놓으셨음을 알 수 있다. 또한 예수님이 창에 찔린 것은 스가랴 12:10의 예언의 성취이다.

이처럼 예수께서는 구약 성경 여러 곳에 예언된 그대로 고난을 받으셨고 대속代贖의 죽음을 당하심으로 그리스도의 구속 사역이 하나님의 세밀한 계획에 의한 것임을 알 수 있다.

(2) 부활 : 아나스타시스(ἀνάστασις)

예수님 스스로가 부활resurrection이며 생명이며 동시에 믿는 자에 대한 부활의 방편이며 궁극적으로는 부활의 주체임을 밝히셨다(요 11:25-26). 즉, 예수님은 부활의 첫 열매이며 앞으로 있을 모든 영광스러운 부활의 원인 제공자이신 것이다(고전 15:13-22).

물론 성경은 부활이 성부(요 5:21; 고후 1:9)와 성령(롬 8:11)의 공동 역사共同役事임을 밝히나 성도의 부활은 특별히 스스로 사망의 권세를 극복하셨을 뿐만 아니라 대속의 죽음으로 성도에게 새로운 생명을 주신 성자의 사역으로 돌려진다(요 5:21; 6:40).

부활은 다시는 죽는 일 없는 썩지 않을 영체靈體로 다시 살아나는 일이다(롬 6:9; 고전 15:42-54). 죽은 자의 부활이란, 이른바 숨을 다시 돌이킨 야이로의 딸이라든가(막 5:21, 35-43), 베다니의 나사로(요 11:1-44), 또는 나인성 과부의 외아들(눅 7:11-17) 등의 임시 부활과는 구별된다. 이들의 경우는 다시 죽어 썩어질 몸으로서, 전과 같은 육체로 되살아난 소생蘇生이다.

그러나 예수님 재림 때의 죽은 자의 부활은, 다시 죽는 일이라든가, 썩는 일 없는 '영의 몸(靈體)'으로 부활되는 것이다. 그렇다고 이것은 다만 영적인 부활이 아니라, 몸의 부활을 의미한다. 이는 부활체復活體를 가진 부활인 것으로서, 현재의 인체人體는 혈기血氣의 몸이라 인간의 생명을 머물게 하는

데는 적당한 몸이지만, 하나님의 영靈을 모시기에는 부족한 것이다. 그러나 예수님 재림 때의 부활체復活體는 이것과는 반대로, 썩지 않을 것으로서 영원히 사멸死滅하는 일이 없는 조직으로서 형성될 부활체 復活體이다.

하나님은 모든 것에 그 뜻대로 생명의 장단長短을 정해 주셨다. 그것과 한가지로 무궁한 생명을 주시는 일이나 부활체를 주시는 일 모두가 하나님의 전능하신 능력에 의해 주어지는 것으로서, 현재의 몸의 불완전성이 모두 제거된 영체靈體가 주어지는 것이다.

그러므로 현재의 육체와 부활체復活體는 전연 다른 것으로서, 하나님은 그 뜻대로 믿고 부활한 자에게 불멸의 완전한 영광의 몸을 주시게 되는 것이다(롬 6:9; 고전 15:42-54).

구약에서의 부활 사상은 그렇게까지는 확실한 사상을 보이지 못하고, 그 언급도 그렇게 많지는 않으나, 그것은 구약 시대부터 이미 존재해 있었던 것만은 다음 성구들이 보여 주고 있다(욥 14:13-15; 19:25-29; 시 16:10; 17:15; 49:15; 73:24; 사 26:19; 단 12:2, 3; 호 6:2).

이러한 부활 사상은 신구약의 중간 시대에서는 다종다양多種多樣한 양상을 보이고, 신약 시대에로 이어졌다. 바리새파 사람들은 부활 신앙의 열렬한 신봉자였으나 사두개파의 사람들은 부활 사상을 부정하고 있었다(행 23:8). 그러나 바리새파의 사람들은, 의로운 유대인만의 부활을 믿고 있었다. 그것에 대하여, 전 인류의 부활을 믿고 있는 사람도 있었다.

신약 중에 기록되어 있는 부활은, 모두 예수 그리스도에 관련하여 언급되어 있다. 그것은, 예수 그리스도의 부활과 마지막 때의 전 인류의 부활 곧 예수 그리스도 안에 있는 모든 신자의 부활과 불신자의 부활이다.

예수 그리스도 안에 있는 신자는 신천 신지新天新地에 들어가기 위한 생명의 부활이지만(요 5:29; 계 20:5, 6; 21장). 예수 그리스도를 믿지 않은 불신자는 심판을 받기 위한 부활이다(요 5:29; 계 20:11-15).

예수 그리스도의 부활에 직접 관련을 가지고 있는 것은 그리스도인의 부활이다. 그것을 간추려 보면 다음과 같다.

① 예수 그리스도의 부활의 확실한 증거

a) 구약 성경 중에 예언되어 있다(시 16:8-10〈인용 ▸ 행 2:25-31〉).

b) 신약 성경에도 예고돼 있다. 곧 예수님 자신이 예고하셨다(마 16:21-23; 17:9, 23; 20:17-19; 26:1, 2, 32; 27:63; 눅 9:22; 요 20:19-22; 12:32-34).

c) 그 예언(예고)은 성취되었다(마 28:1-7; 막 16:5-7; 눅 24:4-8, 23; 요 20:11-17).

d) 예수 그리스도를 장사한 무덤은 비어 있었다(눅 24:1-9). 이 자체가 살아나신 증거이다.

e) 부활하신 예수 그리스도는 많은 제자들에게 보여 주셨다(요 20:19-29; 고전 15:58).

＊그 순서는 다음과 같다

a) 막달라 마리아에게(요 20:14-18).

b) 무덤에서 돌아가던 여인들에게(마 28:8-10).

c) 베드로에게(눅 23:34; 고전 15:5-) : 베드로는 이 부활의 사실을 증인으로써 확증하였다(행 2:24, 32; 4:33; 5:30).

d) 엠마오 도상의 두 제자에게(눅 24:13-31).

e) 도마 이외의 사도들에게(눅 24:36-43; 요 20:9-24).

f) e)의 8 일 쯤 후, 도마가 사도들과 함께 있을 때(요 20:24-29).

g) 디베랴 바다에서 일곱 제자들에게(요 21:1-23).

h) 어떤 산 위에서, 사도 및 5백 명에게(고전 15:6-).

i) 야고보에게(고전 15:7-).

j) 열한 사도에게(눅 24:50-53; 막 16:19-20; 행 1:9-12).

k) 다메섹 도상의 바울에게(행 9:3-6; 고전 15:8-) : 바울은 그리스도의 부활을 확증함과 동시에 특히 그리스도의 부활은 신자 부활의 보증이 됨을 변증하였다(행 13:30, 37; 25:19; 롬 1:4; 8:11; 고전 6:14; 15:19-23; 고후 4:14; 13:4; 빌 3:10; 딤후 2:8)

l) 예루살렘 성전에서 바울에게(행 22:17-19; 행 23:11).
m) 스데반에게(행 7:55-).
n) 밧모섬에서 요한에게(계 1:10-19).

부활하신 주님을 본 제자들은 능력 있는 자로 변화되고(행 2:32; 4:2-22; 5:40-42), 교회는 세워져 발전되었다. 어찌 죽은 자, 썩어 없어진 자를 위해 생명의 힘을 얻을 수 있었을까? 그 대답은 그가 다시 부활하신 것을 보았기 때문이다. 그리하여 제자들은 순교까지도 흔쾌히 감행하게 된 것이다.

② 그리스도의 부활은 성도 부활의 증거인 동시에 보증과 약속 : 예수 그리스도의 확실한 부활은 그를 믿고 죽은 성도들은 모두 그와 같이 부활한다는 증거인 동시에 그리스도 안에 있는 성도들이 부활할 사실의 보증이며 그리스도의 약속이다(고전 15:12-22; 롬 6:5; 8:11; 살전 4:14; 요 6: 39, 40).

인간은 영과 몸과의 유기적 통일체有機的統一體인 바, 죽음에 의해 영과 몸이 분리된 후에 다시 영체靈體와 결합하여 비로소 완전한 인간으로 되는 것이다. 즉, 그리스도 안에 있는 모든 성도의 몸은 썩을 것에서 썩지 않을 것으로 부활하여 재결합하는 것이다. 그러므로 예수 그리스도의 부활의 사실은, 그리스도 안에 있는 모든 인간(신자)들은 사후 그리스도의 부활과 같이 부활한다.

③ 성자와 그리스도가 되신 증명 : 예수 그리스도의 부활은, 그가 하나님의 아들이신 것, 또는 그리스도이신 것의 증명이었다(롬 1:4).

④ 속죄의 완성 및 그 증거 : 그리스도의 부활은 우리들로 의롭다 함을 얻게 하사 구원 하시기 위한, 십자가상에서의 속죄의 완성인 동시에 그 증거가 되는 것이다(행 2:32-36; 롬 4:25).

⑤ 그리스도인들의 부활할 전조(前兆) : 예수 그리스도께서 십자가상에서 죽으시고, 부활하실 때, 무덤들이 열리며 자던 성도의 몸이 많이 일어

났다는 것은(마 27:52, 53), 우리 그리스도인들이 최후에 부활할 전조前兆로 여겨진다. 예수께서 부활하신 것은 일요일로서(마 28:1; 막 16:2; 눅 24:1; 요 20:1), 주의 부활을 기념하는 날이라는 뜻에서, 주의 날,(계 1:10) '주일主日'로 불린다.

부활로 번역된 헬라 어는 명사 셋이 보여지는데 *ἀνάστασις* 아나스타시스가 거의 전부이고(마 22:23, 28, 30, 31), *ἔγερσις* 에게르시스가 1회(마 27:53), *ἐξανάστασις* 엑사나스타시스가 1회(빌 3:11) 씌어져 있다.

바울 사도의 종말관(고전 15:23-28) 곧 미래관未來觀은 성경의 다른 부분의 미래관과 일치되고 있다. 그것은 3 단계로 보여진다.

제 1 단계

그리스도의 부활로서, 이로 말미암아 예수 그리스도가 하나님이신 것을 증명하고, 신자의 사죄의 확실한 보증을 주셨으며, 부활의 소망을 가질 수 있게 하셨다(고전 15:23a).

제 2 단계

a) 그리스도의 재림으로서(고전 15:23b; 살전 4:16; 계 19:11-16), 그때 그리스도 안에서 잠자던 신자는 먼저 부활하고, 그때 생존해 있는 신자는 영화榮化되어 공중에서 휴거携擧된다(마 24:40-41; 눅 14:14; 20:35; 살전 4:17).

b) 계시록 16장의 아마겟돈 전쟁을 일으킨 땅의 임금들과 그의 군대와 거짓 선지자 중 짐승과 거짓 선지자는 산 채로 유황불에 던져지고, 나머지는 말탄 자의 검에 죽어 모든 새가 그 고기를 먹게 된다(계 19:17-21).

c) 천사가 하늘로서 내려와 사탄을 결박하여 일천 년 동안 무저갱에 던져 버린다(계 20:1-3).

d) 첫째 부활에 참여한 성도들이 예수 그리스도와 더불어 천 년 동안 왕노릇 한다. 이것이 천 년 왕국이다(계 20:4-6).

e) 마지막 전쟁인 곡과 마곡의 전쟁을 일으킨 마귀는 불과 유황불에 던

져지고 땅의 백성들은 하늘에서 불이 내려와 소멸된다(계 20:7-10).

제 3 단계

이상의 천 년 시대 끝에 제 3 단계로서, 흰 보좌 심판이 있게 되며 둘째 부활에 참여한 자들이 자기의 행위에 따라 기록된 대로 심판을 받게 되어 사망과 음부陰府도 함께 불못에 던져진다(계 20:11-14).

이제 예수 그리스도께서는 나라를 아버지 하나님께 바치고, 하나님께서 만유의 주가 되신다(고전 15:24, 28). 하나님과 어린양 그리스도와 함께한 성도들은 새 예루살렘성에서 세세토록 왕 노릇 하게 된다(계 22:1-5).

이로써 성도는 삼위일체 하나님의 주권적인 역사役事에 의해 그리스도 재림의 날에 부활復活을 체험할 것이나(마 22:29; 고전 15:38) 나사로를 살리신 성자의 능력과 우리의 영생 부활을 위해 자기 생명까지 버리신 희생적인 사랑, 그리고 자신이 부활하심으로써 우리 부활의 증거가 되신 주님의 약속에 의해 그 결실을 반드시 보게 될 것이다.

(3) 승천(昇天)

승천(עָלָה알라, ἀνάλημφις 아날렘피시스, ascension)은 지상 생활에서 하늘의 생활로 옮겨지는 일이다(행 1:2). 하늘로 올리우심으로도 표현되어 있다(막 16:19; 행 1:9,11). 성경 중에 승천 기사는 많지가 않다. 구약에는 에녹과 엘리야의 승천이 기록되어 있다(창 5:24; 왕하 2:11).

그러나 유대교에 있어서는, 구약의 많은 인물이 승천한 것으로 신봉되고 있는데, 아담, 아브라함, 모세, 바락, 에스라, 이사야, 스바냐 등이다. 또한 그 당시의 이교의 여러 종교에도 영혼의 승천이 상당히 강조되어 있었다. 그러나, 이러한 종교적 상황 중에서, 신약에 있어서의 그리스도의 승천은 독자성을 가지고 있다(눅 24:51; 막 16:19; 행 1:9).

그리스도께서 부활 후 40 일 만에 승천하신 일은 사도행전 1:9-11에 얼마쯤 자세히 기록되어 있다. 구약에도 그 언급이 있고(시 68:18; 엡 4:8 비교), 예수께서도 친히 이것을 말씀하셨다(요 20:17). 다른 표현으로는, 올리어 가심(행 1:22), 올리우셨음(딤전 3:16), 하늘에 오르심(벧전 3:22) 등으로 되어 있다.

이 승천은 오순절 이래 모든 그리스도교 신자에게 중요한 교리로 된 것으로서 이것은 그리스도에 대한 신앙 고백에 중요한 요소가 된 데서이다. 그리스도는 승천하여 하나님의 우편에 앉으셨는데(벧전 3:22), 이것은 장소보다도 기능을 뜻하고, 하나님의 주권이 그리스도에게 맡겨지고, 전 세계와 전 역사의 주가 되신 것을 의미하고 있다.

그러나 승천은 부활과 같은 것은 아니다. 부활과 밀접하게 결합되면서도 구별된다(롬 8:34). 그것 자체가 의미를 가지는 것이다. 즉, 그리스도의 역사적 성육신에 있어서의 강생降生 곧 하강下降에 대해, 이제는 영광의 위치에로의 높이 들리심을 말함이다(빌 2:9; 엡 4:9).

이로써 성자의 십자가의 죽으심과 부활에 의한, 하나님의 구원의 대역사大役事는 완결되고, 그리스도는 만물의 주로 되신 것이다(엡 1:21). 그리하여 믿는 자들이 하늘의 축복에 참여하는 유일한 길이 되어지고(히 10:19, 20), 또한 그리스도의 재림을 대망待望하는 소망이 주어진 것이다(행 1:11,계 22:20)

승천으로 번역된 히브리 어 עָלָה 알라(왕하 2:11)는 동사로서, 엘리야의 승천에 관해 씌어져 있는데, 이 말은, '올라간다, 생각한다, 달한다' 등을 비롯하여 약 30 종의 말로 번역되는 말이다. 헬라 어 *ἀνάλημφις* 아날렘프시스(눅 9:51)는, 들어올림 taking up, 승천昇天, ascension into heaven 등으로 번역되고 있다.

3. 그리스도의 증인의 언약

"오직 성령이 너희에게 임하시면 너희가 권능을 받고 예루살렘과 온 유대와 사마리아와 땅 끝까지 이르러 내 증인이 되리라."라는 사도행전 전체의 주제이자 모든 그리스도인들에게 주어진 사명使命을 함축하고 있다(행 1:8).

이 지상 명령至上命令(the Great Commission)은 오순절 사건 이후부터 사도들을 중심으로 본격적으로 실행에 옮겨지게 되었다. 아브라함 카이퍼는 이 전도 사명을 창세기 1:28의 문화 사명文化使命(cultural mandate)과 함께 그리스도인의 대특명大特命이라고 정의했다.

1) 지상 명령에서 초대 교회까지

예수께서는 지상 사역地上使役 당시에 이미 십자가에서의 죽으심과 부활에 대해 비유로 누차 말씀하신 바 있다. 하지만 직접 예수님을 따라다니던 제자들조차도 당시에는 그것을 확실히 이해하지 못하였다가 살아나신 주를 직접 뵙고 난 연후然後에야 비로소 그 뜻을 깨달았다(요 2:22; 20:19-29).

유대인들은 매우 경험적이고 실리적인 민족이었다(고전 1:22). 그들은 메시야가 임할 때는 하나님께서 커다란 표적을 보여 주실 것이라고 기대했다. 따라서 이들이 요구한 것은 예수님이 메시야이심을 증명하는 표적이었다(요 2:18).

예수께서는 사람들이 표적을 구할 때마다 거절하시고, 대신 유일한 표적으로서 부활을 말씀하셨다(마 12:38; 16:4;막 8:11; 눅 11:29). 성전은 하나님께서 임재해 계시는 곳으로서 예수님 자신을 상징하였다(요 2:19). 마태복음 12:6에서 예수께서는 자신을 "성전보다 더 큰 이"라고 하셨다. 곧 하나님은 성전에서보다 예수님 안에서 더 분명하고 완전하게 임재하시기 때문이다.

요한은 "성전을 헐라 내가 사흘 동안에 일으키리라."라는 예수님의 말씀을 "성전 된 자기 육체를 가리켜 말씀하신 것이라."라고 해석한다. 즉, 성전을 허는 것은 예수님의 육체의 죽음이고 그것을 사흘 동안에 일으킴은 그 육체가 삼 일 만에 부활하심을 가리킨다는 뜻이다. 그런데 유대인들은 이 말을 오해하여 예수께서 재판 받으셨을 때(막 14:58)와 그리고 예수님의 제자들이 전도할 때 이를 비난의 근거로 삼았다(행 6:14; 7:48; 17:24).

예수께서 성전으로 자신의 육체를 비유하신 것은 두 가지 의미를 담고 있음을 말해 준다. 곧 예수님의 십자가의 죽으심과 부활이다. 이로 말미암아 세우신 신약의 교회가 바로 자신의 몸이시기 때문이다(요 2:20). 이로써 성전 예배가 새로운 영적 예배로 대체된 것이다.

이는 구약의 이스라엘 백성이 성전을 통해 하나님께 나아갈 수 있었던 것처럼 신약의 신자들은 오직 그리스도를 통해서만 하나님께 나아가 예배할 수 있기 때문이다(요 14:6).

예수님의 죽으심과 부활은 성도의 믿음의 핵심이라 할 수 있으며 이 믿음은 살아 계신 하나님의 능력을 체험하게 한다(롬 1:16). 그리고 이러한 능력을 성도들이 본격적으로 체험하게 된 것은 오순절 성령 강림 사건 이후부터였던 것이다(행 2:1-4).

(1) 지상 명령(the Great Commission)

예수 그리스도를 환호하며 따랐던 무리들은 그를 정치적 메시야로 여겼다(눅 19:11). 이는 베드로의 예를 통해 더욱 명백해진다. 즉, 베드로는 예수께서 잡히실 당시, 정치적 메시야로서의 권능을 믿었기 때문에 대제사장의 종의 귀를 떨어뜨리는 의분義憤을 보였다(요 18:10).

하지만 예수께서 마치 도살장에 끌려가는 어린 양처럼 순순히 체포당하자 베드로는 실망과 번민에 휩싸여 다른 제자들과 더불어 달아나기에 급급했던 것이다.

그 후 부활하신 주께서는 제자들에게 나타나셔서 영생永生 등에 관해 말씀하심으로써, 소위 '하나님 나라'가 지상地上의 정치적 왕국과는 다른 차원의 의미를 지니고 있음을 깨닫게 하셨다(요 20:31). 하지만 베드로는 살아나신 주님을 목격한 후에도 담대히 복음을 전하지 못하고 갈릴리 바다에 고기를 잡으러 가는 등 소심하고 안일한 소극적 태도를 보였다(요 21:3).

그러나 하나님께서는 자신의 크신 뜻을 이루기 위해 이토록 연약한 베드로를 강권하사 위대한 사도로 세우신 것이다(요 21:18). 제자들은 그들이 이전에 갈망했던 정치 권력보다도 훨씬 더 강력하고 고상한 능력을 소유하게 되었다.

성령의 충만한 임재를 통해서 예수 그리스도의 승천 이후의 복음 전파가 확장되어, 예루살렘에서→온 유대에서→사마리아에서→땅 끝까지 이르러 "내 증인이 되리라."라고 하셨다.

이 말은 '내 증인이리라(you shall be my witnesses)'라는 뜻이다. 사도들과 일반 신자들은 성령의 권능을 받을 때에 이미 그리스도의 증인의 성격을 지니고 있고, 또 그렇게 나타날 수밖에 없다. 증인은 사실에 근거하고 말하는 것을 그 자격으로 한다.

전도자들은 이론가도 아니고, 이상가理想家도 아니고, 그리스도의 사건을 그대로 파악하고 그 사실을 믿고 남들에게 증거하기를, "이 진리를 믿는 자는 영생을 얻고 믿지 않는 자는 멸망한다."라는 것을 선포하는 자들이다.

'사도행전'은 '성령행전聖靈行傳'이라고 해도 과언이 아니다. 왜냐하면 교회의 설립과 선교 사명 등을 감당하게 하는 주원동력으로서 성령의 역할이 본서 전체에서 부각되고 있기 때문이다.

'성령'에 해당하는 헬라 어 '*πνεῦμα* 프뉴마'는 마태복음에서 19 번, 마가복음에서 23 번, 누가복음에서 36 번 그리고 요한복음에서 24 번 나타나는데, 사도행전에서는 무려 70 번이나 사용되고 있음이 주목된다.

권능(*δύναμις* 뒤나미스)은 성령의 권능을 가리키는 말로 많이 사용되었다(행 10:38; 눅 4:14; 롬 15:13). 그리고 예수께서 이적을 베푸신 것도 이러한 권능으로 말미암았으며(마 11:20), 모든 성도들을 부활하게 하는 것도 바로 이 능력인 것이다(고전 6:14; 빌 3:10). 영어의 '다이나마이트(폭탄)'란 어휘가 바로 이 헬라 어 '*δύναμις*'에서 유래한 것이다.

증인(עד 에드, *μάρτυς* 마르튀스, Witness)은, 구약의 법정에서 범죄의 성립 여부에 대하여 확언해 주는 자를 주로 의미하는 법적 용어였다(신 19:15). 이러한 개념이 신약에도 등장하는데(마 18:15), 특히 신약에서는 예수께 관해 보고 들은 것을 증거하는 자들(행 10:41; 눅 24:48) 혹은 하나님의 진리를 증거하는 자들(요 3:11; 계 1:5)을 가리켰다.

그리고 예수 그리스도를 증거하다가 목숨을 잃은 자들이 늘어남에 따라(행 7:55-60; 12:2), '증인'은 곧 '순교자殉教者'를 뜻하는 말로 사용되기도 하였다(계 2:13; 17:6). 영어의 '순교자 (martyr)'란 어휘가 바로 '증인(μάρτυς 마르튀스)'이란 헬라 어에서 유래했다.

오늘날의 모든 성도는 참되고 충성된 증인이신 예수 그리스도를 본받아 복음을 증거하는, 하나님의 증인으로서의 사명을 가지고 있다 할 것이다(계 1:5; 3:14).

(2) 오순절의 성령 강림

예수님의 승천 후 제자들과 무리들이 예수께서 약속하신 바 성령을, 더 나아가서는 주의 재림을 기다리며 다락방에서 마음을 같이하여 기도에 힘썼다(행 1:12-14; 12:12). 진정 이 뜨거운 합심 기도合心祈禱야말로 교회에 생명력을 불어넣는 교회 부흥의 밑거름이다. 이 일 후로 초대 교회는 '기도하는 공동체'라고 할 수 있다.

오순절 날과 성령 강림일이 일치한 사실은 결코 우연한 것으로 간주될 수 없다(행 2:1-4). 원래 오순절은 처음 익은 소출을 하나님께 드리는 추수 감사제로서 유월절로부터 50 일이 지난 날에 해당한다(민 9:11). 예수께서는 유월절 어린 양으로 처형당하셨으며(고전 5:7), 그로부터 50 일이 지난 후 약속하신 성령께서 강림하심으로써 교회의 첫 열매들이 탄생하게 된 것이다.

다시 말하면 구약의 유월절, 오순절이라고 하는 예표론적인 절기들이 예수님의 십자가 사건과 성령 강림 사건을 통해 각각 성취되었다고 볼 수 있다(롬 8:23; 11:16; 고전 15:20, 23).

오순절 성령 강림 사건은 구속사 속에서 그리스도의 탄생만큼이나 중요한 의미를 가지는 획기적인 사건이었다. 교회사의 큰 분수령을 이루었던 본 사건의 구속사적救贖史的 의미는 다음과 같다.

① 오순절과 그리스도

오순절에 성령을 보내신 분은 그리스도이시다(요 14:26). 세례 요한은 물로 세례를 주던 자기와 대조시켜 그리스도를 "성령으로 세례를 베푸는 이"(요 1:33)로 묘사한 바 있다. 그런데 이 예언은 오순절에 내린 성령 강림 사건을 통하여 성취되었다.

따라서 오순절의 진의眞意는 그리스도 사역의 성취라는 시각에서 파악되어야 한다. 베드로도 그리스도를 증거하기 위하여 성령의 오심을 설명하였고, 바울도 그리스도를 '살려 주는 영靈이 되었다.'라고 해석하면서 성령의 오심을 기독론적 시각으로 보았다(고전 15:45).

② 오순절과 교회

오순절은 하나님의 새 언약 공동체요 그리스도의 몸인 교회를 설립한 날이었다. 오순절에 강림하신 성령은 하나님의 거하실 처소이자 하나님의 성전인 그리스도의 몸을 세웠던 것이다(고전 3:16; 롬 2:22).

구속사救贖史 속에서 이처럼 결정적이고도 중요한 의미를 지닌 오순절 성령 강림聖靈降臨은 또다시 되풀이될 수 없는 단회적單回的인 사건이라는 성격을 지니고 있다.

③ 오순절과 신자

오순절 성령 강림은 그 의미나 성격상 구속사적으로 단회적인 사건이기 때문에 오늘날 성도들은 그것과 동일한 사건은 체험할 수 없다. 그러나 그 사건을 기점으로 하여 놀랍게 역사役事하시는 성령의 역사役事는 얼마든지 경험할 수 있다.

누구든지 예수 그리스도를 믿고 영접하여 교회에 편입하는 순간 성령으로 세례를 받으며, 성경 말씀에 따라 순종하며 살아가는 그리스도 중심의 생활 속에서 성령의 충만을 경험하게 된다(고전 12:13; 엡 3:16-17, 19).

(3) 초대 교회

성령 강림으로 영적 무장을 하게 된 베드로가 오순절을 지키기 위해서 예루살렘에 올라온 많은 유대인들을 대상으로 말씀을 증거하였다(행 2:14-36). 그는 먼저 자신들에게 임한 성령 강림이 구약에 근거했다는 것을 제시하였다(욜 2:28-32).

즉, 죄악으로 인한 심판으로부터 남왕국 유다가 구원 받는 날 경험하게 될 축복에 대한 선지자 요엘의 예언이 죄악을 극복하신 그리스도의 부활과 이에 이어지는 성령 강림의 때 이중적으로 성취되었음의 정통성을 부여한 다음에 예수께서 메시야 되심을 증거했다.

이어서 베드로는 다윗을 거론하여 그도 이미 자기 자손 중에서 메시야가 나실 것과 그가 죽음에서 부활하리라는 것을 알고 있었다는 사실을 언급하여(시 16:8-11), 예수께서 다시 죽음에서 부활하여 승천하셨다는 사실을 증거하였다.

특별히 설교의 마지막 부분에서 예수께서는 주가 되셨고 그리스도가 되셨다는 표현을 함으로써 과거에 베드로는 자신이 행하였던 신앙 고백(마 16:13-16)을 다시금 확인하는 한편 유대인들에게 결단력 있는 신앙을 촉구하였다.

베드로의 설교를 듣던 청중들의 마음속에 예수께 대한 신앙심과 예수님을 배척했던 과거의 잘못에 대한 후회가 일어났다(행 2:37). 회개는 기독교의 메시지에서 매우 중요한 내용이다. 세례 요한(마 3:1, 2; 막 1:4; 눅 3:3)도 공사역公使役 첫마디가 예수님도 "회개하라."였고 이것은 "천국"과 함께 전파하는 주요 메시지였다(마 3:17; 막 1:15; 눅 13:3; 24:47).

또한 세례 역시 세례 요한과 예수님의 메시지에서 중요한 자리를 차지하고 있다(마 3:17; 막 1:4; 마 28:18, 19). 세례 요한의 설교를 들은 사람들이 회개하였다는 외적인 표시로서 세례를 받았듯이, 베드로도 그의 청중들에게 세례를 받으라고 했다.

그러나 베드로가 전한 세례는 세례 요한의 세례에 없었던 두 가지 새로운 특징을 갖고 있다. 첫째, 예수 그리스도의 이름으로 베풀어지는 세례이다. 둘째, 성령의 세례와 결부된 세례이다. 전자의 의미는 그리스도의 세례가 예수께서 성취하신 구원 사역에 근거하여 주어진다는 것이다. 그리고 후자는 죄를 고백하고 예수님을 구주로 받아들인 사람들, 곧 성령 세례를 받은 하나님의 새로운 백성들이 새 언약 공동체인 교회에 참여된 것을 표시한다.

베드로의 설교는 삼천 명이나 되는 사람이 회개하는 결과를 가져왔다. 실로 바른 말씀의 증거와 역동성 있는 설교는 운동력이 있어 좌우의 날선 어떤 검보다 예리하여 혼과 영과 및 관절과 골수를 찔러 쪼개기까지 하는 것이다(히 4:12).

우리가 여기서 주목할 것은 성령의 임재에 대한 구약의 약속이 그리스도의 보혜사保惠師에 대한 약속(행 1:8; 요 14:14-17, 25, 26)과 일치되어 제자들로 하여금 전도자로서의 사명을 한층 더 강화시켜 주었다는 것이다.

사도들을 통해서 복음을 전해 들었던 자들의 수가 증가하면서 일단의 새 언약 공동체가 형성되었는데 그들이 바로 오늘날 교회의 원형이라 할 수 있다. 이들은 교회의 모범적인 모습을 몇 가지 보여 주는데, 그것은 경건한 생활에 힘쓰고, 사랑으로 서로 나누고, 친교를 돈독히 함으로써, 하나님과 사람에게 인정 받음 등이다. 이는 오늘날 교회와 성도들이 반드시 따라야 할 모범이다(행 2:43-47; 4:32-35).

2) 예루살렘에서 로마까지

구약 이스라엘의 전 역사가 아벨의 피로부터 사가랴의 피에 이르기까지 끊임없이 하나님의 증인들을 핍박한 역사이었듯이(마 23:35), 초대 교회도 엄청난 시련을 거치야만 했다. 이 사실에 대해 예수께서는 이미 예고하신 바 있으며, 궁극적 승리를 확신하며 담대히 환난을 견딜 것을 당부하셨다(마 5:11; 16:33).

초대 교회는 유대교와 로마 제국 쌍방으로부터 박해를 받았다. 스데반과 야고보가 순교당하고 베드로가 투옥되던 때까지만 해도(행 6, 7, 12장), 박해는 소수인들에게와 예루살렘 인근 지역에 한정되어 있었다.

스데반의 순교는 교회사에 있어서 새로운 장章을 여는 신호탄이 되었다(행 8장). 이는 지리적·물리적 상징물을 붙들고 있었던 과거의 낡은 방식을 떨치고, 보편적이고 영원하며 영적인 하나님의 교회로서 성전과 예루살렘을 벗어나 사마리아와 이방으로 그 영향력을 풀어놓는 계기가 되었던 것이다.

초대 교회의 선교 활동은 사도들이 중심되었으며, 그리스도를 믿는 자들은 유대인이나 사마리아인이나 오직 그리스도 안에서 하나의 언약 공동체를 이루었다.

사울의 회심悔心은 개인의 회개라는 차원을 넘어서, 오순절 이후의 기독교 역사상 가장 중요한 사건들 가운데 하나의 의미를 갖는다. 사울은 이제 교회가 팔레스타인 영역을 벗어나 이방인의 세계로 뻗어 나가는 데 있어서 하나님의 그릇이 된 사람이다(행 9:1-15).

열렬한 바리새주의자였던 사울은 부활하신 주님을 만남으로 말미암아, 구원은 오직 하나님의 은혜와 믿음을 통하여 주어진다는 참된 진리를 깨닫게 되었다. 이로 인하여 교회는 완전히 유대주의에서 벗어나게 되었다.

스데반의 순교로부터 시작한 박해로 인해 흩어진 자들이 안디옥에 이르러 이방인에게 전도하였다(행 11:19-21). 빌립에 의해 전도 받은 사마리아인들은 반半유대, 반이방에 속한 자들이었다. 그리고 베드로에 의해서 말씀을 받아들이게 된 고넬료는, 하나님을 경외하는 자로서 유대교와 밀접한 관계에 있던 자였다.

그 반면에 안디옥에서 전도 받은 자들은 소위 순수한 이방인들로서 처음으로 복음과 접촉한 자들이라 할 것이다. 안디옥 교회는 바울의 활동 없이 또 베드로나 다른 사도들의 활약 없이, 예루살렘 박해를 피하여 흩어진 무명의 그리스도인들에 의해 세워졌다.

초기에는 유대인들에게만 복음을 전하다가 점차 헬라인들에게도 복음을 전하여 큰 결실을 얻게 되었다. 이로써 최초의 이방 교회인 안디옥 교회가 세워졌다.

특히 바나바와 바울의 사역使役으로 안디옥 교회는, 이방인의 교회로서는 최초의 견고한 영적 반석 위에 서게 되었으며, 성도들에게는 그리스도인이라는 호칭이 주어지게 되었다. 그 결과 안디옥 교회가 이방 선교의 중심지로 세워지게 되었다.

앞으로 전개될 바울의 활약이 안디옥을 거점으로 이루어진다는 사실을 볼 때, 우리는 안디옥 교회에 대한 하나님의 특별하신 의도를 짐작할 수 있다. 안디옥 교회의 성장은 하나의 상징적인 의미를 가지는데 그것은 이제 바야흐로 이방 선교가 본격적인 궤도에 올라 서서히 구체화되어 가고 있다는 것이다.

그리하여 다소(Tarsus)의 출신인 바울의 회심과 더불어 복음은 로마 제국 내에 급속도로 펴져 나갔으며 이로 인해 서서히 로마 관리들의 압력이 대두되기 시작했다. 대체로 로마 제국은 속국 내의 여러 종교들에 대한 관대한 반응을 보였었다. 유대교(Judaism) 또한 줄리어스 가이사 〈시저〉(Julius Caesar) 이래로 묵인되어 왔으며, A.D. 70년의 예루살렘 함락 때까지 유대인들은 로마에 성전세를 납부하였다.

그리고 처음에 로마인들은 기독교를 단지 유대교의 한 분파 정도로 간주하고 묵인하였다. 하지만 점차로 로마 제국 내에 그리스인의 무리가 확대되고 로마 황제 숭배를 반대하는 등 배타적인 모습이 노출되자, 제국의 당사자들과 그리스도인들과의 충돌은 불가피하게 되었던 것이다.

로마인人에 의해 자행恣行된 최초의 대규모 박해는 네로로부터 시작되었으며(A.D. 64년경), 데시우스(Decius)와 디오클레티안(Diocletian) 황제 치세治世 중에 본격화되었다.

☞ 사도행전을 두 가지로 나누어 보는 견해

첫째로, 사도행전은 1-12장과 13-28장의 두 부분으로 나눌 수 있다. 앞부분에서는, 예루살렘 교회를 중심으로 하여 팔레스타인을 거쳐 안디옥까지 복음이 전해진 과정을 묘사하고 있으며, 뒷부분에서는 안디옥으로부터 로마까지의 복음 전파 경위를 기록하고 있다.

누가는 또한 이 후반부를 바울에 관하여, 주께서 아나니아에게 하셨던 말씀(행 9:15)의 성취에 초점을 맞추어 기록한다. 즉, 13-21장은 이방인, 22-28장은 임금들, 끝 부분은 로마에서 유대인들에게 증거하고 있는 것으로 끝을 맺는다.

둘째로, 예루살렘 모교회의 탄생으로부터 이방 선교의 요람이었던 안디옥 교회의 출현에 이르기까지의 사건이 사도행전 12장을 끝으로 막을 내렸다. 이로써 초대 교회의 전편은 끝이 났다.

이제 사도행전 13:1로부터 사건은 급전急轉하여 소위 '바울행전'이라고 일컬어지는 부분이 파노라마같이 전개된다. 바나바와 바울의 전도 여행으로부터 시작된 세계 선교는, 애당초 사람들의 눈에는 지극히 미미한 발걸음으로 여겨졌을지 모르나, 성령의 위대한 능력이 개입됨으로 말미암아 유럽과 세계의 역사를 바꿔 놓게 하였던 것이다.

사도행전 13-28장은 크게 두 부분으로 나누어지는데, 앞부분은 선교사로서의 바울(행 13:1-21:26)이 부각되어 있고, 뒷부분에서는 죄수로서의 바울이 묘사되어 있다(행 21:27-28:31). 이제 여기서 사도 바울의 선교적 특징을 간략히 언급하고자 한다.

* 사도 바울의 선교적 특징

(1) 전도와 선교

전도란 복음을 전파하여 예수 그리스도에 대한 믿음을 통하여 하나님과 올바른 관계를 맺도록 사람들을 인도하는 모든 행위를 가리킨다. 선교도 이와 동의어同義語인데 신학자들은 이 둘을 구별하여, 전도가 자국민自國民에게 복음을 전하는 것이라면, 선교란 언어와 문화가 다른 타국에 가서 복음을 전파하는 것으로 규정하고 있다. 이러한 구분에 따른다면, 바울은 전도자가 아니라 선교사인 셈이다.

(2) 바울 선교의 특징

첫째, 그의 선교는 이론적이라기보다는 실천적이었다. 역사상 많은 운동들이 탁상공론卓上空論으로 끝나고 말았는데, 만일 기독교 선교도 그랬다면 세계 선교는 한갓 헛된 꿈이 되고 말았을 것이다.

둘째, 그의 선교는 교회의 후원으로 큰 힘을 얻을 수 있었다. 비록 스스로 자비自費를 벌어서 충당하기도 했으나 궁극적으로는 교회의 기도와 선교 자금의 후원 곧 협력 선교자들의 큰 도움을 받았던 것이다. 그는 결코 혼자서 선교하지 않고 교회와 함께 선교하였다.

셋째, 그는 동역자와 함께 팀을 구성하여 선교하였다. 성령께서는 그를 홀로 보내지 아니하고 바나바와 한 조組를 이루어 효과적인 선교를 수행하도록 하셨다.

넷째, 그의 복음은 이방 종교나 문화와 접해서도 결코 변질되거나 왜곡되지 않았다. 비록 피被선교지의 문화와 종교적 토양에 따라 전략적으로 선교의 방법을 바꾸긴 했으나 복음의 진리를 왜곡시키지는 않았다(고전 10:20-23; 갈 1:6-10), 이러한 바울의 태도는 기독교의 토착화 문제에 좋은 교훈을 던져 준다.

다섯째, 그의 선교 사역 속에 성령의 강한 간섭이 개재되어 있었다.

① 제1차 전도 여행

초대 교회 당시 선지자와 교사들은 교회의 지도자로서 성경을 가르치고 권면하며 그들의 시대를 위한 하나님의 뜻을 선포하였다. 선지자들은 특별히 예언할 수 있는 능력을 가지고 있었을 뿐만 아니라(행 11:27), 교사들과 마찬가지로 목회적인 일도 감당하였던 것 같다.

이들은 초대 교회 당시에 중요한 역할을 담당하였던 두 직책으로, 교회를 보존, 성숙하게 하기 위해 하나님에 의해 세우심을 받은 자들이다(롬 12:6-7; 고전 12:28, 29; 엡 4:11). 누가는 이곳에서 선지자와 교사들을 구분 없이 함께 거명擧名하고 있는데, 이는 그 둘이 본질적인 기능에 있어서 거의 동일하기 때문일 것이다.

바나바와 사울의 전도 여행이 '성령에 의해' 시작되었음을 보여 준다(행 13:2-4). 사도행전 2-12장까지에 나타난 이웃과 주변에 대한 한정된 전도 방법만 가지고 온 세계에 선교하기란 불가능하였다. 선교는 어떤 개인이나 단체가 독자적으로 하는 일이 아니고, 성령께서 그들로 하여금 하도록 역사役事하시는 하나님의 일이다.

그런 의미에서 선교의 주체는 성령이시고 인간은 단지 그의 도구에 불과하다. 성령의 직접적이고 두드러진 역사役事가 선교의 동인動因으로 배후에서 작용했던 것을 볼 수 있다(행 2:1-4; 8:26; 9:4, 5; 10:3).

따라서 성령께서는 안디옥 교회로 하여금 선교사를 파송하도록 권면하였고, 여기에서 안수는 바울과 바나바에게 없었던 새로운 자격을 부여하기 위한 것이 아니라, 이들의 선교 활동을 축복하고 온 교회가 그들과 하나가 되어 행동한다는 의미를 담고 있다.

비로소 안디옥은 선교의 전초 기지가 되었다. 결국 안디옥 교회 역사상 최초로 선교사를 파송한 교회가 되었던 것이다.

이제 바야흐로 사울, 곧 바울의 제 1 차 전도 여행이 시작되었다(행 13-14장). 그러나 이 여행은 바나바와 바울의 머리에서 착안着眼된 여행이 아니라 성령의 지시에 따라 교회가 그 두 사람을 파견한 것이다. 출발할 때까지는 바나바가 바울보다 더 중심적 인물로 되어 있다. 그러나 곧 바울의 모습이 전면으로 부각된다(행 13:9, 13).

두 사도는 첫 행선지로 구브로 섬을 택했다. 여기서 복음과 무속의 대결이 긴장감 넘치게 전개된다. 그러나 그리스도의 복음은 구원을 주는 능력을 지니고 있어 사탄의 모든 방해를 물리치고 승리의 전진을 계속하게 된다.

먼저는 디아스포라의 유대인들에게, 그 다음으로 이방인들에게 복음을 전한다는 바울의 전도 방침은, 비시디아 안디옥에서부터 시작되어 줄곧 지켜졌다(행 14:1; 17:1; 18:4; 롬 1:16). 이러한 바울의 방침은 그의 서신들에서도 나타난다.

예수 그리스도로 말미암아 죄 사함을 받고 구원에 이르는 데 있어 유대인과 이방인의 차별이 있을 수는 없다는 것이다(롬 3:21-31). 이처럼 평등이 전제되어 있음에도 불구하고, 그 실제로 이스라엘 백성은 이방인들에 비해 역사적으로나 지식적으로 복음에 접할 유리한 위치에 있었다(롬 3:12; 9:4, 5).

왜냐하면 기독교는 유대교를 그 배경으로 하고 있기 때문이다. 따라서 사도 바울은 이방의 사도로 자처하면서(롬 11:13), 인지상정상人之常情上 이스라엘이 그리스도의 복음을 받아들이기를 간절히 원하였던 것이다(롬 9:1-3; 10:1).

비시디아 안디옥에서의 바울의 설교는 베드로나 스데반의 설교와 유사하게 전개되어 있다(행 3:13-26; 7:2-53). 먼저 바울은 이스라엘 역사에 대한 하나님의 경륜을 약술略述하고, 곧이어 구약을 인용해 가면서 기독론을 전개시켰다. 특히 이신칭의以信稱義 원리는 소위 바울 신학의 핵심이 되는 것이다(행 13:39; 롬 1:17; 갈 3:22; 엡 2:8; 빌 3:9).

바울의 설교는 매우 호의적인 반응을 불러일으켜 많은 사람들이 복음을 영접하는 역사役事가 일어났다. 그러나 바울과 바나바는 선민적 특권 의식을 지녔던 유대인들의 비방과 박해로 더 이상 복음을 증거하지 못하고 단지 복음을 배척한 유대인들에게 심각한 경고를 줌과 아울러 이제 복음의 방향이 유대인에게서 이방인에게로 옮겨 가게 될 것을 선언하는 것으로 비시디아 안디옥에서의 사역使役을 마치고 이고니온으로 떠나게 된다.

에베소에서 유브라데까지 이르렀던 로마의 대로大路는 B.C. 6년경 남부 갈라디아의 중심부까지 연장되었다. 그리고 이 길은 비시디아 안디옥으로부터 두 갈래로 나누어져 있었다. 따라서 바울 일행은 어디로 나아갈 것인지에 대해 고심한 결과 이고니온 쪽을 택했던 것으로 보인다.

그 당시 이고니온은 로마의 식민지로서 철저히 로마화된 번창한 도시였다. 그리고 인종적으로는 유대인, 헬라인, 로마인 등이 골고루 섞여 살고 있었다. 누가는 이고니온에서의 사역에 대해 간략히 언급하고 넘어갔지만, 훗날 이곳은 선교 확산의 중심지로서 큰 역할을 담당하였다.

아마 누가는 비시디아 안디옥에서의 사역과 이고니온에서의 사역에 있어서 유사한 점이 많았기 때문에, 장기간의 체류를 단 몇 줄로 요약해 버렸을 것이다(행 14:3). 로마의 직접적 통치를 받는 대도시일수록 폭도들의 만행은 허락되지 않았다. 그 반면에 이고니온과 같이 로마 본토로부터 멀리 떨어진 곳에서는 폭력이 난무했던 것으로 보인다.

루스드라에서 바울이 앉은뱅이를 일으킨 이적을 본 루스드라 주민들은 바울과 바나바를 신神으로 떠받들었다. 이러한 소동이 일어나게 된 데에는 루스드라 지방에 다음과 같은 신화가 있었기 때문이다.

옛적에 쓰스와 허메라는 두 신神이 사람의 모습으로 가장하고 세상에 내려왔다. 하지만 그들은 사람들로부터 멸시를 받았으며, 마지막에 늙은 두 내외內外로부터 환대를 받게 되었다. 그 결과 쓰스와 허메는 그 거민들을 다 멸하고 두 내외만 살려서 쓰스 산당山堂을 지키게 하다가, 그들이 죽자 큰 나무로 변하게 했다고 한다.

이러한 신화에 익숙한 루스드라인들은 바울에게서 일어난 이적을 보고서 더 이상 전과前過를 범해서는 안 된다고 생각하여 그들의 신으로 모시려 했던 것이다. 두 사도들은 루스드라인들의 뜻밖의 반응을 황급히 제지하고 난 후 무리들에게 참 진리를 소개했다.

사도행전 14:14-18에 나타난 바울의 설교를 통해 우리는 상황에 따라 적절하게 복음을 전하는 바울의 또 다른 모습을 접하게 된다(고전 9:19-23). 사도행전에는 바울의 설교라 볼 수 있는 부분들이 세 군데 있는데, 설교를 듣는 대상들은 각각 다르다. 비시디아 안디옥에서 유대인들을 대상으로 설교할 때, 바울은 이스라엘 역사를 약술한 후 기독론으로 들어갔다(행 13:17-41).

그 반면에 아덴 앞에 섰을 때, 바울은 그들에게 풍부했던 종교성과 학술성을 근거로 하여 올바른 신관神觀을 심어 주고자 했다(행 17:22-31). 그런데 루스드라의 청중들은 유대인들처럼 구약적 지식을 소유하고 있었던 것도 아니고, 아덴 사람들처럼 철학 등에 대한 뛰어난 감각을 지니지도 않았다. 따라서 바울은 모든 사람에게 친숙한 자연 현상을 예로 들어 거기서부터 창조주 하나님을 가르치고자 하였던 것이다.

특히 이곳에서의 설교는 로마서 1:20-23과 긴밀하게 연결된다. 곧 하나님의 능력과 신성神性이 그 만드신 만물에 분명히 나타나 있음에도 불구하고 인간들은 그 미련한 마음이 어두워져서 하나님의 영광榮光을 썩어질 사람의 우상偶像으로 바꾸었다는 것이다.

바울 일행은 다소 산맥을 넘어 계속 동진東進하지 않고 루스드라와 이고니온과 비시디아 안디옥으로 돌아간 이유는 대략 두 가지로 짐작된다.

첫째는, 바울이 10여 년 간 다소에 머물러 있는 동안(행 9:30; 11:25), 그는 다소와 그 주변 지역들에서 복음을 증거한 바 있을 것이다.

따라서 새 터를 구축하고자 떠난 1차 전도 여행의 목적에 미루어 그들은 다소 지역으로 향할 필요성을 느끼지 않았을 것이다.

둘째, 복음의 싹을 갓 뿌려 놓고 떠나온 지역으로 되돌아가 신앙 생활에 익숙하지 못한 성도들을 위로, 교훈하며 교회의 장로들을 세워 내실을 기하고자 하였을 것이다(행 14:22, 23).

어쨌든 핍박 받아 쫓겨난 성읍으로 되돌아가는 복음 증거자들의 발걸음은 진정 죽어 가는 영혼을 뜨겁게 사랑한 불타는 마음과 자신은 실로 복음에 빚진 자(롬 1:14; 고전 9:16)라는 강한 사명감에서 우러나온 신앙의 용기, 바로 그것이었다.

② 예루살렘 총회

a) 총회의 결의 : 바울이 1차 전도 여행을 마치고 돌아왔을 때에 안디옥에는 어떤 사람들이 유대로부터 내려와서, 바울과 바나바 사이에 율법에 의한 할례 문제로 논쟁이 있었다(행 15:1-3). 이방인 출신 성도들도 할례를 받게 한다는 주장이 바울의 견해와 대립되어 제기되었던 것이다.

이 문제의 해결을 위하여 바울은 예루살렘의 사도와 장로들에게 자문을 구하게 되고 예루살렘에서는 회의가 소집되기에 이른다. 할례 문제를 발단으로 하여 처음 개최된 예루살렘 총회는 초대 교회사에 중요한 의의를 가진다(행 15:6-35).

하나님의 경륜 가운데 몇몇 이방인들에게도 복음이 전해졌으며 이에 대해 예루살렘 교회도 긍정적 반응을 보인 적이 있다(행 10-11장). 하지만 바울과 바나바를 통해 본격적으로 이방인들에게 복음이 확산되자 예루살렘 교회는 다소 당혹감을 느꼈던 것 같으며, 특히 구약 율법에 충실한 자들은 노골적으로 반발을 표출했다.

따라서 이에 대한 원만한 해결책이 마련되지 않는 한 기독교 초기부터 심각한 당파 현상이 벌어질 판국이었다.

이런 중대한 시점에서 예루살렘 1차 총회는 율법 엄수를 주장하는 자들의 폐쇄적인 태도를 물리치고, 이방인들을 향한 하나님의 뜻을 자각하여 그들을 한 형제로 영접한다고 하는 내용의 결의를 공적으로 선포하기에 이르렀다.

특히 이와 같은 결과를 굳힐 수 있었던 중요한 이유는 당시 예루살렘 교회의 영적 지주였다고 해도 과언이 아닌 베드로의 단호한 설명이 있었기 때문일 것이다(행 15:7-11). 베드로의 확언確言 그리고 바울 등의 실제적 체험담 등을 두루 듣고 난 후, 끝으로 구약 성경을 인용한 총회장 야고보의 증언 및 제안과 함께 이방인의 구원을 하나님의 뜻으로 받아들여 결의안으로 공포했던 것이다.

b) **할례와 세례** : 할례의 기원은, 이스라엘 백성들에 있어서는 하나님의 백성으로 되는 언약에 그 근거를 두고 있다. 그리고 이것은 마음의 할례의 외적인 상징으로서 주어진 것이다. 이런 할례의 무효성은 구약 시대로부터 이미 과감히 지적되고, 마음의 할례를 강조하게 되었다(신 10:16; 30:6; 레 26:41; 렘 4:4; 9:25; 겔 4 4:7).

할례가 정신적으로 이해된 것은 예레미야에 의해서인데, 그는 마음의 할례야말로 하나님의 백성의 요건임을 주장했다(렘 4:4). 그러나 세월의 흐름과 함께 유대인들 중에는 신체적인 할례는 받았지만, 그 할례 행위의 진정한 영적 의미를 깨닫지 못하고 할례 행위가 어떤 특권을 주는 것으로 오해하는 자들이 많았다. 이로 인해 할례의 의미는 타락했다.

바울에게 있어서 진정한 할례는 육신의 할례가 아니라 마음의 할례이며, 믿음으로 의롭게 된 것을 확인하는 표에 불과하다고 말하였다(롬 2:25-29; 4:9-13). 따라서 신약 시대에 있어서 육적 할례는 더 이상 의미가 없고 다만 그 기능을 세례가 떠맡게 되었다.

신약 시대의 세례는 구약 시대의 할례를 대신하는 것으로서 믿음과 구원의 징표이다. 세례는 그리스도인이 그리스도와 함께 십자가에 못 박혀 장사葬事 지내는 것을 상징하는, 손으로 하지 아니한 그리스도의 할례이다(골 2:11).

그러나 세례도 할례의 경우에서와 같이 믿음과 구원의 표시일 뿐이지 그것 자체가 결코 믿음과 동일시될 수 없으며 구원의 증거나 조건이 될 수도 없다. 즉, 하나님께서 아브라함에게 약속하셨던 축복과 구원을 믿음으로 받아들이는 자들에게 할례가 그 순종과 믿음의 표시가 되었듯이, 예수 그리스도를 구주로 믿고 고백하는 자들에게 있어서 세례는 그들의 믿음의 표시가 될 뿐이다.

또한 구약 시대에 있어서 할례가 사회적으로는 자신이 언약 공동체의 일원임을 보여 주는 행위였던 것같이, 오늘날의 세례도 그가 이 땅의 교회에 소속함(정식 회원으로)을 보이는 사회적 증표證票인 것이다.

c) 복음과 율법 : 신약의 복음과 마찬가지로 구약의 율법 역시 하나님의 말씀이다. 그러므로 양자兩者의 관계는 한마디로 대립이나 단절의 관계가 아니라 구약 시대가 신약 시대로 연결 발전되었듯이 율법이 복음으로 발전 승화發展昇華한 것이다.

반면 오늘날도 문자 그대로 지켜야 한다는 생각 역시 바르지 않다. 이러한 사실은 율법이 구약 시대의 계시 형태로서 신약의 복음을 예표한다는 점에서 설명될 수 있다. 즉, 율법이 규정한 피 제사를 비롯한 여러 요구가 그리스도 안에서 모두 이루어졌다고 볼 때 율법은 복음 안에서 이미 성취된 것이다.

신약 성경에 있어서는, 구약의 율법과 그리스도의 복음과는 관계가 명확하게 말해져 있다. 즉, 모세에 의해 대표되는 구약의 율법이, 예수 그리스도의 복음에 의해 성취되었다고 보는 것이다.

이 견해는, 율법을 우위에 두는 율법주의와는 달리, 율법의 의미를 인정하면서도 동시에 그 관계를 인정하고, 그 목표로 하는 바가 그리스도의 복음에 의해 성취되었다고 하는 것이다. 그 경우, 그리스도의 복음이란, 그의 가르치심뿐 아니라, 오히려 그 자신이며(롬 1:2-4), 그에 의해 성취된 구원의 역사役事(십자가의 속죄贖罪 : 롬 3:25)이다.

그리고, 그 그리스도에 의한 구원의 역사役事는, 하나님의 특별한 은혜이다(롬 3:24-26). 사람이 할 수 없는 일이, 하나님의 은혜로서 그리스도에 의해 성취되었다는 점이 복음으로 불리는 이유이다.

그 경우 율법의 요구는 무시되지 않고, 그리스도에 있어서 성취되었다(롬 8:1-4). 이것이 예수 그리스도 자신의 주장으로서 복음서에 기록되어 있는 것이고(마 5:17), 또 사도 바울이 갈라디아서 및 로마서에 있어서 전개하고 있는 복음 해석의 중심점이다.

바울에 있어서는, 그리스도의 십자가의 죽으심은 하나님의 은혜이고, 거기서 죄에 대한 율법의 성스러운 요구가 채워진 것이다(롬 3:25; 갈 3:13; 고후 5:21). 그리스도의 십자가는 실로 율법의 성취이다(롬 3:21-26; 8:3, 4; 10:4).

그리하여, 십자가가 죄의 속량贖良이라고 해석되어 있는 것이다(롬 3:24, 25). 은혜의 십자가가 율법의 성취인 까닭에, 스스로의 공로에 의하지 않고, 그리스도의 성취하신 속죄를 받는 것에 의해 죄를 사함 받으며 하나님 앞에 의롭다 하심을 받는다는 것이 바울의 복음 이해의 중심점이다. 복음으로 사는 신앙 생활에는, 당연히 율법이 그중에 포함되어 있다는 것이다.

③ 제 2 차 전도 여행

예루살렘 총회의 인정을 받은 바울 일행은 다시 수리아 안디옥으로 돌아와 복음 사역에 힘을 쏟았다. 하지만 바울은 그의 사역을 안디옥에만 국한시킬 수 없었다. 왜냐하면 제1차 전도 여행 때 복음의 씨를 뿌렸던 지역들에 대해 무관심할 수 없었기 때문이다.

따라서 바울은 그들을 방문하기로 작정하였는데, 이 방문이 안부를 묻기 위한 의례적인 것이 아니었음은 두말할 나위도 없다. 복음을 깨닫게 하시는 분도 성령이시며 자라게 하시는 이도 성령이시지만 심는 자와 물을 주는 자의 성심 어린 노고 또한 반드시 요청되는 법이다(고전 3:6).

애초에 바울은, 1차 여행 때의 개종자들을 찾아다니며 그들의 영적 상태를 점검하고 더욱 확고한 신앙을 나누고자 안디옥을 떠났다(행 15:36). 그러나 하나님의 의도는 거기서 끝나지 않았으며, 마게도냐 환상을 통해 더 넓은 세계로 바울을 인도하셨다(행 16:9). 이리하여 사도 바울은 소아시아와 유럽 등지에 이르는 제 2 차 선교 여행을 약 3 년 간에 걸쳐 수행하게 된다.

제2차 선교 여행에 수행할 동역자 문제로 심히 다투어 두 전도자가 갈라서게 된다. 마가 요한은 제1차 전도 여행 당시 중도에서 포기하고 예루살렘으로 돌아갔다(행 13:13). 바울은 그 사건으로 인해 마가 요한에 대한 불신감을 떨쳐 버릴 수 없었던 듯하다.

반면에 바나바는 개인적으로 마가 요한과 친근했고 그의 성품을 잘 알고 있었기 때문에 그를 복음 사역자使役者로 천거薦擧하기를 서슴지 않았으며, 한때의 실수를 가벼이 덮어두고자 하였을 것이다. 우리는 쌍방의 다툼을 통해 그들의 장단점을 읽을 수 있게 된다.

즉, 바울은 대사大事를 위해 사소한 인정人情을 초개草芥같이 버리고 소기의 목적을 위해 매진하는 장점을 지닌 반면에 한 번의 실수에 대해 너무 과격한 반응을 보인 것 같다. 그리고 바나바는 여러 사람을 화목하게 하는 온후한 인품을 지닌 반면에 다소 우유부단優柔不斷한 결점을 지니고 있었다고 생각한다.

이 두 사도의 다툼은 결과적으로 오히려 복음 증거에 유익을 끼쳤다. 왜냐하면 이로 인해 사역자使役者가 늘어났고 복음 전도 구역도 더욱 확산되었기 때문이다. 여기서 우리는 인간적인 여러 결점이나 실수에도 불구하고 하나님의 섭리攝理 안에서는 모든 것이 합력合力하여 선善을 이룬다는 사실을 발견하게 된다(롬 8:28). 또한 이 “무슨 방도로 하든지 전파되는 것은 그리스도”(빌 1:18)라는 말씀을 떠올리게 한다.

바울은 제 2 차 선교 여행을 떠나기 앞서, 예루살렘에서 왔던 실라와 루스드라 출신의 디모데를 동역자로 선택한다. 그는 디모데에게 할례를 받게 함으로써 복음의 초월성과 선교의 신축성을 은연중에 제시해 주고 있다.

누가는 더베와 루스드라에서의 사역을 매우 간략하게 언급하고 넘어갔다. 이는 2차 전도 여행의 목적에 미루어 이미 복음이 증거된 지역에 대한 설명을 의도적으로 생략한 듯하다. 반면에 장차 복음 사역에 큰 몫을 담당하게 될 젊은 사역자 디모데의 모습을 부각시키고 있다(행 16:1-3).

교회의 지도자를 세움에 있어서 성도의 평판評判은 매우 중요한 역할을 하였음이 분명하다(행 4:3; 10:22; 22:12). 그리고 이 평판은 단순히 인간적 재능이나 성품에 근거한 것이 아니라, 성령의 열매들로서 나타나는 신앙 인격에 주안점主眼點을 두어야 함은 물론이다(갈 5:22).

디모데는 모친母親 유니게와 외조모外祖母 로이스의 도움으로 어려서부터 성경에 익숙하였으며(딤후 1:5; 3:15) 바울의 1차 여행 때에 복음을 받아들인 것으로 보인다. 그 후의 그의 활약은 매우 모범적이었다(롬 16:21; 고전 4:17; 딤전 1:2).

소아시아 중심의 선교 사역에 매진하고 있던 바울에게 성령께서 마게도냐 사람의 사람을 환상으로 보여 주심으로 아시아에서 복음을 전하려 했던 바울의 의도와는 달리 하나님께서는 마게도냐로 여행의 진로를 바꾸셨다. 이로써 역사상 기독교 문화를 찬란히 꽃피웠던 유럽을 향한 전도의 문이 열려졌다.

누가는 바울의 2, 3차 전도 여행 중 빌립보에서의 사역使役에 대하여 상당 부분의 지면을 할애하고 있다. 빌립보는 유럽으로 통하는 관문에 해당하는 지역이었으며, 집정관執政官에 의해 통치되는 등 소위 황제의 직할시였다고 할 수 있다. 이러한 지리적, 정치적 요인들을 고려할 때 빌립보 전도는 매우 큰 의의를 지니고 있다.

비로 이곳에서의 전도는 비교적 짧은 기간 동안에 이루어졌지만 바울은 교회의 기반基盤을 튼튼히 닦아 놓았던 것 같다. 빌립보 교회는 설립자인 바울에게 일관된 호의와 충심을 보였으며(빌 1:3-5), 바울 자신도 빌립보 교회에서만 재정적 원조를 허락할 만큼 그 성도들을 신뢰하였다. 그리고 바울 서신서들 중 빌립보서만큼 바울의 기쁨을 전달하고 있는 서신이 없다.

그리고 한 가지 주목되는 사실은 바울의 빌립보 방문과 관계 있는 부분에서 누가가 '우리'라는 표현을 사용했다는 점이다(행 16:10-17; 20:5-15). 이로 미루어 보아 누가는 빌립보 전도를 위해 일익을 담당했던 것 같다.

바울의 빌립보 사역은 루디아의 회심과 더불어 시작되었다. 루디아는 사업 확장 차 빌립보에 머물고 있었던 것으로 보이며, 그녀의 고향인 두아디라에서 경건한 유대인의 교육을 받은 듯하다. 혹자는 루디아를 빌립보서 4:3의 "나와 멍에를 같이한 자"와 동일시하기도 한다.

어쨌든 루디아의 집은 초기 빌립보 전도의 중심지가 되었으며, 루디아가 빌립보 교회의 성장을 위해 많은 노력을 기울였음에 틀림이 없다.

데살로니가는 마게도냐의 수도로서 상당히 큰 상권을 형성하였고, 교통이 발달해 유럽에 복음을 전하기가 비교적 용이하였다. 따라서 바울이 빌립보에서 데살로니가로 향한 것은 그의 전도 전략상 지극히 당연한 행동이었다.

그러나 데살로니가에서도 핍박을 받아 바울은 베뢰아로 피하게 된다. 그렇지만 그렇게 어려운 상황 속에서 뿌려진 복음의 씨들은 열매를 맺어 복음이 확장되기에 이른다(살전 1:1-10).

베뢰아인들은 바울에 대해서 매우 관용적인 태도를 보였다. 그러나 데살로니가에서 바울을 반대하던 자들의 무리가 베뢰아까지 달려와 바울을 핍박하여 그는 또다시 아덴으로 피한다. 이처럼 거듭되는 박해 가운데서도 바울이 복음 전파에 전력할 수 있었던 것은 전도에 대한 투철한 사명감 때문이다.

아덴은 당시 헬라 철학의 중심지로서 인간의 지성을 최고의 가치로 삼는 사고방식이 팽배하였다. 여기서 바울은 사변적思辨的인 논쟁에 휘말리게 된다. 그러나 복음의 요체要諦가 사변思辨으로 채색되어서는 헬라 철학자들에게 이해될 수는 없었음을 깨달은 그는 하나님의 존재에 관해서 깨달음을 주려고 노력하였다.

그러나 아덴 사람들 중 소수의 사람들만 복음을 받아들이게 된다. 이처럼 철학과 세상의 초등 학문으로는 그리스도를 믿는 신앙이 뿌리를 내려서 자라나게 되지 않는 것이다.

아덴 사람들의 냉담한 반응으로 실망해 있던 바울 일행에게 하나님은 고린도 선교를 맡겼다. 당시 고린도는 물질적 풍요를 누렸지만 영적, 도덕적으로 극히 부패하였다. 그러나 주의 복음은 절망적인 곳에서 더욱 크게 역사役事하심으로써(롬 5:20), 복음 전파의 심지를 더욱 돋우셨다.

하나님은 복음을 위해 애쓰는 자들을 그냥 내버려 두지 않으신다. 어떤 방법을 통해서라도 실망한 자에게 위로를, 절망에 빠진 자에게 용기와 소망을 주신다(왕상 19:4-8).

이때에 고린도에서 아굴라와 브리스길라 부부를 만나고, 마게도냐에서 내려온 실라와 디모데가 가세加勢하게 되었고, 더욱이 하나님께서 환상을 통해서 그를 위로하심으로써 고린도에서의 사역使役은 활기를 띠게 되었다(행 18:1-11).

고린도에서 약 18 개월 간의 사역을 마친 바울은 에베소를 들러 그와 동행했던 브리스길라와 아굴라 부부를 그곳에 남겨 두고, 귀환 길에 가이사랴에 들려 교회의 안부를 물은 후에, 안디옥으로 귀환함으로써 3여 년에 걸친 2차 전도 여행을 마치게 된다.

④ 제 3 차 전도 여행

바울의 제3차 여행은 사도행전 18:23에서부터 시작된다. 그리고 이 부분은 에베소에 남은 브리스길라 부부 및 아볼로의 사역使役을 소개하기 위해 삽입되었다(행 18:24-28). 아볼로는 알렉산드리아 출신의 유대인으로서 구약 성경은 물론 헬라 철학과 웅변술 및 수사학에도 능통했던 것 같다. 그리고 그는 세례 요한의 제자들로부터 예수께 관한 여러 가지를 듣고 배운 듯하다.

브리스길라 부부가 회당에서 아볼로의 설교를 듣고 미흡한 점을 상세히 지적해 주자 아볼로는 겸손히 진리 앞에 순종하였다. 아마도 아볼로는 예수 그리스도의 죽으심과 부활의 의미를 이해함에 있어서 다소 미흡했던 것 같다. 그럼에도 불구하고 그는 진리를 찾고 또한 전하고자 하는 열망으로 가득 찬 사람이었기 때문에 자신이 깨달은 바를 최선을 다해 전하였다.

그리고 밝히 복음을 깨달은 후에 그는 더욱 능력 있는 사역자로 변하였다. 따라서 그가 고린도 교회에 끼친 영향력은 매우 컸던 것 같다(고전 1:12).

바울은 제3차 전도 여행 중 주로 에베소 지방의 목회에 전념하였다(행 18:23-21:16). 2차 전도 여행에서 돌아오는 길에 그는 에베소에 잠시 들렀으며, 거기서 호의적인 반응을 얻고 다시 만날 날을 기약한 바 있다(행 18:21). 에베소에는 아볼로의 영향을 받아 요한의 세례만 아는 자들이 제법 많았던 것 같다. 요한 세례의 본질은 회개의 세례이다. 요한은 사람의 죄를 강조하여, 복음의 필요성을 실감하게 하는 일시적인 성격을 띤 세례였다. 요한의 세례는 자신의 몸을 드려 죄 사함을 받을 수 있는 길을 여신 예수님을 예시한다.

아볼로는 복음을 확실히 깨달은 후 고린도 지방으로 갔지만, 그에게 가르침을 받은 자들은 여전히 에베소에 남아 있었다고 볼 수 있다(행 19:1).

이를 감지한 바울은 "주 예수의 이름으로" 세례를 주는 것으로 에베소 사역을 시작했다.

물론 바울이 궁극적으로 가르치고 싶었던 것은 성령 세례였으나 성령 세례를 강조하면 충격을 줄 것을 고려하여 먼저 예수님의 이름으로 주는 세례洗禮를 주었고, 그리하여 성령이 그들에게 임하였다(행 19:5-6; 10: 44-48).

소위 은사 운동(Charismatic Movement)을 하는 사람들은 에베소에서 12 명의 그리스도인들이 성령의 세례를 받은 사건들을 매우 중요하게 여긴다(행 19;2). 그들이 이 사건, 특히 2절 말씀을 근거로 하여 이미 그리스도를 영접한(믿은) 사람도 성령 세례를 받기 위하여 열심히 기도하고 간구해야 한다고 주장했다.

다시 말해서, 그들은 예수님을 믿는 것도 복이지만. 성령의 세례를 받는 것은 그보다 더 큰 복, 곧 '두 번째 복(second blessing)'이라고 말했다. 결국 이러한 견해에 따르면, 믿는 사람들은 이 두 번째 복을 받기 위해 열심히 기도하고 간구해야 한다는 것이다.

그러나 성경에서 성령의 세례를 받기 위해 기도하라고 가르친 곳은 한 군데도 없다. 오히려 성령의 세례는 하나님의 약속에 따라, 그의 뜻대로 사람들에게 주어지는 것이라고 말한다(행 1:5; 2:38, 39).

또한 성령의 세례는 구원을 주시기 위해 죽으시고, 다시 사시고, 하나님의 우편으로 올리우신 그리스도께서 아버지로부터 받아 그의 백성들에게 주시는 것이다(행 2:23). 따라서 성령의 세례는 개인의 신비적 체험의 영역에서만 해석될 수 있는 것이 아니다.

오히려 성령의 세례는 하나님의 약속에 의하여, 그의 백성들에게 주어지는 것이다. 다시 말해서, 아버지의 뜻대로 그리스도의 몸인 교회(고전 12:12; 엡 2:20-22)를 세우고, 하나가 되게 하기 위한 것이다.

그러므로 그리스도를 믿고 세례를 받으며 그리스도의 가르침에 순종하며 살아가는 사람들은 성령 받은 하나님의 백성들이다. 그리고 자신이 성령의 세례를 줄 수 있다고 생각하면서 교인들을 미혹하는 사람들은 전혀 잘못된 것이므로, 진리를 깨닫고 돌이켜야 한다(행 8:18-24).

한편, 누가복음 11:13을 근거로 하여 성령을 받기 위해 기도해야 한다고 주장하는 것도 그릇된 해석에 근거한 것이다. '구하는 자에게'를 좀더 정확히 번역하면 '그에게(즉, 하나님께) 구하는 자에게'(헬, *τοῖς αἰτοῦσιν αὐτόν* 토이스 아이투신 아우톤)이다. 여기서 '*αὐτόν* 아우톤'은 하나님을 가리킨다. 그러므로 이 말의 의미는 '성령을 구하는 자에게'가 아니라 '하나님께 구하는 자에게'이다. 따라서 선하신 아버지께서는 '아버지를 찾고 구하는 사람에게' 그들의 필요한 것들을 주시는 가운데 가장 좋은 선물, 곧 성령도 주시리라는 것이 누가복음 11:13의 의미이다. 다시 말해서, 하나님께서 성령을 주시는 것은 우리가 성령을 구했기 때문이 아니다.

바울은 일찍이 그를 호의적으로 영접했던 자들 덕택에(행 18:19) 유대인 회당을 이용하여 3 개월 간 복음을 증거할 수 있었다. 그러나 비방하는 무리들이 늘어나자, 바울은 장소를 두란노서원書院으로 옮겨 무려 2 년 간 사역을 계속했다(행 19:20).

두란노서원에 대해 확실히 알려진 바는 없으나, 두란노라는 이름이 순회 강연자들에게 제공한 강연 장소였거나, 혹은 두란노라는 저명한 철학자 내지는 수사학자가 철학을 강연한 강의장이었던 것으로 추측된다.

서방 사본(Western Text)에 의하면 바울은 오전 11시부터 오후 4시까지 그 서원을 사용하였다고 하는데, 이 시간은 대개 무더위를 피해 쉬는 때였다. 서방 본문의 기록이 사실이라면, 바울은 다른 사람들과 함께 일하며 자신의 생계를 해결함과 동시에 쉬는 여가를 이용하여 복음을 증거했던 것이 된다.

어하튼 바울은 두란노서원에서 '날마다' 주의 말씀을 강론하였는데, 이와 같이 장기간에 걸친 꾸준한 사역으로 말미암아 에베소는 물론 그 주변의 성읍에까지 복음이 확장되어 나가는 풍성한 결과를 거둘 수 있었다(골 1:7; 2:1; 4:16; 계 2, 3장).

빌립보에서처럼(행 16:19-40), 에베소에서도 바울은 그리스도를 대적하는 무리들을 만나게 된다(행 19:24-40). 당시 에베소에는 약 5만 명을 수용할 수 있는 아데미(아르테미스) 여신女神의 신전이 있었다. 에베소의 여신 아데미는 그리스 로마 신화에 나오는 아르테미스 여신과 크게 달랐다. 에베소의 아르테미스는 소아시아 지방에서 가장 위대한 모신母神이었다.

그 여신은 신들과 사람들의 어머니로서 숭배되었다. 그녀는 많은 유방을 갖고 있는 형상으로 표현되었는데, '풍요와 생식生殖'의 신이었다. 아르테미스 신전神殿의 제사장들은 고자였으며, 세 명의 여사제女司祭가 함께 의식儀式을 주도했다. 그리고 그 의식에는 항상 매음 행위가 있었다.

바울 당시 에베소에는 은銀으로 아르테미스 여신의 신전과 여신상을 축소하여 만들어서 아르테미스 여신을 열심히 숭배하였다. 그들은 에베소가 아르테미스에게 바쳐진 도시라는 것에 커다란 자부심을 갖고 있었다(행 19:35). 따라서 은으로 작은 신전을 만들어 팔던 장인들의 수입은 매우 좋았다.

그런데 바울의 복음 전도로 인하여 우상 숭배가 쇠퇴하게 되자, 그 장인들은 생업生業에 위협을 받게 되었다. 결국 그들 중에 데메드리오라는 사람이 시민을 충동하여 소요騷擾를 일으켰다. 그러나 고린도에서처럼(행 18:12), 에베소에서도 이러한 소요는 진압鎭壓되었다(행 19:35-41).

바울은 소요가 끝난 후 마게도냐로 돌아가 드로아에 이르러 복음을 전하고 예루살렘에 가려 하였다. 예루살렘에 이르기 전에 바울은 아시아 전도를 실질적으로 마감하는 시점에서 근 2년 반이나 심혈을 기울여 목회했던 에베소 교회의 장로들을 밀레도로 초청하여 고별 설교를 했다.

바울은 이 메시지를 통해 이제까지의 행적을 낱낱이 열거함으로써 교회와 복음을 향한 자신의 열정과 애정을 보여 주었다(행 20:17-38). 바울은 교회를 주님이 자기 피로 사신 사람들의 모임으로 생각했다.

이는 교회가 한 시대를 풍미하는 사상이나 철학 또는 이해타산으로 모인 이익 집단이 아니라 인류를 죄의 삯인 사망에서(롬 6:23) 구하기 위해 예수께서 흘린 희생의 피를 근거로 하여 세워진 절대 순수의 신앙 공동체임을 보여 준다.

이 사실은 너무나 당연한 것 같으나 말세를 당하여 교회의 순수성을 상실하고 교회를 마치 무슨 신학이나 철학의 강연장으로, 아니면 사교의 모임으로, 또는 도덕을 가르치는 학교나 상업상의 이익 집단으로 쉽게 착각하는 자들이 점점 더 늘어나는 현실에 비추어 볼 때 새삼 정립해야 할 신앙의 기준이다.

배의 하역 작업 때문에 바울 일행은 잠시 두로에 머물게 되었다. 두로에 거주하는 성도들은 바울의 예루살렘행을 애써 만류하지만 바울의 의지를 꺾지는 못했다. 성령의 뜻에 순종하기 위해 일신상의 안일도 과감하게 포기해 버리는 전도자 바울의 단호한 의지가 엿보인다.

이렇듯 거듭되는 만류挽留에도 불구하고 자신의 사명을 완수하기 위해서 예루살렘에 올라가려는 바울의 행동은 마치 메시야적 사명을 완수하기 위해서 예루살렘에 입성한 예수 그리스도의 행적을 방불彷佛하게 한다.

그는 이방 교회와 예루살렘 교회의 간격을 좁히고 그리스도 안에서 일체를 이루기 위하여 예루살렘행을 결행했다. 그는 죽음 앞에서도 자기를 부인하며 자기 십자가를 지고 예수님의 길을 따름으로써(마 16:24), 예수님의 참 제자로 본을 보여 주었다.

3 차에 걸친 바울의 이방 선교 활동으로 기독교 복음은 그 폐쇄성을 완전히 벗어나게 되었다. 그러나 그 복음의 본산인 예루살렘 교회는 오히려 당시에 흥기興起하던 민족주의적 열풍에 휩쓸려 이방인에 대한 배타적 감정을 노출했다.

⑤ 로마 여행

a) 예루살렘에서 : 바울이 예루살렘에 올라가니 당장 해결되어야 할 문제가 기다리고 있었다. 즉, 바울이 디아스포라의 유대인들에게 조상들의 규례와 율법을 파기하도록 권했다는 헛소문이 예루살렘에 돌고 있었던 것이

다. 거기다가 당시 예루살렘에서는 민족주의 물결이 날로 고조高調되어 가고 있었기 때문에, 바울의 세계주의적 복음 사역이 자칫하면 오해를 불러일으킬 소지가 다분하였다는 것이다.

따라서 야고보를 비롯한 예루살렘 교회의 장로들은 유대인들의 심각한 오해를 풀어 줄 수 있는 최선의 방책을 바울에게 제시했던 것이다. 그것은 곧 바울이 나실인의 서원을 한 네 사람의 결례에 함께 동참하는 것과 그들의 결례 비용을 대신 지불하는 것이었다(행 21:24). 이렇게 함으로써 바울이 모세의 율법을 결코 무시하지 않는다는 사실을 유대인들에게 분명히 보여 주자는 것이었다.

바울에게 있어서 율법 규례를 지키는 것은 아무래도 좋았다(롬 14:5, 6; 골 2:16). 즉, 그리스도의 복음에 유익이 되는 것이라면 바울은 유대인같이 될 수도 있고 이방인같이 될 수도 있었던 것이다(고전 9:20-23). 따라서 바울은 예루살렘 교회 지도자들의 제안을 기꺼이 수락하였다(행 21:26).

그러나 바울은 구원을 위해서 의식법을 준행해야 한다는 사상은 구원에 대한 그리스도의 충족성을 부정하는 것이니만큼 용납할 수 없다는 입장에는 변함이 없었다.

유대인들에게 오해를 해소시키기 위해 나실인 규례에 동참했던 바울의 노력은 물거품으로 끝났다. 오순절을 지키기 위해 아시아로부터 온 유대인들은, 바울이 이방인 드로비모를 성소에 데리고 들어갔다고 모함하며 무리를 선동하였던 것이다(행 21:29).

당시 예루살렘 성전 내부는 벽 하나를 사이에 두고 유대인의 뜰과 이방인의 뜰로 구분되어 있었다. 그리고 이 두 뜰 사이에는 "이곳을 지나는 자는 죽음을 면하지 못하리라."라는 문구의 경고문이 붙어 있었으며, 실제로 유대인의 뜰을 침범하는 이방인은 돌로 쳐 죽임을 당했다.

요세푸스에 의하면 이와 같은 유대인의 규례를 로마 당국도 인정하고 있었다고 한다. 따라서 바울에게 씌워진 죄목은 사형에 합당한 것이었고, 대적자들은 바울을 돌로 쳐 죽이기 위해 성전 밖으로 끌고 갔다(행 21:30).

유대인들이 바울을 성전 밖으로 끌고 나간 데에는 두 가지 이유가 있었다.

첫째, 분노한 군중들이 밀고 들어와 성전에서 바울을 살해할까 봐 두려워하였다. 유대주의자들은 나름대로 율법을 준수하며 하나님의 뜻대로 살아가고 있다고 자부하고 있었기 때문에(롬 2:17, 20), 살해 사건으로 성전을 더럽히기를 결코 원하지는 않았을 것이다.

둘째, 바울로 하여금 제단 뿔을 잡지 못하도록 하기 위함이었던 것 같다. 제단 뿔은 제단 가운데서도 가장 거룩한 부분이었기 때문에 그 뿔을 잡고 있는 동안에는 살육이 행해질 수 없다고 믿어져 왔다(왕상 1:50).

그 당시 성전 서북 모퉁이에는 안토니아 요새가 있었는데 요새의 책임자는 예루살렘의 치안을 담당하고 있었던 로마 천부장이었다. 성전 근처에서 소요가 발생했음을 들은 천부장은 즉각 군사들을 파견하여 소요의 장본인으로 보였던 바울을 체포하였다(행 21:33).

이렇게 하여 사도 바울은 드디어 이방인의 손에 넘기우고 그 후 5 년 간 갇히는 몸이 되었던 것이다. 체포되어 가던 바울은 천부장에게 변론을 요청하여 자신의 입장을 변호했다. 방금 전까지만 하더라도 폭도들에게 에워싸여 매를 맞았음에도 불구하고 바울은 그들을 향해서 매우 부드러운 어조로 침착하게 변증辨證을 시작하였다.

바울은 자신의 모든 신학적 지식이나 엄격한 논리 체계를 접어두고서 몸소 겪었던 체험에다 초점을 맞추었다. 그 누구보다도 유대인답게 살려고 했고 또한 그 누구보다도 기독교 핍박에 앞장섰던 자신을 완전히 새로운 인물로 만든 다메섹 도상에서의 이적적 체험이야말로 천만 마디의 변론보다 더 강한 호소력을 지녔다 할 것이다. 아마 바울은 영적 침체에 빠져 있을 때마다 이 체험을 상기하며 새로운 힘과 확신을 얻었을 것으로 보인다.

유대인 청중들은 바울의 뜻밖의 침착하고 부드러운 태도와 그 곁에 좌정한 천부장 등을 의식하여 바울의 체험담을 조용히 듣고 있었다. 그러나 이방인 전도에 대한 대목이 나오자 그들은 갑자기 이성을 잃은 사람처럼 광분하였다(행 22:21-23).

그들 유대인들은 하나님께서는 오직 자기 민족과만 언약을 맺은 신神이라고 생각하고 있었기 때문이었다. 따라서 이방 만민에게 하나님을 전한 바울이 그들의 눈에는 신성모독자로 보였던 것이다.

바울의 변론은 분노한 유대인들을 더욱 자극하여 그들로 하여금 바울에 대한 살의를 더 갖게 되었다. 이에 천부장은 바울을 큰 죄인으로 단정하고서 고문을 통해 사건의 내막을 밝히고자 하였다. 바울은 부당한 형벌을 감수해야 할 위기에 처하게 된 것이다.

바울은 좀처럼 자신의 로마 시민권을 내세우지 않았으나 복음의 유익을 위하여 혹은 중대한 위기에 처했을 때 그것을 사용하였다(행 22:24, 25; 16:37). 그 당시의 채찍이란 가죽끈에다 쇳조각과 뼈를 박은 것으로서 그것으로 심하게 맞을 경우 목숨을 잃은 사람들도 많았다. 하지만 로마 시민은 채찍질을 당하지 않을 특권을 가지고 있었다.

즉, 당시 로마법은 만일 로마 시민이 뚜렷한 죄목도 없이 채찍질당할 경우 채찍질한 자를 법에 의해 엄격히 처벌하도록 규정하고 있었던 것이다. 당시 로마 시민은 '토가 toga'라는 긴 겉옷을 걸침으로써, 로마 시민임을 표시하였다. 하지만 토가는 착용이 불편했기 때문에 국가적 행사 등이 있을 때 외에는 착용하지 않았다.

따라서 일상적으로 볼 때에는 로마 시민과 다른 민족을 구별해 주는 표지標識가 거의 없었던 셈이다. 하지만 당시 사람들은 로마 시민권을 주장하는 상대방의 말을 액면 그대로 믿었다. 왜냐하면 문서 위조나 시민권의 허위 주장에 대한 형벌은 매우 엄격하였기 때문이다.

천부장은 유대인들의 공회公會에 바울을 세웠다. 산헤드린에서의 바울의 변론은 대제사장 아나니아의 험악한 반응에 부딪쳐 초반부터 심각한 감정 대립 양상을 띠게 되었다. 결국 공회의 분위기가 심상치 않음을 느낀 바울은 공회원들 간에 내재해 있던 부활에 관한 신학적 대립을 이용하여 위기를 극복했다.

그러나 유대인들의 바울을 살해하려는 음모는 구체화되어 간다. 바울을 죽이기 위해 40 명의 유대인들로 구성된 암살 조직단에 대한 정보를 입수한 천부장은 로마 시민권자인 바울을 로마 총독부가 있는 가이사랴로 호송한다. 이때 천부장은 470 명의 무장 군인을 동원하여 바울을 보호하는데 이는 일전에 있었던 자기의 위법 사항에 대한 보상 심리가 작용했기 때문이다.

b) **가이사랴에서 :** 바울이 총독에게 이송된 지 5 일 후에 예루살렘에서 소위 원고인原告人들이 내려와 바울을 고소하였는데, 그들은 더둘로라는 변론가 辯論家를 시켜 대변하게 하였다(행 23:1-10).

그 내용은 첫째, 나사렛 예수라고 일컫는 이단을 추종하고 전파한다는 것. 둘째, 유대인의 법에서 사형에 해당하는 성전을 더럽히는 죄를 범했다는 것. 셋째, 위의 두 가지로 인해서 로마 제국의 시민들에게 불안감을 주고, 특히 유대인들에게는 질서를 무너뜨리고 소요를 일으킬 빌미를 제공한다는 것이었다. 그들은 종교적인 문제만으로는 바울을 사형에 처할 수가 없었기에 사회 질서를 문란하게 한다는 구실을 덧붙였던 것이다.

바울은 사실에 근거하여 유대인들의 소송 이유에 대해서 조목조목 해명했다(행 24:10-23). 나사렛 예수라는 이단을 청종한다는 대목에 대해서 바울은 진솔하게 자기가 예수 그리스도를 믿는 자임을 밝혔다.

그뿐 아니라 유대인들이 믿는 율법과 하나님을 바울 자신도 믿는다는 사실을 말함으로써, 유대인들의 송사가 그릇되었다고 폭로하면서 자기는 오로지 그리스도의 부활을 증거했기 때문에 기소당했다고 변론했다.

이어 성전 훼손죄와 관련해서는, 자신은 성전을 더럽힌 일이 없으며 다만 민족의 전통에 따라 결례를 행했을 뿐임을 밝힘과 아울러 유대인의 자기에 대한 고소가 모함임을 호소했다. 만일 바울을 해하기 위해 소동을 일으켰던 아시아계 유대인들이 정식으로 바울을 고소할 의향이 있었다면 그들은 재판장에 출두했어야 했다.

그러나 그들은 스스로 찔리는 바가 있었으므로 거기에 나타나지 않았다. 당시 로마법상으로 부당한 고소인에게는 중형에 가해지도록 되어 있었으며 고소자의 불참은 곧 고소의 철회를 뜻하였다(행 24:18-20).

결국 벨릭스 총독은 목하 진행되고 있는 송사가 정치적 문제가 아니라 유대인들의 종교에 관한 것이라는 사실을 깨닫고 재판을 연기시키는 결정을 내린다. 벨릭스가 내심으로는 바울의 변호에 동조한 듯하나 실상은 자신의 임기를 조용히 마무리지으려는 속셈과 뇌물에 대한 욕심(행 24:26)과 유대인들의 환심을 사기 위한 정치적 방책으로 바울을 구금시켰다.

그러나 바울은 약 2년 간의 구금 생활 중 비교적 자유로운 대우를 받으면서 기회가 나는 대로 복음을 증거하였던 것으로 짐작된다. 그리하여 바울의 재판은 벨릭스의 후임자인 베스도가 맡게 된다.

벨릭스의 후임으로 베스도가 부임赴任함과 더불어 유대 지도자들은 또다시 바울 살해 음모에 몰두하였다. 그들은 로마 법정에서 바울을 처형시키도록 하는 것이 대단히 어렵다는 것을 경험한 바 있었기 때문에, 어떻게 해서든지 산헤드린 공회公會로 바울을 유도해 내고자 하였다(행 25:3).

하지만 신임 총독 베스도는 냉철한 이성의 소유자일 뿐만 아니라 로마인의 공의감公義感에 철저했던 사람이었으므로 순순히 그들의 요구를 들어주지 않았다. 결국 가이사랴 법정에서 또다시 재판이 열리게 되었으나 베스도는 바울에게서 이렇다 할 만한 죄목을 찾지 못하고 난처한 입장에 빠지게 되었다.

그러던 차에 바울이 로마 황제에게 항소함으로써 베스도로서는 일단 무거운 짐을 벗게 된 셈이었다(행 25:6-12). 바울은 예루살렘에 돌아가면 심각한 위험에 처하게 될 줄을 짐작하고 있었다. 따라서 그는 로마 시민으로 차라리 로마 황제에게 항소하기로 결심하였다.

바울이 로마 황제에게 항소를 신청한 것은 단지 자기의 목숨을 보호하기 위해서라기보다는 주의 명령을 따라 로마에 가서 복음을 증거하기 위해서였다(행 23:11). 비록 자유의 몸은 아니지만 마침내 로마에 복음을 전하려는 그의 소망을 이루게 되었다(행 19:21; 롬 1:15).

c) **항해 중에 :** 바울은 마침내 로마에 가게 되었다(행 27장). 로마 백부장

율리오의 책임 하에 바울과 일부 죄수들은 가이사랴를 출항하여 시돈과 무라를 거쳐 그레데 섬의 미항에 이른다. 여기서 바울은 여행의 경험이 풍부했기 때문에 늦가을에 역풍을 무릅쓰고 행선하는 것을 반대했다(고후 11:5). 단순한 기우杞憂로 경고한 것이 아니었다.

백부장은 하나님의 사람 바울의 충고보다 당장의 편의와 실리를 따라 출항하기로 결단을 내렸다. 이것이 항해 실패의 원인이다. 비록 바울은 하나님의 뜻에 절대 순종하려는 신앙을 지녔으나 맹목적이고 무의지적으로 만사를 하나님께만 맡겨 버리고 자신은 방관만 하고 있었던 자는 아니었다. 오히려 스스로 할 수 있는 최선의 방책을 강구해 나갔던 것이다.

하나님께서는 사람을 도구로 쓰시되 기계적으로 사용하시는 것이 아니라 각자의 성품이나 의지 및 재능이나 환경을 충분히 고려하신다. 하나님의 인도는 인간의 자율적 활동을 없애지 않고 도리어 그것을 강화시키신다. 하나님은 사람을 로봇과 같이 취급하지 않고 지각 있고 윤리적인 존재로 인정하시고 일을 시키신다.

바울의 호의적 충고를 무시한 항해 결정은 결국 배에 탄 모든 사람의 생명을 위험에 빠뜨렸다. 바울이 중대한 난관에 봉착하였을 때 하나님께서는 초자연적 환상幻像이나 계시를 통해 나아갈 길을 알려 주시거나 위로의 말씀을 베푸셨다(행 27:23-26; 16:10; 18:9). 바울은 최악의 풍파 속에 있으면서도 하나님의 약속을 전혀 의심하지 않는 담대한 모습을 보여 주고 있다.

히브리서 기자가 믿음을 "바라는 것들의 실상이요 보이지 않는 것들의 증거"(히 11:1)라고 정의한 바 있거니와, 바울은 하나님을 인격적으로 깊이 신뢰하였을 뿐만 아니라 실제로 모든 풍파가 잔잔해지기라도 한 듯이 능동적인 반응을 보였던 것이다.

바울이 탄 배는 유라굴라 태풍으로 인해 밤낮 14 일 간, 그리고 미항에서부터 멜리데 섬까지 약 800km를 표류했던 것이다. 하나님의 약속은 신실하므로 반드시 성취된다(호 11:12). 그들이 파선의 위기에 처했을 때에는 더 이상 구원에의 소망을 가질 수 없었고 거의 자포자기 상태에 빠졌었다.

하지만 자기의 종의 말을 응하게 하시는 하나님(사 44:26)께서 약속하신 바대로 배는 상하되 생명에는 아무 손상이 없게 된 것이다. 갖은 고생 끝에 그들은 멜리데 섬에 상륙하였다.

그러나 그 섬의 주민들로부터 따뜻한 대접을 받던 중 독사가 나와 바울의 손을 물었다. 주민들은 그가 살인자이기 때문에 하나님의 공의가 그를 살지 못하게 한다고 했다. 그러나 그리스도의 복음을 로마에 전파해야 할 사명을 지닌 바울에게 하나님은 그런 장애의 요소를 떨쳐 버리셨다.

즉, 복음을 전하는 자들에게 따르리라고 했던 기적적인 도우심이 이때에 실증됨으로써(막 16:18), 바울은 죽지 않았을 뿐만 아니라 그 사건을 통하여 그 섬의 주민들에게 복음을 전파할 수 있는 계기를 마련하게 되었다. 그리하여 그곳에도 그리스도의 은총이 알려지고 하나님 나라가 임하게 되었다.

d) 로마에서 : 멜리데 섬에서 약 3 개월을 체류滯留한 후에 바울은 이달리야로 떠나게 되었다. 그들은 이달리야 반도의 보디올에 입항하였는데, 이 항구는 로마 제국의 교통 중심지였다. 그리고 거기서 만난 형제들은 바울에게 큰 위안이 되었다(행 27:11-15). 바울이 어려움에 처하거나 낙담에 빠질 때마다 위로자로 나타나셨던 주님께서(행 23:11; 27:23), 이제는 당신의 몸 되신 교회를 통하여 바울의 마음을 굳게 하셨던 것이다.

바울은 드디어 로마에 도착하였다. 로마인들은 유대인들과는 달리 바울에 대해서 비교적 호의적인 태도를 보여 주었다. 바울은 이들의 환대를 통해서 용기백배勇氣百倍하여 더욱 힘차게 복음을 증거하였다.

로마 제국의 수도를 방문하려는 바울의 간절한 소원은 드디어 성취되었다(롬 15:22-24). 그는 비록 손에 수갑을 차고 파수병의 감시 하에 있는 죄수의 신분이었지만 로마 시민이었기에 자유로이 방문자들과 접할 수 있었다.

"먼저는 유대인에게요 그리고 헬라인에게로다."(롬 1:16)라고 하는 바울의 선교 정책은 로마에서도 그대로 적용되었다(행 28:17). 바울은 로마에 이르러 먼저 유대인 지도자들을 만나고자 하였는데 그 이유는 무엇보다도 복음 증거를 위함이었다. 로마의 유대인들 앞에서 행한 바울의 증거와 권면은 두 가지의 핵심적인 주제들로 되어 있다(행 28:31).

첫째, 바울은 먼저 하나님 나라에 관해 그들에게 증거하였다. 예수께서도 지상 사역의 대부분을 천국을 전파하는 데에 집중하셨다(막 1:15). 복음의 참뜻을 알지 못했던 유대인들 중 대부분은 하나님의 나라를 이 세상에서 건립될 왕국 정도로 이해하였다.

그러나 바울은 이 세상에 속하지 않는 나라 곧 예수 그리스도 안에서 새로이 탄생한 새 하늘과 새 땅에 관하여 그들에게 증거하였던 것이다(요 12:40; 롬 11:8).

둘째, 바울은 그들에게 예수 그리스도를 증거하였다. 예수님 당시와 마찬가지로 바울 당시에도 대부분의 유대인들은 메시야를 정치적, 지상적 의미로 이해했기 때문에 그들은 구약의 모든 약속을 성취시키신 예수 그리스도에 관해서는 아무것도 알 수 없었던 것이다.

사도행전에는 비록 로마에 도착한 이후에 바울 행적이 자세히 기록되어 있지 않지만 우리는 그의 여러 서신들을 통해 그 행적을 찾아볼 수 있다. 즉, 61년 중순경에 로마에 도착한 바울은 약 2 년 동안을 구류拘留 형식으로 셋집에 기거하면서 비교적 자유롭게 복음을 전하였다.

에베소서, 빌립보서, 골로새서 그리고 빌레몬서 등이 저술된 때가 바로 이 기간 중이었다. 그 무렵에 디모데(빌 1:1; 골 1:1)와 두기고(엡 6:21), 그리고 에바브로(빌 4:18) 등이 그를 방문하였다.

그후 2 년이 넘도록 기소되지 않자, 바울은 자동적으로 구류 상태에서 풀려났으며, 석방 후에 그는 에베소와 마게도냐(딤전 1:3), 드로아(딤후 4:13), 그레데(딛 1:5), 그리고 니고볼리(딛 3:12) 등지로 여행하며 복음을 전했다. 디모데전서와 디도서는 이 기간 중에 쓰여졌다.

바울은 로마에서 열심히 복음을 전파했다. 비록 사슬에 매였지만, 복음 전파에는 매이지 않았다. 예수께서 하늘나라는 누룩과 같다고 말씀하신

대로 복음은 누룩처럼 온 세상으로 퍼져 갔다. 벵겔(Bengel)은 말하기를 "이것은 하나님의 말씀의 승리이다. 복음은 예루살렘에서 시작하여 로마로 왔다."라고 했다. 이 복음은 여전히 교회가 수호하고 전파해야 할 것이며, 세상을 구원하고 변화시킬 하나님의 능력이다(롬 1:16). 위대한 그리스도인인 바울은 그 후 로마에서 일단 석방되었다가(딤전 1:3; 딤후 4:13; 딛 1:5) 다시 체포되었다. 결국 그는 네로의 박해 아래 순교하였다 한다(A. D. 64, 혹은 68년경).

4. 재림의 언약

부활의 주 예수 그리스도께서 구원을 완성하시기 위해 마지막 날에 다시 오신다는 사실이 재림이다. 그리스도의 재림은 구약 선지자들의 메시지의 주제로서, 특히 그리스도 재림에 관하여 두 가지 일이 분명히 되어 있다.

그 하나는 메시야가 버림 받고 고난당하신다는 예언이고(사 53:3), 또 하나는 그 그리스도께서 장차 크신 영광과 권위를 받으시게 된다는 것이다(사 11장; 렘 23장; 겔 37장). 이 두 가지 일이 하나의 예언에 포함되어 있는 말씀도 있다(시 2편).

그 선지자들마저도 그가 전하는 예언에 이중二重의 뜻이 있는 것을 모르는 경우도 있었다(벧전 1:10, 11). 이 이중의 예언의 일부는 이미 성취되었다(민 24:17, 19 → 마 1:1-17; 사 11:1 → 눅1:31-33; 미 5:2 → 눅 2:4, 6, 7; 사 7:14 → 마 1:18-22; 사 40:3 → 마 3:3; 사 9:6 → 요1:14).

이제 또 하나의 성취를 위해 주님은 이전에 승천하신 모습대로 다시 오신다(행 1:11). 그 때는 아버지 하나님만이 알고 계신다(마 24:36; 막 13:32).

1) 만왕의 왕, 만주의 주

하늘이 열리며 백마를 타신 그리스도께서 하늘에 있는 군대를 이끌고 만국을 다스릴 권세를 지니고 재림하신다(계 19:11-16; 살전 4:15-18). 결국 그리스도께서 영광 중에 재림하심으로써 성경의 모든 예언 중에서 백미白眉라 할 수 있는 만왕의 왕이시고 만주의 주이신 그리스도의 완전한 통치가 이루어지게 되고 하나님의 계시는 완결完決 상태에 도달하게 된다.

(1) 감람 산 강화(講話)

예수께서는 예언과 비유의 말씀을 통해, 예루살렘 멸망과 세상의 종말, 자신의 재림과 이에 대한 신자들의 준비 자세를 '감람산橄欖山 강화講話로써 상세하게 교훈하셨다(마 24:1-25:46; 막 13:1-37; 눅 21:5-36). 제자들은 예루살렘 멸망(어느 때에 이런 일), 그리스도의 재림(주의 임하심), 종말(세상 끝)을 동시적인 사건으로 보고, 그 시기와 징조에 관해 질문하였다.

예수께서는 이에 대해 상세하게 대답하시면서도 그것들을 엄격하게 구별하시지는 않으셨다. 이러한 사건들은 시간적 간격과 징조의 차이를 갖기 때문에, 예수님의 예언은 예루살렘의 멸망과 더불어 이미 성취된 것도 있지만 미래에 성취될 것도 있는 것이다.

예수께서 말씀하신 중요한 징조들은 거짓 그리스도와 선지자의 출현 · 전쟁 · 기근 · 지진 · 신자들에 대한 핍박 · 불법의 성행盛行 · 전 세계적인 복음 전파 · 우주적인 대파국大破局 등이다. 재림이 거짓 선지자들의 주장과 같이 은밀하게 특정한 사람들에게 제한된 장소에서 드러나는 것이 아니라, 명백하게 전 세계적으로 모든 사람들에게 확인될 것을 말씀하신 것이다.

예수께서는 재림의 시기와 관련하여 '무화과나무의 비유', '노아의 때 비유'를 들고 계신다(마 24:32-41). 이러한 비유들의 핵심은 재림 시기의 불예측不豫測과 임박성을 나타내는 것이다. 실로 그리스도는 생각지도 않는 그 어느 때에 갑자기 임臨하실 것이다.

또한 열 처녀에 대한 비유의 결혼에서 "그런즉 깨어 있으라 너희는 그 날과 그 때를 알지 못하느니라."라고 말씀하심으로써 비유의 주제를 분명히 밝혀 주셨다(마 25:1-13). 즉, 사람들은 재림의 때를 알 수 없기 때문에 믿음으로 항상 주의 재림을 준비해야 한다는 것이다.

예수께서는 모든 사람이 하나님께로부터 각각 그 재능에 따라 풍성한 은혜를 부여 받기에 하나님을 위해 재능을 성실하게 활용해야 한다고 교훈하시고, 동시에 모든 사람이 어떻게 재능을 활용하는가에 따라 마지막 때에 하나님의 심판을 받게 될 것을 가르치셨다(마 25:14-30).

양과 염소의 비유에 나오는 심판은 세상 끝에 큰 백보좌白寶座 앞에 서 있게 될 심판을 가리킨다(계 20:11-15). 이 심판은 누가 천국의 영생永生에 들어가고 누가 지옥의 영벌永罰에 들어가게 될 것인지를 결정짓기 위한 것으로, "내 형제 중에 지극히 작은 자 하나에게"(40절) 어떠한 사랑을 보였느냐에 기초한다(요일 3:14, 15; 4:20, 21).

천국의 상속은 자기 선행을 내세우거나 기억하지 않고 봉사한 사람들에게 주어진다. 그러나 이것은 사람이 자신의 공로에 의해 구원을 받게 됨을 의미하는 것은 아니다. 왜냐하면 구원은 전적으로 하나님의 은혜에 의존하기 때문이다(엡 2:8, 9).

(2) 일곱 교회에 대한 약속

아시아의 일곱 교회는 현재의 터키 지방에 있던 교회들로서 사도 요한의 목회적 관심의 대상들이었다(계 1:4, 5). 그러나 더 폭을 넓히면 세계 어디서나 있을 수 있는 보편적인 교회의 상태를 상징하고 있다고 볼 수 있다.

요한계시록은 '일곱'이란 체계로 이루어졌다고 할 만큼 '일곱'이란 숫자가 많이 등장한다. 일곱은 완전성, 충만, 전체를 의미하는 상징적인 숫자이다. 요한은 도미티아누스 황제 때(A.D. 85-86년) 밧모 섬에 유배되었는데, 그곳에서 본서에 기록된 계시를 받았다.

모든 계시는 하나님으로부터 시작된다. 세계 역사는 연관성이 없는 사건들이 우연히 연속해서 일어나는 것이 아니라, 하나님 나라의 완성과 악의 세력에 대한 영원한 심판이라는 궁극적 목표를 향하여 하나님이 작정하신 계획에 따라서 한 단계씩 진전進展되어 가는 것이다.

사도 요한은 성부 하나님·성령·성자 그리스도 곧 삼위일체 하나님의 이름으로, 수신자들에게 은혜와 평강을 기원한다. 삼위일체 교리는 기독교 교리의 초석이다.

"이제도 계시고 전에도 계시고 장차 오실 이"(1:4)는 성부 하나님의 칭호로 하나님의 절대 속성屬性인 영원성과 불변성과 그리고 선재성先在性을 강조한 것이다. 이는 언약을 끝까지 지키시는 하나님의 신실성信實性을 확증하며, 하나님께 대한 절대적인 필연성必然性을 강조한다.

또한 출애굽기 3:14, 15에 언급된 '스스로 있는 자'의 의미를 보다 자세하게 해석해 주는 표현으로서, 하나님의 영원성과 우주와 역사에 대한 하나님의 절대 주권을 강조한다.

'보좌 앞의 일곱 영'은 성령을 가리키는데, '일곱' 수로써 말한 이유는, 스가랴 예언서에 벌써 성령을 여호와의 일곱 눈으로 비유했기 때문이다(슥 3:9; 5:6). 일곱 수는 완전과 성결을 상징한 바, 성령의 위는 단일하시되, 그의 속성과 권능은 완전하시다는 것이다.

이 성령이 보좌 앞에 계시다는 함은, 그가 성부의 왕적 권위와 능력과 기타 모든 속성들을 그대로 나타내시는 사역자라는 의미이다.

＊예수 그리스도에 대한 3 가지 칭호(계 1:5)

첫째, "충성된 증인"은 그리스도의 성육신成肉身과 지상 사역을 가리키는 것으로 이는 그리스도께서 과거 이 땅에서 행하신 순종의 삶을 통해 증명하셨으며, 현재에도 내재內在하시는 성령을 통해 증명되고 있으며, 미래에는 재림을 통해 만물을 새롭게 하심으로 증명될 것이다.

둘째, "죽은 자들 가운데서 먼저 나시고"란 그리스도의 십자가와 부활 사건을 가리키는 것으로 만물의 으뜸이며(골 1:15), 부활의 첫 열매가 되시고(고전 15:20-25), 죽은 자들에 대해서 절대적인 권세를 가지고 계신 분이다(계 :18).

셋째, "땅의 임금들의 머리가 되신 분"은 주께서 재림하셔서 사탄의 세력을 물리치고 만왕의 왕으로서 이 세상을 통치하실 것을 의미하는 것이다. 세상에 대한 그리스도의 메시야적 통치는 요한계시록의 핵심 주제이다. 따라서 그리스도의 세 가지 명칭 속에는 복음의 핵심적인 내용이 모두 포함되어 있다고 볼 수 있다.

소아시아의 일곱 교회에 보내는 메시지는 사도 요한이 본서의 기록자임이 분명하지만, 그 배후에서 하나님이 하신 말씀이다(계 1:4-8). 이는 초기 기독교 시대로부터 그리스도의 재림 전까지 모든 교회의 영적 상황과 이에 대한 주의 증거를 반영하고 있다.

***일곱 교회에 보내는 메시지들의 공통적인 특징 및 문학적인 양식**

첫째, 메시지의 수신자들은 모두 다 그 교회의 사자使者들이다.

둘째, 서신들의 내용은 다양하나 발신자는 예수 그리스도 한 분이시다.

셋째, 각 교회를 진리로 인도하기 위하여 칭찬과 책망과 권면이 적절하게 제시되어 있다.

넷째, 각 편지마다 이기는 자들에 대한 상급의 약속이 반드시 제시되어 있다.

다섯째, "귀 있는 자는 성령이 교회들에게 하시는 말씀을 들을지어다." 라고 하여 성령의 역사役事를 강조함으로 그 메시지가 당시에만 국한되는 것이 아니라 모든 세대의 교회에 적용되는 것을 의미하고 있다.

일곱 교회에 보내는 편지의 내용을 요약하면, 두 교회(서머나, 빌라델비아)는 매우 칭찬만 받았고, 두 교회(사데, 라오디게아)는 매우 꾸중만 들었다. 나머지 세 교회(에베소, 버가모, 두아디라)는 부분적으로 칭찬을, 부분적으로 꾸중을 들었다.

그런데 공교롭게도 칭찬 받은 두 교회는 비천卑賤한 계층의 사람들로 구성되었고, 또한 박해를 받았다. 반면 꾸중을 들은 두 교회는 지배층의 사람들로 구성된 형식적인 그리스도인들이었고, 이교도의 생활을 본받았다.

에베소 교회는 정통적인 교리를 가르치기는 했지만, 첫사랑을 잃은 교회였다. 버가모 교회는 이교성異教性이 있는 이세벨을 관대하게 취급하였으나 열심은 있었다. 여기서 말하는 이교성이란 간음과 우상에게 바쳤던 제물을 먹는 것을 의미한다.

당시 성적性的인 죄악은 이교도의 숭배의 일부분이었고 이교도의 잔치 때 인정된 행위이기도 했다. 사실 이 문제는 이방인의 교회에서 처음부터 문제로 등장했었다. 많은 이교도들이 개종은 했지만, 그들의 옛 생각과 풍습을 쉽게 버릴 수가 없었기 때문이다.

그들은 이방 신에게 바쳤던 제물을 먹는 것을 대단한 죄로 생각하지 않았다. 이러한 것들은 마침내 거짓 교사들에 의해 합리화되어 더욱 굳어져 갔다. 에베소 교회는 이러한 거짓 교사를 처단했지만, 버가모와 라오디게아 교회는 이를 묵인했다.

(2) 하나님의 심판

요한계시록에는 일곱 인印, 일곱 나팔, 일곱 대접의 재앙이 언급되어 있는데 이것은 하나님의 진노의 심판으로 이 세상과 짐승을 경배하는 악한 자들이 그 대상이다.

이 3 가지 재앙들은 관련성을 가지고 있는데, 그것은 일곱째 인에서 일곱 나팔의 재앙이 시작되며, 일곱째 나팔에서 일곱 대접의 재앙이 출발되어진다는 점이다.

이를 통해 우리는 이 재앙들이 같은 사건의 반복적인 표현이 아니라 시간상 연속되는 사건들로 그 순서가 일곱 인印 → 일곱 나팔 → 일곱 대접의 재앙임을 알 수 있다.

① 일곱 인과 재앙

요한계시록 5:1의 보좌寶座에 앉으신 이는 하나님이시다. 그 하나님의 오른손에 일곱 인으로 봉封한 책, *βιβλίον* 비블리온이 있다. 이 책(두루마리)은 현대의 책과 같은 것이 아니라 양피지로 만든 두루마리를 가리킨다. 또한 그 책이 일곱 인으로 봉해져 있다는 것은 그리스도께서 친히 계시하기 전에 하나님의 비밀이 모든 사람들에게 완전히 감춰져 있음을 뜻한다.

이것은 이 세상의 장래에 대한 하나님의 계획 및 그것에 대한 그의 주재권主宰權을 표시한다. 하나님만이 세상의 장래를 아시고 이를 주재하신다. 오른손은 힘 있는 손이니, 잘 보관하고 또 주재主宰하는 것을 상징한다.

이 내용이 책(두루마리)의 안팎에 가득 써 있다. 이 책은 일곱 인으로 봉해졌다고 되어 있다. 이들 인들은 책의 외부에 순서적으로 인이 쳐졌을 것이다. 책의 봉함 부분을 인이 쳐졌으므로 그렇게 보인다. 그 의미는 닫힌 책은 계시되지 않고 시행되지 않는 하나님의 계획임을 뜻한다.

만일 책이 봉한 대로 남아 있다면 하나님의 목적이 실현되지 않았음을 나타낸다. 즉, 그의 계획이 수행되지 않았다는 것이다. 인印을 떼고 책을 편다는 것은 하나님의 계획을 계시한다는 것뿐 아니라 그것을 실현하는 것을 의미한다.

어린양 자신이 봉인된 인을 떼시는데, 이것은 그분이 바로 인간 역사의 모든 사건들을 주관主管하시고 이끄시며 최후 완성을 이루시는 분이심을 의미한다(계 6:1-17; 8:1, 2).

네 말(馬)에 대한 환상은 스가랴 1:8과 6:1-8을 배경으로 하고 있다. 네 말의 색깔은 말을 탄 자들의 특성을 상징하고 있다(계 6:1-8). 즉, 흰말은 정복을, 붉은 말은 전쟁과 피 흘림을, 검은 말은 기근을, 청황색 말은 죽음을 상징한다. 이러한 계시는 또한 공관복음에 기록된 예수님의 종말관과 맥脈을 같이하고 있다(마 24장; 막 13장; 눅 21장).

첫째 봉인封印을 뗄 때 나타난, 흰말을 탄 자는 적敵그리스도와 악의 세력에 속한 자로 장차 나타날 어떤 정복자를 의미한다. '흰말'은 전쟁에서의 승리를, '활'은 막강한 군사력을 상징한다(사 46:9; 렘 49:35; 호 1:5). 이처럼 흰말 탄 자의 등장은 이 땅 위에 비극적인 사건들이 벌어질 것을 예고하는 것으로 하나님께서 자신의 섭리를 이루시기 위해서는 악의 세력까지도 심판의 도구로 사용하신다는 것을 보여 준다(삼상 18:10).

둘째 봉인을 뗄 때 나타난, 붉은 말을 탄 자는 대대적인 살육殺戮과 전쟁을 상징한다(왕하 3:22, 23). 그런데 흰말 탄 자가 세계적인 전쟁을 상징하는 반면, 붉은 말 탄 자는 내란內亂과 혁명을 상징한다. 그때가 되면 인간적인 신뢰 관계는 완전히 파괴되고 극단적인 이기심과 경쟁심 때문에 이 땅 위에는 화평이 없어지게 된다(19:2; 마 10:21).

셋째 봉인을 뗄 때 나타난, 검은 말을 탄 자는 가난과 기근을, '검은 색'은 보통 전쟁과 유혈流血의 결과인 슬픔, 애곡, 황폐를 상징한다(사 50:3; 애 5:10). 또한 여기 가난은 극심한 인플레까지 동반하여 사람들의 삶은 극도로 비참한 상태에 빠지게 된다. 이때 감람유와 포도주는 해치지 말라는 명령이 음성으로 들린다.

기름과 포도주는 은혜의 수단을 의미하는 것으로 대환난 중에서도 성도를 위하여 환난을 감하시고 보호해 주시는 하나님의 사랑과 은총을 뜻한다(마 24:22). 이를 통해 하나님은 어떠한 환경에서도 성도들을 감찰鑑察하시고 보호하신다는 것과, 대환난의 목적이 단순히 세상 사람들의 심판과 멸망이 아니라 회개와 구원임을 알 수 있다(눅 5:3-10).

넷째 봉인을 뗄 때 나타난, 청황색 말을 탄 자의 이름은 사망이다. 사망(θάνατος 다나토스)은 죽음 외에도 역병疫病이라는 뜻을 가진다. 따라서 청황색 말은 전쟁과 기근과 온역瘟疫, 짐승의 공격으로 인해 많은 사람이 죽을 것을 상징한다.

그 뒤로 음부陰府가 따라오는데, 음부(שְׁאוֹל 세올, ᾅδης 하데스)는 구약 시대 때엔 모든 죽은 자들이 사후死後에 거하게 되는 지하 세계를 가리켰으나(창 37:35) 신약에 와서는 불신자들이 죽은 후에 최후의 심판을 받기 위해 일시적으로 거하는 사후 중간 상태의 개념으로 변하게 되었다(마 25:41).

다섯째 봉인을 뗄 때, 하나님의 말씀과 증거를 인하여 죽임 당한 영혼들이 나타난다(계 6:9-11). 복음과 예수 그리스도의 증거 때문에 죽임을 당한 순교자들은 하나님께 공의의 심판을 탄원한다. 특히 처음 네 인의 재앙과는 달리 일어나는 장소가 이 땅이 아니라 하늘이다.

"그 수數가 차기까지"는 하나님께서 성도들을 통해 이루고자 하시는 성도들의 사명使命이 끝나기까지 또는 대환난이 끝나고 그리스도께서 재림하실 때를 가리킨다. 이는 교회에 대한 박해를 상징하는 것으로, 가깝게는 로마 황제들의 박해를 비롯해서 중세 시대 교황의 박해와 더 나아가서는 마지막 말의 환난을 의미하는 것이다.

여섯째의 인의 재앙으로 인해 임박한 그리스도의 재림을 예고하는 우주적 변동이 네 단계로 나타나고 있다(계 6:12-17).

첫째, 지진이 일어나며 해와 달이 빛을 잃는다.

둘째, 하늘의 별들이 땅에 떨어진다.

셋째, 하늘이 사라지고 지각地殼이 변동한다.

넷째, 이 땅 위에 대공포가 임한다.

이 재앙들 중 일부는 고대 우주론적 입장에서 기술되었는데 이는 이 땅에 임할 재앙을 특별히 강조하기 위함이다(습 1:14-18).

여섯째의 봉인을 떼고 일곱째 봉인(계 8:1)을 떼기 전에, '인 침을 받은 십사만사천 명'(7:4)과 '흰옷을 입은 셀 수 없는 큰 무리'(7:9)가 삽입된다. 따라서 계시록 6:12-17에서 볼 수 있는 심판의 진노 아래 처한 자들의 비참한 모습과는 너무나 대조적인, 선택과 구원의 은혜 아래에 있는 자들의 아름다운 모습이 묘사되고 있다.

계시록 7:4-8에 언급된 '십사만사천 명'과 9절의 '흰옷을 입은 큰 무리'는 구약 시대와 신약 시대의 구원 받은 모든 성도, 혹은 이스라엘과 이방인들 중에서 택함을 받은 모든 백성을 가리키는 표현이라고 해석하는 것이 타당하다.

이는 장차 성도들이 누리게 될 완전한 안식과 평안을 깨닫게 되므로, 현재 닥치는 환난이 아무리 크다 해도 능히 참고 견딜 수 있게 하기 위해 기록되었다(계 7:10-17).

마지막 일곱째 봉인을 어린양이 떼심으로써 일곱 나팔의 재앙이 시작된다. 그런데 이와 같은 일곱 나팔의 재앙은 하나님께 상달되는 모든 성도의 기도와 밀접한 연관을 지니고 있다(계 8:3, 4).

즉, 환난 중에 부르짖는 성도들의 간절한 기도에 대한 응답으로 주어지는 하나님의 공의로우신 진노와 심판이 바로 일곱 나팔의 재앙인 것이다.

이처럼 하나님의 세심한 보호와 위로, 그리고 공의의 응답은 환난과 심판 중에서도 여전히 계속되어진다.

② 일곱 나팔과 재앙

'일곱 인과 재앙', '일곱 나팔과 재앙'은 서로 유사한 점이 많더라도 이 둘은 서로 상이相異한 것으로 시간상 연속적인 사건이다.

***두 재앙의 상이점**

첫째, 나팔의 재앙은 인 재앙보다 심판의 정도가 더 격렬하고 광범위하다.

둘째, 두 재앙 사이에는 사건의 순서와 내용에 차이점이 많다.

셋째, 일곱 인의 재앙 중에 여섯째 인의 재앙까지는 성도들이 인 침을 받지 않은 데 비해 나팔 재앙은 인 침을 전제로 하고 있다는 점이다.

여기서 우리는 두 재앙이 병행竝行되는 것이 아니라 실제로는 연속되는 일련의 사건들임을 알 수 있다. 계시록 8장부터 11장끼지 일곱 나팔의 재앙이 묘사되고 있다. 이것은 불신不信 세계에 대한 심판을 의미한다. 앞서 언급한 일곱 인印 재앙이 인간의 죄에 초점을 맞춘 것이라면, 이 나팔 재앙은 경고를 위한 심판이다. 이 심판은 '삼분의 일'만 손상시킨다.

구약 성경에서 나팔은 인간 역사에 대한 하나님의 개입을 상징하며(출 19:16, 19), 신약 성경에서는 예수 그리스도의 재림과 깊은 관계가 있다(마 24:31; 살전 4:16). 나팔 소리의 상징적 의미는, 인간에 대한 하나님의 경고(습 1:16)와 하나님의 거동擧動과 임재(사 27:13; 욜 2:1), 전쟁의 신호로 사람들의 소집召集(렘 6:1) 등이다.

첫째 나팔의 재앙으로, 대환난 후 삼 년 반 동안에 있을 생태계의 파괴를 묘사한 것이다(계 8:7). 우박과 불이 비바람처럼 내린다. 이는 우박과 불의 파괴적 특징을 강조하는 것이다.

또한 위의 재앙은 모세 당시 애굽인에게 내렸던 열 가지 재앙 중 일곱째 재앙과 유사한데 본 재앙에는 애굽인들에게 내렸던 일곱째 재앙에는 없던 '피'가 섞여 있어 그 정도가 훨씬 강렬하고 혹심酷甚하다는 것을 암시한다

(겔 38:22; 욜 2:30).

둘째 나팔의 재앙으로, 바다에 대한 하나님의 심판으로 이것은 애굽에 내린 첫째 재앙과 아주 흡사하다(계 8:8, 9; 출 7:20). 요한은 한 큰 산처럼 보이는 것이 이글이글 타면서 바다 속으로 던지어지는 것을 본다. 산이 바다로 던져진다는 광경은 최대의 어마어마한 해상海上의 재난을 나타내는 것이다.

이는 화산 폭발로 인하여 엄청난 붉은 용암이 바다에 던져져 가스와 연기로 가득 차게 되었다. 이 심판은 첫째 심판보다 더욱 가혹한데, 바다의 삼분의 일이 피가 되고, 바다 속의 생물이 삼분의 일이 죽으며 선박 삼분의 일과 선원과 선객이 죽는다.

셋째 나팔의 재앙으로, 물에 대한 하나님의 심판이다(계 8:10, 11). 쑥은 근동 지방에서 자라는 풀로 그 맛이 아주 쓴데 구약 성경에서 쑥의 쓴맛은 항상 불순종하고 거역하는 이스라엘 백성에 대한 하나님의 심판을 의미하고 있다(신 29:17, 18; 렘 9:14; 암 5:7).

또한 어두워진 별은 인간들에게 임할 고난을 상징하며(겔 32:7; 욜 2:10) 심판의 날의 도래가 별들이 떨어지는 것으로 묘사되기도 한다(마 24:29). 특히 본문에는 인명 피해가 처음 언급되고 있는데 이는 시간이 지날수록 재앙의 정도가 더욱 격렬해지고 그 범위도 확산되는 것을 보여 준다.

넷째 나팔의 재앙으로는 애굽에 내린 '흑암'의 재앙과 여섯째 인의 재앙과 흡사하다(계 8:12-13; 출 10:21-23; 암 8:9). 그리스도의 십자가 사건 때 어둠이 온 땅을 덮었는데 이것은 성도들에게는 구원과 대속적代贖的 죽음을, 불신자들에게는 멸망과 심판을 상징한다(마 27:45; 고전 1:18).

첫째 화禍는 다섯째 나팔 재앙을, 둘째 화는 여섯째 나팔의 재앙을 가리키며, 마지막 셋째 화는 일곱째 나팔로 인해 나타나게 될 일곱 대접의 재앙을 가리킨다(계 16:1).

일곱 나팔의 재앙은 그 대상에 따라 크게 세 부분으로 나눌 수 있는데 처음 네 재앙은 그 대상이 주로 자연계이고, 다섯째와 여섯째 재앙은 인간이며, 일곱째 나팔은 또 다른 일곱 대접 재앙의 서곡序曲이자 출발점이 되고 있다.

다섯째 나팔의 재앙 또는 첫째 화로, 이때에는 사탄이 하늘로부터 떨어진다(눅 10:18; 계 9:1-11; 12:9, 13). 사탄은 무저갱無底坑의 열쇠를 받는다. 즉, 하나님의 주권이 여기에도 작용한다. 모든 것은 하나님의 주권 하에 있음을 잊어서는 안 된다.

사탄이 무저갱의 문을 열었다 함은 악을 선동하고 악령과 그 영향력을 세상에 퍼뜨리고 가득 채운다는 것을 뜻한다. 무저갱에서 올라온 연기煙氣란 거짓과 미혹, 죄와 슬픔, 도덕적 타락과 흑암의 세력을 가리킨다. 사탄은 불순종의 아들들 가운데서 역사役事하는 것이다.

연기 가운데로부터 나온 황충蝗蟲은 권세를 받았다(하나님의 주권이 어디든지 항상 작용함을 보여 준다). 황충은 출애굽 시 여덟 번째 재앙의 도구로(출 10:12), 또한 요엘서에 언급된 임박한 심판의 도구로 사용된 바 있다. 황충은 식물을 먹고 살지만, 여기서는 풀이나 수목樹木은 해하지 말고 하나님의 인印 맞지 않은 자들만 해하라는 명령을 받는다(겔 9:1-11).

성도는 인 치심을 받은 자들이니 마귀가 그들을 해할 권세가 없다. 오히려 성도들이 뱀과 전갈을 밟으며 원수의 모든 능력을 제어할 권세를 갖고 있다. 따라서 성도를 해할 자는 아무도 없다(눅 10:19; 마 10:28).

여섯째 나팔의 재앙 또는 둘째 화는, 하나님의 심판의 도구로 쓰인 사탄과 그 추종 세력의 힘을 통해 이루어진다(계 9:13-21). 그 대상은 짐승을 경배하는 불신자들로 이들은 이 전쟁으로 인해 삼분의 일이 죽임을 당하게 된다. 여기에 나오는 네 천사는 사탄에 속한 악한 천사들이다.

그 근거는 네 천사들이 결박되어 있는 점과 유브라데 강 지역은 죄악과 원수의 땅 곧 이스라엘을 멸망시킨 앗수르와 비벨론 땅이라는 점이다. 또한 마병대의 정체는 상징적인 해석으로 대환난 때 일어날 전쟁 등으로 사람을 해치게 될 마귀의 세력을 가리킨다(시 68:17; 단 7:10). 2억(이만만)이라는 숫자는 그들이 가진 엄청난 힘과 파괴력을 상징한다(계 9:16).

세 재앙은 불과 연기와 유황의 재앙으로 그 색깔은 각각 불빛과 자줏빛과 유황빛이다. 이것은 현대의 화학적인 첨단 무기들과 군대에 의한 재앙으로 사람들이 대량으로 살육殺戮당할 것을 나타낸 것이다. 또한 이들은 질병이나 기타 각종 재난을 통해서도 사람을 죽인다(계 11:6; 16:9, 21).

여섯째 나팔의 재앙에서 살아남은 불신자들의 완악한 마음과 죄악 된 행위를 통해서 우리는 몇 가지 교훈을 발견할 수 있다.

첫째, 우상 숭배에 의한 타락은 사람들로 하여금 비도덕적인 죄악을 초래하게 한다(롬 1:24).

둘째, 주의 계명을 범하면 하나님과 인간 모두에게 죄를 짓는 것이다(마 15:19; 19:18).

셋째, 육체적인 재앙을 통해서는 인간을 근본적으로 변화시킬 수 없다(시 115:4-7; 렘 10:1-16).

*** 일곱 째의 나팔을 불기 전에 두 가지의 일이 있게 된다**

첫째, 계시록 11:1-13에 제시된 그 내용이 입에는 달지만(시 119:113), 교회가 극심한 시련을 당하리라는 내용을 담고 있으므로, 배에서는 쓰게 된 것을 기록한 작은 책을 가지고 바다와 육지를 밟고 있는 천사가 임박한 최후의 심판을 선언하고 있다.

둘째, 전 세대에 걸쳐 그리스도의 복음을 증거하며, 믿음을 신실하게 지키며, 세상과 싸우는 성도와 교회의 두 증인이 척량尺量(개정 : 측량測量)되었다는 것은 그들이 하나님의 영원한 보호를 받음을 뜻한다. 두 감람나무와 두 촛대는 스가랴의 환상에서 예수아(여호수아)와 스룹바벨을 암시하는데(스 2:2), 이들은 "온 세상의 주를 모시기 위한 자들"이라고 여겨졌다(슥 4:1-6, 10-14).

이것은 대환난기에 일어날 두 증인의 성격을 비유적으로 나타낸 것으로 그들은 죄악 된 세상에 빛과 기름을 공급하는 역할을 수행할 것이다. 두 증인이 이 땅 위에 행할 권세를 기록한 것으로(계 11:5-6), 이는 모세와 엘리야가 행한 이적과 유사하다(출 7:17-21; 왕상 17:1; 눅 4:25).

이것은 두 증인이 권능을 가지고 올 것과 그들의 사명이 사람들을 회개시켜 주를 믿게 하는 것이며, 장차 나올 예언자들은 구약의 예언자 전통을 그대로 따르는 자들임을 암시해 주고 있다(눅 1:17).

두 증인에 대한 대적의 모습은 말세의 교회와 성도가 처하게 될 상황에 대한 상징적 표현이다. 이들은 세상 사람들에 대한 죄악을 지적하고 다가올 심판을 예언함으로써 세상의 미움을 받게 되며, 마침내 죽임을 당하기까지 하지만, 십자가의 죽음을 이기고 부활하신 그리스도의 승리에 동참하는 영광을 누리게 될 소망 때문에 능히 모든 것을 견딜 수 있는 것이다.

일곱째 나팔이 울리자, 장차 온 세상을 통치하실 하나님께서 거두실 최후 승리를 선포하는 음성이 하늘로부터 들려온다. 이는 하늘에서의 경배의 음성으로서 주제는 하나님과 예수 그리스도의 나라이다(계 11:15-18).

이 하나님 나라는 계시록 전체의 주제라고 할 수 있는데 이것은 그리스도의 재림과 최후 심판으로 성취될 '새 하늘과 새 땅'을 의미한다(계 1:6, 9; 5:10; 22:5). 하나님의 나라는 믿는 성도들의 마음속에 이미 이루어진 것으로, 복음 전파를 통해 점진적漸進的으로 확장되고 있으며, 새 하늘과 새 땅에서 마침내 완성될 것이다(막 1:15).

☞ 하나님의 언약궤(言約櫃)

하늘에서 경배의 음성이 그친 뒤에, 하늘 성전이 열리고 그 안에 하나님의 언약궤가 보이고 이어서 번개와 음성들과 뇌성과 지진과 큰 우박으로 이루어지는 하나님의 현현顯現에 전형적으로 수반되는 현상들이 보인다(계 11:19; 출 19:16-20).

하늘 성전에 언약궤가 있다는 사실은 이 언약궤가 땅의 성막과 성전에 두어졌던 언약궤의 원형인 참 언약궤임을 암시한다(출 25:9, 40; 26:30; 27:8; 대상 28:19; 대하 35:3; 렘 3:16; 히 9:40).

구약에서 언약궤는 하나님의 임재와 동시에 하나님과 그의 백성 간의 교제를 상징하였다. 이 언약궤 안에는 언약의 두 돌비(히 9:4; 출 25:16; 신 10:5)가 간수되어 있다. 이렇게 한 것은 계약 체결 시의 관례를 따른 것이었다.

그런데 이스라엘 백성은 언약궤를 부적符籍(호신부護身符)처럼 처우處遇했던 까닭에(삼상 4:3), 하나님은 그것을 하늘의 하나님 성전에 가져가 버리셨다(계 11:19). 이에 대하여 예레미야는 하나님과 그 백성의 관계가 극히 친밀해져 백성들이 언약궤를 더 이상 사모하지 않게 될 때가 이를 것이며, 예루살렘이 여호와의 보좌가 될 것을 예언하였다(렘 3:16, 17).

"성전 안에 하나님의 언약궤가 보이며"(계 11:19)의 구절은 초기 유대교와 초기 기독교 문헌에 하늘의 언약궤에 대해 유일하게 명시된 언급이다. 그러나 예레미야 17:12에서 "영화로우신 보좌여 원시原始(개정 : 시작)부터 높이 계시며 우리의 성소이시며"라고 한 것처럼 땅의 언약궤를 하늘의 보좌로 나타내어 사용될 수 있다.

땅의 성전이 하늘의 보좌에 해당된다는 사실은 "여호와여 이는 주의 처소를 삼으시려고 예비하신 것이라 주여 이것이 주의 손으로 세우신 성소로이다."라고 한 말씀에서 명백하게 제시된다(출 15:17).

언약궤는, 예수 그리스도의 십자가의 죽음으로 세워진 구원의 새 언약을 상징하는 것으로(마 26:28; 눅 22:20; 히 7:22; 8; 6, 7, 13; 9:15), 이는 언약을 반드시 이루시는 하나님의 신실성과 일곱 대접 재앙을 통해 하나님의 언약을 성취시킬 것을 보여 준다.

하나님의 언약은 영원하시다. 이제 구속사救贖史의 절정기에 그 언약궤가 하늘 성소聖所에서 보인 것은 그 언약의 목표인 '하나님의 나라'가 하나님께서 택한 백성에게 언약하신 대로 이제 완전히 실현하시겠다는 의미이다.

그 실현 방법은, '번개, 음성, 뇌성, 지진, 큰 우박'으로 상징되어 나타났으니 곧 위엄스런 심판을 상징한다. 그러므로 악인에게는 이 언약궤가 하나님의 진노를 의미한다.

③ 일곱 대접과 재앙

하나님께로부터 진노를 가득히 담은 금대접 일곱 개를 받은(계 15:7) 천사들이 차례대로 일곱 개의 대접을 쏟음으로써 엄청난 재앙이 임하게 된다.

첫째 대접은, 짐승의 표를 받은 사람들과 그 우상에게 경배하는 자들에게 쏟아졌다(계 16:2). 이들에게 난 악하고 독한 헌데(개정 : 악하고 독한 종기腫氣)가 났다. 이는 출애굽 시의 재앙을 상기시킨다(출 9:9-11).

둘째 대접은, 바다에 쏟아졌다(계 16:3). 바다가 죽은 자의 피같이 되어 바다 가운데 '모든 생물'이 죽었다. 노아의 홍수 때에는 육지의 호흡하는 것들은 다 죽었으나 바다의 생물은 살았었다(창 7:17-24).

셋째 대접은(계 16:4-7), 강과 물의 근원에 쏟아져서 그 물 전부를 피로 변하게 하였다. 이는 출애굽 재앙(출 7:20, 21)이나 둘째 나팔 재앙(계 8:8, 9)에 상응한다. 마실 물의 근원이 모두 없어졌으니 인류의 생존 소망이 사라진 것이나 다름없다(시 78:44).

이런 재앙들은 변덕스럽고 무자비한 하나님의 행위가 결코 아니다. 물을 차지한 천사(계 16:5)가 외친 대로 그것들은 악인들에 대한 정당하고 의로운 심판인 것이다.

악인들이 성도들의 피를 흘리게 했으니, 그와 상응相應하여 그들은 피를 마시는 형벌을 받아야 마땅한 것이다. 이처럼 하나님의 심판은 의롭다고 확증한다. 제단祭壇은 성도들의 기도(계 8:3-5)와 순교자들의 호소(계 6:9)를 나타낸다.

넷째 대접은, 해에 쏟아지니 해가 권세를 받아 사람을 불로 태운다(계 16:8, 9). 여기서도 우리는 하나님의 주권을 볼 수 있다. 해도 스스로 사람을 태우지 못하고, 어디까지나 하나님의 허락을 받아야만 그렇게 할 수 있다는 것이다. 악인들은 해로 태움을 입을 것이나, 성도들은 해나 그 어떠한 뜨거운 기운에도 상傷하지 아니한다(계 7:16).

다섯째 대접은, 짐승의 보좌에 쏟아졌다(계 16:10, 11). 애굽이 캄캄해졌던 것처럼, 짐승의 나라도 캄캄해진다(출 10:21-29). 이는 내란이나 짐승의 권세의 실추失墜를 뜻한다고 상징적으로 볼 수 있다. 그럼에도 불구하고 악한 세력들은 회개할 줄 모르고 하늘의 하나님을 훼방毁謗한다.

하늘의 하나님이란 다니엘 2:44을 반영한다. 거기서 이 말은 절대 주권으로써 이 세상 나라를 멸망시키시며, 자신의 우주적 통치를 수립하시는 분이란 뜻으로 사용되었다.

여섯째 대접은, 앞의 것들보다 상세하게 묘사된다(계 16:12-16). 이 재앙과 여섯째 나팔 재앙과 서로 병행된다. 여섯째 대접이 큰 강 유브라데에 쏟아지니 강이 말랐다. 이는 적그리스도의 세력이 교회를 공격할 수 있는 길이 준비되도록 하기 위함이다.

세 더러운 영은 귀신들이다. 귀신들은 육을 갖지 않고 자체로서 영이기 때문이다. 이들은 천하를 꾀어 전쟁하게 하는 거짓 영들이다(왕상 22:21; 마 12:34-35; 요 8:44). 마지막 날은 전능하신 이의 큰 날이다. 이는 적그리스도나 어떤 인간의 날이 아니라 하나님의 날인 것이다. 이때 전 세계의 악한 세력이 한 곳에 집결하며, 하나님의 능력이 온 천하에 분명히 나타날 것이다(계 20:7-10).

일곱째 대접은, 공기 가운데 쏟아졌다(계 16:17-21). 공중은 귀신들의 거처로 생각된다(엡 2:2). 이때 일어난 큰 지진으로 큰 성이 세 갈래로 갈라지고 만국의 성들도 무너졌다.

＊나팔 재앙과 대접 재앙의 특징

첫째, 대상이 모두 짐승을 경배하는 악한 자들로, 이들에 대한 하나님의 심판의 성격을 띠고 있다.

둘째, 이 재앙들은 모두 출애굽 직전 모세를 통해 애굽에 내린 하나님의 심판에서 그 배경을 찾을 수 있다. 그러나 애굽에 내린 재앙이 한 민족에게만 관련된 반면, 이 두 재앙은 그 범위가 세계적이며 영적인 차원까지 미치고 있다(출 7:20-12:30).

셋째, 두 재앙은 7 년 대환난 전후에 나타나는데 이것들은 모두 그리스도의 재림과 심판으로 종결된다.

넷째, 나팔 재앙은 세계의 일부분만 해害를 주는 반면, 대접 재앙은 그 미치는 범위가 전 세계적이며 전체적이다. 따라서 하나님의 모든 진노들은 일곱 대접의 재앙으로 종결된다.

다섯째, 나팔 재앙의 대상은 하나님을 대적하는 세상이며, 대접 재앙의 대상은 구체적으로 짐승을 경배하고 우상을 섬기는 사람들이다.

(3) 재림주

① 할렐루야

어린양이신 예수께서 일곱 인을 떼심으로 시작된 심판은 일곱 나팔, 일곱 대접을 끝으로, 요한계시록 17장에서 시작되는 바벨론 멸망 예언의 연장 선상으로, 하나님을 찬양하는 하늘의 음성이 할렐루야로 시작되어 할렐루야로 끝난다(계 19:1-6).

하나님의 심판이 참되고 의로운 이유는, 하나님은 인간의 중심을 보시는 분으로 행동뿐만 아니라 생각과 의도까지 다 아시고, 또한 하나님은 의로운 순결성을 가지신 분으로 그분만이 공정한 판단을 내릴 수 있으며, 하나님만이 완전한 지혜를 가지며, 그 지혜를 바로 적용하실 수 있기 때문이다.

바벨론을 공의로 심판하시는 하나님을 찬양하는 천상天上의 허다한 존재들, 장로들과 생물들, 보좌에서의 음성 등 세 찬양은 계시록 18장의 세 비가悲歌(임금들·상인들·선원들의)와 뚜렷이 대조를 이룬다.

하나님을 찬양하는 '하나님의 종들'은 구약 시대에는 주로 선지자들과 순교자들이었지만, 신약 시대에는 그리스도를 구세주로 믿고 하나님을 경외하는 크고 작은 모든 자들이며, 재물과 지식의 유무, 지위의 고하, 신앙적 성숙의 정도와 관계없이 모든 성도들을 가리킨다(계 7:3; 10:7; 11:18).

הַלְלוּיָה할렐루야는 '찬양하라'라는 뜻의 히브리 어 'הַלֵּל 할랄'과 '여호와'를 가리키는 'יָה 야'의 복합어로 그 뜻은 '여호와를 찬양하라'이다. 특히 구약 성경에서는, 시 113-118편은 '애굽의 할렐'로 시 146-150편은 '할렐루야의

시'라고 불리어진다.

이 '할렐의 시편'들은 유대인들과 애환哀歡을 같이한 노래로 수천 년 동안 유리 방황할 때에 동반된 노래이며, 슬픔과 고난의 때에 힘을 주고 구원과 승리의 날에 기쁨의 송가頌歌로 불리어졌다.

또한 이 노래는 매 절기마다 불리어져 하나님의 구속과 약속에 대한 이스라엘의 신뢰를 소생시켜 주었다. 그러므로 'הַלְלוּיָהּ할렐루야' 찬송은 오직 하나님께만 돌릴 수 있는데 그 이유는 그분의 심판은 참되며 구원과 능력과 영광이 하나님께만 있기 때문이다(계 4:11; 7:10).

② 혼인 잔치의 예비

성경에는 여호와 하나님과 이스라엘을 정혼定婚한 부부로, 예수 그리스도와 교회 관계를 부부로 표현한 곳이 많은데(사 54:5, 6; 62:5; 렘 3:14; 겔 16:6-14; 호 2:19, 20; 마 22:2), 이러한 결합은 그리스도의 재림으로 완성되며 그때 성도들은 세상과 천사를 판단할 영광의 위치에 이른다(고전 6:2, 3).

또 예수께서는 자신을 신랑으로, 제자들을 혼인집 손님들로 비유하신 적이 있다(막 2:19, 20; 마 25:1-13). 그리고 바울도 교회와 그리스도의 관계를 혼인 관계로 비유한 적이 있다(고후 11:2; 엡 5:22-27).

계시록 19:6-10은 바로 어린양을 신랑으로, 교회를 신부로 묘사하고 있는 것이다. 이제 어린양의 혼인 잔치가 시작되려는 목전에 있으므로 하늘의 큰 뇌성 같은 소리가 '우리가 즐거워하고 크게 기뻐하여 그에게 영광을 돌리세'라고 외친다.

어린양의 신부는 빛나고 깨끗한 세마포로 단장되었다. 이는 음녀淫女의 치장과는 극히 대조적이다(계 17:4). 이 세마포 옷은 성도들의 옳은 행실이다. 물론 이는 하나님께서 주신 것이지만, 성도들의 모든 수고는 상을 받을 것이라는 사실을 여기에서도 찾을 수 있다.

어린양의 혼인 잔치에 청함을 입은 자들은 복이 있다. 이는 계시록의 일곱 개의 복 중 넷째 복이다(계 1:3; 14:13; 16:15; 19:9; 20:6; 22:7; 22:14)

③ 재림주

예수 그리스도께서 재림주로 불신 세상을 심판하고 사탄과 그의 추종자들을 멸하시기 위해 재림하신다(계 19:11-16). 그리스도의 재림 때 이루어질 일은 어린양 되신 그리스도와 교회 사이의 완전한 연합으로 어린양의 혼인 잔치가 열리어 성도들이 공중으로 들려 올려져(휴거携擧) 주를 영접하게 될 것이다(살전 4:16, 17).

휴거携擧(공중 들림rapture)는 '붙잡다'라는 의미를 가진 라틴 어 '라피오'(Rapio)에서 유래한 말로서 '들림을 받는다'라는 뜻인데, 성경에는 이 단어가 언급되어 있지 않으나 데살로니가전서 4:16, 17에서는 이러한 현상에 대해서 비교적 정확하게 기술하고 있다.

이는 예수 그리스도께서 재림하실 때 이미 죽은 성도들과 살아 있는 성도들이 모두 지상으로부터 공중으로 들려 올라가 예수 그리스도와 함께 거居하게 되는 현상을 가리킨다.

이러한 휴거는 에녹과 엘리야의 승천(창 5:24; 왕하 2:11)에서 그 기원을 찾을 수 있으며 전도자 빌립(행 8:39, 40)과 사도 바울(고후 12:1-4)도 이와 유사한 체험을 한 것으로 알려졌다. 그렇지만 가장 완벽하고도 확실한 형태의 휴거는 예수 그리스도의 부활, 승천 사건(눅 24:50-51; 행 1:9-11)을 들 수 있다.

휴거의 시기에 대해서는 대부분의 학자들은 7 년 간의 대환난 및 그리스도의 재림을 기점으로 하여 발생한다고 주장한다. 그렇지만 휴거라는 단어 자체와 그 시기 등은 중요한 문제가 아니다. 무엇보다도 우리가 휴거와 관련해서 기억해야 할 사항은 영생과 영벌의 심판이 이루어지는 시점 곧 부활과 재림의 시기가 반드시 도래한다는 것이다.

여하튼 휴거란 예수 그리스도의 재림을 통해 성도들이 공중으로 들려 올라가 그곳에서 그리스도를 영접하고 그분과 동거하게 되는 사건으로서 이것이 바로 '어린양의 혼인 잔치'인 것이다(계 19:9).

＊재림주의 모습에 대한 여러 묘사 중 특징지어 볼 수 있는 3 가지

첫째, 그리스도는 정복자로 그의 원수들을 물리치는 승리의 왕이시다(사 43:15; 마 2:2).

둘째, 예수 그리스도의 이름은 충신忠信과 진실眞實이다. '충신'은 신실하다는 뜻으로 그분의 신실성과 성실하심을 표현한 것이며, '진실'은 거짓이 없다는 뜻으로 거짓된 사탄의 세력과 극명한 대조를 이룬다.

셋째, 그리스도는 공의로 세상을 심판하는 분이시다. 그러므로 그분은 만왕萬王의 왕이시며 만주萬主의 주이시다(계 19:16).

일곱 대접의 재앙 중에서 마지막 부분에 암시되고 있는 최후의 전쟁(계 16:12-16)이 아마겟돈에서 재림주로 오신 예수 그리스도와 사탄의 세력 간에 전개된다(계 19:17-21). 천사가 해에 서서 외치는 것은 승리를 아주 효과적으로 전할 수 있기 때문이다. 이렇게 전쟁이 시작하기도 전에 원수들의 고기를 먹으라고 모든 새를 큰 잔치에 초청하는 것이 특이하다.

승리는 명약관화明若觀火하기 때문이다. 짐승을 대장으로 한 악의 세력은 그리스도와의 최후 일전을 치르기 위해 전열戰列을 가다듬는다. 전쟁이 시작되자 짐승과 거짓 선지자는 사로잡혀 산 채로 유황불이 타는 못에 던져진다. 이들을 따르던 자들은 그리스도의 입에서 나오는 검劍에 의해 죽임을 당한다. 이에 공중의 나는 새들이 이들의 시체를 먹어 버린다.

2) 새 예루살렘 성

＊새 예루살렘 성의 열두 가지 특징

① 하나님과 성도들이 완전한 교제를 갖는 거룩하며 완성된 교회이다(계 21:3).

② 하나님께서 모든 성도의 눈물을 씻기시매 다시 사망이 없고 애통하는 것이나 곡哭하는 것이나 아픈 것이 있지 아니한다(계 21:4).

③ 성도는 어린양의 신부이다(계 21:9).

④ 성도는 어린양 안에서 하나님의 영광의 빛을 지닌다(계 21:11, 23;

22:5).

⑤ 하나님과 교제가 직접적이며 온전하므로 성전이 필요 없다(계 21:22).

⑥ 크고 높은 성곽으로 표현된 하나님과의 교제가 항상 견고함을 상징한다(계 21:12, 17, 18).

⑦ 성곽에는 열두 기초석이 있고 그 위에는 신약의 모든 성도의 대표인 어린양의 열두 사도가 있다(계 21:14, 19).

⑧ 이 성에는 구약 성도의 대표인 열두 지파의 문이 있다(계 21:12, 13).

⑨ 길은 맑은 유리와 같은 정금으로 되어 있다(계 21:21).

⑩ 은혜와 구원과 영생을 상징하는 생명수 샘이 있다(계 22:1, 2).

⑪ 축복과 교제의 충족을 상징하는 생명나무가 있다(계 22:1, 2).

⑫ 영원한 통치를 상징하는 하나님과 어린양의 보좌가 있다. 그러므로 새 예루살렘 성에 있는 성도는 세세토록 왕 노릇을 한다.

(1) 천 년 왕국

천 년 왕국으로 가기 위해서는 사탄의 결박이 필수 조건이다(계 20:1-3). 사탄의 결박은 그리스도의 초림 시에 이루어졌다. 이를 이해하기 위해서는 사도 요한 당대로 되돌아갈 필요가 있다. 그 당대의 사람들에게는 그리스도의 복음이 가져온 놀라운 변화가 정말 획기적인 것이었다.

그리스도께서 십자가로 정사政事와 권세를 무장 해제시키신 사건은(골 2:15), 사탄이 활개치며 활동하던 암흑기와 비교하면 진실로 광명이 온 누리에 비춰진 것이었다.

복음이 전파되는 곳마다 악령의 세력은 쫓겨났다. 이런 일은 '강한 자 사탄'을 결박한 후에 일어난 사건이었다(마 12:29; 눅 10:17-20). 사탄이 결박된 것은 사탄의 행동 제한이지 최종 처벌은 아니다.

구약 시대에는 거의 무제한의 활동을 할 수 있는 권세를 부여 받았던 사탄은(욥 1:6-12; 2:1-7; 슥 3:1-5), 이제 자신의 영역이 교회의 세력에 점차 정복당하는 것을 방관할 수밖에 없다. 이와 같이 사탄의 권세는 억제되었고 그의 영향력도 열방들을 다시는 미혹하지 못하리라고 지적함으로써 행동 반경半徑이 한정되고 감소되었음을 우리에게 가르쳐 주고 있다.

그러므로 천 년 왕국과 사탄의 결박은 성도의 통치와 매우 밀접하게 연결되어 있다. 이것은 우리 주님이 친히 통치하심과 그의 구속 사역救贖使役의 결과이다. 이로 인하여 사탄은 결박되었고 사탄의 영향력은 부분적으로 마비되었다(계 20:4-6).

앞서 간 성도들이 하늘에서 다스리고 있다는 것은(눅 22:30; 계 3:21), 예수께서 하늘과 또한 하늘로부터 친히 통치하신다는 것과 관련된다. 그리스도께서 친히 하늘로부터 다스리심은 계시록의 모든 기초를 이루는 것이다. 바로 이 점이 천 년 왕국을 해석하는 열쇠이다.

천 년 왕국에는 그리스도와 더불어 왕 노릇 하게 될 두 부류의 사람들이 언급되어 있다(계 20:4-6).

첫째, 순교자들로 그리스도를 따르다가 짐승에게 목 베임을 당한 사람들이다. 순교자들이 육체적으로는 생명을 잃었으나 영혼은 하나님 안에서 살아 불신의 세상을 심판하게 될 것이라는 점을 강력히 사시하는 말이다(마 10:28; 눅 22:28-30; 마 19:28).

둘째, 짐승을 경배하지 않은 자들인데 이들은 직접 순교를 당하지는 않았어도 온갖 고난과 치욕을 다 경험하는 사람들이다(계 2:11, 26, 27). 그러므로 그리스도의 천 년 왕국에서 왕 노릇 하는 자들은 전체 성도들이다.

(2) 흰 보좌

이 세상에서 사탄의 세력과 최후의 전쟁이 벌어진다(계 20:7-10). 그리스도의 재림 때 있었던 아마겟돈 전쟁과는 다른 것으로 천 년 왕국이 지난 후 최후 심판 직전에 사탄과 그 추종 세력이 최후적으로 하나님을 대적하여 싸우는 것을 의미한다.

마지막 날, 사탄이 풀려나 땅의 사방 백성을 모아 그리스도의 교회를 대적함으로써 일어난 전쟁이다. 이때에는 하늘에서 불이 내려와 악인들이 소멸된다. 하나님께서는 모든 사람이 구원을 받으며 진리를 아는 데 이르기를 끝까지 바라시고 기다리고 기다리셨다(딤전 2:4).

그러나 마귀는 불과 유황 못에 던져져서 짐승과 거짓 선지자와 운명을 같이한다. 이로써 악의 모든 일체는 영벌永罰의 처소에 던져졌다. 계시록은 악인들이 영원히 없어져 버리고 다시는 고통을 당하지 않는다는 교리를 결코 지지하지 않는다.

이는 곡과 마곡의 전쟁을 통한 사탄에 대한 징벌 이후 일단 현재 우주와 역사가 완전히 붕괴된 그 시점에서 전 인류가 부활하여 하나님 앞에 나아가 그 행위대로 최종 심판을 받는 소위 백보좌 심판에 대한 계시이다.

흰 보좌에 앉으신 이는 성부 하나님이시다(계 20:11). 그러나 성부 하나님은 우편 보좌에 앉으신 성자 예수님을 통하여 심판하신다. 신약 성경에서는 일반적으로 그리스도를 최후 심판의 재판장으로 언급하고 있으나(마 25:31-58; 요 5:22; 행 17:31; 딤후 4:1), 여기서는 하나님께서 심판석에 앉으신 것으로 묘사된 것은 하나님과 그의 아들 그리스도는 하나이시기 때문이다(요 14:10, 11; 빌 2:6).

보좌에 앉으신 이의 위엄에 놀라, 땅과 하늘조차 피하여 간곳없이 되었다. 보좌 앞에는 책들이 펴졌고(단 7:10), 생명책도 펴져 있다. 전자는 행위 기록行爲記錄책일 것이다(겔 9장; 마 12:36, 37; 벧전 1:7). 최후 심판은 이중적 성격이 있다.

첫째, 그리스도를 따르는 성도들에게 있어서 최후 심판은 구원과 영생 그리고 그들의 행위에 따르는 보상을 의미하며,

둘째, 불신자들에게는 유황불못에 던져지는 영원한 형벌과 저주의 의미를 갖는다.

심판 때에는 사망과 음부도 불못에 던져진다. 즉, 이것들은 완전한 세력을 잃고 말 것이다(고전 15:26). 이는 구속 받은 성도들이 거하게 될 새 하늘과 새 땅에서는 죽음과 고통이 완전히 사라지게 될 것을 표현한 말이다.

또한 이것은 사탄과 사망의 세력에 대한 그리스도와 그 나라의 궁극적

승리를 뜻하며, 죽음과 속박으로부터 안전한 해방을 바라는 인류의 원초적原初的 소망이 성취되는 것을 의미한다(롬 8:18-20).

"누구든지 생명책에 기록되지 못한 자는 불못에 던지우더라."에서 우리는 신자와 불신자 간의 궁극적인 차이가 무엇인지를 알 수 있다. 어떤 이는 사랑의 하나님께서 어떻게 불신자들을 불못에 던지실 수 있을까 의아해한다. 분명히 알아야 할 것은, 그들을 지옥으로 보내는 것은 하나님이 아니요, 자신들의 불신앙이라는 것이다.

(3) 하나님과 그 어린양의 보좌

새 예루살렘 성은 새 하늘과 새 땅으로 이루어진 새 창조로부터 시작된다(계 21:1). 이는 최후의 백보좌白寶座 심판으로 지금까지 이 세상에 혼재混在되어 오던 하나님의 뜻과 사탄의 뜻, 그리고 선과 악이 영구히 분리되어 모든 갈등이 종식되었다는 것이다.

이미 백보좌 심판 직전에 전 인류의 대부활大復活 당시 일단 완전 붕괴되었던 현재 우주를 이제 하나님께서 새롭게 하신 신천 신지 안에 새 예루살렘 곧 천국을 세우신 것이다.

즉, 새 하늘과 새 땅의 새 예루살렘 성은 죄와 사망과 고통이 없는 상태로 의인들이 영원히 살게 될 처소處所인 것이다(마 5:5). 이제는 하나님께서 사람과 함께 계시는 것이 가능한데, 이는 아담의 저주가 제거되었고, 사탄은 심판을 받았고, 악인도 벌을 받았으며, 만유萬有에 죄가 없기 때문이다.

새 하늘, 새 땅과 대조적으로 악인들을 위한 영원한 처소도 준비되었는데, 그곳은 바로 불못이며 지옥이다.

에스겔이 극히 높은 산 위에서 성전의 이상異像을 보았던 것처럼(겔 40:2), 사도 요한도 크고 높은 산 위에서 거룩한 성 예루살렘을 보았다(계 21:9-27). 이 성은 지상의 어떤 처소를 뜻하는 것이 아니라, 신천 신지가 도래할 때의 하나님 나라이다.

혹자는 장차 천국에 지금까지 생존했던 구원 받은 그 많은 무리가 어떻게 다 들어갈 수 있느냐는 의문에 사로잡히기도 한다. 그러나 새 예루살렘의 크기가 길이·넓이·높이가 각각 2,4000km나 되는 정입방체(정육면체)라고 설명되어 있다.

다시 말하면 각 층의 넓이가 7,760,000km^{2}가 되며, 하늘로 2,400km나 솟아 있는 초대형 빌딩으로 세밀히 묘사되어 있다. 물론, 이것은 실제적이지만 또한 상징적인 표현이다.

유대인들에게 있어서 성막과 성전에 있었던 정입방체正立方體의 지성소는 하나님의 임재와 하나님의 완전한 통치를 의미했다. 그런데 새 예루살렘의 모양도 장長과 광廣과 고高가 각기 12,000 스다디온인 정입방체의 모양이었다.

이는 새 예루살렘이 지성소와 마찬가지로 하나님께서 거하시는 곳임을 상징적으로 보여 주며 하나님의 영광도 늘 임재해 있을 것이라는 사실도 암시해 준다.

특별히 여기서 12,000은 12×1,000인데 '12'는 완전한 수이자 하나님의 계획과 섭리의 성취를 나타내는 수이다. 또한 1,000이라는 숫자도 무한수無限數로 매우 크고 넓다는 의미를 지닌다.

이러한 사실은 결국 새 예루살렘이 하나님의 약속이 성취된 곳으로, 이 성은 매우 넓고 커서 하나님을 믿고 구원 받은 사람은 누구라도 다 들어가고 남는 곳이라는 사실을 보여 준다.

거룩한 성 새 예루살렘은 그 기초석과 성문城門이 모두 귀한 보석들로 이루어지고 있다. 이것은 부와 사치를 나타낸 것이 아니라 하나님의 영광과 거룩함을 의미하며 구속 받은 성도들의 존귀성을 상징하고 있다(계 21:11-21).

특히 벽옥碧玉으로 된 성곽은 하나님의 존귀와 견고성을, 유리처럼 맑은 정금精金은 신부의 순결과 아름다움 및 불변성을 상징한다. 새 예루살렘 성의 보석들은 출애굽기 28:17-20의 대제사장의 흉패胸牌에 붙이는 보석이 곧 배경이 된 것으로 하나님의 모든 구속사적救贖史的 약속이 새 예루살렘에서 성취될 것임을 시사해 준다(계 15:13; 요 4:21).

거룩한 성 새 예루살렘에 성전이 필요 없는 이유는, 성도들의 직접적인 예배의 대상이 되시는 하나님과 어린양이 그들과 늘 함께 계시며, 새 예루살렘 성 자체가 완전한 정입방체로 지성소至聖所를 상징하기 때문이다(계 21:22).

또한 해나 달의 비췸이 쓸데없는 것은(계 21:23), 하나님의 영광이 이 세상의 어떤 빛보다 더 찬란하고 빛난다는 것(사 60:19, 20)과 그 앞에는 오직 진리와 사랑과 공의로만 설 수 있다는 점을 강조하고 있다(사 60:11).

생명수 강이 하나님과 어린양의 보좌로부터 흘러나온다는 것은 구원의 신적神的 기원起源을 상징적으로 보여 주는 것이다(계 22:1). 생명나무 잎사귀들은 구속 받은 무리(만국萬國)를 치료하기 위해 있다. 즉, 복음의 우주성宇宙性을 말해 주는 것이다.

성도들의 이마에 쓰인 하나님의 이름(계 22:3, 4)은 구약 시대 대제사장의 이마에 썼던 '여호와께 성결'이라는 문구를 상기시켜 준다(출 28:36-38). 또한 모세도 보지 못한 하나님의 얼굴(출 33:23)을 성도들은 직접 보게 될 것이니 성도가 누리는 특권이 얼마나 놀라운 것인가!.

더구나 이곳에서 성도들은 하나님을 찬양하고 경배하며 영원토록 왕 노릇 하는 복을 누리게 된다(계 22:5). 구원이야말로 그 무엇보다도 바꿀 수 없은 참으로 값진 보배이다.

사도 요한에게 이상異像을 주신 분은 신구약 선지자들에게 영감靈感을 주셨던 바로 그 하나님이라고 언급하고 있다(계 22:6). '속히 될 일'이라는 표현에서 우리는 신약 시대 전체가 종말의 때라는 점을 다시 한 번 상기해야 한다. 예수 그리스도의 초림과 함께 하나님의 나라는 이미 임했고(막 1:15) 동시에 종말기가 시작된 것이다(히 1:2).

그러므로 우리는 깨어 근신하며 주님의 재림을 준비해야 한다. 다니엘이 받았던 명령(단 12:9)과는 정반대로 이 예언의 말씀을 인봉하지 말라고 명령하는데, 이는 때가 가까웠기 때문이다.

계시록의 예언의 말씀(계 22:11)은 곧 들이닥칠 가까운 미래와 연관되는 것으로서, 다니엘이 말하고 있듯이 "많은 사람이 연단을 받아 스스로 정결하게 하며 희게 할"(단 12:10) 정도의 시간적 여유조차 없는 것이다.

이제 하나님께서 구약의 이스라엘과 신약의 성도들에게 주신 언약(בְּרִית 베리트)과 약속(ἐπαγγελία 에팡겔리아)의 말씀은 예수 그리스도의 초림으로 성취되었으며, 만왕의 왕이시며 만주의 주이신 예수 그리스도의 재림으로 이루어질 것이다.

예수 그리스도는 다시 한 번 그의 재림이 확실하고 임박했음을 "내가 진실로 속히 오리라."라고 말씀하시면서, 마지막 기회를 베풀어 누구든지 오라고 초청招請하신다. 우리는 "아멘 주 예수여 오시옵소서"인 '마라나타' (μαράνα θά, Our Lord, Come!, מָרַנָא תָא)로 화답할 것이다.

태초부터 흘러내린 하나님의 언약의 물줄기가 때로는 계곡으로, 바위틈으로 졸졸 흐르다가 때로는 폭포수로 줄기차게 흐르고 흘러 이제는 재림의 한 고비만 넘으면 마침내 구속 성취의 바다, 은혜의 바다에 이르리니 모든 언약(약속)을 신실히 지켜 성취하신 하나님께 무한한 감사와 찬송과 영광을 돌려 드리게 될 것이다. 주 예수의 은혜가 모든 자들에게 있을지어다. 아멘!(계 22:21).

참고 문헌

- 게르할더스 보스. 이승구. 오광만 역. 「바울의 종말론」. 도서출판 엠마오. 1990.
- ______. 이승구 역. 「성경신학. 기독교문서선교회」. 2000.
- 고든디 피. 더글라스 스튜어트. 오광만 역. 「성경을 어떻게 읽을 것인가」. 성서유니온. 2000.
- 권성수. 「성경해석학」. 총신대학교출판부. 1998.
- 권혁봉. 「성경해석학」. 생명의말씀사. 1989.
- 김광수. 「바울서신 다시 읽기」. 은성. 1999.
- 김득중. 「사도행전 연구」. 도서출판나단. 2001.
- 김의원. 「구약 역사」. 개혁주의신행협회. 1996.
- 김재권. 「성경의 파노라마」. 생명의말씀사. 1991.
- 김희보. 「구약 이스라엘사」. 총신대학출판부. 1992.
- 나용화. 「성경 핵심 입문」. 기독교문서선교회. 1998.
- 나채운. 「성경의 난제 해석」. 성지출판사. 2002.
- 노튼 스테렛. 한국성서유니온선교회 역. 「성경 해석의 원리」. 2003.
- 데이비드. F. 웰즈. 이승구 역. 「기독론」. 도서출판 엠마오. 1994.
- D. M. 로이드 존스. 「로마서 강해」. 기독교문서선교회. 1991.
- 레이몬드 딜러드. 트렘퍼 롱맨. 「최신 구약 개론」. 박철현 역. 2000.
- 로버트 지 클라우스. 권호덕 역. 「천년 왕국」. 성광문화사. 1990.
- 마틴 로이드존슨. 이중수 역. 「복음의 핵심」. 양무리서원. 1992.
- 박도준. 「요점 속독 성경」. 개혁주의출판사. 2013.
- 박희석. 「안식일과 주일」. 크리스챤다이제스트. 2002.

- 배제민. 「모세오경 연구」. 총신대학출판부. 1988.
- 손석태. 「창세기 강의」. ESP. 2000.
- 서철원. 「복음과 율법과의 관계」. 엠마오. 1991.
- 양용의. 「예수와 안식일 그리고 주일」. 이레서원. 2001.
- 에두아르트 로제. 박창권 역. 「신약성서 배경사」. 대한기독교출판사. 2000.
- 에드워드 J. 영. 오병세·홍반식 역. 「구약 총론」. 개혁주의출판사. 2012.
- 유재원. 창세기 강해」. 민영사. 1990.
- S. G. DE. 그라아프. 박권섭 역. 「약속 그리고 구원」. I-IV. 크리스찬서적. 1990.
- 원용국. 「구약 성문서」. 지혜문화사. 1985.
- ______. 「모세오경」. 지혜문화사. 1987.
- ______. 「율법과 복음에 관한 연구」. 호석출판사. 1989.
- ______. 「오경의 기독론」. 한국기독교교육연구원. 1987.
- 윌렴 헨드릭슨. 오성종 역. 「내세론」. 새순출판사. 1991.
- 윌리엄 다이어네스. 「주제별로 본 구약 신학」. 생명의말씀사. 1995.
- 윌리엄 핸드릭슨. 김경신 역. 「핸드릭슨 성경핸드북」. 아가페출판사. 1991.
- 윌리엄 화이트. 정원태 역. 「성경 난해 구절 해설」. 기독교문서선교회. 1993.
- W. J. 그리어. 이종전 역. 「성경적 종말론 연구」. 예루살렘. 1991.
- 이승장. 「사무엘서 강의」. 성경읽기사. 1999.
- 이찬영. 「성경 연구와 핵심 설교」. 소망사. 1980.
- 이한수. 「갈라디아서」. 도서출판 횃불. 1998.
- 이희철. 「지리로 본 성서의 세계」. 생명의말씀사. 1997.
- 정정숙. 「성서 식물」. 크리스챤뮤지엄. 2007.
- 정훈택. 「복음을 따라서」. 한국로고스연구원. 1996.
- 정훈택. 「신약 개론」. 대한예수교장로회총회. 2000.
- J. D. 킹스베리. 김근수 역. 「마가의 기독론」. 도서출판 나단. 1994.

• 제임스 패커. 서문강 역. 「하나님을 아는 지식」. 기독교문서선교회. 1989.
• 존 월튼. 빅터 매튜스. 마크 샤발리스. 정옥배 외 3인 역. 「성경 배경 주석 : 구약」. IVP. 2002.
• 죠엘 그린. 정옥배 역. 「어떻게 복음서를 읽을 것인가」. IVP. 1999.
• 죤 위트콤. 헨리 모리스. 이기섭 역. 「창세기 대홍수」. 성광문화사. 1992.
• G. 허버트 리빙스톤. 김의원 역. 「모세오경의 문화적 배경」. 기독교문서선교회. 1995.
• 코넬리스 반더발. 명종남 역. 「반더발 성경 연구 」. 1-3. 줄과 추. 1999.
• 토마스 왓슨. 이기양 역. 「십계명 해설」. 기독교문서선교회. 1984.
• 토마스 넬슨 출판사. 김창환 역. 「손에 잡히는 넬슨 성경 개관」. 죠이선교회. 2003.
• F. F. 브루스. 박문재 역. 「바울」. 크리스챤다이제스트. 2000.
• 팔머 로벗슨. 김의원 역. 「계약 신학과 그리스도」. 기독교문서선교회. 1990.
• 폴 쥬이트. 「주일을 어떻게 지켜야 하는가?」. 옥한흠 역. 개혁주의신행협회. 1989.
• 한상인. 「성서 역사와 지리」. 서울말씀사. 2001.
• 홍창표. 「천년 왕국」. 합신대학출판부. 2007.
• 크레이크 키너. 정옥배. 김현희. 유선명 역. 「성경 배경주석 : 신약」. IVP. 2001.

¤ 참고 성경

• 개역 성경(관주 성경전서 국한문). 대한성서공회. 2003.
• 개역 개정(관주성경전서 국한문). 대한성서공회. 2009.
• 새즈문 하나님의 말씀. 최의원. 예영커뮤니케이션. 2008.

- 바른 성경. 한국성경공회. 2008.
- 표준 새번역. 한국성서공회. 2003.
- 현대인의 성경. 생명의 말씀사. 2000.
- 우리말 성경. 두란노. 2009.
- 쉬운 성경. 아가페. 2006.
- 한글 킹제임스 성경. 말씀보존학회. 1999.
- 성경 전서(KJV 완역 한글판). 한글킹제임스성서협회. 2008.
- 공동번역 성서. 대한성서공회. 1997.
- 성경(천주교 성경). 한국천주교주교협회. 2005.
- 베스트 성경. 이종성. 성서교재간행사. 1995.
- 오픈 성경. 아가페출판사. 1989.
- 예루살렘 경. 이동원. (주)종로서적출판.
- 톰슨II 주석 성경. 기독지혜사. 1989.
- 열린 성경. 아가페출판사. 1990.
- 엠마오 주석 성경. 신성종. 정음출판사. 1984.
- KJV(King James Version). 1611/1769
- NKJV(New King James Version). 1982
- NIV(New International Version). 1984.
- ASV(American Standard Bible). 1901.
- NASB(New American Standard Bible). 1972.
- RSV(Revised Standard Version). 1952.
- NRSV(New Revised Standard Version). 1989.
- GNT(Good News Translation). 1992.
- NLT(New Living Translation). 1996.
- YLT(Young's Literal Translation). 1989.

언약의 물줄기와
구속의 성취

2013년 10월 25일 초판 1쇄 인쇄
2013년 10월 31일 초판 1쇄 발행

지은이 : 박 도 준
펴낸이 : 최 석 진

펴낸곳 : 개혁주의출판사

출판등록 : 2011. 1. 20. 제 311 - 2011-9호

주소 : 122-834 서울 은평구 녹번동 157 - 35

전화 : 353-1752 · 9607

팩스 : 353-1754

ISBN 978 - 89 - 965875 - 8 - 3 93230

은행계좌 : 국민 879637- 01- 001507(개혁주의)